Reden und Ansprachen für jeden Anlaß

Reden und Ansprachen

für jeden Anlaß

Herausgegeben von Wilhelm Werker
Überarbeitet von Michael Adam

BASSERMANN

Die Mitarbeiter dieses Buches
Wulf Bingel/Heinz Götze/Irma Hasenbanck/Dr. Richard Keller/Dieter Kellermann/ Wilhelm Kindermann/Dietrich Köhr/Wolfgang Munzert/Tillmann R. Neinhaus/ Jürgen Palm/Dr. H. G. Prescher/Dr. Walther Thile

Die Deutsche Bibliothek – CIP-Einheitsaufnahme

Reden und Ansprachen für jeden Anlass / hrsg. von Wilhelm Werker. – Niedernhausen/Ts.: Bassermann, 1997
ISBN 3-8094-0416-0

ISBN 8 8094 0416 0

Umschlaggestaltung: Andreas Jacobsen
Layout: Horst Bachmann
Redaktion: Winfried Schindler
Redaktion für diese Ausgabe: Simone Hoffmann
Herstellung: Harald Kraft
Herstellung für diese Ausgabe: Norbert Happel

Die Ratschläge in diesem Buch sind von Autoren und Verlag sorgfältig erwogen und geprüft, dennoch kann eine Garantie nicht übernommen werden. Eine Haftung der Autoren bzw. des Verlags und seiner Beauftragten für Personen-, Sach- und Vermögensschäden ist ausgeschlossen.

Satz: Fotosatz-Studio Creatype GmbH, Eschborn/Ts.
Druck: Ebner Ulm

08474293X72635 4453 6271

Inhalt:

Vorwort des Herausgebers

Eine Rede halten vor vielen erwartungsvollen Zuhörern, das erfordert ein bißchen Mut und eine gute Vorbereitung. Wahre Rednertalente entwickeln sich meistens erst nach einiger Übung.

Für weniger Erfahrene, die plötzlich vor der Aufgabe stehen, aus einem bestimmten Anlaß und in ihrer besonderen Eigenschaft eine Rede halten zu müssen, ist dieses Buch gedacht. Nach einer allgemeinen Einführung in die Kunst des Redens mit praktischen Hinweisen für Aufbau, Dauer, Stil, sprachliche Gestaltung und Rhetorik folgen rund 350 Mustervorlagen und Redekonzepte für alle nur denkbaren Anlässe im privaten und öffentlichen Bereich, für Wirtschafts- und Vereinsleben. Ob es sich um ein Jubiläum, die Betriebseröffnung oder Vereinsgründung, die Einweihung öffentlicher Einrichtungen, Gedenktage oder Siegerehrungen, einen Geburtstag oder ein Straßenfest handelt, die unterschiedlichen Reden wurden in Gedankengängen und Textvorlagen durchgespielt und vom Standpunkt des jeweiligen Redners aus betrachtet. So findet ein Bürgermeister ebenso Musteransprachen wie ein Dezernent, ein Betriebsleiter, ein Vorsitzender oder ein Gast.

Eine solche Sammlung beansprucht nicht, wortwörtliche Vorlagen für jeden erdenklichen Zweck zu bieten. Vielmehr steckt sie den Rahmen ab, den der Benutzer dieses Buches für den besonderen Anlaß nach persönlichem Geschmack ausfüllen und nach Lust und Laune sowie den örtlichen Gegebenheiten ergänzen kann. Sie soll Anregungen geben, Rohmaterial liefern und Vorbereitungszeit ersparen. Ein Sachregister mit Anlässen und Rednerrollen am Schluß des Bandes erleichtert die Zusammenstellung passender Redeteile und zeigt auch, daß viele Gesichtspunkte bei mehreren Anlässen auf verschiedenen Seiten behandelt worden sind. Eine kleine Zitatensammlung rundet das Buch ab und verhilft, den Reden noch Würze zu verleihen. Auch der wenig geübte Redner wird genügend aktuelle und praxisnahe Anknüpfungspunkte in diesem Buch finden, um seiner Ansprache Schwung und Frische zu verleihen. Dazu wird ihm viel Erfolg gewünscht.

KLEINE RHETORIK-SCHULE

Publius Cornelius Tacitus, der große römische Geschichtsschreiber, war es, der einmal formulierte:
»O seltenes Glück der Zeiten, in denen du sagen darfst, was du willst, und sagen kannst, was du denkst.«
Sagen können, was man denkt, ist eine Sache, die Zuhörer überzeugend informieren oder gar beeinflussen eine ganz andere. Von den Rhetorikzirkeln der alten Griechen bis zum modernen Kommunikationstraining – unter Einsatz der verschiedensten technischen Hilfsmittel wird seit Jahrhunderten an der Kunst der wirkungsvollen Rede gefeilt.
Denn Rhetorik ist für jeden von uns erlernbar. Sie braucht ein wenig Begabung, ständige Übung, manchmal einige Kniffe. Die notwendige Übung kann das nachfolgende Kapitel nicht ersetzen. Es will vielmehr praktische Handhaben liefern, einige wichtige Regeln vermitteln, die es zu beachten gilt.
Nach der Lektüre wissen Sie worauf es ankommt. Sie haben dann aber auch erfahren, daß es nicht darum geht, aus Ihnen einen perfekten, »effizienten« Redner zu machen, der jede Natürlichkeit und Spontaneität vermissen läßt.

Über die Kunst der Rede

Worin, fragen sich viele Menschen, zeigt sich die Kunst einer guten Rede? Und was zeichnet den guten Redner aus?
Der frühere französische Regierungschef und langjährige Präsident der Nationalversammlung, Éduard Herriot, hat einmal treffend charakterisiert, was ein Redekünstler ist:

Originelle Definition des Redekünstlers

»Ein Mann, der mit einem Vortrag über die Kunst des Zwiebelschälens einen vollen Saal zum Weinen bringen kann.«

Diesem Ziel, verehrte Leserin, lieber Leser, soll Sie dieses Buch ein großes Stück näher bringen. Doch bevor wir einsteigen in die kleinen Geheimnisse großer Reden und großer Redner, lohnt sich ein kurzer Blick in Definition und Geschichte der Redekunst oder der Rhetorik, wie die moderne, aus dem Griechischen stammende Wortwahl heutzutage lautet.

Was sagt die Enzyklopädie zum Begriff „Rhetorik"?

Rhetorik, erklärt die Brockhaus-Enzyklopädie, »erstrebt die mündliche Gestaltung eines Stoffes aus sicherem Sachwissen heraus und angepaßt an die Sprechsituation, mit dem Ziel, die Hörer zu informieren oder zu überzeugen«.
Welch komplexe Materie. Gestaltung, Sachwissen, Anpassung, Information, Überzeugung – jede einzelne Komponente allein ist schon Aufgabe genug. Und Redekunst muß alles noch vereinen!
Das geht nicht ohne ein tragfähiges Gerüst. Schon seit der Antike, seit so berühmten Rhetoren wie Demosthenes, Aischines, Isokrates oder Aristoteles, sind uns die Hilfsmittel der Redekunst bekannt: Sammlung des Stoffes, zweckmäßige Gliederung, stilistische Ausgestaltung, Aneignung und Vortrag. Durch die Jahrhunderte hat sich daran – bis heute – nichts geändert. Und obgleich sich Prozeßrede, literarische Rede, Predigt, politische Rede oder freie Rede in ihrer Zielsetzung grundsätzlich unterscheiden, konnten sie doch nur dann erfolgreich sein, wenn sie sich der klassischen Methoden der Rhetorik bedienten.

Hilfsmittel und Methoden stammen aus der Antike

»Es ist etwas anderes um eine erfahrene und geübte als allein um eine gelesene Kunst« – getreu dieser aus dem Mittelhochdeutschen stammenden Volksweisheit sollen Ihnen der nachfolgende Theorieteil und die sich anschließenden Redebeispiele den Einstieg in die Kunst der Rede erleichtern. Erfahrungen kann Ihnen das Buch nicht abnehmen. Wohl aber können Sie firm und sicher und somit ein guter Redner werden.

Gute Reden sind machbar

Der Faktor Zeit

Wie muß eine Rede sein? Martin Luther hat es einmal in der ihm eigenen Kürze und Prägnanz formuliert, als er sagte: »Tritt frisch auf, tu's Maul auf, hör bald auf«. Drei Empfehlungen, von deren Richtigkeit sich alsbald jeder überzeugen kann, der des öfteren Reden zu halten hat. Woran kranken zahllose Reden? An ihrer einschläfernden Länge. Oft ist man versucht, einem Redner, der am Beginn seiner Ausführungen die rhetorische Frage stellt: »Wo soll ich bloß anfangen?« zu antworten: »Möglichst weit hinten!«

Ein kurzer Tip von Martin Luther...

Johann Wolfgang von Goethe, dem großen Dichter und Denker, wird zugeschrieben, er habe einmal in einem Brief an seinen Vertrauten, Johann Peter Eckermann, formuliert: »Heute wird mein Brief etwas länger, da ich weniger Zeit habe.«

...und eine Erklärung von Goethe

Zeit – das ist eines der Geheimnisse guter Reden. Nur wer sich Zeit nimmt, wird auch erkennen, daß eine gute Rede nicht aus dem Ärmel zu schütteln ist. Sicherlich: Es gibt eine Handvoll begnadeter Redner, die sozusagen aus dem Stegreif brillant zu formulieren in der Lage sind und zusätzlich noch etwas aussagen. Aber leider gehört die Mehrzahl der Rednerinnen und Redner, die wir alle Tag für Tag erleben können – oder müssen – nicht zu diesen Exoten. Die meisten Reden sind zu lang, weil sie zu kurz vorbereitet wurden.

Unabdingbar für eine gute Rede: Zeit und nochmals Zeit

Sie haben die Möglichkeit, dies zu ändern. Als Nutzerin und Nutzer dieses Buches werden Sie schnell bemerken, daß Ihre Rede, an der Sie gerade formulieren, durch Kürzen unbedingt verbessert wird.

Auch ganz wichtig: Prägnanz und Kürze

Stoffsammlung

Zeit ist also das erste wichtige Element für eine gute Rede. Sie benötigen gleich mehrfach Zeit:

Zeit wofür?

- zunächst für die Stoffsammlung,
- dann für die Formulierung und Kürzung
- und schließlich für das Einstudieren der Rede.

Doch der Reihe nach. Am besten lernt die künftige gute Rednerin, der künftige gute Redner an einem Beispiel: Sie sollen eine Festrede anläßlich des 70. Jubiläums eines Gesangvereins halten. Eine ehrenvolle Aufgabe, die aber einige Probleme aufwirft.

Sie brauchen Informationen zur Festveranstaltung

Zuerst müssen Sie einiges über den Ablauf der Veranstaltung in Erfahrung bringen. An welcher Stelle ist die Rede vorgesehen? Wer spricht vor Ihnen und zu welchem Thema? Wer folgt nach dem Festvortrag mit welchem Beitrag? Wie setzt sich das Publikum zusammen? In welchem Rahmen – Festzelt oder Festhalle – findet die Veranstaltung statt, und welches Rahmenprogramm ist geplant?

Diese Details erfahren Sie vom Veranstalter. Mit ihm können Sie auch besprechen, ob es bestimmte Vorstellungen vom Inhalt der Festrede gibt, ob eine Botschaft vermittelt werden soll oder ob Sie als Redner völlig freie Hand haben. Beim Veranstalter bekommen Sie auch weitere notwendige Details: die wichtigsten Daten und Ereignisse aus der 70jährigen Vereinsgeschichte. Außerdem kann er Ihnen Zahlen, Daten und Fakten aus dem Umfeld nennen, also aus der regionalen, nationalen oder internationalen Sängerszene.

Daten und Fakten aus der Vereinsgeschichte sind Grundlagen für die Vorbereitung der Rede

Derart ausgerüstet müssen Sie nun ein zweites Zeitkontingent erübrigen: Sie sammeln weiteren Stoff – etwa über die Geschichte des Gesangs, über große Sängertreffen und Sängerwettstreite, über bedeutende Komponisten und Interpreten sowie über Stilrichtungen der Musik im allgemeinen und des Gesangs im besonderen.

Redestart und Redehöhepunkt

Allmählich wird das Bild rund. Und für Sie, als kommenden Festredner, beginnen jetzt die Schwierigkeiten. Sie müssen nämlich entscheiden: Sie legen – nach Sammlung des Stoffes und nach grober Sortierung – nunmehr fest, welche Ausrichtung Ihre Festrede bekommen soll.

Sammeln, sortieren und auswählen

An dieser Stelle empfiehlt sich eine Pause – genauer gesagt: eine Denkpause. Bisweilen sogar eine längere. Denn Sie stehen jetzt vor dem größten Problem, das Ihnen seit Herantragen der Bitte um eine Festrede erwachsen ist: Wie starte ich meine Rede?

Es gibt – darüber besteht kein Zweifel – unendlich viele Möglichkeiten, eine Rede zu beginnen. Nur wenige allerdings sind wirklich gut. Die meisten sind gewöhnlich und daher in aller Regel phantasielos und langweilig. Ein Beispiel:

Ich freue mich, beim heutigen 70jährigen Jubiläum des Gesangvereins »Kehlkopf« die Festrede halten zu dürfen und heiße Sie alle, die Sängerinnen und Sänger, die Sie so zahlreich heute abend hier anwesend sind, willkommen.

So bitte nie!

Ein fürchterlicher Beginn, wie er schlimmer kaum ausfallen kann:

Die sieben »Todsünden«

- Erstens startet eine gute Rede in der Regel nicht mit »ich«.
- Zweitens weiß jeder, daß der Redner die Festrede hält. Das muß nicht ausdrücklich gesagt werden.
- Drittens wurde das Auditorium bereits mehrfach begrüßt.
- Viertens sind die Gäste selbstverständlich nicht gestern oder morgen versammelt.
- Fünftens sind natürlich alle anwesend, die da sind, ganz gleich, ob es
- sechstens zahlreiche Gäste sind, oder nicht.
- Und siebtens gibt es niemals ein 70jähriges Jubiläum.

Ein Jubiläum ist immer ein Zeitpunkt, keine Zeitspanne

An dieser Stelle sei ein für alle Mal mit dem Irrglauben aufgeräumt, ein Jubiläum, ein Geburtstag also, könne eine Zeitspanne sein. Ein Geburtstag, ein Jubiläum ist immer ein Zeitpunkt. Ein Zeitpunkt wird orthographisch durch einen Punkt ausgedrückt, nämlich: 70. Jubiläum.

Etwas anderes ist es, wenn ich vom 70jährigen Bestehen spreche. Damit drücke ich die Zeitspanne von der Gründung bis zur Gegenwart aus. Leider hat sich die sprachliche Untugend vom 70jährigen Jubiläum eingeschlichen. Ein guter Redner aber legt immer auch Wert auf gutes Deutsch und meidet somit falsche Formulierungen. Die Gesellschaft für deutsche Sprache (GfdS) hat dazu folgendes mitgeteilt: »In einem Manuskript für unsere Zeitschrift >Sprachdienst< beispielsweise würden wir ein >25jähriges Jubiläum< nicht durchgehen lassen.« Dem sollten Sie sich als gute Rednerin, als guter Redner unbedingt anschließen!

Legen Sie Wert auf korrektes Deutsch

Der erste Satz ist der schwierigste

Doch zurück zum Beginn Ihrer Rede. Wie soll sie denn nun starten, um wirklich gut zu sein? Die Antwort lautet: Ihre Rede muß effektvoll beginnen. Ironisch zum Beispiel, provokant, spitz oder aber mit einem guten Zitat, mit einem Bonmot, einem passenden Witz, einer rhetorischen Frage. In jedem Fall aber muß Ihre Rede anders beginnen als diejenigen, bei denen Sie selbst das letzte Mal gegähnt haben.

Das Negativbeispiel des Herrn Tucholsky

Bleiben wir noch einen Moment beim schlechten Beispiel. Der Journalist und Schriftsteller Kurt Tucholsky hat einmal die »Ratschläge für einen schlechten Redner« zusammengestellt und folgendes formuliert:

»Fang nie mit dem Anfang an, sondern immer drei Meilen vor dem Anfang! Etwa so: >Meine Damen und meine Herren! Bevor ich zum Thema des heutigen Abends komme, lassen Sie mich Ihnen kurz...< Hier hast du schon so ziemlich alles, was einen

schönen Anfang ausmacht: eine steife Anrede; der Anfang vor dem Anfang; die Ankündigung, daß und was du zu sprechen beabsichtigst, und das Wörtchen kurz. So gewinnst du im Nu die Herzen und die Ohren der Zuhörer.«

Das A und O: der gelungene Einstieg

Nein, wir wollen es besser machen und exakt jene Fehler vermeiden. Wir suchen einen guten Einstieg in eine Rede, die umso leichter fließen wird, je besser der Eingang gelingt. Und genau dafür benötigen Sie Zeit. Ideen für den Hauptteil der Rede haben Sie in Fülle – Ihre Stoffsammlung muß lediglich gegliedert, also in eine Reihenfolge gebracht werden.

Auch der Schluß ist nicht das große Problem. Sie schlagen den Bogen zum gastgebenden Jubiläumsverein, dem Sie gratulieren und die besten Wünsche für eine gute Zukunft aussprechen. Kurz, versteht sich. Mit dem abschließenden Wunsch, daß der Gesang der Männer und Frauen auch in Zukunft eine große Schar von Musikbegeisterten erfreuen möge.

Gespannte Zuhörer gleich zu Beginn

Doch wichtigster Bestandteil Ihrer Rede ist der Beginn. Zu diesem Zeitpunkt ist der Erwartungshorizont Ihrer Zuhörerinnen und Zuhörer am größten. Sie werden voller Neugier und Spannung beobachtet und taxiert, Sie sind, wie Tucholsky es ausdrückte, »nackter als im Sonnenbad«.

Und in diese gespannte Erwartung hinein fallen Ihre ersten Worte. In aller Regel startet eine Rede mit der Anrede wichtiger Personen, ganzer Personengruppen oder unvermeidlicher Namen. Erweisen Sie sich und dem Auditorium einen großen Gefallen: Wiederholen Sie niemals die Gästeliste des Vorsitzenden. Dieser Part ist nicht Ihre Aufgabe. Sowenig wie möglich ist soviel wie erforderlich! Subsumieren Sie, indem Sie beginnen: *»Meine sehr geehrten Damen und Herren«*, oder fügen Sie höchstens noch an: *»Liebe Sängerinnen und Sänger«*. Nur für den Fall, daß wirklich bedeutende Personen anwesend sind, eröffnen Sie mit *»Verehrte Ehrengäste«*. Das genügt. Im Zweifel ist es schon zuviel.

Anreden: Je weniger, um so besser

Und nun geht es los! Ihre Rede setzt ein. Der erste Satz, an dem Sie so lange gefeilt haben, muß nun sitzen. In unserem Beispiel ist eine rhetorische Frage an den Anfang gestellt:

Einstieg über eine Frage

Meine sehr geehrten Damen und Herren!
Was sagt ein Festredner einem Gesangverein zum 70. Geburtstag? Soll er die Geschichte würdigen? – Das geschieht doch, für jedermann nachlesbar, in der hervorragenden Festschrift.

Griffige Begründungen für verworfene Themen

Soll er sich auf die Verdienste der Sängervereine und -vereinigungen konzentrieren und ausführen, welche kulturellen Leistungen erbracht werden durch die Pflege und Bewahrung deutscher Volkslieder? – Es ist jedermann hinreichend bekannt, welch großartiges Engagement der Gesangverein »Kehlkopf« auf diesem Gebiet erbringt.

Oder soll er sich darin üben, Klage zu führen über das mangelhafte oder gänzlich fehlende Engagement junger Menschen in Gesangvereinen? – Wir alle wissen doch aus langer Beobachtung und Erfahrung, wie schwer es ist, junge Menschen für Traditionelles zu begeistern. Der Walkman ist leichter zu bedienen, die Popmusik ist fetziger, aber auch andere Gründe führen dazu, daß junge Menschen in den Reihen von Sängerinnen und Sängern seltener zu finden sind als anderenorts.

Nein, diese Themen sollen nicht Gegenstand meines Festvortrages sein; sie sind Ihnen ja alle bestens bekannt. Ich möchte heute einmal etwas anderes versuchen. Ich habe in den vergangenen Tagen, als ich mich auf die heutige Festrede vorbereitete, eine Vielzahl von Zitatensammlungen durchgearbeitet und dabei viele heitere, lustige und nachdenkliche Äußerungen zu den Themen Musik und Gesang gelesen. Gelegentlich kann man beim Studium der gesammelten Spruchweisheiten eines Volkes viel über dessen Befindlichkeit erfahren. Mir jedenfalls ist es so ergangen …

Zusammenfassung und Überleitung zum Hauptteil

Mit diesem Redebeginn haben Sie die Zuhörer an Ihren Lippen. Sie bringen sie dazu, Gedankengänge nachzuvollziehen, die ihnen einleuchtend sind. Weder der historisch detailgetreue Fachvortrag, noch die akademische Vorlesung müssen auf ungeteilte Aufmerksamkeit hoffen können. Die Zuhörer wollen unterhalten werden – anderes bieten ihnen Vorlesungen und Fachvorträge, Kolloquien oder Frontalunterricht.

Das große Ziel: die Unterhaltung der Zuhörer

Doch wie nun zur Unterhaltung kommen, also zu dem Teil der Rede, der der Hauptteil ist und somit den Höhepunkt darstellt? Das ist weit weniger schwierig, als es scheint. Sie hatten am Ende der Einleitung darauf hingewiesen, zahlreiche Zitate und Redewendungen gelesen zu haben. Folglich geht Ihre Rede nun damit weiter. Jetzt schöpfen Sie aus dem vollen. Zitate finden Sie en masse, die sich mit wenigen Worten miteinander verbinden lassen. Ein weiteres Beispiel soll dies belegen:

Der Redehöhepunkt

… Die besonders liebliche Verbindung von Gesang und Frau hat auch Heinrich Heine erkannt, als er formulierte: »Auf Flügeln des Gesangs, Herzliebchen, trag' ich dich fort.« Wer an dieser Stelle **nicht** *den großen russischen Dichter Leo Tolstoi mit seiner Erkenntnis zitiert: »Musik ist die Kurzschrift des Gefühls«, der hat Hornhaut auf der Seele und sollte sich lieber weiterhin hinter seinem Wilhelm Busch verschanzen.*

Vermutlich ahnen Sie, was jetzt kommt. Das Zitat ist bekannt. Es stammt aus dem »Dideldum« von Busch und lautet: »Musik wird oft nicht schön gefunden, dieweil sie mit Geräusch verbunden.« Das klingt ketzerisch …

Verknüpfung passender Zitate und Bonmots

Mit zehn, zwölf guten Zitaten und Übergängen, die erstaunen, belustigen oder zwingender Logik folgen, halten Sie Ihre Zuhörer nicht nur bei Laune, sondern auch wach. Den Abschluß Ihrer dann 12–13minütigen Rede hatten wir schon angedeutet: Sie freuen sich, gratulieren, loben und

Rededauer und Redeabschluß

wünschen viel Erfolg sowie zahlreiche Auftritte in der Zukunft. (Sie finden das Redebeispiel auf Seite 366.)

Mit einschläfernden Reden blamieren Sie sich!

Geschafft! Die Rede steht. Ihr Publikum wird es Ihnen danken, denn Sie begeistern und – vor allem – Sie unterhalten die Menschen, die dies im stillen auch erhofft haben, als sie zur Veranstaltung kamen. Dabei ist das Auditorium nicht selten eine Ansammlung »gebrannter Kinder«. Wie oft schon haben sie einen Festredner erleben müssen, der im Schlaf anderer Leute sprach! Und wie oft schon mußten Sie die immer gleiche, öde und somit ermüdende Festrede à la: »Ich freue mich, die so zahlreich erschienenen Anwesenden...« über sich ergehen lassen.
Nein, Ihr Publikum hat Anspruch auf mehr. Es kann erwarten, daß sich der Redner Zeit genommen hat für eine kurze, spritzige und unterhaltsame Ansprache oder für einen gediegenen, würdevollen Vortrag.

Konzentration und roter Faden

Wie bekämpfe ich Anspannung und Nervosität?

Wahrscheinlich stehen Sie unter großer Anspannung, wenn Sie nach vorne ans Podium treten. Sie sind nervös, möglicherweise sogar ein wenig verlegen. Lampenfieber nennt dies der Fachmann. Dieses Fieber läßt sich bekämpfen, allerdings niemals mit Alkohol oder Betablockern. Gegen Lampenfieber helfen Übung und Konzentration: Übung vor dem Spiegel im Beisein Dritter, Konzentration auf den roten Faden Ihrer Rede, der als solcher erkennbar sein muß.

Redemanuskript in großer Schrift...

Ihr Manuskript ist – auf DIN-A5-Bogen oder auf Karteikarten – in Redeschrift geschrieben oder entsprechend hochvergrößert. Sie können, ohne sich den Halswirbel zu verrenken, aus gerader Haltung vor dem Mikrophon oder dem Rednerpult mühelos ablesen – wenn Sie dies wollen. Sie wollen aber gar nicht. Nur selten wandert Ihr Blick zum Papier. Und dort zu den roten, blauen oder grünen Randnotizen neben dem ausformulierten Text. Da steckt Ihr roter Faden. Er ist Ihre Sicherheit. Sie haben sich

...und Randnotizen

viel Zeit genommen, um sich Ihre Rede einzuprägen. Sie haben mehrfach geübt, sich an den roten Randnotizen entlangzuhangeln, bis Sie sicher sein konnten, Ihre Rede zu beherrschen – inhaltlich.
Und nun fehlt noch der rhetorische, mimische, gestische Schliff, um aus einer guten Rede einen brillanten Vortrag werden zu lassen.

Der Vortrag: Tempo, Mimik, Gestik

Wenn Sie sicher sind, den Text verinnerlicht zu haben, dann dient Ihnen Ihr Manuskript nur als Hilfe für den Fall, daß Sie einmal steckenbleiben. Das macht nichts! Im Gegenteil: Ihnen sind Sympathien sicher, wenn Sie diesen Lapsus mit einer Bemerkung wie: »An dieser Stelle hatte ich mir notiert ›Pause‹ – und siehe da, ich hab's geschafft« überspielen. Das wird Ihnen aber um so seltener passieren, je öfter Sie reden. Auch hier gilt: Übung macht den Meister und Sicherheit gibt dem Redner die notwendige Gelassenheit, um einen Auftritt souverän über die Runden zu bringen. Souveränität und Gelassenheit, Sicherheit und Konzentration – mit den Eigenschaften wird jeder Auftritt ein Erfolg. Was das Vortragen der Rede betrifft, sind natürlich noch ein paar Punkte zu beachten:

Brücken schlagen bei Versprechern und unbeabsichtigten Pausen

- Sprechen Sie langsam! Langsam und akzentuiert. Und fragen Sie ohne Scheu nach, ob Sie auch in den hinteren Reihen des Saales oder des Zeltes gut verstanden werden.

Langsam sprechen

- Machen Sie Pausen. Pausen, die eine Idee länger sind als diejenigen, die Sie in Gesprächen lassen. Denken Sie daran, daß die Menschen vor Ihnen Ihre Rede zum ersten Mal hören und die Chance haben sollten, Ihren Gedanken zu folgen.

Pausen lassen

- Nutzen Sie die Möglichkeiten der Sprachführung. Betonen Sie durch Heben oder Senken der Stimme. Und sogar Flüstern kann bisweilen eingesetzt werden. Eines allerdings dürfen Sie niemals: schreien. Wer schreit, hat verloren – und zwar sämtliche Sympathien eines bis dahin gespannt folgenden Auditoriums.

Betont reden, Modulation der Stimme nutzen

- Unterstreichen Sie wesentliche Aussagen durch Mimik und Gestik. Doch Vorsicht: Auch hierbei ist weniger mehr! Wer am Pult umherhampelt, wer mit den Armen unkontrolliert in der Luft rudert, kann dieserart einen inhaltlich hervorragenden Vortrag zunichte machen.

Mimik und Gestik sparsam einsetzen

Niemand soll sich »verbiegen«. Es macht keinen Sinn, sich als Redner in ein bestimmtes Schema pressen zu lassen. Einem Publikum etwas vorspielen zu wollen, wird ohnehin gründlich mißlingen. Natürlichkeit ist angesagt: Sie sind Sie und bleiben es auch, ganz gleich, ob Sie vor dem Mikrophon stehen oder unter den Zuhörern sitzen.

Natürlichkeit ist angesagt

Zitate und ihre Verwendung

Sie überzeugen durch Inhalt, durch eine gehaltvolle Rede, die Sie selber verfaßt haben. Ihr Publikum möchte nicht die zwanzigste Kopie eines guten Originals hören. Ihr Publikum ist anspruchsvoll – und diese Ansprüche befriedigen Sie.

Aphorismen, Bonmots und Lebensweisheiten leisten gute Dienste

Dabei kann es durchaus von Nutzen sein, über eine gutsortierte Zitatensammlung zu verfügen. Aphorismen und Bonmots, Volksweisheiten, Sprüche – dieser Fundus scheint unerschöpflich. Wenn Sie des öfteren reden müssen, lohnt es sich durchaus, gute Geistesblitze bekannter Persönlichkeiten zu sammeln. Es findet sich immer etwas Passendes, etwas Gegenteiliges, etwas Provokantes. Leider hat auch diese Regel Ausnahmen: Es gibt Zitate, die so abgedroschen sind, daß man sie überall, nur nicht vor der im Text genannten Zielgruppe nutzen darf. Ein Beispiel:

Hüten Sie sich vor Plattheiten

Friedrich Schillers »Glocke« beinhaltet die Passage: »Drum prüfe, wer sich ewig bindet, ob sich das Herz zum Herzen findet. Der Wahn ist kurz, die Reu' ist lang...« Sie können den ersten Teil unbedenklich verwenden, wenn es um geschäftliche Kooperationen geht. Für den zweiten Teil findet sich ebenfalls ein passender Anlaß, etwa im familiären Bereich, bei der humorvollen Taufe des neuen Wagens.

Die richtige Verwendung entscheidet über die Wirkung

Verwenden Sie dieses Zitat aber niemals bei einer Eheschließung. Überlassen Sie es anderen, sich damit zu blamieren. Nein, für die gelungene Hochzeitsrede finden Sie unter dem Stichwort: »Liebe, Ehe und Familie« am Ende des Buches bessere Zitate, etwa jenes des deutschen Dichters Adelbert von Chamisso: »Liebe ist kein Solo. Liebe ist ein Duett. Schwindet sie bei einem, verstummt das Lied.«

Damit halten Sie Ihre tolle Hochzeitsrede, von der die Verwandtschaft noch lange reden wird. Oder mit Oscar Wildes Erkenntnis: »Allem kann ich widerstehen, nur der Versuchung nicht«. Das ist ein Aufhänger, wie er maßgeschneidert ist. Für eine humorvolle, spritzige Rede.

Zitate mit »Umwegen«

Ja, auch das Nutzen von Zitaten birgt Fußangeln. Gehen Sie auch mit Zitaten lieber Umwege. Nehmen Sie etwa den Satz des Dichters Friedrich Hebbel: »Ein Maitag ist ein kategorischer Imperativ der Freude.« Damit bestreiten Sie einen Teil der Rede zum Sängerjubiläum, indem Sie ausführen:

Friedrich Hebbel, der große deutsche Dichter, hat einmal bemerkt: »Ein Maitag ist ein kategorischer Imperativ der Freude.« Recht hatte er. Doch in Erweiterung der Hebbelschen Erkenntnis bin ich der Auffassung, auch ein Novembertag kann große Freude bereiten. Vor allem dann, wenn so viele Sängerinnen und Sänger wie heute beim

70. Jubiläum des Gesangvereins »Kehlkopf« zusammengekommen sind, um miteinander zu feiern und …

… und so weiter. Um im Bilde zu bleiben, ein Zitat zum Thema »Zitate« als Abschluß. Heinrich Heine ist überliefert mit der Bemerkung: »So ein paar grundlegende Zitate zieren den ganzen Menschen.« Wohlgemerkt: zieren, nicht überladen!

Redemuster als Gerüst und Hilfe

Sie kennen nun die wesentlichen Voraussetzungen für eine Rede, die die Chance hat, als gut eingestuft zu werden. Machen Sie sich also an die Arbeit. Auf den folgenden Seiten finden Sie Redemuster, die Sie nach Ihrem Gusto übernehmen und – gewissermaßen als Textbausteine – neu zusammenstellen können: für Ihre eigene Rede, mit der Sie Ihr Publikum begeistern und zu echtem Beifall veranlassen. Der umfangreiche Zitateteil im Buchanhang hilft Ihnen beim Einstieg, bei der Ideenfindung und beim wirkungsvollen Schluß.

Nicht vergessen: Keine Rede ohne Inhalt!

Und halten Sie sich immer vor Augen, daß Sie, bei aller Stilistik und Rhetorik, auch etwas sagen müssen. In Bonn, der bisherigen Schaltstelle deutscher Macht, grassiert folgendes Bonmot:
Zwei Abgeordnete treffen sich. Der eine grüßt und fragt den Kollegen: »Was haben Sie in der großen Debatte zur Gesundheitsreform gesagt?« »Nichts«, antwortet dieser, woraufhin sein Gegenüber insistiert: »Das war klar, nur, wie haben Sie es formuliert?«

Zehn Regeln für die gute Rede

1 Eine gute Rede braucht eine gute Idee. Lassen Sie diese reifen. Sammeln Sie soviel Informationen zu Ihrem Thema, wie Sie bekommen können, und ordnen Sie diese nach Wichtigkeit.

2 Die »fünf W«: Wer – Was – Wann – Wo – Warum helfen immer. Sie sind der »stumme Hintergrund« Ihrer Rede.

3 Eine »gute Rede« beginnt anders als die »üblichen Ansprachen«: mit einem griffigen Zitat, mit einer Erlebnisschilderung, mit einer humorvollen Episode, einem Bonmot, einem Kompliment oder mit einer aktuellen Zahl. Sie können auch eine Provokation in den Raum stellen oder einen Witz zum besten geben – nur Vorsicht, beides sollten Sie meisterlich beherrschen.

4 Nichts ist langweiliger als eine ellenlange Begrüßungsliste. Verknappen Sie die Begrüßung auf das unumgängliche Muß, und fassen Sie so weit wie möglich zusammen. Noch besser ist es, das Auditorium erst nach dem – pointierten – Einstieg in die Rede anzusprechen.

5 Deutsch ist »würde-los« und »man« ist niemand! Es heißt nicht: »Ich würde sagen« oder »ich würde denken«, sondern: »Ich sage« und »ich denke«.

6 Die »klassische« Dreiteilung einer Rede in Einleitung, Hauptteil und Schluß wird Ihnen bei der Gliederung alsbald leicht von der Hand gehen. Je schnörkelloser die Struktur, je klarer die Gedankengänge, um so aufmerksamer werden die Zuhörer folgen.

7 Gutes Deutsch ist keinesfalls eine Endloskette von Fremdwörtern. Versuchen Sie, so weit wie möglich auf Fremdwörter zu verzichten.

8 Wiederholen Sie Ihre Kerngedanken und Kernaussagen, oder fassen Sie diese im Schlußteil knapp zusammen.

9 Eine gute Rede braucht Zeit – zur Vorbereitung des Manuskripts, vor allem aber zur »Probe«. Verinnerlichen Sie Ihre Rede, und lesen Sie sie auch einmal *laut* vor – aber nicht erst an dem Tag, an dem Sie die Rede halten!

10 Halten Sie sich unbedingt an Martin Luther: »Tritt frisch auf! Tu's Maul auf! Hör bald auf!« Auch Ihre Rede wird durch Kürzen nur noch besser.

Zehn Regeln für den guten Redner

Bleiben Sie der, der Sie sind. Es ist Ihre Rede und nicht die x-te Kopie eines 1
ehemals guten Originals. Für Ihre Rede stehen Sie selber gerade.

Ihre Rede korrigieren Sie selber. Geben Sie sie in keinem Fall einem 2
Freund oder dem Partner zu lesen. Er wird Sie nur verwirren und aus dem Konzept bringen.

Reden Sie langsam und deutlich. Scheuen Sie sich nicht nachzufragen, ob 3
Sie überall verstanden werden. Eine schlechte Akustik kann selbst eine brillante Rede zerstören.

Stehen oder sitzen Sie beim Reden bequem. Verkrampft hat noch kein 4
Redner überzeugt! Der Binder darf nicht abschnüren, die Handtasche nicht stören.

Halten Sie Blickkontakt zu Ihrem Auditorium. Selbstgespräche möchte Ihr 5
Publikum nicht hören.

»Wer schreit, hat Unrecht«, sagt der Volksmund. Sie haben das nicht nötig, 6
überzeugen Sie durch Argumente, durch Logik – niemals aber durch Lautstärke. Und setzen Sie auch Mimik und Gestik sparsam und daher wirkungsvoll ein.

Reden Sie möglichst selten in der ersten Person. Zu viele »Ichs« erwecken 7
den Eindruck eines übertriebenen Geltungsbedürfnisses. Ersetzen Sie es auch nicht durch das dem Papst zustehende »Wir«.

Schreiben Sie Ihr Rede-Manuskript auf halbe DIN-A4-Seiten. Nutzen 8
Sie die große Redeschrift, oder lassen Sie sich Ihr Manuskript vergrößern. Markieren Sie wichtige Stellen, oder arbeiten Sie Randbemerkungen ein. Zwischenüberschriften für Ihr Gedächtnis sind ebenfalls sehr hilfreich.

Nicht die Nerven verlieren, wenn Sie einmal mitten im Vortrag stecken- 9
bleiben. Ihre Markierungen oder Randnotizen führen Sie rasch weiter. In besonders hartnäckigen Fällen streuen Sie eine humorvolle Bemerkung ein, z. B.: »An dieser Stelle hatte ich mir ›Pause‹ notiert – und sie ist tatsächlich eingetreten.«

Vermeiden Sie den Standard-Schlußsatz: »Ich danke für Ihre Aufmerksam- 10
keit«. Richten Sie lieber einen Appell an die Gemeinsamkeit, beglückwünschen Sie Auditorium und Veranstalter, oder geben Sie einer Hoffnung Ausdruck.

Öffentliches Leben

Ob der Grundstein für ein Krankenhaus gelegt oder eine Brücke dem Verkehr übergeben wird – beides sind Anlässe für eine öffentliche Veranstaltung in größerem Rahmen.
Eine Stadt, eine Gemeinde möchte einen neuen Mittelpunkt gestalten. Folglich wird ein Denkmal oder eine Skulptur aufgestellt, ein Brunnen installiert, ein Platz verschönert.
Eine Jubiläumsfeier oder ein Tanzvergnügen steht an, und die Bürger kommen im Gemeinschaftshaus oder im Festzelt zusammen. Nicht zu vergessen die lokalen und regionalen Ausstellungen, die im Beisein von Ehrengästen eröffnet werden.
Schließlich gilt es, verdiente Mitglieder von gemeinnützigen Vereinigungen zu ehren, Auszeichnungen und Preisverleihungen vorzunehmen, Glückwünsche oder Trost auszusprechen – kurzum: Im öffentlichen Leben gibt es jede Menge Gelegenheiten, eine gute Rede zu halten, die, wie Winston Churchill einmal sagte, »das Thema erschöpfen soll, nicht die Zuhörer«.

Öffentliche Bauten und Einrichtungen

Grundsteinlegung für ein Wohnungsbauvorhaben

Ein Vertreter der Landesregierung spricht

Herr Bürgermeister, meine sehr geehrten Damen und Herren!

Zur Grundsteinlegung für dieses bedeutende Bauvorhaben Ihrer Gemeinde darf ich Ihnen die herzlichen Grüße der ... Landesregierung aussprechen. Wir gehen sicher alle von der Voraussetzung aus, daß die wohnungsmäßige Versorgung der Bevölkerung mit eine, wenn nicht die hervorragende Aufgabe unseres sozialen Leistungsstaates darstellt. Denn wir wissen alle, daß die Wohnung der Ort ist, an dem der Bürger den größten Teil seiner Freizeit verbringt.

Allgemeiner Konsens ...

Es ist also nicht allein eine Frage der Unterbringung, sondern vielmehr das Problem eines angemessenen Lebensraumes. Hier muß der arbeitende Mensch Erholung und Entspannung finden können, denn hier liegt im großen und ganzen sein Ausgleich für die vielen Stunden, die er Tag für Tag im Arbeitsprozeß steht. Eine angemessene Unterbringung ist dann relativ unproblematisch, wenn auf der einen Seite die durch Gesetz, Gesundheit und Hygiene gestellten Mindestanforderungen eingehalten werden, auf der anderen Seite die Mietbelastung in einem vertretbaren Verhältnis zu den Ausgaben für den privaten Verbrauch steht. Neuere statistische Erhebungen aber haben ergeben, daß insbesondere die sozial Schwächeren in unserer Gesellschaft von den steigenden Mieten und den steigenden Mietnebenkosten betroffen sind. Zwar lassen offiziell durchgeführte statistische Vergleiche erkennen, daß die monatliche Durchschnittsmiete immer noch verhältnismäßig niedrig liegt. Das hängt zum Teil aber damit zusammen, daß die Mieten in diesem statistischen Vergleich in der Regel nur Haushalte erfassen, die durch Maßnahmen der öffentlichen Hand oder durch Beihilfen von Arbeitgebern oder anderen verbilligt worden sind. Eliminiert man dies aus der Gesamtbetrachtung, dann steht fest, daß heute trotz ständig steigender öffentlicher Zuschüsse der Anteil der monatlichen Mietbelastung an den gesamten Privatausgaben absolut und relativ gesehen immer stärker steigt. Dabei werden die Bezieher mittlerer und niedrigerer Einkommen stärker belastet als die Bezieher hoher Einkommen.

... und Problematisierung

Hinweise auf Ergebnisse statistischer Erhebungen untermauern die Argumentation

Auch diese Tatsache unterstreicht, daß die Errichtung preisgünstiger Wohnungen in immer stärkerem Maße entweder gemeinnützigen Bauträgern zuwächst oder aber der besonderen Unterstützung der öffentlichen Hand bedarf. Obwohl die in der Nachkriegszeit erforderlichen Wohnungsnotbauprogramme und sonstigen staatlichen Förderungsprogramme den dringendsten Wohnungsnachholbedarf der Bevölkerung deckten und heute wenigstens rein statistisch den Wohnungsfehlbestand beseitigt haben, ist das Problem dennoch nicht gelöst. Lassen Sie mich hier ein Beispiel nennen:

Beschreibung des Problems

Eine Wohnung ohne ausreichende hygienische Einrichtung, mit unzulänglicher Beleuchtung und Sonneneinwirkung ist für mich zwar ein Tatbestand, der in einer Statistik zu Buche schlagen kann. Er hat aber mit einer menschenwürdigen Unterbringung nichts, aber auch gar nichts zu tun. Deshalb muß es uns heute nach wie vor darum gehen, Mißstände im Wohnungswesen zu beseitigen. Es müssen Mindestanforderungen an Belegung und Zustand einer Wohnung erfüllt sein, damit sie der besonderen Bedeutung der Wohnung als Mittelpunkt menschlicher Existenz Rechnung tragen können. Wir müssen dafür Sorge tragen, daß bei der Erstellung von Wohnungskonzepten die Erkenntnisse anderer Wissenschaftszweige, wie z. B. Medizin, Verhaltungsforschung usw., ebenso selbstverständlich werden wie die Einbettung von bedarfsgerechten Wohnungen in eine humane städtebauliche Landschaft. Einer der profilierten Kenner dieser Problematik hat einmal gesagt: »Mit falsch gebauten Städten kann man eine Gesellschaft und eine Demokratie genauso ruinieren wie durch die Errichtung eines totalitären Regimes.«

Beispiele dienen der Verdeutlichung

Vorschläge für die Problemlösung

Ich möchte hinzufügen: Dies kann man auch, wenn man in diesen Städten der Bevölkerung keinen angemessenen Wohnraum zu tragbaren Preisen zur Verfügung stellt. Das Bauvorhaben, für das wir heute hier die Grundsteinlegung vornehmen, erfüllt viele der eingangs aufgezeigten Voraussetzungen in ganz besonderem Maße. Deshalb wird die Landesregierung dieses Modell auch besonders fördern.

Rückkehr zum Anlaß der Rede

Ich bin sicher, daß Sie, meine sehr verehrten Damen und Herren, die Sie künftig diese neuen Wohnungen und Häuser bewohnen werden, sie mit dem Leben und dem Gemeinschaftssinn erfüllen, die dieses Modellvorhaben auch für andere Städte und Gemeinden unseres Landes attraktiv machen.

Grundsteinlegung für ein Schwimmbad

Eine Kommunalpolitikerin spricht

Meine sehr geehrten Damen und Herren!

Die heutige Grundsteinlegung zu einem städtischen Schwimmbad ist für mich Anlaß zu besonderer Freude. Ich weiß, daß ich sie mit der sportfreudigen Jugend und mit allen denen teile, die hier einmal Entspannung und Erholung von der Arbeit des Alltags suchen wollen.
Diesem Unternehmen, das wir heute voll Stolz und innerer Überzeugung beginnen, haftet auch nicht ein Hauch von Luxus an, denn es dient einzig und allein dem Allgemeinwohl, und zwar im besten Sinne des Wortes. Die gesamte Bevölkerung dieser Stadt soll in ihm einmal eine Stätte der Erholung finden. Gerade dem, der etwa sagt: Baut lieber ein Krankenhaus statt eines Schwimmbades!, erwidere ich: Wer dieses Schwimmbad regelmäßig besucht und sinnvoll benutzt, spart sich vielleicht später das Krankenhaus! Der alte lateinische Satz »Mens sana in corpore sano« – ein gesunder Geist in einem gesunden Körper – hat ebenso seine Gültigkeit wie der: Vorbeugen ist besser als heilen! Und vorzubeugen ist noch nie so wichtig gewesen wie heute.

Denkbare Kritik aufgreifen und widerlegen (auch durch Zitate)

Es ist eine zermürbende Zeit, in der wir leben – eine Zeit, in der die berufliche Hetzjagd und die Angst vor dem Morgen nur zu oft das Gespenst jener Krankheit herbeirufen, die wir Managerkrankheit nennen. Aber diese Bezeichnung ist irreführend, denn die Krankheit befällt keineswegs nur Menschen in leitenden Positionen. Der einfache Arbeiter, der Einzelhändler, der mittlere Angestellte, der Handwerker, die Hausfrau, ja, selbst Kinder fallen dieser sogenannten »Managerkrankheit« heute schon zum Opfer, weil sie sich aus der Spannung des Alltags nicht lösen können und weil sie deshalb die Raserei unserer hektischen Zeit nicht mehr durchhalten.

Hinweis auf den Gesundheitsaspekt durch einleuchtende Beispiele

Wer mit einem Arzt über das Problem dieser Krankheit spricht und nach einem Rezept gegen diese aktuellen Leiden des modernen Menschen fragt, erhält meist eine knappe Antwort: Ruhe – etwas Ausgleichssport – und ein paar kleine private Freuden, die nicht in durchgefeierten Nächten und rauchgeschwängerten Bars zu suchen und zu finden sind! Einfach genug, dieses Rezept – möchte man meinen! Und die Heilmittel, die es erwähnt, sind wahrhaftig auch billiger als wochenlange Herz- oder Kreislaufkuren, denn die kosten viel Geld und viel Zeit. Und eben deshalb freue ich mich besonders, daß Sie sich hier so zahlreich versammelt haben. Denn hier wird mit dem Bau eines Werkes begonnen, das man getrost einen Ort der Gesundheit nennen darf! Wenn dieses Werk beendet ist, wird es zahlreichen Menschen die Möglichkeit bieten, die drei Heilmittel *Ruhe, Sport*

Euphorische Beschreibung des Nutzens für die Allgemeinheit

und *Freude* für nur wenig Geld immer wieder zu erhalten! Sie werden abschalten und den Terminkalender, den Lärm Ihrer Maschinen, den Küchenherd und den Schulunterricht vergessen, und Sie werden den so dringend nötigen Ausgleichssport ohne jeden äußeren Zwang betreiben können. Und obendrein warten die vielen Freuden des Beisammenseins mit der Familie oder mit guten Freunden.

Zusammenfassung der positiven Aspekte

Um zu dem Ausgangspunkt meiner Worte zurückzukehren: Daß ein gesunder Geist nur in einem gesunden Körper wohnen kann, ist ein gewichtiges Argument für die Grundsteinlegung, zu der wir uns hier versammelt haben. Dieses Ziel zu erreichen ist die eigentliche Bestimmung des Schwimmbades, das an dieser Stelle entstehen soll. Es dient der Entspannung, der Freude, der körperlichen Ertüchtigung – und damit unserer Gesundheit.

Noch einmal: das Hauptziel des Bauvorhabens

Grundsteinlegung für ein Schwimmbad

Der Vorsitzende eines Sportverbandes spricht

Verehrte Ehrengäste, meine sehr geehrten Damen und Herren!

Wenn ich heute anläßlich der Grundsteinlegung zu unserem neuen Schwimmbad das Wort ergreife, so möchte ich nicht nur als Beauftragter der örtlichen Sportvereinigung zu Ihnen sprechen, sondern gleichzeitig im Namen der Einwohner unserer Stadt (unseres Kreises), denen nun in naher Zukunft endlich ein langgehegter und immer wieder dringend geäußerter Wunsch erfüllt wird. Was wir hier vor uns sehen, sind die Anfänge eines Schwimmbades, das für uns alle eine Oase der Erholung werden soll. Dank der ideellen und materiellen Hilfe der ... (-Regierung), der Ortsbehörden und der anerkennenswerten Privatinitiative großzügiger Freunde und Förderer des Schwimmsports werden wir eine Anlage bekommen, die man als beispielhaft bezeichnen darf. Modern im Bau, zweckmäßig in der Einrichtung und schön in der Gestaltung wird das neue Schwimmbad im Laufe der Jahre für Tausende von Menschen ein Ort der Entspannung sein, den sie immer wieder gern aufsuchen werden.

Einbindung der Förderer

Vorzüge der geplanten Anlage

Nach Feierabend und am Wochenende werden wir hierher kommen, um zugleich mit der Kleidung des Alltags auch dessen Ballast abzuwerfen. Sie alle kennen sicherlich die Redensart: »etwas ausbaden müssen«, und haben sie wahrscheinlich schon oft gebraucht. Aber wissen Sie auch, daß dieses geflügelte Wort auf eine mittelalterliche Baderegel zurückzuführen ist, nach welcher der letzte Besucher eines Bades das Wasser auszugießen

Herkunft und Bedeutung einer Redensart

hatte? Nun, noch lange nach jener Zeit war das Baden – auch im Freien – kein reines Vergnügen und mit mancherlei Unbequemlichkeiten und Gefahren verbunden. Die Unbequemlichkeiten sind verschwunden, die Gefahren durch zahlreiche Sicherheitsmaßnahmen und sorgfältige Betreuung des einzelnen weitgehend gebannt. Was von früher her übrigblieb, ist allein die Freude am Wasser – die Freude, fern vom Alltag im nassen Element herumzutollen.

Hervorheben der Bequemlichkeiten des neuen Bades

Auf den neuen Liegewiesen werden wir die privaten und beruflichen Sorgen vergessen und uns an der Sonne, am blauen Himmel und am Wasser erfreuen. Und Sonne, recht viel Sonne, wünsche ich allen künftigen Besuchern unseres neuen Schwimmbades schon heute!

Grundsteinlegung für die Stadtbibliothek

Ein Vertreter der Landesregierung spricht

Herr/Frau Bürgermeister/in, meine sehr geehrten Damen und Herren!

Ein Vergleich als Einstieg

Unter den vielen kommunalen und staatlichen Gebäuden, zu deren Grundsteinlegung oder Einweihung ich eingeladen werde, sind mir schon immer die am liebsten gewesen, die einem kulturellen Zweck dienen. Andere mögen von mehr praktischer Bedeutung sein und sind dann in der Regel um so aufwendiger, je mehr ihnen der geistige Gehalt fehlt. Diese aber aus dem großen Bereich der Kultur sind äußerlich oft um so bescheidener, je größer ihr innerer Wert ist; sie sind obendrein für eine längere Dauer bestimmt, manchmal sogar für die Ewigkeit. Auch diese Stadtbibliothek, die hier entsteht, wird kein Prunkbau werden, ihr Schatz liegt im Inneren.

Ein Zitat am Beginn des Hauptteils der Rede …

… und seine Kommentierung

»Ein Bücherschatz ist wie ein geistiger Baum, der Bestand hat und seine köstlichen Früchte spendet, von Jahr zu Jahr, von Geschlecht zu Geschlecht!« – sagte der englische Kulturphilosoph und Historiker Thomas Carlyle einmal. Ganze Generationen können von diesem Baum zehren und sich innerlich bereichern. Aber auch ein geistiger Baum braucht seinen festen Platz, an dem er gehegt, gepflegt und veredelt werden kann. Und er braucht Gärtner, die sich der Menschen annehmen, denen an seinen Früchten gelegen ist! Ohne diesen festen Platz und ohne die Gärtner wäre der Baum des Geistes nur ein knorriges, wildes Gewächs, das schon bald keine Früchte mehr tragen und verdorren würde.

Der Stein, den Sie, meine Damen und Herren, hier vor sich erblicken, ist daher ein Symbol. Ein Symbol dafür, daß der Hunger nach geistiger Bildung auch in unserer technisierten Welt so stark ist wie eh und je und daß dieser Hunger auch heute gestillt wird! Kommende Generationen wird dieser Stein daran erinnern, daß das 20. Jahrhundert nicht nur das Flugzeug, die Radarmeßtechnik, den Kunststoff und die Atombombe hervorgebracht hat, sondern auch zahlreiche bedeutende Werke der Literatur, der Musik und der bildenden Künste!

Sinnerweiterung des Zitats bis in die Gegenwart

(Hier müßte ggf. eingefügt werden: Im Auftrag der ...-Regierung von ... übergebe ich Ihnen, Herr Bürgermeister, diese Kassette, in der sich außer einer Erinnerungsurkunde eine sorgfältig zusammengestellte Sammlung von Münzen dieses Jahres befindet – zum Gedenken an den heutigen Festtag. Diese Kassette soll in den Grundstein mit eingemauert werden.)
Möge das Bauwerk, zu dem heute der Grundstein gelegt wird, allen künftigen Benutzern in ... zur Information, zum Studium oder einfach nur zur Unterhaltung dienen. Und möge es dazu beitragen, daß das gemeinsame Erlebnis des Lesens und die gemeinsame Freundschaft zum Buch auch die übrigen menschlichen Beziehungen der Bürger von ... untereinander noch vertieft – wie jedes gemeinsame Interesse die Menschen einander näherbringt! Mögen die Reihen der Bücher, die bald hier stehen und wirken, zur bindenden Kraft einer Gemeinschaft werden – der Gemeinschaft der ... (z. B. Duisburger oder Kirchdorfer usw.) Bücherfreunde!

Appell an Gemeinschaft

Grundsteinlegung für die Stadtbibliothek

Der Bürgermeister spricht

Hochverehrter Herr ... (Titel),
verehrte Gäste, liebe Mitbürgerinnen und Mitbürger!

Wir begrüßen es wohl alle mit Genugtuung, daß wir nun endlich eine eigene Stadtbibliothek bekommen werden! Schon lange bestand ja die Absicht, den Bücherfreunden unter unseren Bürgern einen Platz gemeinsamer Entspannung, Information und des Studiums zu schenken – aber es gab doch manche Schwierigkeiten zu überwinden, ehe die finanziellen Mittel bereitlagen und das hier vor uns liegende Terrain abgesteckt werden konnte.

Probleme werden erwähnt

Man behauptet, wo ein Wille sei, sei auch ein Weg! Zu häufig aber ist der Weg nicht ganz so einfach wie der Wille – oder es wird ein sehr weiter Weg! Daß wir hier in ... die Wegstrecke bis zu dieser Grundsteinlegung abkürzen konnten, verdanken wir der tatkräftigen Unterstützung durch die ...-Regierung, der hiesigen zuständigen Baubehörden und allen Bürgern,

Dank an Förderer und Helfer

die uns bei der Planung dieses Vorhabens mit Rat und Tat uneigennützig zur Seite gestanden haben. Mein Dank gilt auch all denen, die als großzügige Förderer des Vorhabens Geld- und Sachspenden zur Verfügung stellten! Hier darf ich vor allem die ortsansässigen Verlage nennen (ggfs. auch Buchhandlungen), die sich bereiterklärt haben, jeweils ein Exemplar (oder Zahl der Bücher) ihres Sortiments als Grundstock für unsere künftige Bibliothek einzubringen.

Zitate zum Anlaß

Ein altes Sprichwort sagt, daß ein Mensch ohne Bildung wie ein Spiegel ohne Politur sei! Und irgend jemand hat auch einmal darauf hingewiesen, daß das Lesen guter Bücher nicht nur trefflich unterhalte, sondern grundsätzlich auch bilde. Diese beiden Aussprüche umreißen die Aufgabe der Bibliothek, die einerseits eine Stätte der Freude, der Entspannung und der Erholung – andererseits aber ebenso auch eine ergiebige Fundgrube des Wissens werden soll.

Beschreibung der Merkmale und Vorzüge des Bauprojekts

Wer die Pläne und die architektonischen Entwürfe für das Bauwerk kennt, das jetzt in Angriff genommen wird, der weiß, was es bedeutet, in unserer Stadtbibliothek als Leser eingeschrieben zu werden. Helle, große und behaglich eingerichtete Leseräume werden jeden Bücherfreund die Ruhe finden lassen, die er benötigt, um bei einem guten Buch die kleinen und großen Sorgen des Lebens vergessen zu können. In festen und geräumigen Regalen und Vitrinen sorgsam und übersichtlich geordnet, werden viele Werke aus der Weltliteratur und dem Schrifttum unseres Landes zu finden sein, um Unterhaltung und Wissen zu schenken!

Wir hoffen, daß die Räume bald zur Verfügung stehen und sind sicher, daß das Angebot an unsere Bürger – zu lesen, zu studieren, sich weiterzubilden – auch rege genutzt wird.

Grundsteinlegung für eine Jugendherberge

Eine höhere Beamtin spricht

Meine Damen und Herren, liebe Mädchen und Jungen!

Einleitung per Zitat

In seiner »Italienischen Reise« schrieb Johann Wolfgang von Goethe, daß für die Jugend das Beste immer gerade gut genug sei! Ich erwähne diese Stelle hier nicht etwa, weil es Mode ist, in einer Festrede den berühmten deutschen Dichterfürsten zu zitieren, sondern weil es mir bedeutungsvoll erscheint, daß diese Bemerkung gerade in einer Reisebeschreibung steht. Auf seiner Fahrt durch den sonnigen Süden mag Goethe des öfteren an das junge Völkchen gedacht haben, das die Ferne schon immer mit

tausend herrlichen Zielen lockte. Diesen Lockungen recht oft nachgeben zu können, war lange nach Goethes Zeiten auch unser Wunsch, und es wird auch in Zukunft das Verlangen zahlloser junger Menschen sein!
Nun, um etwas von der weiten Welt zu sehen, braucht man nicht unbedingt durch Länder zu wandern, in denen die Zitronen blühen! Das wußte natürlich auch Goethe, zu dessen Zeiten es jedoch ungleich schwerer war, Land und Leute kennenzulernen, selbst wenn man innerhalb der deutschen Ländergrenzen blieb. Denn damals gab es noch keine Eisenbahnen, von Schnellbussen und Flugzeugen ganz zu schweigen. Das Reisen mit der Postkutsche aber erforderte, daß man erstens über eine gut gefüllte Geldbörse, zweitens über sehr viel Zeit und drittens über eine dickgepolsterte oder recht widerstandsfähige Sitzfläche verfügte. Dazu kam noch, daß man kaum eine halbe Tagesreise hinter sich bringen konnte, ohne die Grenze irgendeines Ländchens oder Herzogtums zu passieren … und daß es um billige Unterkünfte besonders schlecht bestellt war.

Erweiterung des Zitats und Blick in die Vergangenheit

So gab es zu Goethes Zeiten nicht viele Leute, die als weitgereist gelten durften. Nur die Handwerksburschen zogen schon damals von Land zu Land. Sie kannten fremde Sitten und Bräuche, ferne Landschaften und Sehenswürdigkeiten und sind mit ihrer Wanderlust gut mit den Wandervögeln unserer Tage zu vergleichen. Viele brave Bürger früherer Zeiten kamen allerdings nie aus der Gegend heraus, in der sie geboren wurden – und starben, ohne die Schönheiten ihrer Heimat bewundert zu haben.
Ich bin bestimmt nicht zu Ihnen gekommen, um Geschichte zu lehren. Denn der heutige Tag soll ja in die Zukunft weisen. Aber ich meine doch, daß wir, die wir hier versammelt sind, uns auf all jene Schwierigkeiten aus früheren Zeiten einmal besinnen sollten, weil wir dann besonders klar den Wert unserer Jugendherbergen ermessen und begreifen können, welche herrlichen Möglichkeiten sie unseren Kindern, Jugendlichen und jung gebliebenen Erwachsenen bieten.

Begründung für den historischen Exkurs

Hier, wo ein paar Schritte vor uns jetzt dieser einfache Stein steht, wird sich in absehbarer Zeit eine neue, schöne Herberge erheben, um in kühlen Nächten, aber auch tagsüber bei schlechtem Wetter eine feste, behagliche und dennoch preiswerte Unterkunft zu bieten. Von hier aus werden viele junge Gäste der neuen Herberge in die reizvolle Umgebung wandern, um Wälder und Höhen (Dünen, Felsengrotten usw.) zu durchstreifen, die Tiere der Landschaft zu beobachten und die immer wieder neuen und eindrucksvollen Wunder der Natur zu erleben. Den zahlreichen Zeichen, die auf den Wanderkarten eine Jugendherberge markieren, wird ein weiteres Zeichen hinzugefügt werden können – als Rastplatz für Wanderer, die von der Sehnsucht nach der Ferne erfüllt sind!

Ausblick in die nahe Zukunft nach Fertigstellung des Bauvorhabens

Grundsteinlegung für einen Klinikneubau

Ein Vertreter der Ärzteschaft spricht

Verehrte Ehrengäste, meine sehr geehrten Damen und Herren!

Einstieg mit kurzer Darstellung der Vorgeschichte und der aktuellen, problematischen Lage

Noch vor wenigen Jahren gab es in unserer Stadt und in den umliegenden Gemeinden neben dem alten Krankenhaus noch einige andere kleinere Häuser. Einige der alten Häuser wurden unter Privatinitiative zu Spezialkliniken ausgebaut, andere wiederum wurden in Alten- und Pflegeheime umgewandelt. Die Folge davon war, daß vom Krankenhaus eine starke Sogwirkung auch auf das Umland unserer Stadt ausging. Trotz Anbauten und Umbauten, trotz Renovierungen und trotz mancherlei Improvisationsversuchen ist unser altes Haus den Ansprüchen nicht mehr gewachsen. Einerseits gibt es, wie aus den Statistiken hervorgeht, aufgrund der Bevölkerungsentwicklung und anderer Faktoren zur Zeit in der Bundesrepublik einen Überhang von einigen Krankenhausbetten. Andererseits aber ist trotz dieser erfreulichen statistischen Entwicklung die Situation in dieser Stadt fatal. Die Aufnahmekapazität unserer alten Klinik ist begrenzt, die Operations- und Pflegemöglichkeiten sind zu gering, und das nächsterreichbare Krankenhaus mit vergleichbarem medizinischem Angebot liegt viel zu weit entfernt, als daß man Patienten in Notfällen ohne Risiko dorthin überweisen und transportieren könnte. Unter diesen Umständen begrüßt die Ärzteschaft des alten Krankenhauses die heute stattfindende Grundsteinlegung für die neue Klinik der Stadt ... ganz besonders.

Besonderheiten der Modernisierung

Die Einrichtung der Anstalt wird sowohl hinsichtlich der Räumlichkeiten als auch der wirtschaftlichen Unterhaltung und der medizinisch-technischen Ausrüstung nach modernsten Erkenntnissen der wissenschaftlichen Forschung vorgenommen werden, das heißt, daß die Ärzte dieser Klinik von der Unterstützung durch andere Anstalten so gut wie unabhängig sein werden und auch dann helfen können, wenn rasch besonders komplizierte Eingriffe notwendig werden.

Dank an alle Beteiligten

Im Auftrag der Ärzteschaft (Ärztekammer, der Gesundheitsbehörden usw.) danke ich an dieser Stelle all denen, die sich in verantwortlichen Positionen für die Durchführung des neuen Bauvorhabens einsetzten. Ich danke außerdem den Krankenhausträgern, die beachtliche finanzielle Mittel bewilligten und bereitstellten, und ich danke nicht zuletzt allen Privatpersonen und Verbänden, die dieses Werk christlicher und menschlicher Nächstenliebe tatkräftig fördern. Lassen Sie mich schließen mit einem Wort, das am besten ausdrückt, wie wertvoll für die Allgemeinheit diese neue Klinik sein wird, deren Grundsteinlegung wir heute vornehmen: Es gibt tausend Krankheiten – aber es gibt nur eine Gesundheit!

Grundsteinlegung zur Klinik

Meine sehr geehrten Damen und Herren!

Die Gesundheitsreferentin spricht

Das Gefühl für Gesundheit erwirbt man sich erst durch Krankheit!« – sagte Georg Christoph Lichtenberg einmal, und es scheint, als ob sich die Menschen während der inzwischen verstrichenen 200 Jahre nicht viel gebessert hätten! Die wenigsten denken jedenfalls regelmäßig daran, wie rasch sie selbst in die Lage kommen können, ärztliche Hilfe in Anspruch nehmen und sogar in ein Krankenhaus eingeliefert werden zu müssen. Es liegt nun einmal nicht in der Natur des Gesunden, solche Erwägungen anzustellen – vielmehr neigen die meisten unserer Zeitgenossen dazu, jeden auch nur flüchtig auftauchenden Gedanken an die Möglichkeit einer plötzlichen schweren Erkrankung weit von sich zu weisen. »Was soll mir schon passieren?« heißt es dann. Oder: »Ich habe seit über zwanzig Jahren keinen Arzt mehr gebraucht! Gesünder als ich kann kaum jemand sein!« Man überschätzt die eigene Konstitution, man ist grundsätzlich optimistisch – ein Fehler, der sich oft bitter rächt!

Ausgangspunkt: ein historisches Zitat

Beschreibung gegenwärtiger Phänomene und Denkweisen

Wahrscheinlich ist diese Selbstüberschätzung schuld daran, daß zahlreiche Menschen für die Nöte kranker Mitmenschen so erschreckend wenig Verständnis zeigen! Die Welt der Gesunden ist eben leider von der Welt der Kranken getrennt, und der gesunde Mensch beschäftigt sich nicht gern mit Dingen, die mit menschlichen Leiden zusammenhängen.

Um so dankbarer wollen wir dafür sein, daß es uns heute möglich ist, den Grundstein für eine neue Klinik zu legen, in der man kranken Mitbürgern Hilfe, Linderung und nicht selten auch Heilung bringen wird. Getreu dem hippokratischen Eid werden die Ärzte auch in dieser Klinik wahrmachen, was sie einmal geschworen haben: »Ich werde in alle Häuser, in die ich kommen mag, zum Heil der Kranken eintreten!« Schwestern und Pfleger werden den Ärzten zur Seite stehen und in einer Welt des Leidens und des Schmerzes, der Furcht und der Hoffnung, der Verzweiflung und der Resignation ihr Bestes geben, um aus Leidenden wieder gesunde und frohe Menschen zu machen.

Verknüpfung mit dem ärztlichen Auftrag und …

So wird dieser Platz, an dem wir heute stehen, ein Ort der Menschlichkeit und der Nächstenliebe, ein Ort des Heilens und des Gesundens – und ein Ort werden, an dem der opferwillige und selbstlose Humanismus dem leidenden Menschen gegenüber die wichtigste und vordringlichste Aufgabe ist.

… daraus ableitend, das Fazit

Denn wer die Gesundheit entbehrt, für den haben alle Schätze der Welt keinen Wert! Die Gesundheit ist und bleibt unser höchstes Gut!

Grundsteinlegung für ein Rathaus

Ein Beamter der Landesregierung oder ein örtlicher höherer Kommunalbeamter spricht

Verehrte Ehrengäste, meine sehr geehrten Damen und Herren!

Wenn ich heute die gebotene Möglichkeit wahrnehme, den Begriff »Rathaus« einmal näher zu erläutern, möchte ich eine Art historische Rückschau halten – und tatsächlich verführt nichts mehr dazu als die Grundsteinlegung für ein neues Rathaus. Wir alle wissen, daß das Rathaus – als das Haus des Rates – seit jeher im Leben der Städte eine ganz besonders wichtige Bedeutung hatte und in zahlreichen Ortschaften nicht nur den Bürgermeister und seine Gehilfen, sondern auch das Gericht, den Büttel und den Rat der Bürger beherbergte. Als dann die Städte wuchsen, sonderten sich die Gerichte und die Polizeibehörden räumlich zwar ab und bezogen ihre eigenen Gebäude. Das Rathaus aber blieb ein Haus der Gemeinschaft, ein Forum der Bürger, und das ist es bis heute geblieben. Wie sehr es schon immer im Mittelpunkt des öffentlichen Lebens stand, beweist beispielsweise auch der Umstand, daß das Rathaus nur höchst selten an der Peripherie einer Stadt lag, sondern meistens im Zentrum, also an einer Stelle, die von allen Bürgern leicht und schnell zu erreichen ist. Im Mittelalter wurden nicht wenige Städte rund um das Rathaus »herumgebaut«, und wenn es zum Kriege oder zu Katastrophen anderer Art kam, so war dieses Gebäude immer dasjenige, das am erbittertsten verteidigt wurde.

Informativer Blick in die Geschichte

Gegenüberstellung: zeittypische, äußere Details und unveränderte Zweckbestimmung

Nun, die Zeiten haben sich geändert und die alten Verteidigungsmauern und Wehrtürme unserer Städte sind inzwischen längst zu ehrwürdigen, teils baufälligen Sehenswürdigkeiten für Touristen und Heimatkundler geworden. Nicht geändert aber hat sich die Bedeutung und die Zweckbestimmung der Rathäuser, in denen auch in unserer technisierten, modernen Zeit noch immer der Rat der Bürger oder der Senat tagt und alle wichtigen Beschlüsse fällt, die das Zusammenleben der Bürger betreffen. So wird auch das Gebäude, dessen Grundstein wir heute legen, wieder ein Haus der Gemeinschaft, ein Beratungshaus werden, auch wenn so manches altertümliche und von irgendeinem Fürsten verbriefte Gesetz inzwischen erloschen ist. Die Aufgaben der Frauen und Männer, die hier ihren Dienst an der Öffentlichkeit leisten werden, sind dennoch nicht etwa geringfügiger geworden – im Gegenteil, sie sind gewachsen, nicht zuletzt durch die Technisierung unseres Jahrhunderts, durch Industrie und Verkehr und durch politische Vorgaben.

Kurze Beschreibung des Projekts

Das Haus, das an diesem Platz erbaut werden soll, wird sich äußerlich schlicht und einfach zeigen. Klarheit und Sachlichkeit außen und Klarheit und Sachlichkeit innen sollte deshalb die Devise sein, unter der die Arbeit in diesem Bauwerk steht. Mögen die Beamten und Angestellten der Verwaltung das ihre tun, damit es zum Mittelpunkt des öffentlichen Lebens in unserer Gemeinde wird.

Zitat und hoffnungsvoller Wunsch

»Res severa est verum gaudium! Eine ernste Sache ist eine wahre Freude«, sagte Seneca. Hoffen wir also, daß die ernste Stunde der Grundsteinlegung für das neue Rathaus den Bürgern dieser Stadt wirklich zur Freude gereicht und daß wir hier auch ein neues festes Fundament des Vertrauens zwischen Bürgern und Magistrat errichten!

Grundsteinlegung für ein Rathaus

Der Bürgermeister spricht

Sehr geehrter Herr… (Titel des Regierungsvertreters), meine sehr verehrten Damen und Herren!

Abgeredet vor der Zeit, gibt es nachher keinen Streit!« – als ich dieses Sprichwort in der Schule lernen mußte, ahnte ich noch nicht, daß es seine Gültigkeit für ein ganzes Menschenleben behalten könnte. Aber heute, eben zu dieser Stunde, beweist sich einmal wieder seine Wahrheit.

Vor das Handeln hat die Demokratie die Debatte gesetzt

Mancherlei Hin und Her, stundenlange Planungen und Debatten, zufriedene und unzufriedene Kritiken, objektive und andere Pressemeldungen, ja, auch manche erhitzte Köpfe hat es gegeben, bis die Vorbereitungen für den Bau des neuen Rathauses so weit abgeschlossen waren, daß wir alle sagen konnten: Jetzt haben wir die Pläne und die Gelder – und die tausend Wünsche – für unser neues Rathaus endlich unter Dach und Fach. Und wir können anfangen!

Um anzufangen sind wir also heute zusammengekommen. Die Debatten sind vorbei, die Pläne sind klar, und jedermann ist mit ihnen zufrieden, auch die finanziellen Mittel liegen bereit. Der Bau kann beginnen – der Bau, zu dem wir heute den Grundstein legen und der, wenn er beendet worden ist, kein Streitobjekt mehr werden kann, weil wir alle – die Bürgerschaft der Stadt – uns vor der Zeit beraten und miteinander abgestimmt haben.

Jetzt aber geht es los, allen Schwierigkeiten zum Trotz

Trotzdem – noch sind nicht alle Schwierigkeiten aus der Welt geschafft. Und ehe wir unser neues Rathaus in einem feierlichen Zeremoniell auch einweihen und der Öffentlichkeit übergeben können, wird die Bürgerschaft noch einige Opfer bringen und Unannehmlichkeiten hinnehmen müssen, die leider nicht zu vermeiden, aber doch durchaus zu ertragen sind. Der Lärm dieser Baustelle mitten in der Stadt wird vielleicht manchen von uns stören, und die aus verkehrstechnischen Gründen notwendigen Umleitungen werden dem einen oder anderen gar unliebsam ins Auge fallen – aber was sein muß, muß sein. Der fertige Rathausbau in seiner schlichten, sachlichen Schönheit wird uns dann diese kleinen und großen Mißhelligkeiten rasch vergessen lassen.

Von morgen ab wird nun an dieser Stelle verwirklicht werden, was sich viele von uns schon seit Jahren wünschten und erträumten. Stein auf Stein soll hier ein Gebäude in die Höhe wachsen, das durch einen völlig neuartigen, modernen Stil nicht nur die Bürger unserer Stadt, sondern auch unsere Gäste gewiß ansprechen und beeindrucken wird. Es wird ein Bauwerk werden, das nicht für einige wenige errichtet wurde, sondern der Allgemeinheit dient – dem Zusammenleben aller Menschen unserer Stadt, ein Haus der Gemeinschaft.

Ein imposantes Bauwerk für alle Bürger

Noch residieren die Beamten und Angestellten der verschiedenen Ämter und Verwaltungen in provisorischen Räumen. In wenigen Monaten aber werden sie ein Haus beziehen, das wegen seines eigenwilligen Äußeren schon jetzt im Gespräch der Öffentlichkeit ist. Als Bürgermeister unserer Stadt wünsche ich mir, daß dieses Bauwerk auch nach seiner Fertigstellung im Gespräch der Bürger bleibt – doch dann nicht nur wegen seines Äußeren, sondern vor allem wegen des Geistes, der in ihm herrscht. Möge die neue Fassade dann ein Symbol dafür sein, daß man in diesem Bauwerk nicht nach den hinfälligen starren Regeln einer aufgebauschten Bürokratie seinen Dienst tut, sondern nach den Regeln eines gemeinschaftlichen Zusammenlebens, in dem jederzeit jeder für jeden dazusein und einzutreten hat.

Gute Vorsätze und Wünsche

Grundsteinlegung zum Erholungsheim für Arbeitnehmer

Rede des Bürgermeisters der Stadt

Verehrte Ehrengäste, meine sehr geehrten Damen und Herren!

»Einer für alle – und alle für einen!« Gemäß diesem alten Schweizer Wahlspruch wurde die Idee entwickelt, hier – inmitten unserer herrlichen Wälder (oder: mit dem herrlichen Blick auf unsere Berge, auf die Brandung der See usw.) – ein Erholungsheim für Arbeitnehmer zu bauen! Auch die Bürgerschaft unserer Stadt (unseres Landkreises) bringt dem Bauvorhaben des Arbeitnehmer-Verbandes (der Firma ...) viel Interesse und Aufgeschlossenheit entgegen – ist es doch eine Freude für uns, daß man die Landschaft unserer schönen Heimat für besonders geeignet hält, arbeitenden Menschen einige Wochen wirklicher Erholung zu bieten. Wir

Freude über das Projekt

alle freuen uns darüber, und wir glauben, daß unsere Gäste nicht enttäuscht sein werden – ja, wir sind sicher, daß sie sich immer nur schweren Herzens von unseren herrlichen Bergen und Wäldern (Dünen und dem Meer usw.) trennen werden. Wir wollen auch unsererseits alles tun, damit sich die Bewohner des neuen Heimes in dieser Umgebung in jeder Hinsicht wohlfühlen! So sehr sie es sich verdient haben, hier in der zauberhaften Natur des ... (Schwarzwaldes, Oberharzes usw.) eine Pause einzulegen – so sehr haben sie es auch verdient, daß wir einheimische Bürger für ihr Erholungsbedürfnis Verständnis zeigen und es ihnen leicht machen, vollkommen auszuspannen! Der Magistrat (das Bürgermeisteramt) unserer Stadt (unseres Kreises) wird den Damen und Herren, die das neue Heim im Auftrag des Verbandes ... (der Firma ...) führen werden, auf Wunsch jederzeit behilflich sein, damit sie ihre Arbeit am berufstätigen Mitmenschen bewältigen können. Möge das Erholungsheim, das hier entstehen soll, eine eigene kleine Welt der Ruhe und Freude werden – auf einem Fleckchen Erde, wie es in der Umgebung kaum ein schöneres gibt.

Lob der herrlichen Landschaft und ihrer Erholungsmöglichkeiten

Angebot der Hilfe an die Heimleitung

Im Auftrag der Bürgerschaft der Stadt ... (des Kreises ...) wünsche ich Glück und Segen für den Bau und für die Aufgabe, die er erfüllen soll!

Grundsteinlegung zum städtischen Theater

Meine sehr geehrten Damen und Herren!

Der Kulturreferent spricht

Nicht umsonst begeht man hierzulande den Tag der Grundsteinlegung zu einem Tempel der Muse Thalia als besonders festliches Ereignis – soll doch dieser Tag eine Zeit einleiten, die dem Theaterliebhaber viele schöne Stunden beschert. In Deutschland wurde das Theater noch nie als Mittel der reinen Unterhaltung, sondern in erster Linie immer als Teil des kulturellen Gemeinschaftslebens betrachtet. In der kulturellen Rangordnung nimmt es deshalb vor allen anderen Kunstrichtungen den ersten Platz ein – und zwar als eine eigene Kunstform.

Rolle und Bedeutung des Theaters

Rundfunk und Fernsehen als Interpreten der Schauspielkunst sind zwar in der Lage, sich Tag für Tag an Millionen von Menschen zu wenden – nie aber können Bildschirm und Lautsprecher beim Zuschauer den unmittelbaren Eindruck hervorrufen, den der Besucher des Theaters genießt. In den Augen des Kunstkenners bedeutet eine neue Bühne deshalb immer einen unschätzbaren Gewinn. Und deshalb legen wir diesen Grundstein heute voller Dankbarkeit und voller Stolz!

Abgrenzung gegenüber Funk und Fernsehen

Was wir in diesem Augenblick fühlen – ein beliebter deutscher Sinnspruch weiß es in einem Satz klar auszudrücken: »Die Kunst ist zwar nicht das Brot, aber der Wein des Daseins!«

Von der Magie des Theaters: Was kann es bieten? Was kann es bewirken?

Wie leer wäre doch unser Leben, wenn wir diesen Wein des Daseins nicht besäßen – und wie sehr vermag doch gerade die Kunst des Theaters den Menschen zu verwandeln und ihm neue Kräfte und neuen Auftrieb zu schenken. Sie löst uns vom Alltag, indem sie uns in eine andere Welt führt, in die Welt der Offenbarung großer Geister aus Vergangenheit und Gegenwart! Die Kunst des Theaters spricht uns mit der leidenschaftlichen Glut kühner und erhabener Worte und Empfindungen an, sie berauscht uns mit verwirrenden Farben und glanzvollen Szenen und sie fesselt uns in ernsten wie in heiteren Stunden gleichermaßen stark an sich.

Sie kennen ihn alle, meine Damen und Herren – den Zauber des Theaters! Vieles ist über ihn schon geschrieben und gesagt worden. Aber er ist nicht mit Worten zu definieren. Zu vielfältig ist seine Wirkung, für jeden von uns auf eine andere Weise. Und immer wieder ergreift und erschüttert er alle Menschen, denen geistige Werte etwas bedeuten.

Ohne die Liebe zum Geistigen aber gäbe es keine wahre Schauspielkunst! Das geistige Moment muß dominieren, wollen wir nicht einer hoffnungslosen Seelenlosigkeit anheimfallen.

Das Gebäude – ein Tempel der Kunst!

Das Gebäude, das sich auf diesem Grundstein erheben wird, soll ein Tempel der Kunst werden und dem kulturellen Gemeinschaftsleben dienen. Sänger und Mimen werden wiedergeben, was große Meister empfanden und zum Ausdruck brachten – in Worten wie mit Noten! Um die große Kunst aber nachempfinden zu können, bedarf es vor allem des Herzens und der Phantasie, denn die Welt der Kunst ist eine Welt der Innerlichkeit. Ich glaube, ich spreche im Sinne aller Anwesenden, wenn ich sage:

Gemeinsamer Wunsch nach baldiger Premiere

Wir alle brennen schon darauf, den Augenblick der Eröffnung unseres neuen Theaters und dann die erste festliche Premiere zu erleben. Und wir alle hoffen, daß diese erste Vorstellung der Anfang einer steten Erweiterung des kulturellen Lebens in unserer Stadt sein wird!

Grundsteinlegung eines Studentenwohnheims

Eure Magnifizenz, meine verehrten Damen und Herren Professoren, liebe Studentinnen und Studenten!

Eine Ministerialbeamtin spricht

Dimidium facti, qui coepit habet! Wer nur begann, der hat schon halb vollendet!« Der Anlaß dieser feierlichen Stunde beweist die Gültigkeit dieses Wortes. Denn hier, an dieser Stelle, wird von jetzt ab in die Tat umgesetzt werden, was bislang nur geplant wurde. Die Theorie weicht der Praxis! Auf diesem Platz, der heute noch festliche Anzüge sieht, wird ab morgen geschachtet und gemessen, geflochten und gemauert, gehämmert und gesägt. Den Reden von heute wird die dröhnende Sprache der Arbeit folgen: das Rattern von Lastkraftwagen, das Donnern von Hämmern, das Zischen der Schweißapparate und das Kreischen der Kräne und Zementmischmaschinen. Eines Tages wird dann auch diese Sprache wieder verstummt sein, und ein neues Studentenheim wird stehen.

Zitat und Überleitung …

… zur plastischen Schilderung der bevorstehenden Aktivitäten

Freuen wir uns, freuen wir uns dieses Tages mit denen, die hier in einigen Monaten einziehen werden! Für sie ist dann die Frage der Zimmersuche gelöst! Für sie gibt es nach ihrem Einzug in das neue Studentenwohnheim keine Wuchermieten mehr. Die Architektur des Heimes wird modern, die Einrichtung zweckmäßig, aber trotzdem wohnlich sein. Und nach allem, was ich bis jetzt über das Bauwerk gehört habe, kann ich nur sagen: Ich wünschte, es hätte schon zu meiner Studienzeit solche Heime gegeben!

Anmerkungen zur Bedeutung des Bauvorhabens

Richtfest eines Heimatkundemuseums

Sehr geehrter Herr Landrat, meine sehr geehrten Damen und Herren!

Der Bürgermeister (Oberbürgermeister) spricht

Hinter dem Wort Heimatkunde verbirgt sich eine Anzahl von Begriffen und Gegenständen, die, alle auf ihre besondere Weise, vom Leben, Denken und Arbeiten der Menschen unserer engeren Heimat Zeugnis ablegen. Dieses Leben spiegelt sich in mannigfaltigen Einzelformen und Erscheinungen, die wir an den Hauptentwicklungsstufen des menschlichen Lebens, in den festlichen Zeiten des Jahres, bei Haus und Hof, bei der Tracht, im Glauben und Aberglauben, in der Volksdichtung und der Volkskunst beobachten können. Sie berechtigen uns zu der Aussage, daß die Heimatkunde ein Spiegel der Seele derjenigen ist, die in dieser unserer Heimat gelebt haben und leben.

Einstieg über eine Begriffsdefinition

Bewahren durch Sammeln

Schon seit vielen Jahrzehnten beschäftigen sich Männer und Frauen in allen Teilen unseres Landes damit, unter dem Gesichtspunkt einer möglichst vollständigen Erklärung des heimatlichen Volksgutes Dinge zu sammeln, zu ordnen und ihren inneren Zusammenhang zu ergründen. Eigentlich muß man bedauern, daß diese Sammeltätigkeit nicht schon früher begann und nicht gründlicher durchgeführt wurde, denn es bestehen heute, nachdem schon so manch wertvolles, heimatkundliches Gut verlorengegangen und vergessen worden ist, viele Lücken, die man, sofern die Möglichkeit dazu besteht, durch das Studium literarischer Quellen auszufüllen sucht.

Aussagen über Sinn und Zweck heimatkundlicher Sammlungen

Dennoch hat man schon sehr früh die Notwendigkeit erkannt, daß nicht beim Sammeln des heimatkundlichen und, darüber hinausgehend, des volkskundlichen Gutes stehenzubleiben ist, sondern daß versucht werden muß, mit seiner Hilfe größere Zusammenhänge aufzuspüren und sichtbar zu machen. Aus der Summe aller heimatkundlichen Sammlungen und Forschungen ergibt sich nämlich ein umfassendes Bild unseres Volkes in seinen mannigfaltigen Besonderheiten und in der Vielzahl seiner Beziehungen. Insbesondere auf dem Lande läßt sich wertvolles Material sammeln und lassen sich bedeutende Beobachtungen machen, denn gerade der Bauer war und ist es, der das heimatliche Kulturgut sammelt und bewahrt und der vieles anderswo bereits längst Vergessene auch heute noch pflegt und lebendig erhält.

Die Aufgaben des neuen Museums

Eine der wesentlichen Aufgaben dieses Heimatkundemuseums wird einmal darin bestehen, Sitte und Brauch bei den Hauptstufen des menschlichen Lebens und den festlichen Zeiten des Jahres aufzuzeigen. Denn gerade hier hat sich bis auf den heutigen Tag viel Traditionelles erhalten, das einen wertvollen Einblick in die Gepflogenheiten unserer Vorfahren gewährt.

Selbstverständlich kann jedes Museum dieser Art nur einen Überblick vermitteln und den Besuchern nur die wesentlichen Gebiete der Heimatkunde nahebringen. Damit soll jedoch insbesondere auf unsere Jugend ein Anreiz ausgeübt werden, dem auch heute noch vorhandenen volkskundlichen Gut ihrer Heimat nachzuspüren. Hierdurch wird eine wichtige

Pädagogischer Anspruch

Aufgabe der Erziehung tatkräftig unterstützt: Der junge Mensch lernt Land und Menschen, Geschichte und Brauchtum seiner Heimat kennen und damit begreifen.

Ich freue mich, daß die Arbeiten an unserem Heimatkundemuseum so weit fortgeschritten sind, daß wir heute das Richtfest feiern können. Ich bin stolz darauf, daß es uns gelungen ist, ein solches Vorhaben zu realisieren und bin der festen Überzeugung, daß dieses Museum einen wertvollen

Beitrag zum Verständnis unserer heimischen Kultur darstellt. Ich danke all denjenigen, die uns nach besten Kräften unterstützt und auch ihre weitere Hilfe zugesagt haben. Ich hoffe, daß wir schon bald durch die Räume dieses Hauses gehen und uns darüber informieren können, was unsere Heimat an altem und neuem Kulturgut vorzuweisen hat.

Dank und Erwartung

Richtfest einer Kirche

Herr Bürgermeister, verehrte Ehrengäste, meine sehr geehrten Damen und Herren!

Ein Geistlicher spricht

Richtfest – das hat etwas mit richten zu tun. Vielleicht im Sinne von ausrichten, begradigen, ins Lot bringen. Wenn das geschehen ist, ist eigentlich die Hauptarbeit getan. Der Rohbau steht, der Raum, in dem sich später einmal Menschen aufhalten werden, ist ummauert, ist gegen die Außenwelt abgegrenzt. Wir wissen, jetzt beginnt die Arbeit der inneren Gestaltung des Raumes; wie es weitergehen soll, ist kein grundlegendes Problem mehr. Wenn das Dach gedeckt ist, könnte die Kirche zur Not so bleiben, wie sie ist, und dennoch ihre Aufgabe erfüllen, die darin besteht, Menschen zu versammeln.

Redeeinstieg: Begriffsdeutung und Anmerkungen zum Stand der Bauarbeiten

Dieser Bau dient, wenn er fertiggestellt sein wird, aber nicht in erster Linie dem Menschen, er soll vielmehr ein Zeichen der Ehrfurcht vor demjenigen sein, dem wir alles verdanken. Er soll eine Stätte der Ruhe, des Friedens und der Andacht werden, und er soll ein Ort der Gemeinschaft zwischen Gott und uns Menschen sein. Bitte glauben Sie nicht, daß ich Ihnen jetzt eine Predigt halten werde. Ich möchte Sie lediglich daran erinnern, daß dieses Bauwerk kein Haus im üblichen Sinne ist. Die Menschen, die es betreten werden, wollen nicht darin wohnen. Sie kommen vielmehr deshalb, weil sie etwas suchen, etwas, das sie ganz besonders hier zu finden hoffen. Gewiß, die Heilige Schrift lehrt uns, daß Gott überall ist, und er braucht gewiß kein eigenes für ihn errichtetes Haus, um zu uns Menschen zu sprechen. Aber wir brauchen ein solches Haus. Wir brauchen einen Ort, an dem wir uns mit denjenigen versammeln können, die genau wie wir in aller Stille mit ihrem Schöpfer sprechen wollen.

Die Kirche: kein Bauwerk im üblichen Sinne

Ich werde immer wieder gefragt, ob man denn nicht zu Hause, via Fernsehen oder Radio, einen Gottesdienst abhalten könne? Ob es tatsächlich erforderlich sei, deswegen in die Kirche zu gehen? Viele Sender übertragen Andachten, in denen gesungen, gebetet und gepredigt wird. Warum also in die Kirche gehen, wenn man zu Hause genau das gleiche haben kann?

Rhetorische Frage

Beantwortung der Frage

Diese Frage ist ein Zeichen dafür, daß derjenige, der sie stellt, in Wahrheit keinen rechten Kontakt mehr zu Gott hat. Denn für den lebendigen Christen ist es eine Selbstverständlichkeit, daß er die Bindung an die Gemeinde sucht. Für ihn wäre es unmöglich, die Menschen zu meiden, die, genau wie er, ihr Leben Gott gewidmet haben. Es wäre geradezu widersinnig, ihnen aus dem Weg zu gehen. Der Christ ist in die Gemeinde hineingestellt, und er ist immer ein Teil von ihr. Die Gemeinde aber versammelt sich im Gotteshaus, in der Kirche, um dort in gemeinsamer Andacht Gott nahe zu sein.

Zusammenfassung: Rolle und Aufgabe des Kirchenbaus

Dieses Haus, dessen Richtfest wir heute feiern, wird also einmal die Aufgabe haben, die Gemeinde Jesu Christi aufzunehmen. In ihm wird der Tisch des Herrn gedeckt, sein Wort gelehrt, Menschen in den Kreis seiner Anhänger aufgenommen und um seinen Beistand gebetet werden. Es wird eine Stätte sein, an der sich die Gläubigen versammeln, weil sie wissen, daß ihr Platz dort ist, wo der Altar unseres Herrn steht. Ich erbitte für diese Kirche den Segen Gottes, und ich bitte um Gnade und Barmherzigkeit für diejenigen, die darin ein- und ausgehen werden.

Richtfest einer Kirche

Die Bürgermeisterin spricht

Verehrter Herr Pfarrer ..., meine sehr geehrten Damen und Herren!

Jahr für Jahr werden in unserer Stadt (in unserer Gemeinde) viele Richtfeste gefeiert, und Jahr für Jahr entstehen Häuser, die den Menschen als Wohnungen oder der Industrie als Produktionsstätte dienen. Solch ein Richtfest interessiert zumeist nur diejenigen, die als Arbeiter an dem Entstehen des Hauses mitarbeiten oder die als Bauherren Auftraggeber sind. Allenfalls die Nachbarn beobachten noch mit einem gewissen Interesse, wenn das grüne Bäumchen auf dem Dachgiebel festgemacht und von einem Dachdecker ein Richtspruch vorgetragen wird.

Hinweis auf die Besonderheit des Anlasses ...

Heute aber haben sich viele Menschen hier eingefunden, um einem Richtfest beizuwohnen. Schon daran ist ersichtlich, daß es sich nicht um irgendein Haus, sondern um ein Gebäude handelt, dem ein allgemeines Interesse gilt. Eine Kirche, verehrte Gäste, ein Gotteshaus, das ist ein besonderer Bau, der sich von allen anderen Gebäuden, gleich welcher Art sie auch immer sein mögen, grundlegend unterscheidet. Eine Fabrik, ein Theater, ein Museum, ein Krankenhaus, ein Bahnhof, das alles sind Bauwerke, die ausschließlich dem Menschen, seinen Bedürfnissen und seinen Interessen dienen. Dieses Gebäude aber dient keinem Menschen, es dient der Ehre Gottes. Gewiß, es wird errichtet, damit der Mensch in ihm Gemeinschaft, Trost, Beistand und Hilfe erfahren kann, aber auch darin erweist es sich als ein Haus Gottes, welcher der in ihm versammelten Gemeinde sein Wort nahebringen läßt, indem ein verordneter Diener seiner Kirche zu ihr spricht.

... und auf die Bedeutung des Gebäudes

Schon rein äußerlich unterscheidet sich dieser Bau von allen nur dem Menschen dienenden Bauwerken, indem es einen Turm besitzt, der einmal Glocken tragen wird. Er weist in die Höhe und macht dadurch unmißverständlich klar, wer hier der eigentliche Bauherr ist: nicht die Gemeinde, nicht unsere Stadt, nicht der Pfarrer, sondern der große Bauherr dieser Welt.

Unterschiede zu weltlichen Bauten

Als Gott die Welt schuf, als er, um bei unserem Bilde zu bleiben, sein großes Richtfest feierte, erwies er sich als ein Baumeister, dessen Werk keines Menschen Gehirn zu erfassen und zu verstehen vermag. Die Bibel berichtet über diesen Tag mit wenigen Worten, und mit noch weniger Worten gibt sie Auskunft, wie vollendet das Werk Gottes bereits in dem Augenblick war, als er es gerade geschaffen hatte: Und Gott sah, daß es gut war. Da gab es keine Pläne und Zeichnungen, keine Berechnungen und große Diskussionen, da gab es nur einen, der alle Gesetze in sich selber trug, der selbst das einzige Gesetz war und dessen Werk demzufolge höchste Vollkommenheit sein mußte.

Parallele zur biblischen Schöpfungsgeschichte

Ihm zu Ehren erbauen wir dieses Haus, und ihm zu Ehren haben wir uns hier versammelt, um das Richtfest unserer neuen Kirche zu feiern. Als Bürgermeisterin dieser Stadt (Gemeinde) freue ich mich darüber, daß wir nun endlich eine neue, den Anforderungen unserer Zeit entsprechende Kirche besitzen werden. Als Christ verleihe ich meiner Hoffnung Ausdruck, daß Gott dieses Bauwerk als ein Zeichen unserer Ehrfurcht annehmen wird. Denn nur dann wird es seine Aufgabe erfüllen können, die darin besteht, dem gläubigen Menschen die Möglichkeit zu geben, im Kreis seiner Gemeinde die Gnade Gottes erfahren zu dürfen.

Ausdruck von Freude und Hoffnung

Ansprache anläßlich des Richtfestes für den Anbau an die innere Klinik eines Krankenhauses

Es spricht eine Staatssekretärin

Verehrte Ehrengäste, sehr geehrte Damen und Herren!

Einstieg über einen medizinischen Fachbegriff

Medizinern ist der Begriff der Prophylaxe bestens vertraut. Er bedeutet soviel wie Vorbeugung, Verhütung. Das Wort entstammt dem Griechischen, der Muttersprache des Hippokrates. Der berühmte Arzt gilt als Begründer der abendländischen wissenschaftlichen Medizin und Diagnose sowie der ethischen Leitlinien, zu denen sich junge Ärzte durch den »hippokratischen Eid« noch heute in fast allen Ländern bekennen.
Warum weise ich darauf hin? Ich möchte andeuten, daß dieser Anbau an die innere Klinik des Kreiskrankenhauses im übertragenen Sinne medizinische Prophylaxe ist. Wir schaffen Bettenkapazitäten, die in Notfällen dringend benötigt werden, um schwer- und schwerstkranke Menschen retten und heilen zu können. Es ist genau der Raum, den unsere Ärzte benötigen, damit sie ihrem Eid gerecht werden können.

Der Auftrag des Krankenhauses

Das Kreiskrankenhaus ... existiert seit 150 Jahren ausschließlich aus diesem Auftrag heraus. Unzähligen Menschen wurde geholfen, sie wurden geheilt, oder ihre Leiden konnten gemildert werden. In manchen Fällen kam Hilfe zu spät; und doch wurde in diesem Haus versucht, sie zu gewähren. Und Generationen von ... (z. B. Hanauer) Bürgerinnen und Bürgern haben in diesem Haus das Licht der Welt erblickt.

Kurze Schilderung der Baumaßnahmen ...

Das Kreiskrankenhaus ... muß den medizinischen Aufgaben der Zukunft gewachsen sein. Nach dem vor drei Jahren begonnenen und seit nunmehr anderthalb Jahren fertigen ersten Teilanbau, der bereits eine Kapazität von 50 Betten erbrachte, erfolgte der Weiterbau, der nochmals 70 Betten Platz geben wird, im vergangenen Jahr. Heute nun findet, wie geplant, das Richtfest statt; dies gibt berechtigten Anlaß zu der Hoffnung, daß auch der zweite Teilausbau termingemäß fertiggestellt sein wird.

... und der Folgen: bessere medizinische Versorgung

Die Zeit bis zur Einweihung des neuen Komplexes wird vor allem für die Einrichtung und technische Ausstattung benötigt. Vorgesehen sind u. a. fünf Intensivbetten, die eine neue Qualität der Hilfe und Pflege ermöglichen. Überhaupt wird die medizinische Versorgung der Bevölkerung erheblich verbessert. Die hierfür erforderlichen ... Millionen Mark sind eine – im tieferen Sinn des Wortes – lebensnotwendige Investition.

Hinweis auf den Nutzen für die Bürger

Jeder von uns kann jederzeit verunglücken oder so schwer erkranken, daß er die Hilfe des Kreiskrankenhauses benötigt. Es ist beruhigend zu wissen, daß die Mediziner in dem neuen, modernen Erweiterungsbau für jeden Notfall gerüstet sind.

Richtfest für den Erweiterungsbau eines Landratsamtes

Sehr geehrter Herr Kreistagsvorsitzender,
meine sehr geehrten Damen und Herren!

Es spricht der Landrat

Richtfest ist im Werden eines neuen Gebäudes ein besonderer Tag. Bauherren, Arbeiter und Gäste versammeln sich, um einen Moment innezuhalten in ihrem Tagewerk. Ich möchte es einmal so bezeichnen: Die Feier des Richtfestes ist eine Atempause. Alle gemeinsam haben einmal tief Luft geholt, die Fundamente gelegt, die Mauern hochgezogen und den Dachstuhl aufgeschlagen. Nun steht der Richtbaum, nun gibt es den Richtschmaus. Und anschließend wird noch einmal tief Luft geholt und das Bauwerk vollendet.

Anmerkungen zur Bedeutung des Richtfests

Viele mag es erstaunen, daß wir nicht einmal drei Monate nach der Grundsteinlegung für den Erweiterungsbau von Landratsamt und Kreisverwaltung... heute den Tag der Richtfestfeier begehen können. In der Tat, das... Millionen Mark teure Projekt des Landkreises ... ist mit erstaunlicher Geschwindigkeit gewachsen. Wer, wie wir in der Verwaltung, täglich das Bauwerk vor Augen hatte, konnte Stück für Stück sein Werden miterleben. Und ich bin sicher, daß diejenigen unter Ihnen, die bereits zur Grundsteinlegung Gast des Landkreises waren, mit uns gemeinsam erfreut sind, daß der Anbau an das Landratsamt sichtbar wächst.

Vom Werden des Gebäudes

Ich weiß, meine sehr geehrten Damen und Herren, daß es eine Verwaltung recht schwer hat, wenn sie den Wunsch äußert, sich räumlich auszudehnen. Im Bewußtsein vieler Bürger wird Verwaltung heute gleichgesetzt mit Bürokratie; und der Begriff der Bürokratie steht für Schwerfälligkeit, Bevormundung und vieles mehr.

Ich darf an dieser Stelle befriedigt feststellen, daß das Landratsamt ... im Bewußtsein der Bürger zwischen ... *(Region)* und ... *(Region)* nicht diesen Klischees zum Opfer gefallen ist. Sicherlich, es hat in der Vergangenheit Anlaß zu Kritik gegeben. Es ist unbestreitbar, daß besonders in den bürgerintensiven Abteilungen arge Raumnot herrscht. Ich erinnere nur an die Zustände in der Kfz-Zulassungsstelle, an die wenig ansprechende Unterbringung des Jugend- und Sportamtes sowie des Umweltamtes und der BAföG-Stelle. Wer dies alles kannte – und die eben genannten Abteilungen erfreuten sich regen Zuspruches aus der Bürgerschaft –, der mußte einsehen, daß es unumgänglich war, das Amt zu erweitern.

Erwähnung von »Mißständen« als Begründung für die Baumaßnahme

Als mein Stellvertreter vor einem Vierteljahr den Grundstein zum Erweiterungsbau der Kreisverwaltung legte, bestritt er die Möglichkeit, daß mit dem Anbau an das Landratsamt ... die »Hydra der Bürokratie dabei sei, neue Köpfe zu gebären«. Ich möchte, meine sehr geehrten Damen und Herren, an dieser Stelle diese Ansicht nochmals unterstreichen. Der Landkreis ... erweitert seine Verwaltung nicht, um die beinahe ... Bürger im Kreis zu bevormunden oder zu verdaten. Wir haben uns zum Anbau entschlossen, um mehr Bürgernähe zu erreichen. Ich bin sicher, daß wir schon unmittelbar nach der Fertigstellung des Anbaus im kommenden Jahr beweisen können, wie richtig diese Entscheidung war.

Das hehre Ziel: mehr Bürgernähe

Lassen Sie mich noch ein kurzes Wort zum Bauwerk und den Arbeiten sagen. Insgesamt fast ... Millionen Mark hat der Landkreis veranschlagt, um die beinahe ... Kubikmeter umbauten Raumes errichten zu können. Etwa ... Millionen Mark dieser Summe sind bis zum heutigen Richtfesttag verbaut. Dies liegt mit Sicherheit auch daran, daß wir enormes Glück mit dem Wetter hatten. Es begünstigte unser Vorhaben, und wir können heute befriedigt feststellen, daß der Ausbau in den Garagen weitgehend abgeschlossen ist und daß im Hochbau bereits Heizung, Wasser und Abwasserfragen geregelt sind. Ich möchte im Namen des Landkreises an dieser Stelle allen Arbeitern, die den Anbau bis zum heutigen Tage erstellt haben, ein herzliches Dankeschön sagen. Es muß hier und heute auch die Arbeit unserer Architekten und Statiker erwähnt werden. Der Landkreis bedankt sich bei Architekt ... der den Wettbewerb gewann, ebenso wie bei dem bauausführenden Architekten ... und dem für die Statik verantwortlichen Ingenieur ... Nicht fehlen dürfen in dieser Aufzählung die Poliere, die dafür gesorgt haben, daß die Arbeiten reibungslos, vor allem aber unfallfrei vonstatten gehen konnten. Ich darf an dieser Stelle sagen, der Landkreis ... ist stolz auf das bisher Erreichte.

Details zum Projekt: Kosten, Stand der Arbeiten, Baufortschritt

Dank an alle Beteiligten ...

Meine sehr geehrten Damen und Herren, ich möchte meine Rede nicht beschließen, ohne ein klein wenig Nachdenklichkeit erzeugt zu haben. Bis zum heutigen Tag verlief die Errichtung des Neubaus ohne Unfälle. Ich wünsche mir, daß dies bis zu seiner Vollendung so bleibt. Und wenn wir in naher Zukunft durch die Gänge des erweiterten Landratsamtes schreiten, sollen wir uns immer daran erinnern, mit welchen Mühen und mit welchem Fleiß die Arbeiter dieses Werk seiner Vollendung zugeführt haben.

... und Würdigung ihrer Leistungen

Der Landkreis möchte Ihnen allen dafür schon heute Dank sagen. Als kleines Zeichen dieses Dankes ist im Anschluß an diese Feierstunde der Richtschmaus vorgesehen.

Einweihung eines Theaters

Herr Bürgermeister, meine sehr geehrten Damen und Herren!

Rede des Architekten

Als wir vor einigen Jahren daran gingen, diesen Theaterbau zu planen, lagen noch viele Bauten in unserer Innenstadt hinter einem Bauzaun. Inzwischen sind die meisten dieser charakteristischen Großbaustellen aufgeräumt worden. Am augenfälligsten ist dies am neugestalteten Marktplatz festzustellen. Vieles ist besser und schöner entstanden, als es vordem war. Bei der Planung zu diesem Haus ging es darum, ob zwischen den vorhandenen Gebäuden verschiedener Stilrichtungen ein Bauwerk traditionellen Stils eingefügt oder aber ein Gebäude errichtet werden sollte, das unabhängig von diesen ein Ausdruck unserer Zeit sein sollte. Man hat sich nach langen Diskussionen für eine moderne Form entschieden. Es ist nicht nur im engen Kreis darüber verhandelt worden. Es ist zu einem vieldiskutierten Objekt des öffentlichen Interesses geworden, und die Meinungen unserer Bürgerinnen und Bürger über dieses moderne Bauwerk gehen weit auseinander. Die Bezeichnungen für unser neues Theater reichen von »Aquarium auf Stelzen« über »Glaswürfel in Rot« bis zu »Klarheit, Einheitlichkeit, Ruhe und Würde«. Das erstere zeugt vom Humor unserer Bürger, das letztere von der Einsicht in eine zeitbedingte und notwendige Planung. Es gab immer wieder Anlaß zu Ärgernis, wenn Einheimische und Fremde feststellten, unsere Stadt mit ihrer Umgebung sei zwar schön, es lasse sich hier aber auch gut leben, allein für die Kunst werde zu wenig getan. Unsere Stadt hat nach dem Kriege viel von ihrer städtebaulichen Eigenart und ihrem konservativen Charakter verloren. Das kulturelle Leben aber hat durch den Zuwachs aus allen Teilen des Landes und in allen Bevölkerungsschichten gewonnen. Die Eigenarten unserer Bewohner wurden vermischt mit solchen der heimisch gewordenen Fremden, sie wurden nicht nur aufgelockert, sondern auch wertvoll bereichert.

Einbindung des Gebäudes in das Ensemble

Bürgermeinungen zum Theaterneubau: Wiedergabe und Kommentierung kritischer und humorvoller Äußerungen

Allerdings bieten sich die Musen in unserer Stadt nicht an. Sie trommeln nicht. Man muß sich schon um sie bemühen. Das musische Leben präsentiert sich diskret, dezent und ohne lautes Wesen. Die leichte Muse hat es in unserer Stadt schwer sich durchzusetzen. Dagegen kommt der Bildungshunger unserer Bürger den ernsthaften Musen entgegen. Ihnen eine Pflegestätte zu bereiten, war Aufgabe aller an diesem Werk Beteiligten. Möge dieses Haus der Kunst in höchstem Sinne dazu beitragen, das kulturelle Leben in unserer Stadt zu entwickeln und zu schönster Blüte zu bringen. Wir danken unseren Stadtverordneten, die uns mit der Errichtung dieses Hauses einen langersehnten Wunsch erfüllten. Wir danken auch denen,

Das neue Theater als Teil städtischer Kulturpolitik

Formulierung von Aufgabe und Anspruch

die daran mitwirkten, es zu vollenden, für ihre große Leistung und für die damit verbundene Verschönerung und Bereicherung unserer Stadt. Möge dieses Haus vielen Menschen nicht nur Bildung, sondern auch Freude und Entspannung nach harter Arbeit vermitteln. Das wird die Aufgabe unseres Künstlerensembles sein, das durch künstlerische Höchstleistungen dem Kulturleben unserer Stadt ein neues Gepräge geben wird.

Einweihung eines städtischen Theaters

Ein Vertreter der Landesregierung spricht

Verehrte Ehrengäste, meine sehr geehrten Damen und Herren!

Die Pflege der Schauspielkunst ist uns Deutschen seit jeher eines der wichtigsten und schönsten kulturellen Bedürfnisse gewesen, auch wenn wir nicht behaupten können, das theaterfreudigste Volk Europas gewesen zu sein. Tatsächlich waren unsere Bühnen in früheren Zeiten ja keineswegs Besitztümer der Allgemeinheit, sondern der regierenden Fürsten und ihres Hofes. Sie allein bestimmten damals, welche Stücke aufzuführen waren, wer als Autor zugelasssen wurde und welche Mimen die Bretter, die die Welt bedeuten, betreten durften. Für das gemeine Volk gab es in jenen Tagen nur die sogenannten »Schmieren«, Marionettenbühnen und Darbietungen unter freiem Himmel, die zumeist auch nur von Laien aufgeführt wurden.

Aus der Geschichte des Theaters: vom fürstlichen Privattheater …

Eine neue Ära der Bühnenkunst brach an, als dann in den größeren Städten unseres Landes öffentliche Theater errichtet wurden. Sie waren zwar kommerziell gleichfalls von hochherzigen Mäzenen abhängig, boten jedoch dem einfachen Bürger bereits die Möglichkeit, am kulturellen Leben mehr als je zuvor teilzunehmen. Allmählich wurde das Theater in Deutschland so volkstümlich, daß sich die einzelnen Regierungen der immer lauter werdenden Forderung nach weiteren Bühnen nicht verschließen konnten und von sich aus regelmäßig Finanzmittel bereitstellten, um diese Forderung erfüllen zu können; aus dem ehemaligen Hoftheater wurde das Volkstheater, die Bühne also, die dem Volk gehörte.

… zur staatlich finanzierten Volksbühne

Politisch einseitige Programme und nationale Ressentiments führten leider zeitweilig dazu, daß die verantwortlichen Leiter der deutschen Bühnen zum Teil nur Stücke auf den Spielplan setzten, die den gerade Regierenden genehm waren – das Theater wurde in seiner wechselvollen und vielschichtigen Entwicklung solcherart leider auch zum Werkzeug politischer Propaganda. Und es wurde gezwungen, allzu starren Dogmen

Theater als Instrument der Politik

und Überzeugungen zu huldigen, die mit freier Geisteskultur nicht mehr das geringste zu tun hatten.

Es kamen Zeiten, in denen die deutschen Bühnen noch diktatorischer gelenkt wurden als zur Zeit der Fürsten, die immerhin auch ausländische Autoren und Schauspieler an ihre Höfe geholt und unter Vertrag genommen hatten. – Während der Nazizeit und später in der DDR bestimmten einige wenige die Spielpläne, zensierten die Werke namenhafter und international anerkannter Autoren und übten Druck aus. Erst das Ende der Nazidiktatur und – 45 Jahre später – das Ende des Sozialismus in der DDR brachte die Freiheit des deutschen Theaters, und endlich fand es zu einer Kunstform, die keine nationalen Privilegien mehr kennt und wirklich international genannt werden kann. Weit über 250 Theater gibt es heute in Deutschland – ein Beweis für die Beliebtheit der Schauspielkunst aus aller Welt beim deutschen Publikum.

Entwicklungen im 20. Jahrhundert

Dank der großzügigen Förderung durch den Bund und das Land können auch wir heute eine neue Bühne ihrer Bestimmung übergeben. Zu danken haben wir aber auch zahlreichen Gesellschaften, Firmen, Vereinen und Theaterfreunden, die durch beachtliche Geld- und Sachspenden den Bau zu vollenden halfen. Mit Begeisterung sind alle jene ans Werk gegangen, in deren Händen es lag, die Planung, die Gestaltung und die Errichtung des Gebäudes durchzuführen – und Sie alle werden mir gewiß gern beipflichten, wenn ich sage: Die neue Bühne der Stadt ... ist ein gelungenes Werk, ein Bau, der mit den klaren Linien seiner äußeren und inneren Architektur als ein Symbol unserer Zeit bezeichnet werden darf, das der Gedankenwelt des modernen Menschen entspricht.

Dank an die Spender und Würdigung der Leistung aller an der Bauausführung Beteiligten

Hoffen und wünschen wir, daß die Spielpläne dieser Bühne ebenso modern und zukunftsweisend gestaltet werden wie das Gebäude selbst – daß die künstlerische Leitung dieses Theaters nicht nur den kassensicheren Klassikern den Vorzug gibt, sondern auch vor Experimenten mit neuen Ideen nicht zurückscheut. Hoffen und wünschen wir ferner, daß der neue Tempel der Kunst nicht nur der Unterhaltung, sondern auch der Bildung und dem großen, guten Gedanken der Völkerverständigung dient – zur Freude aller Anhänger der schönen Musen und zum Nutzen der Nationen eines freien und auch kulturell vereinigten Europas.

Hoffnung und Erwartung

Einweihung eines Dorfgemeinschaftshauses mit Pfarrheim

Es spricht der Kreistagspräsident

Sehr geehrter Herr Pfarrer, sehr geehrte Frau Bürgermeisterin, meine sehr geehrten Damen und Herren!

Bedeutung des lokalen Ereignisses

Für die Bürgerinnen und Bürger eines Dorfes ist es zweifellos ein herausragendes Ereignis und ein besonderer Anlaß zur Freude, wenn eine neue Gemeinschaftseinrichtung übergeben wird. Was Wunder also, daß sich heute hier eine solch große Anzahl von Mitbürgern eingefunden hat, um an diesem doch einmaligen Festakt teilzunehmen. ... *(Ortsname)* hat seit heute diesen neuen Mittelpunkt, ein Zentrum der Begegnung, eine Stätte des Frohsinns, der sportlichen, musikalischen, künstlerischen und geselligen Betätigung. Hierzu möchte ich Ihnen ganz aufrichtig gratulieren und die besten und guten Wünsche des Landkreises übermitteln.

Informationen über Zweck und Nutzung des Gebäudes

Es ist mir eine besondere Freude, bei der Einweihung dieses imposanten Hauses dabei sein zu dürfen. Das Gebäude trägt den Namen Bürgerhaus mit Fug und Recht. Bauhof, Feuerwehrgerätehaus und Gemeinschaftsteil vereinen sich in diesem Komplex, stehen als Einheit den vielfältigen Interessen der Vereine, Verbände und Gruppen zur Verfügung. Möge es Ihnen allen dazu dienen, in der Gemeinschaft für die Gemeinschaft tätig zu werden. Meine sehr verehrten Damen und Herren, kommunale Großprojekte sind in jüngster Vergangenheit zunehmend in die Schußlinie öffentlicher Kritik geraten. Gigantomanie, Überproportionalität, Unverhältnismäßigkeit wurde den Erbauern in den Dörfern vorgeworfen. Ich sage an dieser Stelle klipp und klar: Das Bürgerhaus, das hier in ... heute seiner Bestimmung übergeben wird, ist kein Luxus, keine überflüssige Einrichtung, kein Renommierstück. Es ist vielmehr das Ergebnis langjähriger Überlegungen, der Gemeinde einen zentralen, den Bedürfnissen gerecht werdenden Mittelpunkt zu geben.

Aufgreifen von Kritik ...

... und Entgegnung

Rückblick: Schilderung der untragbaren Zustände

Sie alle kennen doch noch die wenig ansprechende Lösung der Vergangenheit, Feiern, Feste und Veranstaltungen im Zelt außerhalb des Dorfes abhalten zu müssen. Mehr als einmal ist darüber geschimpft worden, mehr als einmal waren die Zustände alles andere als zufriedenstellend. Diese Episode gehört mit dem heutigen Tage der Vergangenheit an. Von heute ab kann die Gemeinde ... den Bedürfnissen ihrer Bürger Genüge leisten und ihren Feriengästen ein echtes Zentrum vorstellen.

Kosten und Finanzierung

Auch die Organe des Kreises haben die Notwendigkeit und Zweckmäßigkeit anerkannt und dies durch finanzielle Förderung zum Ausdruck gebracht. ... Mark wurden allein für den Dorfgemeinschaftshausteil der Gemeinde überwiesen, fast ... Mark für den Bauhof, ... Mark für den

Feuerwehrteil und mehr als ... Mark für das Pfarrheim *(Name)*. Zusammen also über ... Mark – eine beachtliche Summe, wie ich meine. Angesichts dieser Zahlen – alles in allem hat das Bürgerhaus ... gekostet – soll die Überlegung über die weiteren Möglichkeiten der Errichtung von Mehrzweckeinrichtungen Sie, liebe Mitbürgerinnen und Mitbürger, dazu anspornen, das Geschaffene in der rechten Weise zu nutzen, es mit Leben zu erfüllen und so den Nachweis dafür zu erbringen, daß sich die Investition gelohnt hat. Ich bin sicher, daß die Bürgerinnen und Bürger von ... dieser Verpflichtung vorbildlich nachkommen werden. Ich wünsche Ihnen allen frohe Stunden in diesem schönen Haus.

Ansporn und gute Wünsche für die Zukunft

Einweihung eines Dorfgemeinschaftshauses

Liebe Mitbürgerinnen und Mitbürger!

Es spricht die Landrätin

Was zehn Jahre währte, ward nun vollbracht. Ein neues Dorfgemeinschaftshaus ist vollendet, und, was am erfreulichsten ist, es ist gelungen. Dazu sage ich Ihnen allen, uns allen herzlichen Glückwunsch. Zehn Jahre sind eine lange Zeit, wenn man auf etwas warten muß, was Sie, die Bürger der Großgemeinde ... und insbesondere die Bürger von ... *(Namen der Ortsteile)*, so geduldig getan haben. Bereits 19.. erwarb die Gemeinde ... ein Grundstück, das beinahe genau auf der Mitte zwischen ... *(Dorf A)* und ... *(Dorf B)* liegt. Hier sollte ein Mittelpunkt entstehen, heute ist er vollendet. Dazwischen lagen die langen und oft auch schwierigen Bemühungen der Gemeinde, die Finanzierung des Dorfgemeinschaftshauses in den Griff zu bekommen, die formellen Dinge abzuwickeln und schließlich mit dem Bau zu beginnen. Geplant war die Finanzierung dieses schönen Gebäudes schon für 19.., damals mit ... Millionen Mark. Erst ein Jahr später jedoch konnte eine formelle Anmeldung beim Land ... erfolgen, und nochmals ein Jahr später wurde das Projekt neuerlich erörtert: Heraus kam dieses Haus, zu dessen Einweihung wir heute hier versammelt sind. Eine Kombination aus Turnhalle und Gemeinschaftshausteil, eine Symbiose aus alt und neu. Die Turnhalle bekam einen Anbau, und so entstanden zwei eigene Einheiten, die doch als Ganzes zu sehen sind. Schulturnhalle und Bürgerhaus sind getrennt durch eine Schiebetür, die im Bedarfsfall geöffnet wird. So entsteht aus zwei kleineren, verschiedenen Nutzungen dienenden Räumen ein Festsaal, der gut 1000 Bürgern Platz läßt zum Tanz, zum Gespräch, zur Geselligkeit.

Der leidige Instanzenweg ...

... und das Ergebnis: Kurzbeschreibung des neuen Gebäudes und seiner Vorzüge

Würdigung der guten Zusammenarbeit von Kreis und Gemeinde

Der Landkreis ..., der sich mit den bereitgestellten ... Mark gern an diesem ... Millionen Mark teuren Bürgerzentrum beteiligt hat, ist aus zwei Gründen besonders erfreut über die Fertigstellung. Zum einen über die freundschaftliche und reibungslose Zusammenarbeit mit der Gemeinde ..., die an den Landkreis herantrat mit der Bitte, ihr die kreiseigene Turnhalle zum Anbau zur Verfügung zu stellen. Diesen Beitrag hat der Kreis geleistet und half damit der Gemeinde, zwischen ... und ... Millionen Mark Baukosten einzusparen. Zum anderen hat der Landkreis mit Freude verfolgt, daß, wie schon die Sportanlagen, das Dorfgemeinschaftshaus auf der Gemarkungsgrenze zweier Dörfer, ... *(Dorf A)* und ... *(Dorf B)*, entstanden ist. Hier findet auf natürliche Weise ein Zusammenwachsen zweier Ortschaften statt, was im großen Rahmen durch die Gebietsreform vor beinahe ... Jahren erreicht werden sollte und was doch in einigen Gegenden den Bürgern Kummer bereitet. Die gutnachbarlichen Beziehungen und freundschaftlichen Verbindungen dieser beiden Dörfer aber, für die mit dem neuen Haus ein echter Ort der Begegnung geschaffen wurde, werden in Zukunft gefestigt und vertieft. Verbunden mit meiner herzlichen Gratulation wünsche ich Ihnen, daß Ihr Dorfgemeinschaftshaus seinem Namen gerecht wird und als Stätte der Freude und der Begegnung zum friedlichen Miteinander von Jung und Alt wird.

Der positive Nebeneffekt: Zwei Ortschaften wachsen zusammen

Rede zur Einweihung einer neuen Sporthalle

Es spricht die Kreistagsvorsitzende

Sehr geehrter Herr Pfarrer, Herr Bürgermeister,
verehrte Ehrengäste, meine sehr geehrten Damen und Herren!

Was nützt der beste Sportverein, was der größte Turnverein, wenn ihnen und ihren Mitgliedern Hallen, Gerätschaften und Anlagen fehlen? Wie soll ein Verein etwas werden, wenn kein Platz für Training und Spiel vorhanden ist?

Fragen nach dem »wunden Punkt« ...

Es reicht eben meist nicht aus, viel Idealismus zu haben, Gleichgesinnte zu suchen und zu finden, um einen Verein zu gründen und am Leben zu erhalten. Nein, für ein gedeihliches Vereinsleben einer Gemeinschaft wie der eines Turn- oder eines Sportvereins sind geeignete Plätze, Anlagen und Einrichtungen unerläßliche Voraussetzungen.

... und Antworten

Ich sage niemandem etwas Neues, wenn ich bemerke, daß eben solche Sporteinrichtungen außerordentlich teuer sind. Daher verstehe ich die oft gehörte Frage, ob unbedingt jeder Platz neu entstehen muß, ob jede Halle erforderlich oder so groß zu bauen ist, als notwendige Reflexion angesichts schwindender Finanzkraft der öffentlichen Kassen.

Aufzeigen möglicher Fehler und ihrer Folgen

Sparen ist angesagt – gewiß, aber bitte sinnvoll! Es wäre ein fataler Fehler, an der Förderung des Breiten- wie des Spitzensports zu sparen. Für diesen kurzfristigen haushaltspolitischen Erfolg würden wir teure Folgeschäden einkaufen, etwa in Form von steigenden Ausgaben im Gesundheitswesen und für die Freizeitgestaltung an anderer Stelle, gar nicht zu reden von vermehrter Sozialarbeit, Jugendbetreuung und vielem mehr. Nein, wer an der Förderung des Sportes spart, hat den Rotstift an der falschen Stelle angesetzt! Der Landkreis ..., den ich heute hier vertrete, hat diesen falschen Weg nicht beschritten. Im Gegenteil! Er hat bereitwillig ... Mark zur Finanzierung des Sporthallenanbaus an das Bürgerhaus bewilligt. Für die im Landkreis ... politisch Verantwortlichen, allen voran Landrat ..., Erster Kreisbeigeordneter ... und der Kreisausschuß, deren herzliche Grüße und beste Wünsche ich hier überbringe, für diese politisch Verantwortlichen ist und bleibt Sport eine Hauptsache!

Der richtige Weg und die entsprechenden Maßnahmen

Der finanzielle Zuschuß ist gut angelegt. In den neuen Gebäuden hat die Gemeinschaft der Bürgerinnen und Bürger eine gesellige und – jetzt erstmals – auch eine sportliche Heimat. Ihnen allen wird damit die Möglichkeit gegeben, sich in Ihrer Freizeit spielerisch-sportlich und gesellig zu betätigen. Ich wünsche Ihnen allen viel Freude in Ihrer neuen Sporthalle.

Ausblick und gute Wünsche

Einweihung einer Turnhalle

Der Vorsitzende des Turnvereins spricht

Sehr geehrter Herr Landrat, Herr Bürgermeister,
meine sehr geehrten Damen und Herren!

Als Friedrich Ludwig Jahn 1811 den ersten Turnplatz auf der Hasenheide in Berlin eröffnete, ging es dem Vater der Turnbewegung in Deutschland nicht nur um die sportliche Betätigung. Er sah in dem kameradschaftlichen Zusammenschluß von Turnern auch ein burschenschaftliches, ein vaterländisch-nationales Element, als dessen Vorkämpfer er zeitlebens hervortrat. Turnvater Jahn hätte sich kaum träumen lassen, daß aus den früher so heiß bekämpften Zusammenschlüssen Abertausende von Vereinen entstehen würden, die mit Millionen von Mitgliedern heute Spitzen- oder auch Breitensport betreiben. Was früher als burschenschaftliche oder vaterländische Idylle bekämpft oder auch nur belächelt wurde, ist heute aus unserem gesellschaftlichen Leben nicht mehr hinwegzuden-

Der Blick zurück als Ausgangspunkt

ken. Sport ist heute weder Voraussetzung noch Alibi für nationale Bewußtseinsbildung. Es ist sicher auch nicht Therapie für gelangweilte oder zivilisationsgeschädigte Wohlstandsbürger, die sonst nichts mehr mit sich anzufangen wissen.

Brückenschlag zur Gegenwart: neue Erkenntnisse und Sichtweisen …

Sport im guten und vernünftigen Sinne betrieben, lehrt den Menschen Selbstüberwindung, zielbewußtes Handeln, Fairneß und – sofern er in Vereinen betrieben wird – fördert den Gemeinschaftssinn. Hier erfährt der Mensch auf eindrucksvolle Weise etwas von dem tiefen Zusammenhang zwischen Willen und Leistung, zwischen körperlichem Training und Geisteskraft, der uns aus der Antike bekannt ist. Alles dies ist im besten Sinne des Wortes Vorsorgemedizin: Medizin gegen die bei unserer Lebensweise unausbleibliche Gefährdung der Kräfte von Körper und Geist. Mens sana in corpore sano, nur in einem gesunden Körper wohnt ein gesunder Geist, sagten die Römer. Sie, die letztlich doch den Gefahren und Verlokkungen ihrer Zivilisation erlagen, wußten, daß körperliche Ertüchtigung und geistige Freiheit in unlösbarem Zusammenhang verknüpft sind.

… sowie aktuelle Entwicklungen und Trends

Viele Menschen in unseren Tagen haben sich diese alten Erfahrungen zunutze gemacht. Der Breitensport, nicht nur in den Vereinen, hat sich immer weiterentwickelt. Die Zahl derer nimmt zu, die auf den sonntäglichen Frühschoppen verzichten und statt dessen auf dem Trimmpfad, im Schwimmbad oder auf der Waldwiese ihr mangelndes Wochenpensum an Bewegung nachzuholen trachten.

Mit dieser neuen Turnhalle eröffnen wir eine weitere Möglichkeit, sich sportlich zu betätigen. Sie ist eine dringend notwendige Ergänzung zu den bereits vorhandenen Einrichtungen in unserer Stadt.

Begründung der Baumaßnahme

Notwendig deshalb, weil die bisherigen Belegungspläne der vorhandenen Sporteinrichtungen bereits voll ausgebucht und viele Vereine und andere Interessenten in ihren Spiel- und Trainingsmöglichkeiten doch stark eingeengt waren. Sie alle wissen, daß es manche Probleme zu lösen und Schwierigkeiten der verschiedenen Art zu überwinden gab, bis der Startschuß für diese neue Turnhalle gegeben werden konnte. Daß es dennoch in dieser verhältnismäßig kurzen Zeit gelang, ist das Verdienst all derjenigen, die uns nach Kräften unterstützt haben. Bei dieser Gelegenheit darf ich Herrn Landrat … sehr herzlich für die großzügige Bezuschussung durch den Landkreis danken.

Lobende Erwähnung der reibungslosen Zusammenarbeit und Danksagung

Ebenfalls den Dank aller hier vertretenen Vereine möchte ich Herrn Bürgermeister … aussprechen, der sich tatkräftig dieses Planungsvorhabens und seiner Finanzierung angenommen hat. Nicht zuletzt danke ich all den Damen und Herren, die dabei mitgeholfen haben, den Bau dieser Halle zu ermöglichen. Bereits jetzt, zum Zeitpunkt ihrer Einweihung, ist die Turnhalle sozusagen ausgebucht. Die vielen Anfragen und Belegungswünsche

durch unsere Vereine und Sportgruppen haben gezeigt, daß mit dieser Halle ein lange bestehender Engpaß beseitigt werden konnte.
Ich darf Sie, meine sehr geehrten Damen, meine Herren, sehr herzlich im Namen aller Vereine zum anschließenden Schauturnen einladen. Danach folgt ein Freundschaftsspiel unserer Hockeyjugend aus den Vereinen ... und ... Im Anschluß daran sind alle Räume der Halle und alle Einrichtungen bis ca. ... Uhr zur Besichtigung freigegeben. Nutzen Sie diese Gelegenheit, möglicherweise fällt Ihnen dabei ein, daß Sie sich gerade vor kurzem vorgenommen haben, sich doch endlich einmal wieder sportlich zu betätigen. Wenn diese neue Halle dazu beiträgt, daß Sie Ihren Vorsatz in die Tat umsetzen, dann haben sich die hohen Investitionen bereits heute voll bezahlt gemacht.

Einladung zur Festveranstaltung und zur Besichtigung der Halle

Indirekte Aufforderung zur sportlichen Betätigung

Rede anläßlich der Einweihung eines neugestalteten Kirchplatzes in einem Dorf in Thüringen

Es spricht der Landrat

Sehr geehrter Herr Pfarrer, Frau Bürgermeisterin, verehrte Ehrengäste, liebe Bürgerinnen und Bürger von ...!

Mit dem heutigen Tag ist ... um einen Mittelpunkt schöner geworden. Ich beglückwünsche Sie alle – die Bürgerinnen und Bürger des kleinen Dorfes im Thüringer Wald zu Ihrem neuen Kirchplatz.

Gratulation

Plätze wie dieser haben eine besondere Geschichte. Häufig steht die Kirche inmitten der Dörfer und umgeben von landwirtschaftlichen Anwesen, Bürger- und Bauernhäusern, einer Gastwirtschaft. Und so bildet der Platz rund um die Kirche jenen Punkt im Dorf, an dem die Bürgerschaft zusammenkommt, insbesondere auch dann, wenn – wie früher üblich – der Brunnen nahe dem Gotteshaus stand. Der Kirchplatz also als Treffpunkt der Generationen, als Markt, als Umschlagplatz von Nachrichten, Neuigkeiten und Gerüchten. Dieser neugestaltete Kirchplatz wird in genau dieser guten Tradition stehen. Nicht nur an Sonn- und Feiertagen werden die Bürgerinnen und Bürger von ... hier zusammentreffen.

Allgemeine Bemerkungen

Der konkrete Festanlaß

Der Platz muß täglich neu mit Leben erfüllt werden. Genau dies war auch das Ansinnen der Behörden in Bonn und Erfurt, als ... auf Vorschlag des Landwirtschaftsamtes im Landratsamt in das Dorferneuerungsprogramm aufgenommen wurde. Erhebliche Finanzmittel sind seitdem hierher nach ... geflossen – und das Geld ist bestens angelegt worden, wie wir alle heute besichtigen können.

Vorgeschichte und Hinweis auf die staatliche Förderung

Das große Ganze: »Aufbau Ost«

Wir haben großen Nachholbedarf bei der Sanierung und Erneuerung unserer Dörfer. Mehr als 40 Jahre SED-Herrschaft müssen aufgearbeitet werden. Auch unsere Dörfer haben erheblich unter der Mißwirtschaft des Sozialismus gelitten. Glücklicherweise war und ist die Substanz gut, so daß ein Wiedererstrahlen der Dörfer nicht nur möglich wird, sondern auch in die Tat umgesetzt werden kann, wie wir hier in ... sehen. Doch es wird nicht nur hier großer Kraftanstrengungen und beträchtlicher Finanzmittel bedürfen, um die Folgeschäden des Sozialismus aufzuarbeiten.
Meine sehr geehrten Damen und Herren, unser Blick muß sich nach vorne richten. Gemeinsam wollen wir eine bessere Zukunft gestalten. Dieser Dorfplatz macht Mut, daß es voran geht.

Mut und Zuversicht vermitteln

Auch ich möchte uns allen Mut machen. Ich habe lange überlegt, was ich Ihnen, verehrte Frau Bürgermeisterin ..., und der Bürgerschaft von ... zur Einweihung Ihres neuen Kirchplatzes mitbringen könnte. Ich habe mich für eine Dorf-Linde entschieden, die wir nach dem offiziellen Teil der Feierlichkeiten gemeinsam pflanzen wollen.

Den Symbolgehalt des Präsents erläutern

Eine junge Linde steht für neues Leben, für ein hoffentlich langes und gedeihliches Wachsen. Und eine Dorf-Linde steht für Gemeinschaft, weil sich unter ihr die Bürger treffen. Ich wünsche Ihnen allen eine glückliche Zukunft!

Wiedereinweihung einer Kirche in einem neuen Bundesland

Es spricht die Erste Beigeordnete

Ehrwürdiger Herr Landesbischof, Herr Oberkirchenrat, Herr Pfarrer, verehrte Ehrengäste, meine sehr geehrten Damen und Herren!

Freude über die Teilnahme bekunden

Es ist für mich eine große Ehre und eine besondere Freude, an der heutigen Wiedereinweihung der ... (z. B. Andreaskirche) teilnehmen zu dürfen.
Die Kirche, verehrter Herr Pfarrer ..., Ihre Kirche ist ein Schmuckstück in ... und für ... geworden. So, wie sie es früher schon war und wie sie es auch in der Zukunft sein soll.

Unterschiedliche Bedeutungen erklären

Kirche – das bedeutet Heimat. Durch die Jahrhunderte hinweg haben die Menschen Zuflucht genommen in Gotteshäusern. Kirchen waren Orte der Sicherheit, des Schutzes und der Einkehr.
Kirche – das bedeutet Rastplatz auf dem Weg des Lebens. Wann immer Menschen in Not oder Bedrängnis waren, rief sie die Glocke zusammen,

spendete ihnen die Gemeinschaft der Gläubigen Stärke und Zuversicht. Besonders in Krisen- und Kriegszeiten. Aber auch zum Ende der friedlichen Revolution in der DDR 1989 läuteten die Glocken der Kirche.
Kirche – das bedeutet Quelle der Kunst. Zu allen Zeiten waren die Menschen bereit zu spenden, ihr persönliches Opfer zu bringen. Nicht jeder konnte es sich erlauben, als Kirchen-Mäzen aufzutreten – wie hier in ... geschehen. Doch oft genug reichte der Stolz einer freien Bürgerschaft aus, sich selbst große Opfer aufzuerlegen, um ein Gotteshaus zu schaffen, das seines Namens würdig war.
Heimat der Seele, Rastplatz der Besinnung, Kunstwerk – diese drei Ansprüche erfüllt die jetzt ... jährige Andreaskirche hier in ... Und sie tut dies auf eindrucksvolle Weise. ... *(Jahreszahl)* geweiht, steht die Andreaskirche für die fast 2000jährige Geschichte des Christentums.

Überleitung zum konkreten Anlaß

Nicht die Trennung der Konfessionen oder das Bemühen um die Ökumene eint oder teilt, es ist vielmehr der eine Gott, der die verbindende Klammer vom Ursprung bis hin zur Gegenwart bildet. Daher wurde die ursprüngliche Kirche errichtet; und Gott zur Ehre bauten die Gläubigen vor ... Jahren dieses Haus neu auf, nachdem ein Blitzschlag die Vorgängerkirche vernichtet hatte. Die Andreaskirche wird ... in die Zukunft führen und begleiten. Sie wird auch morgen den Menschen Heimat sein. Möge niemals mehr der Tag kommen, an dem die Kirchenglocke Krieg oder Verderben einläuten muß.

Rückbesinnung und zuversichtlicher Blick nach vorn

Rede des Landrats anläßlich der feierlichen Einweihung eines neugestalteten Lutherplatzes

Verehrte Ehrengäste, meine sehr geehrten Damen und Herren!

Es würde naheliegen, daß auch ich in meiner kurzen Ansprache erwähne, auf welch historischem Boden wir uns hier in ... befinden und welch bedeutsames Gebäude dort drüben steht.

Bezugnahme auf den/die Vorredner/in

Ich verkneife mir dies; die Historie von Platz und Haus sind bereits an anderer Stelle ausführlich gewürdigt worden. Und gleichwohl erlaube ich mir, den Begriff »historisch« für das zu übernehmen, was ich Ihnen sagen möchte: Mehr als ... Jahre nach der Verwirklichung der deutschen Einheit spüren wir an vielen Stellen, daß sich etwas bewegt, daß es vorangeht. Seit jenem denkwürdigen Ereignis ist unser Land nicht mehr wiederzuerkennen.

Die politische Wende als Neubeginn

Die aktuelle Situation: einerseits Arbeitslosigkeit …

Ich bin mir sehr wohl bewußt, daß viele Bürgerinnen und Bürger von Arbeitslosigkeit betroffen sind oder um ihren Arbeitsplatz bangen müssen. Ich beschönige nichts, wenn ich sage, daß auch mich dies sehr bedrückt und ich alles unternehme, um zu helfen.

… andererseits Schaffung neuer Arbeitsplätze

Auf der anderen Seite darf aber auch nicht übersehen werden, daß es seit Einführung der D-Mark im Zuge der Wirtschafts-, Währungs- und Sozialunion zu einer Welle von Existenzgründungen gekommen ist, die dazu beigetragen hat, daß neue Arbeitsplätze entstanden sind. Der Bausektor boomt; und er hat Lokomotiv-Funktion für den Aufschwung in Thüringen. Warum das so ist, sehen wir alle heute hier in …: Ein wunderschöner Platz ist neu gestaltet worden, die beteiligten Firmen haben hervorragende Arbeit geleistet. … kann sich mit diesem Platz wirklich sehen lassen und braucht keinen Vergleich mit Dörfern in Hessen, Bayern oder Sachsen zu scheuen.

Formulierung einer Zielvorgabe

Als Landrat dieses Kreises sage ich Ihnen aber auch, daß wir noch 20, 30 weitere Orte wie … benötigen, um dorthin zu kommen, wo wir hin wollen: zu einem Landkreis, der von Feriengästen besucht wird, weil seine Städte und Dörfer schön sind, weil die Luft sauber ist, weil die Gastronomie Gemütlichkeit und Gaumenfreude vermittelt – mit einem Wort: weil dieser Landkreis eine Heimat für Mensch und Natur ist.

Die Vision als Auftrag

Meine sehr geehrten Damen und Herren, wir bauen an diesem neuen Landkreis … So wie hier in … entstehen an vielen Stellen im Kreis neue schöne Punkte. Und in wenigen Jahren werden aus diesen Punkten Flächen –, und so wird sich die Umgestaltung weiter ausbreiten, bis auch die letzten Punkte im Kreisgebiet erreicht sind.

Im Jahr 2000 wird der Landkreis … 50 Jahre. Ich möchte dieses Jubiläum in einem Landkreis feiern, der als Bäderregion zwischen Rennsteig und Rhön bundesweit Ansehen genießt. Und wenn ich … heute betrachte, dann bin ich voller Zuversicht.

Ausdruck von Zuversicht und Hoffnung

Ihnen, sehr geehrter Herr Bürgermeister, möchte ich als Präsent eine Hecke überbringen. Sie wird hoffentlich zur weiteren Verschönerung … beitragen. Den Bürgerinnen und Bürgern … wünsche ich alles Gute.

Einweihung einer Stützpunktfeuerwache

Verehrte Ehrengäste, meine sehr geehrten Damen und Herren!

Es spricht der Kreisbrandinspektor

Heute ist ein besonderer Tag in der Geschichte des Feuerwehrwesens der Gemeinde ...: Die Stützpunktfeuerwache wird ihrer Bestimmung übergeben. Dieses Ereignis gibt Anlaß zur Freude. Die Frauen und Männer aus ... und Umgebung, die die Uniform der Feuerwehr tragen, nehmen ein neues Gebäude in Dienst, das zur Verbesserung der Sicherheit für alle Mitmenschen in diesem Raum errichtet wurde.

Blick in die Vergangenheit: kein wirksamer Schutz vor dem Feuer

Schauen wir angesichts dieses modernen Gebäudes einmal zurück in die Geschichte des Feuerwehrwesens. Jahrhundertelang lebten die Menschen in größter Sorge vor einem Feuer. Sie alle kennen die Zeugnisse dieser Angst: In ungezählten Balken ist noch heute nachzulesen, daß die Baumeister oder die Bauherren von Häusern, Stallungen oder Anwesen Gottes Segen und Schutz vor einem Feuer erbaten. Der Schutzpatron St. Florian ziert zahlreiche Eckbalken oder war als Abbildung oder Figur in fast jedem Haushalt zu finden.

Nun schützt ein eingeschnitzter Satz oder eine St.-Florians-Figur noch keineswegs vor dem Ausbruch eines Feuers. Folgerichtig gab es auch in früheren Zeiten Löschtrupps. Doch wie sah dies in der Praxis aus: Römische Feuerwehrkohorten hatten mit der mittelalterlichen Eimerkette einige Gemeinsamkeiten. Das Löschen eines Feuers erfolgte – wenn überhaupt – durch Handarbeit. Häufig waren Aussichtslosigkeit und Hoffnungslosigkeit die engen Begleiter solcher Unternehmungen.

In der Gegenwart: Die moderne, gutausgerüstete Wehr bietet Sicherheit

Heute ist dies anders. Heute stehen die Chancen eines Feuers, wenn es rechtzeitig entdeckt wird, schlecht. Modernstes Gerät wird von den bestens geschulten und trainierten Frauen und Männern der Einsatzabteilung in Stellung gebracht und eingesetzt. Nicht zuletzt durch die herausragenden Alarmierungszeiten sind die Erfolgsaussichten unserer Wehren überraschend hoch.

Beispielhafte Aufzählung von Einsätzen und Aufgaben

Warum sage ich dies alles? Ich weiß, daß häufig die Frage auftaucht, ob nicht in unseren Feuerwehrhäusern Millionenwerte brachliegen, weil doch nie etwas passiert. Diese Ansicht ist grundlegend falsch. Feuerwehr heute heißt, Vorsorge zu betreiben. Wie schnell ist es passiert, daß bei einem Unfall Verletzte zu bergen sind, daß es gilt, einen Heubrand per Meßsonde zu erkennen und zu verhindern, daß ein Blitz eingeschlagen hat und daß ein Feuer gelöscht werden muß. Und wer weiß nicht von Einsätzen, bei denen die Feuerwehr Menschen oder Tiere aus verzweifelten Lagen befreite. Die Aufgabenpalette der Männer und Frauen in den

Wehren ist treffend mit den vier Begriffen »retten – löschen – bergen – schützen« zusammengefaßt.

Rechtfertigung der technisch aufwendigen und kostenintensiven Ausrüstung

Und damit, meine sehr geehrte Damen und Herren, komme ich zu dem Ereignis, das uns heute hier zusammengeführt hat. Wer die vielfältigen Aufgaben des Rettens und Löschens vollbringen will, der braucht ein Heim, der braucht einen Stützpunkt, von dem aus er operieren und zu dem er zurückkehren kann. Genau dies ist mit der Errichtung der Stützpunktfeuerwache ... geschaffen worden. Überregional zuständig, kann die Feuerwehr ... von diesem neuen Haus aus sternförmig all diejenigen Punkte rasch erreichen, für deren Sicherheit und Schutz sie zuständig ist.

Investition und Finanzierung offenlegen

Ich glaube, ich kann mit Fug und Recht behaupten, daß das Geld, was Land, Kreis und Gemeinde zur Errichtung dieses neuen Gebäudes aufzubringen hatten, gut angelegt worden ist. Zusammen haben wir ... Millionen Mark in die Sicherheit aller Bürgerinnen und Bürger in ... und Umgebung investiert. Dieses Geld, von dem der Kreis ... und die Gemeinde ... fast ... Mark aufgebracht haben, hätte nicht besser ausgegeben werden können. Zum einen deshalb, weil durch die Stützpunktfeuerwache ... deutlich aufgewertet wird. Von dieser Gemeinde aus rücken die Wehrfrauen und -männer aus, um überörtlichen Brandschutz zu garantieren und für größere Sicherheit Sorge zu tragen.

Zum zweiten deshalb, weil mit dem heutigen Tag bessere und schnellere Arbeits- und Einsatzbedingungen für die Feuerwehrleute beginnen. Die Wehr in ... ist bekannt für ihre gute Arbeit. Ich bin sicher, daß sich dies nicht nur bestätigen, sondern noch weiter verbessern wird.

Fazit: Mehr Sicherheit für den Bürger

Daher freue ich mich zusammen mit Ihnen allen, daß uns heute ein solch freudiges Ereignis zusammengeführt hat. Mit der Einweihung dieser Feuerwache wird das Netz des vorbeugenden und aktiven Brandschutzes im Landkreis ... enger geknüpft. Ich bin sicher, daß die Bürger auch in Zukunft beruhigt schlafen gehen können, weil sie wissen, daß die Frauen und Männer der Feuerwehr ... und aller anderen Feuerwehren Tag und

Lob und Dank

Nacht bereitstehen, um ihr Leben, ihr Hab und Gut zu schützen. Sie handeln dabei nach dem alten, guten Satz: »Gott zur Ehr, dem nächsten zur Wehr«. Nach diesem Brauch wünsche ich der Feuerwehr ... in ihrem neuen Zuhause, daß sie allzeit segensreiche Arbeit für ihre Mitmenschen erbringen möge.

Übergabe der »Gemeinsamen Leitstelle für das Rettungswesen, den Brandschutz und den Katastrophenschutz« im Gebäude der Freiwilligen Feuerwehr

Verehrte Ehrengäste, meine sehr geehrten Damen und Herren!

Es spricht der Kreisbrandinspektor (Ost)

Für das Rettungswesen im Landkreis … beginnt mit dem heutigen Tag eine neue Ära: Die gemeinsame Leitstelle nimmt ihre Arbeit auf. Die Notrufleitungen 112, 115 (und …) werden hierher zusammengeschaltet, und von hier aus erfolgen die Alarmierungen der Feuerwehren, des Roten Kreuzes, der Katastrophenschutzorganisationen. Eine Zusammenarbeit mit der Polizei ist ebenfalls möglich. Ich freue mich, diese wichtige Einrichtung heute feierlich und in ihrer aller Beisein der Bestimmung übergeben zu können. Mit meiner Freude gebe ich aber auch zugleich meiner Hoffnung Ausdruck, daß die Leitstelle nicht allzuoft benötigt wird. Das mag als Widerspruch erscheinen, ist es aber nicht.

Merkmale und Vorzüge des neuen Systems

Jeder Ruf, der hier in der gemeinsamen Leitstelle eingeht, kann ein Notruf sein: Ein Hausbrand oder ein Unfall hat sich ereignet, Verletzte sind zu bergen, ein Blindgänger wird gefunden, Öl oder Benzin ist in die Kanalisation gelaufen.

Zehn Personen sind es, die hier in der Leitstelle rund um die Uhr Dienst tun. Sie sorgen dafür, daß jeder Anruf unverzüglich bearbeitet wird: Entweder rückt die Feuerwehr aus oder die Polizei oder beide zusammen, eventuell mit Unterstützung durch das DRK. Je nach dem, was passiert ist, entscheidet die Leitstelle über Hilfs- und Rettungsmaßnahmen.

Die Arbeitsweise wird beschrieben …

Knapp … Mark sind für die notwendigen Umbauarbeiten und die fernmeldetechnische Ausstattung der neuen Einrichtung ausgegeben worden. Es ist Geld, das in unser aller Sicherheit investiert wurde. Und damit ist es Geld, das kaum besser hätte ausgegeben werden können. Das führt dazu, daß wir alle, die Bürgerinnen und Bürger im Landkreis …, ein Stückchen mehr Sicherheit haben, Sicherheit in Form von Schnelligkeit: Durch die Einführung des neuen Funksystems werden die Alarmierungszeiten für die Feuerwehren erheblich sinken. Und wenn wir bedenken, daß bei einem Unfall oder bei einem Brand jede Minute zählt, dann können wir sagen, daß mit dieser gemeinsamen Leitstelle noch schnellere Rettung und noch bessere Hilfe ermöglicht werden.

… das gewünschte Ergebnis dargestellt

Ich danke allen, die an der Einrichtung dieser Leitstelle beteiligt waren. Möge die gemeinsame Leitstelle für das Rettungswesen, den Brandschutz und den Katastrophenschutz sowenig wie möglich tätig werden müssen und gleichwohl bei jedem Notfall rasch und zielgerichtet helfen können.

Einweihung eines neuen Feuerwehr-Gerätehauses

Rede des Bürgermeisters

Sehr geehrter Herr Landrat, Herr Kreisbrandinspektor, liebe Feuerwehrleute, meine Damen und Herren!

Ein allgemein bekanntes Zitat deuten und daraus …

»Gott zur Ehr, dem Nächsten zur Wehr.« Dieser alte Leitspruch der Feuerwehr hat im Laufe unzähliger Reden und Gedenkfeiern vielleicht ein wenig von der Kraft seiner Aussage verloren. Wie bei jedem oft zitierten Wort macht man sich kaum noch Gedanken über das, was eigentlich damit gesagt werden soll. »Gott zur Ehr«, das heißt nichts anderes, als daß Hilfsbereitschaft und Opfermut derer, die gegen die verheerende Gewalt des Feuers ankämpfen, letztlich der Ehre dessen dienen, der dem Menschen den Auftrag erteilt hat, sich die Erde untertan zu machen. Die Erde untertan machen, das bedeutet, auch das Feuer zu bezwingen und seiner gefährlichen Macht Einhalt zu gebieten. Wir wissen wohl, daß der einzelne dazu nur kaum in der Lage ist. Sei es, weil er allein nichts oder nur wenig vermag, sei es, weil er nicht über das nötige Wissen und Können verfügt; im Kampf mit dem Feuer wird er in den meisten Fällen unterliegen, wenn ihm keine Hilfe zuteil wird. Diese Hilfeleistung, die ihm als »dem Nächsten zur Wehr« durch die Männer und Frauen der Feuerwehr entgegengebracht wird, ist seit jeher ein eindrucksvoller Beweis menschlichen Gemeinschaftssinnes.

… die Notwendigkeit der Maßnahme begründen

Dem gemeinsamen Kampf gegen Unheil und Verderben soll auch unser neues Feuerwehr-Gerätehaus dienen. Sie alle wissen, daß es ein weiter und nicht immer leichter Weg war, bis die nötigen wirtschaftlichen Voraussetzungen zur Einrichtung dieses Hauses geschaffen waren. Wir haben daher besonderen Grund, uns über seine Fertigstellung zu freuen und all denen zu danken, die uns dabei behilflich waren. Dieser Dank gilt insbesondere unserem verehrten Herrn Landrat …, der gemeinsam mit der Kreisverwaltung alle Möglichkeiten genutzt hat, um uns finanziell zu unterstützen. Er gilt aber auch den Frauen und Männern unserer Wehr, die in ihrer Freizeit selbst immer wieder Hand angelegt haben, um das gesteckte Ziel möglichst schnell zu erreichen.

Dank für die finanzielle Unterstützung

Zufriedenheit äußern

Ich glaube, daß wir mit dem Ergebnis zufrieden sein dürfen. Wie mir die Herren von der Bauverwaltung bestätigt haben, entspricht das Haus allen Anforderungen moderner Brandbekämpfung. Als dem Vertreter unserer Gemeinde erfüllt es mich mit Stolz, dieses Feuerwehr-Gerätehaus seiner Bestimmung zu übergeben: »Gott zur Ehr, dem Nächsten zur Wehr.«

Einweihung eines Schwimmbades

Verehrte Ehrengäste, liebe Mitbürgerinnen und Mitbürger!

Die Bürgermeisterin spricht

Dieser Tag ist für unsere Gemeinde sehr bedeutungsvoll. Wir haben verwirklichen können, was seit Jahrzehnten unser großer Wunsch war: Unser kleines Waldschwimmbad ist fertiggeworden. Wir haben Dank zu sagen für die großzügige Unterstützung durch den Kreis. Ich möchte aber zugleich auch allen Mitbürgern sehr, sehr herzlich danken, die in ihren freien Stunden hinausgegangen sind in den Wald und die Ausschachtungsarbeiten und die Herrichtung der Außenanlage unentgeltlich übernommen haben. Unser kleines Schwimmbad ist so der sichtbare Beweis für den Gemeinschaftssinn unserer Bürger. Wenn wir damit eine gestärkte Gesundheit und größere Lebensfreude für die Menschen in unserer Gemeinde und unsere Gäste erreichen, wird das für uns alle ein zwar unausgesprochener, aber stets sichtbarer und fühlbarer Ausdruck der Anerkennung sein.

Besonderheit des Anlasses unterstreichen

Dank für die tatkräftige Hilfe vieler Bürger

Jedoch, die Jungen und Mädchen unserer Schule stehen vor dem Rand des Schwimmbeckens bereit, um einen Wettkampf auszutragen. Sie wollen uns damit zeigen, wie lange und sehnsüchtig sie auf dieses Bad gewartet haben. Ich möchte nochmals allen Beteiligten danken und nun unseren Herrn Rektor ... bitten, das Startzeichen für den Wettkampf zu geben.

Eröffnung eines Pflege- und Altersheimes

Sehr geehrter Kreisdirektor, Herr Bürgermeister,
meine sehr geehrten Damen und Herren!

Ansprache des Heimträgers

Wir freuen uns, daß wir mit der Eröffnung unseres neuen Pflege- und Altersheimes wiederum ein gutes Stück auf dem Wege der sozialen Betreuung unserer alten Menschen vorwärts gekommen sind. In enger und vertrauensvoller Zusammenarbeit mit dem Sozialministerium und den Verbänden der Freien Wohlfahrtspflege können wir diese neue und zeitgemäße Einrichtung ihrer Bestimmung übergeben.

Erwähnung der guten Zusammenarbeit mit Ministerien und Verbänden

Bei aller Freude über das Erreichte lassen Sie mich kurz einige Bemerkungen machen über die Rolle unserer älteren Mitbürger in dieser Gesellschaft. Sie alle wissen, daß der Anteil alter Menschen an der Gesamtbevölkerung ständig wächst. Während er im Jahre 1939 nur knapp 8 % betragen hat, ist er

Einige statistische Daten zur Lebenserwartung…

bereits 1976 auf über 15% angestiegen und wird allen Vorausschätzungen nach bis zum Ende dieses Jahrhunderts auf über 20% ansteigen. Die Entwicklung der medizinischen und hygienischen Forschung hat dem Menschen von heute im Durchschnitt eine Lebenserwartung von 25 Lebensjahren mehr gesichert, als es noch um 1900 der Fall war. Wir müssen uns aber heute kritisch fragen, ob wir alle, nicht nur die politisch Verantwortlichen, diesen enormen Fortschritt nicht dadurch sinnlos werden lassen, daß wir die alten Menschen immer mehr als gesellschaftlichen Ballast ansehen und auch entsprechend behandeln.

…und Anmerkungen zur Lebenssituation der älteren Bürger

Sicher gibt es nicht mehr wie früher jene großen Familienverbände, und auch die dazugehörigen Räumlichkeiten, wo zwei oder drei Generationen zusammengewohnt und -gelebt haben. Sicher soll auch nicht verschwiegen werden, daß viel für die älteren Menschen getan wird, von sicheren Renten angefangen über Altenberatungsstellen, Altentagesstätten, stationäre oder ambulante Mahlzeitendienste und Altenheimeinrichtungen aller Art. Vieles davon wird von staatlichen Stellen erledigt, vieles bleibt karitativen oder anderen gemeinnützigen Vereinen und Verbänden überlassen. Aber damit kann sich unsere Gesellschaft nicht freikaufen.

Deutliche Worte an das »soziale Gewissen«

Die Sorge für unsere alten Menschen ist nämlich kein sozialer oder karitativer Gnadenakt, sondern ein in einem langen Erwerbsleben selbst erarbeitetes Recht auf menschenwürdige Behandlung auch im hohen Alter. Ein Volk, das seine Alten vergißt, verdient auch seine Zukunft nicht. Viele unserer älteren Mitbürger leben oft ohne Angehörige, fern von ihrer Familie und fern von ihrer Heimat. Nicht nur die alten Kontakte sind weg. Auch viele neue Kontakte werden teilweise einfach wegrationalisiert. Denken sie etwa daran, daß Rentnerinnen und Rentner, die früher geduldig jeden Monat auf dem Postamt in Schlangen auf ihre Rente gewartet haben und diese Zeit zum Informationsaustausch genutzt haben, heute vielfach diese Möglichkeit gar nicht mehr haben. Die Umstellung auf den bargeldlosen Zahlungsverkehr hat ihnen eine auf den ersten Blick zwar lästig erscheinende, tatsächlich aber wichtige Kontaktmöglichkeit genommen.

Ungeschminkte Schilderung von Mißständen

Hinzu kommt, daß trotz steigenden allgemeinen Wohlstandes die materielle Situation unserer Alten schlecht ist. Bei vielen liegt das Einkommen unter dem Existenzminimum. Zu der gesellschaftlichen Isolierung kommt dann noch die materielle Not, die ebenfalls aus rein finanziellen Gründen mögliche und notwendige Kontakte verhindert. Viele unserer alten Mitbürgerinnen und Mitbürger sind dadurch nicht selten so tief in ihrer Persönlichkeit, in ihrem Lebensmut und in ihrem Stolz getroffen, daß sie nicht einmal mehr von jenen gesetzlichen Rechten und sozialen Vergünstigungen Gebrauch machen, die ihnen zustehen.

Aus allen diesen Gründen war es nötig, in unserer Gemeinde zusätzlich zu den vorhandenen Einrichtungen ein neues Pflege- und Altersheim zu erstellen. Wir haben bei der Planung und der Ausführung Wert darauf gelegt, daß es nicht als Isolierstation oder Verschiebebahnhof von jenen empfunden werden kann, die angeblich in einer dem wirtschaftlichen Erfolg verschriebenen Gesellschaft keinen Platz mehr haben sollen. Deshalb wurde dieses neue Haus auch nicht am Stadtrand gebaut. Es ist ganz bewußt geplant worden im Bereich unserer Fußgängerzone, um so den künftigen Bewohnern dieses Heimes alle Kommunikationspunkte unserer Gemeinde räumlich in die Nähe zu rücken. Nicht nur die künftige Gemeinschaft im Heim, sondern auch der ständige Außenkontakt soll eine volle Integration sicherstellen.

Notwendigkeit staatlichen Handelns

Einbindung in das Leben der Gemeinde

Das Gebäude ist so geplant und gebaut worden, daß die künftigen Bewohner nicht einen krassen Übergang von ihrer früheren Umgebung in ihre neue Heimat zu fürchten haben. Deshalb haben wir vorgesehen, daß auf Wunsch bei der Ausstattung der einzelnen Zimmer liebgewordene Möbel und Gegenstände aus der alten Wohnung mitgebracht werden können. Das Haus ist in seiner Struktur so angelegt, daß man sich in Ruhe in seine eigenen vier Wänden zurückziehen kann, in den Gemeinschaftsräumen aber immer dann Kontakt findet, wenn man ihn sucht oder braucht. Wir haben mit diesem Bau, von dem wir hoffen, daß er bald erweitert werden kann, unseren älteren Mitbürgern ein attraktives Angebot unterbreitet, wie sie wirksam mit Gleichgesinnten – aber auch mit uns – gegen die drohende Vereinsamung und Isolierung ankämpfen können. Die Zahl der Anmeldungen beweist, daß dieses Angebot akzeptiert wird. Unser Haus soll seinen künftigen Bewohnern das Gefühl geben, mitten in unserer Gemeinde – und dies meine ich wörtlich – zu leben. Mit meinen besten Wünschen und meinem Dank an alle, die an der Planung und Ausführung dieses Heimes mitgewirkt haben, überreiche ich Ihnen, Herr … und Ihrer Gattin, die Sie die Leitung dieses Hauses übernehmen werden, den Schlüssel zu unserem schönen Alters- und Pflegeheim. Möge er symbolisch gleichzeitig auch der Schlüssel zum Herzen der künftigen Bewohner sein.

Besonderheiten und Vorzüge des Heimes ansprechen

Hinweis auf Akzeptanz

Einweihung des Funktions- und Behandlungsneubaus sowie der Röntgenabteilung eines Kreiskrankenhauses

Es spricht die Gesundheitsdezernentin

Meine sehr geehrten Damen und Herren!

Seitdem die Barmherzigen Brüder von … (z. B. Montabaur) im Jahre 1911 das Baugelände des heutigen Krankenhauses erwarben, haben sich, den heutigen Tag einbezogen, sechsmal Kommunalpolitiker, Vertreter der Barmherzigen Brüder und des Mutterhauses, Ärzte und Personen der öffentlichen Gesundheitsvorsorge an dieser Stelle getroffen, um Einweihung zu feiern. Im Oktober 1912 galt es, das erste Gebäude seiner Bestimmung zu übergeben. Vier Jahre später erfolgte die Eröffnung des Werkstättengebäudes. 1932 wurde das Hauptgebäude als Krankenhaus seiner Bestimmung übergeben. 1955 folgte die Inbetriebnahme des sogenannten Hauses II, das mit dem Hauptbau durch eine Brücke verbunden ist. 1971 war ein weiterer Erweiterungsbau abgeschlossen. Und heute stehen wir vor der Übergabe des fertiggestellten Neubaus von Funktions-, Operations- und Röntgenabteilung. Ich hoffe, daß ein Ereignis dieser Art mit dem heutigen Tag nicht das letzte Mal in diesem Jahrhundert wird gefeiert werden können.

Ein Blick zurück: Entstehung und Erweiterung des Krankenhauses

Diese Aussage soll jedoch keineswegs überschwenglichen Optimismus verbreiten. Meine Worte habe ich mit Bedacht gewählt, denn ich bin der festen Überzeugung, daß angesichts der leeren Kassen von Ländern und Kommunen Millionenprojekte, wie die Erweiterung unseres Krankenhauses, in rascher Reihenfolge nicht mehr bezahlt werden können. Das allgemeine Gesundheitswesen leidet, wie viele andere Bereiche des öffentlichen Lebens auch, unter den knapper gewordenen Mitteln. Lassen Sie es mich so ausdrücken: Weder das Land …, noch der Landkreis, schon gar nicht der Landeswohlfahrtsverband und im Zweifel auch nicht das Mutterhaus der Barmherzigen Schwestern, sind heute mit finanziell freien Spitzen in der erforderlichen Höhe für eine allumfassende Versorgung der Bürger gesegnet. Einzig alle zusammen konnten und können es ermöglichen, daß die öffentliche Gesundheitsfürsorge, die der Staat zu übernehmen sich verpflichtet hat, gewährleistet werden kann. Ich bin mir bewußt, daß diese Aussage einen Trugschluß birgt: Noch nie ist es gelungen, aus vier Armen einen Reichen zu machen. Wenn wir dennoch dieses …-Millionen-Mark-Projekt seiner Bestimmung übergeben können, dann deshalb, weil sich alle vier genannten Institutionen unter Aufbringung enormer Anstrengungen zusammengesetzt und die Finanzierung geregelt haben. Dafür gebührt allen Beteiligten unser Dank.

Hinweis auf die problematische Finanzierung solcher Großprojekte

Gelungenes Bonmot

Wenn ich eingangs erwähnt habe, daß ich lediglich der Hoffnung bin, diese Eröffnung werde nicht die letzte größere Feierlichkeit anläßlich eines Neu- oder Umbaus im Krankenhaus sein, dann sicherlich nicht nur aus finanziellen Gründen. Ich bin der Ansicht, daß mit diesem modernen Neubautrakt eine optimale Versorgung der Bürger zwischen ... *(Region)* und ... *(Region)* bis weit in die nächste Jahrhunderthälfte hinein wird gesichert werden können. Was Ihnen im Anschluß vorgestellt und demonstriert werden wird, ist das Modernste an Technik und Gerät, was derzeit auf dem Markt verfügbar ist.

Rückbezug auf vorangegangenen Redeteil

Ich kenne die kritischen Stimmen, die sich an dieser Stelle meiner Rede mit Sicherheit regen könnten: Sie behaupten, chromblitzende Operationssäle, sterile Krankenzimmer und industrialisierte Massenverpflegung des Objekts Mensch seien Charakteristika für das Krankenhaus von heute. So sehr ich diese Ansichten zu respektieren bereit bin, so sehr sehe ich mich als sozialverantwortliche Politikerin einer beachtlichen Verpflichtung gegenübergestellt: Muß der Mitträger eines Krankenhauses, in diesem Falle der Landkreis ..., auf eine lebensrettende Einrichtung nur deshalb verzichten, weil sie technisch hochsensibilisiert ist, metallen glänzt und keine emotionalen Neigungen zeigt? Oder muß er sie beschaffen, weil sie im Zweifel als einziges Gerät in der Lage ist, Menschenleben zu retten?

Argumente von Kritikern aufgreifen ...

... in eine rhetorische Frage umformulieren ...

Die Beantwortung dieser Frage wird immer ein eindeutiges Ja zum Leben ergeben. Wenn die von Menschenhand geschaffene Technik gegenwärtig dazu in der Lage ist, anderen Menschen Hilfe zu bringen, dann muß diese Technik auch eingesetzt werden. Die Maschine ist nichts Böses an sich. Wir erwarten nur, daß sie menschlich eingesetzt wird, d.h. auch ich würde mich weigern, meine Krankheit in einem voll mit Robotern ausgestatteten Krankenhaus auszukurieren. Menschliche Wärme ist gerade und vor allem bei seelischen Notständen erforderlich, wie sie eine Krankheit mit sich bringt. Weil wir das wissen, lassen Sie mich an dieser Stelle allen Ärzten, Pflegern und Krankenschwestern, Krankenhelferinnen und insbesondere den Schwestern meinen aufrichtigen Dank sagen für ihre Arbeit, ihren Einsatz und ihre nie ermüdende Nächstenliebe. Dienst in der Pflege von Kranken ist immer ein Stück Selbstaufopferung. Wir, die wir nicht täglich mit dem Leid anderer Menschen so direkt konfrontiert werden, können kaum nachvollziehen, was die in diesem Hause Tätigen leisten. Wir können aber eines tun, und damit meine ich uns, die Verantwortlichen für den öffentlichen Gesundheitsbereich: Wir können diesen Dienern an unseren Mitmenschen die Mittel geben, die sie benötigen, um ihre lebensrettende Tätigkeit auszuüben. Und damit bin ich bei dem Neubau an sich.

... und durch entsprechende Beantwortung widerlegen

Dank an die Bediensteten und Appell an die politisch Verantwortlichen

Ich bin der festen Überzeugung, daß der neue Trakt des Kreiskrankenhauses mit seinen Funktions-, Behandlungs- und Röntgenabteilungen diesem Anspruch gerecht werden kann. ... Millionen Mark wurden in den vergangenen Jahren für diese Erweiterung des Krankenhauses ausgegeben.

Kurze Darstellung der zurückliegenden Bauplanung und -durchführung

20 Jahre alt sind die Planungen, deren Ergebnis wir heute feierlich einweihen; denn kaum waren 1971 die Speise-, Gemeinschafts- und Wirtschaftsräume fertiggestellt, setzten die ersten Überlegungen für weitere Baumaßnahmen ein. Es sollte noch neun Jahre dauern, bis wir den Antrag zur Aufnahme in das Landesförderungsprogramm gestellt haben. Schon damals waren sich alle Beteiligten darüber im klaren, daß der provisorische Kostenrahmen von ... Millionen Mark niemals würde eingehalten werden können. Schon bald stellte sich dann auch heraus, daß der Finanzbedarf das Drei- bis Vierfache betragen würde. Mit dem ...fachen der Ursprungssumme haben wir es heute geschafft: Der Neubau mit dem modernen Operationssaal mit Liegend-Anfahrt und Röntgenabteilung, die Zentralsterilisation und Bettenzentrale sowie das Zentralarchiv werden den Bürgern zur Genesung und Wiederherstellung der Gesundheit dienen.

Die neuen Errungenschaften ...

Wir haben aber noch mehr erreicht. Mit dem nagelneuen Operationsbereich, dem technisch aufwendigen Herz des Neubaus, ist es endlich gelungen, ein Kernstück für die gesamte Krankenhausanlage zu erstellen. 1500 m² Nutzfläche sowie 1000 m² Verkehrsfläche dokumentieren eindrucksvoll das Gesamtvolumen dieses neuen Teiles.

Lassen Sie mich abschließend auf meine eingangs geäußerte Hoffnung zurückkommen, daß eine Einweihung dieser oder ähnlicher Art nicht die letzte bis zum Jahrtausendwechsel sein möge. Die Verantwortlichen im Landkreis sowie im Mutterhaus sind sich darin einig, daß das Gesamtkonzept für das Kreiskrankenhaus einen integrierten Neubau für die derzeit in Haus II vorhandenen Betten benötigt. Und damit schließt sich der Kreis, wenn ich nochmals unterstreiche, daß finanzielle Mittel knapp sind: Ich hege trotz allem die Hoffnung, daß es allen für das Krankenhaus zuständigen Institutionen und Trägern möglich sein wird, auch diese Anstrengung erfolgreich zu Ende zu bringen. Alle Kundigen in ... *(Region)* teilen die Auffassung, daß dieses Krankenhaus im Zusammenspiel mit den Städtischen Kliniken den Dienst am Kranken voll gewährleisten kann.

Aussicht auf künftige Erweiterungsmaßnahmen

Es sollte nie dazu kommen, daß durch das Fehlen von Geld oder die mangelnde Funktionsfähigkeit technischer Mittel Menschenleben in Gefahr geraten. Dafür Sorge zu tragen ist Aufgabe und Verantwortung von uns allen. Mit der Einweihung des Neubautraktes sind wir diesem Ziel ein Stück näher gekommen.

Die Freude über diesen Erfolg macht uns stolz und zugleich bescheiden. Wenn wir unseren, den staatlichen Anteil, an diesem Werk auf seinen Kern zurückführen, dann hat er darin bestanden, das Geld der Gesamtheit der Bürger in dieses Vorhaben zu investieren. Viel bedeutsamer, viel wichtiger ist das, was diejenigen leisten, die hier arbeiten. Das gilt für alle. Stellvertretend nenne ich die Schwestern. Sie haben diesem Haus den Ruf verliehen, eine Stätte menschlicher Zuwendung und mitfühlender Fürsorge zu sein. Der Kranke ist hier nicht allein oder sich selbst überlassen.

Die besonderen Leistungen der Ärzte und Schwestern hervorheben

Ich danke Ihnen allen für das Verständnis, das Sie während der Bauzeit praktiziert haben. Ich hoffe, daß Sie heute für Geduld und Toleranz entlohnt werden können.

Einweihung eines Krankenhauses

Meine sehr geehrten Damen und Herren!

Der Bürgermeister spricht

Langer Verhandlungen mit Kreis und Land hat es bedurft, bis wir die Bauplanung und -durchführung des neuen Krankenhauses durchgesetzt hatten. Letztlich hat jedoch die Einsicht gesiegt, daß das alte Haus unpraktisch und in der Unterhaltung zu teuer, der Verweis unserer kranken Mitbürger auf umliegende Krankenhäuser dagegen vom medizinischen Standpunkt aus, wegen der räumlichen Entfernung, kaum zu rechtfertigen war. Heute dürfen wir mit Befriedigung feststellen, daß wir eine der vordringlichsten Aufgaben unserer Gemeinde mit Erfolg gelöst haben. Das gibt mir Veranlassung, allen, die daran beteiligt waren, meinen besonderen Dank zu sagen. Dank an dieser Stelle auch unseren Ärzten und unserem Pflegepersonal, die in der Zwischenzeit bis zur Fertigstellung dieses neuen Hauses mit viel Geduld, großer Einsatzfreude und Improvisationskunst die medizinische Versorgung unserer Bevölkerung im alten Haus noch aufrechterhalten haben.

Von den Startschwierigkeiten …

… zum erfolgreichen Abschluß

Nehmen Sie die gemeinsamen Anstrengungen unserer Gemeinde, des Kreises und des Landes zur Errichtung dieses neuen Hauses als Anerkennung für Ihre bisher geleistete Arbeit entgegen. Ich darf Ihnen daher heute, Herr Dr. … *(Chefarzt des Krankenhauses)* den Schlüssel für unser neues Krankenhaus übergeben. Wir tun dies gerne in der beruhigenden Gewißheit, hier immer dann Hilfe zu finden, wenn wir sie benötigen.

Anerkennung und Schlüsselübergabe

Eröffnung eines Vogelschutzgebietes

Der Initiator spricht

Meine sehr geehrten Damen und Herren, liebe Vogelfreunde!

Nun haben wir es endlich geschafft. Am heutigen Tage können wir dieses neue Vogelschutzgebiet seiner Bestimmung übergeben. Es war ein weiter Weg bis hierhin. Allen, die dabei mitgeholfen haben, dieses Ziel zu erreichen, darf ich heute an dieser Stelle sehr herzlich danken. Mein Dank geht zunächst an die Planungsbehörden von Stadt, Kreis und Land, die das Verfahren zur Ausweisung dieses Gebiets als Vogelschutzgebiet so zügig abgewickelt haben. Danken möchte ich vor allem aber allen Bürgern, die durch ihre Unterschrift unsere Initiative unterstützt, durch Leserbriefe in örtlichen Zeitungen auf unser Anliegen hingewiesen und durch Petitionen an die politischen Entscheidungsgremien letztendlich den gewünschten Erfolg herbeigeführt haben. Dank an dieser Stelle auch allen freiwilligen Helfern, Vereinen und Stiftern, die durch unentgeltliche Arbeit oder durch Bereitstellung teilweise erheblicher finanzieller Mittel die Herrichtung dieses Vogelschutzgebietes ermöglicht haben. Dank heute schon an jene, die diese Einrichtung auch künftig weiterbetreuen, ehrenamtlich und unentgeltlich.

Dank an alle Beteiligten

Begründung der Maßnahme: Zahlen, die das Ausmaß der Gefährdung verdeutlichen

Sie alle fühlen sich einem Denken verpflichtet, das ich wie folgt zusamenfassen darf: Rettet die Vögel – damit wir überleben können. Die Zeit zur Umbesinnung ist gekommen. Früher haben in Deutschland 255 Vogelarten gebrütet. Davon sind 18 bereits ausgestorben, weiteren 102 droht das gleiche Schicksal, wenn der Mensch nicht endlich eingreift. Vogelschutz ist aber nicht einfach nur die Hilfe einiger tierliebender Menschen für eine bedrohte Art. Das Aussterben vieler Vogelarten sowie die Gefährdung einer weiteren großen Anzahl signalisiert uns, daß das ökologische Gleichgewicht in unserer Umwelt gestört, wenn nicht gar schon zerstört ist. Den Gefahren, denen diese Vögel zum Opfer gefallen sind, unterliegen wir auch. Ihre Lebensräume, die ihnen das Überleben erst ermöglichen, werden immer weiter vernichtet. Diese Lebensräume sind aber auch unsere Lebensräume. Bäche und Flüsse, Mischwälder, Feuchtgebiete, kurz die Landschaft in ihrer früheren Gestalt fällt immer mehr einem falsch verstandenen Fortschrittsglauben zum Opfer: Flüsse werden begradigt, Feuchtgebiete trockengelegt, Monokulturen in der Holzwirtschaft und der Landwirtschaft gefördert und durch Düngung und Schädlingsbekämpfung chemisch abgesichert, riesige Straßenbauvorhaben reißen gewachsene Landschaften auseinander, und als Abfallprodukt unserer auf Wachstum eingestellten Gesellschaft werden wir mit Umweltgiften aller Art in Luft,

Auf Ursachen und Fehlentwicklungen hinweisen

Wasser und Boden überschüttet. Der zunehmende Flugverkehr, Schädlingsbekämpfung aus der Luft, das Abflämmen geernteter Felder, der Vogelhandel und der Vogelfang – auch dieses sind Faktoren, die unsere Vögel gefährden.

Aber nicht nur die Vögel sind in Gefahr. Auch die Chancen des Menschen, den von ihm selbst angezettelten Raubbau an seiner Umwelt unbeschadet zu überleben, werden immer kleiner. Hier müssen neue Zeichen gesetzt werden. Es reicht nicht aus, einmal im Jahr entrüstet dagegen zu protestieren, daß in Italien Millionen von Vögeln abgeschossen werden und als angebliche Delikatesse verspeist werden. Ebenso inhuman und ökologisch widersinnig ist es, ihnen, wie es bei uns geschieht, vorsätzlich oder auch nur gedankenlos die Lebensräume zu zerstören, mit Umweltgiften zu belasten oder sie als exotische Erinnerung an eine fremde Tierwelt in engen Käfigen zu halten.

Auf Zusammenhänge verweisen und Konsequenzen fordern

Wir alle, die wir uns für dieses Vogelschutzgebiet eingesetzt haben, wollen ein Zeichen setzen. Wir wollen durch unser Engagement und unsere Arbeit dokumentieren, daß uns die Rettung dieser bedrohten Tierart zu einem ernsten Anliegen geworden ist. Jenen aber, die dieses wichtige Alarmzeichen für eine gefährdete Umwelt nicht sehen wollen oder können, möchten wir heute sagen: Rettet die Vögel – damit wir eine Chance haben, zu überleben! Im Namen aller, die an diesem neuen Vogelschutzgebiet mitgearbeitet haben, darf ich Sie nun zu einem Rundgang einladen. Vielleicht ermutigt dies den einen oder anderen, ebenfalls bei uns mitzuarbeiten. Wir sind für jede Unterstützung dankbar.

Gelungener Redeschluß: Beweggrund für das Engagement und Aufforderung zur Mitarbeit

Eröffnung eines neuen Kleingartengeländes

Meine sehr verehrten Damen und Herren, liebe Kleingärtner!

Der Vereinsvorsitzende spricht

Endlich ist für uns der Tag gekommen, an dem unser langgehegter Wunsch in Erfüllung geht. Heute dürfen wir unser neues Kleingartengelände für Sie alle freigeben. Es hat ein langes Tauziehen im Vorfeld stattgefunden, bis die Stadtverwaltung endgültig grünes Licht gegeben hat. In den zurückliegenden Monaten, mit teilweise harten Verhandlungen, ist oftmals die Frage gestellt worden: Muß das eigentlich sein? Ist es in den Zeiten landwirtschaftlicher Überproduktion überhaupt noch sinnvoll, wenn plötzlich noch mehr Kleingärtner ihr Obst und Gemüse – vielleicht biologisch gedüngt – selber anbauen wollen? Ist es nicht ein Anachronis-

Fragen am Beginn …

mus unserer Tage, wenn Leute viel Geld dafür aufwenden wollen, um auf einem Grundstück von 200 bis 300 m² ihre Freizeit zu verbringen, wo die Welt so nahegerückt ist und Reisen kein unerschwinglicher Luxus mehr sind? Andere wieder haben ironisch gesagt, so billig kommt die Stadt kaum mehr zu einer gepflegten Grünanlage. Diese Ironie ist fehl am Platze. Wenn man so will, ersparen wir der öffentlichen Hand nicht nur Geld für Grünanlagen. Wir sparen ihr im Endergebnis auch Geld dadurch, daß wir unseren Mitgliedern eine gesunde Tätigkeit an frischer Luft ermöglichen, eine wirksame Vorbeugung gegen Krankheiten. Und wir sparen der öffentlichen Hand Geld dadurch, daß wir unseren Mitgliedern eine Gemeinschaft mit Gleichgesinnten anbieten, in der gute Nachbarschaftskontakte gepflegt werden können; dies wirkt der Vereinsamung der Menschen entgegen. Nein, nicht nur dadurch haben Kleingärtner ihre Daseinsberechtigung immer wieder unter Beweis gestellt.

... und Argumente für die gemeinsame Freizeitgestaltung

Kleingärten sind nämlich mehr als ein Fleckchen Erde, auf dem Tiere leben, Blumen wachsen, Früchte gedeihen und Menschen sich unterhalten können über gemeinsame Hobbys. Kleingärten sind nach unserer Auffassung eine vernünftige Alternative für noch mehr Straßen, Parkplätze oder Beton, Lärm und Schmutz. Sie geben ihren Besitzern und Familien, die durch Beruf, Wohnen und Verkehr kaum noch direkten Kontakt zu Blumen, Pflanzen und Tieren haben, ein Stück Natur und Umwelt zurück.

Einbindung in das Umfeld

Über Kleingärtner mag man lächeln, wenn man sie nicht kennt. Wir wissen aber, daß unser Hobby eine vernünftige Freizeitgestaltung mit hohem Stellenwert darstellt. Wir wissen, daß wir damit ein Stück praktizierten Umweltschutz und Naturschutz übernehmen. In diesem Sinne, liebe Gartenfreunde, laßt uns mit unserer Arbeit beginnen.

Inbetriebnahme einer Mülldeponie

Es spricht die Umweltdezernentin

Verehrte Gäste, meine sehr geehrten Damen und Herren!

Der gewöhnliche und der ungewöhnliche Anlaß

Wenn in einer Gemeinde des Landkreises ein Bürgerhaus, ein Dorfzentrum oder eine Schule eingeweiht wird, so ist dies gewöhnlich ein besonderes Ereignis im gesellschaftlichen Leben der Kommune. Bei der Inbetriebnahme einer Mülldeponie kann dies wohl keineswegs behauptet werden.
Im Gegenteil: Eine Deponie ist unansehnlich, sie ziert nicht und wird allenfalls als notwendiges Übel betrachtet. Und doch ist der Landkreis ... froh,

heute die neue Mülldeponie ihrer Bestimmung übergeben zu können, und ich darf zu diesem besonderen Anlaß die Gäste aus Land und Kreis, vor allem aber ... *(die beiden wichtigsten Personen mit Titel/Funktion)* recht herzlich willkommen heißen.

Mit dem heutigen Tag der Deponie-Eröffnung hat eine Entwicklung ihren befriedigenden Abschluß gefunden, die mit der von Bund und Land den Kreisen per Gesetz übertragenen Abfallbeseitigungspflicht ihren Anfang nahm. Wir waren damals – im Gegensatz zu manch anderem Landkreis – in der glücklichen Situation, eine bestehende Deponie eines Müllabfuhr-Unternehmers in die Trägerschaft des Kreises überführen zu können. Doch schon damals war uns eines klar: Wegen des geringen Aufnahmevolumens konnte diese nur als Zwischenlösung angesehen werden.

Der Auftrag als Handlungsgrundlage

Folglich begann die Suche nach einem geeigneten Standort zur Beseitigung der anfallenden Müllberge. Ich will Ihnen die Schilderung der Odyssee ersparen – zeitweise waren zwölf (!) verschiedene Standorte im Gespräch. Es blieb dieser Steinbruch übrig, dessen toniger Untergrund hinreichenden Grundwasserschutz versprach. Die Verkehrsanbindung war vorhanden, und zudem konnte durch die Wiederverfüllung der Steinbruchmulden ein schwerer Eingriff in die Landschaft beseitigt werden, mit der Möglichkeit der zumindest teilweisen Renaturierung.

Die schwierige Suche nach Lösungen ...

... und der Erfolg

Ich möchte nicht behaupten, daß die Inbetriebnahme dieser Deponie für die Bevölkerung des Nachbardorfes ... völlig umweltneutral wäre. Sicherlich wird künftig ein verstärktes Verkehrsaufkommen zu verzeichnen sein. Dennoch glaube ich, daß wir den berechtigten Einwänden beim Planfeststellungsbeschluß insoweit Rechnung getragen haben, als Nachteile für die Anwohner weitestgehend ausgeschlossen werden.

Negative Folgen anreißen

Meine sehr geehrten Damen und Herren, lassen Sie mich noch einige Anmerkungen zu Umwelt- und Naturschutz, Recycling und Deponierung machen. Es gibt augenblicklich harsche Kritik an der Deponierung von Müll. Auch wir wissen, daß wir nicht für alle Ewigkeit Müll vergraben dürfen. Müll ist Rohmaterial und Energie zugleich.

Anmerkungen zu sachverwandten Themen

Wir stellen uns dieser Aufgabe: Im Landkreis ... gibt es ein flächendeckendes System zur Getrenntsammlung von Materialien, die weiter- oder wiederverwertet werden können. Konkret sammeln wir Glas, Weißblech, Papier, Plastik, Batterien, Sperrmüll, Altreifen und einiges mehr. Und trotzdem benötigen wir diese neue, große Deponie. Es bleibt immer eine große Menge von Restmüll, der auf einer Deponie umweltneutral gelagert werden muß. Selbst eine noch so perfekte Verwertung von Müllkomponenten kann nicht verhindern, daß Reststoffe bei der Produktion oder Endstoffe beim Verbrauch anfallen.

Weil wir dies wissen, sind wir froh, einen Deponiestandort gefunden zu haben, der bis weit hinein in das nächste Jahrhundert vom Landkreis ... genutzt werden kann. Viele haben dabei mitgeholfen, Behörden, Planer, Firmen, Techniker. Ihnen allen sage ich Dank, denn ohne Ihrer aller Unterstützung könnte ich nicht das vollziehen, was ich nunmehr tue: Ich gebe die neue Deponie frei – das erste Fahrzeug wird jetzt die ersten Tonnen Müll verbringen.

Danksagung und »Startschuß«

Einweihung einer Brücke

Rede der Bürgermeisterin

Verehrte Ehrengäste, liebe Mitbürgerinnen und Mitbürger!

Vor uns steht eine Brücke, die nach vieler Mühsal und Arbeit fertiggestellt ist. Ein weißes Band ist über die Straße gespannt. In wenigen Augenblicken wird der Landrat unseres Kreises, Herr ..., dieses Band zerschneiden und damit die Brücke für den Verkehr freigeben. Sie alle wissen, welche Diskussionen über den Neubau der Brücke im Gemeinderat geführt worden sind. Da hieß es: Die alte hält noch, und: Wir müssen unbedingt eine neue Brücke haben, um dem Fremden- und Durchgangsverkehr gerecht zu werden.

Rückblick: die gegensätzlichen Standpunkte während der Planung

Beide Gesichtspunkte mögen berechtigt gewesen sein. Wir haben jetzt eine neue Brücke, und sie hat zugleich symbolischen Charakter. Unsere Gemeinde besteht aus zwei Teilen, die durch diese Brücke fest miteinander verbunden sind. So wird sie auch die Verbindung von Bürger zu Bürger, von Familie zu Familie, von Freund zu Freund festigen helfen.

»Brücke« im übertragenen Sinne

Wollen Sie also, verehrte Festgemeinde, an diesem für uns alle so wichtigen Tag eines nicht vergessen: Diese Brücke ist nicht nur eine Errungenschaft der Technik und auch nicht nur das Resultat unserer Arbeit und der Zuschüsse des Landes, sondern eine Brücke – verstehen Sie das bitte recht – zwischen den Herzen!

Gelungenes Wortspiel zum Abschluß

So wollen wir gemeinsam hoffen und wünschen, daß diese Brücke nicht nur ein Übergang, eine technische Möglichkeit, einander zu besuchen, bleibt, sondern daß sie dem Sinn der Brücke, dem »Überbrücken«, stets dienen möge.

Übergabe einer Brücke

Meine sehr geehrten Damen und Herren!

Ein Beamter des Ministeriums für Verkehr spricht

In froher Stimmung sind wir heute zusammengekommen, um ein Bauwerk seiner Bestimmung zu übergeben, das von den meisten Bürgern dieser Stadt schon seit langen Jahren herbeigewünscht worden ist: eine neue Brücke über ... *(Name des Flusses)*! Aber auch die Gäste dieser Stadt und nicht zuletzt auch die Durchfahrenden haben sich diese Brücke gewünscht. Die Verkehrsverhältnisse waren hier doch bis jetzt derart schwierig, daß es fast täglich zu Stauungen kam und endlose Fahrzeugschlangen oft genug lange warten mußten, ehe sie über den Strom geschleust werden konnten. Aber auch wenn die Verkehrsflut in Zukunft noch wachsen wird – mit Hilfe dieser neuen Brücke wird man sie bewältigen können!

Die Maßnahme begründen: Beschreibung der mißlichen Situation vor dem Brückenbau

Allen denen, die an der Planung und am Bau der Brücke mitgewirkt haben, gilt deshalb der Dank nicht nur der Einwohnerschaft von ..., sondern auch der Dank aller Verkehrsteilnehmer, für die Ihre Stadt nur eine Station auf ihrer Fahrt durch das herrliche ... land (Westfalenland, Sauerland, Sachsenland usw.) ist. Alle, die am Bau dieser Brücke beteiligt waren, sei es mit dem Entwurf der Konstruktionszeichnungen, sei es als Schweißer oder Stahlbauer, alle haben etwas Bleibendes geschaffen – ein Werk, von dem sie noch als Großväter werden sagen können: Diese Brücke habe ich mitgebaut und damit geholfen, ein Verkehrschaos zu beseitigen, das lange Jahre verheerend war. Aber ihre Erbauer können von dieser Brücke auch sagen, daß sie ein Symbol ist, ein Symbol für die Verbundenheit der Bürger ... *(Name der Stadt)* untereinander, verbindet die Brücke doch auch zwei Stadtteile miteinander, deren Bewohner bis heute nur auf großen Umwegen zueinander kommen konnten. Von nun an werden sie über das breite Band der modernen Zweibahnen-Brücke minutenschnell den Fluß überqueren und so wesentlich zur Entlastung der Verkehrsdichte ihrer Stadt beitragen können.

Dank an alle Mitwirkenden

Symbolische Bedeutung des Bauwerks

Meine sehr geehrten Damen und Herren! Manche von Ihnen fragen sich jetzt vielleicht, warum denn über den Bau einer einfachen Brücke so viele Worte verloren werden. Wenn Sie sich diese Frage stellen, dann fragen Sie sich doch auch gleich einmal, wie es hier früher war, als es noch keine Eisenbahnen und keine Kraftfahrzeuge gab und die Kaufleute ihre Waren noch in Planwagen transportierten. Damals war der Fluß noch ein Hindernis für die Bürger Ihrer Stadt. Zwar gab es auch damals schon Brücken, aber diese wenigen Brücken waren zugleich auch recht kostspielige Übergänge, an

Ein Blick in die Geschichte: Die Schwierigkeiten damals ...

denen jeder, der nach drüben wollte, einen Zoll zu zahlen hatte, der dem einzelnen durchaus schwerfiel. Wollte ein Kaufmann oder ein Handwerker diesen Wegzins einsparen, so mußte er dafür um so mehr Zeit aufwenden, um das andere Ufer zu erreichen – er war gezwungen, bis zur nächsten Furt zu ziehen, denn auch die Fähren kosteten manchen Heller, und nur die wenigsten von ihnen konnten einen Planwagen über den Strom befördern.

... und die Segnungen des technischen Fortschritts

Wie sehr hat sich inzwischen doch alles gewandelt. Der Brückenzoll ist verschwunden und taucht nur gelegentlich noch in alten Geschichten und Liedern aus früheren Zeiten auf. Ungehindert rollen heute Tag für Tag Tausende von Fahrzeugen über die Ströme der Welt, auf Brücken aus Stahl und Beton, die sich mit kühnen Konstruktionen von Ufer zu Ufer schwingen – als dauernde Zeugen des Fortschritts und als majestätische Symbole der Verbundenheit von Mensch zu Mensch. Neuartige Baustoffe und Bauverfahren, von weitdenkenden Wissenschaftlern und Ingenieuren erfunden und ersonnen, bieten uns heute die Möglichkeit, Brücken zu bauen wie diese, deren Bahnen wir nunmehr dem Verkehr übergeben wollen.

Verkehrsübergabe einer Straße

Rede eines Staats-, Landesregierungs- oder Landratsbeamten

Meine sehr geehrten Damen und Herren!

Einstieg mit der Auflistung von Hindernissen

Es ist von vornherein eine fast immer mit zahlreichen Schwierigkeiten verbundene Aufgabe, eine neue Straße zu planen und zu bauen – mit Schwierigkeiten nicht nur finanzieller, sondern auch planungstechnischer Art. Die Vermessungen und Berechnungen, die Einschaltung mehrerer Behörden und nicht weniger Fachleute, der Ankauf des erforderlichen Bodens, die Beschaffung der finanziellen Mittel und die Verpflichtung der Firmen, die den Bau schließlich durchführen – alle diese Maßnahmen nehmen lange Zeit in Anspruch, Zeit, in der der Bedarf des Bürgers und speziell des Verkehrsteilnehmers natürlich fortwährend wächst.

Dennoch: Das Ziel ist erreicht!

Heute ist nun der Tag gekommen, an dem wir die neue Straße von ... nach ... dem Verkehr übergeben können. Es ist eine Straße, die nach den letzten Erkenntnissen der modernen Verkehrsforschung gebaut und in einer wirklich anerkennenswerten Gemeinschaftsarbeit von Wissenschaftlern, Ingenieuren, Bautechnikern und Arbeitern fertiggestellt wurde. Sie besitzt als Strecke ... (z. B. 1. Ordnung) nicht nur die für die Sicherheit des Verkehrs notwendige Griffigkeit, sondern darüber hinaus auch einen absolut frostsicheren Unterbau, Schutzvorrichtungen gegen Schneeverwehungen, Blendschutz und vieles mehr. Kurzum: Es ist eine Straße, deren Beschaffenheit jeden motorisierten Bürger unseres Landes, aber auch unsere Gäste aus dem Ausland, unbedingt zufriedenstellen wird, weil sie tatsächlich nichts zu wünschen übrig läßt.

Die besonderen Vorzüge kurz anreißen

Sie alle, meine Damen und Herren, wissen, wie wichtig heute jeder Kilometer fertiggestellter Straße ist – gleichviel, ob es sich um Straßen handelt, die bereits existieren und repariert wurden, oder ob es um Neubauten geht. Jahr für Jahr wachsen die Anforderungen, die man an das Straßennetz unseres Landes stellt. Jahr für Jahr werden von den zuständigen Behörden Zigtausende von Kraftfahrzeugen neu zugelassen. Sie bilden dann eine zusätzliche Belastung für den Straßenverkehr, der schon jetzt nur noch schwer zu kontrollieren und auf alten Straßen nur mit Mühe aufrechtzuerhalten ist. Nicht umsonst werden immer neue Anstrengungen unternommen, um dieses Problem so rasch wie möglich zu bewältigen. Man tut, was nur irgend möglich ist, und der heutige Tag ist ein weiterer Beweis dafür!

Bedeutung und Nutzen für die Allgemeinheit

Freuen wir uns, die wir hier versammelt sind, daß die Verkehrsbeschränkungen während der Bauzeit auf ein Mindestmaß abgekürzt werden konnten, und daß die Baumaßnahme selbst durch günstige Witterung und ein gutes Ineinandergreifen der Arbeitsvorgänge reibungslos vonstatten ging. Freuen wir uns auch der Mittel, die vom Bund, dem Land und den Gemeinden zur Verfügung gestellt wurden und die es erst ermöglichten, daß in Zukunft auf dieser Straße der Verkehr glatt fließen kann. Indem ich diese Straße von ... nach ... ihrer Bestimmung übergebe, wünsche ich allen Verkehrsteilnehmern gleichzeitig unfallfreie Fahrt!

Lob, Dank und beste Wünsche am Schluß

Verkehrsübergabe einer Umgehungsstraße

Rede des Bürgermeisters

Sehr geehrter Herr Ministerialrat,
liebe Gäste und Mitbürger von ...!

Ein Tag von großer Bedeutung hat uns heute hier zusammengeführt. Es ist ein Tag, den besonders wir Einwohner von ... sehnlich erwartet haben! Das Problem des immer stärker anschwellenden Durchgangsverkehrs in unserer romantischen alten Stadt mit ihren verwinkelten Straßen und Gäßchen zu meistern, dem galt unsere große Sorge. Diese seit Jahren schwierigste Aufgabe unserer Bauleitung ist nunmehr gelöst! Die vor uns

Die verkehrstechnische Aufgabe ...

… und ihre besonderen Schwierigkeiten

liegende Umgehungsstraße wird uns vergessen lassen, was hinter uns liegt – an finanziellen wie an technischen Schwierigkeiten, an kleinen und großen Ärgernissen durch notwendige Umleitungen und nicht zuletzt auch an persönlichen Opfern dadurch, daß mancher von uns liebgewordenen Grundbesitz zum Nutzen der Allgemeinheit aufgeben mußte.

Heiße Debatten vor Baubeginn

Es hat um dieses Projekt zahlreiche Debatten und heiße Köpfe gegeben – Einsicht und Toleranz haben jedoch gesiegt und die Oberhand behalten. Die erhitzten Gemüter sind abgekühlt, und geblieben ist die Freude über ein gelungenes Werk! In den Straßen und Gäßchen unserer Stadt wird wieder Ruhe einkehren. Unsere ehrwürdigen alten Häuser, von denen jedes seine eigene Geschichte hat, werden nicht länger im Heulen und Rattern schwerer Fernlastzüge erzittern, und unsere Kinder und die älteren Bürger von … werden vom Durchgangsverkehr nicht mehr gefährdet sein. Auch die Besucher unseres Städtchens können nun wieder auf ihre Kosten kommen, wenn sie ihre wohlverdienten Ferien in der Beschaulichkeit unserer Mauern verbringen möchten. Nicht zuletzt profitiert von dieser Straße auch der Kraftfahrer, dem die niedrigen Stadttore und die schmalen Gäßchen immer große Schwierigkeiten und manchen Zeitverlust bereiteten.

Das Ergebnis: Verbesserung auf der ganzen Linie

Danken möchten wir der Landesregierung, die hier heute durch Herrn Ministerialrat … vertreten ist und die das Projekt beachtlich subventionierte. Auch ihre ideelle Unterstützung durch Vorschläge und Verwaltungsaktionen, die das Gesamtunternehmen sehr beschleunigten, sollen nicht vergessen sein. Zu danken haben wir Bürger von … dem Herrn Landrat, den Baubehörden des Kreises sowie den kompetenten Beamten des Landratsamtes. Herr Landrat … und seine Mitarbeiter haben alles getan, um dieses Projekt in jeder Weise zu fördern. Ich selbst möchte aber meinen Mitbürgern danken, die trotz der verkehrstechnischen Unannehmlichkeiten während der Durchführung der Bauarbeiten Ruhe und Disziplin bewahrt haben – aus der richtigen Einsicht heraus, daß diese Straße notwendig war und dem Wohl der Allgemeinheit dienen wird!

Ein Gemeinschaftswerk vieler

Übergabe einer Kreisstraße zwischen einem neuen und einem alten Bundesland

Es spricht der Landrat (Ost)

Verehrter Herr Landrat, Herr Bürgermeister, sehr geehrte Damen und Herren!

Es ist ein erfreulicher Augenblick, den wir heute gestalten: Ein weiterer Verkehrsweg zwischen Thüringen und Hessen wird freigegeben. Mehr als 40 Jahre lang war diese traditionelle Verbindung zwischen zwei benachbarten Rhön-Dörfern unterbrochen.

Rückbesinnung: Die Situation vor der politischen Wende …

Hier, wo wir heute stehen, lagen noch vor gar nicht langer Zeit Minen, versperrten Maschendraht und andere sogenannte »Grenzsicherungsanlagen« eine Verbindung, die eigentlich geschaffen worden war, um Menschen zueinander zu bringen.

… und die Veränderungen danach

Seit November 1989 ist alles anders. Stück für Stück ist die Grenze verschwunden, wurde der »antifaschistische Schutzwall« geschleift, wurden Straßen wieder geöffnet und Wege über die Grenze wiederhergestellt. Ja, wir sind heute an einigen Stellen sogar soweit, daß es schon guter Ortskenntnisse und genauen Hinsehens bedarf, um überhaupt noch erkennen zu können, wo ehedem der Maschendraht verlief, den wir im Winter 1989/90 begeistert einrissen!

Auch wenn die Euphorie von damals heute einer gewissen Ernüchterung und Normalisierung gewichen ist, so bleibt doch die Freude, daß die so wichtige Verbindung wieder besteht und genutzt werden kann.

Das Bauobjekt als Teil einer großräumigen Planung

Mir ist bekannt, sehr geehrter Herr Landrat, daß diese Kreisstraße – und einige andere mehr – das sogenannte »weiße Netz« in Ihren Planungen bildete. Dieses »weiße Netz« ist im Verschwinden. Mit dieser Kreisstraße wird in diesem Jahr bereits die dritte Kreisstraße aus dem Landkreis … *(West)* in den Landkreis … *(Ost)* dem Verkehr übergeben.

Dank und Blick nach vorn

Wir sind froh über diese Entwicklung, und wir sind dankbar. Dankbar gegenüber dem Kreis und dem Straßenbauamt … Und selbstverständlich auch gegenüber den bauausführenden Firmen, die – für jedermann nachvollziehbar – gute Arbeit geleistet haben.

Ich hoffe, daß über diese Straße ein reger Austausch stattfinden wird. Und ich hoffe, daß der Verkehr stets unfallfrei passieren kann. Wege sollen verbinden. Möge auch dieser Weg in eine gute Zukunft führen!

Freigabe einer Fußgängerzone

Ansprache der Dezernentin

Meine sehr geehrten Damen und Herren, liebe Mitbürgerinnen und Mitbürger!

Wir feiern heute zusammen den letzten, zugleich aber auch den bedeutendsten Abschnitt unserer innerstädtischen Sanierungsmaßnahmen. Mit Stolz stellen wir heute fest, daß Gemeindevertretung und Verwaltung von den Fehlern anderer Städte frühzeitig gelernt haben.

Gegenüberstellung: die Fehler anderer Städte und Gemeinden…

Wir haben nämlich den vermeintlichen Alptraum einer autogerechten Stadt nicht mitgeträumt und dafür rechtzeitig eine Ortssatzung geschaffen, die die historisch gewachsenen Bauten, Straßen und Plätze unserer Stadt sichert. Wir haben unseren historischen Altstadtkern nicht als Verkehrshindernis angesehen und dem zunehmenden Verkehr im wahrsten Sinne des Wortes neue Gassen geschaffen. Statt dessen haben wir durch den gleichzeitigen Ausbau von Zu-, Ab- und Umleitungsstraßen sowie der Schaffung

… und die eigenen (richtigen) Maßnahmen

ausreichender Parkmöglichkeiten systematisch eine Verkehrsverdünnung im Altstadtbereich betrieben. So gesehen ist die heute fertiggestellte Fußgängerzone kein Zufallsprodukt unserer Verkehrsplanung, sondern ein bewußt geschaffener Mittelpunkt unseres Konzepts.

Fußgängerzonen sollen als weitgehend verkehrsfreier Bereich zu einer Belebung und Attraktivitätssteigerung der Städte beitragen. Daß dies so ist, haben wir bereits in der Planungs- und später auch in der Bauphase

Erwähnung der Bürgerbeteiligung

bemerkt. Denn es hat sich herausgestellt, daß sich bereits zum damaligen Zeitpunkt viele Bürger unserer Stadt intensiv über die einzelnen Schritte zur Verwirklichung dieses Konzepts unterrichtet haben. An dieser Stelle darf ich ganz herzlich den Damen und Herren der Presse danken, die durch ihre ausführliche und faire Berichterstattung im Planungs- und Baustadium dieser Fußgängerzone die Bürger umfassend über die anstehenden Probleme unterrichtet haben.

Nennung von Widerständen

Auch wenn am Beginn unserer Planungen einige Geschäftsinhaber gegen einen solchen Fußgängerbereich waren, weil sie Umsatzeinbußen befürchteten, so hat sich doch sehr schnell herumgesprochen, daß nicht zuletzt der Einzelhandel von einem solchen verkehrsfreien Bereich profitiert. Aber dies war sicherlich nicht der Hauptgrund unserer Planung. Was wir erreichen wollten – und Sie alle können sich davon überzeugen, ob dies auch

Zweck der neuen Einrichtung

gelungen ist – war, mitten in der Stadt einen Ort der Begegnung zu schaffen, der einen ruhigen Einkaufsbummel ebenso zuläßt wie ein ungefährdetes Spielen unserer Kinder. Daß eine solche Fußgängerzone auch andere kommunikative Funktionen übernehmen kann, wollen wir unter Beweis stellen, indem nun bald auf diesen Straßen regelmäßig ein Wochenmarkt abgehalten wird. Gleichzeitig ist diese Fußgängerzone eine Bühne für Veranstaltungen aller Art, vom Flohmarkt bis zur Theateraufführung. Auch hier sind die einzelnen Planungen schon sehr weit fortgeschritten und wir hoffen, Ihnen schon bald einen aufschlußreichen Veranstaltungskalender vorstellen zu können.

Hinweis auf weiterführende Planungen

Die neue Fußgängerzone ist gleichzeitig ein Angebot an unsere Bürger, ein neues Konzept innerstädtischen Wohnens kennenzulernen. Eine große Zahl von Anfragen an unsere Verwaltung, interessanterweise auch und gerade aus dem Stadtumlandbereich, beweist uns, daß dieses Konzept in der Öffentlichkeit auf sehr großes Interesse gestoßen ist. Wenn Sie, liebe Mibürgerinnen und Mitbürger, sich anschließend auf einem ersten Rundgang duch Ihre Fußgängerzone zum ersten Mal einen geschlossenen Überblick verschaffen, werden Sie feststellen, daß wir uns bei der Auswahl der Pflasterung, der Bepflanzung, der Lampen, der Bänke und Spielgeräte bemüht haben, diesen neuen Mittelpunkt unserer Stadt attraktiv und belebend zu gestalten. Eines der schönsten Zeichen des neu wachsenden Gemeinsinns sehe ich in der großzügigen Stiftung des hiesigen Einzelhandelsverbandes, der auf dem … Platz einen neuen, dem historischen Vorbild nachempfundenen Brunnen der Allgemeinheit zur Verfügung gestellt hat.

Werbung um Akzeptanz

Lassen Sie mich abschließend herzlich den mit der Planung und der Ausführung Beauftragten danken, auch dem Land und dem Bund wegen der großzügigen Zuschüsse für unser Projekt. Dankend erwähnt sei auch die private Initiative von Hausbesitzern und Geschäftsleuten, die an der Fertigstellung unseres Konzeptes so engagiert mitgewirkt haben. Ihnen allen wünsche ich, daß unsere Stadt, daß Ihre Stadt Ihnen durch diesen neuen Ort der Begegnung noch mehr ans Herz wachsen möge.

Dank an alle Mitwirkenden und gute Wünsche

Übergabe eines Kindergartens

Der Bürgermeister spricht

Sehr geehrte Frau … (Name der Leiterin),
meine sehr geehrten Damen und Herren, liebe Eltern!

In froher Stimmung sind wir heute hier zusammengekommen, um ein Ereignis zu feiern, das von zahlreichen jungen Müttern und Vätern schon sehnlichst erwartet wurde: Unser neuer Kindergarten ist endlich bezugsfertig. Lassen Sie mich bei dieser Gelegenheit zunächst einmal all jenen danken, die für Planung, Bauleitung und Ausführung verantwortlich

Der sehnliche Wunsch der Eltern …

waren. Sie haben in kurzer Zeit ein Bauwerk geschaffen, das die Sorgen, Nöte und Mängel mit und an dem alten Kindergarten schnell vergessen

... und seine Verwirklichung

lassen wird. Die alten Räume im früheren Kindergarten waren einfach nicht mehr geeignet, moderne Inhalte der Kindergartenarbeit umzusetzen. Dieser rundum gelungene Bau entspricht den neuesten Forderungen und Ansprüchen an eine kindgerechte Einrichtung.
In diesem neuen Haus können wir künftig drei Gruppen betreuen, die jeweils eine Stärke zwischen 20 und 25 Kindern aufzuweisen hat. Pro Gruppe steht uns dann eine Erzieherin zur Verfügung, zusätzlich aller

Beschreibung der personellen und räumlichen Ausstattung

Voraussicht nach eine Vorpraktikantin oder Anerkennungsschülerin. Dadurch wird im Kindergarten die Leiterin von einer eigenen Gruppenleitung freigestellt werden können. Ihre Aufgaben, nämlich Planung, Verwaltung, Organisation und Weiterbildung des Personals, können so besser als vorher gelöst werden. Jeder Gruppe im neuen Haus stehen zwei Räume zur Verfügung; davon ein Studio oder Intensivraum, der bei gezielten Beschäftigungsarten die Bildung von Untergruppen ermöglichen wird oder bei spontaner Gruppenbildung erlauben wird, daß Kinder für sich alleine sein können. In den Gruppenräumen haben wir durch ein Raumteilverfahren die jeweilige Einrichtung des Raumes je nach den Spielideen der Kinder ermöglicht. Auf diese Weise können wir eine Bauecke, eine

Besonderheiten der Einrichtung hervorheben

Puppenecke oder auch eine Leseecke mit Bilderbuchregal und Malwand einrichten. An Gemeinschaftsräumen haben wir eine komplett ausgestattete Kinderküche eingerichtet und einen Turnraum mit Sprossenwand sowie Gymnastik- und Turngeräten. Ferner gibt es für jede Gruppe separate Garderoben- und Toilettenräume. Ein Werkraum steht zur Verfügung sowie ein Musikzimmer mit Orffschem Instrumentarium. Für letzteres dürfen wir der Firma ... sehr herzlich danken, die unsere vorhandene

Dank an Stifter und Spender

Ausstattung durch eine großzügige Spende ergänzt und erweitert hat. Vor dem Haus ist eine große Spiel- und Rasenfläche gestaltet worden. Neben Klettergeräten und Möglichkeiten zum Hüttenbauen gibt es Sandkästen und eine Feuerstelle. Eine überdachte Spielhalle im Anschluß an den Kindergarten erlaubt das Draußenspielen auch an Regentagen; sie wird bei allzu starker Sonnenstrahlung auch Schatten spenden.
Bereits an dieser Aufzählung werden Sie erkennen, daß dieses Haus für unsere Jüngsten in der Planung und der Ausführung für uns alle eine sehr

Die Baugestaltung als Aufgabe

schöne und dankbare, wenn auch teure Aufgabe war. Ich nehme an, daß Sie sich bei dem nun anschließenden Rundgang davon überzeugen können, daß diese Aufgabe allen Beteiligten viel Freude bereitet hat. Wir hoffen, daß das Haus von unseren Kindern gut angenommen wird und daß es unseren Ezieherinnen jene räumlichen Möglichkeiten gibt, die im alten

Haus eine sinnvolle Kindergartenarbeit doch wesentlich erschwert haben. Mögen unsere Kinder hier lernen, sich in eine Gemeinschaft einzufügen, die kleinen und großen Nöte der anderen zu verstehen und Freundschaften zu schließen. Hiermit übergebe ich den neuen Kindergarten seiner Bestimmung. (Es folgt die Übergabe der Schlüssel an die künftige Leiterin des Kindergartens.)

Gute Wünsche für die Zukunft

Übernahme des neuen Kindergartens

Die Leiterin spricht

Sehr geehrter Herr Bürgermeister,
meine sehr geehrten Damen und Herren, liebe Eltern!

Zunächst einmal darf ich Ihnen Dank sagen im Namen der Kinder und Erzieher für die großzügige und schnelle Lösung. Ich möchte auch danken dafür, daß wir bereits im Planungsstadium unsere Vorstellungen und Wünsche äußern konnten und, daß vieles von dem, was angeregt wurde, auch in die Tat umgesetzt worden ist. Ich möchte die Gelegenheit nutzen, ein paar kurze Worte zu unserer künftigen Kindergartenarbeit zu sagen. Sie richten sich nicht nur an die Eltern, die heute zum ersten Mal hier sind, weil Ihnen nun endlich der langersehnte Kindergartenplatz zur Verfügung gestellt werden kann. Sie richten sich auch an jene, die schon den alten Kindergarten kennen, aber sich oft mit uns gewünscht haben, daß bessere räumliche Verhältnisse auch ein intensiveres Angebot erlauben würden.

Danksagung am Beginn (für die Umsetzung eingebrachter Wünsche)

Vorschulische Erziehung, wie wir sie verstehen und wie wir sie in diesem neuen schönen Haus umsetzen wollen, muß eine kindgerechte Erziehung sein, eine gezielte und bewußte Förderung des Verhaltens. Diese Förderung geschieht in verschiedenen Lernbereichen. Sie sehen an der sorgfältig ausgewählten Einrichtung im Innern unseres Hauses, aber auch an den großzügigen Außenanlagen und der überdachten Spielhalle, daß wir dem sogenannten Freispiel viel Zeit und großen Platz einräumen wollen, weil gerade hier Ihr Kind Gelegenheit hat, sich erst einmal auszuspielen. Hier erfährt und bewältigt es seine Umwelt, hier wächst es in die soziale Wirklichkeit hinein, übt verschiedene Fähigkeiten, Ausdauer und Konzentration. Gemütswerte werden freigelegt und gestärkt, die Phantasie wird entwickelt. Die Förderung der sozialen Fähigkeiten unserer drei- bis sechsjährigen Kinder erfolgt in altersgemischten Gruppen mit altersspezifischen Angeboten.

Pädagogische Inhalte darlegen ...

... und dabei auf besondere Schwerpunkte eingehen

Die Förderung der Kreativität Ihres Kindes, die Entwicklung seines Interesses an sich und seiner Umwelt wird durch das großzügige Raum- und Materialangebot verstärkt. Ihr Kind kann besser als vorher beim Experimentieren und im bildnerischen Gestalten seine Vorstellungen und Absichten mit Hilfe verschiedener Materialien und Arbeitstechniken verwirklichen. Im neu eingerichteten Turnraum und im gut ausgestatteten Musikzimmer können künftig Gymnastik, Tanzspiel und Rhythmik sowie Grob- und Feinmotorik der Kinder weiterentwickelt werden.

Neue Möglichkeiten aufzeigen

Ich habe einige dieser Gesichtspunkte hier nur angerissen. Wir werden künftig Wochen-, Monats- und Jahrespläne für alle Lernbereiche erarbeiten, mit den Erzieherinnnen diskutieren und Ihnen, den Eltern, vortragen und erläutern. Wir wollen Sie mehr als bisher in unsere Arbeit einbeziehen und deshalb regelmäßig Elternabende abhalten. Die von Ihnen gewählten Elternbeiräte werden außerhalb der Elternabende eine ständige und gute Verbindung zwischen Elternhaus und Kindergarten sicherstellen. Ich darf Sie nunmehr zu einem Rundgang einladen und zu einer Besichtigung aller Einrichtungen. Wir hoffen alle sehr, daß Sie auch später recht häufig unseren – Ihren – Kindergarten besuchen werden.

Die Eltern in die Arbeit einbeziehen

Einweihung eines in Bürgerinitiative angelegten Spielplatzes

Es spricht ein Bürger

Sehr geehrter Herr Bürgermeister,
liebe Eltern und Großeltern, Nachbarn und Freunde!

Herausstellen des besonderen Anlasses

Unsere Straße feiert heute das freudige Ereignis der Einweihung eines Spielplatzes. Daran wäre eigentlich nichts Besonderes. Nur: Dieser Spielplatz ist – im Gegensatz zu den übrigen Kinderspielplätzen der Gemeinde – das Ergebnis eines großartigen Einsatzes all derer, die hier in der Stettiner Straße leben. Eigenleistung nennt man das modern.

Kurzer Abriß der Entstehungsgeschichte

In der Bauleitplanung der Kommune war dieser Platz ursprünglich nicht vorgesehen. Er befindet sich auch nur zu einem kleinen Teil auf öffentlichem Gelände. Konkret gesagt ist er das handfeste Ergebnis einer abendlichen Runde aus Eltern, Großeltern, Nachbarn und Freunden, die sich in den vergangenen drei Jahren in unserer Straße zusammengefunden haben. Zug um Zug entstanden hier die Neubauten, ein ums andere Mal kamen Kinder zur Welt – mit einem Wort: Es ist Leben eingezogen in unser Neubaugebiet.

Heute nun sind die meisten Kinder soweit, daß sie einen Platz brauchen, um gefahrlos spielen zu können. Diesen Platz haben wir hier. Dank der Bereitschaft eines Anliegers, ein Stückchen Grund und Boden abzugeben, dank der Initiative und Tatkraft der Bewohner, die in Eigenleistung diesen Kinderspielplatz anlegten und dank der Gemeinde, die das Material bereitstellte – dank all dieser vorbildlichen Hilfe feiern wir heute Einweihung. Und das wollen wir zünftig tun: Die Kleinen sollen spielen und toben, die Großen sollen gut essen und trinken, und alle miteinander sollen Freude haben. Sorgen gibt es schon genug in der Welt, und wenn wir nun eine Sorge los sind, nämlich die, daß unsere Kinder ohne diesen Platz auf der Straße spielen müßten, dann ist Freude angesagt.

Überleitung zur augenblicklichen Situation und …

… Ausdruck der Freude über das erreichte Ziel

Auch wenn wir oft nicht wissen, welches Haus gerade welcher Bank oder Sparkasse zu welchem Teil gehört – eines wissen wir doch ganz genau: Dieser Platz gehört den Kindern der Stettiner Straße. Lassen Sie uns alle darüber stolz und glücklich sein und das Glas erheben – auf gute Nachbarschaft und auf fröhliche Kinder und Enkel!

Appell an Gemeinschaft

Denkmäler und Gedenktafeln

Einweihung einer Gedenktafel für Opfer und Verfolgte des Nationalsozialismus

Rede des Landrats oder Bürgermeisters

Meine sehr geehrten Damen und Herren!

In einem Flugblatt der Münchener Studenten, die, verfolgt und geächtet, gegen den Nationalsozialismus kämpften, hieß es: »Die Freiheit der Rede, die Freiheit des Bekenntnisses, der Schutz des einzelnen Bürgers vor der Willkür verbrecherischer Gewaltstaaten – das sind die Grundlagen des neuen Europas!« Wie wahr jenes Flugblatt sprach, wissen wir heute, die wir in einem Staat leben, in dem von Freiheit nicht nur geredet wird, sondern der die Freiheit der Persönlichkeit auch in seinem Grundgesetz fest verankert hat. Denn ohne Freiheit gibt es keine Gerechtigkeit – und wo keine Gerechtigkeit ist, ist keine Freiheit –, beides gehört unlösbar zueinander.

Ein Zitat als Redeaufhänger

Diese Stunde, meine Damen und Herren, ist ein ernster Anlaß Rückschau zu halten auf eine düstere Vergangenheit, eine Zeit voller Schrecken und Unheil. Gedenken wir in dieser Stunde der Toten von Auschwitz, Bergen-Belsen und Dachau – gedenken wir der Männer, Frauen und Kinder, die in Konzentrationslagern erschossen, vergast oder erhängt wurden – gedenken wir der Deutschen, Franzosen, Polen, Russen und Angehörigen anderer Völker, die hinter den Stacheldrahtzäunen der SS verschwanden und getötet wurden. Gedenken wir der vielen Widerstandskämpfer, die mit Waffen des Geistes gegen den Ungeist der Hitlerschen Diktatur fochten, ohne der Gefahr zu achten, daß es ein Kampf gegen eine Übermacht war, der sie auf die Dauer unterliegen mußten. Alle diese Kämpfer für die Freiheit lebten für eine Zukunft des freien Menschen, und doch rechneten sie nicht damit, den Lohn für ihren Kampf und ihr Denken selbst auch zu erhalten. Jeder von ihnen hatte den Tod stündlich, ja, zu jeder Minute und jeder Sekunde vor Augen. Nicht alle starben in dem sicheren Wissen, daß ihr Opfer nicht umsonst sein würde! »Es gilt den Kampf jedes einzelnen von uns um unsere Zukunft, unsere Freiheit und unsere Ehre in einem seiner sittlichen Verantwortung bewußten Staatswesen!« mahnte das letzte Flugblatt der Weißen Rose – und dieser Kampf wurde auch weiter fortgeführt, als die Mitglieder dieser tapferen Widerstandsgruppe längst hin-

Die geschichtlichen Ereignisse ins Gedächtnis zurückrufen …

… und die besonderen Leistungen der Regimegegner würdigen

gerichtet worden waren. Ihr sehnlicher Wunsch aber ist inzwischen wenigstens teilweise in Erfüllung gegangen. Doch das genügt noch nicht! Jeder einzelne von uns muß alles tun, damit der Geist der Unfreiheit und des Terrors nicht noch einmal geweckt werden kann. Mit unserer ganzen Kraft müssen wir uns dafür einsetzen, daß sich die Vorgänge jener finsteren Zeit nie wiederholen können!

Aufruf zur tätigen Mitverantwortung

Geloben wir deshalb an dieser Stelle und zu dieser Stunde, daß wir jederzeit das Recht, die Sicherheit und die Freiheit des einzelnen achten wollen, damit wir selbst in Recht, Sicherheit und Freiheit im vereinten Deutschland leben können!

Enthüllung eines Mahnmals für die »Reichskristallnacht«

Meine sehr geehrten Damen und Herren!

Die Bürgermeisterin spricht

Am heutigen 9. November jährt sich zum ... Mal die »Reichskristallnacht«. Was der Berliner Volksmund damals verschämt, sarkastisch, aber keineswegs zutreffend in Anlehnung an die vielen zerschlagenen Glasscheiben als »Kristallnacht« bezeichnete, war in Wahrheit der Beginn von beispiellosen Verbrechen der Nationalsozialisten an Juden und Andersdenkenden. Wir müssen auch heute noch, ... Jahre nach diesem schrecklichen Ereignis, den Mut aufbringen, die volle Wahrheit über unsere Geschichte zu sagen. Als damals am 9. November 1938 bekannt wurde, daß ein junger Mann in Paris den aus Frankfurt stammenden deutschen Gesandtschaftssekretär vom Rath erschossen hatte, war dies der Auftakt für das dunkelste Kapitel in unserer Geschichte. In dieser Nacht wurden Synagogen angezündet, Geschäfte, Wohnungen und Schulen jüdischer Mitbürger zerstört und die Verfolgung der Juden eingeleitet. Allein in jener Nacht kamen 91 Juden ums Leben. Von diesem Tage ab wurden Millionen in Konzentrationslager verschleppt und ermordet. Tausende von deutschen Mitbürgern standen bei den Bränden, den Zerstörungen und Verschleppungen tatenlos dabei. Viele konnten nicht, viele wollten nicht helfen. Aus dieser dunklen Vergangenheit müssen wir Lehren ziehen. Wir müssen sicherstellen, daß sich eine solche Unmenschlichkeit nirgendwo und zu keiner Zeit wiederholen kann. Wir dürfen nicht mehr nur darauf verweisen, daß in Deutschland mit der Schaffung des Grundgesetzes und der Bundesrepublik ein neuer guter Anfang gemacht worden ist. Wir dürfen uns heute auch nicht darauf zurückziehen, daß wir mit den Wieder-

Die sprachliche Verharmlosung korrigieren

Schilderung der historischen Ereignisse

Aus der Geschichte lernen ...

gutmachungszahlungen an Juden wenigstens finanziell einen Ausgleich für erlittenes Unrecht geleistet haben. Wichtiger als alles dieses ist, daß wir unsere eigene Geschichte nicht aus unserem Gedächtnis verdrängen.

Die gegenwärtigen und zukünftigen Entwicklungen im Auge behalten

Grabmalschändungen auf jüdischen Friedhöfen, Antisemitismus auf den Straßen, in Kasernen und an Stammtischen, dubiose Veröffentlichungen, nach denen die damals begangenen Greueltaten nur Propagandathesen deutschfeindlicher Kräfte seien – dies alles muß uns dazu zwingen, nicht nur die Geschichte, sondern auch die kommende Entwicklung in unserem Land mit mehr Selbstkritik und größerem Einfühlungsvermögen zu beobachten.

Der Pogrom in der Nacht vom 9./10. November und von da ab die wahnsinnige Eskalation von Gewalttaten an Millionen von wehrlosen und unschuldigen Mitbürgern und Nachbarn sollte uns verpflichten, uns um

Die moralische Verpflichtung…

mehr Menschlichkeit und Verständnis zu bemühen, und nicht nur an Gedenktagen wie dem heutigen. Wer diese furchtbare Vergangenheit verdrängen will, wer die Schuld leugnet oder die Verantwortung ablehnt, gefährdet unser aller ehrlicher Bemühen um einen Neubeginn.

Lassen Sie uns alle dabei mitarbeiten, daß allen Bürgern dieses Landes und seiner Nachbarn eine friedliche Zukunft gesichert wird. Toleranz mit Andersdenkenden, Ehrlichkeit gegenüber sich selber und Bereitschaft, für

Aufruf zu Toleranz und Engagement für den Mitmenschen

den Nächsten und seine Rechte ebenso einzutreten wie für sich selbst, sind Grundvoraussetzungen dafür. Damit wir täglich zu mehr Menschlichkeit gemahnt werden, enthüllen wir heute, im Gedenken an die Ereignisse des 9. und 10. November 1938 und die Ereignisse danach, dieses Mahnmal. Es steht an der Stelle, wo vor … Jahren die Synagoge in unserer Gemeinde niedergebrannt wurde. Möge es allen zeigen, daß wir bereit sind, aus der Vergangenheit zu lernen und für die Zukunft zu kämpfen.

Enthüllung eines Dichter-Denkmals

Rede eines Vertreters des Kultusministeriums

Sehr geehrter Herr Landrat, Herr Bürgermeister,
meine Damen und Herren!

Teils ernst, teils scherzhaft und teils höhnisch nennt man Deutschland immer wieder »das Volk der Dichter und Denker«. Ernst dann, wenn

Von drei unterschiedlichen Sichtweisen…

man erkennt, wie reich dieses Land an überragenden Geistern war und wohl auch noch ist, scherzhaft, wenn man die vielen tausend kleinen und kleinsten Dichterchen und Denkerchen betrachtet, die im Windschatten ihrer großen Vorbilder segeln. Höhnisch, wenn man sich vor Augen führt, wessen ein solches Volk fähig war, als es die ethische Grundlage seiner Besten verließ und sich der Barbarei ergab. Eines aber wird und kann niemand leugnen, daß wir auf eine große Zahl von Männern und Frauen blicken können, die mit dazu beitrugen, der Welt ihr geistiges Gepräge zu geben. Dies, meine Damen und Herren, ist gewiß nicht unser Verdienst. Aber es sollte uns weiterhelfen, daß diese Menschen aus unserem Volke hervorgingen.

... zum Kern der Sache

Sie, die uns aus der Fülle ihres Herzens, ihres Wissens und ihres Könnens immer und immer wieder beschenkt haben, haben uns jedoch gleichzeitig eine große Verpflichtung auferlegt. Und wir geben es getrost zu: Dieser Verpflichtung ist unser Volk keineswegs immer nachgekommen. Ich meine, sie haben uns dazu verpflichtet, ihr gewaltiges Erbe zu verwalten, die von ihnen geschaffenen Güter des Geistes zu pflegen und von Generation zu Generation lebendig zu erhalten. Dies ist weder eine geringe noch eine leichte Aufgabe. Es ist im Gegenteil eine Pflicht, die etwas mehr erfordert als nur guten Willen.

Die große Aufgabe: das geistige Erbe verwalten

Um ein Erbe verwalten zu können, muß man es kennen. Man muß sich damit beschäftigt haben, wenn man in der Lage sein will, Wertloses von Wertvollem zu trennen. Und hierzu gehört die Fähigkeit, die »Stimme der Dichtung«, wie es Goethe einmal nannte, zu erkennen. In seinem Torquato Tasso sagt er es sehr deutlich und mit seltener Schärfe: »... wer der Dichtkunst Stimme nicht vernimmt, ist ein Barbar, er sei auch, wer er sei.« Dieses »er sei auch, wer er sei«, meine Damen und Herren, macht deutlich, daß es nicht unbedingt nur das Vorrecht einiger weniger sein kann, Hüter unserer Dichtung zu sein. Im Gegenteil, auch der sogenannte Gebildete kann ein Barbar sein, wenn ihm der Weg zum wahren Verständnis des dichterischen Wortes versperrt ist. Und der einfache Mensch, der die Werke der Dichtung unvoreingenommen und mit offenem Herzen aufnimmt, wird sie oftmals weitaus besser und richtiger begreifen. Drehen wir das Goethewort einmal um: »... wer der Dichtkunst Stimme vernimmt, ist kein Barbar, er sei auch, wer er sei.« Wir haben erlebt, wie in einer Zeit der menschlichen und geistigen Verwahrlosung viele große Werke öffentlich auf Scheiterhaufen verbrannt wurden. Wir haben erfahren, wie gerade die dem Dichter ins Gesicht geschlagen haben, die ihn als die Führer seines Volkes hätten verteidigen müssen. Und wir haben gesehen, wohin der Ungeist geführt hat. Sie haben selbst wohl niemals begriffen, daß sie auf ihren Scheiterhaufen zwar Papier verbrennen konnten, niemals aber das freie, dichterische Wort, das ihnen so unbequem war. Das eben ist das Großartige wahrer Dichtung, daß sie zwar von Menschen geschrieben wird, aber niemals von Menschen

Aussagekräftiges Zitat mit Interpretation ...

... und Umkehrung mit Fazit

vernichtet werden kann. Und wenn auch nur im Gehirn, das Wort der Dichtung lebt weiter, und es wendet sich eines Tages gerade gegen die, die es für tot erklären wollten.

Von den allgemeinen Anmerkungen zum konkreten Anlaß

Wir gedenken heute eines Mannes, der wohl mit Recht zu den ganz Großen gezählt werden darf. Lassen Sie mich, ohne mich in Einzelheiten zu verlieren, einen kurzen Überblick über sein Leben geben:
(Daten aus dem Leben des betreffenden Dichters)
Dieses Denkmal, das wir ihm zu Ehren an dieser Stelle errichtet haben, erfüllt einen doppelten Zweck: Einmal gilt es seinem Andenken, seinem Werk und seiner menschlichen Größe; zum anderen aber dient es dem Ruhm der Dichtkunst überhaupt. Ich hoffe, daß es auch die Generationen nach uns erinnern wird, daß die Achtung, die man dem deutschen Volk im Ausland entgegenbringt, nicht zuletzt die Achtung vor seinen Dichtern ist:

Abschluß mit längerem Zitat oder Gedichtauszug

»Ich kenne dich, ich kenne deine Schwächen,
Ich weiß, was Gutes in dir lebt und glimmt!
So sagte sie, ich hör sie ewig sprechen –
Empfange hier, was ich dir lang bestimmt!
Dem Glücklichen kann es an nichts gebrechen,
Der dies Geschenk mit stiller Seele nimmt:
Aus Morgenduft gewebt und Sonnenklarheit,
Der Dichtung Schleier aus der Hand der Wahrheit…«

(aus »Zuneigung«, Goethe)

Ausstellungen und Premieren

Eröffnung einer Landwirtschaftsausstellung

Rede des Schirmherrn

Sehr geehrter Herr Minister, Herr Bürgermeister, meine sehr geehrten Damen und Herren!

Unsere engere Heimat ist erfreulicherweise reich an fruchtbarem Boden. Unsere Äcker schenken uns Jahr für Jahr eine Vielzahl an pflanzlichen Konsumgütern und ermöglichen uns in dieser Hinsicht eine weitgehende Unabhängigkeit. Das hat gleichzeitig den anerkannt hohen Stand unserer heimischen Viehzucht zur Folge, die uns ihrerseits auch in dieser Hinsicht weniger von der Produktion anderer Gegenden abhängig macht, als dies vielleicht sonstwo der Fall ist. Insgesamt gesehen haben wir also allen Grund mit dem Ertragsreichtum unserer Landwirtschaft zufrieden zu sein. Darüber hinaus hat die in den vergangenen Jahren vorgenommene Zusammenlegung weiterhin dazu beigetragen, auf dem Wege über eine Rationalisierung des Arbeitsprozesses die landwirtschaftliche Produktion zu steigern.

Erfreuliches zum Auftakt: gute Ertragslage und Produktionssteigerung

Wir wissen alle aber sehr wohl, daß die fruchtbarste Erde nichts nützt, wenn es keine Menschen gibt, die sie bestellen. Wir wissen, daß die beste Ernte umsonst ist, wenn sie nicht eingebracht wird. Das heißt, wir wissen um den großen Verdienst unserer Landwirte. Es ist wohl allgemein bekannt, daß die Arbeit auf den Feldern und zu Hause auf dem Hof mit zu den schwierigsten und anstrengendsten Tätigkeiten zählt, die wir kennen. Und es wird auch niemand bestreiten können, daß diese Arbeit keineswegs immer den verdienten Lohn bringt. Es ist daher an uns, diesen Menschen dafür zu danken, daß sie von Generation zu Generation ihre Felder bestellen, säen und ernten. Dieser Dank zählt doppelt in Anbetracht der Tatsache, daß gerade während der letzten Jahre immer mehr junge Menschen den Beruf des Landwirts aufgegeben haben. Niemand wird ihnen diesen Schritt übelnehmen. Aber wir haben allen Grund, denen zu danken, die ihrem Hof trotz mannigfaltiger Schwierigkeiten treu geblieben sind und weiterhin bleiben werden.

Die besonderen Verdienste der Landwirtschaft…

…und ihre Probleme

Ihnen und ihrer Arbeit ist die heutige Ausstellung gewidmet. Sie soll den Menschen, die das Leben des Landwirts vielleicht nicht oder nur unvollkommen kennen, die Möglichkeit bieten, sich besser damit vertraut zu machen. Sie soll Ihnen etwas von den Problemen und Schwierigkeiten zeigen, mit denen Bauer und Bäuerin tagtäglich zu kämpfen haben. Sie soll aber auch deutlich machen, daß dieser Beruf trotz allem ein schöner, liebenswerter und freier Beruf ist und bleibt. Es ist unsere Pflicht, die leider in weiten Kreisen der Bevölkerung immer noch herrschende Unwissenheit über die Probleme unserer deutschen Landwirtschaft zu beseitigen. Nur dann wird sie den gleichberechtigten Platz innerhalb unserer vorwiegend an industriellen Gesichtspunkten orientierten Wirtschaft einnehmen können, der ihr zukommt.

Die Ausstellung als Informationsveranstaltung für die Allgemeinheit...

Unsere Ausstellung dient jedoch gleichermaßen dem Landwirt selbst. Wie Sie, meine Damen und Herren, sicherlich schon wissen, will sie einen möglichst umfassenden Überblick über den augenblicklichen Stand der landwirschaftlichen Geräte und Maschinen bieten. Die führenden deutschen Firmen haben uns daher eine Vielzahl an Neukonstruktionen, Veränderungen und Verbesserungen zur Verfügung gestellt. Es ist ein Erfordernis des weiter zunehmenden wirtschaftlichen Drucks, daß der Landwirt alle gegebenen Möglichkeiten zur Steigerung seiner Produktion ausnutzt. Dies ist nicht nur eine Frage seiner Wettbewerbsfähigkeit, sondern gleichzeitig eine Frage der persönlichen Arbeitseinsparung und damit eine Frage der Erhaltung seiner Arbeitskraft. Wie notwendig diese Erhaltung der Arbeitskraft tatsächlich ist, braucht wohl nicht besonders betont zu werden.

... und als Leistungsschau der Maschinen- und Gerätehersteller

Gute Wünsche

Als der Schirmherr dieser Ausstellung wünsche ich ihr einen erfolgreichen Verlauf. Ihnen, meine Damen und Herren, wünsche ich für das vorgesehene Fest heute abend recht viel Vergnügen und gute Unterhaltung.

Eröffnung einer regionalen Landwirtschaftsausstellung

Rede der Landrätin

Herr Bürgermeister, meine sehr geehrten Damen und Herren!

Exkurs in die Steinzeit: die Ursprünge des Ackerbaus

Als der Mensch vor rund 8000 Jahren sein Nomadendasein aufgab und seßhaft zu werden begann, war der Augenblick gekommen, an dem er die Beschaffung seiner Nahrungsmittel nicht mehr vorzugsweise der Natur überlassen konnte. Er begann, Wege zu suchen, um sie zu zwingen, die Dinge herzugeben, die er für seine Ernährung benötigte. Er fand Geräte, mit denen er die Erde auflockern, und solche, mit denen er die Erde bergen konnte. Der erste Pflug war eine hölzerne Haue und die erste Sichel ein Holzgriff, in den man einen scharf gewetzten Stein einklemmte. Jener Augenblick, in dem der Mensch zum ersten Male den seit Bestehen der

Erde unberührten Boden aufriß, um ein Samenkorn hineinzulegen oder eine Pflanze zu stecken, war nach der Entdeckung des Feuers wohl die größte Stunde in der Geschichte der Menschheit. Es war die Geburtsstunde des Ackerbaus.

Von jetzt an ging es mit der Entwicklung sehr schnell, gemessen an den rund 500 000 Jahren, die der Mensch gebraucht hatte, um die Möglichkeit des Pflanzens zu entdecken. Schon 3000 Jahre vor Christus erfand man im Vorderen Orient den Pflug. Etwa zur gleichen Zeit und ebenfalls im Nahen Osten wurden auch der Wagen und das Zuggeschirr erfunden, mit deren Hilfe man die erzeugten Güter transportieren konnte. Ab dem dritten Jahrtausend v. Chr. verbesserte sich die Bodenbearbeitung wesentlich, und schon um 2500 kannte man in Ägypten Ackerbaugeräte aus Kupfer und Bronze. Von damals bis heute war es zwar noch ein weiter Weg, aber die planvolle Erschließung des Bodens war von nun an nicht mehr aufzuhalten. Die Entdeckung des Eisens, die Nutzbarmachung der Dampfkraft und schließlich die Erfindung des Traktors trieben die Entwicklungen schnell voran. Mit dem Traktor setzte die eigentliche Mechanisierung der Landwirtschaft ein. Die zweite wichtige Voraussetzung zur Verbreitung landwirtschaftlicher Maschinen war ihre Massenproduktion, die gegen Ende des vergangenen Jahrhunderts begann. Einerseits wurden dadurch die Anschaffungskosten geringer, und zum anderen ermöglichte sie die einfache, billige und rasche Austauschbarkeit beschädigter Einzelteile. Dieser gewaltige Schritt nach vorn läßt sich an den folgenden Zahlen ablesen: Während im 18. Jahrhundert zur Versorgung eines einzigen Städters 19 Agrararbeiter nötig waren, erzielten diese 19 Agrararbeiter zu Beginn unseres Jahrhunderts bereits genügend Produkte, um 66 Städter ernähren zu können. Dank des technischen Fortschritts und der Weiterentwicklung der Düngemittelchemie ist das Zahlenverhältnis heute noch weitaus günstiger. Sie sehen, meine Damen und Herren, wie schnell eine Entwicklung fortschreitet, wenn sie in einem verhältnismäßig kurzen Zeitraum immer neue Impulse erhält. Daß diese Entwicklung aber noch keineswegs abgeschlossen ist, beweist diese Ausstellung. Sie gibt einen Überblick über den neuesten Stand der landwirtschaftlichen Maschinen und Geräte, sie zeigt aber auch in einer eindrucksvollen Zusammenstellung die Erzeugnisse unserer engeren Heimat. Es ist den Initiatoren dieser Ausstellung zu danken, daß sie beide Teile in der gleichen Vollständigkeit aufgezogen haben. Damit ermöglichen sie, daß sich der Besucher auf möglichst breiter Ebene informieren kann.

Ich darf Ihnen für diese Ausstellung recht viel Erfolg wünschen. Die Bevölkerung wird Ihnen für Ihr Bestreben, in ihr mehr als bisher das Gefühl für

Die weitere Entwicklung der planvollen Bodennutzung: von einfachen Hilfsmitteln…

… über die zunehmende Mechanisierung…

… bis zum Einsatz von chemischen Düngemitteln

Die zwei Bereiche der Ausstellung: Maschinen und landwirtschaftliche Erzeugnisse

die Belange unserer Landwirtschaft wachzurufen, dankbar sein. Ich bin fest davon überzeugt, daß dies nur in enger Zusammenarbeit mit den örtlichen Bauernverbänden gelingen kann. Ich glaube aber auch, daß es im Interesse der Konkurrenzfähigkeit unserer Landwirtschaft erforderlich ist, in der Bevölkerung das Gefühl hierfür weiter zu wecken. Daß Ihnen dieses Vorhaben gelingen möge, ist mein herzlicher Wunsch.

Hoffnung auf Erfolg zum Ausdruck bringen

Eröffnung einer Kunstausstellung

Ein Vertreter der Stadt spricht

Meine sehr geehrten Damen und Herren!

Die beiden wesentlichen Ziele darlegen

Diese Ausstellung hat einen doppelten Sinn: Wir haben es uns zur Aufgabe gemacht, jungen, zum Teil noch unbekannten einheimischen Künstlern Gelegenheit zu geben, ihre Werke der breiten Öffentlichkeit vorzuführen. Gleichzeitig sollen die Besucher mit den Künstlern diskutieren und auch die Möglichkeit des Ankaufs der ausgestellten Werke nutzen können.

Das Interesse auf junge, unbekannte Künstler lenken

Die Mäzene vergangener Jahrhunderte sind in unserer Zeit selten geworden. Diejenigen, die in der Lage wären, größere Mittel für den Erwerb eines Kunstwerkes auszugeben, legen, oft aus falsch verstandener Repräsentationssucht und Eitelkeit, Wert darauf, ihre Räume mit den Bildern und Plastiken auswärtiger Künstler zu schmücken oder sich im Glanz bekannter Namen zu sonnen. Wie aber steht es im Gegensatz dazu mit den Werken junger, unbekannter Künstler? Daß nicht jedes Werk eines zeitgenössischen Künstlers des hohen Ruhms der Unsterblichkeit teilhaftig werden kann, ist selbstverständlich; dennoch ist es ungerecht, den Werken noch unbekannter Künstler keine Beachtung schenken zu wollen. Es wäre sicherlich schon viel gewonnen, wenn sich der Betrachter von Kunstwerken lebender Künstler nicht nur von seinem legitimen Recht der Kritik leiten ließe, sondern sich beim Betrachten dieser Arbeiten bewußt würde, daß der Schöpfer dieser Werke häufig ein Zeitgenosse ist, der nicht nur des guten Zuspruchs, sondern auch der finanziellen Unterstützung bedarf.

Modernes »Mäzenatentum« erläutern

Dies sollte bei allen Besuchern unserer Ausstellung nicht unbeachtet bleiben. Es herrscht im weiten Kreisen immer noch die Meinung vor, daß es an dem Künstler sei, sich zu Dank verpflichtet zu fühlen, wenn er der Ehre teilhaftig wird, durch eine kunstverständige Jury mit der Ausstellung seiner Werke gewürdigt zu werden. Daß auch er, wie alle anderen Mitglieder unserer menschlichen Gesellschaft, einen Teil seiner Zeit dafür verwenden muß, die zu seiner Existenz notwendige Beschaffung materieller Güter sicherzustellen, ist keineswegs allgemein bekannt. Man hält es oft für ausreichend, den Künstler allein mit der Ehre zu honorieren. Der wahre Kunstfreund wird sich immer wünschen, in einer Ausstellung wie dieser das Fest des primären Genießens erleben zu können. Aber sollen nun die Werke, die hier ihre eigentliche Geburtsstunde erleben, verurteilt sein, weiter dahinzudämmern? Der Erfolg, der einem jungen, noch unbekannten Künstler nicht nur durch die Betrachtung seiner Werke und der Zuneigung zu ihnen zuteil wird, sondern sich auch in materiellen Werten ausdrücken muß, kann die Grundlage sein für dessen spätere Reife und vollendete Meisterschaft.

Verständnis wecken für materielle Bedürfnisse der Künstler

Daher appelliere ich nicht nur an die Kunstfreunde unserer Stadt, sondern an alle Besucher unserer Ausstellung, unseren heimischen Künstlern nicht nur Beachtung, Kritik oder Wohlwollen zu schenken, sondern bei der Betrachtung dieser Werke auch der Überlegung Raum zu geben, ob nicht das eine oder andere Kunstwerk geeignet erscheint, zur Verschönerung der Wohnung und zur Erbauung daheim beitragen zu können.

Ermunterung, nicht nur Kunst zu genießen, sondern auch zu erwerben

Ich eröffne somit die heutige Ausstellung in der Hoffnung, daß nicht nur die ausgestellten Werke Beachtung finden, sondern auch zum weiteren wesentlichen Erfolg für unsere Kunstschaffenden führen möge.

Eröffnung einer Kunstausstellung

Eine junge Malerin spricht

Meine sehr geehrten Damen und Herren!

Kunst ist eine schöpferische Tätigkeit, die zugleich Ausdruck ihrer Zeit und somit stetem Wechsel unterworfen ist. Es gab Zeiten, in denen Mäzene und Mächtige es sich angelegen sein ließen, ihr Kunstverständnis darin auszudrücken, die Künstler ihrer Zeit zu unterstützen und an die Höfe zu rufen; damals hatte das Wort von der »heiteren Kunst« vielleicht noch einige Berechtigung. In unserer modernen Gesellschaft jedoch hat sich die Stellung des Künstlers und sein Ansehen in der Öffentlichkeit grundlegend gewandelt. Statt sich wie ehedem verwöhnen zu lassen, tritt der Künstler heute als souveränes Mitglied der Gesellschaft auf und beansprucht für seine Arbeiten Anerkennung.

Rolle und Anspruch des Künstlers: am Hofe des Fürsten …

Im Zuge dieser Veränderung ist ein anderer Typus in das Gebiet der Kunst eingedrungen, in der nicht mehr der träumende Idealist dominiert. Der Künstler ist nicht nur anspruchsvoller, er ist auch ausdrucksvoller geworden.

… und heute

Er verkündigt sich selbst, statt den Erwartungen einflußreicher Mäzene zu entsprechen. Er will Kunde geben von einer Welt, wie er sie sieht. Es widerstrebt allerdings der Gesellschaft, Unwägbarkeit als zur Wirklichkeit gehörende Faktoren anzuerkennen; sie geht den vom Künstler an sie gestellten Forderungen nach Eindringen in die tieferen Wesensgebiete allzu gerne aus dem Weg.

Kunst und Gesellschaft: Konflikte und Reibungsflächen

Das ist vielleicht auch der Grund dafür, daß unsere gesellschaftliche Existenz und unsere moderne Ausdrucksweise oft unter einer gewissen Ignoranz und und ebensosehr unter einer unsachgemäßen Kritik zu leiden hat. Wenn heute die Grundtendenz unseres Schaffens als ernst zu bezeichnen ist, so kommt darin die in der Gesellschaft herrschende Grundstimmmung zum Ausdruck, ohne gleichzeitig ein Konformgehen mit den allgemeinen Anschauungen sein zu wollen. Gerade der moderne Künstler zeigt wenig Neigung zu solchem Konformismus. Sein Werk ist heute wie zu allen Zeiten Offenlegung seines inneren Wesens und Erlebens und seines individuellen Denkens.

Die besondere Sicht- und Ausdrucksweise des Künstlers

Es würde sicher dem Verständnis für den Wert und die Eigenart des Künstlers dienen, wenn sich jeder einzelne darüber klar wäre, was dazu gehört, ein Künstlerleben zu führen. Das menschliche Leben und Erleben müßte an Erstarrung zugrunde gehen, wenn es sich nicht der Künstler zur Aufgabe gemacht hätte, durch ein Ausloten seiner Gefühle und geistigen Bereiche das menschenmögliche Herabsteigen in noch nicht erfaßte Bezirke, in Räume, die der normalen Sicht nicht so ohne weiteres zugänglich sind, auszudrücken. Wir wissen, daß viele Menschen uns hier nicht folgen wollen. Aber der Versuch, sie aufzurütteln mit der gleichen Rücksichtslosigkeit, mit der gestaltende Künstler gegen sich selbst vorgehen, ist Ziel unserer modernen Kunst.

Präsentation und Preisverleihung als Ermutigung und Anreiz

Mit der heutigen Verleihung des städtischen Kunstpreises soll der Würdigste unter uns eine Ehrung erfahren, die aber gleichzeitig für uns alle ein Ansporn sein soll, auf dem eingeschlagenen Weg weiterzuarbeiten. Denn daß dieser Weg richtig ist, davon sind wir jungen Kunstschaffenden überzeugt, und das beweist nicht zuletzt die Aufnahme unserer Bilder und Plastiken in diese anspruchsvolle Austellung.

Ich spreche hier im Namen aller jungen Künstler unserer Stadt, wenn ich Ihnen, meine Damen und Herren, für das uns und unseren Werken entgegengebrachte Interesse danke.

Kunstausstellung einer Volkshochschule

Sehr geehrter Herr Bürgermeister, liebe Kunstfreunde!

Es spricht eine Landrätin

Das halbe Dutzend ist voll. Was vor nunmehr acht Jahren als Experiment begann, hat sich seither zu einer nicht mehr wegzudenkenden Institution der Kunst- und Kulturszene im Landkreis ... entwickelt. Jede Präsentation gibt Anlaß zurückzuschauen, Bilanz zu ziehen über die Arbeit, die in den vergangenen Jahren geleistet wurde.

Eine Tradition ist begründet

»Präsentation 6« steht unter dem Jahrestitel »Das visuelle Denken«. Aufgabe und Anspruch dieses Kurses waren also, Phantasie und Vorstellungskraft auf ein Thema zu konzentrieren und dieses ins Bild zu setzen. Der Weg dazu muß zwangsläufig von den althergebrachten Formen des Bildes als Abbild vom Urbild wegführen. Wurden in der traditionellen Malerei Gefühle häufig allein durch Mimik und Farbgestaltung dargestellt, so sind wir heute mit ganz neuen Wegen konfrontiert. Ängste, Sorgen oder Freuden haben in neuen Techniken neue Ausdrucksformen gefunden. Im Mittelpunkt steht dabei der Mensch. Und das ist gut so.

Titel und Anspruch

Das zentrale Thema

Wir leben in einer Zeit, in der die fortschreitende Technisierung drauf und dran ist, den emotionalen Teil des Menschen zurückzudrängen. Kunst in ihrer Individualität und Ausdrucksvielfalt ist eine der letzten Bastionen, die der vollständigen Steuerung des Menschen durch Computer entgegensteht. Das In-Form-und-Farbe-Setzen innerer Eruptionen ist auch Ausdruck der Suche des einzelnen nach eigenen Wegen.

Einbindung in ein »feindliches« Umfeld

Ich darf Sie, meine sehr geehrten Damen und Herren, ermutigen, offen an die zahlreihen Ausstellungsstücke heranzugehen und selbst neue Wege beim Betrachten der Arbeiten unserer ... Aussteller zu finden.

»Präsentation 6« unserer Volkshochschule im Landkreis ..., der ich an dieser Stelle meinen besonderen Dank aussprechen möchte, wünsche ich einen großen Erfolg. Frau/Herr ... *(Name der Leiterin/des Leiters)* und die Teilnehmer der VHS-Kurse möchte ich ermuntern, fortzufahren in ihrer Arbeit und somit vielen Bürgern Anstoß zu geben, selbst kreativ tätig zu werden.

Ermunterung zur Fortführung der Arbeit

Am Anfang eines solchen Schrittes wird immer die griechische Philosophenweisheit stehen, daß die Götter vor den Erfolg den Schweiß gesetzt haben. Dieser Einsatz hat sich zweifellos gelohnt, wie unsere Präsentation beweisen mag. Ich wünsche allen Teilnehmern, Ausstellern wie Besuchern, neue Erkenntnisse auf den neuen Wegen.

Alte Lebensweisheit als Schlußbemerkung

Theater-Premiere

Der Vertreter des Kultusministeriums spricht

Sehr geehrter Herr Oberbürgermeister, Herr Intendant,
meine sehr geehrten Damen und Herren!

Theodor Fontane schrieb einmal: »Der berühmte Satz ›Kunst sei für alle‹ ist grundfalsch; Kunst ist umgekehrt für sehr wenige, und mitunter ist es mir, als ob es immer weniger würden. Nur das Beefsteak, dem sich leicht folgen läßt, ist in einer steten Machtsteigerung begriffen.«

Ein treffliches Zitat zu Beginn…

Fontane gibt damit eine Antwort auf die uralte Frage: Ist Kunst eine Sache für das Volk oder eine Angelegenheit weniger Auserwählter? Kann sie wirklich der breiten Masse dienen und ihr etwas geben, oder vermag sie lediglich im kleinen Kreis der Kenner und der Verständigen ihren ganzen Reiz zu entfalten? Seine Antwort ist kurz und klar: »Kunst ist umgekehrt für sehr wenige!« Diese ausgefallene Formulierung trifft im Kern ihrer Aussage sehr genau eine Erscheinung, die wir gerade im Zeitalter der Massenmedien immer wieder vorfinden: Die große Mehrheit der Bevölkerung liebt die Dinge, denen sie leicht »folgen« kann. Hierzu gehört der anspruchslose Unterhaltungsfilm ebenso wie die reich bebilderte Illustrierte, die auf Sensation ausgerichtete Massenpresse und ein großer Teil der Fernsehproduktion. Sie werden mir sicherlich darin recht geben, daß beispielsweise der ungeheure Aufschwung der Illustrierten durch nichts anderes zu erklären ist, als durch das Verlangen des Menschen unserer Zeit, sich in seiner Freizeit nicht mit grundlegenden Problemen befassen zu wollen. Er will, was menschlich durchaus verständlich sein mag, nicht die eigene Auseinandersetzung mit den Dingen unseres Lebens, sondern er zieht deren mundgerchte Darlegung vor. Er sieht in dieser Einstellung eine notwendige Folge seiner geistigen und körperlichen Beanspruchung während der Arbeitszeit. Wenn man ihn daraufhin anspricht, verweist er auf die Notwendigkeit, sich erholen zu müssen. Und Erholung bedeutet für ihn in der Mehrzahl der Fälle Ablenkung.

…bestimmt Inhalt und Verlauf der Rede

Das thematische Umfeld: Anmerkungen zu aktuellen Phänomenen

Kunst aber lenkt nicht ab. Wirkliche Kunst lenkt auf das Wesentliche hin. Und die Erkenntnis des Wesentlichen erfordert Kraft, eben die Kraft, die der Mensch heutzutage kaum noch aufbringen will oder kann. Dabei läßt er in der Regel jedoch eine Tatsache völlig außer acht: daß die Beschäftigung mit der Kunst nicht nur Kraft erfordert, sondern in weitaus höherem Maße Kraft spendet. Wer jemals ernsthaft versucht hat, die eigene Auseinandersetzung mit der Kunst immer wieder zu suchen, der wird die Erfahrung gemacht haben, daß sein Leben reicher geworden ist.

Retour zum Kern der Aussagen: Wesen und Wirkung der Kunst im allgemeinen…

Alle, die wir uns heute hier zusammengefunden haben, erwarten von diesem Abend weder Zerstreuung noch Ablenkung. Im Gegenteil. Dieses Haus ist eine Stätte intensiver Beschäftigung mit der uralten Kunst des Theaters. Es ist ein Ort, an dem das Wort des Dichters körperliche Gestalt erhält und durch den Mund des Schauspielers in unser Ohr, unseren Verstand und unser Herz dringt, um dort seine Wirkung zu tun. Diese Wirkung, meine Damen und Herren, kann nur positiv sein. Das heißt nicht, daß wir über die künstlerische Bedeutung dessen, was wir sehen werden, unbedingt einer Meinung sein müssen. Das heißt auch nicht, daß es tatsächlich von überragendem Wert sein muß. Es heißt lediglich, daß die Auseinandersetzung mit Wort und Geschehen, mit der Absicht des Dichters und ihrer künstlerischen Verwirklichung auf der Bühne unser Leben um ein Stück bereichert. Als Menschen sind wir nicht in der Lage, das Vollkommene zu erkennen, weil uns der Maßstab dafür fehlt. Wir sind aber wohl in der Lage, das Wertlosere vom Wertvolleren, das Schlechtere vom Besseren und das Unvollständigere vom Vollständigen zu unterscheiden. Hierzu genügt nämlich der Maßstab, über den wir verfügen. Die Geschichte der Kunst hat uns diesen Maßstab in die Hand gegeben. Die größten Geister unserer abendländischen Kultur haben ihn geschaffen und weitergereicht an die Generationen nach ihnen. Wir sind es ihnen schuldig, daß wir mit diesem Maßstab messen. Auch heute. Auch in diesem Haus.

...und des Theaters im besonderen

Das dichterische Werk als Bereicherung unseres Lebens

Ich wünsche allen Anwesenden einen anregenden Theaterabend, der neuen Inszenierung noch viele ausverkaufte Vorstellungen.

Gute Wünsche

Film-Uraufführung

Meine sehr geehrten Damen und Herren!

Eine Vertreterin des Kultusministeriums spricht

Die deutsche Filmproduktion, einmal ein stolzer Zweig unserer Wirtschaft, ist seit langem zu ihrem Sorgenkind geworden. Es ist nicht Aufgabe dieser Stunde, die Gründe hierfür zu suchen und zu untersuchen, sondern es geht vielmehr darum, ihr zu wünschen, daß sie sich von den Schlägen der vergangenen Jahre wieder erholt. Jeder von uns weiß, daß dies nicht von heute auf morgen geschehen kann. Vielmehr wird es die Aufgabe derer sein, die für den Film verantwortlich sind, Mittel und Wege zu finden, um ihm innerhalb der Weltproduktion wieder einen anerkannten Platz zurückzuerobern. Die Notwendigkeit einer wirtschaftlichen Rehabilitierung ist unschwer einzusehen, wenn man sich vor Augen führt, welche

Vom einstigen Glanzstück zum Sorgenkind der Wirtschaft

Aufgabe der Film innerhalb des kulturellen Lebens einer Nation zu erfüllen hat. Während man zur Zeit der ersten Experimente und auch später noch häufig glaubte, der Film könne ausschließlich dazu dienen, irgendwelche Ereignisse politischer oder künstlerischer Art in »abfotografierter« Form breiten Kreisen zugänglich zu machen, weiß man heute, daß dies keineswegs seine vordringliche Aufgabe sein kann. Wie das Theater, die Malerei, die Musik und das Hörspiel ihre Eigengesetzlichkeit haben, so besitzt sie auch der Film. Er hat aufgrund seiner technischen Gegebenheiten die Möglichkeit, eine völlig eigenständige Kunstgattung zu sein. Diese Eigenständigkeit beruht auf der bewußten Verwirklichung der nur ihm eigenen Gesetze, die ihn von allen anderen Kunstgattungen wesensmäßig unterscheiden. Die hervorstechenden Merkmale des Films sind, daß er nahezu unbegrenzte optische Möglichkeiten besitzt, daß er wegen der Wiederholbarkeit der einzelnen Aufnahmen das Zufällige ausschalten kann und daß er sich vervielfältigen läßt.

Die Einschätzung des Mediums damals und heute...

...und seine spezifischen Merkmale

Allein die Skala der unterschiedlichsten Einstellungen gibt ihm die Möglichkeit, eine gewaltige Landschaft ebenso zu zeigen wie einen einzelnen Wassertropfen.

Die Möglichkeiten der Kunstgattung anreißen

Auch die Sicht, aus der die einzelnen Gegenstände oder Ereignisse aufgenommen sind, verleihen ihnen mitunter grundverschiedene Bedeutung. Schon hier zeigt sich beispielsweise der grundsätzliche Unterschied des Films gegenüber der Bühne. Das Theater hat eben nicht die Möglichkeit, Einzelheiten des Geschehens oder der Szene in ihrer Bedeutung dadurch hervorzuheben, daß es diese dem Zuschauer plötzlich in einer Großaufnahme vor Augen führt. Es kann immer nur einen Gesamtüberblick über den Ort der Handlung vermitteln und ist darauf angewiesen, die steigende Bedeutung etwa eines Gegenstandes sprachlich oder mimisch auszudrükken. Dem Theater ist es beinahe unmöglich, einen Gegenstand »sprechen« zu lassen, dem Zuschauer sein Eigenleben nahezubringen. Es kann auch nicht beispielsweise Entsetzen nur durch den Ausdruck der Augen des Schauspielers verdeutlichen. Es ist darauf angewiesen, das Gesicht als Ganzes, mehr noch, den entsetzten Menschen in seiner Gesamtheit zu zeigen. Und dennoch weiß jeder, daß die Augen oftmals besser eine menschliche Regung auszudrücken vermögen, als der ganze Mensch. Der Film besitzt also die Möglichkeit, das jeweils Wesentliche optisch so hervorzuheben, daß die Sprache lediglich zur Unterstützung dient. Während das Schauspiel in erster Linie ein Kunstwerk der Sprache und erst in zweiter Linie ein solches des Bildes ist, ist es beim Film genau umgekehrt.

Vergleiche mit den künstlerischen Ausdrucksformen des Theaters: optische Hervorhebung...

Nicht weniger wesentlich darf die Bedeutung der Wiederholbarkeit etwa bei einer einzelnen Szene eingeschätzt werden. Wenn es beim Film nicht

»stimmt«, wird es herausgeschnitten und noch einmal gedreht. Wenn es bei einer Theateraufführung nicht »stimmt«, dann stimmt es eben nicht. Es wird keinem Schauspieler der Welt einfallen, seinem Publikum mitzuteilen, daß er die verunglückte Stelle gleich noch einmal, und zwar besser spielen wird. Was auf der Bühne vorbei ist, ist unwiderruflich vorbei. Der Film hat daher die Möglichkeit, auch eine schauspielerische Leistung viel vollkommener zu zeigen als die Bühne. Er kann sich in jedem Falle den günstigsten Augenblick aussuchen.

...Wiederholbarkeit einzelner Szenen...

Und zuletzt noch der Aspekt der Vervielfältigung. Von einem Film lassen sich unbegrenzt viele Kopien anfertigen. Das bedeutet, an jedem Platz unserer Erde können Menschen an einem künstlerischen Ereignis teilnehmen, das sich vielleicht viele tausend Kilometer von ihnen entfernt zugetragen hat. Der Film kann also dazu beitragen, die Menschen einander in ihrem gegenseitigen Verständnis näherzubringen, sie an den kulturellen Ereignissen anderer Völker teilhaben zu lassen und damit die Verbindung zwischen ihnen zu vertiefen.

...und unbegrenzte Vervielfältigung

Ich bin der Überzeugung, daß allein diese drei Gesichtspunkte eine Förderung des Films gerechtfertigt erscheinen lassen. Wir, die wir für die Kulturpolitik dieses Landes, also auch für das Filmschaffen, verantwortlich sind, bieten vielfältige Unterstützung: direkte, indem wir geplante Produktionen durch Zuschüsse fördern oder abgedrehten Produktionen durch Preisgelder und Auszeichnungen den Einstieg in den Filmmarkt finanziell erleichtern; indirekte, indem wir besondere Co-Produktionen zwischen Fernsehanstalten und Film-Herstellungsbetrieben – und damit Kostensenkungen – ermöglichen oder auch steuerliche Hilfen in Form von Abschreibungen gewähren.

Fazit: Die besonderen Qualitäten rechtfertigen die staatliche Förderung

Diese allgemeine und besondere staatliche Förderung des nationalen Filmschaffens ist aber nur dann vertretbar, wenn gewährleistet wird, daß der künstlerische Aspekt Vorrang behält vor dem spekulativen Geschäftsinteresse der Filmindustrie. Leider haben nicht alle guten Filme das Publikum, das sie eigentlich verdienen.

»Fußangeln« erwähnen

Insgesamt aber dürfen wir erfreut feststellen, daß heute wieder mehr Leute ins Kino gehen. Die Auseinandersetzung mit dem Medium Film wird wieder gesucht. Hoffen wir, daß der Film, den wir jetzt sehen werden, dem deutschen Film neue Freunde hinzugewinnen wird.

Gedenk- und Feiertage

Rede zum 20. Juli 1944

Eine Kommunalpolitikerin spricht

Liebe Mitbürgerinnen und Mitbürger!

Es gibt kaum ein Wort, das im 19. und 20. Jahrhundert so oft benutzt worden ist, wie das Wort Freiheit – und es gibt kaum eine Zeit, in der dieses Wort so stark mißbraucht wurde, wie in diesen Jahrhunderten! Mit wirklichem Recht wurde es fast immer nur von Menschen verwendet, die, geistig und körperlich geknechtet, um ihre Freiheit erst kämpfen mußten – der Widerstand der Männer des 20. Juli 1944 bietet dafür ein besonders eindrucksvolles Beispiel der Geschichte!

Ein Schlüsselbegriff als thematischer »Aufhänger«

»Wenn die Vernunft ihre Stimme häufig gegen den Fanatismus erhebt, dann kann sie künftige Generationen vielleicht toleranter machen, als die gegenwärtige es ist!« – sagte einmal Friedrich der Zweite, dessen Name von der Regierung des Dritten Reiches immer wieder zu propagandistischen Zwecken mißbraucht wurde. Aber obgleich sie auch davor nicht zurückschreckten, auf protzigen Gemälden ihren Führer Schulter an Schulter mit Friedrich dem Großen zu zeigen – das Wort von der Stimme der Vernunft hatte für sie keine Gültigkeit! Ihre Stimme war die des Hasses und der Hetze, der Maßlosigkeit, der Brutalität und der Unmenschlichkeit. Diese Stimme wurde begleitet vom Donner der Kanonen, vom Krachen der Genickschüsse und vom Stöhnen ihrer Opfer, die sich ihr Massengrab selbst zu schaufeln hatten. Immer weniger werden sich aus eigenem Erleben noch schaudernd der furchtbaren zwölf Jahre dieses »tausendjährigen Reiches« erinnern. Manche werden daran auch gar nicht mehr denken wollen! Aber wir müssen uns daran erinnern, jeder von uns, der die Würde des Menschen achtet und seine Rechte bejaht!

Griffiges Zitat

Nur im Rückblick auf Zeiten des Ungeistes und der Unfreiheit kann man richtig erfassen, was man besitzt und was man durch das Opfer anderer gewonnen hat! Denken Sie deshalb zurück:

Überleitung zum Rückblick

In der Nacht des 31. Januar 1933, in der Tausende von SA-Männern triumphierend ihre Fackeln durch Berlin trugen – in dieser Nacht brach über Deutschland eine Dunkelheit herein, die von allen Fackeln der Welt nicht hätte erleuchtet werden können! Das Licht der Freiheit nämlich verlosch, und mit ihm verlosch auch die strahlende Klarheit des Rechts! Finstere

Barbarei war die Folge der Machtergreifung durch einen Mann, der schon damals plante, die Völker in ein neues Blutbad zu stürzen! Schon damals aber wurde auch von aufrechten Männern und Frauen des deutschen Volkes eine Opposition gebildet, die den Bestrebungen des größenwahnsinnigen Diktators aktiven und passiven Widerstand entgegensetzte.
Sie, die Sie hier des 20. Juli 1944 gedenken, wissen, wie bald der Führer des Nazi-Blutsystems seinen Plan verwirklichte und mit welcher Grausamkeit er friedliche Nationen überfiel, ihre Länder plünderte und ihre Menschen zur Zwangsarbeit oder in die Konzentrationslager schleppen ließ. Mit jeder barbarischen Maßnahme verstärkte sich jedoch auch die Bewegung des Widerstandes, zu der, unter vielen anderen, die Träger zahlreicher alter und verdienstvoller Namen gehörten. Offiziere und Beamte, Wissenschaftler und Künstler zählten zu ihnen ebenso wie Arbeiter, Angestellte und Studenten. Die Opposition gegen Hitler und seine SS-Schergen war ein Kampf um die Freiheit – war der Aufstand einer geistigen und moralischen Elite gegen ein unmenschliches Regime! Die Entschlossenheit, den Diktator notfalls mit Gewalt zu beseitigen, führte über mehrere mißlungene Anschläge schließlich zum Attentat auf Adolf Hitler am 20. Juli 1944. Er wurde zum »schwarzen Tag« aller derjenigen, die inbrünstig gehofft hatten, sich aus eigener Kraft aus der Unterjochung durch die Nazis befreien zu können.

Knappe Schilderung der historischen Vorgänge

Wertung der Ereignisse und…

Das Attentat mißlang – und ein neues Massenmorden begann, diesmal in den Reihen der Besten unseres Volkes. Die Namen der Männer und Frauen, die den Wahnsinn Hitlers schon frühzeitig erkannt hatten, erschienen nun auf der Liste des Henkers. Heute wissen wir, daß sie sterben mußten, weil sie die furchtbare Katastrophe verhüten wollten, die schließlich unvermeidbar über Deutschland hereinbrach. Ihr Sterben beweist die Wahrheit eines Ausspruchs von Johann Gottlieb Fichte, den der große Dichter der Freiheitskriege 1813 an die Berliner Studenten richtete: »Die Freiheit ist oder nicht! Kein Kommen und Bleiben in der Gewalt, vor allem diesen steht ja der Tod – und wer sterben kann, wer will den zwingen?«

…Würdigung der Verdienste der Widerstandskämpfer

Weiteres Zitat, das den Begriff vom Redebeginn aufgreift

Rede zum 8. Mai 1945

Ein Kommunalpolitiker spricht

Meine sehr geehrten Damen und Herren!

Das Wort, das der erste Bundespräsident, Theodor Heuss, zum 8. Mai 1945 gesprochen hat, gilt heute wie ehedem: »Dies ist ein Tag tiefer Paradoxie, weil wir erlöst und vernichtet in einem gewesen sind«. Die »Paradoxie« hat Theodor Heuss mit den Begriffen Selbstbesinnung, Erinnerung, Trauer, Dankbarkeit und Hoffnung gekennzeichnet. Wird alles, was in diesen Tagen geschieht, dem gerecht?

Vom zeitgeschichtlichen Zitat zur Gegenwart überleiten

Wenn heute, ... Jahre nach dem Ende des 2. Weltkrieges, vieles zerredet und auseinanderdiskutiert wird, und wenn durchaus ernstgemeintes, ehrliches Gedenken in die Gefahr gerät, mißverstanden zu werden, dann zeigt das sehr deutlich: Wir haben dieses schreckliche Kapitel deutscher Geschichte von 1933 bis 1945 noch längst nicht bewältigt, aber es gibt die Defizite in punkto Lehren aus der Geschichte nicht nur auf deutscher Seite. Deshalb gilt es das Wesentliche zu sehen, und das heißt, daß die Welt und nicht zuletzt die Deutschen mit dem Ende dieses schrecklichen Krieges von der Nazi-Herrschaft befreit und wir mit einem Frieden in Freiheit beschenkt wurden. Der heutige Jahrestag des Kriegsendes sollte uns Deutsche daher vor allem auf das kostbare Gut der Freiheit und unsere Verantwortung für die Wahrung des Friedens verpflichten.

Der Gedenktag als Mahnung und Verpflichtung

Die Lehren aus jenen Jahren des Terrors und der Verfolgung müssen von den Älteren an die Jugend weitergegeben werden, denn es darf kein Vergessen geben, wenn nicht neues Unheil über uns und die Welt kommen soll. Wir haben allen Grund zu danken, für das, was wir besitzen, und wir habe genausoviel Grund zu bitten und zu beten, für das was noch nicht ist, nämlich die Überwindung von Egoismen, von Haß oder Gleichgültigkeit. Dies zu erreichen ist die große Aufgabe einer Politik mit langem Atem, einer Politik, die auf jegliche Gewalt verzichtet und statt dessen auf Verständigung mit allen Völkern angelegt ist.

Das politische Ziel formulieren

Wir haben die Chance, den Weg zu finden zu einem in Frieden und Freiheit vereinten Europa.

Dank und Aufruf

Ich halte es für angemessen, diesen Tag ... Jahre danach, den 8. Mai 19.., so zu begehen, daß wir der Toten gedenken, für Frieden und Freiheit danken und für das Recht auf Selbstbestimmung aller Menschen auf der ganzen Welt bitten und beten. Dazu rufe ich die Bürgerschaft der Stadt und des ganzen Landkreises ... auf!

Rede zum Volkstrauertag

Sehr geehrter Herr Superintendent, verehrte Ehrengäste, meine sehr geehrten Damen und Herren!

Es spricht der Kreistagspräsident (Ost)

Es ist eine würdige Veranstaltung, die uns am heutigen Tage zusammengeführt hat. Zwei Wochen vor dem 1. Advent wird alljährlich dieser nationale Gedenktag für die Opfer beider Weltkriege und des Nationalsozialismus begangen.

Hinweis auf Tradition

Für die Bürger in den neuen Bundesländern, d. h. auch für uns in ... ist dieser Tag eine Besonderheit: Erst zum ...mal seit langen Jahrzehnten kommen wir hier auf dem Friedhof anläßlich des Volkstrauertages zusammen. In der untergegangenen DDR gab es diesen Tag offiziell nicht. Es gab andere Veranstaltungen mit politischer Zielrichtung. Wie so vieles in der DDR wurde auch das Gedenken an Verstorbene in die sozialistische Ideologie eingefaßt. Dies alles haben wir hinter uns gelassen und können heute unserer Toten gedenken.

Ich möchte diese Gedenkstunde nutzen, um über die Erinnerung an Leid und Elend zweier Weltkriege hinaus auch an jene zu erinnern, die in unzähligen Kriegen und Auseinandersetzungen nach dem 2. Weltkrieg bis hinein in unsere Tage getötet wurden. Mit erschreckender Brutalität führen uns die Ereignisse im ehemaligen Jugoslawien (in den Republiken der früheren Sowjetunion) vor Augen, wie labil Friede sein kann, wenn Haß das Handeln bestimmt.

Erinnerungen wachhalten und Bezug zu aktuellen Ereignissen herstellen

Von deutschem Boden darf nie wieder Krieg ausgehen! In diesem Bekenntnis sind wir alle einig. Damit begnüge ich mich jedoch nicht, sondern ich füge an, daß von deutschem Boden der Frieden ausgehen sollte: Frieden mit anderen Ländern, Frieden mit anderen Menschen, ungeachtet ihrer Hautfarbe, Sprache oder ihrer Zugehörigkeit zu einer Religionsgemeinschaft.

Ein Bekenntnis abgeben

Der heutige Tag ist nicht allein dazu da zurückzublicken. Er mahnt uns zu lernen. Wenn wir, das neue Deutschland, als gleichberechtigtes Mitglied in einem vereinten Europa dem Frieden der Welt dienen wollen, müssen wir auch den inneren Frieden stärken.

Die gemeinsame Aufgabe

Über die Gräber hinweg wollen wir die Versöhnung. Die heutige Gedenkstunde soll zu diesem großen Ziel einen wichtigen Beitrag leisten.

Ehrungen

Verleihung des Bundesverdienstkreuzes

Es spricht der Erste Kreisbeigeordnete

Sehr geehrter Herr ..., meine sehr geehrten Damen und Herren!

Es sind nur wenige Bürger in unserem Gemeinwesen, die sich durch beispielhafte Tatkraft, durch vorbildliches Engagement und durch große Energie für die Allgemeinheit einsetzen und dadurch auszeichnen.

Allgemeine Anmerkungen zum gesellschaftlichen Engagement

Im Dienst an der Sache, der sie sich verschrieben haben, opfern sie Zeit und Arbeitskraft, um für ihre Mitmenschen aktiv zu sein. Nur selten jedoch wird ihnen der Dank zuteil, der ihnen eigentlich gebührt. Dies ist nicht erst seit heute so. Schon in den ersten Jahren des Wiederaufbaus kristallisierte sich eine kleine Anzahl von Mitbürgern heraus, die sich in besonderer Weise um das Gemeinwohl und um das Wohl ihrer Mitmenschen bemühte.

Einige Angaben zum Ehrenzeichen: Stifter, Grund der Verleihung, Besonderheit

Für diese sozial, karitativ oder politisch arbeitenden Menschen schufen damals Bundespräsident Theodor Heuss und der erste Bundeskanzler der Bundesrepublik Deutschland, Konrad Adenauer, als Anerkennung und ehrende Würdigung für besondere Verdienste um den Wiederaufbau des demokratischen Staatswesens den Verdienstorden der Bundesrepublik Deutschland. Bis heute ist er die einzige Auszeichnung geblieben, die unsere Republik zu vergeben hat.

Ihnen, sehr geehrter Herr ..., soll heute mit dem Verdienstkreuz am Bande diese ehrende Auszeichnung unseres Staates verliehen werden.

Im Namen des gesamten deutschen Volkes möchte Ihnen unser Bundespräsident ... den Dank des Vaterlandes sichtbar zum Ausdruck bringen für Ihre Leistungen, die Sie in dem Willen, zum friedlichen Aufstieg der Bundesrepublik Deutschland beizutragen, erbracht haben.

Würdigung der Leistungen für das Gemeindeleben

Ich möchte an dieser Stelle, sehr geehrter Herr ..., einige Ihrer herausragenden Leistungen, die Sie in den vergangenen Jahren und Jahrzehnten vollbracht haben, aufführen:

(Kurzer Rückblick auf die kommunalpolitischen Aktivitäten des Geehrten)

In allen diesen freiwillig von Ihnen übernommenen Positionen sind Sie mit zähem Fleiß und mit engagiertem Einsatz bemüht, an einer lebenswerten Zukunft der Menschen in Ihrer Heimat mitzuarbeiten.

Ohne das Engagement von Bürgern wie ... *(Vor- und Zuname)* wäre unser Staatsgebilde, wäre unsere Demokratie nicht das, was sie heute ist: eine offene, freie Gesellschaft, in der Mehrheiten gesucht werden müssen durch Überzeugungsarbeit und bessere Argumente. Beides leistet ... beispielhaft. Es wäre aber zu wenig, wenn ich an dieser Stelle einzig auf Ihre politischen Aktivitäten in den vergangenen ... Jahren eingehen würde, Sie, sehr geehrter Herr ..., haben sich damit nie begnügt. Sie haben sich neben diesem Einsatz immer auch dem Vereinsleben zugetan gefühlt.

Einsatz in Vereinen und Verbänden

(Überblick über das Engagement in Vereinen und Verbänden)

Wenn ich alle diese Arbeit zusammenfasse, so bleibt festzustellen, daß der Einsatz und das Engagement von ... immer dem Menschen direkt verpflichtet war. Ihm geht es nicht um persönliches Wohl, ihm geht es um die Gestaltung des Lebensraumes für seine Mitmenschen. Dies zeigt insbesondere seine Arbeit in den Vereinen. Viel Zeit und Mühe haben Sie, sehr geehrter Herr ..., in den vergangenen Jahrzehnten in diesen selbst gestellten Auftrag investiert. Wenn ich Ihnen heute den Verdienstorden überreiche, kann diese Auszeichnung nur ein kleines Dankeschön für all die Mühen und Arbeit sein, die Sie sich gemacht haben. Häufig genug mußten unter Ihrem Engagement Ihre Frau und Ihre Kinder zurückstecken. Häufig genug verlangten die Sachzwänge auch persönliche Opfer. Sie haben Beispiel gegeben nicht nur für Ihre Nachbarn und Freunde, Sie haben vor allem ein Beispiel gegeben für unsere jüngeren Mitbürgerinnen und Mitbürger.

Anerkennung durch Auszeichnung

Es ist mir daher eine besondere Freude, Ihnen, sehr geehrter Herr ..., nun das Verdienstkreuz des Verdienstordens der Bundesrepublik Deutschland anzuheften. Ich tue dies in der Hoffnung, daß der Landkreis ... und die Gemeinde ... noch lange auf Ihre reiche Erfahrung, Ihre aufopferungsvolle Arbeit und Ihren Rat vertrauen können. Ich gratuliere Ihnen im Namen des Landkreises und verbinde diese Gratulation mit meinen herzlichen Glückwünschen.

Abschließende Gratulation

Verleihung des Bundesverdienstkreuzes am Bande

Es spricht die Kreistagspräsidentin

Sehr geehrter Herr ..., meine sehr geehrten Damen und Herren!

Es sind nunmehr ... Jahre vergangen, seit folgender Text entstand: »In dem Wunsche, verdienten Männer und Frauen des deutschen Volkes und des Auslandes Anerkennung und Dank sichtbar zum Ausdruck zu bringen, stifte ich am zweiten Jahrestag der Bundesrepublik Deutschland den ›Verdienstorden der Bundesrepublik Deutschland‹. Er wird verlie-

Auszug aus dem Stiftungserlaß

hen für Leistungen, die im Bereich der politischen, der wirtschaftlichen, sozialen und der geistigen Arbeit dem Wiederaufbau des Vaterlandes dienten und soll eine Auszeichnung all derer bedeuten, deren Willen zum friedlichen Aufstieg der Bundesrepublik Deutschland beiträgt.«
So formulierten am 7. September 1951 Bundespräsident Theodor Heuss, Bundeskanzler Adenauer und Bundesinnenminister Lehr den Erlaß über die Stiftung des bundesdeutschen Verdienstordens.

Überleitung zum Jubilar

Mit Ihnen, sehr geehrter Herr ..., wird heute ein Bürger mit dieser Auszeichnung geehrt, der in allen Belangen den festgeschriebenen Anforderungen gerecht geworden ist.
Leider ist es heute keine Selbstverständlichkeit mehr, daß sich Bürger freiwillig und unentgeltlich in sozialen, politischen und kulturellen Bereichen engagieren. Wir leben in einer Zeit, in der es Mode geworden ist, Forderungen an andere zu stellen. »Andere« – das kann der Staat, das können aber auch die Kirchen oder sonstige Institutionen, Organisationen und Verbände jedweder Art sein. Auf den Ansprechpartner kommt es dabei in vielen Fällen gar nicht mehr an: Viel wichtiger scheint es für eine große Zahl unserer Mitmenschen geworden zu sein, Ansprüche und Forderungen an Dritte zu formulieren, Wünsche von anderen an die eigene Person jedoch als unbillig abzutun.

Beschreibung eines sozialen Phänomens: Desinteresse am Dienst für die Allgemeinheit...

Dieses Phänomen finden wir leider bei einer Vielzahl jüngerer Menschen. Die Mentalität des Aussteigertums grassiert wie eine Seuche. Das war nicht immer so. Die Generationen derjenigen, die heute 60, 70 oder mehr Lebensjahre zählen, war in ihrer Jugend weitaus mehr bereit, sich für das Gemeinwohl uneigennützig einzusetzen, als wir dies heute bei Jüngeren erleben können.

...und Aussteigertum

Allerdings glaube ich, daß das »Abtauchen« vieler junger Leute nicht immer ganz unbegründet ist. Häufig vermissen sie das Beispiel, das vorgelebte Engagement. Sie, sehr geehrter Herr ..., sind geeignet, jüngeren Menschen als Beispiel vorgestellt zu werden. Im Einsatz zum Wohl der Mitmenschen haben Sie sich über Jahrzehnte hinweg gemüht und somit bewiesen, daß es auch andere Werte gibt als den ausschließlich auf sich selbst bezogenen, persönlichen Luxus.

Versuch einer Begründung

Wenn Ihnen heute das Verdienstkreuz am Bande verliehen wird, dann geschieht dies in dem Wissen, daß die Bundesrepublik Deutschland ohne Männer wie Herr ... nicht das wäre, was sie heute ist. Ihr Leistungswille und Ihre Einsatzbereitschaft sind in der Gemeinschaft vieler Gleichgesinnter dafür verantwortlich, daß wir heute ein geordnetes Gemeinwesen haben.

Der Geehrte als »leuchtendes Beispiel«

(Kurzer Überblick über die kommunal- und verbandspolitischen Tätigkeiten)

Dieser Einsatzwille, diese uneigennützige Bereitschaft, für Ihre Mitmenschen aktiv zu werden, soll heute gewürdigt werden. Im Auftrag unseres Bundespräsidenten überreiche ich Ihnen hiermit das Verdienstkreuz am Bande des Verdienstordens der Bundesrepublik Deutschland. Ich übermittle Ihnen die Glückwünsche des Ministerpräsidenten und schließe meine eigene herzliche Gratulation an.

Ordensverleihung und Gratulation

Verleihung einer Ehrenmedaille

Sehr geehrter Monsignore ... (Name), meine sehr geehrten Damen und Herren!

Es spricht der Oberbürgermeister

Mit der »...-Medaille« sollen Persönlichkeiten ausgezeichnet werden, die sich in demokratischer Gesinnung und aus besonderem Verantwortungsbewußtsein außerordentliche Verdienste um den Landkreis ... erworben haben.

Allgemeiner Hinweis zur Ehrung

Wenn wir Ihnen, Monsignore ..., diese Ehrung zuteil werden lassen, steht diese unter einem besonderen Vorzeichen: Wir schauen zurück auf Ihr berufliches Wirken und erfahren dabei ein Stück Unterricht im Fach Geschichte. Der schottische Historiker und Philosoph Thomas Carlyle hat einmal gesagt: »Geschichte ist der Extrakt unzähliger Biographien.«

Treffsicheres Zitat als ...

Dieses Wort ist deshalb wahr, weil es die bewegende Kraft des einzelnen unterstreicht. Historie ist also weder das Ergebnis rätselhafter Zufälligkeiten noch die Folge übernatürlicher Fügungen. Sie ist vielmehr das Resultat menschlichen Wollens, individueller Niederlagen und ermutigender Erfolge.

Wenn ich Ihren persönlichen Beitrag zur Geschichte dieses Raumes kennzeichnen soll, dann läßt sich sagen: Sie haben hart gearbeitet, vieles bewirkt und zahllosen Menschen geholfen.

... Überleitung zur Ehrenperson ...

Das Prädikat des »harten Arbeiters« läßt sich auf lange Zeiträume Ihres Wirkens beziehen. Sie waren Seelsorger und Kommunalpolitiker zugleich. Allein in ... sind Sie als Pfarrer ... Jahre tätig gewesen. Parallel hierzu haben Sie dem Kreistag ... Jahre angehört (von 19.. bis 19..). In dieser Zeit waren Sie auch Vorsitzender des Haupt- und Finanzausschusses.

... und ihrem Wirkungskreis

Ich rufe diese Geschehnisse deswegen in unser aller Gedächtnis zurück, weil ich nicht möchte, daß sie ihren Einfluß auf unser Bewußtsein verlieren. Eine solche Gefahr besteht deshalb, weil die junge Generation von heute dem, was damals geschah, häufig ohne persönliche Beziehung, ohne ausreichendes Verständnis und ohne Interesse gegenübersteht.

Niemand von uns wünscht dieser Jugend, daß sie jemals die Jahre der Not und Entbehrung durchleben möge. Aber unsere gemeinsame Hoffnung auf ein Leben in Frieden und Wohlstand darf die Erinnerung an die Geschichte nicht verschütten.

Blick zurück in die Nachkriegszeit

Ich bitte diejenigen von Ihnen, die Zeitgenossen von Monsignore ... sind, sich der Nachkriegsjahre zu erinnern: Wer hätte nach einer totalen Kapitulation geglaubt, daß es jemals wieder gelingen werde, zu einem geordneten Gemeinwesen zurückzufinden? Tatsächlich ist viel mehr geschehen. Die Bürger des freien Teiles Deutschlands haben ein Wirtschaftswunder zustande gebracht, das alle Welt in Erstaunen versetzen konnte. Eine der wesentlichen Ursachen dafür, daß ein ganzes Volk die Ärmel hochgekrempelt und von neuem angefangen hat, war sicherlich die Erkenntnis, daß es sich nach 12 Jahren einer furchtbaren Diktatur wieder gelohnt hat zu arbeiten, Intitiative zu ergreifen und Werte zu schaffen.

Überleitung zur Gegenwart

Diesen Lebensmut von damals, diesen Aufbau- und Leistungswillen wünsche ich mir heute. Eine solche Bewußtseinslage würde uns nicht nur die Augen öffnen für das, was Freiheit heißt, sie würde uns auch die Kraft verleihen, die Schwierigkeiten im vereinigten Deutschland zu meistern.

Wertende Darstellung der Leistungen des Geehrten

Wenn ich betone, daß Sie, Monsignore ..., vieles bewirkt haben, dann meine ich vor allem Ihren Einsatz für die Raiffeisengenossenschaften. Seit dem Jahre 19 .. waren Sie Unterverbandsdirektor gewesen. Ihr ganzes Engagement galt dem »sozialen Werk« dieser Organisation. Lassen Sie es mich so sagen: Sie haben einen Wettlauf bestehen müssen. Ihr Wirkungsbereich war eine ländliche Region. Im Gegensatz zu ihr hatten die wirtschaftlich starken Ballungszentren bessere Startbedingungen und immer auch mehr Geld. Wenn es trotzdem gelungen ist, die Schere von Infrastruktur und Lebensqualität zwischen Ballungszentrum und ländlicher Provinz nicht zu groß werden zu lassen, dann deshalb, weil es unter Ihrer Mitwirkung möglich war, die Landbevölkerung erfolgreich zur Selbsthilfe zu bewegen. Sie haben zahllosen Menschen beigestanden. Das Besondere an Ihrem Lebenswerk ist, daß Sie sich mit der Funktion als Seelsorger nicht begnügt haben. Sie haben sich nicht auf die Wortverkündigung beschränkt. Sie haben vielmehr – politisch handelnd – praktische Lebenshilfe vermittelt. Ein derartiges Beispiel darf nicht in Vergessenheit geraten. Deshalb ist die Verleihung der »...-Medaille« an Sie mehr als bloße Rückbesinnung. Sie ist Ausdruck des Dankes dafür, daß wir, die wir heute Verantwortung tragen, auf einem Fundament stehen, das Sie mitgebaut haben.

Abschlußzitat...

Lassen Sie mich schließen mit einem Wort von Bischof Georg Moser: »Dank ist das Eingeständnis unserer Grenzen. Wir alle sind aufeinander angewiesen, und dies äußert sich menschenwürdig im Geben und

Nehmen, im Bitten und Danken. Dankbarkeit ist zuerst eine Gesinnung, etwas Innerliches, doch sie verlangt auch nach ihrem Ausdruck. Das Wort schlägt die Brücke von Mensch zu Mensch und stiftet Gemeinschaft.«

..., das Person und Wirkung umfaßt

Kulturpreis an einen Theaterleiter

Verehrte Festversammlung, sehr geehrter Herr ...

Die Kulturdezernentin spricht

Wenn heute Ihnen, verehrter ... *(Vor- und Zuname)*, Anerkennung und Ehren in hohem Maße zuteil werden, so gilt die Verleihung dieses Preises nicht Person und Werk in isolierter Weise, sondern vor allem den neuen Impulsen, die Sie dem Theater gaben. So gestatten Sie es mir, daß ich im folgenden weniger spezifisch als generell Ihr Schaffen zu umreißen suche. Ihnen erschien es lohnende Aufgabe, Wände der Gleichgültigkeit, des Mißtrauens oder Mißverstehens zu durchbrechen und auf die große Bedeutung des Theaters als bildendes, stärkendes und tröstendes Element in seinen ernsten und heiteren Bezirken hinzuweisen, weil es eine Steigerung des Lebensgefühls bei unserem kurzen Erdenwandel bedeutet. Es galt Ihnen, aufzuzeigen, daß das Tragische, das einst als lästig empfunden wurde, in die Realität unseres Lebens eingedrungen ist, daß es, in großen Kunstwerken eingefangen, auf seine Weise den Sinn des Daseins klärt. Wie sollte auch in einer Zeit wie der unsrigen, in welcher die Geschicke so vieler Völker auf der Weltbühne von neuem verhandelt werden, nicht das klassische und moderne Drama seinen hohen Zweck erfüllen, nämlich Widerklang unserer immer rätselhafter werdenden Existenz zu sein? Das dramatische Spiel dringt auf Härte, Aushalten und Geduld, zeigt das Herausbrechen aus alten Hüllen, wodurch der Mensch innerlicher und reicher wird, wenn er kämpft, ringt, sich bezwingt, ja, sich sogar opfert wie die wirklich-unwirklichen Gestalten der Bühne, die ihrem Schicksal nicht ausweichen. Als unsere Städte in Trümmer fielen, als sie sich mühsam wieder erhoben, wurde Theater gespielt, in Schulen, in Scheunen, in zerbröckelten Hallen. Es wurde Theater gespielt aus dem Bedürfnis heraus, der zerschlagenen, realen Welt eine Welt des Geistigen entgegenzusetzen, in der wir uns in Wahrheit, Ehrlichkeit, in der Menschlichkeit und Daseinsfreude wiedererkannten und wiederfanden. Nicht nur in heroisch gereckten Gestalten, sondern ebenso in unserem Vergnügen am erlösenden, bunten Spiel. Denn der verkennt das Theater von Grund auf, der den Mimen mißgünstig ansieht, ja, ihm den Eintritt verwehren möchte.

Einleitende Bemerkung zum Inhalt der Rede

Einbindung in einen größeren Rahmen steigert die Bedeutung von Person und Leistung

Kultur- und sozialgeschichtliche Aspekte ansprechen

Natürlich wäre es töricht, den Wert des Lesens für sich, das Anschauen bedeutender Bilder und Bildwerke alter oder neuer Kunst, das Anhören von guter Musik den Gaben des Theaters im Wert hintanzustellen. Alle geistigen Unternehmungen sind ebenbürtig für die Bildung und das Wohl der Seele und der Vernunft. Das Theater mit seinen gewichtigen, vielfältigen Waffen ist nur ein kaum zu übertreffender, unmittelbarer Kämpfer, der offen auf der Bühne streitet und den Zuschauer, ohne daß er entweichen könnte, in den Kampf einbezieht. Er sieht das Leben gespiegelt vor sich, und es ist sein Leben, wenn auch in anderer Gestalt. Er lebt es mit, wenige Meter entfernt von ihm, im Schaufenster Bühne. In ihm sind Landschaften und Städte, Wohnstuben und Lauben, Schlösser und Hütten, Wälder und Berge zu sehen, in vollendeter oder angedeuteter symbolischer Plastik, mit Figuren, die sich bewegen, in den Kostümen aller Zeiten, in den Schmerzen und Freuden von Gegenwart, Vergangenheit und Zukunft. Weltgeschichte und Märchenwelten steigen auf, Bilder des Hasses und der Liebe, des Neides, der Tücke; Herzens- und Gedankenträume werden sichtbar. Dargestelltes Wort und dargestellter Klang geben eine neue Wirklichkeit: durch rundherum lebende, atmende Menschen, die sprechen und singen. Wort und Klang versuchen, durch Dichters und Musikers Mund die sittliche Ordnung in der Welt wieder zurechtzusetzen.

Das Bühnengeschehen als Spiegelbild des Lebens: Anmerkungen zur Rolle und Funktion des Theaters

Daher müssen die Tragödie, das Schauspiel, die Komödie ihren Platz in der Volksgunst wiedergewinnen, nicht um der Kunst, sondern um des Volkes willen. Denn je größer die Vermassung ist, um so größer ist die Vereinsamung des Menschen, um so bedeutungsvoller das in der Gemeinschaft gehörte ernste, anmutige, heitere Wort. Zu unseren Lebensfragen haben die großen Dramatiker aller Zeiten ihren Beitrag geliefert. Sie haben den Abgrund zwischen der idealen, sittlichen Forderung und der menschlichen Unzulänglichkeit aufgerissen, im Tragischen die Schwächen des Menschen gezeigt, seinen himmelanstürmenden Tatendrang, seine Verwegenheit, seinen unzerstörbaren Glauben an sich selbst, der alle Grenzen leugnet und darum büßen muß.

Formulieren einer Aufgabe mit abschließender Würdigung

In diesen Dienst des Verdeutlichens und Sichtbarmachens haben Sie Ihr Schaffen gestellt. Wir danken Ihnen dafür, unsere Bürger danken Ihnen!

Verleihung eines Musikpreises

Hochverehrter...!
Meine sehr geehrten Damen und Herren!

Es spricht ein Dozent der Musikhochschule

In dem Werk »Die Welt als Wille und Vorstellung« des Philosophen Arthur Schopenhauer findet sich folgender Absatz: »Die Erfindung der Melodie, die Aufdeckung aller tiefsten Geheimnisse des menschlichen Wollens und Empfindens in ihr ist das Werk des Genius, dessen Wirken hier augenscheinlicher als irgendwo, fern von allen Reflexionen und bewußter Absichtlichkeit liegt und eine Inspiration heißen könnte. Der Begriff ist hier, wie überall in der Kunst, unfruchtbar: Der Komponist offenbart das innerste Wesen der Welt und spricht die tiefste Weisheit aus, in einer Sprache, die seine Vernunft nicht versteht; wie eine magnetische Somnambule (Frau im Trancezustand) Aufschlüsse gibt über Dinge, von denen sie wachend keinen Begriff hat. Daher ist in einem Komponisten, mehr als in irgendeinem anderen Künstler, der Mensch vom Künstler ganz getrennt und unterschieden. Sogar bei der Erklärung dieser wunderbaren Kunst zeigt der Begriff seine Dürftigkeit und seine Schranken.«

Einstieg mit einem langen Zitat, das einen hohen Aufmerksamkeitsgrad erfordert und sicher vorgetragen werden muß!

Die Sätze eines unserer großen Denker drücken in klarer Weise das aus, was wir alle in dieser Stunde empfinden: Der Komponist offenbart das innerste Wesen der Welt und spricht die tiefste Weisheit aus. Diese Stunde ist einem Mann gewidmet, der laut dem Urteil der Fachwelt das bedeutendste musikalische Werk des vergangen Jahres geschrieben hat. Sie alle werden, als Sie es zum ersten Male hörten, wenn auch nicht gewußt, so doch gefühlt haben, daß hier ein Mensch den Versuch unternommen hat, das auszudrücken, was ihn in seinem tiefsten Innern bewegt. Wenn dies auch, wie Schopenhauer sagt, in einer Sprache geschieht, die von der Vernunft des eigenen Schöpfers nicht verstanden wird, so bedeutet das alles andere als eine abfällige Bemerkung. Im Gegenteil: Die Musik ist eben kein Ausdruck der Vernunft. Sie wird von ihr weder gestaltet noch von ihr empfunden und aufgenommen. Die Musik ist eine Angelegenheit des Geistes, sie ist ein Spiegel der Seele, der des Menschen und der unserer Welt. Wer wollte angesichts dieses Werkes unseres hochverehrten Herrn ... den Versuch unternehmen, mit dem Verstand hinter sein Geheimnis zu kommen? Er würde wahrscheinlich Schiffbruch erleiden. Gewiß läßt sich diese Musik wie jede andere auch zerlegen in Töne, Tonfolgen, Tonarten, Akkorde, Synkopen und einzelne Tempi, das aber ist die Form, nicht der Inhalt. Das Wesen eines Kunstwerkes liegt aber keineswegs nur in der Form, sondern in ihrer lückenlosen Übereinstimmung mit dem Inhalt.

Interpretation...

... und Verstärkung des Gedankens

Vollkommenheit kann nur dadurch erreicht werden, wenn das, was gesagt werden soll, und die Art, wie es gesagt wird, in einer völlig harmonischen Verbindung stehen. Dieses Hauptgesetz jeder Kunst ist, so glaube ich sagen zu dürfen, in diesem Werk überall befolgt worden. Das ist auch der Grund dafür, daß es den ungeteilten Beifall all derjenigen findet, die es kennenlernen und die die Fähigkeit besitzen, sich ihm hinzugeben und es nachzuempfinden. »Alles Vollendete«, sagt der Dichter Novalis, »spricht sich nicht allein, es spricht eine ganze mitverwandte Welt aus. Mit jedem Zuge der Vollendung springt das Werk vom Meister ab, in mehr als Raumfernen, und so sieht mit dem letzten Zuge der Meister sein vergebliches Werk durch eine Gedankenkluft von sich getrennt, deren Weite er selbst kaum faßt und über die nur die Einbildungskraft wie der Schatten des Riesen zu setzen vermag. In dem Augenblick, als es ganz sein werden sollte, war es mehr als er, sein Schöpfer, zum unwissenden Organ und Eigentum einer höheren Macht. Der Künstler gehört dem Werke, und nicht das Werk dem Künstler.« Novalis sagt es mit anderen Worten, aber es meint dasselbe: »Der Komponist offenbart das innerste Wesen der Welt und spricht die tiefste Weisheit aus, in einer Sprache, die seine Vernunft nicht versteht.« Auch unsere Vernunft vermag Ihre Musik, verehrter Herr ..., nicht zu verstehen. Sie soll es auch nicht. Wohl aber vermag sie zu begreifen, daß wir einen begnadeten Künstler in unserer Mitte haben, und daß wir den diesjährigen Musikpreis einem Manne zusprechen, dessen Werk unser Innerstes anspricht. Damit aber hat es bewiesen, daß es eine über den Augenblick hinausgehende Bedeutung besitzt.

Formulierung einer These, die durch ein Zitat untermauert wird

Ein zweites Zitat zieht eine Verbindung zur geehrten Person

Ich erlaube mir, Ihnen Herr ..., den Musikpreis des ... *(der ..., Name der Institution, die den Preis verleiht)* zu verleihen. Ich wünsche Ihnen für Ihr weiteres Schaffen Erfolg und Zufriedenheit.

Gute Wünsche für die Zukunft

Ansprache des Preisträgers anläßlich der Verleihung des Musikpreises

Meine sehr geehrten Damen und Herren!

Mir fällt es schwer, das wiederzugeben, was ich in dieser Stunde empfinde. Es mag sein, daß Sie von mir so etwas erwarten wie eine Erklärung, eine Begründung meines Schaffens und meiner Musik. Hier werde ich Sie enttäuschen müssen. Nicht daß ich mich hinter dem Unerklärlichen künstlerischen und insbesondere des musikalischen Schaffens

Hinweise zum Thema der Rede

verstecken möchte, aber es würde weder Ihnen noch mir weiterhelfen, es würde Sie sicherlich noch nicht einmal zufriedenstellen, wenn ich hier versuchen würde, eine Rechtfertigung meiner Arbeit vorzunehmen. Ich glaube, Sie alle wissen, wie wenig die Kunst eine Sache des Verstandes ist. Ihre Entstehung spielt sich in Bereichen ab, die dem Zugriff der Logik nicht nur entzogen, sondern die ihr geradezu entgegengesetzt sind. Logik bedeutet folgerichtiges Denken. Kunst bedeutet mehr, nämlich eine Folge der richtigen Wiedergabe einer Empfindung. Daran aber wird deutlich, daß jedes Kunstwerk, gleich ob es der Literatur, der Malerei oder aber der Musik angehört, bereits seine Definition in sich selbst trägt: Entweder hält es dem offenen Herzen desjenigen, dem es gegenübergestellt wird, stand und erweist sich damit tatsächlich als Kunstwerk, oder aber es versagt und fällt damit sehr schnell der Vergessenheit anheim.

Erläuterungen zu der Frage: Was ist Kunst?

Es zählt zu den Aufgaben der sogenannten Kunstwissenschaften, ein Werk daraufhin zu untersuchen, wie oft beispielsweise das Wort »Liebe«, wie oft eine bestimmte Farbe oder ein und dieselbe Tonfolge vorkommen. Das mag interessant sein, solange es um eine psychologische Studie des Künstlers geht. Für die Beurteilung des Werkes selbst ist es nicht nur völlig belanglos, sondern geradezu gefährlich, weil es nämlich bei vielen den Eindruck erweckt, als könne man dem Wesen der Kunst mit Hilfe der Statistik auf den Grund kommen. Es entsteht die oft anzutreffende Meinung, Kunst sei ein Höchstmaß an formaler Perfektion und sonst nichts. Aber gerade das ist falsch. Es ist der zum Scheitern verurteilte Versuch derjenigen, deren Herz für das Schöne, Wahre und Gute verschlossen ist, auf ihre Weise festzulegen, was ein Kunstwerk sei und was nicht.

Kritische Anmerkungen zu kunstwissenschaftlichen Methoden

Clemens Brentano braucht nicht mehr als sieben Zeilen, um das auszudrücken, worüber kluge Analytiker mehr als sieben mal sieben Bände geschrieben haben:

In dem Monde meiner Wehmut
Alles Glanzes unbewußt
Muß ich singen und in Demut
Vor den Schätzen meines Innern
Vor der Armut meines Lebens
Vor den Gipfeln meines Strebens,
Ew'ger Gott! mich dein erinnern.

Ein zitiertes Gedicht als Beleg der eigenen Auffassung

Ich *muß*, das ist das Geheimnis aller Kunst. Das ist die Erklärung jeder künstlerischen Gestaltung und jedes künstlerischen Werkes. Das ist der Weg, der zum Verständnis dessen führt, der Kunst schafft. Ich danke Ihnen für die verliehene Auszeichnung.

Fazit und Danksagung

Überreichung der Ehrenplakette der Stadt an eine Künstlerin

Der Bürgermeister spricht

Liebe Frau …, meine sehr geehrten Damen und Herren!

Sachlich-nüchterner Einstieg über die Beschlußlage

Die Gemeindevertretung hat in ihrer Sitzung am … beschlossen, Ihnen, sehr geehrte Frau …, die Ehrenplakette der Stadt zu überreichen. Diese Auszeichnung ist eine verhältnismäßig seltene Ehrung für einen Künstler oder eine Künstlerin. In der Vergangenheit ist sie häufiger an Politiker oder Unternehmer verliehen worden, die sich um unsere Stadt verdient gemacht haben. Um so mehr soll aber diese Auszeichnung Ihnen sagen, wie hoch die Stadt und ihre Bewohner Ihr künstlerisches Schaffen als Malerin und Grafikerin einschätzen. Sie haben uns, unsere Stadt und ihre Bewohner wieder neues Sehen gelehrt. Es ist Ihnen gelungen, das Wesen dieser Stadt aus ihren Menschen heraus zu deuten und uns allen auch verständlich zu machen. Sie haben Stadtlandschaften und Porträts geschaffen, die uns die Entdeckung und die Wiedergabe der Menschlichkeit in unserer Stadt ermöglicht haben. Dabei haben Sie sich nicht nur auf bekannte Persönlichkeiten oder bekannte Brennpunkte unserer Stadt konzentriert. Auch Menschen aus der Alltagswelt, auch die so häufig übersehene Allerweltsidylle im Hinterhof haben Sie in Ihren Werken gedeutet und wiedergegeben. Daß Sie mit der ganzen Spannweite ihres künstlerischen Schaffens nicht nur die Menschen angesprochen haben, die von Berufs wegen oder aus gesellschaftlichen Gründen sich der gestaltenden Kunst annehmen, sehen Sie am Erfolg dieser Ausstellung. Das überaus große Interesse unserer Bevölkerung an dieser Ausstellung ist der beste Beweis dafür, wie Ihr Schaffen bei unseren Bürgern aufgenommen wird. Als Dank und Anerkennung für diese Leistung und als Ansporn für Ihr weiteres künstlerisches Wirken haben die Verantwortlichen unserer Stadt Ihnen die Ehrenplakette zugesprochen. Wir möchten Ihnen auf diese Weise ein klein wenig von jener Freude wiedergeben, die Sie uns in den zurückliegenden Jahren durch Ihr Werk vermittelt haben. Der Kultusminister dieses Landes, Herr …, hat mich gebeten, anläßlich dieser kleinen Feierstunde folgendes Glückwunschtelegramm zu verlesen:

Das besondere Verdienst der Künstlerin

Beschreibung und Würdigung der Arbeit

Glückwünsche auch von »höherer« Stelle

Sehr geehrte Frau …,
ich möchte Ihnen auf diesem Wege meine herzlichen Glückwünsche übermitteln und Ihnen noch viele weitere Jahre fruchtbaren künstlerischen Schaffens wünschen. Ihr …

Wir schließen uns diesen Glückwünschen von Herzen an und dürfen Ihnen, liebe Frau …, die Ehrenplakette der Stadt … überreichen.

Verleihung eines Umweltschutzpreises

Sehr geehrte Preisträgerinnen und Preisträger,
meine sehr geehrten Damen und Herren!

Es spricht die Landrätin

Ich begrüße Sie zur (ersten) Verleihung des Umweltschutzpreises des Landkreises ... Die Verdienste der Preisträger wird der Erste Kreisbeigeordnete, Herr ..., als zuständiger Dezernent würdigen. Ich möchte mich eingangs zur Frage äußern, weshalb der Landkreis einen Umweltschutzpreis vergibt.

Begrüßung und Vorbemerkung

Keine Idee hat unser Bewußtsein so sensationell rasch und grundlegend verändert wie die des Umweltschutzes. Noch vor wenigen Jahren war dieser Begriff ein Wort, das keineswegs zum allgemeinen Sprachschatz gehörte. Was sich inhaltlich dahinter verbarg, wußten nur wenige. Und sie galten in den Augen der Öffentlichkeit als skurril. Wer sich früher als Befürworter des Umweltschutzes auswies, hat eher ungläubiges Staunen und mitleidiges Lächeln als Anerkennung und Beifall geerntet.

Die Rasanz einer Entwicklung als Redeauftakt

Plötzlich war es, als ob die Ketten einer geistigen Dunkelhaft gesprengt worden wären: Auf einmal haben wir begriffen, daß der Plünderung unseres Planeten Grenzen gesetzt sind. Wir haben erkannt, daß die Natur Millionen von Jahren gebraucht hat, um die Energievorräte zu schaffen, die wir in nur einer Generation benötigen. Wir mußten akzeptieren, daß unser Grundwasser nicht rein bleiben kann, weil ihm ständig Gifte zugeführt werden. Der Smogalarm hat uns gezeigt, daß die Luft konzentrierte Schadstoffe transportierte. Der Reaktorunfall in Tschernobyl hat offenbart, daß große Entfernungen zum Katastrophenort keinen Schutz darstellen. Und spätestens das Waldsterben und das wachsende Ozonloch haben alle hinhaltenden Zweifel widerlegt: Jeder von uns ist existentiell bedroht, niemand kann mehr sagen, er sei in der Lage, den Gefahren auszuweichen, für alle gilt das Gebot zum Handeln.

Schilderung ökologischer Grundkenntnisse

Der Siegeszug der Idee des Umweltschutzes hat die Frage herausgefordert, ob sie lediglich ein Kind der allgemeinen Zukunftsangst sei. Wäre das so, dann brauchte uns der Umweltschutz nicht zu elektrisieren, denn Zukunftsangst ist allzu häufig das Ergebnis mangelnder Selbstverantwortung und wirklichkeitsfremder Einbildung. Ich kenne Menschen, die sich stolz zu ihrer Zukunftsangst bekennen. Sie lassen sich hängen und stehen bei mir im Verdacht, den Untergang der Menschheit geradezu herbeireden zu wollen.

Rhetorische Frage...

...mit Antwort

Mit ernsthaftem Umweltschutz hat dies nichts zu tun. Umweltschutz kann im Gegenteil nur von denen wahrgenommen werden, die die Zukunft nicht fürchten, sondern sichern möchten, indem sie sie erhalten. Umweltschutz braucht den Optimismus als Begleiter. Oder anders ausgedrückt: Angst müßten wir erst dann haben, wenn wir jetzt untätig blieben.

Zwischenbilanz ziehen

Wenn ich ein vorläufiges Zwischenresultat ziehen soll, dann umfaßt es folgende Erkenntnisse:

Dimension der Aufgabe

1. Umweltschutz wird heute über Parteigrenzen hinweg als Aufgabe anerkannt. Die Diskussion darüber, ob der Umweltschutz Verfassungsrang erhalten soll, zeigt auf, welche Dimension das Thema zwischenzeitlich gewonnen hat: Der Anspruch des Bürgers auf eine gesunde Umwelt wird von vielen als Menschenrecht bezeichnet.

Gemeinsame Verantwortung

2. Umweltschutz ist kein »Verschiebebahnhof«. Es nützt nichts, sorgenschwer über Raubbau und Frevel an der Natur zu lamentieren und gleichzeitig Abhilfe lediglich vom Staat und seinen Organen zu erwarten. Der Schutzgedanke zugunsten unserer Umwelt wird erst dann greifen, wenn er als lückenloses Gemeinschaftswerk praktiziert wird. Da jeder von uns die Umwelt belastet, muß jeder von uns mit dem Umweltschutz bei sich selbst beginnen. Gifte entstehen nicht nur in chemischen Fabriken. Gifte entstehen auch in den privaten Haushalten.

Strafe allein ist zuwenig

3. Der Gedanke des Umweltschutzes darf nicht auf den Bereich der Ahndung von Straftaten beschränkt werden. Es trifft zu, daß viele Verstöße gegen die Natur nach wie vor als Kavaliersdelikte angesehen werden. Die angedrohten Strafen werden als zu niedrig empfunden. Das kann man zwar ändern. Einem wirklichen Umweltschutz kommen wir damit aber kaum näher. Natur ist überall. Niemals wird es in einem demokratischen Staate ein Überwachungssystem geben können, das so perfekt ist, daß es Umweltkriminalität total verhindert. Im übrigen können Strafvorschriften immer nur schwere und gemeingefährliche Eingriffe in den Naturhaushalt erfassen.

Ein Beispiel zur Verdeutlichung

Eine Hausfrau, die das strahlende Weiß ihrer Bettwäsche für wichtiger hält als den Verzicht auf aggressive Waschmittel, macht sich nicht strafbar. Gleichwohl schadet sie der Natur. Allein dieses Beispiel zeigt, daß Umweltschutz unser aller Leben bestimmen muß. Jeder von uns muß einen ganz persönlichen Frieden mit der Natur machen. Frieden schließt man mit einem Partner, den man entweder fürchtet oder braucht. Zur Furcht vor der Natur besteht kein Anlaß. Dazu ist sie heute schon zu sehr in der Defensive. Aber daß wir sie brauchen, muß unser Bewußtsein von morgens bis abends begleiten.

4. Umweltschutz darf keine Modeerscheinung bleiben. Ich habe die Sorge, daß die Idee des Umweltschutzes einer typischen Veranlagung des Menschen wegen eine Niederlage erleiden könnte: Er läßt sich zunächst

zwar aufrütteln, verliert aber sehr bald sein Interesse, weil er durch neue Nachrichten, Tatsachen oder Ereignisse in Anspruch genommen wird. Eben dies darf nicht geschen. Den Menschen, die zum Opfer einer Erdbebenkatastrophe geworden sind, können wir durch eine spontane und umfassende Aktion dauerhaft helfen. Der Natur ist nur geholfen, wenn wir sie unser ganzes Leben lang als schützenswertes Gut einstufen. Umweltschutz ist eine Lebensaufgabe.

Fazit und Aufgabe

Diese Überlegungen haben uns bewogen, einen Umweltschutzpreis zu vergeben. Er zielt in zwei Richtungen: Zunächst will er diejenigen belohnen, die sich freiwillig, unaufgefordert, mit Phantasie und Ausdauer der Belange der Natur angenommen haben. Zum anderen soll er ein pädagogisches Moment verfolgen: Wir möchten, daß sich die Bürger des Landkreises am Verhalten der Preisträger ein Beispiel nehmen. Was die Preisträger geleistet haben, soll Nachdenklichkeit wecken und Nachahmung finden. Ich beglückwünsche sie zu ihrem Erfolg.

Anreiz geben durch Auslobung des Preises und seiner Verleihung

Besondere Anlässe

Zum 100. Geburtstag

Ansprache des Bürgermeisters

Liebe Frau …!

Es ist mir eine große Freude, Ihnen auch im Auftrag der Landesregierung herzliche Glückwünsche zum Geburtstag auszusprechen. Sie sind die älteste Bürgerin unseres Landkreises und erfreuten sich in den letzten zehn Jahren ganz besonderer Anteilnahme. Denn die Öffentlichkeit hatte davon Kenntnis genommen, daß Sie nicht nur noch im Haushalt Ihrer Tochter tätig, sondern daß Sie an allen Ereignissen des Dorfes lebhaft interessiert sind. Natürlich betrachten Sie es als eine große Gnade, in diesem hohen Alter so rüstig zu sein, daß Sie mit Ihren Enkeln und mit Ihren Urenkeln täglich lebhafte Gespräche führen über das, was Sie in der Zeitung gelesen oder durch Radio und Fernsehen erfahren haben. Wer diesen Gesprächen einmal zugehört hat, ist erstaunt über Ihre geistige Beweglichkeit.

Den besonderen Anlaß herausstellen

Wer bei Ihnen Geschichtsunterricht nehmen wollte, der hätte es tun können. Vieles, was andere Leute nur aus Büchern kennen, haben Sie selbst noch aus eigenem Anschauen miterlebt.

Gelungene Umschreibung des Alters

In Ihrer Jugend hatten Sie es nicht leicht. Sie mußten in der Landwirtschaft und auf dem Felde mithelfen, solange es Tag war. Als Sie dann geheiratet hatten, wurde die Arbeit nicht weniger, denn neben dem Haushalt sollten auch die Kinder versorgt und erzogen werden. Das haben Sie mit Ihrem Mann, der Sie bis vor … Jahren auf Ihrem Lebensweg begleitete, vorbildlich getan. Die meisten Ihrer Kinder erreichten auch ein stattliches Alter, aber mit Ihnen konnten sie nicht Schritten halten. Heute werden Sie von einer zahlreichen Verwandtschaft besucht und beglückwünscht. Aber es kommen nicht nur diejenigen, die jedes Jahr zum Geburtstag erscheinen, sondern auch der Bürgermeister und die Gemeinderäte. Wenn ich nun von der Landesregierung beauftragt wurde, zu Ihrem hundertsten Geburtstag herzliche Glückwünsche auszusprechen und ein Geschenk zu überreichen, Ihnen auch weiterhin Gesundheit zu wünschen, dann spreche ich damit zugleich im Namen der Bevölkerung, bei der Sie als »Oma …« beliebt und bekannt sind. Auch in deren Namen darf ich Ihnen die Ehrengabe der Landesregierung überreichen.

Rückblick auf ein bewegtes Leben

Silberne Hochzeit

Hochverehrtes, liebes Jubelpaar!

Der Ortsvorsteher spricht

Obwohl ich heute im Name der Stadtverwaltung spreche und Ihnen in ihrem Auftrag recht herzlich zu Ihrem Ehrentag gratuliere, so ist es mir doch andererseits auch ein persönliches Herzensbedürfnis, Ihnen für Ihre weitere Wegstrecke alles erdenklich Gute zu wünschen. Betrachten Sie mich zugleich aber bitte auch als Sendboten der Bürger unseres Ortes, die sich heute mit Ihnen darüber freuen, daß Sie nach 25jähriger Ehe dieses Jubiläum glücklich und zufrieden begehen können. Mit berechtigtem Stolz können Sie nun Rückschau halten auf eine gemeinsame Vergangenheit, die Ihnen mancherlei Kummer und Leid, aber auch sehr viel Gutes und Schönes beschert hat. In einer Ehe wie überhaupt im Leben ist es ja wie mit dem Wetter: Auf Regen folgt Sonnenschein, und nach jedem linden und ruhigen Klima kommt einmal ein Gewitter mit Blitz und Donnerschlag. Aber gerade die Ehe hat ja ihre ganz spezielle und seltsame Mathematik; denn wenn zwei Menschen sich richtig verstehen, ist geteiltes Leid wirklich nur halbes Leid, geteilte Freude aber wird zu doppelten Freude. Und es ist eine alte Lebensweisheit, daß die Welt mit vier Augen betrachtet immer heiterer ausschaut, als wenn man sie allein sieht.

Der Redner als Überbringer von Glückwünschen

Passende Lebensweisheiten lockern die Rede auf

Heute sind es nun also genau 25 Jahre her, seit Sie die Ringe tauschten und einander Treue gelobten. In einer so langen Zeit lernt man einander viel besser kennen als in irgendeiner anderen menschlichen Gemeinschaft – man kennt die Stärken des anderen, aber auch seine Schwächen. Man kennt den Partner beinahe so gut wie sich selbst, und man weiß auch schon bald nach der Hochzeit, daß er kein fehlerloser Mensch ist. Hält man trotzdem zu ihm, dann beweist man am besten, wie sehr man ihn liebt.

Die Enge der menschlichen Bindung unterstreichen

Goldene Hochzeit

Hochverehrtes, liebes Jubelpaar!

Es spricht die Bürgermeisterin

Ein halbes Jahrhundert ist verstrichen, seit Sie sich die Hände reichten, um vor dem Traualtar den Bund fürs Leben einzugehen und einander Treue zu geloben. Zahllose junge Paare legen heute noch das gleiche Gelöbnis ab – doch längst nicht allen ist es beschieden, auch den fünfzigsten Jahrestag ihrer Hochzeit zufrieden und glücklich zu erleben und trotz

Auf den langen Zeitraum abheben

dieser langen und oft schweren Wegstrecke eines gemeinsamen Lebens sich Ihrer Gesundheit und Rüstigkeit so zu erfreuen, wie Sie es können. In schönster Zweisamkeit und in tiefem Vertrauen zueinander haben Sie eine lange Strecke zurückgelegt. Sie wird gewiß nicht selten durch Schweres und Bitteres geführt haben, aber sicher hat auf ihr auch viel Sonnenschein gelegen. Freud und Leid wechseln nun einmal im menschlichen Leben so häufig wie strahlender Himmel und grau-düstere Wolken. Und nicht jeder Mensch kann sich in diesem steten Wechsel von Gutem und Schlechtem ein goldenes, fröhliches Herz bewahren. Wenn ich Sie aber heute so heiter und ruhig vor mir sehe, so kann ich gar nichts anderes sagen als: Sie beide haben sich Ihr goldenes Herz bewahrt, und so ist eigentlich ganz natürlich, daß Sie nun auch gemeinsam Ihre goldene Hochzeit feiern.

Rückblick auf 50 Jahre Ehe

Ihnen zu Ihrem hohen Festtag die herzlichsten Glückwünsche der Stadt/Gemeinde ... auszusprechen, ist für mich eine besonders feierliche Aufgabe – eine Aufgabe, die ich gern und mit großer Freude erfülle –, geschieht es doch wirklich nicht oft, daß zwei Menschen 50 lange Jahre miteinander glücklich sein können, allen Widerwärtigkeiten des Lebens mutig die Stirn bieten und füreinander einstehen, wann immer es das Schicksal verlangt.

Kontrastierung als rhetorisches Stilmittel: Treue und Beständigkeit ...

Treue, echte Treue, liebes Jubelpaar, ist in unserer manchmal so seelenlosen und gefühlsarmen Zeit etwas sehr Seltenes geworden. Der Mensch unserer Tage, von Terminen gelenkt und der Uhr versklavt, scheint nur in der Jagd nach dem Geld und immer besseren Posten noch einen Sinn zu sehen und in seiner Freizeit nur noch mit billigen Vergnügen seine Befriedigung zu finden. Herzenstakt und menschliche Wärme sind in zahlreichen Ehen einer Oberflächlichkeit, ja, Gleichgültigkeit gewichen, die sich immer wieder verhängnisvoll auswirkt und die beiden Partner voneinander wegtreibt, statt daß ein tiefes und liebevolles Verständnis sie immer enger zusammenführt.

... versus Oberflächlichkeit und Leichtfertigkeit

Wie ein Lichtblick wirkt deshalb ein Tag wie der heutige auf alle, die – wie ich – erleben dürfen, daß Treue kein leeres Wort ist! Jeder der zu Ihnen kommt, um Ihnen zu dem wunderbarsten aller Ehefeste zu gratulieren, sollte über Sie beide nachdenken und sich fragen, ob auch er 50 lange Jahre treu sein wird – er wird dann schnell erfassen, wie gut und fest Sie das Gelöbnis eingehalten haben, das Sie sich heute vor einem halben Jahrhundert gaben.

Die Jubilare als vorbildliche Partner ...

Aber nicht nur als Ehepaar haben Sie Ihre Pflicht – und mehr als Ihre Pflicht – getan. Auch als Bürger und Mitbürger sind Sie bis zum heutigen Tage den geraden Weg gegangen, selbst wenn ihn zuweilen Dornengestrüpp bedeckte oder wenn er steinig und hart war. Immer hilfsbereit und immer schaffensfroh haben Sie von Ihrer gemeinsamen Kraft noch anderen einen guten Teil abgegeben und sind als rechtschaffene Mitbürger Beispiel für andere gewesen. Dafür haben wir Ihnen zu danken, wir alle, die wir in unserer schönen Stadt ... leben! Für Ihren weiteren gemeinsamen Lebensweg aber wünschen wir Ihnen alles, was Sie sich selbst vom Schicksal erhoffen! Möge es Sie uns noch recht lange erhalten!

... und als hilfsbereite Bürger der Gemeinde

Rede zur goldenen Hochzeit

Liebes, »goldenes« Hochzeitspaar!

Der Bürgermeister spricht

So häufig ich in meinem Amt als Bürgermeister unserer schönen Stadt auch Gelegenheit habe, bei festlichen Anlässen das Wort zu ergreifen, so widerfährt mir doch nicht oft die Ehre, zu einer goldenen Hochzeit gratulieren zu dürfen! Es ist nun einmal ein ganz besonders seltener und hoher Festtag, den Sie heute feiern.

Hinweis auf die Seltenheit des Anlasses

50 Jahre sind vergangen, seit Sie sich entschieden, Ihren Lebensweg gemeinsam zu gehen! Es war gewiß nicht immer ein glatter Weg – oft genug werden ihn die Sorgen und Kümmernisse des Alltags auch schwer gemacht haben. Trotz aller Widerwärtigkeiten aber wanderten Sie Ihren Pfad mutig hinauf – immer nur darauf bedacht, arbeitsam und zuversichtlich Ihre Pflicht zu tun. Die schönen Stunden Ihres gemeinsamen Lebens und manche unerwartete Freude werden der Lohn für Ihren Mut, Ihre Schaffensfreude und Ihre Liebe zueinander gewesen sein. Ein halbes Jahrhundert – das ist eine beachtliche Zeitspanne! Man möchte nicht glauben, daß Sie sie schon als Ehepaar zurückgelegt haben, wenn man Sie so heiter, unbeschwert und rüstig vor sich sieht!

Ein langer Lebensweg wird von Freud und Leid gesäumt

Ihnen, liebes Jubelpaar, ist in den zurückliegenden Jahren wahrscheinlich oft zu Bewußtsein gekommen, daß Geld und Gut allein den Menschen nicht glücklich machen können. Mehr als einmal haben Sie beobachtet, wie schnell man alle Schätze der Welt verlieren kann. Von zwei Dingen aber wußten Sie, daß sie ihren Wert immer behalten würden: Liebe und Treue. Und so haben auch Sie Liebe und Treue als die wirklichen Kostbarkeiten des menschlichen Daseins stets sorgsam bewahrt und gehütet.

Vom Wert der Ehe

Heute nun haben Sie eine bedeutungsvolle Station am Weg Ihres Eheglücks erreicht. Diese Station heißt »goldene 50« und sie lädt zum Rasten ein. Setzen Sie sich also getrost und zufrieden zur wohlverdienten Ruhe nieder.

Auf die Familie eingehen

Ihre Kinder sind längst erwachsen – schon schicken sich Ihre Enkelkinder an, eigene Familien zu gründen. Sie haben Ihr Werk vollbracht!
Als Jubelpaar werden Sie – dessen bin ich ganz sicher – für zahlreiche Mitbürger unserer Stadt ein Beispiel für Treue, Liebe und Miteinander sein, und viele werden sich bemühen, Ihrem Beispiel zu folgen.

Gute Wünsche im Namen der Gemeinde

Und nun, liebes Paar, wünsche ich Ihnen im Namen aller Einwohner von … noch einen langen, schönen und besinnlichen Lebensabend! Es war mir Ehre und Freude gleichzeitig, als Sprecher unserer Bürgerschaft zu Ihnen kommen und gratulieren zu dürfen!

1000-Jahr-Feier einer Gemeinde

Ein Regierungsvertreter spricht

Sehr geehrte Frau Landrätin, Herr Bürgermeister,
meine sehr geehrten Damen, meine Herren!

Die Gemeinde … kann in diesen Wochen auf eine 1000jährige Geschichte zurückblicken. In dieser langen Zeit spiegelt sich nicht nur die Geschichte eines kleinen Gemeinwesens wider, sondern die Geschichte eines ganzen Volkes. Der ständige Wechsel von weltlicher und kirchlicher Herrschaft, Kriege und Katastrophen haben in dieser Gemeinde dem Bürger alles abverlangt. Eine Anpassung an die jeweilige Herrschaft, Flucht oder Auswanderung, persönliche Opfer an Eigentum oder Gesundheit, die persönliche Belastung des einzelnen durch Ereignisse, an deren Entstehung ihm unbekannte höhere Gewalten wirkten, waren für den früheren Bürger dieser Gemeinde oft mehr, als er zu tragen bereit oder in der Lage war. Wenn, wie in …, eine gut geführte und reich illustrierte Chronik vorhanden ist, fällt es nicht schwer, die Entwicklungen durch Jahrhunderte nachzuzeichnen und zu beweisen, wie schwierig aber zugleich unaufhaltsam der gemeinsame Kampf um die Befreiung des Bürgers von leiblicher und dinglicher Abhängigkeit und um den Aufbau eines demokratischen Gemeinwesens gewesen ist. Am leichtesten ersichtlich ist eine solche Entwicklung, wenn man in alten Dokumenten blättert, die nun in Form einer Studie von Herrn/Frau … vorgelegt worden ist. Sie zeichnen ein Bild von den schicksalvollen und oft tragischen Geschehnissen in früheren Tagen.

Jede Kommune ist verflochten mit der Geschichte des Landes

Eine Chronik ist Zeitzeugin bedeutender Ereignisse

Wenn wir heute auf diese 1000 Jahre zurückblicken, so sollten wir uns nicht nur beeindruckt zeigen von einer solch langen Tradition. Dieser Rückblick sollte gleichzeitig Ansporn für alle Bürger und ihre gewählten

Vertreter sein, auch in der Zukunft durch enge und vertrauensvolle Zusammenarbeit im Rahmen der kommunalen Selbstverwaltung weiterzuwirken zum Wohle aller. Ich glaube, daß dies ein besonderes Erfordernis unserer Zeit ist, nämlich, daß wir uns zusammenschließen müssen, wenn wir vorwärts kommen wollen. Die Geschichte gerade dieser Gemeinde beweist, daß Zusammenwirken und Zusammenstehen ihrer Bürger früher in Notlagen ohne persönliche Vorbehalte praktiziert worden ist. Insofern hat sich im Vergleich früherer mit den heutigen Tagen das Bild etwas gewandelt. Heute müssen alle an der Weiterentwicklung mitarbeiten, auch wenn es nicht um die Beseitigung akuter Notstände geht, einfach aus der Überlegung heraus, daß in einer fortschreitend hochindustrialisierten und technisierten Arbeitswelt Probleme der Gemeinschaft nur durch erhebliche finanzielle Aufwendungen gelöst werden können. Das ist der eine Gesichtspunkt, und da es an den Geldbeutel jedes einzelnen geht, ein besonders kräftiger Impuls für die Gemeinschaftsarbeit.

Gemeindejubiläum als Auftrag zur aktiven Gestaltung der weiteren Entwicklung

Auf der anderen Seite brauchen wir eine fruchtbare und intakte kommunale Selbstverwaltung unter Einschluß der aktiven Mitarbeit aller Bürger, damit wir gegenüber der sich immer mehr abzeichnenden Machtkonzentration der Regierung ein demokratisches Gegengewicht auf unterer Ebene besitzen.

Notwendigkeit einer Stärkung der kommunalen Selbstverwaltung zum Ausdruck bringen

Sie wissen alle, daß der Staat sich heute noch vielfach darauf beschränken kann, durch Gesetze relativ abstrakte Rahmenbedingungen für die ihm übertragene Daseinsfür- und -vorsorge zu treffen. Die konkreten Entscheidungen im Detail, so stark sie auch durch übergeordnete Gebietskörperschaften, wie z. B. Landkreise, Regierungspräsidien oder Bund vorgegeben sein mögen, fallen in den Bereich der Kommunen. In keinem anderen Fall mischt sich die öffentliche Hand so spürbar ein in das wirtschaftliche, soziale und private Leben der Bürger wie in einer Gemeinde.

Arbeit in einer Gemeinde ist hart, praxisbezogene Arbeit, die allerdings – und das ergänzt das soeben Gesagte – im Rahmen einer geschlossenen gesellschaftspolitischen Konzeption stehen sollte. Ein zweites kommt hinzu, die Neuorientierung kommunaler Tagesarbeit. Die Aufgaben wachsen qualitativ und quantitativ beträchtlich. Das bedeutet, daß die öffentliche Hand und natürlich hier auch die Gemeinden sich überlegen müssen, wie die Verwaltungskraft so gestärkt werden kann, daß sie den wachsenden Anforderungen gerecht wird. Kurzum, es ist die Frage, die in der politischen Diskussion recht allgemein mit der Bezeichnung Verwaltungsreform umschrieben wird und die auch je nach dem Standort des jeweiligen Diskussionspartners zu völlig entgegengesetzten Ergebnissen führt. Gleichgültig, welches Konzept man auch immer verwirklichen wollte,

Knappe Schilderung der Aufgaben einer modernen Gemeindeverwaltung

Endziel muß sein, die Grundeinheit unseres Staates – die Gemeinde – am Leben zu erhalten und sie nicht in die Zwangsjacke alles umfassender Staatsführung zu pressen.

Forderung an Politik und Bürgerschaft formulieren

Wer an einer Weiterentwicklung unserer Gesellschaft sowie an der Festigung unserer Demokratie interessiert ist, darf das Selbstbestimmungsrecht der Gemeinden nicht antasten. Nur so ist gewährleistet, daß der Bürger sein Interesse an der Mitbestimmung und Mitwirkung in allen die Öffentlichkeit betreffenden Fragen nicht verliert. Die Gemeinde ... hat in den 1000 Jahren ihres Bestehens dieses vorgelebt. Bürgersinn und Bürgerinitiative haben den Kampf mit den Problemen in der Vergangenheit erfolgreich geführt und den Grundstein gelegt für eine friedvolle Zukunft. Aus diesem Grunde, meine Damen und Herren, hat die Landesregierung Ihnen und Ihrer Gemeinde die ...-Plakette verliehen. Zu dieser Auszeichnung darf ich Ihnen im Namen der Landesregierung recht herzliche Glückwünsche aussprechen. Möge diese Auszeichnung Sie stets daran erinnern, daß nur der persönliche Einsatz des Bürgers den Fortschritt sichert. Bei diesem gemeinsamen Bemühen darf ich Ihnen allen Erfolg wünschen.

Übergabe der Plakette und Gratulation

1175-Jahr-Feier eines Dorfes

Es spricht der Landrat

Meine sehr verehrten Damen und Herren, verehrte Gäste,
liebe Bürgerinnen und Bürger von ...

Ein Jubiläum ist immer Anlaß für eine Feier

Es ist zwar kein rundes Jubiläum, das 1175jährige Bestehen des Dorfes ..., aber Anlaß zu Freude, Genugtuung und zum Feiern ist es allemal. Es gibt Veranlassung, Rückblick zu halten und sich bewußt zu machen, was Generationen vor uns geleistet haben und was noch zu tun bleibt, um das Leben in dieser Dorfgemeinschaft zu fördern und weiterzuentwickeln.

Verbundenheit von Kreis und Kommune betonen

Für die freundliche Einladung zu Ihrem heutigen Festakt darf ich mich recht herzlich bedanken. Ich möchte Ihnen die Grüße und guten Wünsche des Landkreises ... und des Kreisausschusses übermitteln. Mit meinem Besuch möchte ich auch die enge Verbundenheit des Landkreises zu seinen Gemeinden zum Ausdruck bringen und betonen, daß es der Landkreis ... als eine seiner vornehmsten Aufgaben ansieht, seine Gemeinden nach Kräften zu unterstützen und zu fördern.
1175 Jahre sind ein Zeitraum, der nur schwer zu überschauen ist. Viele Generationen haben in dieser Zeit gelebt und gearbeitet. Sie haben Freude und Leid erfahren. Bei einem Gang durch ... erinnern uns noch heute

steinerne Zeugen an die Leistungen der Vorfahren und an das Werden dieses Gemeinwesens.

Vom »Kleinen« auf das große Ganze schauen

Die Geschichte eines Volkes spiegelt sich am deutlichsten in seinen Dörfern und Siedlungen wider. Sie zeugen von dem Charakter, der Eigenart, dem Fleiß und dem Wollen vergangener, aber keineswegs vergessener Generationen. Selbst wenn im Laufe der Jahrhunderte Naturkatastrophen, Brände und Kriege große Opfer gefordert haben, konnten sich unsere Dörfer ihre Eigenart dennoch bewahren und sind bis auf den heutigen Tag das geblieben, was sie schon für unsere Vorfahren waren: unsere Heimat.

Höhen und Tiefen der wechselvollen Geschichte ansprechen

Auch die ehemals selbständige Gemeinde ... hat in ihrer jahrhundertelangen Geschichte schwere Zeiten erlebt. Die Gemeinde und ihre Bürger haben geschichtliche Umwälzungen ertragen, Not und Leid überstanden und sich in den schweren wechselvollen Jahren immer wieder behauptet. Nach 1945 war auch Ihre Gemeinde, wie viele andere, von den Folgen des Krieges (und der Teilung) direkt betroffen. Die Bürger von ... haben jedoch ihr Schicksal wieder fest in die Hand genommen und unter Einsatz aller Kräfte eine hervorragende Aufbauarbeit geleistet. Heimatvertriebene und Flüchtlinge, die hier und in der Umgebung Aufnahme und Arbeit fanden, waren an diesem Aufbauwerk wesentlich beteiligt. Sie haben hier eine neue Heimat gefunden und begehen dieses, Ihr Jubiläum aus vollem Herzen mit.

Der Bürgerschaft Dank und Anerkennung aussprechen

Alle Bürger, die zum Wachsen und Werden von ... beigetragen haben, verdienen gerade aus Anlaß dieses Jubiläums Anerkennung und Dank.
Wer sich das Festprogramm ansieht, das aus Anlaß dieses Jubiläums ablaufen wird, erhält einen Eindruck von der Vielfältigkeit der Aktivitäten, die von Vereinen und Verbänden in ... erbracht werden. Er kann auch ermessen, welche Anstrengungen, Mühen und Fleiß aufzuwenden sind, um ein solches Jubiläum zu gestalten. Auch hierzu möchte ich die Verantwortlichen beglückwünschen.
Möge dieses Jubiläum das Bewußtsein vermitteln, in einer Gemeinschaft zu leben, auf die Sie stolz sein können und die Ihnen Geborgenheit und Wohlfahrt gewährt.

Gemeinsam feiern und Gemeinschaft bewahren

Mögen auch viele Menschen aus nah und fern den Weg hierher finden und an Ihrer Freude und Ihrem Fest teilnehmen. Der Gemeinde ..., dem Ortsteil ... und ihren Bürgern wünsche ich weiterhin eine glückliche und gute Entwicklung und eine erfolgreiche und friedvolle Zukunft.

Eröffnung des ersten Stadtfestes

Es spricht eine Festrednerin (Ost)

Sehr geehrter Herr Bürgermeister,
verehrte Ehrengäste, meine sehr geehrten Damen und Herren!

Auf die Besonderheit des Anlasses hinweisen

Heute wird der Grundstein zu einer neuen Tradition in Ihrer Stadt gelegt: Zum erstenmal treffen wir uns, um das »...er Stadtfest« gemeinsam aus der Taufe zu heben, um dieser Veranstaltung, die von nun an regelmäßig stattfinden soll, einen würdigen, einen fröhlichen Startschuß zu geben.
Ich freue mich, mit Ihnen allen hier in ... feiern zu können. Auf historischem Boden und sozusagen am Vorabend eines »großen Ereignisses«. Ich meine die ...-Jahr-Feier der Stadt, die im kommenden Jahr ansteht und für die das Stadtfest ein großartiger Probelauf sein wird.
Anno ... erstmals urkundlich erwähnt, schaut ... auf eine große und bewegte Vergangenheit. Ich werde, meine sehr geehrten Damen und Herren, an dieser Stelle keinen Schnelldurchlauf durch Ihre Geschichte unternehmen. Dies bleibt Aufgabe für Ihr Stadt-Jubiläum 19.. Ich möchte vielmehr einen Blick auf die vergangenen fünf Jahrzehnte werfen – Jahre, die von Nazi-Herrschaft, Krieg, Zusammenbruch, Sozialismus, friedlicher Revolution und Beitritt zum Grundgesetz geprägt waren.

Konzentration auf die »überschaubare« Geschichte des geteilten Deutschlands und der unterschiedlichen Entwicklungen

Viele von Ihnen haben diese vergangenen 50 Jahre erlebt und erlitten: Die einen hier in ..., in der zunächst Sowjetisch Besetzten Zone, der späteren DDR, die anderen dort, in der amerikanischen, der britischen oder französischen Zone, der späteren Bundesrepublik.
Aber hier wie dort war der Zusammenbruch 1945 allumfassend. In Zonen geteilt und von den Alliierten verwaltet, schien Deutschland ohne Zukunft zu sein. Und dennoch keimten in diesen Trümmern Hoffnung und Mut. Es war nicht die Schuld der so häufig betrogenen »kleinen Leute«, daß Deutschland geteilt, daß durch Europas Mitte der Eiserne Vorhang gezogen wurde.
Aber viele von uns haben die Teilung leidvoll erfahren. Besonders leidvoll traf es Menschen, die in ... *(Namen einiger Ortschaften der näheren Umgebung)* lebten. 1952 erfuhren Sie, daß die Sperrzone gezogen wird. Am 26. Mai jährt sich die entsprechende Verordnung zum ... mal, und ... Jahre ist es her, daß 50 Familien aus ... Hals über Kopf ihre Heimat verlassen mußten. Vielen ist der 6. Juni 1952 in schlechter Erinnerung, weil die LKWs vorfuhren und die Familien zwangsweise umgesiedelt werden sollten. Nur 16 gingen diesen Weg, 16 von 50. Die übrigen 34 Familien hatten es vorgezogen, der Zwangsumsiedlung durch Flucht in den Westen zu entgehen.

Vom Leid der Menschen in der Sperrzone

Ein weithin bekanntes »geflügeltes Wort« lautet:
»Laß Dir die Fremde zur Heimat, nie aber die Heimat zur Fremde werden.« Die im Westen lebenden ...-er beherzigten diese Weisheit. Seit dem Bonifatiustag 1952 trafen sie sich alle zwei Jahre, um Kontakt zu halten, Nachrichten aus der Heimat auszutauschen, kurz, um ...-er zu bleiben. Auch außerhalb der Stadt.

Ein bekannter Ausspruch wird zum Leitmotiv

1990 fand dieses traditionelle Heimattreffen letztmalig statt. ... liegt heute nicht mehr in der Sperrzone, ... ist wieder Teil der ... *(Name der Region)* und Teil des Landkreises ... im Land ... der Bundesrepublik Deutschland. Ich möchte an dieser Stelle einen Schlußstrich ziehen. Der Blick zurück in die Geschichte darf voller Wehmut sein, der Blick nach vorne in die Zukunft der Enkel und Kinder darf dies nicht. Aus der Geschichte lernen, das Gute übernehmen, das Schlechte in ihr belassen – das ist Aufgabe derer, die heute Verantwortung tragen.

Neue Ziele abstekken am Beginn einer neuen Tradition

Die Tradition der »...-er Heimat-Treffen« ist seit 1990 beendet. Heute nun, ... Jahr(e) später, begründen wir eine neue Tradition. Dem großen chinesischen Weisen Laotse wird das folgende Zitat zugesprochen: »Auch eine Reise von tausend Meilen muß mit einem Schritt beginnen«. Diesen Schritt unternimmt ... heute. Ich wünsche Ihnen allen, den Bürgerinnen und Bürgern von ..., daß die heute begründete Tradition des Stadtfestes lange lebt und blüht.

Gute Wünsche für die Zukunft

650. Jubiläum einer Brücke über einen Fluß zwischen einem alten und einem neuen Bundesland

Verehrte Ehrengäste, meine sehr geehrten Damen und Herren!

Es spricht der Landrat (Ost)

Eine der bekanntesten und imposantesten ihrer Art ist zweifellos die Tower-Bridge in London, eine der größten und berühmtesten die Golden Gate in San Francisco. Mit großer Tragik verknüpft ist jene von Remagen. Und diejenige mit dem Namen »Einheit« nahe Schloß Glienicke in Berlin war jahrzehntelang Drehscheibe für den Ost-West-Agentenaustausch.

Redestart mit weltbekannten Beispielen

Sie wissen, ich rede von Brücken. Anlagen, von denen der Brockhaus sagt, sei seien »Ingenieurbauwerke zur Überführung eines Verkehrsweges, eines Kanals, von Wasser- oder Gasleitungen oder dergleichen über ein Hindernis«. Vom wichtigsten, der Verbindung zwischen Menschen, spricht das Lexikon nicht. Brücken haben in erster Linie die Aufgabe, Wege für

Definition per Zitat aus einem Lexikon

Menschen zu ebnen, Verbindungen zu schaffen, Abgründe und Klüfte zu überwinden.

Die Werrabrücke von (bei) ... ist keine der bekanntesten Brücken. Auch keine der größten oder architektonisch herausragenden. Jahrhundertelang garantierte sie aber jene Verbindungen, für die sie errichtet worden war: Sie brachte Menschen aus ... *(Ortsname West)* nach Thüringen und aus ... *(Ortsname Ost)* nach Hessen. Sie gewährleistete den freien Fluß von Waren und Dienstleistungen, sie stellte sicher, daß Menschen mit Fahrzeugen oder zu Fuß die Werra überqueren konnten – bis zum Bau der Mauer – jenes »Eisernen Vorhangs«, der Häuser, Siedlungen, ein ganzes Land, ja sogar einen Kontinent teilte; der Menschen entzweite, Familien zerriß, die doch eigentlich durch eine Brücke – diese Brücke – zusammenkommen konnten und wollten.

Das Objekt vor Ort ...

... und seine besondere Geschichte

Diese Teilung ist nun überwunden. Die Brücke verbindet wieder die Menschen rechts und links der Werra. Doch so, wie diese alte, gewachsene Verbindung erst wieder hergestellt werden mußte, so müssen auch die Verbindungen in den Köpfen der Menschen wieder wachsen und vorankommen.

Das festliche Ereignis als Chance

Das 650. Brückenjubiläum ist ein Ereignis, das Gelegenheit gibt, neue Brücken zwischen den Menschen zu schlagen, aufeinander zuzugehen und Gräben zu überwinden. Ich hoffe für uns alle, daß diese Brücke über die Werra noch lange steht und die Menschen sie als das begreifen, was sie tatsächlich ist: eine sichere Verbindung zueinander.

Neujahrsempfang einer Bundeswehreinheit (Ost)

Es spricht ein Wirtschaftsvertreter

Sehr geehrte Herren Offiziere, verehrte Ehrengäste,
meine sehr geehrten Damen und Herren!

Kurz und bündig: Einstieg und Überleitung zur Hauptbotschaft der Rede

Neujahrsempfänge dienen dazu, sich gegenseitig gute Wünsche für das kommende Jahr auszusprechen. Auch ich bleibe dieser Tradition treu: Ich wünsche Ihnen und uns allen für 19.. alles Gute! Ich tue dies zugleich stellvertretend für meine Organisation ... *(Name).*

Meine sehr geehrten Damen und Herren, es bedarf keiner besonderen prophetischen Begabung, um zu erkennen, daß auch 19.. den Bürgerinnen und Bürgern in den neuen Ländern im allgemeinen und in ... im besonderen ein weiteres schwieriges Jahr bevorsteht. Der Umbau geht weiter, immer mehr sozialistische Strukturen verschwinden, und das Gerüst der sozialen Marktwirtschaft wird errichtet. Dieser Prozeß läßt sich treffend mit den Worten zusammenfassen: Es geht voran!

Die negativen Folgen ansprechen ...

Wir müssen aber auch erleben, daß sich die Umgestaltung nicht schmerzfrei vollzieht. Die Arbeitslosigkeit ist die gegenwärtig größte Belastung, der die Menschen in ... *(Bundesland)* wie auch in den übrigen neuen Bundesländern ausgesetzt sind.

... und daraus das vorrangige Ziel für das neue Jahr ableiten

Im Landkreis ... bewegt sich die Arbeitslosenquote gegenwärtig bei rund ... Prozent. Sie liegt damit doppelt (dreimal) so hoch wie in vergleichbaren westlichen Landkreisen, etwa in ... oder ... Die Sicherung bestehender und die Schaffung neuer Arbeitsplätze wird also für die politisch Verantwortlichen auch 19.. das wichtigste Ziel bleiben.

Positive Beispiele belegen, daß es voran geht – bei allen Schwierigkeiten

Wenn ich gleichwohl sage, daß es vorangeht, dann deshalb, weil es eine Vielzahl von ermutigenden Beispielen gibt. Wer mit offenen Augen durch unsere Heimat fährt, der sieht, daß an zahlreichen Ecken gehämmert und gebaut wird. Neue Gewerbegebiete sind bereits entstanden oder im Entstehen. Unternehmen der verschiedensten Branchen haben sich angesiedelt, Geschäfte wurden eröffent und vieles mehr. Es ist nicht so, daß nur Resignation und Hoffnungslosigkeit um sich greifen. Im Gegenteil! Die Menschen merken, daß sich etwas bewegt, daß etwas geleistet wird, daß Schwung in den deutschen Osten gekommen ist – bei allen Problemen, die für die Menschen große persönliche und familiäre Sorgen mit sich bringen.

Aufzählung wichtiger Mitglieder der Solidargemeinschaft, die die Hauptlast der weiteren Arbeit tragen müssen

Für 19.. bleiben also genügend Aufgaben, die angegangen und gelöst werden müssen: für die Verantwortlichen im Landkreis ..., für die Bürgermeisterinnen und Bürgermeister in den Städten und Gemeinden, für die Wirtschaftsfachleute und Unternehmer, für Handwerker, Landwirte und viele andere mehr. Und nicht zuletzt für die Offiziere und Soldaten der Bundeswehr hier am Standort ... Die Bundeswehr ist ein wichtiger wirtschaftlicher Faktor; allein im vergangenen Jahr wurden insgesamt ... Millionen Mark hier in ... investiert; ein bedeutender Betrag, auf den die heimische Wirtschaft nicht verzichten kann.

Ich bedanke mich herzlich für Ihre Einladung. Bundeswehr und ... *(Name der Ortschaft)* – auch diese Gemeinschaft möge weiterhin gut miteinander leben können. Für 19.. wünsche ich uns allen viel Erfolg und stets das zur großen Zufriedenheit erforderliche Quentchen Fortune!

Jahresrückblick

Es spricht die Landrätin (Ost)

Liebe Mitbürgerinnen und Mitbürger!

»Zwischen den Jahren« nennen wir die Zeitspanne von Weihnachten bis Neujahr. Es ist eine besinnliche Zeit, in der wir uns alle gegenseitig fröhliche und gesegnete Weihnachten und ein gutes neues Jahr wünschen. Eine Zeit also voller Harmonie und voller Friede.

Einerseits festliche Stimmung ...

Viele von uns sind jedoch auch bedrückt und schauen sorgenvoll in die Zukunft: Wie wird es weitergehen? Behalte ich meinen Arbeitsplatz? Werde ich einen neuen Arbeitsplatz finden? Kann ich meine Wohnung bezahlen? Bin ich sozial abgesichert? Wird sich meine Zukunft gut gestalten? Es sind Fragen, die auch und gerade geprägt sind durch die Ereignisse, die im Herbst 1989 ihren Anfang nahmen und die in der Folgezeit dazu führten, daß wir jetzt zum ... Mal einen Jahreswechsel im vereinigten Deutschland feiern können.

... andererseits Zukunftssorgen

So dankbar und zufrieden der Blick zurück auf die Ereignisse von Oktober 1989 bis Oktober 1990 geht, so zielgerichtet müssen wir nun weiter an der Zukunft arbeiten. Wir stecken mitten drin in der Umgestaltung der Lebens- und Arbeitsverhältnisse. Dieser Umbau ist schmerzhaft und folgenschwer – aber er ist unvermeidlich.

Die Umgestaltung mit wenigen Worten ansprechen und Erfolge nennen

Auch bei uns im Landkreis ... ist sichtbar, daß sich vieles verändert: Baustellen werden eingerichtet, Gewerbegebiete entstehen und wachsen, Handwerksbetriebe werden eröffnet, Firmen und Unternehmen gründen neue Niederlassungen.

Das ist die erfreuliche Seite der Medaille. Die andere Seite ist diejenige der Entlassungen, der Konkurse und Firmenzusammenbrüche. Große Sorgen bereitet uns die ... industrie. Von vormals über 8000 Beschäftigten werden schließlich noch 1800 übrigbleiben. Für die anderen heißt es entweder in den Vorruhestand zu gehen, sich einen neuen Arbeitsplatz zu suchen oder aber den schweren Gang zum Arbeitsamt anzutreten.

Problemfelder aufzeigen, überleiten zur aktuellen politischen Arbeit

Als ich vor drei Jahren zur neuen Landrätin des Landkreises ... gewählt wurde, habe ich prognostiziert, daß wir rund 22 000 neue Arbeitsplätze benötigen, um Vollbeschäftigung wieder herstellen zu können. Mit dieser Prognose habe ich – leider – recht behalten. Und mehr noch: An der genannten Zahl orientierte sich die Politik im Landkreis in ihrem Bemühen, bestehende Arbeitsplätze zu sichern und neue zu schaffen.

Ich habe schon erwähnt, daß es auch im Landkreis ... zu einer großen Welle von Existenzgründungen gekommen ist. Ein Ende ist – noch – nicht in Sicht, auch wenn das Tempo der Neugründungen nicht mehr so hoch ist

wie zu Beginn. Jetzt benötigen wir mittelständische Produktionsunternehmen, die unsere Infrastruktur voranbringen und die zugleich qualifizierte Arbeitsplätze schaffen. An genau diesem Punkt stehen wir!
Neben diesen wirtschaftlichen Fragen gibt es jedoch noch eine ganze Menge anderer Bereiche, in denen wir tätig sind. Unser Landkreis ... kann mit seinen reizvollen Naturschönheiten zu einem besonderen Refugium werden, wenn es uns gelingt, eine Verbindung zwischen Umweltschutz einerseits und der wirtschaftlichen wie touristischen Entwicklung andererseits zu erreichen. Auch daran arbeiten wir – übrigens erfolgreich, wie das neue Programm für die Müllentsorgung, das Tourismuskonzept oder die jüngsten Ergebnisse der Luftreinhaltung beweisen.

Die breite Aufgabenpalette und ihre Bewältigung erläutern

Hundertzehnprozentiges Engagement ist jedoch auch in anderen Bereichen erforderlich, etwa beim Straßenbau, in der Abwasserfrage, bei der Sanierung der Standorte von Altlasten und der Neugestaltung des öffentlichen Personen-Nahverkehrs, bei den Existenzfragen der Landwirtschaft und, und, und.
Ich möchte nicht schwarzmalen: Bei allen Sorgen und Problemen, die existieren, bleibt doch die positive Grundströmung. Wir sind auf dem richtigen Weg. Dabei muß die soziale Ausgestaltung des Umstellungsprozesses im Vordergrund stehen – und tut es auch.

Positives Denken vermitteln ...

Ich wünsche Ihnen und uns allen besinnliche Tage »zwischen den Jahren«. Möge das neue Jahr ein gutes werden. Und möge es gelingen, daß die kommenden Jahre von wachsender Zufriedenheit geprägt werden.

... und das »große« Ziel formulieren

Ich möchte nicht schließen, ohne Dank gesagt zu haben. All denen, die soziale Dienste tun, die für andere da sind. Dank auch denen, die sich für Alte, Kranke und Behinderte engagieren. Die Kultur einer Gemeinschaft zeigt sich auch und gerade im Umgang mit ihren schwächsten Mitgliedern. Lassen Sie uns gemeinsam die schwierigen Zeiten meistern!

Dank aussprechen und an die Gemeinschaft appellieren

Seniorennachmittag

Meine sehr geehrten Damen und Herren!

Der Sozialdezernent spricht

Ich freue mich sehr, Sie hier namens unserer Stadtverwaltung begrüßen zu dürfen. Wenn man die öffentlichen Diskussionen in den Zeitungen, im Radio und Fernsehen verfolgt hat in den letzten Jahren, so könnte man manchmal den Eindruck gewinnen, als gäbe es nur noch Probleme der Jugend. Sicherlich sind die Probleme der Jugend spektakulärer, nicht

Darlegen, daß Publizität und Realität häufig nicht identisch sind

zuletzt deshalb, weil sie allzu oft recht lautstark und provozierend vorgetragen worden sind. Ich glaube aber nicht, daß diese vielleicht etwas einseitigen Diskussionen – auch wenn sie zugegebenermaßen oft auch Probleme betreffen, die dringend einer Lösung bedürfen – dazu geführt haben, daß die Sorge um den älteren Menschen in den Hintergrund getreten ist. Diese Sorge wird unsere Gesellschaft schon allein deswegen in verstärktem Maße beschäftigen müssen, als ja durch den medizinischen und wirtschaftlichen Fortschritt eine im Vergleich zu früher deutliche Steigerung der Lebenserwartung eingetreten ist. Andererseits sind durch die Änderung im Zusammenleben der einzelnen Generationen neue und, wie ich meine, recht schwierige Fragen aufgeworfen worden. Das Auseinanderleben der Generationen, das Auseinanderbrechen der großen Familienverbände hat zu einer vielfach anzutreffenden Vereinsamung und Hilflosigkeit gerade älterer Menschen geführt. Ziel jeder sozial verpflichteten Politik muß es daher sein, daß sich unsere älteren Mitbürgerinnen und Mitbürger nicht isoliert fühlen, sondern in der Gemeinschaft geborgen. Unsere Stadtverwaltung bemüht sich in enger Zusammenarbeit mit der Landesregierung, dem Landkreis und den Wohlfahrtsverbänden durch den Bau und Ausbau von Altenheimen, den Bau von Altentagesstätten, von Clubheimen, Altenerholungsheimen und Beratungsstellen die brennendsten Probleme unserer älteren Mitbürger zu lösen. Von Jahr zu Jahr steigende Mittel sind bisher dafür eingesetzt worden, und wir meinen, daß wir dem angestrebten Ziel schon recht nahe gekommen sind. Wir werden daher auch den eingeschlagenen Weg konsequent weiterverfolgen. Neben einer Verbesserung der wohnlichen und privaten Atmosphäre ist aber die Förderung des Gemeinschaftssinnes eine gute Medizin gegen den eintönigen Alltag. Aus diesem Grunde freue ich mich, daß Sie der Einladung zu diesem Seniorennachmittag gefolgt sind und darf Ihnen einige schöne Stunden wünschen.

Soziale Entwicklungen gerafft wiedergeben

Durch Beispiele die Bemühungen der Kommune aufzeigen und Verbesserungen auch benennen

Ehrung langjähriger Kurgäste durch den Ortsvorsteher

Verehrte Ehrengäste, meine sehr geehrten Damen und Herren!

Begrüßung und Programmhinweis

Im Namen des Gemeindevorstandes darf ich Sie heute morgen hier sehr herzlich willkommen heißen. Wir wollen unser sonntägliches Frühkonzert auch dazu nutzen, langjährige, treue Gäste unserer Gemeinde zu ehren. Unser kleiner Ort hat nur wenig von dem zu bieten, was viele Leute im Urlaub suchen. Hier gibt es keinen üblichen Fremdenverkehrsrummel. Hier gibt es aber Ruhe und Behaglichkeit, aufgeschlossene Menschen und eine wunderschöne Umgebung. Unsere Gäste wissen das zu schätzen und halten uns schon seit vielen Jahren die Treue. Stellvertretend für alle darf ich heute im Namen der Ortsverwaltung Ihnen, liebe Familie ... und Ihnen, liebe Familie ..., sehr herzlich danken, daß sie nunmehr zum zehnten bzw. fünfzehnten Male ihre Ferien in unserem Ort verbringen. Zur Erinnerung an diesen Tag darf ich Ihnen, liebe Familie ..., einen Bildband von unserer schönen Heimat überreichen, zum Dank dafür, daß Sie nun schon zum zehnten Male hier Urlaub machen. Ihnen, liebe Familie ..., darf ich einen bemalten Wandteller aus einer einheimischen Keramikwerkstätte zum Dank dafür überreichen, daß Sie bereits zum fünfzehnten Male unser Gast sind. Ihren Gastgebern, die Ihnen den Ferienaufenthalt besonders attraktiv gemacht haben, so daß Sie inzwischen schon liebe Stammgäste geworden sind, darf ich eine Urkunde unseres Fremdenverkehrsvereins überreichen. Die soll Sie immer an diesen Tag erinnern.

Die besonderen Vorzüge des Ferienorts anpreisen

Dank und Übergabe der Geschenke

Verehrte Gäste, wir wünschen Ihnen noch einen schönen Ferienaufenthalt hier in ... Ihnen zu Ehren spielt unser Musikverein unter der bewährten Stabführung seines Dirigenten, des Herrn ..., heute morgen ein Wunschkonzert. Zum Auftakt hören wir die Ouvertüre zu ... Viel Vergnügen dabei.

Gute Wünsche für den weiteren Aufenthalt

Erntedankfeier

Es spricht der Bürgermeister

Meine sehr geehrten Damen und Herren!

Wer in den vergangenen Tagen über die Äcker und Felder ging, konnte feststellen, mit welchem Fleiß unsere Bauern und ihre Helfer dabei waren, die Frucht einzubringen. Wohin man auch sah, überall Menschen, die hart arbeiteten, um die Ernte von den Feldern zu holen, sie gleich zu verarbeiten oder so, wie sie war, nach Hause auf den Hof zu schaffen. Schon früh morgens fuhren die Wagen durch unsere Straßen und abends, wenn andere die Arbeit des Tages schon lange hinter sich hatten, kamen sie zurück. Sie alle wissen, daß das Wetter nicht immer das allerbeste war. Aber dennoch: Die Ernte ist unter Dach und Fach, und wir können in aller Ruhe für den nicht mehr allzu fernen Winter vorsorgen.

Mit aktuellem Bezug beginnen

Schon als Kind fand ich es immer beruhigend, wenn meine Eltern nach der Ernte davon sprachen, jetzt könne es getrost Winter werden. Es schien, als sei die Spannung von den Menschen genommen, unter der sie während

Persönliche Eindrücke schildern

der Wochen zuvor standen. Die Gesichter waren weniger angespannt, die Menschen sprachen mehr und sie waren fröhlicher. Was wir als Kinder nur dunkel empfunden haben, können wir heute als Erwachsene wohl verstehen. Auf den Schultern unserer Landwirte lastet in dieser Jahreszeit eine große Verantwortung. Sie betrifft nicht nur ihr eigenes Wohl und das ihrer Familie, sie betrifft das Wohl der gesamten Bevölkerung. Denn sie arbeiten dafür, daß Millionen von Menschen in dem gleichen Gefühl der Sicherheit auf die kalte, unfruchtbare Jahreszeit warten können wie sie selbst. Ihre Arbeit und ihr Fleiß sind die Voraussetzungen dafür, daß wir ohne Sorge warten können, bis die Natur uns erneut ihre Früchte bereithält.

Die gesamtwirtschaftliche Bedeutung herausstellen

Meine Damen und Herren, es fällt uns wohl nicht schwer, in Anbetracht dieser großen Aufgaben den Ernst zu verstehen, der uns während der letzten Zeit in den Gesichtern unserer Bauern auffiel. Es ist eine schwere Arbeit, die Ernte einzubringen. Wer selbst einmal dabei mitgeholfen hat, der weiß, wie müde man am Abend ist. Der weiß auch, daß einem nicht der Kopf danach steht, Feste zu feiern und ausgelassen und lustig zu sein. Denn am nächsten Tag geht es weiter: Wieder braucht man Kraft und Ausdauer, wieder verlangt die Ernte den ganzen Menschen.

Am Ende der Mühen steht das Fest

Dann kommt jedoch der Tag, an dem es geschafft ist. An diesem Tag darf der Bauer stolz und zufrieden auf seine Äcker schauen. Erntefest bedeutet schon seit Jahrtausenden den Dank des Menschen an die Natur. Es bedeutet aber gleichzeitig den Dank an diejenigen, die das Werk der Natur vollendet und für uns alle nutzbar gemacht haben.

Diesen zweifachen Dank wollen auch wir heute abstatten, indem wir unserer Freude darüber Ausdruck verleihen, daß diese alljährliche Arbeit wieder einmal beendet ist. Freude, das heißt, wir wollen gemeinsam mit denen, für die dieser Tag heute ein Ehrentag ist, in geselliger Runde zusammensein. Wir wollen tanzen, lachen und fröhlich sein. Darüber wollen wir aber nicht vergessen, daß wir alle dem Dank schuldig sind, der unseren Feldern Jahr für Jahr Fruchtbarkeit verleiht.

Erntedankfest

Liebe Mitbürgerinnen und Mitbürger!

Es spricht der Kreis-Landwirt

Der Anlaß unseres Festes ist der Erntedank. Wir haben in diesem Jahr wirklich Dank zu sagen. Was die Felder und Gärten uns brachten, ist mehr als in den vergangenen Jahren. Der Herr Pfarrer hat heute morgen schon in zu Herzen gehenden Worten während des Erntedankgottesdienstes unseren Dank an Gott abgestattet. Ich möchte Ihnen, Herr Pfarrer, für Ihre Worte sehr herzlich danken.

Die christliche Tradition des Erntedankfestes erwähnen

Die Früchte, die heute vor dem Altar aufgebaut waren und die symbolisch unseren Dank ausdrücken sollten, sprechen eine beredte Sprache.
Nun wollen wir uns gemeinsam über die Ernte freuen. Aber wir wollen dabei auch nicht übermütig werden. Nicht jedes Jahr bringt so reichen Ertrag, und wir sollten an künftige Zeiten denken.
So möchte ich alle Anwesenden bitten, unter diesem Gesichtspunkt das heutige Fest zu begehen. Wir wollen dankbar sein, wollen uns vor Augen halten, daß auch von unserem persönlichen Arbeitseinsatz und einer vernünftigen Feldbestellung viel abhängt.

Mahnung zu Dankbarkeit...

Und nun, um die Rede nicht allzu ernst ausklingen zu lassen: Sie alle sehen hier neben dem improvisierten Rednerpult einen dicken Sack, in welchem sich allerlei Früchte, die von den Äckern unseres Landes stammen, befinden. Wir wollen nachher, während der Pause, diesen Sack versteigern. Der Erlös soll für die Alten unseres Dorfes bestimmt sein.

...und Ankündigung einer Versteigerung für einen guten Zweck

Jetzt – der Rede genug – wollen wir zum gemütlichen Teil übergehen. Unser bewährtes Orchester unter der Leitung von... wird uns dabei gewiß alle Möglichkeiten dafür bieten, daß wir uns gut unterhalten.

Rede des Bürgermeisters zum Weinfest

Liebe Festgäste!

In Griechenland gilt noch heute unter den Landbewohnern der alte Brauch, den letzten Schluck Wein im Glase nicht zu trinken, sondern auf die Erde zu schütten. Man drückt damit zweierlei aus: Einmal gilt es als Dank an die Erde, die dem Menschen den Wein geschenkt hat, und zum anderen ist es die Bitte an sie, auch im kommenden Jahr das Geschenk der Reben nicht zu vergessen.

Brauchtum anderer Länder als Einstieg in das Thema

Humorvoller Exkurs in weinmythologische Gefilde

Wenn dieser Brauch auch hier bei uns nicht bekannt ist, so hat uns Dionysos dennoch nicht im Stich gelassen. Dieser alte Gott des Weines und der weinseligen Freude ist, das glaube ich in Ihrer aller Namen sagen zu dürfen, auch heute noch einer der sympathischsten Bewohner des Olymps. Aber vor allem müssen wir ihm zugestehen, daß er es wie kein anderer Herrscher verstanden hat, sich auf seinem Thron zu halten. Seit mehr als 2000 Jahren lenkt er die Geschicke seiner Untertanen in der ganzen Welt, und er lenkt sie zu deren vollen Zufriedenheit. Welchem Regenten hätte man je so viele Lieder gesungen? Wen hätte man jemals so oft gezeichnet, gemalt und in Stein gehauen? Wer dürfte von sich behaupten, daß seine vielen Millionen Untertanen so einhellig hinter ihm stehen? Nur er, dessen verschmitztes Lachen zu allen Zeiten etwas von der Freude verriet, die er zu geben vermag.

Ein treffendes Zitat unterstreicht die Besonderheit des Rebensaftes

»Der Wein erfreut des Menschen Herz«, dieser Satz aus dem 104. Psalm sagt uns ganz klar, was wir unter jener Freude zu verstehen haben, die uns der Wein vermitteln kann. Er wird sie uns aber nur dann schenken, wenn wir verstehen, ihn zu genießen. Wer ihn trinkt wie Wasser und Bier, dem wird er niemals seinen ganzen Zauber offenbaren. Es ist so, als ob sich Dionysos von diesen Menschen abwenden und sein köstliches Geschenk in ein Teufelsgetränk umwandeln würde, das den Frevlern einen dicken Kopf und Katzenjammer beschert. Wer im Weine lediglich ein wohlschmeckendes Getränk sieht, mit dem er seinen Durst löschen kann, der verdient es nicht anders, als dafür bestraft zu werden. Und diese Strafe kann, wie gesagt, eine sehr harte und sehr eindrucksvolle sein.

Die Verbundenheit von Land und Leuten mit dem Wein herausstellen

Hier in unserer engeren Heimat, meine Damen und Herren, wird der Mensch eigentlich mit dem Saft der Reben großgezogen. Der Wein gehört zu uns, wie zum Münchner das Bier. Ich glaube jedoch, wir haben das bessere Los gezogen. Das Bier wächst nirgends. Es wird in Fabriken hergestellt, ohne daß derjenige, der es einmal trinken wird, am Entstehungsprozeß beteiligt wäre. Es fehlt ihm also im Grund die ganze persönliche Beziehung zu seinem Lieblingsgetränk. Wir aber leben inmitten unserer Weinberge, von unserer frühesten Jugend an bis in unsere alten Tage. Jahr für Jahr erleben wir, wie an den Hängen die Trauben reifen und voll werden, wie wir selbst und unsere Nachbarn hinaufsteigen, um sie zu lesen, und wie sie heruntergebracht und gekeltert werden. Wir sind dabei, wenn man voll Erwartung die erste Probe nimmt. Unser Leben ist ein Leben mit dem Wein, für den Wein und von dem Wein. Er ist unser ständiger Begleiter und, wie viele Ärzte sagen, auch in vielen Fällen unser Beschützer. Der freundliche Gott mit dem Rebenkranz im Haar hat uns dazu ausersehen, sein Geschenk an die Menschheit zu pflegen und weiterzureichen

an all diejenigen, denen es gefällt. Dieser Tag, der dem Wein und den durch ihn hervorgerufenen Freuden geweiht ist, ist gleichzeitig auch der Ehrentag des Weingottes.
Lassen Sie uns ihm dafür dankbar sein, daß er auch in diesem Jahr unsere Reben wieder gesegnet hat, damit sie reif, voll und süß wurden. Wir haben sie geerntet, und er hat ihren Saft wiederum in jenes wunderbare Getränk verwandelt, das für uns alle das sicherste Unterpfand für Freude, Fröhlichkeit und Zufriedenheit ist.
Darum lassen Sie uns den Weingott nicht enttäuschen: Begehen wir diesen Tag, wie unsere Vorfahren ihn schon seit Jahrhunderten begingen, froh und dankbar, weil sie etwas hatten, das ihr Herz erfreute: unseren herrlichen Wein.

Das Fest beschließt das arbeitsreiche »Weinjahr«

Eröffnung der Kirmes

Liebe Festgäste!

Es spricht die Bürgermeisterin

Wieder einmal ist der Tag gekommen, an dem wir unsere Kirmes feiern. Und wieder einmal obliegt es mir als Ihrer Bürgermeisterin, dieses alljährliche Gemeindefest zu eröffnen. Sie dürfen mir glauben, daß es das ganze Jahr über kaum einen Anlaß gibt, zu dem ich so gerne zu Ihnen spreche wie aus diesem. Es ist jedesmal ein schöner Augenblick, wenn man den Menschen auffordern darf, sich zu freuen. Leider bleibt es Ihrer Gemeindeverwaltung und damit auch mir nicht erspart, Ihnen öfter weniger angenehme Mitteilungen machen zu müssen. Darum freut es mich ganz besonders, hin und wieder die Gelegenheit zu bekommen, Ihnen etwas Positives sagen zu können. Solch eine Gelegenheit bietet unsere Kirmes.

Die Kirmes als einer der Höhepunkte im dörflichen Leben

Nicht ohne Grund erfreut sie sich in unserer Gegend großer Beliebtheit. Es scheint, als ob die Fröhlichkeit bei uns noch viel höhere Wellen schlagen würde als anderswo. Es freut mich ganz besonders, daß sich auch in diesem Jahr der ...-Verein und der ...-Club wieder bereiterklärt haben, uns dieses Volksfest mit einigen besonderen Darbietungen zu verschönern. Ich finde, es ist ein sicheres Zeichen für den guten Geist innerhalb einer Gemeinde, wenn die einzelnen Vereine ihren Teil zum Gelingen eines solchen Festes beitragen. Dafür gebührt ihnen Dank und Anerkennung. Ich darf Sie daher alle bitten, den betreffenden Veranstaltungen aufmerksam zu folgen und nicht mit Beifall zu sparen.

Dank an die Organisatoren, Aktiven und Helfer

Die eigentliche Bedeutung der Kirmes und ihre Wandlung zum Volksfest

Doch wollen wir über all diesen Dingen nicht jenen Anlaß vergessen, dem wir dieses alljährliche Fest eigentlich verdanken. Unsere altehrwürdige ...-kirche *(Name des Schutzheiligen)* wurde heute vor ... Jahren eingeweiht. Ihre Geschichte ist Ihnen sicherlich hinreichend bekannt, so daß ich nicht näher darauf einzugehen brauche. Der Tag der Kirchweih ist das alljährliche Erinnerungsfest an jene Einweihung. Allerdings hat er im Laufe der Jahre eine Wandlung erfahren und ist zu einem Volksfest geworden.

Die Hauptattraktionen des Festes anpreisen

Wir haben uns bemüht, alles zu einem guten Gelingen unseres Volksfestes beizutragen. Alle Schätze aus Küche und Keller stehen zu Ihrer Verfügung. Machen Sie regen Gebrauch davon. Das Orchester unseres Musikvereins wird zum Tanz aufspielen, wie gewohnt unter der bewährten Stabführung seines Dirigenten ... *(Vorname, Name)*. Wie in jedem Jahr wird auch heute ein Hammel »ausgetanzt«. Wir sind schon gespannt, wer diesmal der Gewinner des ... *(Name des Ortes)* Hammeltanzes wird. Wir hoffen auf rege Beteiligung. Dieses Volksfest wollen wir heute beginnen. Die Voraussetzungen sind günstig, sowohl die notwendigen flüssigen als auch alle anderen. Der allgemeinen Fröhlichkeit steht also nichts mehr im Wege als

Gute Wünsche für den Festverlauf

eine winzige Kleinigkeit, die ich jedoch schnell beheben möchte: Ich eröffne hiermit unsere diesjährige Kirmes und wünsche ihr einen harmonischen Verlauf. Ihnen allen wünsche ich von Herzen recht viel Freude und gute Laune!

Trauerfälle

Rede eines Staatsbeamten anläßlich des Todes eines Kollegen

Liebe Trauergemeinde!

Welche Macht auch immer über Tod und Leben entscheidet, sie folgt einem Willen oder einer Gesetzmäßigkeit, die wir nicht verstehen. Unzählige Fragen bleiben unbeantwortet, unsere Vorwürfe finden keine Erwiderung und unser Weinen und Hadern scheint ins Nichts gerichtet zu sein. Das ausgesprochene oder aber unausgesprochene »Warum« ist ein Zeichen dafür, daß wir keine Gründe zu erkennen und keine Erklärung zu finden vermögen.

Einleitung: der Tod als unfaßbares Ereignis

Der Tod dieses Mannes scheint für uns Lebende so unsinnig und unbegreifbar, daß wir versucht sein könnten, ihn als absurd zu bezeichnen. Er riß ihn mitten aus einem ausgefüllten, vollen und segensreichen Leben. Er nahm ihn unwiderruflich von uns und stellte uns vor die schwierige Aufgabe, in Zukunft ohne ihn auszukommen. Es ist ein ebenso alter wie wahrer Satz, daß das Leben weitergeht. Es wird auch jetzt, nach seinem Tode, nicht damit aufhören, von uns Lebenden das zu verlangen und uns das zu gewähren, was es für richtig hält. Es wird nicht danach fragen, wie wir ohne ihn zurechtkommen, und vielleicht ist das auch gut so. Denn wir werden alle Kraft brauchen, um einen Teil jener Arbeit mitzuübernehmen, die er nicht beenden durfte.

Die Achtung vor der Arbeit des Verstorbenen zum Ausdruck bringen

… *(Titel und Name des Verstorbenen)* war … Jahre lang im Dienst unseres Staates tätig. Sein Wissen, sein Können und seine menschliche Reife haben ihm zu großer Achtung und Anerkennung verholfen. Wann und wo er auch immer Dinge in die Hand nahm, durfte man sicher sein, daß sie im Interesse unseres Staates und zum Wohle seiner Bürger nach bestem Wissen ausgeführt wurden.

Er gehörte zu jenen Kollegen, die sowohl als Vorgesetzte als auch als Untergebene das uneingeschränkte Vertrauen ihrer Mitarbeiter besitzen. Dieses Vertrauen kam nicht von ungefähr, sondern war die Folge einer beispielhaften Zuverlässigkeit in allen Angelegenheiten. Aus diesem Grunde ist es mir als Kollege und als Mensch ein aufrichtiges Bedürfnis, diesem Manne Dank zu sagen. Dank dafür, daß er für uns alle ein Kamerad war. Dank

Würdigung von Persönlichkeit und Leistung

dafür, daß er für jeden von uns nicht nur ein offenes Ohr, sondern ein offenes Herz hatte. Dank dafür, daß er sein Leben in den Dienst einer Sache stellte, an deren Verwirklichung wir Tag für Tag arbeiten: für einen Staat, dessen Grundsätze des Rechtes, der Gleichheit und der Sicherheit mehr sind als Begriffe, die auf einem Stück Papier stehen. Dieser Staat verlor in … einen wertvollen Mitarbeiter, und wir verloren in ihm einen unserer besten Kollegen. Wir werden ihn nicht vergessen.

Trauer um den Verlust des Menschen

Trauerrede für ein verdienstvolles Gemeindemitglied

Der Bürgermeister spricht

Liebe Trauergemeinde!

Von allen Grenzen, die dem Menschen gesetzt sind, ist der Tod die endgültige. Wenn unser Verstand auch in der Lage ist, vieles zu erfassen, diese Grenze vermag er nicht zu überschreiten. Wenn menschliches Wünschen und Wollen auch unser Leben, unsere Zeit, den Gang der Geschichte und das Gesicht dieser Erde verändern können, der Tod setzt hinter alles sein großes Fragezeichen. Und es ist unsere Aufgabe, eine Antwort zu finden, eine Antwort auf die Frage: »Worin bestand der Wert dieses Lebens?«

Der Tod als Frage nach dem Leben

Der Verstorbene hat uns die Beantwortung dieser Frage leichtgemacht. In den … Jahren seines Wirkens und Schaffens als … hat er uns so oft und so eindringlich vor Augen geführt, wie ein reiches Leben aussieht, daß es heute, an seinem Grabe, müßig wäre, Einzelheiten herauszugreifen und zu würdigen. Wir wissen, daß hinter all seiner Arbeit, die er für unsere Gemeinde geleistet hat, der eine Wunsch stand, die ihm zur Verfügung stehende Kraft zum Wohle aller anzuwenden, zum Nutzen derer, mit denen er sich verbunden fühlte. Ich glaube, wir dürfen ehrlichen Herzens von Glück sprechen, daß wir solch einen Menschen besessen haben. Und ich glaube, wir dürfen daher auch von einer aufrichtigen Trauer darüber sprechen, daß er uns jetzt verlassen hat.

Würdigung der Verdienste des Verstorbenen

Zurück bleibt die Erinnerung an einen Menschen, dem wir mehr verdanken, als Worte hier ausdrücken können. Zurück bleibt seine große Leistung für uns und alle, die nach uns kommen. Auch hinter dieses Leben hat der Tod sein Fragezeichen gesetzt, und bei uns wird es einmal nicht anders sein. Auch wir werden einmal des Gedenkens derer standhalten müssen, die an unserem Grabe stehen. Ich wünsche Ihnen und mir, daß wir dann würdig sein werden, neben diesem Toten zu ruhen.

Erinnerung als bleibender Wert

Beerdigung eines Bürgermeisters

Verehrte Trauergemeinde!

Es spricht der Landrat

Wenn ich die Empfindungen wiedergeben soll, die uns am Grabe von Bürgermeister ... erfüllen, dann sind dies Trauer und Dankbarkeit. Über die Trauer will ich schweigen. Ihr ganzes Ausmaß werden wir erst dann begreifen, wenn sich die Bestürzung über seinen plötzlichen Tod gelegt haben wird und uns bewußt ist, daß er nicht mehr in unserer Mitte sein kann.

Dankbarkeit als Mittelpunkt der Kondolenzrede

Über die Dankbarkeit will ich sprechen. Wenn Bürgermeister ... die Möglichkeit hätte, mitzubestimmen, was in dieser Stunde an seinem Grabe gesagt wird, würde er uns davor warnen zu übertreiben, denn er wußte, daß wir alle voller Schwächen sind.

Wo lag seine Stärke, wo war er auf seine Art ungewöhnlich? Ich bin davon überzeugt, daß die Antwort auf diese Frage in einer sehr einfachen Feststellung zu finden ist: Bürgermeister ... hat sein ... *(Name des Ortes)* über alles geliebt.

Würdigung des unermütlichen Engagements für die Gemeinde

Aus dem Kriege heimgekehrt, war er auf der Suche. Ich glaube nicht, daß er sich zum Ziel gesetzt hatte, Bürgermeister zu werden. Aber nachdem ihm dieses Amt zugefallen war, ist er über sich selbst hinausgewachsen. Er wollte eine lebendige Gemeinschaft, mit der die Bürgerinnen und Bürger sich identifizieren können. Mehr als einmal hat er mir gesagt: »Ich will erreichen, daß diese Gemeinde mehr ist als ein verschlafenes Dorf am Rande eines Verwaltungsbezirks.« Er hat das Industriegelände geschaffen, weil ihm bewußt war, daß seine Gemeinde nur lebt, wenn sie auch Arbeit bieten kann.

Freund und Förderer der Vereine

Das Dorf als vitale Gemeinschaft – das hat etwas zu tun mit seinem Mäzenatentum für die Vereine. Seine ganze Zuwendung hat ihnen gegolten. Vereine waren für ihn Stützpunkte der Solidarität und des Miteinanders. Vielleicht kann man es so sagen: Weil ... *(Vor- und Zuname)* am liebsten unter Menschen war, hat er allen anderen das Erlebnis der Gemeinschaft vermitteln wollen.

Die Hinterbliebenen ansprechen und Anteilnahme bekunden

Verehrte Familienangehörige, für die Außenstehenden am Grabe ist es das Bedrückendste zu spüren, daß wir Anteilnahme bekunden, aber Trost nicht spenden können. Trotzdem bitte ich um Verständnis, wenn ich sage, ... ist zwar zuallererst Ihnen, er ist aber auch uns genommen worden. Wir haben einen Freund verloren. Wir alle sind ärmer geworden.

Beerdigung eines Bürgermeisters

Die Erste Beigeordnete spricht

Liebe Trauergemeinde!

Unsere Zeit braucht Männer und Frauen, die sich den Forderungen des Tages unterordnen, ohne ihnen jedoch zu erliegen. Ganz gleich, ob in der großen Politik oder in der kleinen, ob in den Regierungssitzen der Hauptstädte oder in den Rathäusern der Städte und Gemeinden, überall erfordert die Sorge um Gegenwart und Zukunft, daß sich die Verantwortlichen ihrer Aufgabe bewußt sind und alles tun, damit ihr Denken und ihr Handeln die Menschheit jenem Ziel ein Stück näherbringt, das Friede und Freiheit heißt. Hier in dieser Gemeinde, in unseren Nachbardörfern und -städten, überall, wo Menschen ihre ganze Persönlichkeit in den Dienst dieser Aufgabe gestellt haben, liegt die Keimzelle einer Zukunft, die unser aller Wunsch ist. Einen jener Männer, die innerhalb des ihnen übertragenen Arbeitsbereiches mit allen Kräften daran arbeiten, diesem Ziel ein Stück näherzukommen, tragen wir heute zu Grabe.

Das übergeordnete Ziel politischer Verantwortungsträger als Redebeginn

Es hat dem Schicksal gefallen, ihn mitten aus seiner Arbeit herauszureißen. Er konnte nicht mehr zu Ende führen, was er begonnen hat. Seit ... Jahren arbeitete er Tag für Tag an der Entwicklung dieser Gemeinde und versuchte, ihr innerhalb unseres Landes (Staates) den ihr gemäßen Platz zu verschaffen. Es ist ihm gelungen, das Leben innerhalb seiner Gemeinde zu beleben und im Interesse aller so zu gestalten, wie es unserer Zeit entspricht. Als seine Vertreterin glaube ich beurteilen zu können, worin die wahre Bedeutung dieses Mannes und seiner Arbeit lag. Ich glaube zu wissen, daß er weiter gedacht hat, als manche seiner Kritiker wahrhaben wollten, und ich erinnere mich an manch ein Gespräch, in dem dieses Vorausdenken deutlich zum Ausdruck kam. Er war kein Freund großer Worte. Das ist gewiß kein Nachteil, denn auf diese Weise war er gezwungen, all das, was er sagte, so zu durchdenken, daß es hieb- und stichfest war. Damit aber war sein Wort von Gewicht und hatte Bedeutung, nicht nur hier in ... *(Name der Gemeinde)*, sondern überall, wo er seine Gedanken und seine Auffassung von den Dingen darlegte.

Darstellung der Verdienste um die Allgemeinheit ...

... und der herausragenden Eigenschaften des Verstorbenen

Der Tod verlangt nicht nach lauten Worten, im Gegenteil, er verlangt nach Ruhe und nach Besinnung. Wir alle, die wir hier stehen, wissen nicht, wann für uns dieser Augenblick kommen wird. Wir wissen nur eines: er wird kommen. Wenn wir dann so beruhigt und im Bewußtsein, unsere Pflicht so getan zu haben, wie sie dieser Mann getan hat, vom Leben Abschied nehmen dürfen, haben wir allen Grund, mit unserem Schicksal zufrieden zu sein. Er hat seine Pflicht getan, und es ist an uns, es ihm gleichzutun.

Besinnung und Verpflichtung

Rede anläßlich des unverhofften Todes einer Beamtin

Es spricht eine Kollegin

Verehrte Trauergemeinde, liebe Hinterbliebene!

Ausdruck des eigenen Schmerzes

Wo sollen wir Trost finden, wo Verständnis für das Unabänderliche, Endgültige, den Tod unserer Kollegin ...? Noch ist es nicht recht faßbar, daß sie, die doch eben noch in unseren Reihen war, mit uns arbeitete, feierte, lebte, daß ... nicht mehr unter uns weilt, zu uns sprechen wird, uns Zuspruch zuteil werden läßt und uns mit Rat und Tat zur Seite steht. Nur langsam gelangen wir zu der Erkenntnis, daß der Tod eines Menschen unumkehrbar ist. Und wir müssen uns mit der steten Gewißheit vertraut machen, daß ... künftig nur noch in unserer Erinnerung weiterlebt, in dem Bild, das wir von ihr hatten.

Schilderung der Wesensart der Verstorbenen

Es war und bleibt ein gutes Bild. ... war eine Kollegin im wahren Sinne des Wortes. Keine Mühe war ihr zu groß, keine Sorge zu klein, als daß sie sich nicht darum gekümmert hätte, wenn sie um Rat oder Hilfe gefragt wurde. Und sie wurde oft gefragt. Ihr einfühlsames Verständnis, ihre menschliche Wärme und ihre unbedingte Objektivität waren es, die sie zu einem Menschen gemacht haben, der von allen Mitarbeiterinnen und Mitarbeitern der Behörde ... *(Name)* geschätzt wurde.

Heute nun müssen wir endgültig Abschied nehmen von ... Doch wir werden ihr Bild weiter in uns tragen und noch manches Mal wird der eine oder andere sich rückerinnernd äußern und fragen: »Was hätte ... wohl jetzt getan?«

Worte des Mitgefühls an die Familie

Ihnen, liebe Hinterbliebene, fühlen wir uns in der Trauer um einen vielgeachteten Menschen verbunden. Unser Mitgefühl wird Sie auch über diesen schweren Tag hinaus begleiten.

DER ÖFFENTLICHE DIENST

Nein, geliebt werden sie nicht, unsere Ämter und Behörden. Im Gegenteil: Wenn der Volksmund über die Staatsdiener herzieht, dann wird er zum Lästermaul.
Und doch wissen wir eigentlich alle, daß es ohne auch nicht geht. Von der Wiege bis zur Bahre begleiten uns Behörden, Ämter und Verwaltungen.
Kein Personalausweis ohne Antrag. Kein Kindergeld ohne Beglaubigung. Kein Führerschein ohne Stempel. Die Beispiele für die Notwendigkeit, ja Unentbehrlichkeit vieler staatlicher und kommunaler Einrichtungen lassen sich beliebig vermehren.
Beamte und Angestellte des öffentlichen Dienstes werden befördert, versetzt, in neue Positionen und Sachgebiete eingeführt, feiern Jubiläen oder treten in den Ruhestand. Anlässe genug also, um eine Ansprache zu halten, zu gratulieren oder eine Ehrung vorzunehmen. Mit wohlbedachten Worten, mit Pfiff, mit Einfühlungsvermögen, um dem besonderen Ereignis gerecht zu werden.

Beförderung, Dienstjubiläum und Pensionierung

Beförderung eines Beamten

Es spricht eine Vorgesetzte

Sehr geehrter Herr ..., meine sehr geehrten Damen und Herren!

Wir sind heute hier zusammengekommen, um Ihnen, verehrter Herr ..., für die Arbeit, die Sie in den ... Jahren Ihrer Zugehörigkeit zu unserer Behörde geleistet haben, zu danken.

Würdigung der Persönlichkeit und der Leistungen

Wir haben Sie als einen Menschen kennen und schätzen gelernt, der mit Einsatz und Verantwortungsfreude seine Aufgaben erfüllt. Zwar kann jeder, der seinen Beruf und damit sich selbst ernst nimmt, auf seinem Gebiet Großartiges leisten. Erst das Wissen um die Verantwortlichkeit für den ihm übertragenen Aufgabenbereich aber macht ihn zu einem besonders wichtigen Mitarbeiter. Erst dieses Wissen versetzt ihn in die Lage, mehr zu sehen und demzufolge auch mehr zu geben als jene, für die ihre Arbeit nichts weiter als ein Job ist.

Hervorheben der Verantwortungsbereitschaft

Verantwortung ist eine Sache, die sich kaum erlernen läßt. Sie liegt im Menschen, ebenso wie das Gefühl für Wahrheit und Gerechtigkeit. Damit aber gehört sie zu den wertvollsten menschlichen Eigenschaften. Leider lehrt die Erfahrung immer wieder, daß viele ganz nach Belieben damit umgehen. Sie bedienen sich ihrer, wann und wo es ihnen gefällt, und vergessen sie, wenn ihnen gerade danach zumute ist. Das Wissen um die eigene Verantwortung enspricht dem Wissen um die Aufgabe, die einem in der Gemeinschaft der Menschen gestellt ist. Wer sie sich bewußt gemacht hat und in diesem Bewußtsein lebt, erhebt sich über die große Masse derjenigen, die keine klare, positive Stellung innerhalb der menschlichen Gesellschaft bezogen haben. Die Verantwortung ist unteilbar, das bedeutet, man kann sie nicht hier empfinden und dort nicht. Der verantwortungsbewußte Mensch wird sich der Tragweite seiner Aufgabe immer bewußt sein, gleich welcher Art sie auch sein mag.

Lob und Anerkennung für den beförderten Beamten

Solch einen Menschen, verehrter Herr ..., sehe ich in Ihnen. Ich bin froh, daß ich Sie zu unseren besten und tatkräftigsten Mitarbeitern zählen kann. Und ich bin erfreut darüber, daß ich Ihnen an diesem Tage eine verdiente Anerkennung zuteil werden lassen darf. Ich spreche hiermit Ihre Beförderung zum ... aus und verbinde damit die Hoffnung, daß Sie uns auch weiterhin Ihre ganze Kraft zur Verfügung stellen. Ich beglückwünsche Sie zu dieser Beförderung von ganzem Herzen und wünsche Ihnen für Ihre weitere Arbeit guten Erfolg.

Beförderung einer Beamtin

Liebe Frau ..., liebe Mitarbeiterinnen und Mitarbeiter!

Ein Vorgesetzter gratuliert

Die Urkunde, die ich Ihnen, verehrte Frau ..., heute übergeben darf, ist mehr als nur ein Bogen Papier mit einem eindrucksvollen Text, einigen Stempeln und Unterschriften. Sie ist eine Auszeichnung für vollbrachte Leistungen und eine Anerkennung der Treue, die Sie dem Staat gegenüber bewiesen haben. Und sie soll gleichzeitig auch Ansporn und Verpflichtung für das sein, was an Aufgaben noch vor Ihnen liegt!

Die Urkunde als Leistungsbeweis

Liebe Frau ..., Sie haben sich diese Auszeichnung ehrlich verdient und können stolz darauf sein! Ich darf Ihnen heute im Auftrag des ... (Regierungspräsidenten, Bundeslandes, der höchsten vorgesetzten Behörde usw.) für ihre bisherige vorbildliche Dienstleistung und für Ihre Treue zum Staat danken. Mit Ihrem immer beispielgebenden Einsatz haben Sie gezeigt, daß sich alle Hoffnungen erfüllten, die man vor mehr als ... Jahren in die junge Dienstanfängerin ... *(Name der beförderten Beamtin)* setzte. Die ...-Verwaltung dankt Ihnen dafür, indem sie diesen vorbildlichen Einsatz mit der heutigen Beförderung belohnt, der – wie ich Sie kenne – noch weitere Sprossen auf der Leiter nach oben folgen werden.

Die Beförderung als Belohnung für Einsatzfreude und Tatkraft

Ich gratuliere Ihnen herzlich und hoffe, Ihnen aus gleichem Anlaß noch häufiger gratulieren zu können.

Glückwünsche des Sprechers der Kollegen

Liebe ... (Vorname)!

Wenn die Beamten unserer Dienststelle sonst auch recht verschieden geartet und deshalb nicht immer einer Meinung sind – heute herrscht bei uns einmal wirklich schönste Einmütigkeit. Denn jeder von uns ist der Ansicht, daß dieser Tag gefeiert werden muß – und jeder von uns freut sich mit dir über deinen Ehrentag! Herzlichen Glückwunsch also

Gemeinsame Freude verbindet

von uns allen! Für deine weitere Laufbahn als Beamtin der ...-Verwaltung wünschen wir dir alles erdenklich Gute! Herr ... *(Titel und Name)* hat schon gesagt, was auch ich betonen muß: Du hast dir die neue Sprosse der Leiter nach oben redlich verdient. Und du hast sie nicht nur verdient, weil du als Beamtin immer dein Bestes gibst, sondern auch deshalb, weil du das bist, was von uns allen hier ebenso hoch bewertet wird: eine gute und verläßliche Kollegin, die in jeder Situation für die anderen da ist!

Kollegialität als hervorstechende Eigenschaft

Liebe Kollegin, wir alle kennen dich lange genug um zu wissen, daß es dir nicht liegt, im Mittelpunkt zu stehen und Aufsehen zu erregen. Heute aber mußt du es dir schon gefallen lassen, daß wir dich gebührend feiern. Man wird immerhin nur einmal im Leben zum ... *(neuer Dienstgrad)* befördert, und das ist doch wahrhaftig ein Anlaß, diesen Tag entsprechend festlich zu begehen und Rückschau zu halten auf alles, was hinter uns liegt.

So wünschen wir dir weiterhin Glück – Gesundheit und alles Gute. Und wir wünschen uns auch selbst etwas, nämlich, daß du so bleibst, wie du bist: eine Kollegin, auf die man sich in jeder Lage verlassen kann! Wir kennen dich als eine Frau, für die die Worte Kollegialität und Kameradschaft nicht einfach nur leere Begriffe sind! Ob du unseren jüngeren Beamten etwas von deiner Erfahrung und deinem Wissen vermittelst und ihnen so hilfst, ihren Dienst leichter zu erfüllen – oder ob du tatkräftig einspringst, wenn es gilt, einen kranken Kollegen im Dienst zu vertreten –, du bist nicht der Mensch, der Nein sagt, wenn man seine Hilfe und sein Verständnis braucht.

Dankbare Anerkennung des Engagements und der Hilfsbereitschaft

Deshalb gratulieren wir dir herzlich zu deiner Beförderung, der noch recht viele andere folgen mögen.

Gratulation und gute Wünsche

Dankrede der beförderten Beamtin

Sehr verehrter Herr ... (Titel), liebe Kolleginnen und Kollegen!

Da ich noch nie eine große Rednerin gewesen bin, möchte ich mich kurz fassen. Hoffentlich gelingt es mir trotzdem, alles das auszudrükken, was mich im Augenblick bewegt. Es passiert wirklich nicht alle Tage, daß eine Beamtin geehrt wird, wie ich heute. Deshalb freue ich mich aufrichtig über die freundlichen und anerkennenden Worte, die Sie, verehrter Herr ... *(Titel des Vorgesetzten)*, und du, lieber Kollege ... *(Name des Sprechers der Beamten)*, im Namen aller Bediensteten der Abteilung für mich gefunden haben.

Persönliche Gefühle ausdrücken

Gerade weil ich meine, daß es selbstverständlich ist, seine Pflichten zu erfüllen und also das zu tun, was man von jedem von uns erwartet – gerade deshalb werde ich den heutigen Tag nicht vergessen! Es ist gut zu wissen, daß unser Dienst und die damit verbundene Pflichterfüllung nicht einfach nur hingenommen werden, sondern daß man sie anerkennt! Für die eindrucksvollen Worte, die vorhin über mich und meine dienstliche Tätigkeit fielen, danke ich sehr herzlich.

Dank für die ausgesprochene Anerkennung der Leistungen

Meine Beförderung zur ... *(neuer Dienstgrad)* fasse ich als besondere Auszeichnung auf. Ich werde mir Mühe geben, das in mich gesetzte Vertrauen auch weiterhin zu rechtfertigen und mein Bestes zu leisten.

Ernennung zum Beamten

Lieber Kollege ...!

Glückwünsche des direkten Vorgesetzten

Beati possidentes – Glücklich die Besitzenden!« – sagte schon Horaz vor ungefähr 2000 Jahren. In unserer Zeit ändert man dieses Zitat nur zu oft und gern um und sagt: Glücklich die Beamten! Und man begeht dabei den Fehler, das beamtete Glück zu überschätzen.

Humorvoller Einstieg per Zitat und Variation

Da sieht dann der brave Bürger die Polizeiwachtmeister Lehmann und Meier in einem chromfunkelnden Luxuswagen mit Blinklicht auf dem Dach spazierenfahren – er sieht den Zollsekretär Krause bei strahlendem Sonnenschein gemütlich durch den Wald wandern – oder er beobachtet neiderfüllt, wie der Briefträger Huber mit Herrn Hempel über dessen Tulpenzucht plaudert. Aber der brave Bürger nimmt nur selten zur Kenntnis, wie oft eine Funkstreife in lebensgefährlichem Tempo hinter einem betrunkenen Autofahrer oder einem gemeingefährlichen Verbrecher herjagt – der brave Bürger hat auch keine Ahnung davon, was es heißt, stundenlang treppauf, treppab zu hetzen und sich von unfreundlichen Leuten die Tür vor der Nase zuknallen zu lassen – und der brave Bürger liest auch nur achselzuckend die Nachricht, daß der Zollsekretär Krause bei einem Feuerwechsel mit skrupellosen Schmugglern schwer getroffen worden ist und den Rest seines Lebens im Rollstuhl verbringen muß.

Klischeevorstellungen von der Beamtenarbeit ...

... und die Wirklichkeit

Das Publikum, lieber Kollege ..., mag zwar zuweilen ungerecht urteilen, wenn die Rede auf die Beamten kommt – revanchieren Sie sich trotzdem nicht, sondern leisten Sie Ihren Dienst so, wie es von Ihnen erwartet wird: dem Publikum gegenüber korrekt und voller Treue dem Staat gegenüber! Ich bin sicher, daß Sie das jederzeit auch tun werden!

Aufforderung an den »frischgebackenen« Beamten, solche Zerrbilder gelassen zu sehen

Bezugnahme auf den Vorredner und Gratulation

Herr… *(Titel und Name des/der höheren Vorgesetzten)* hat bereits gesagt, daß die Ernennung zum Beamten eine ehrenvolle Auszeichnung ist! Auch ich möchte Ihnen dazu sehr herzlich gratulieren und Ihnen auch im Namen aller Kolleginnen und Kollegen unserer Dienststelle für Ihre weitere Karriere Glück und Erfolg wünschen!

Rede zum 25. Dienstjubiläum einer Beamtin

Die Vorgesetzte gratuliert

Liebe Kollegin …!

Was der große Humorist Wilhelm Busch einmal in Worte faßte, war natürlich schon zuvor bekannt, jedoch nur selten so treffend, kurz und witzig formuliert worden: »Eins, zwei, drei, im Sauseschritt / läuft die Zeit – wir laufen mit!« Und eins, zwei, drei sind auch 25 Dienstjahre vorbei! Die Strecke, die Sie, liebe Kollegin …, in diesen vergangenen 25 Jahren Ihres Lebens zurückgelegt haben, war nicht immer leicht – wir wissen das. Aber Sie haben sie zurückgelegt, mit Diensteifer und voller Treue zur Sache, ohne zu stolpern – und ich darf sagen, daß man Ihnen den langen Lauf durchaus nicht ansieht!

Gelungener Übergang von einem Zitat zum Ergebnis

25 Dienstjahre – das heißt: 25 Jahre mit Verantwortung und Pflichten angefüllt! Aber es heißt auch: 25 Jahre mit Leistung und mit vielen schönen und lohnenden Erfolgen, zu denen ich Ihnen heute herzlich gratulieren möchte!

Auch nach 25 Jahren: Elan und Begeisterung sind geblieben

Wenn man als junge Dienstanfängerin noch am Anfang der Laufbahn steht, dann macht man sich kaum Vorstellungen von den zahllosen kleinen und großen Mühen, die vor einem liegen. Man denkt nur daran, rasch vorwärtszukommen und ist von einer Begeisterung erfüllt, deren Feuer bei manchem nur zu schnell wieder erlischt. Diese Begeisterung, liebe Kollegin …, haben Sie sich erhalten – und diese Begeisterung für unsere Aufgaben ist auch ein Grund dafür, daß Sie mit den Schwierigkeiten unseres Dienstes ein Vierteljahrhundert lang ohne weiteres fertiggeworden sind! Mit unermüdlicher Ausdauer und anerkennenswerter Einsatzbereitschaft, haben Sie 25 Jahre Staatsdienst geleistet und dabei sicher oftmals persönliche Opfer bringen und private Nachteile in Kauf nehmen müssen. Sie haben sie in Kauf genommen in dem Wissen, der Allgemeinheit zu dienen!

Dank für Einsatz und kollegiales Verhalten

Und so waren Sie und sind auch noch heute ein Vorbild für die jüngeren Beamten, die von Ihnen gewiß viel gelernt haben. Heute sind wir zusammengekommen, um Ihnen für Ihren Einsatz, Ihre Treue zur Verwaltung und für Ihre menschliche Haltung als Kollegin aufrichtig zu danken! Und wir sind zusammengekommen, um Ihnen, liebe ..., für die nächste Teilstrecke Ihrer Laufbahn als Beamtin der ... *(Name der Behörde)* einen guten neuen Start und einen glatten Lauf zu wünschen!

Gute Wünsche

Im Namen der... (Regierung) darf ich Ihnen hiermit diese Urkunde überreichen – als Anerkennung Ihrer Verdienste und zur Erinnerung an Ihren heutigen Ehrentag als Jubilar!

Übergabe der Urkunde

40. Dienstjubiläum eines Beamten der Post

Meine sehr geehrten Damen und Herren, lieber Kollege ...!

Der Vorgesetzte gratuliert

Friedrich von Schiller sagte einmal: »So selten kommt der Augenblick im Leben, der wahrhaft wichtig ist und groß.« Wir wissen heute nicht, welche Augenblicke im menschlichen Dasein der große Dichter damit gemeint hat – zweifellos gehört aber auch der Tag dazu, an dem man mit Freude und Stolz auf eine 40jährige Pflichterfüllung im Beruf zurückschauen kann.

Ein klassisches Zitat auf den aktuellen Anlaß übertragen

40 Jahre sind eine lange Zeit. 40 Jahre ununterbrochene Tätigkeit im Dienst an Staat und Bürger aber ist noch mehr. Der Unterschied ist zwar kein zeitlicher, doch scheint es mir anerkennenswerter zu sein, wenn ein Mensch vier Jahrzehnte nur für andere arbeitet, als wenn er das nur für sich selbst tut. Mit unermüdlicher Ausdauer haben Sie, lieber Kollege ..., Ihre dienstlichen Aufgaben erfüllt, persönliche Opfer bringen müssen und dennoch nicht gefragt, ob sich diese eines Tages lohnen würden. Es ist Ihnen auch gar nicht um einen solchen Lohn gegangen, sondern es war Ihnen einfach nur darum zu tun, Ihren Pflichten zu genügen. Sie haben sich vielleicht – wie wir alle – des öfteren mit dem berühmten Rädchen im Werk einer großen Maschinerie verglichen, aber Sie wußten zugleich auch, daß diese große Maschinerie ohne die kleinen Rädchen nicht funktionieren könnte. Und dieses Wissen hat Ihnen eine Genugtuung vermittelt, die Sie brauchten wie jeder von uns – die Genugtuung, etwas wirklich Nützliches zu leisten, nicht für sich selbst, sondern für die Allgemeinheit.

Würdigung und kurze Beschreibung der Arbeit des Jubilars

Die Direktion ... unserer Verwaltung hat mich beauftragt, Ihnen als einem verdienten Mitarbeiter dieser Dienststelle Anerkennung auszusprechen und Ihnen gleichzeitig als Zeichen des Dankes und zur Erinnerung an Ihren Ehrentag diese Urkunde (oder diese Plakette usw.) zu überreichen. Wenn unsere Verwaltung seit langem eine erfreuliche Aufwärtsentwick-

Die Urkunde als Zeichen des Dankes

Einbindung des Geehrten in die Leistungen der Behörde für die Allgemeinheit

lung erfahren hat, so dankt sie das nicht zuletzt den Beamtinnen und Beamten, die in beispielhafter Treue und steter Einsatzbereitschaft ihre Pflicht erfüllten, so wie Sie, lieber Kollege ... Es spielt dabei keine Rolle, in welcher Dienststelle und an welchem Platz man seinen wachsenden Anforderungen gerecht wurde – es spielt keine Rolle, ob man im Schalterdienst eingesetzt war, als Briefträger dafür sorgte, daß die Mitbürger pünktlich ihre Post erhielten oder ob man am Sortierband Verantwortung trug – entscheidend ist allein, daß man seine Pflicht erfüllte, wie es gefordert wurde. Und Sie haben Ihre Pflichten immer musterhaft erfüllt.
Zu danken habe ich Ihnen an dieser Stelle auch für Ihre Kollegialität, die ja nicht zu den Amtspflichten gehört, sondern freiwillig, ja, ein Herzensbedürfnis des einzelnen ist. Aber auch als Kollege haben Sie menschliches Verständnis und Hilfsbereitschaft gezeigt, und auch deshalb hoffen und wünschen wir alle, Sie noch recht lange in unserer Mitte zu sehen.

»Runder« Geburtstag eines Beamten

Die Vorgesetzte gratuliert

Lieber Kollege ...!

Mag auch der Geburtstag eines Menschen im allgemeinen zur Kategorie der Familienfeste gehören, so soll uns das doch nicht hindern, Ihren Ehrentag auch hier im Amt gebührend zu feiern. Im Gegenteil! Schließlich sind ja auch wir eine Familie – eine dienstliche Familie zwar, aber eben doch mit mancherlei festen Bindungen nicht nur äußerer Art.

Die Behörde als »dienstliche Familie«

Herzlichen Glückwunsch deshalb zum Geburtstag, lieber Kollege ...! Da wir ein männliches Geburtstagskind vor uns haben, braucht nicht einmal verschwiegen zu werden, daß Sie es bislang immerhin ... mal geschafft haben, 12 Monate lang alles Gute und weniger Schöne mit Schwung und Elan hinter sich zu bringen! ... Jahre – das ist wahrhaftig schon eine stolze Zahl, doch es ist längst noch kein biblisches Alter! Wir alle hier hoffen jedenfalls, daß sich diese Summe an Jahren noch verdoppelt (bzw. verdreifacht oder vervierfacht).

Der Geburtstag als kleine »Pause«

Fürs erste aber holen Sie nun erst einmal Atem, lieber Kollege! Gönnen Sie sich eine kleine Rast auf Ihrem Lebensweg – eine Pause der Freude und Besinnung. Schauen Sie zurück und erinnern Sie sich des Schönen, das Sie bisher genießen durften – und dann blicken Sie auch gleich noch nach vorn, wo Ihnen sicher noch mancherlei Schönes winkt! Der Alltag meldet sich von selbst wieder an – heute sollen Sie ihn vergessen!

Zu allem was Sie bis heute privat und beruflich erreicht haben, gratulieren wir herzlich. Aber wir wünschen auch Gesundheit und Glück für die Zukunft! Möge Ihnen die Schicksalslotterie der kommenden Jahre einen ganzen Topf voller guter Treffer bescheren: ein frohes und starkes Herz vor allem – und natürlich Familienglück –, dazu aber auch berufliche Erfolge, möglichst viele Beförderungen und möglichst auch entsprechende Gehaltserhöhungen – vielleicht auch einen Treffer im Zahlenlotto –, kurzum: alles das, was man sich an Gutem nur wünschen kann! Dieses kleine Geschenk soll Ihnen verraten, wie sehr wir uns über Ihren Geburtstag freuen und daß wir Sie als einen Kollegen schätzen, der das Herz auf dem richtigen Fleck hat und uns allen deshalb auch immer lieb und teuer sein wird!

Gratulation mit den besten Wünschen und Übergabe des Präsents

Geburtstag eines Vorgesetzten

Sehr verehrter Herr … (Name)!

Ein Sprecher der Beamtenschaft gratuliert

Mit besonderer Freude habe ich die Aufgabe übernommen, Ihnen heute herzlich Glück zu wünschen – nicht nur für heute, sondern auch Glück für die Zukunft! Wir alle hoffen, daß wir diesen Tag noch recht oft hier feiern dürfen – ist es doch vor allem Ihrer Initiative zu verdanken, daß die Beamten der Dienststelle eine feste Gemeinschaft bilden, in der jeder an den kleinen und großen Nöten des anderen ehrlichen Anteil nimmt.

Besondere Verdienste erwähnen

Ihr Geburtstag, verehrter Herr …, soll uns darum ein Anlaß sein, Ihnen dafür zu danken, daß Sie ein Vorgesetzter sind, wie wir ihn uns nicht besser wünschen können. Und wir bitten Sie sehr, uns mit Ihren Erfahrungen auch weiterhin zu helfen und uns wie bisher Ihr menschliches Verständnis entgegenzubringen und Ihr goldenes Herz zu bewahren. Möge Ihnen die Zukunft Gesundheit, Glück und Erfolg bescheren – privat wie im Beruf! Als bescheidenes Zeichen unserer Hochachtung, verehrter Herr …, gestatte ich mir, Ihnen im Namen aller Kollegen der Dienststelle dieses Präsent zu überreichen – zur Erinnerung an diesen schönen Tag und an eine Gemeinschaft, die Ihnen für Ihre vorbildliche Haltung immer dankbar sein wird!

Gute Wünsche für das Berufs- und Privatleben

Vorzeitige Pensionierung eines Beamten

Der/die Vorgesetzte spricht

Sehr geehrter Herr… (ggf. Titel)!

Zu unserem Bedauern scheidet heute aus unserer Mitte unser verdienstvoller Mitarbeiter Herr… aus. Krankheitsgründe zwingen Sie, mein verehrter Kollege, vorzeitig in den Ruhestand zu treten. Mit besonderer Anerkennung gedenken wir in dieser Abschiedsstunde Ihrer für uns so wertvollen Mitarbeit in den vielen Jahren unserer gemeinsamen Tätigkeit. Nehmen Sie unseren kollegialen Dank entgegen für alles, was Sie während Ihrer Amtszeit zum Wohle unserer Stadt beigetragen haben. Nachdem Sie zuvor mehrere Jahre als Oberinspektor tätig waren, wurden Sie Amtsleiter in unserer Behörde. Ihre Tätigkeit war nicht nur für Sie persönlich erfolgreich, Sie war segensreich für uns alle.

Lange Jahre gemeinsamer Arbeit enden

Wer seinen Beruf so ausübt, wie Sie das taten, muß ihm schon mit innerer Begeisterung und mit Leidenschaft anhängen. Es war Ihnen vergönnt, bleibende ideelle Werte zu schaffen und sich in den Herzen aller Kolleginnen und Kollegen ein Denkmal zu setzen. Viele Ihrer jungen Mitarbeiter können nun das in die Praxis umsetzen, was Sie, verehrter Kollege, ihnen so beispielhaft vermittelt haben. Aber Sie haben nicht nur unserem Amt so vorbildlich gedient, Sie haben sich zusätzlich auch für öffentliche Aufgaben begeistert zur Verfügung gestellt. Nur wer von diesem selbstlosen Dienst an der Allgemeinheit weiß, kann ermessen, mit welch ungewöhnlicher Pflichterfüllung Sie Ihre Aufgaben gemeistert haben. Wir schulden Ihnen Dank auch dafür, daß Sie unserem Amt einen so guten Ruf verschafft und erhalten haben. Ihr Bestreben, das immer darauf gerichtet war, Ihren Mitarbeitern und Kollegen in allen Situationen ein väterlicher Freund zu sein, läßt mich auch hoffen, daß wir Ihrer Freundschaft auch weiterhin sicher sind. Sie scheiden zwar aus unserer Mitte und aus diesen Räumen, doch bleiben Sie trotzdem bei uns. Wir werden unseren guten Kontakt aufrechterhalten, und das nicht nur, wenn wir Ihres Rates bedürfen.

Würdigung der verdienstvollen Tätigkeit des Beamten und seines kollegialen Verhaltens

Auch nach der Pensionierung: Der Kontakt bleibt bestehen

Mit den besten Wünschen für Ihre Zukunft und Ihre baldige Genesung danken wir Ihnen für alles.

Abschiedsworte eines ausscheidenden Beamten

Liebe Kolleginnen und Kollegen!

Auf das tiefste bewegt durch die Worte der Anerkennung und des Dankes verlasse ich heute den Kreis meiner Mitarbeiterinnen und Mitarbeiter und meine mir so lieb gewordene Tätigkeit. Es ist für mich nicht leicht, bereits mit 60 Jahren aus diesem Amt zu scheiden, dem ich fast 40 Jahre angehört habe. Die guten Wünsche, die mir gegolten haben, sowie die Anerkennung meiner Arbeit in Ihrem Kreise werden mir gewiß den Übergang in den Ruhestand erleichtern. Gern werde ich Ihrem Wunsch entsprechen, Ihnen auch weiterhin mit Rat und Tat zur Seite zu stehen, wenn sie gebraucht werden.

Persönlichen Empfindungen Ausdruck geben

Meinen Mitarbeitern gilt mein aufrichtiger Dank für die tatkräftige Unterstützung meiner Pläne und Arbeiten. Das mir gezeigte Wohlwollen und die anerkennenden Worte sollen aber nicht allein meiner Person, sondern der gesamten Kollegenschaft gelten. Nicht zuletzt diese Zusammenarbeit war es, die mir oft die Schwere der Verantwortung erleichtert hat.

Dank an die Mitarbeiter, dabei auf die gute Zusammenarbeit abheben

Ich weiß, daß unsere Behörde und Ihnen allen durch die noch nicht voll ausdiskutierten Neuregelungen der bevorstehenden Funktional- und Verwaltungsreform noch viele unruhige Tage ins Haus stehen werden. Es ist noch nicht einmal sicher, ob das vorhandene Aufgabengebiet und der Dienstsitz beibehalten werden. Ständig neue Vorschläge, aber auch viele Gerüchte geistern durch die Büroräume.

Lassen Sie sich nicht irritieren, bleiben Sie ruhig. Auch diese Schwierigkeiten werden bald überwunden sein. Denken Sie aber vor allem daran, daß unser »Kunde«, der Bürger, kein Verständnis dafür hätte, wenn unsere internen Nöte, Befürchtungen und Schwierigkeiten unsere Dienstleistung beeinträchtigen würde.

Die Schwere des Abschieds anklingen lassen

Ich scheide mit dem Wunsch für eine gute Zukunft unseres Amtes aus dem Dienst. Möge von Ihnen auch weiterhin eine fruchtbare Arbeit zum Wohle der Allgemeinheit geleistet werden. Ein herzliches Lebewohl Ihnen allen.

Amtseinführung und Amtswechsel

Amtseinführung einer Dienststellenleiterin durch den Vorgesetzten

Liebe Mitarbeiterinnen und Mitarbeiter,
sehr geehrte Frau … (Name der neuen Leiterin)!

Aufgreifen von Vorwürfen und Vorurteilen gegen den öffentlichen Dienst

Bevor ich Sie in Ihr neues Amt einführen darf, möchte ich einige Worte zur Diskussion um den öffentlichen Dienst sagen. Viele indifferente Meinungen sehen in ihm ein Schlaraffenland für notorische Faulenzer. Die Vorwürfe gipfeln in dem Satz: Die Staatsdiener fressen ihren eigenen Staat auf. In diesen überspitzten Formulierungen äußert sich ein allgemeines Unbehagen an der anwachsenden Bürokratisierung unserer Gesellschaft. Viele übersehen dabei, daß viele Aufgaben der persönlichen Daseinsfür- und -vorsorge, die früher im größeren Familienverband gelöst werden konnten oder aber zum Schaden des einzelnen überhaupt nicht gelöst wurden, heute der öffentlichen Hand übertragen worden sind.

Widerlegen der Vorurteile und Formulierung einer gemeinsamen Aufgabe

Die Entwicklung unseres Staates zu einem sozialen Leistungsstaat hat zur Folge, daß es Verwaltungen geben muß, die die bestehenden Vorschriften auch anwenden. Der gleiche Bürger, der immer mehr und immer neue Leistungen vom Staat fordert, darf nicht im gleichen Atemzug die hierfür erforderliche Verwaltungseinrichtung verneinen. Was er verneinen sollte und was wir alle im eigenen Interesse bekämpfen sollten, ist eine Bürokratie um ihrer selbst willen, eine Verwaltung, die sich ausschließlich mit sich selbst beschäftigt. Solche Verwaltungen gibt es tatsächlich aber nicht. Was es gibt, und das belastet eben nicht nur die öffentliche Verwaltung, sind die Schwächen einzelner Mitarbeiter. Die sollen und können wir nicht vertuschen.

Die Behörde heute: Verantwortung für die anvertrauten Steuergelder…

Erfreulicherweise hat in den vergangen Jahren auch innerhalb der einzelnen Behörden hier ein Umdenkprozeß stattgefunden. Titelsucht und altväterliche Führungsmethoden sind ebenso verschwunden wie Gänsekiel und Ärmelschoner. Zugegeben, der Weg zu einer modernen Leistungsverwaltung wird im Gegensatz zum gewerblichen Bereich leider nicht täglich durch den Markt kontrolliert, honoriert oder bestraft. Dennoch verpflichtet uns die Verantwortung um die uns anvertrauten Steuergelder zu einer sparsamen und wirtschaftlichen Mittelverwendung, auch im Personaleinsatz. Auch wir in den Verwaltungen haben gelernt, besser zu wirtschaften, schneller zu reagieren und Überkommenes abzulegen. Sturheit, Unfreundlichkeit oder gar Arroganz gibt es hier wie überall, sie sind kein besonderes Kennzeichen der öffentlichen Verwaltung. Nur, und das unterscheidet uns insoweit vom Umgang mit anderen Menschen im privaten Bereich, der Bürger kann, wenn ein solcher Fall vorliegen sollte, nicht ausweichen. Es gibt dann eben nur diese Gesprächspartner und keinen anderen. Dies heißt für uns, daß wir bei der Auswahl unserer Mitarbeiter, insbesondere aber bei denen, die wir mit der Leitung einer Dienststelle beauftragen, besonders hohe Ansprüche stellen müssen.

... rationelles Wirtschaften

... und sorgfältige Auswahl der Mitarbeiter

Gerade aus diesem Grunde aber freut es mich ganz besonders, daß ich an diesem Tage eine Frau in ihr Amt einführen darf, die selbst in den Augen jener Skeptiker alles andere als eine sogenannte sture Beamtin ist. Sie, verehrte Frau ... *(Titel und Name der Beamtin)*, haben es in den vielen Jahren Ihrer Tätigkeit als ... *(bisheriges Amt)* verstanden, sich jenes Vertrauen zu erwerben, das für Ihr neues Amt von allergrößter Wichtigkeit ist. Dies konnte Ihnen nur gelingen, weil Sie in Ihrem Beruf nicht etwa eine Möglichkeit sehen, relativ einfach Geld zu verdienen und im Alter versorgt zu sein, sondern weil Sie um die Verantwortung wissen, die Sie und wir alle gegenüber Staat und Gesellschaft übernommen haben. Auf Grund dieser Verantwortlichkeit war und ist es Ihnen möglich, Ihren Dienst an der Allgemeinheit als eine große und ausfüllende Aufgabe zu betrachten, deren Verwirklichung zu Ihrem Lebensinhalt geworden ist. Eine solche Haltung verdient nicht nur unseren Dank, sie verdient auch die nötige äußere Anerkennung.

Überleitung zur neuen Behördenchefin als moderne, aufgeschlossene Beamtin

Darstellung der Erwartungen und der Aufgaben

Es ist ein gutes Gefühl, einem Menschen ein neues oder zumindest erweitertes Arbeitsgebiet übertragen zu dürfen, von dem man weiß, daß er ihm nicht nur gewachsen ist, sondern daß es ihm gleichzeitig Anlaß genug bedeutet, sich ihm mit aller Kraft, mit aller Begeisterung und mit aller Zielstrebigkeit zu widmen. Dieses Gefühl, sehr verehrte Frau ... *(Titel und Name der Beamtin)*, macht es mir zu einer wirklich angenehmen Pflicht, Sie heute in Ihr neues Amt einzuführen. Ich freue mich aufrichtig, in Ihnen eine Frau zu sehen, die sich sowohl bei ihren Vorgesetzten als auch bei ihren Untergebenen allgemeiner Achtung und Wertschätzung erfreut. Ich glaube, dieser Tag ist sowohl für Sie als auch für die Regierung der sicherste Beweis dafür, daß Sie es verstanden haben, Ihren Weg mit jener Energie zu verfolgen, deren ein Mensch in Ihrer Position bedarf.

Persönliche Eigenschaften als Qualifikationsmerkmal herausstellen

Ich wünsche Ihnen für Ihre weitere Laufbahn alles Gute und viel Erfolg. Ich bin sicher, daß Sie alles daransetzen werden, das Bild des deutschen Beamten auch in Zukunft von jenen Vorbehalten zu befreien, die sich im

Laufe der Zeit angesammelt haben. Ich beglückwünsche Sie zu Ihrer Ernennung zum... und spreche Ihnen im Namen der... Landesregierung für Ihre bisherige Arbeit Anerkennung aus.

Verabschiedung eines Dienststellenleiters (Beispiel Landesfinanzschule)

Der Vorgesetzte spricht

Meine sehr geehrten Damen und Herren,
lieber Herr... (Name des zu Verabschiedenden)!

Seit ... hat Herr ... (als Nachfolger von Herrn ...) die Landesfinanzschule in ... geleitet. Am heutigen Tage, an dem er offiziell dieses verantwortungsvolle Amt abgibt, ist es mir ein Bedürfnis, Herrn... für die geleistete Arbeit zu danken. Wir alle wissen, welche Bedeutung die Aus- und Fortbildung von Nachwuchskräften und Bediensteten im Rahmen unserer Verwaltung besitzt. Durch die vielen Vorschriften, Verordnungen, Richtlinien unseres Steuerrechts und die hieraus resultierende Unübersichtlichkeit laufen wir Gefahr, uns immer mehr von dem Postulat der Steuergerechtigkeit zu entfernen. Nur durch eine erweiterte Aus- und Fortbildung unserer Bediensteten kann vermieden werden, daß die Unübersichtlichkeit des Steuerrechts in Ungerechtigkeit umschlägt. Das gilt insbesondere für sozial Schwächere, also Lohnsteuerzahler aber auch kleine Gewerbetreibende, die sehr leicht ins Hintertreffen geraten, da sie sich in der Regel keinen Steuerberater leisten können. Hier kommt es vor allen Dingen auf unsere Bediensteten an, dafür Sorge zu tragen, daß gerade dieser Kreis von Steuerpflichtigen nicht von bürokratischer Pedanterie erdrückt wird.

Durch Darstellung der komplexen Anforderungen die Arbeit des Ausscheidenden würdigen

Es ist bekannt, daß diese Anforderung an den Bediensteten einer modernen Finanzverwaltung von vielen alten »Finanzern« nicht nur mit Skepsis, sondern teilweise mit Kopfschütteln zur Kenntnis genommen worden ist. Dennoch bin ich der Ansicht, daß sich dieses aufgeschlossene Denken bei unseren Bediensteten durchgesetzt hat, daß die Bereitschaft besteht, umzudenken und umzulernen. Denn nichts ist für eine Verwaltung schlimmer, als erkennen zu müssen, daß die sich ändernden Strukturen in Wirtschaft und Gesellschaft nicht in vorhandene Schemata passen und die Entwicklung praktisch an der Verwaltung vorbeiläuft. Das bedeutet insbesondere für unsere Finanzverwaltung, daß das vorhandene Grundlagenwissen permanent ausgebaut und erneuert werden muß; daß es auch ergänzt

Exkurs: Rolle und Aufgabe einer modernen Finanzverwaltung

werden muß durch Wissen, das mit der Verwaltungstätigkeit unmittelbar nichts zu tun hat, dennoch für das Verständnis unseres modernen technischen Zeitalters unerläßlich ist. Eine weit gespannte Aufgabe bietet sich hier den Bediensteten, ein interessantes Problem dem Leiter einer Institution, die sich – wie die Landesfinanzschule – mit der Aus- und Fortbildung im Bereich der Finanzverwaltung beschäftigt.

Bilanz der zurückliegenden Jahre: Leistungen und Erfolge aufzeigen

Lieber Herr …, Sie haben in den vergangenen … Jahren in beiden Bereichen mit großem persönlichen Engagement hier in … gewirkt. Sie haben nicht nur die Aus- und Fortbildung rein zahlenmäßig intensiviert, sondern gleichzeitig durch eine Forcierung der staatspolitischen Bildungsarbeit im Unterricht den Besuchern dieser Schule die notwendigen Anregungen zum kritischen Denken vermittelt. Durch Ihre Initiativen im Schulbereich und im öffentlichen Leben dieses Raumes hat sich die Landesfinanzschule zu einem kulturellen und geistigen Zentrum entwickelt. Ihre Bemühungen um den weiteren Ausbau der Schule sind im vergangenen Jahr erfolgreich gewesen; durch die Inbetriebnahme eines Erweiterungsbaues konnte die Belegungskapazität der Finanzschule von … auf … Teilnehmer erhöht werden. Zur Zeit wird in den zuständigen Ausschüssen des Landtags geprüft, ob weitere räumliche Ausdehnungsmöglichkeiten kurzfristig realisiert werden können.

Die neue Aufgabe als Lohn und Anerkennung der bisherigen erfolgreichen Arbeit

Die Leistungen der Schule im Bereich der Aus- und Fortbildung unserer Verwaltungsangehörigen sowie ihre belebenden Impulse auf das politische und gesellschaftliche Leben in diesem Raume sind dadurch gewürdigt worden, daß die Landesregierung Sie als den verantwortlichen Leiter zu neuen wichtigen Aufgaben in das … Ministerium berufen hat. Ich bin sicher, daß Sie sich auch im Rahmen Ihres neuen Aufgabenbereichs den großen und kleinen Problemen dieser Schule widmen werden. Ich darf Ihnen an dieser Stelle noch einmal für die hier in … geleistete Arbeit recht herzlich danken.

Amtsübergabe eines Landrats an seinen Nachfolger

Meine sehr geehrten Damen und Herren, sehr geehrter Herr … (Name)!

Einstieg mit persönlichen Empfindungen

Als ich vor … Jahren in der gleichen Situation stand, in der Sie heute sind, mischte sich mit der Freude über das Vertrauen, das mir mit meiner Wahl zum Landrat dieses Kreises ausgesprochen wurde, jenes seltsame Gefühl, das man hat, wenn man etwas Unbekanntem gegenüber steht. Im Laufe meiner Amtszeit ist mir klar geworden, daß man in der

Arbeit an den wirtschaftlichen, sozialen und kulturellen Problemen dieses Kreises nicht nur als sein sozusagen höchster Beamter handelt, sondern gleichzeitig als sein engagierter Einwohner. Dieses Engagement aber ist die Grundvoraussetzung dafür, daß die Interessen dieses Kreises und seiner Bevölkerung besser gegen gegenteilige Auffassungen und Meinungen Dritter vertreten werden können. Diese Aufgabe ist keineswegs immer leicht, wie es am Anfang den Anschein haben mag.

Besonderheiten des Amtes: Aufgabenvielfalt und Engagement als Bürger

Es ist aber auch eine schöne Aufgabe, insbesondere dann, wenn die vielen kleinen und großen Schwierigkeiten endlich überwunden sind und das angestrebte Ziel dann doch noch erreicht werden konnte. Diese Amtsperiode war sicher keine leichte, aber doch eine schöne und zweifellos sehr interessante Zeit. Allen, die mich auf diesem Wege bis heute begleitet haben, möchte ich an dieser Stelle sehr herzlich danken. Die Überzeugung, einen guten Beitrag zur Lösung der vielen kleinen und großen Nöte der Menschen in diesem Landkreis geleistet zu haben, sollte uns Dank genug sein für die Mühen der vergangenen Jahre.

Dank an die Weggefährten

Von jetzt an wird es Ihre Aufgabe sein, sehr geehrter Herr ..., über die Geschicke dieses Kreises und seiner Bevölkerung zu wachen und zu entscheiden. Sie haben es in Ihrem bisherigen Leben verstanden, die Ihnen übertragenen Aufgaben im Interesse der Bevölkerung gut zu lösen, und ich bin fest davon überzeugt, daß es Ihnen auch in Zukunft gelingen wird. Erlauben Sie mir, Ihnen mit wenigen Worten die Situation dieses Landkreises zu schildern, wie Sie sie im Augenblick Ihrer Amtsübernahme vorfinden:

Direkte Ansprache des Nachfolgers

(Kurzer Überblick über die wirtschaftliche und soziale Situation des Kreises)

Sie wissen, daß es eine Menge zu tun gibt und schätzen die Schwierigkeiten richtig ein. Ich weiß wohl, daß Sie sich darüber keine Illusionen machen. Deshalb bin ich froh darüber, daß sich die Vertretung unseres Kreises für einen Mann entschieden hat, der diesen Aufgaben gewachsen ist.

Die richtige personelle Entscheidung...

Ich erlaube mir daher, Ihnen, verehrter Herr ..., für Ihre Amtszeit als Landrat alles Gute zu wünschen. Ich hoffe und wünsche, daß es Ihnen gelingen möge, Ihr Amt so zu führen, daß unsere Heimat eine weitere glückliche Aufwärtsentwicklung nimmt.

Gute Wünsche

Amtseinführung eines Oberbürgermeisters durch die Stadtverordnetenvorsteherin

Sehr geehrter Herr Oberbürgermeister!

Im Namen der Vertretungskörperschaften dieser Stadt heiße ich Sie im Rathaus herzlich willkommen. Mit diesem ersten Tag Ihrer Amtszeit als Oberbürgermeister unserer Stadt beginnt für Sie eine Zeit, von der niemand weiß, was sie alles an angenehmen oder unangenehmen Dingen mit sich bringen wird. Wer die Geschicke einer so großen Kommune in die Hand nimmt, muß sich darüber klar sein, welche Schwierigkeiten ihn erwarten. Die vielfältigen sozialen, wirtschaftlichen und kulturellen Belange dieser Stadt erfordern eine Persönlichkeit, die nicht nur über vielseitige Sachkenntnisse verfügen muß, sondern gleichzeitig unter Einsatz aller Kräfte darauf hinarbeiten muß, den Anliegen aller Bürger Rechnung zu tragen.

Der neue Mann übernimmt ein schweres Amt

Jeder weiß, daß eine solche Aufgabe von demjenigen, der für ihre Verwirklichung verantwortlich ist, ein Höchstmaß an Initiative und Energie verlangt. Und jeder weiß auch, daß dieser Mann zur Bewältigung aller ihm gestellten Aufgaben und aller ihm entgegenstehenden Schwierigkeiten ein offenes Herz und einen wachen Verstand braucht. Wer nur eine dieser beiden Gaben besitzt, wird irgendwann an der Aufgabe scheitern. Unsere Stadt ist ein lebendiges, im Wandel begriffenes Gemeinwesen, in das man sich einfühlen, ja, das man lieben muß, wenn man es verstehen will. Verständnis aber ist die erste und wichtigste Voraussetzung dafür, daß man ein Amt gerecht und klug verwalten kann. Der kontrollierende Verstand übernimmt die Aufgabe, jede Entscheidung und jede Handlung zu überprüfen. Er ist so etwas wie eine Kontrollstelle, an der nachzuweisen ist, daß eine Entscheidung tatsächlich berechtigt ist. Hat sie solche Berechtigung nicht, so muß man sie aufheben, selbst dann, wenn es schwerfällt. Diese Voraussetzungen, sehr geehrter Herr Oberbürgermeister, haben Sie immer wieder unter Beweis gestellt. Ihre Ausbildung, Ihre Berufspraxis und Ihr Engagement sind ein schlüssiger Beweis für die Richtigkeit unserer Entscheidung, Ihnen von jetzt an die Geschicke dieser Stadt anzuvertrauen. Ich bin davon überzeugt, daß wir sie in die richtigen Hände gelegt haben. Ich wünsche Ihnen im Namen der Stadtverordnetenversammlung für Ihre Amtszeit als Oberbürgermeister alles Gute und gebe unserer Hoffnung Ausdruck, daß es für unsere Stadt eine fruchtbare und glückliche Zeit sein wird.

Die »große« Aufgabe und ihre Voraussetzungen

Überleitung zur Person, die – natürlich – alle Anforderungen bestens erfüllt

Antrittsrede eines neuen Bürgermeisters

Frau Vorsitzende, Herr Landrat, meine sehr geehrten Damen und Herren!

Als ich vor 20 Jahren beim hiesigen Amtsgericht meine Tätigkeit als Referendar antrat, hätte ich selbst in meinen kühnsten Träumen nicht zu hoffen gewagt, daß ich einmal als der gewählte Repräsentant aller Bürger vor Ihnen stehen würde. Durch meinen beruflichen Werdegang in dieser Stadt und durch die vielfältigen Kontakte zu ihren Bürgern, zu Nachbarn und Freunden ist in den zurückliegenden Jahren mein Interesse an der Kommunalpolitik entstanden und gewachsen. Meine Tätigkeit beim Amtsgericht, meine Tätigkeit in einer hiesigen Rechtsanwaltskanzlei sowie 10 Jahre Arbeit in der kommunalen Selbstverwaltung haben mir das breite Spektrum der politischen Tagesarbeit verdeutlicht. Sie, meine Damen und Herren des Stadtparlaments, haben mich durch Ihr Vertrauen in das verantwortungsvolle Amt eines Bürgermeisters berufen. Dieses Vertrauen betrachte ich als Vorschuß auf eine Arbeitshypothek, die ich – wie ich hoffe – zu Ihrer aller Zufriedenheit verzinsen und tilgen werde. Es ist heute sicher nicht die Zeit, Ihnen mit fertigen Konzepten oder gar Rezepten unsere künftige Arbeit vorzustellen. Dafür wird in den ausstehenden Beratungen und Sitzungen Zeit genug sein. Grundvoraussetzung für das Erreichen unserer gemeinsamen Ziele ist jedoch eine fruchtbare Zusammenarbeit zwischen Stadtverordnetenversammlung einerseits und Stadtverwaltung andererseits. Wenn beide Partner bemüht bleiben, nicht auf vermeintlichen Rechten und Pflichten zu beharren, sondern in wechselseitiger Offenheit das gemeinsame Ziel anzustreben, werden wir es auch erreichen.

Eigener Werdegang als Einstieg

Dank an die Stadtverordneten für das erwiesene Vertrauen

Jedoch entscheidet nicht nur ein gutes internes Verstehen über das Wohl eines Gemeinwesens. Ebenso bedeutsam ist ein gutes Verhältnis zum Landkreis und zur Landesregierung. Es wird immer gut sein, wenn Kreis und Landesregierung Aufsichtsinstanz in zweiter, jedoch Selbstverwaltungskörperschaft in erster Linie sind. Der Kreis soll als fürsorglicher, beratender und, wenn nötig, auch mahnender »Vater« tätig sein, der es nicht übelnimmt, wenn der Sohn mit eigenen Meinungen und Wünschen zu ihm kommt und diese Meinungen mit Nachdruck zu vertreten sucht. In diesem Sinne, sehr verehrter Herr Landrat, werde auch ich mich hier bemühen, stets ein rühriger und fleißiger Sohn unseres Kreises zu sein.

Das eigene Politikverständnis umreißen: die Rolle der Gebietskörperschaften

Ein ebenso gutes Einvernehmen werde ich zu unseren Nachbarn anzustreben suchen. Ich bin mir bewußt, daß wir in den nächsten Jahren keine kommunale »Vogel-Strauß-Politik« betreiben können. Das käme einer Selbstaufgabe gleich. Es war einst der Stolz unserer Vorfahren, Bürger einer

Globale Ziele formulieren

freien Stadt zu sein. In dieser Hinsicht ist allerdings heute, wenn auch unausgesprochen, eine gewisse Kommunalverdrossenheit und eine merklich wachsende Entfremdung des Menschen zu seiner kommunalen Behörde zu beklagen. Die Ursachen hierfür mögen mannigfacher Art sein. Für die verantwortlichen Organe ergibt sich jedoch hieraus die Notwendigkeit, die Umwelt des Bürgers zu verbessern, ihn an der Lebensgemeinschaft unserer Stadt stärker zu interessieren und ihn wieder davon zu überzeugen, daß Verwalten nicht Selbstzweck, sondern eine gemeinschaftsbezogene, dem Gemeinwohl dienende Tätigkeit ist.

Unzufriedenheit der Bürger als Ansporn für verstärkte Anstrengungen

Ich möchte in diesem Zusammenhang nicht vergessen, die hervorragenden Leistungen meines Amtsvorgängers zu würdigen. Mit meinem Amtsantritt endet die Amtszeit des sehr verehrten Herrn Kollegen ... Sie, Herr Kollege, haben viele Jahre in treuer Pflichterfüllung dieser Stadt und ihren Bürgern gedient. Sie können stolz auf eine hervorragende Verwaltungslaufbahn zurückblicken. Daß ich ein wohlvorbereitetes Amt übernehmen kann, ist Ihr Verdienst und mein Dank dafür kommt von Herzen.

Würdigung der Verdienste des Amtsvorgängers

Für meine künftige Arbeit werde ich mir den Wahlspruch der alten Städte zu eigen machen, der da lautet: »Des Bürgers Wohl ist oberstes Gesetz.«

Traditionelles Motto als Redeabschluß

Amtseinführung eines Bürgermeisters

Verehrter Herr Bürgermeister!

Es spricht der Stadtverordnetenvorsteher

Es ist schon ein ernster und bedeutender Augenblick, einen Mann in ein Amt einzuführen, in dem er die Geschicke einer Gemeinde lenken und entscheidend auf ihre Entwicklung Einfluß nehmen soll. Die Stellung des Bürgermeisters war von jeher und ist noch immer von großer kommunalpolitischer Bedeutung. Sie erfordert neben Einfühlungsvermögen in die Belange unserer Gemeinde gleichzeitig jenes Gefühl für Prioritäten, ohne die ein zielstrebiges Handeln undenkbar ist. Die vielfältigen, unterschiedlichsten Aufgaben unserer Gemeinde lassen sich selbstverständlich nicht von heute auf morgen lösen. Für sie gibt es ebensowenig eine Zauberformel wie für die große Politik. So wie in ihr die Probleme nur durch zähes Ringen und ununterbrochenes Bemühen der Lösung ein Stück nähergebracht werden können, so ist es auch im Falle der Kommunalpolitik. Gewiß, hier geht es nicht um Dinge, die, wie die große Politik, die Welt verändern können; im guten wie im bösen. Aber innerhalb dieser Gemeinde besitzen die Entscheidungen der Gemeindevertretung jenes

Das Amt des Bürgermeisters: Bedeutung und besondere Anforderungen

Gewicht, das bereits im Falle jeder einzelnen Familie, jedes Geschäftes und jedes Betriebes deutlich spürbar wird. Es ist Politik im kleinen, aber trotz allem Politik mit ihren tausend Irrwegen, Sackgassen, Überraschungen und unvorhersehbaren Folgen. Und aus eben diesen Gründen ist keineswegs jeder geeignet, das Amt eines Bürgermeisters zu bekleiden, weil eben nicht jeder ein Gefühl dafür haben kann, welche Entscheidung nicht nur für die Gegenwart, sondern auch für die Zukunft richtig und nutzbringend ist. Wir alle kennen jene Augenblicke, in denen wir fest davon überzeugt sind, richtig entschieden zu haben und uns über den zu erwartenden Erfolg freuen. Groß ist die Enttäuschung, wenn wir nach einiger Zeit einsehen müssen, daß unsere Entscheidung falsch war. Hier betreffen die Folgen jedoch nur uns selbst, im Höchstfalle noch unsere Familie. Trifft jedoch die Vertretung einer Gemeinde eine falsche Entscheidung, so hat das Auswirkungen auf alle ihre Bürger.

Auch die »kleine Politik« hat große Auswirkungen und zum Teil teure Folgen

Wir kennen Sie, sehr geehrter Herr Bürgermeister, als einen Mann, der seine oberste Verpflichtung darin sieht, alle ihm gestellten Aufgaben zu erfüllen. Sie besitzen jene Zielstrebigkeit, die Ihr neues Amt erfordert. Ich bin sicher, daß Sie es zu unser aller Zufriedenheit führen werden.

Die Befähigung des neuen Amtsinhabers betonen…

Das Gemeindeparlament gibt Ihnen durch mich das feste Versprechen, daß wir alle Sie nach besten Kräften unterstützen werden. Ich bin fest davon überzeugt, daß wir in gemeinsamer Arbeit die Schwierigkeiten meistern können, die in den folgenden Jahren an uns herantreten. Ich wünsche Ihnen im Namen des Gemeindeparlaments für Ihre Amtszeit alles Gute und gebe der Hoffnung Ausdruck, daß das Verhältnis zwischen Ihnen und uns zum Nutzen aller ein gutes und angenehmes sein wird.

…und ihm die volle Unterstützung zusichern

Rede zur Wiederwahl eines Bürgermeisters

Es spricht der Erste Beigeordnete

Sehr geehrter Herr Landrat, Herr Parlamentsvorsitzender,
sehr geehrter Herr Bürgermeister, verehrte Ehrengäste,
meine sehr geehrten Damen und Herren!

Es ist die besondere Aufgabe des Ersten Beigeordneten einer Gemeinde, dem Bürgermeister der Kommune die Ernennungsurkunde zu überreichen. Ich komme dieser Ehrenpflicht heute besonders gerne nach: Vor etwas weniger als sechs Jahren konnte ich Ihnen, verehrter Herr Bürgermeister…, zur Wahl als Gemeindeoberhaupt in… gratulieren und Sie in Ihr neues Amt einführen.

Wenn ich Ihnen heute zum zweiten Mal die Urkunde überreiche, dann ist dies zum einen der Beweis für Sie und für die Gemeinde, daß Ihnen Vertrauen entgegengebracht wird. Und es ist zum zweiten ein Indiz für die Kontinuität erfolgreicher Politik.

Die Wiederwahl als Vertrauensbeweis

Die Gemeinde ... hat in den vergangenen Jahren eine rasante und erfolgreiche Entwicklung genommen. Mit seinen sieben Ortsteilen ist ... heute die zweitgrößte Kommune im Landkreis ... Sie profitiert ohne jeden Zweifel von der räumlichen Nähe ... *(Name der Gemeinde)*, sie jedoch als reine »Schlafgemeinde« abtun zu wollen, wäre viel zu kurz gedacht.

Die Aufgabe der Kommunalpolitik: Tradition bewahren und die Gegenwart gestalten

Unsere Kommune lebt aus einer großen Tradition heraus und dem Willen ihrer Bürger, sich mit unverwechselbarem Profil zu behaupten. Diesem Selbstverständnis hat auch die kommunale Politik Rechnung getragen. Wir können heute voller Stolz auf die vorbildliche Infrastruktur unserer Gemeinde verweisen: In jedem Ortsteil steht ein modernes Dorfgemeinschafts- oder Bürgerhaus. In der Zentralgemeinde ist das Gemeindezentrum errichtet worden. Die Feuerwehren der einzelnen Ortsteile haben moderne Funktions- und Gemeinschaftsräume. In jedem großen Ortsteil gibt es einen Kindergarten, in vier Dörfern stehen Schulen. Außerdem existieren großzügig angelegte Einkaufsmöglichkeiten und vieles mehr, was das Leben in ... angenehm macht. Erinnert sei nur an den Sportplatz, die Tennishalle (das Hallen- oder Thermalbad, die Kuranlagen usw.).

Erfolge sind mit der Person des Bürgermeisters verknüpft

Vieles davon, sehr geehrter Herr Bürgermeister ..., ist mit Ihnen oder durch Sie entstanden. Sie waren Motor und Getriebe einer zügigen Fahrt bis hin zum hier und heute. Und es waren bewegte Zeiten, in denen Sie das »Schiff« der Gemeinde ... auf Kurs gehalten haben. Häufig hat Ihnen der Wind ins Gesicht geblasen, oft genug gab es »rauhe See«.

Ich sage Ihnen heute Dank. Den Dank der Gemeinde mit ihren knapp 15 000 Bürgerinnen und Bürgern. Und mit dem Dank verbinde ich die Anerkennung für großartige Leistungen zum Wohle der Gemeinde.

Ein passendes Zitat: »Die Ruhe sei dem Menschen heilig« (deutsche Redensart)

Viele haben anfangs Ihrer Bürgermeistertätigkeit Ihre bedächtige, überlegte, ja bisweilen sehr reservierte Art mit Ungeduld begleitet. Auch ich habe bisweilen gewünscht zu erleben, daß die »Pferde mit Ihnen durchgehen«. Doch im Rückblick muß ich mit Anerkennung feststellen, daß Ihr Erfolg größtenteils in genau dieser Ruhe begründet ist.

Vertrauen in die Zukunft

Ich hoffe und wünsche – und bin gewiß, daß Sie auch in den kommenden Jahren erfolgreich arbeiten werden – an der Spitze einer effektiven Verwaltung und im Vertrauen auf ein Parlament, in dem zuallererst der Sachverstand eine Mehrheit findet.

Ich überreiche Ihnen die Ernennungsurkunde und wünsche Ihnen und uns allen alles Gute für die Zukunft.

Amtseinführung eines Chefarztes

Es spricht der Oberbürgermeister

Sehr geehrter Herr Dr. … (ggf. Prof. und Name)

Im Namen der städtischen Körperschaften darf ich Sie heute sehr herzlich zu Ihrem Amtseintritt hier begrüßen. Wir haben Ihnen, sehr geehrter Herr Dr. …, in den vielen gemeinsamen Vorstellungsgesprächen das Konzept unserer Klinik erläutert. Wir haben zwar nur ein kleines Krankenhaus, aber alle notwendigen modernen Hilfsmittel. Unser Grundkonzept ist es, kranke Mitmenschen in Not und Verzweiflung nicht zu isolieren, sondern ihnen zu helfen, körperliche Heilung zu finden, ohne seelisch zu erkranken. Dazu gehört z. B., daß wir in der Vergangenheit schrittweise die Besuchszeit in allen medizinisch vertretbaren Fällen gelockert haben. Dazu gehört auch, daß wir im Krankheitsfalle Mütter und Kinder nicht trennen wollen und auch, daß ständig ein ehrliches klärendes Gespräch mit den Patienten möglich ist. Wir alle wissen, daß viele Menschen eine panische Angst vor Krankheit haben. Diesen Menschen die Angst zu nehmen, ihnen zu helfen, sie zu heilen – das ist unsere Hauptaufgabe.

Das Grundkonzept und einige Neuerungen darlegen

Wir freuen uns, daß Sie sich entschlossen haben, dieses Konzept zu stützen und weiterzuentwickeln. Ich darf Ihnen versichern, daß Sie alle Ihre Kollegen und Helfer, die hier arbeiten, in dieser Aufgabe unterstützen werden. Sie werden als Chefarzt dieser Klinik nicht nur die medizinische, sondern auch die organisatorische Verantwortung übernehmen. Wir haben uns als Krankenhausträger aber bemüht, alle Hilfsmittel dafür bereitzustellen, daß der bürokratische Anteil an der Tätigkeit den medizinischen nicht überwiegen kann. Sehr geehrter Herr Dr. …, wir als medizinische Laien wissen vom kranken Menschen nur wenig. Aber bereits dieses Wenige hat uns veranlaßt, alle organisatorischen und finanziellen Möglichkeiten auszuschöpfen, um mit dieser Klinik dem Menschen zu dienen. Wir hoffen, daß dies ausreicht, um ihm in vielen Fällen helfen zu können, um ihn von seiner Krankheit zu heilen und von seinen Leiden zu befreien. Wir hoffen, daß es genügt, um das tun zu können, was Sie, sehr geehrter Herr Dr. …, zu Ihrer Lebensaufgabe gemacht haben: zu helfen! Seit vielen Jahren erfüllen Sie jetzt diese Aufgabe und es ist Ihnen in vielen Fällen gelungen, Menschen ihre Gesundheit und ihren Lebensmut zurückzugeben. Mit Ihrer Bewerbung haben Sie sich bereiterklärt, auch die neuen Probleme zu übernehmen, die die Leitung eines Krankenhauses mit sich bringt. Ich wünsche Ihnen als Chefarzt unserer Klinik alles Gute, vor allem aber, daß es Ihnen gelingen möge, Ihr Wissen und Ihr Können zum Wohle vieler einzusetzen. Wir werden Sie stets unterstützen.

Verantwortungsbereiche und Aufgaben abstecken

Erwähnung der bisherigen Tätigkeit und der beruflichen Qualifikation

Einführung eines Sparkassen-Direktors

Meine sehr geehrten Damen und Herren, verehrter Herr ...!

Es spricht die Landrätin (Ost)

Ich heiße Sie als neuen Vorstandsvorsitzenden der Kreissparkasse im Landkreis ... auf das herzlichste willkommen. Sie übernehmen ein Institut, das eine große, prosperierende Zukunft vor sich hat. Diese Feststellung beinhaltet den Anforderungskatalog, den ich als Vorsitzender des Verwaltungsrates Ihnen heute auf den Schreibtisch lege.

Die wesentlichen Ziele und Anforderungen formulieren

Unter Ihrer Führung, sehr geehrter Herr Direktor ..., soll die Kreissparkasse ... einen weiteren Aufschwung nehmen und ihren Platz als führendes Geldinstitut in Kreisstadt und Landkreis ... behaupten und ausbauen. Bei diesem ehrgeizigen und anspruchsvollen Vorhaben können Sie sich auf eines verlassen: Sie werden im Landkreis immer einen fairen, offenen und kooperativen Partner haben.

Gemeinsamkeit der Interessen betonen

Ich stehe an der Spitze beider Einrichtungen: Als Verwaltungsratsvorsitzender bin ich am erfolgreichen Arbeiten der Kreissparkasse ebenso interessiert wie als Landrat, denn in dieser Funktion stehe ich an der Spitze des Gewährsträgers für die Kreissparkasse. Und gemeinsam wollen wir auf Erfolgskurs bleiben! Wir können dabei auf die großartige Unterstützung durch die Kreissparkasse ... rechnen, für die ich mich an dieser Stelle herzlich bedanke. Es bleibt unser Ziel, daß beide Institute eng zusammenarbeiten und Seite an Seite für die Bürgerinnen und Bürger zwischen ... *(Region West)* und ... *(Region Ost)* aktiv sind.

Passendes Zitat zum Thema und Interpretation mit Blick auf die bevorstehenden Arbeiten

»Beim Geld«, sagt der Volksmund, »hört die Freundschaft auf.« Für die Kreissparkasse darf und soll dies nicht zutreffen. Im Gegenteil: Beim Geld muß die Freundschaft zwischen Kunde und Kreissparkasse beginnen. Wenn dies erreicht ist, kann die Kreissparkasse, kann der Direktor zufrieden auf die geleistete Arbeit schauen.

Gute Wünsche

Ich wünsche Ihnen, verehrter Herr ..., diesen zufriedenen Blick. Bis dahin benötigen Sie Fleiß, Ausdauer und Durchsetzungsvermögen. Und Sie benötigen das Quentchen Fortune, das aus einem Erfolg einen Bombenerfolg werden läßt. Ich wünsche Ihnen diesen großen Erfolg. Alles Gute.

Schule, Bildung und Erziehung

Schule – das stellt im Leben eines Menschen einen besonderen Abschnitt dar. Die zehn bis dreizehn Jahre Unterricht und Klassengemeinschaft prägen bis weit hinein in die Berufswelt und ins Familienleben.
Schule – das ist weit mehr als reine Wissensvermittlung. Schule ist immer auch ein Stück Heimat. Das Gefühl der Verbundenheit lebt vor allem von der Dynamik, die Eltern, Lehrerschaft und Schüler einbringen.
Sicherlich, der vornehmste Auftrag von Schule ist der zu erziehen und zu bilden. Doch damit erschöpft sich Schule noch lange nicht. Lachen und Weinen, Feiern und Trauern haben in ihr ebenso ein Zuhause wie außerhalb, im sonstigen Leben.
Und weil dies so ist, gibt es auch im Schulalltag zahlreiche Gelegenheiten, zu denen Reden gehalten werden – von Lehrerinnen und Lehrern an vorderster Front, aber auch von Eltern. Und nicht zuletzt von denjenigen, für die Schule da ist, nämlich von Schülerinnen und Schülern.
Die nachfolgenden Reden spiegeln einen Teil des Schullebens wider. Sie geben Beispiel, wie das gesprochene Wort in der Schule Schule machen kann.

Bau, Einweihung und Jubiläum von Schulen und Turnhallen

Grundsteinlegung für eine Schule

Eine Regierungsvertreterin spricht

Verehrte Schulgemeinde, meine sehr geehrten Damen und Herren!

Mit der Grundsteinlegung für die Mittelpunktschule in dieser Gemeinde wird heute die ... Schule dieses Typs in unserem Lande begonnen. Lassen Sie mich deshalb heute allen danken, die sich mit großer Tatkraft für die Durchführung dieses Gemeinschaftswerks eingesetzt haben, vor allem den Mitgliedern der Verbandsversammlung und Herrn ..., dem Verbandsvorsteher. Nur mit echtem Gemeinschaftssinn, der das Allgemeinwohl über das Einzelinteresse stellt, kann auch in ländlichen Bereichen ein Projekt in dieser Größenordnung erstellt und finanziert werden. Dieses Zusammenwirken in brennenden Fragen der Bevölkerung hat gerade hier in ... eine lange Tradition. Bereits im 16. Jahrhundert bildeten die Dörfer ... einen genossenschaftlichen Zusammenschluß, durch den der gemeinsame Wald verwaltet und bewirtschaftet wurde. Eine der größten Leistungen dieses Verbandes auch aus heutiger Sicht, war die Sorge für die Schule. Er hat die Existenzbedingungen der Schule geschaffen und fast 300 Jahre erhalten. Besonders erwähnenswert ist, daß zwei der adligen Miterben damals Land stifteten, auf dem der Schulmeister seinen Lebensunterhalt verdienen konnte. Diese Form der »Schulträgerschaft« blieb auch trotz der Errichtung weiterer Schulstellen bis weit in das 19. Jahrhundert erhalten, dem Jahr, in dem der Zusammenschluß aufgelöst wurde und die Rechte und Pflichten auf die einzelnen Gemeinden übergingen.

Der Schulbau als Gemeinschaftswerk

Die jahrhundertealte Tradition skizzieren ...

Mit diesem kurzen Rückblick läßt sich zeigen, daß die Aufgabe der Bildung und Erziehung der Kinder in ... nicht erst in unseren Tagen von der Bevölkerung als erstes Gemeinschaftsziel aufgefaßt und angesteuert wird. So gesehen war die Gründung des hiesigen Schulverbandes durch die Gemeinden ... der folgerichtige Schritt, die anstehenden Probleme im Geist einer jahrhundertelangen Tradition mit neuzeitlichen Methoden zu lösen. Von der ersten ... Schule im Jahre ... bis zu der hier geplanten modernen, zweckmäßigen Mittelpunktschule war ein weiter Weg. Gerade hier zeigt sich, wie sich Bildungsauftrag und Bildungsinhalt gesammelt haben – von der Privatspende des Bürgers und dem Unterricht im

... und mit der Gegenwart verbinden

Bauern- und Pfarrhaus bis hin zu einem mit Millionenaufwand erstellten Schulgebäude, das rund ... Kinder aufnehmen kann.
Die Zielsetzung allerdings ist die gleiche geblieben: das geistige Potential des Kindes zu erschließen, seine Persönlichkeit zu entfalten und so zur Fortentwicklung unserer Gesellschaft den Grundstein zu legen. Dieser Aufgabe kommt in der Landespolitik der erste Rang zu. Es geht uns allen darum, gemäß dem verpflichtenden Auftrag unserer Verfassung, jedem – gleichgültig, ob er in der Stadt oder auf dem Lande lebt – gleiche Startbedingungen mitzugeben. Wir alle wissen, daß mit ländlichen Zwergschulen der Bildungsauftrag einer modernen Gesellschaft nicht zu erfüllen ist. Gemeinden, Kreise und das Land setzen sich seit Kriegsende mit jährlich steigenden Aufwendungen für die Realisierung einer modernen Schulkonzeption ein. Wir nehmen dabei in Kauf, daß sich der Kultushaushalt Jahr um Jahr absolut und relativ – gemessen am Gesamthaushalt – ständig ausweitet. Wir sind aber der Auffassung, daß diese Aufwendungen erbracht werden müssen, damit wir nicht den Anschluß an den wissenschaftlichen Fortschritt verlieren und im internationalen Vergleich in gesellschaftlicher und geistiger Sicht hoffnungslos ins Hintertreffen geraten. Nur die Ausschöpfung aller Begabungsreserven unserer Bevölkerung sichert den kulturellen, sozialen und wirtschaftlichen Fortschritt. Deshalb werden wir in unserem Lande in diesem Jahr rund ... Milliarden Mark für den Kultusbereich ausgeben. Diese Ausgaben für Bildung und Wissenschaft beanspruchen damit mehr als ... % der gesamten Steuereinnahmen des Landes. Dennoch bin ich der Auffassung, daß dieses Geld sich gut verzinst:

Bildung als eine der Hauptaufgaben der Landespolitik

Die jährlich steigenden Aufwendungen ...

- in einer fortschreitenden Demokratisierung unserer Gesellschaft, da Ausgaben für Bildung und Wissenschaft über eine bessere Ausbildung und vollständigere Ausschöpfung der Begabtenreserven die soziale und wirtschaftliche Chancengleichheit aller Bürger sichert;
- in steigendem Wohlstand durch die Freisetzung geistigen Kapitals;
- in einer größeren geistigen Freiheit des Individuums, da das kritische Denkvermögen gefördert wird;
- in einer besseren Zukunft für unsere Kinder.

... und ihr Nutzen für die Gesellschaft

Lassen Sie mich zum Abschluß Friedrich II. von Preußen zitieren. Er hat sich nur am Rande auch mit der Landschulreform beschäftigt – wie er überhaupt von Bildungsdingen nicht viel hielt, da er sehr wohl wußte, daß ein aufgeklärtes Volk seinen weitgespannten Plänen entgegengestanden wäre. 1779 schärfte er seinem Schulminister Zedlitz ein: »Ihr werdet sehen, wie das zu machen stehet: Sonsten ist es auf dem platten Land genunk, denn sie ein bisken Lesen und Schreiben lernen; wissen sie aber zuviel, so laufen sie in die Städte und wollen Sekretärs und sowas werden.«

Friedrichs des Großen Meinung zur Bildungspolitik

Kritische Wertung des Zitats

Meine Damen und Herren, Preußens Friedrich war Zyniker und Realist: realistisch, weil er einsah, was seinem Volke fehlte; zynisch, weil er sich darüber lustig machte, daß er es ihm nicht geben durfte. Ich weiß nicht, welche Motive jene haben, die heute noch, im 20. Jahrhundert, gegen neue Schulformen angehen. Friedrichs des Großen Zynismus war erklärlich, wenn auch nicht verständlich. Der Zynismus, der hinter der heutigen Gegenargumentation steckt, ist auch nicht mehr erklärlich. Es sei denn, daß unsere Bildungsinvestitionen in der Vergangenheit noch nicht ausgereicht haben.

Namens der ... Regierung freue ich mich, für die ... Schule in ... heute offiziell den Grundstein legen zu dürfen.

Grundsteinlegung für eine Schule

Der Schulrat oder Rektor spricht

Verehrte Ehrengäste, meine sehr geehrten Damen und Herren!

Mit wenigen Eingangsworten weg vom Standard, hin zu anderen Inhalten

Hinter den großen und lichten Fenstern der Schule, die an dieser Stelle errichtet werden soll, wird man im Laufe der Jahre zweifellos viele Probleme und Themen sehr trocken behandeln müssen. Deshalb möchte ich wenigstens heute, an ihrem Grundstein stehend, einmal ganz andere Töne anschlagen. Es ist eben recht schwierig, arithmetische Formeln und grammatische Regeln humorvoll mit Zitaten von Wilhelm Busch oder Aphorismen von Lichtenberg zu würzen, ohne mißverstanden zu werden. Vor einem schlichten Grundstein und einem erwachsenen Publikum aber darf man dies riskieren. Sie wissen bereits, daß wir hier nicht versammelt sind, um den Lehrsatz des Pythagoras oder die Formeln des gelehrten Herrn Thales zu besprechen. Wir haben vielmehr ein Werk hinter uns zu bringen, das eine ganze Reihe von Jungen und Mädchen schlichtweg als Gemeinheit bezeichnen würden – wir legen den Grundstein zu einer neuen Schule! Wir wollen unserer Jugend damit gute räumliche Voraussetzungen schaffen, zu lernen – und unseren Lehrern zweckmäßige Voraussetzungen, zu lehren.

Ein Zitat leitet über zu pädagogischen Aspekten

»Ein Kind ist ein Buch, in dem wir lesen und in das wir schreiben sollen!« – sagte Peter Rosegger, der Dorfschulmeister, einmal. Mögen die Lehrer, die in der hier entstehenden Schule unseren Jungen und Mädchen das notwendige Wissen als Rüstzeug fürs Leben vermitteln, zuweilen an dieses Wort Roseggers denken. Mögen sie in den Kindern lesen, mögen sie ihre kleinen und großen Schwächen verstehen und mit Güte und Sanftmut zu beein-

flussen versuchen. Mögen sie auch die Stärken des einzelnen erkennen und mit Nachdruck fördern. Und mögen sie in die kleinen Seelen und Hirne der Jungen und Mädchen recht viel von dem hineinpflanzen, was ihnen für das ganze Leben nützt und sie zu wertvollen Mitgliedern der Gesellschaft macht.
Die geplante Schule wird für viele Kinder jahrelang ein zweites Zuhause werden. Ihre Erbauer haben diesen Umstand berücksichtigt – schon die Pläne der Architekten beweisen das deutlich. Auf diese Schule mit ihren großen, hellen Räumen, mit ihrer Turnhalle, ihrer Lehrküche und ihrer Aula für Schulfeiern können die hier unterrichtenden Lehrer, die Schüler und die Bürger der Stadt ... gleichermaßen stolz sein. Mag in mancher Stadt, in manchem Kreis und in manchem Land der Neubau von modernen Schulen noch im argen liegen – der Bau, der über diesem Stein in die Höhe wachsen soll, wird zeigen, daß es bei uns auch in dieser Hinsicht vorwärtsgeht. So wird diese Schule ein schöner und beachtenswerter Meilenstein im Aufbau unserer Stadt sein.

Die neue Schule – ein modernen Ansprüchen genügender Zweckbau ...

... und architektonisches »Prunkstück« der Gemeinde

Einweihung einer Schule

Meine sehr geehrten Damen, meine Herren!

Ein Regierungsvertreter spricht

Nachdem ich erst im Mai dieses Jahres hier an dieser Stelle anläßlich der Feier des Richtfestes gesprochen habe, freue ich mich ganz besonders, daß bereits noch im August die ... Schule offiziell ihrer Bestimmung übergeben werden kann – ein gutes Beispiel reibungsloser Zusammenarbeit zwischen dem Bauträger, den Planern und den ausführenden Firmen. Vor allen Dingen aber eine glückliche, zweckmäßige Lösung für die Kinder, die hier unterrichtet werden sollen. Mit jeder Schule, die wir heute bauen, leisten wir einen weiteren Beitrag zur Verwirklichung der für unsere Gesellschaft so wichtigen Bildungsreform. Ich glaube, daß den Fragen der Bildungspolitik in den kommenden Jahren erneut eine überragende Bedeutung zukommen wird. Ein Gelingen dieser Reformbeschreibungen, die in der nahen Zukunft Milliardenbeträge erfordern werden, setzt voraus, daß sie von der Öffentlichkeit mitgetragen und mitverantwortet werden. Hierzu bedarf es meines Erachtens eines gestärkten politischen Bewußtseins, das aus der Kenntnis der Ursachen und Zusammenhänge der Krise unseres Bildungswesens den Mut und die Anstrengung für seine Erneuerung ableitet.

Bezugnahme auf das Richtfest

Der Schulbau als Teil der Bildungspolitik

Die internationale Entwicklung im Auge behalten

Wir wissen alle, daß diese Problematik auf dem Bildungssektor nicht allein auf die Bundesrepublik beschränkt ist. Allerdings müssen wir mit aller Kraft verhindern, daß wir nicht die öffentlichen Ausgaben für das Bildungswesen – gemessen am Bruttosozialprodukt – in einer Größenordnung halten, die uns im internationalen Vergleich auf die hinteren Rangplätze verweist. Gerade hier in der Bundesrepublik ist wegen der Eigenverantwortlichkeit der Bundesländer für den Kultusbereich in den vergangenen Jahren viel experimentiert worden. Viele Bundesländer haben es noch in den 50er Jahren als ihre Hauptaufgabe angesehen, die Lehrerbildung und die Schulen zu konfessionalisieren. In den 60er Jahren mußten sie dann unter dem Zwang der tatsächlichen Verhältnisse den Kampf gegen die jeder fortschrittlichen Entwicklung abträglichen Konfessionalisierung wieder abbauen. In den 70er Jahren haben hitzige Debatten über Schulformen und Lerninhalte die Diskussion stellenweise so angeheizt, daß man den Eindruck haben mußte, die Schule sei nur noch für politische Auseinandersetzungen, nicht aber mehr für die Ausbildung unserer Kinder da. In den 80er Jahren hielt der Meinungsstreit um Schultypen, kleine Klassen und mehr Lehrer an. Mit den neuen Bundesländern kam auch die Diskussion um die Dauer der Schulzeit auf. Probleme, die wir jetzt in den 90er Jahren bewältigen müssen. Länderegoismen oder politische Profilierungsbestrebungen helfen da nicht weiter. Tatsache ist nämlich, daß die öffentlichen Gesamtausgaben für Bildung und Wissenschaft, verglichen mit Ausgaben für andere Bereiche, anhaltend überproportional werden steigen müssen, um allein die Finanzierung der enormen Anforderungen zu ermöglichen.

Von den 50er Jahren bis zur Gegenwart: Kernfragen und Streitpunkte der Schulpolitik

Formulierung der mittelfristigen finanziellen Ziele …

Wir müssen uns also bemühen, nach Möglichkeit allzu großen ideologischen Ballast aus der politischen Diskussion zu entfernen und dafür den Ausbau und die weitere Reform des Bildungswesens schnell und zügig voranzutreiben. Jedes Versäumnis in diesem Bereich legt schwer zu tilgende Hypotheken auf die Zukunft unserer Kinder. Wenn wir uns als Schrittmacher einer großen Bildungoffensive für alle Kinder verstehen, kostet dies sehr, sehr viel Geld. Dennoch haben wir immer die Auffassung vertreten, daß dieses Geld gut angelegt ist.

… und der wesentlichen bildungspolitischen Aufgaben

Namens der … Landesregierung freue ich mich, heute die … Schule hier in … offiziell ihrer Bestimmung übergeben zu können. Möge sie eine Stätte sein, wo unsere Kinder lernen, frei zu sein und frei zu bleiben.

Einweihung einer neuen Schule

Sehr geehrter Herr… (Titel des Regierungsvertreters), meine sehr verehrten Damen und Herren!

Der Schulrat oder Rektor spricht

Monate sind verstrichen, seit wir uns an dieser Stelle versammelt haben, um den Grundstein zu dieser neuen Schule der Stadt… (des Kreises…) zu legen.… Monatelang wurde unermüdliche Arbeit geleistet, um hier ein Bauwerk zu errichten, das unserer Schuljugend jahrzehntelang Nutzen bringen soll! Lassen Sie mich deshalb zunächst den Erbauern dieser Schule herzlich danken – den Architekten wie den Baumeistern, den Handwerkern, den Planern wie den Gestaltern und nicht zuletzt auch den Künstlern, die das Äußere wie das Innere der Gebäude mit Dekors und Skulpturen, Bildern und Mosaikarbeiten geschmückt und verschönt haben. Hier wurde, das ist auf den ersten Blick zu erkennen, ein echtes Symbol des modernen Schulwesens geschaffen, das enge Klassenzimmer und düstere Experimentierräume rasch vergessen lassen wird.

Erinnerung an die Grundsteinlegung und Würdigung der baulichen Leistungen

Noch einmal also Dank all denen, die ihr Bestes gaben, damit diese prächtige Schule so erstehen konnte, wie wir sie jetzt vor uns sehen! Lehrer und Schüler werden gleichermaßen stolz auf sie sein dürfen.

Denken wir aber immer daran, daß die Schule nicht nur Wissen vermittelt, sondern auch erziehend wirken soll, daß sie den Gemeinschaftsgeist fördern muß, das Verständnis für die Probleme anderer Völker, anderer Religionen und anderer Rassen zu wecken hat. Vorrangiges Ziel der Schule muß jedoch die Regelung aller schulischen Probleme durch Gemeinschaftsarbeit der Schulgemeinde sein, die von Pädagogen, Eltern und Schülern gleichermaßen gebildet wird.

Die verschiedenen Aufgabenfelder der Schule und das Zusammenwirken der Schulgemeinde

Viele Generationen junger Menschen soll das neue Schulgebäude im Laufe der kommenden Jahrzehnte aufnehmen. Schon in wenigen Tagen wird es widerhallen von den Geräuschen, die wir alle von früher her noch kennen: vom Getrappel vieler junger Füße, vom lautstarken Getümmel der Schülerinnen und Schüler während der Pausen, von den sachlichen Erklärungen der Lehrkräfte, vom Knarren der Turngeräte in der modernen Sporthalle und vom Pausenzeichen zwischen den Stunden. Ein paar Tage noch, dann wird hier gelehrt und gelernt werden. Ganze Generationen sollen diese Schule später auch verlassen, um draußen im Leben ihren Platz einzunehmen und sich als verantwortungsbewußte Staatsbürger privat wie beruflich jederzeit zu bewähren!

Der Auftrag heißt: Vorbereitung auf das Leben als verantwortungsbewußter Staatsbürger

Rede zum 25jährigen Bestehen einer Grundschule

Es spricht der Bürgermeister

Verehrte Ehrengäste, liebe Schulgemeinde,
meine sehr geehrten Damen und Herren!

Eine rhetorische Frage als Einstieg in das Thema und ein ergänzendes Zitat

Was ist Heimat? An der Beantwortung dieser Frage haben sich schon Generationen von Dichtern und Denkern versucht. Mit zum Teil großartigem Erfolg. Mir persönlich gefällt aus der großen Auswahl der Interpretationen die des bekannten Schweizer Schriftstellers Max Frisch ausgezeichnet, der feststellte: »Heimat ist der Mensch, dessen Wesen wir erreichen und vernehmen.«

Interpretation des Zitats und Überleitung auf das Ereignis

Schule – diese Schule – ist ein Ort, wo Menschen zusammenkommen. Lehrerkollegen arbeiten miteinander, Schülerinnen und Schüler fügen sich in Klassenverbänden zusammen, Eltern treffen sich. Schule, das ist der Ort, wo Menschen erreichbar und vernehmbar sind. Schule, unsere Grundschule ... *(ggf. Name anfügen)*, das ist ein Stück Heimat. Eingebettet in die dörfliche Gemeinschaft von ... ist die hiesige Grundschule seit 25 Jahren Treffpunkt der Generationen und nicht mehr wegzudenkender Teil eines lebendigen Gemeinwesens.

Stätte der Wissensvermittlung ...

Sicherlich, die Grundschule hat in erster Linie den Auftrag, sechs- bis zwölfjährigen Kindern Wissen zu vermitteln, ihnen Erziehung zukommen zu lassen und sie für die Zukunft zu rüsten. Hier werden die Grundlagen gelegt, hier erlernen die Kinder Fertigkeiten, auf denen sie ihr Leben lang aufbauen können.

... aber auch der Begegnung

Doch, verehrte Schulgemeinde, was wäre das für eine Schule, wenn sie sich allein und ausschließlich auf den ihr vom Gesetzgeber zugewiesenen Auftrag der Bildung und Erziehung beschränken würde! Nein, Schule im allgemeinen und unsere Grundschule im besonderen ist weit mehr als reine Lehr- und Lernanstalt; sie ist Stätte der Begegnung, der Kommunikation, ja auch der Geselligkeit.

Hinweis auf die enge Verbindung zwischen Schule und Gemeinde

Unsere Grundschule hat es geschafft, ihren Platz im dörflichen Leben sehr rasch zu erobern. Heute, 25 Jahre nach ihrer Gründung, ist sie aus ... nicht mehr wegzudenken. Mit 25 Jahren ist die Schule im Vergleich zu anderen sogenannten Traditionsschulen zwar noch sehr jung, doch sie kann heute gleichwohl schon Kindeskinder unterrichten, also Jungen und Mädchen, deren Eltern mit Stolz erzählen, selbst schon »genau diese Schulbank« gedrückt zu haben.

Ich beglückwünsche die Schulgemeinde und die dörfliche Gemeinschaft von ... Und ich wünsche, daß wir alle die Grundschule auch in Zukunft als Heimat der Kinder und der Kindheit begreifen.

Einweihung einer Turnhalle

Sehr geehrter Herr Schulleiter ..., Herr Bürgermeister ...,
verehrte Ehrengäste, meine sehr geehrten Damen und Herren!

Es spricht ein Schulrat (Ost)

Einweihungen und feierliche Übergaben von Gebäuden sind besonders erfreuliche Ereignisse. Daher ist es mir eine große Freude und Ehre, heute in ... diese Turnhalle den Schulgemeinden der Grundschule und der Regelschule übergeben zu können.

Herausstellen der Besonderheit des Anlasses

Es ist in vielfacher Hinsicht ein herausragender Moment: Diese Halle ist die erste im Landkreis ..., die nach der politischen Wende ihrer Bestimmung übergeben wird. Und das heute beginnende Schuljahr ist erst das dritte (vierte, fünfte etc.), das inhaltlich und organisatorisch den veränderten Verhältnissen Rechnung trägt.

Kurzer Blick zurück: der Auftrag der Schule in der DDR

Anders ausgedrückt: Eltern, Lehrer und Schüler haben sich endgültig vom Schulsystem der SED und ihrer Repräsentanten verabschiedet. Dies allein wäre schon Anlaß zu einer großen Feier. Lange, viel zu lange hat der Staat, hat die DDR das Schulsystem in ihren Dienst gestellt, wurden Kinder unter ideologischen Vorgaben erzogen und sollten zu »sozialistischen Menschen« geformt werden. Es wird noch Jahre dauern, die Spätfolgen dieser Politik restlos aufzuarbeiten. Gleichwohl geschieht dazu am heutigen Tage ein wichtiger Schritt, und ich glaube sagen zu können, daß wir alle froh sind darüber. Und wir sind erfreut über dieses schöne neue Gebäude.

Die neue Ausrichtung des Bildungsauftrags formulieren

Ich erspare es mir, Sie mit technischen Details zu überhäufen. Mir geht es um etwas Wichtigeres. Schule hat den Auftrag, zu bilden und zu erziehen. Dieser Auftrag darf sich aber nicht auf die reine Wissensvermittlung beschränken. Bildung und Erziehung beinhalten auch das Hinführen zu künstlerischen und philosophischen Bereichen bis hin zu Sport und Leibesübung.

Soweit der Anspruch. Doch was nutzt eine solche Vorgabe, wenn die Verwirklichung an fehlenden oder mangelhaften Voraussetzungen scheitert? Ganz direkt ausgedrückt: Ohne Hallen, Plätze und Anlagen fehlen dem Sportler die Voraussetzungen, um Leistungen erbringen und Erfolge erzielen zu können.

Auf die vielfältige Nutzung der Halle hinweisen

In dieser neuen Halle ist das nun möglich – vormittags für die 280 Schülerinnen und Schüler der Grundschule und der Regelschule, nachmittags und abends für die Vereine. Außerdem soll die Halle, wie ich gehört habe, so etwas wie ein Dorfgemeinschaftshaus werden, Treffpunkt also für jung und alt zu geselligen Veranstaltungen. Es steht also schon heute fest, daß die Halle gut besucht sein wird.

»Sport ist ideal, um jegliche Gefühlsregung, sei es Wut oder Glück, loszuwerden« (Karlheinz Rummenigge)

Verehrte Gäste – der Schriftsteller Martin Kessel hat einmal gesagt: »Sport ist eine Tätigkeitsform des Glücks.« Ich kann mich dieser Definition anschließen, ebenso wie ich nachempfinden kann, was Turnvater Jahn meinte, als er sagte: »Man trägt ein göttliches Gefühl in seiner Brust, wenn man erst weiß, daß man etwas kann, wenn man nur will.«

Dieses Gefühl, dieses Glücksgefühl ist erreichbar und erlernbar. Es gehört dazu unzweifelhaft die Überwindung der eigenen inneren Trägheit. Man muß sich quälen wollen –, nur so können Erfolge erzielt werden wie bei den Olympischen Spielen von Barcelona, wo die deutsche Mannschaft hervorragend abgeschnitten hat.

Die erzieherische Komponente sportlicher Betätigung

Hier in dieser Halle ist der Ort, wo junge Menschen an ihre Leistungsgrenzen ebenso herangeführt werden wie an die kontrollierte Bewegung im Turnen. Und hier entwickeln junge Menschen Sinn für Gemeinschaft, lernen Fair play, Teamgeist und vieles mehr – Tugenden, die auch im täglichen Leben wichtig sind.

Es ist viel Geld für das Bauwerk ausgegeben worden, aber ich bin sicher, daß es nicht besser hätte angelegt werden können. Diese Halle, die ich hiermit ihrer Bestimmung übergebe, ist eine Investition in die Zukunft unserer Kinder. Ich wünsche Ihnen allen viel Freude an Ihrer neuen Turnhalle.

Schulische Veranstaltungen

Eine Rektorin begrüßt die Eltern der ABC-Schützen

Verehrte Eltern!

Ihre Kinder sind nun Schüler. Als Rektorin dieser Schule habe ich die Aufgabe, darüber zu wachen, daß sie hier bei uns die geistige Grundlage erhalten für ihr zukünftiges Leben. Ich habe den Schultag schon so manchen Jahrgangs miterlebt und glaube daher, mich gut in Ihre neue Lage versetzen zu können. Sie verlieren heute einen gewissen Anteil an Ihrem Kinde. Das Klassenzimmer, das Ihre Jungen und Mädchen gleich mit Scheu und Neugier in Besitz nehmen, ist fortan ein fester Bestandteil des jungen Lebens, den Sie als Eltern nur als Außenstehende, gleichsam wie durch ein Fenster, mit anschauen dürfen.

Die neue Situation für Eltern und Schüler beschreiben

Und doch liegt es gerade jetzt bei Ihnen, Ihr Kind verständnisvoll zu leiten – gemeinsam mit dem Lehrer (der Lehrerin) –, um ihm vor allem die Eingewöhnungszeit zu erleichtern. Sie erhalten dafür ein Geschenk, das wohl das wertvollste für uns alle ist: Vertrauen. Ein Verhältnis zwischen Eltern und Kind, zwischen Lehrer und Kind und nicht zuletzt zwischen Lehrer und Eltern, das auf Vertrauen aufgebaut ist, kann sich nur segensreich für Ihr Kind auswirken. Es würde hier zu weit führen, näher darauf einzugehen, wie Vertrauen wächst, eines aber ist Grundbedingung: Unbedingte Ehrlichkeit – gegenüber dem Kind, gegenüber sich selber.

Vertrauen als Basis für die gemeinsame Bildungsarbeit

Versprechen Sie nichts, was Sie nicht zu halten bereit sind. Aber genauso wichtig ist: Fordern Sie nichts, was Sie nicht auch durchsetzen wollen! Seien Sie mild in Ihren Ansprüchen, aber verlangen Sie unnachgiebig, daß sie erfüllt werden. Junge Menschen brauchen von klein auf verständnisvolle Zuwendung, und sie belohnen sie mit Achtung und Vertrauen.

Einige hilfreiche Empfehlungen ...

Nun, liebe Eltern, unser Beruf fordert von uns, daß wir täglich mit neuem Eifer darangehen, Ihren Kindern eine Bildungsgrundlage zu geben, die als Voraussetzung für den späteren Lebensweg nicht gut genug sein kann. Der Schüler – die Schülerin lernt für sich selbst, und weil in diesem Alter häufig noch die Einsicht fehlt, müssen wir mit unseren Hilfsmitteln hin und wieder einen gewissen Druck ausüben. Anfangs spielen wir Schule, da macht der Unterricht auf alle Fälle Spaß. Später aber muß doch schon hart gearbeitet werden.

Bitte um Verständnis für gewisse »pädagogische Druckmittel«

Eltern und Lehrerschaft als Partner für das Wohl der Kinder

Glauben Sie uns: Bei allem, was wir in der Schule tun, wollen wir nur das Beste für Ihre Kinder. Sollten Sie aber einmal der Meinung sein, daß Ihr Sohn (Ihre Tochter) ungerecht behandelt wurde – auch das kann vorkommen, denn Lehrerinnen und Lehrer sind auch nur Menschen und können irren –, dann gönnen Sie uns bitte eine Aussprache.
Erst wenn alle Mißverständnisse ausgeräumt sind, kann ein Verhältnis entstehen, wie wir es anstreben: Zusammenarbeit zwischen Eltern und Lehrern voller Vertrauen im Interesse der Kinder.

Begrüßung der Eltern von Schulanfängern durch den Rektor eines Gymnasiums

Meine sehr geehrten Damen und Herren, liebe Eltern!

Einleitender Hinweis auf Geist und Klima des Gymnasiums

Mit dem heutigen Tage haben Sie Ihr Kind einer neuen Schule, dem ...-Gymnasium anvertraut. Sie werden sich, nachdem Sie von dem äußeren Bild dieser Schule einen Eindruck gewonnen haben, fragen, wie sieht es eigentlich im Innern dieser Schule aus? In welchem Geist, in welchem Klima wird mein Kind hier erzogen? Viele haben sich bei der Anmeldung ihrer Kinder an unserer Schule bereits erkundigt. Sie haben andere Eltern gefragt oder Auskünfte beim Schulamt eingeholt. Im Namen unseres Lehrerkollegiums möchte ich Ihnen daher heute kurz noch einmal den Geist und das Klima unserer, Ihrer Schule, vorstellen.

Die Leitlinien der pädagogischen Arbeit darlegen

Wir wollen, daß Ihr Kind Freude an der Schule hat. Das bedeutet, daß wir versuchen wollen, es so zu fördern, daß es möglichst nahe an die Grenzen seines eigenen Leistungsvermögens herankommt, allerdings ohne selbst darunter zu leiden. Das heißt, Ihr Kind soll insbesondere in der ersten Klasse unserer Schule lernen, selbständig zu arbeiten. Selbständiges Arbeiten schließt aus, daß weder die Klassengemeinschaft noch Sie selbst als Eltern unter diesem Lernen zu leiden haben. Wir wollen keine verkrampften, egoistischen Einzelstreber fördern, sondern partnerschaftliches Lernen im Klassenverband vollziehen.

Schule als »offene Veranstaltung«, als Forum für Gespräche

Zweite Richtschnur an unserer Schule ist die Offenheit der Lehrer untereinander und eine Offenheit der Lehrer gegenüber den Schülern und umgekehrt. Hier gibt es keine vorausgesetzten, keine vorgesetzten Autoritäten. Deshalb bemühen wir uns in Gesprächen miteinander, aber auch in Gesprächen mit den Schülern intensiv um Lösungen. Wir wollen auf gar keinen Fall einen angepaßten Schüler, der sich kritiklos irgendwelchen

Regeln anpaßt; wir wollen aber auch keinen Schüler, der die gemeinschaftlich erarbeiteten Spielregeln nicht anerkennen will, ohne die an unserer Schule ein demokratisches Zusammenleben und Zusammenarbeiten nicht möglich ist.

Die dritte Richtschnur unseres Handelns ist unsere Zusammenarbeit mit den Eltern. Wir bitten Sie herzlich und dringend, Ihr Recht und Ihre Chance wahrzunehmen, aktiv an der Weiterentwicklung des Schullebens mitzuwirken. Ich meine damit nicht nur die rechtlich vorgeschriebene und mögliche Mitbestimmung der Elternbeiräte, sondern auch den Kontakt der einzelnen Eltern zu den Lehrern und der Schulleitung. Gerade durch Ihre intensive Mitwirkung beweisen Sie Ihrem Kind, wie wichtig diese Schule auch für Sie ist.

Einbeziehung der Eltern in die Gestaltung des schulischen Lebens

Ich habe diese drei Punkte, die für unser Schulleben uns allen so wesentlich erscheinen, hier noch einmal kurz angerissen, um die eine Gruppe von Eltern zu bestätigen, um die andere Gruppe von Eltern zu ermutigen. Helfen Sie uns allen, daß Ihr Kind sich in seiner Schule schnell wohl fühlt. Dies ist die Grundvoraussetzung dafür, daß es unverkrampft und gerne die Strapazen auf sich nimmt, die die Fülle des Lernstoffes gerade in den ersten Jahren mit sich bringt. Ich wünsche Ihrem Kind einen freudvollen und erfolgreichen Besuch unserer Schule. Ihnen und uns wünsche ich einen guten gegenseitigen Kontakt und eine enge und vertrauensvolle Zusammenarbeit in Zukunft.

Aufforderung der Eltern zur Mitwirkung

Gute Wünsche für die Zukunft

Aufnahme von Schulanfängern

Sehr geehrtes Lehrerkollegium, liebe Eltern, liebe Kinder!

Es spricht ein Vertreter der Eltern

Der heutige Tag ist sicherlich ein neuer Einschnitt im Leben unserer Kinder. Zunächst werden sie das Schulleben als eine interessante Abwechslung ansehen. Sie denken noch nicht daran, daß sie hier bald angestrengt werden lernen müssen, um – wie man so schön sagt – auf das Leben mit seinen Sorgen und Mühen vorbereitet zu werden. Für sie ist aber dieser Abschnitte eine entscheidende Wendung, auch wenn viele schon durch den Kindergarten im Spiel auf die Schule vorbereitet worden sind. Durch die Einschulung unserer Kinder und eine erneute Umstellung auf eine für sie vollkommen andere Umgebung ist von uns Eltern ein Teil der Verantwortung für die Erziehung und Charakterbildung auf die Lehrerschaft übergegangen. Dies legt Ihnen wie uns ein besonders Maß an Verantwor-

Auf die neue Lebenssituation der Kinder eingehen

tung auf. Denn wir wissen nur allzu gut, daß ein junger Mensch den guten aber auch schlechten Einflüssen einer neuen Umgebung sehr schnell unterliegen kann. Für ihn ist ab heute die Person der Lehrerin oder des Lehrers neue Autorität. Hier sieht er Vorbild und Leitbild seines jungen Lebens. Worte und Handlungen der Lehrer sind für die Kinder in vielen Fällen wichtiger als die der Eltern. Für sie gilt von jetzt ab das Motto: »Das hat unser Lehrer/unsere Lehrerin gesagt.« Wir Eltern sind uns bewußt, daß wir nur durch enge, vertrauensvolle Zusammenarbeit und ständige Gesprächsbereitschaft verhindern können, daß dieser Wechsel der Bezugspersonen an zwei Tageshälften zu Lasten unseres gemeinsamen Erziehungszieles geht. Wir Eltern kennen die schwierige Aufgabe, die der Lehrerschaft gestellt ist.

Die Lehrkräfte als Vor- und Leitbild

Die Notwendigkeit der Zusammenarbeit betonen

Wir entlassen unsere Kleinen aus unserem häuslichen Einwirkungskreis in der hoffnungsvollen Gewißheit, sie in dieser Schule in guten Händen zu wissen. Deshalb möchte ich Ihnen, verehrtes Lehrerkollegium, im Auftrage der Elternschaft zu Ihrer schwierigen Aufgabe viel Glück wünschen. Danken möchten wir Ihnen heute im voraus für alle Mühen, die Sie sich um unsere Kinder machen werden. Den Dank der Kinder werden Sie meist erst viele Jahre später erfahren, wenn sie im Berufsleben stehen, wenn sie kritisch beurteilen können, ob ihre Ausbildung ihnen genützt hat oder nicht. Wir hoffen heute, daß dann viele, wie auch viele von uns, gerne an die Schulzeit zurückdenken können.

Glückwünsche und Dank im voraus

Schulentlassungsfeier

Ansprache des Rektors

Meine sehr geehrten Damen und Herren,
liebe Kolleginnen und Kollegen, liebe Schülerinnen und Schüler!

An diesem Tage erinnere ich mich gerne an meine eigene Schulentlassungsfeier. Damals sang der Schülerchor: »Nehmt Abschied, Brüder« und »Heut noch sind wir hier zu Haus«. Wir haben damals bis zum letzten Augenblick gebangt und gezittert, ob die Zeugnisse denn tatsächlich so ausfallen, wie wir es uns gewünscht haben. Wir haben gerätselt, ob der angestrebte Beruf uns auch Spaß machen würde. Wir sind gemahnt worden, in dankbarer Erinnerung an unsere Lehrer und Erzieher zu scheiden, die uns das Rüstzeug für das Leben mitgegeben hätten.

Ein Blick zurück: Erinnerung an die eigene Schulentlassung

Heute sieht das alles anders aus. Eure Noten wurden vorher mit Euch im Klassenverband diskutiert und festgelegt. Durch Besuche in Ausbildungsfirmen und Gespräche mit der Berufsberatung haben wir euch das Ausbildungsangebot erläutert und mit euch zukünftige Berufschancen diskutiert. Auf vielen Elternabenden und auch Sitzungen der Schülervertretung haben wir die Probleme dieser Schule mit euch diskutiert und gemeinsam nach Lösungen gesucht. Wir haben versucht, berechtigter Kritik nachzugehen, Mißstände abzuschaffen, Verbesserungen durchzuführen. Allein an diesem veränderten Verhältnis von Lehrern, Schülern und Eltern könnt ihr erkennen, welch tiefgreifende Veränderungen in unserer Gesellschaft in den letzten 20 Jahren vor sich gegangen sind. Wir haben uns mit euch bemüht, unsere Aufgaben – eure Aufgaben – nach bestem Wissen und Gewissen zu lösen. Wenn uns das gelungen ist, wenn Ihr heute von dieser Schule abgeht in dem sicheren Gefühl, gut gerüstet zu sein für die nächste Etappe eures Lebens, dann war unsere Arbeit nicht umsonst.

Gegenüberstellung der heutigen Situation

Der Hoffnung Ausdruck geben, daß die Ausbildung umfassend und solide war

An diesem Tage werdet ihr von einem Zwang entbunden, nämlich täglich die Schule zu besuchen. Andere Zwänge werden in eurem Leben folgen. Wir hoffen, daß das hier Gelernte und gemeinsam Erarbeitete euch später immer in die Lage versetzt, mit diesen Zwängen fertigzuwerden. Erinnert euch dann immer in den schwierigen Situationen daran, wie wir hier mit euch gemeinsam versucht haben, Zwänge zu vermeiden und Probleme zu lösen. Das war nach unserer Auffassung das wichtigste, was wir euch vermitteln sollten. Wir hoffen, daß es uns gelungen ist. Freut euch eurer neuen Freiheit. Denkt aber daran, daß ihr ständig neu um sie kämpfen müßt. Laßt mich anschließend zugleich im Namen des gesamten Kollegiums wünschen, daß ihr bald einen Ausbildungsplatz findet, der euren Vorstellungen und Neigungen entgegenkommt. Das, was ihr gelernt habt, und euer erfolgreicher Schulabschluß geben euch gute Startbedingungen. Versucht, in einen Beruf hineinzuwachsen, der euch auch später noch ausfüllt. Ich wünsche euch viel Glück auf eurem weiteren Lebensweg.

Der Schulabschluß als gute Startbedingung

Gute Wünsche für den neuen Lebensabschnitt

Verabschiedung von Abiturienten/Abiturientinnen

Ein/e Schüler/in spricht

Liebe Lehrerinnen und Lehrer,
liebe Abiturientinnen und Abiturienten!

Neun Jahre lang haben wir hier gelernt, oft gezittert, Durchschnittsnoten ausgerechnet und in den letzten drei Jahren nur noch nach dem Abitur-Durchschnitt geschielt. Reicht es oder reicht es nicht, war bei vielen von uns die Kernfrage. Denn wir wußten ja schon früh genug, daß nur ein

Kritische Sicht der letzten Jahre …

gut oder sehr gut bestandenes Abitur alle Türen und Tore der Hochschulen öffnen würde. Deshalb – und das soll heute hier nicht verschwiegen werden – haben einige von uns im letzten Endspurt resigniert. Sie haben überlegt, daß selbst die härtesten Anstrengungen nicht garantieren, den begehrten Studienplatz zu erringen. Sie haben sich beizeiten nach etwas anderem umgesehen.

... und des Systems der Studienplatzvergabe

Eine seltsame Zeit: Durchschnittsnoten, die früher vielleicht einmal in zwei Jahren an einer Schule vergeben wurden und dem Glücklichen den Ruf eines Genies einbrachten, reichen heute nicht mehr dazu aus, ein Studium nach Wahl an einem beliebigen Ort zu beginnen. Zusatzauslesen sind erforderlich, Zusatztests, lange Wartezeiten; manchmal sollen aber auch schon Beziehungen ausreichen. Ich sage das heute, um deutlich zu machen, daß Leistungsdruck und Konkurrenzverhältnisse bereits in der schulischen Ausbildung unsere Belastbarkeit bis aufs äußerste gefordert haben. Um so mehr möchte ich im Namen aller meiner Mitschülerinnen und Mitschüler Ihnen, dem Kollegium, danken, daß Sie versucht haben, uns zu helfen. Die Art und Weise, wie Sie in den vergangenen Jahren mit uns zusammen gearbeitet haben, hat vielen von uns auch trotz mancher Enttäuschung Lösungsmöglichkeiten für später aufgezeigt. Daß nicht alle persönlichen Blütenträume reifen können, war klar und eigentlich auch nicht anders zu erwarten.

Die Folgen für das schulische Leben

Als eines der wichtigsten Ergebnisse unseres Lernens nehmen wir von hier aber mit, daß sich bestehende Probleme gemeinsam am besten lösen lassen. Und ein weiteres: Gleichgültig, wo wir nach dieser Schule weiterarbeiten werden – an der Universität, bei der Bundeswehr oder an einem anderen Arbeitsplatz –, wir müssen uns verstärkt für weitere bildungspolitische Anstrengungen in unserer Gesellschaft einsetzen. Nur so kann sichergestellt werden, daß das geistige Potential in unserer Bevölkerung da eingesetzt werden kann, wo es sich am besten verzinst. Ich meine konkret: Wenn Abiturienten die Arbeitsplätze von anderen Schulabgängern besetzen, weil sie keine Chance an der Universität haben, dann drücken die dort Verdrängten in die Berufe, die früher noch für Jugendliche ohne spezifische Schulabschlüsse offengestanden haben. Das wird soziale Folgewirkungen nach sich ziehen, die wir heute in ihrem ganzen Ausmaß gar nicht abschätzen können. Wir haben mit Ihnen zusammen in vielen Kursen und Arbeitsgruppen gesellschaftspolitische Zusammenhänge diskutiert. Auch wenn wir insgeheim in früheren Jahren immer gehofft haben, daß nicht ausgerechnet wir von tatsächlichen oder vermeintlichen Fehlentwicklungen getroffen würden, können wir heute die Situation realistischer einschätzen. Ich hoffe und wünsche mit allen mei-

Hinweis auf bildungspolitische Fehlentwicklungen ...

... und auf die Fähigkeit zur Einschätzung sozialer Zusammenhänge

nen Mitabiturienten, daß wir künftig noch so viel Zeit und Engagement aufbringen, um über unser eigenes Interesse hinaus an der Lösung dieser gemeinsamen Probleme weiterarbeiten zu können.

Abschließender Dank

Ihnen allen, die Sie sich in den vergangenen Jahren so viel Mühe und Arbeit mit uns gemacht haben, darf ich an dieser Stelle noch einmal, im Namen aller, unseren herzlichen Dank aussprechen.

Eröffnung des Schulparlaments

Es spricht ein Mitglied der Schülervertretung

Sehr geehrter Herr Direktor, sehr geehrtes Lehrerkollegium, liebe Mitschülerinnen und Mitschüler!

Einleitende Bemerkungen zum Begriff »Parlament«

Manch einer mag bei dem Gedanken an ein Schülerparlament lächeln. »Parlament« klingt zu gewaltig. Man denkt an den Bundestag oder an die Landtage. Brauchen Schüler eigentlich ein solches Parlament? Parlament im eigentlichen Sinne des Wortes ist eine Vertretung des Volkes. Damit wird dokumentiert, daß das Volk an den Entscheidungen in einer Demokratie mitwirken kann. Warum soll das in einer Schule anders sein? Um bei dem gewählten Vergleich zu bleiben, unsere Entscheidungskompetenz ist viel geringer. Wir können beispielsweise zu unserem Bedauern nicht darüber befinden, zu welchem Zeitpunkt die Ferien liegen oder, was noch viel wichtiger ist, ob sie verlängert werden sollen. Wir können auch nicht entscheiden, ob eine neue Aula gebaut wird oder nicht. Wir können aber mitwirken, mitbestimmen in allen Fragen, die der Schülervertretung unterliegen. Unsere Aufgabe, die Interessen der Schüler gegenüber der Schule, den Schulaufsichtsbehörden und der Öffentlichkeit zu vertreten, gibt uns die Chance, uns an allen schulischen Entscheidungen und Maßnahmen, mit Ausnahme der Notengebung und der Versetzung, zu beteiligen. Daß dies ein weitgehendes Recht ist, können Sie daran ersehen, daß alle Schüler ihre Vertretungen in geheimer Wahl nach demokratischen Grundsätzen wählen, und daß die gewählten Sprecher der Schülervertretung keiner Bestätigung bedürfen und auch nicht von der Schule abgesetzt werden dürfen.

Die Möglichkeiten der Mitgestaltung und Mitbestimmung benennen

Die Arbeit des Schülerparlaments: Demokratie im kleinen

Dieses Schülerparlament hat damit für uns die Möglichkeit eröffnet, bereits jetzt zu lernen, wie in einer Demokratie Entscheidungen vorbereitet, getroffen und dann verteidigt werden können. Auch wenn uns das allgemeine Wahlrecht noch nicht zusteht, können wir doch, in einem für uns so entscheidenen Abschnitt unseres Lebens, bereits aktiv an der Erarbeitung jener Vorschriften und Ordnungen mitwirken, die uns selbst betreffen. Damit beinhaltet dieses Recht aber auch eine Pflicht. Das Schülerparlament sowie der Gedanke der Schülermit- und -selbstverwaltung hätten ihren Sinn verloren, wenn die Schüler nicht aktiv und engagiert von diesem Recht Gebrauch machen, wenn sie die Ausübung dieses Rechts nicht gleichzeitig auch als ihre Pflicht ansehen würden. Wir, die gewählten Vertreter der Schülerschaft, wollen mitarbeiten. Wir freuen uns auf eine gute und vertrauensvolle Zusammenarbeit mit der Schulleitung und dem Kollegium. Die erste Sitzung unseres Schulparlaments ist hiermit eröffnet.

Den Willen zur engagierten Mitarbeit bekunden

Abiturientenbegrüßung im Altschülerverein

Ansprache des Vorsitzenden

Liebe Vereinsmitglieder!

Wieder einmal ist ein Schuljahr vergangen, und wie in jedem Jahr um diese Zeit dürfen wir auch heute einen neuen Abiturientenjahrgang als jüngste Altschüler in unserer Mitte begrüßen.

Die herzlichen Glückwünsche aller ehemaligen Schüler zum Bestehen der Reifeprüfung habe ich Ihnen schon während der Entlassungsfeier in der Aula übermittelt. Heute abend möchte ich daher nur einige Gedanken laut werden lassen, die sich mit dem Wesen, vielleicht mit der eigentlichen Anziehungskraft des Vereins auf seine Mitglieder, beschäftigen. Sicherlich haben Sie schon manches Mal im stillen gelächelt, wenn Sie die hin und wieder etwas pathetisch gehaltenen Rundschreiben der Altschülerschaft am Schwarzen Brett in der Schule lasen. Oh, diese Vereinsmeierei! – und damit haben Sie in einem gewissen Sinne recht; doch was wäre ein Verein ohne die Leute, die sich dem Verein verschrieben haben.

Einstimmung der neuen Mitglieder auf die »Vereinsmeierei«

Und warum lohnt sich dieser Einsatz? Ist eine Altschülerschaft überhaupt so viel Mühe wert? Man könnte – glaube ich – stundenlang über dieses Thema reden, so viele Rechtfertigungen gibt es. Es wurde auch schon genug darüber gesprochen und geschrieben. Überlegen Sie doch einmal, mit welchen Menschen Sie persönlich Kontakt haben. Da werden Sie feststellen, daß es fast ausschließlich ganz fest abgegrenzte Interessen sind, die Sie mit Ihren Bekannten gemeinsam haben. Wenn Sie dann zur Probe einmal Ihre Eltern nach deren Bekannten fragen, dann finden Sie Rechtsanwälte unter sich, Ärzte, Handwerker oder Sportler, Kleingärtner, Drachenflieger. Es ist also ein Zweck, der die Menschen bindet. Genau wie im Beruf das Spezialistentum vorherrscht, genauso sind die menschlichen

Rhetorische Frage nach dem Sinn eines solchen Vereins und Beantwortung durch Beispiele

Beziehungen untereinander. Viele Menschen finden außerhalb ihrer beruflichen und privaten Interessen kein gemeinsames Gesprächsthema!
Nun besuchen Sie einen Klubabend Ihrer Altschülerschaft und Sie stellen erstaunt fest, daß alle Gräben Brücken haben. Da unterhalten sich Angestellte, Ärzte, Handwerker, Beamte, da sind Kegler, Kaninchenzüchter und Kleingärtner, Direktoren und Lehrlinge, und alle haben Gesprächsthemen. Man spricht über Goethe und Wasserleitungsreparaturen, von den Kindern, vom Urlaub. Man wird auf einmal vielseitig. Daß es eine Altschülerversammlung ist, hört man nur am Rande aus den Worten des Versammlungsleiters.

»Wie fruchtbar ist der kleinste Kreis, wenn man ihn wohl zu pflegen weiß« (Goethe)

Die gemeinsame Schulzeit ist zu einem Band geworden, das alle Unterschiede ausgleicht. Ist es nicht lohnend, dafür ein wenig Vereinsmeierei zu treiben, notfalls auch mit ein wenig Pathos dafür zu werben, für eine Gemeinschaft außerhalb aller beruflichen und privaten Interessen, außerhalb aller Klassen- und Gesellschaftsunterschiede, für eine Gemeinschaft, die als einzig Gemeinsames die gleiche Schule kennt? Auch Sie werden, wenn Sie sich darüber Gedanken machen, bei unseren Altschülerabenden feststellen: »Hier bin ich Mensch, hier darf ich's sein!«

Schule als Ursprung der Gemeinschaftsbildung

Ehrung überschulischer Leistungsgruppen (Sport)

Es spricht ein Vertreter des Landkreises

Meine sehr geehrten Damen und Herren,
liebe Schülerinnen und Schüler!

Es war und ist eine bewährte Tradition, daß der Landkreis ... alle zwei Jahre die Sportlerinnen und Sportler des Schulsportzentrums zu einer Feierstunde einlädt, um erfolgreiche Leistungen zu würdigen. Durch diese Handhabung soll dokumentiert werden, daß auch eine breite Öffentlichkeit an den sportlichen Erfolgen unserer Jugend teilnimmt.

Tradition und Zielsetzung der Veranstaltung erwähnen

Wenn ich die große Zahl von Mädchen und Jungen hier in ... *(Veranstaltungsort)* sehe, dann ist mir bewußt, daß der Sport im Landkreis ... eine gute Zukunft haben wird. Dies kommt nicht von ungefähr: Schon vor Jahren hat der Kreisausschuß ein erfolgreiches Programm in die Wege geleitet und die baulichen Voraussetzungen zum Betreiben von Sport optimal gestaltet. Dies ist wichtig, denn wer übt schon gerne in einer kleinen, womöglich noch muffigen Halle. Nein, wir im Landkreis ... haben heute ein Netz von hervorragend ausgestatteten Hallen und Anlagen, die optimale Trainingsvoraussetzungen bieten.

Die Anstrengungen zur Förderung des Sports ansprechen

Wo das Üben problemlos möglich ist, da wird dann auch die Einstellung zur Leistung verbessert, das Umfeld wirkt fördernd mit. Daher ist auch in wirtschaftlich schwierigen Zeiten darauf zu achten, daß öffentliche Mittel für den Sportstättenbau und andere Bereiche der Sportförderung bereitgestellt werden. Es ist besser, Gelder in die Förderung des Sports zu stecken, anstatt in die Heilung jener Krankheiten, die auf Bewegungsmangel zurückgeführt werden können.

Hinweis auf die Notwendigkeit ausreichender finanzieller Mittel …

Die Verknüpfung von Sport und Gesundheit ist daher nicht nur ein fachliches Anliegen, sondern auch ein nicht zu unterschätzendes Argument für die gesamte Sportbewegung in Deutschland. Sport ist ein Stück Lebensqualität; er befriedigt die Bedürfnisse nach Spiel und Bewegung, nach Spaß und menschlichen Kontakten, nach Gesundheit und Geselligkeit, nach Anstrengung und Erfolg.

… auch aus gesundheitlichen Gründen

Unsere Gremien haben aufgrund dieser Erkenntnisse kontinuierlich die Sportförderungsmittel sowohl im Sportstättenbau als auch in den anderen Bereichen ausgebaut. Bei uns finden die Sportler nach beendetem Training oder Wettkampf keine kalten Duschen vor. Einmalig im ganzen Land ist die Entscheidung unseres Landkreises, in den Jahren 19… bis 19… jährlich … DM zusätzlich zu den Mitteln für die Vereinsarbeit bereitzustellen, die auch von den Sportvereinen in nicht unerheblichem Maße in Anspruch genommen worden sind. Allein in diesem Jahr investieren wir… DM in die Verbesserung der Anlagen und Einrichtungen, nachdem im vergangenen Jahr schon … Millionen Mark zusätzlich für Sportstättenmaßnahmen bereitgestellt wurden.

Höhe und Verwendung der Fördermittel referieren

Ein anderer Themenkomplex, den ich in diesem Rahmen kurz ansprechen möchte, heißt »Kinder und Spitzensport«. Ich möchte hier ganz besonders an die Übungsleiter appellieren, die verantwortlich sind für die Gesundheit der ihnen anvertrauten Kinder. Die Argumente beider Parteien sind hinlänglich bekannt. Sie lauten: »Das Kind hat ein Recht auf eine ungetrübte Jugend, die Gefahr von Streß als Folge eines Hochleistungstrainings und die daraus resultierenden sozialen und gesundheitlichen Probleme sind groß.« Die Befürworter entgegnen: »Ein gesundes Selbstbewußtsein wird beim Kind durch sportliche Leistung gefördert, der Sport hat ein Recht auf Leistung, und ein Kind trägt weniger Schaden davon, wenn es gefördert wird, als wenn es nicht zu Leistung angespornt wird.«

Ein vieldiskutiertes Thema anreißen …

Grob zusammengefaßt läßt sich die Diskussion auf die Gegensatzpaare Lust oder Last, Freude oder Frohn, Spiel oder Ernst bringen. Nach den Erkenntnissen der Wissenschaft liegt das Hauptproblem in erster Linie auf sozialer Ebene. Der Sport kann auf psychischer Ebene dem Kind positive Erlebnisse vermitteln, etwa durch Erlebnisse bei Wettkämpfen, durch Vita-

… die Argumente der Kontrahenten vortragen …

lität, Fitneß, Spannung, Risiko, Ausleben von Emotionen und Aggressionen. Untersuchungen haben ergeben, daß auch in der Schule und im Beruf in der Mehrheit Probleme nicht auftreten. Es ist aber zu bedenken, daß durch allzufrühe Spezialisierung der Sportart und des Erreichens der Leistungsgrenzen die Motivation bereits in frühen Jahren nachlassen kann. Die Kinder können sich ausgebrannt fühlen, die Wahrscheinlichkeit des Aufhörens ist groß. Zusammenfassend ist zu sagen, daß man davon nur im Zusammenhang mit Sport, selten aber mit Musik, Kunst oder anderen Fähigkeiten spricht, obschon die Problematik in diesen Fällen ähnlich liegt. Die sozialen und psychischen Belastungen erreichen bei diesen Kindern nämlich ein ähnliches Niveau wie bei Sportlern, die Auswirkungen auf Schule und Beruf sind praktisch identisch. Es ist wichtig, daß wir dazu beitragen, daß die Vorurteile gegenüber dem Kindersport versachlicht werden.

... und die Probleme deutlich machen

Aufruf zur sachlichen Diskussion jenseits aller Vorurteile

Zum Abschluß meiner Ausführungen möchte ich noch einige grundsätzliche Bemerkungen zu den Erfahrungen des Aktionsprogrammes machen. Die Erfolge der hier Anwesenden zeigen, daß die Errichtung des Schulsportzentrums und seine Fortführung als »überschulische Leistungsgruppe« richtig war. Selbst wenn der Kreis heute nicht mehr Träger dieser Einrichtung ist, so haben wir uns doch entschlossen, die erfolgreichen Mädchen und Jungen der Leistungsgruppen auszuzeichnen. Wir wollen damit unsere Verbundenheit ebenso dokumentieren, wie wir Ansporn für weitere Erfolge geben wollen.

Erfolge als Beleg für die Richtigkeit des Engagements bei der Sportförderung

An dieser Stelle möchte ich den Übungsleitern für ihre bisherige Arbeit danken. Ebenfalls möchten wir uns für die gute Zusammenarbeit mit den Schulsportkoordinatoren bedanken. Für den weiteren Verlauf der Veranstaltung wünsche ich Ihnen noch viel Freude und für die Zukunft viele weitere Erfolge.

Dank an die Verantwortlichen

Ich darf nun an unsere erfolgreichen Mädchen und Jungen die Präsente des Landkreises ... überreichen. Ich bitte alle jetzt Genannten, nach vorne zu kommen: ...

Amtseinführung, Dienstjubiläum, Pensionierung

Amtseinführung einer Schulrätin

Es spricht ein Beauftragter des Kultusministeriums

Sehr geehrte Frau Schulrätin, meine sehr geehrten Damen und Herren!

Interpretation eines bekannten Zitats und Übertragung auf die Situation

Der alte Satz: »Nicht für die Schule, sondern für das Leben lernen wir« ist ein oft zitierter Rat für den in seiner schulischen Ausbildung stehenden jungen Menschen. Er ist jedoch gleichermaßen eine Art rückblickende Feststellung des Erwachsenen, der die Wahrheit des Spruchs am eigenen Leibe immer wieder erfahren hat und stets noch erfährt. Während die Jugend in ihm eine Art Parole sieht, der sich der Lehrer bedient, um bestmögliche Leistungen zu erzielen, erkennen wir Älteren, daß er eine tiefe Weisheit enthält, deren Richtigkeit sich Tag für Tag aufs neue beweist. Auch wir haben uns einmal gefragt, was wir mit all dem Stoff anfangen sollen, den man mit mehr oder weniger sanfter Gewalt in unseren Kopf hineingestopft hat. Und auch wir haben daran gezweifelt, daß wir für dieses oder jenes später wirklich praktische Verwendung haben würden. Das Leben hat uns jedoch oftmals mit größtem Nachdruck gelehrt, daß nichts, absolut nichts, umsonst gelernt wurde. Daß es immer wieder Situationen gibt, in denen selbst die unscheinbare Nebensächlichkeit Bedeutung erhält und uns eindeutig beweist, daß keines der Dinge, die wir einmal widerwillig hinuntergeschluckt haben, tatsächlich wertlos war. Vieles erweist sich im Leben gerade dann als wichtig, wenn man es schon beinahe vergessen hat. In diesen Augenblicken ist man froh, in der Schule einmal etwas davon gehört zu haben.

Die eigenen Erfahrungen schildern und dabei das Auditorium einbeziehen

Wissen bedeutet noch nicht Weisheit, die sozusagen erst die nächsthöhere Stufe ist. Erst dort, wo die erlernbaren Dinge ihre geistige und menschliche Bewältigung finden, kann der Mensch jenen Grad seiner Entwicklung erreichen, der ihn dem Abbild Gottes nahebringt.

Anforderungen an Person und Amt

Ihr Amt, sehr geehrte Frau Schulrätin, erfordert jene Weisheit, die eine Folge von Wissen und Erfahrung ist. Man wird von Ihnen Entscheidungen erwarten, die mehr voraussetzen als nüchternes Wissen. Man wird erwarten, daß Sie nicht nur wissen, sondern auch verstehen. Dies ist schon eine berechtigte Forderung an jeden Pädagogen, erst recht aber eine Forderung an Sie als Schulrätin. Ich bin fest davon überzeugt, daß Sie dieser Aufgabe gewachsen sein werden. Ihre bisherige Laufbahn hat bewiesen, daß Sie in der Lage sind, Menschen zu führen und über ihre Handlungen zu wachen. Von diesem Tage an sind Ihnen viele, vor allem junge Menschen anvertraut. Ich wünsche Ihnen von Herzen, daß Sie ihnen allen das zu geben vermögen, was Schule einem jungen Menschen überhaupt mitgeben kann. In diesem Sinne dürften wir dann einmal für Ihre Person den berühmten »Non scholae sed vitae discimus« umkehren: Alles, was Sie gelernt haben, ist für die Schulen bestimmt, für die Schulen, denen Sie nun vorstehen werden.

Abwandlung des Eingangszitats mit Blick auf die angesprochene Person

Amtseinführung eines Schulleiters durch den Schulrat

Sehr geehrter Herr... (Name des Schulleiters),
liebe Kolleginnen und Kollegen, liebe Schulgemeinde!

Es zählt zu meinen angenehmen Pflichten, Sie, sehr geehrter Herr..., in Ihre neue Aufgabe einführen zu dürfen. Sie übernehmen Ihr Amt zu einem Zeitpunkt, in dem die bildungspolitische Diskussion in unserem Lande aufs neue entflammt ist. Neue Schulformen werden versuchsweise eingeführt, Lerninhalte neu diskutiert, über die Dauer der Schulzeit wird intensiv nachgedacht, und die Mitbestimmungsrechte von Schülern und Eltern werden extensiver als früher ausgeübt. Das bringt für einen Schulleiter viele neue und schwierige Aufgaben mit sich. Neben einem Höchstmaß an pädagogischen Fähigkeiten und menschlichem Einfühlungsvermögen bedarf es zur Lösung dieser Aufgaben auch mehr denn je organisatorischen Geschicks und – über den Rahmen der Lehrtätigkeit hinaus – eines besonderen bildungspolitischen Interesses. Und, da gerade die Schulen an chronischer Geldknappheit leiden, bedarf es nicht zuletzt auch großen Erfindungsreichtums und Muts zur Improvisation.

Bewegung in der Bildungspolitik...

... und die Auswirkungen für das Amt eines Schulleiters

Viele dieser Aufgaben haben Sie bereits in Ihrer vorhergehenden Stelle als stellvertretender Schulleiter mitlösen können. Von heute an aber tragen Sie die ganze Verantwortung für die Führung dieser Schule. Ich bin sicher, daß Sie die meisten der auf Sie zukommenden Probleme in kollegialer Teamarbeit werden lösen können. Andere werden Ihre ganze Autorität verlangen. Denken Sie immer daran, daß Autorität nicht gefordert, sondern daß sie stets aufs neue bewiesen werden muß. Die durch eigenes Fachwissen, Leistung und Einfühlungsvermögen erworbene Autorität wird Ihnen auch in schwierigen Gesprächen und Auseinandersetzungen jenes Maß an

Empfehlungen für die Bewältigung der Anforderungen

Entgegenkommen von Kollegium und Schülern sichern, das Sie benötigen, um eine solch große Schule nach modernen Gesichtspunkten leiten zu können. Es sichert Ihnen darüber hinaus eine über die normalen Pflichten hinausgehende Bereitschaft zur Mitarbeit von Kollegen, Eltern und Schülern. Zu Ihrer neuen verantwortungsvollen Aufgabe für unsere Schule und für unsere Kinder darf ich Ihnen viel Erfolg wünschen. Ich bin sicher, daß Sie sich Ihrer neuen Aufgabe mit dem gleichen Engagement wie bei Ihren früheren Aufgaben widmen werden.

Eine anspruchsvolle Aufgabe braucht Hingabe und Zusammenarbeit

Dienstjubiläum eines Lehrers

Rede der Schulleiterin

Sehr verehrter Herr Kollege ... (Name des Geehrten),
meine Damen und Herren des Kollegiums,
liebe Schülerinnen und Schüler!

Der Beruf des Lehrers mag für viele, insbesondere für junge Menschen, ein Beruf ohne besondere Schwierigkeiten sein. Man beendet seine Schulausbildung, besucht Fachschulen, in denen man sich das erforderliche Wissen aneignet, macht noch ein paar Prüfungen und zehrt ab diesem Augenblick von dem, was man weiß und was man gelernt hat. Man hat nichts anderes mehr zu tun, als Jahr für Jahr den erlernten Stoff weiterzugeben und im übrigen seiner Freizeitbeschäftigung nachzugehen. Wenn es so wäre, hätten wir uns heute nicht zu dieser kleinen Feierstunde zusammengefunden. Dann hätten wir auch keinen wirklichen Grund, einen Mann zu ehren, der nun schon ... Jahre in diesem Beruf tätig ist. Oder es wäre zumindest nichts anderes als eine Gewohnheitssache. Das aber ist es gerade nicht. Es geht nicht darum, ein paar unverbindliche Worte zu sprechen, sondern es geht darum, einem Mann Dank zu sagen, der seit vielen Jahren treu und unbeirrt seine Pflicht erfüllt. Wir alle kennen Herrn ... *(Titel und Name)* als einen Menschen, auf den Verlaß ist. Die einen als Kollegen, die anderen als Schüler. Diese Verläßlichkeit erstreckt sich jedoch nicht nur darauf, daß er morgens pünktlich zum Unterricht kommt, daß er zu Hause seine Arbeiten korrigiert und während eines Schulausfluges die ihm anvertrauten Schüler beaufsichtigt. Ich meine jene Verläßlichkeit, die ihn zu einem guten und beliebten Erzieher gemacht hat und immer wieder macht. Ich meine die Verläßlichkeit, die uns jederzeit hinter seiner Arbeit als Lehrer seine erzieherische Verantwortung spüren läßt. Der junge Mensch, der ihm anvertraut wird, ist für Herrn ... nicht in erster Linie ein

»Schein und Sein« – die beiden Bilder differieren gewaltig

Von der Tätigkeit zur Person: die besonderen Eigenschaften des Jubilars herausstellen

Wesen, das mit Wissen möglichst vollgestopft werden muß. Vielmehr bedeutet er für ihn so etwas wie ein junges Bäumchen, das es zu biegen und zu formen gilt.
In den ... Jahren, die Sie, verehrter Herr Kollege, jetzt unserem Lehrkörper angehören, konnte ich oftmals die Feststellung machen, daß Sie über die Sorgen und Nöte der jungen Menschen, die Ihnen anvertraut wurden, immer bestens unterrichtet sind. Ich glaube, den Grund hierfür zu wissen. Wirkliche Erziehung ist nur dann möglich, wenn man den einzelnen Menschen kennt, wenn man sich mit seinen Wünschen und persönlichen Schwierigkeiten befaßt. Diese Überzeugung, das darf ich als Leiter unserer Schule heute in aller Deutlichkeit sagen, haben Sie während Ihrer bisherigen Tätigkeit als Erzieher nach besten Kräften erfolgreich verwirklicht. Es konnte daher nicht ausbleiben, daß Sie von Schülern und jüngeren Kollegen immer wieder um Rat gefragt wurden und gefragt werden.

Die menschlichen Qualitäten in den Vordergrund stellen

Ich wünsche Ihnen, verehrter Herr Kollege, zum heutigen Tage alles Gute. Ich wünsche Ihnen für Ihr weiteres Leben und die Ausübung Ihres Berufes Erfolg und Zufriedenheit. Und ich wünsche uns, daß Sie noch recht lange an dieser Schule wirken mögen.

Gute Wünsche für die Zukunft

Pensionierung einer Lehrerin

Rede des Schulleiters

Sehr verehrte Frau Kollegin ... (Name der Geehrten),
meine Damen und Herren des Kollegiums,
liebe Schülerinnen und Schüler!

Wir haben uns heute hier zusammengefunden, um eine Frau zu verabschieden, die ... Jahre als Lehrerin und Erzieherin an unserer Schule tätig war. In dieser Zeit hatten wir oft genug Gelegenheit, ihre hervorragenden Fähigkeiten auf dem Gebiet der Erziehung kennen- und schätzenzulernen. Allerdings nicht nur auf dem Gebiet der Erziehung, sondern vor allem im Bereich des rein Menschlichen, das so oft in seiner schönsten Form bei ihr zutage trat. Wir erinnern uns manch eines Augenblicks, in dem es ihr gelang, eine verfahrene Situation allein dadurch zu retten, daß sie aus der Fülle ihrer Erfahrung und ihrer Menschenkenntnis heraus das einzig richtige vorschlug und auch tat. Dabei war es oftmals nicht in erster Linie von Bedeutung, ob an irgendwelchen herkömmlichen Meinungen und Ansichten festgehalten wurde, sondern ob eine Entscheidung menschlich zu rechtfertigen war oder nicht. Erziehung heißt nicht

Persönlichkeit und Aufgabe sind untrennbar miteinander verbunden

»Erziehung hat den Zweck, den Menschen zu einem selbständigen Wesen zu machen, d. h. zu einem Wesen von freiem Willen« (Hegel)

nur, dem jungen Menschen fachliches Wissen beizubringen. Erziehung heißt in erster Linie, der jungen, noch unfertigen Persönlichkeit jedes einzelnen Rechnung zu tragen, sie nach ethischen Gesichtspunkten zu entwickeln und zu formen, damit sie sich ohne Schwierigkeiten in die menschliche Gemeinschaft einfügen kann. Das Ziel all dieser Bemühungen ist ein freier, sich seiner Verantwortung gegenüber der Gesellschaft bewußter Mensch.

Dem Anspruch durch Klugheit und Beharrlichkeit gerecht geworden

Dieses Ziel, verehrte Frau Kollegin, haben Sie während der ... Jahre Ihrer Tätigkeit nie aus den Augen verloren. Ich bin fest davon überzeugt, daß es Ihnen dabei keinesfalls immer leicht gemacht wurde. Um so anerkennenswerter ist es, daß Sie sich dennoch niemals an der Richtigkeit Ihrer Anschauungen und Absichten haben irremachen lassen. Eine gute Sache zu verwirklichen, ohne daß sich Schwierigkeiten in den Weg stellen, ist gewiß kein unbedeutendes Unterfangen. Diese gute Sache jedoch trotz mannigfaltiger Rückschläge und vielleicht auch Anfeindungen durchzusetzen und zu Ende zu führen, ist weitaus ehrenvoller. Wir, Ihre Kollegen und Ihre Schüler, dürfen Ihnen daher von ganzem Herzen dafür danken, daß Sie uns klar und unmißverständlich gezeigt haben, wie ein Lebensweg auszusehen hat, wenn er fruchtbar und damit sinnvoll sein soll. Wir wissen, daß gerade der junge Mensch manche Notwendigkeit des Lebens noch nicht einzusehen vermag. Wir wissen auch, daß es Dinge gibt, deren Verständnis sogar dem Erwachsenen große Schwierigkeiten bereitet.

Beispiele für Schwierigkeiten, die gemeistert wurden

Daraus ergibt sich, daß im Interesse eines zu erreichenden Zieles oft gegen den Widerstand der Unerfahrenheit, der Unvernunft und der menschlichen Einfältigkeit gehandelt werden muß. Wie wäre der Stand der Erziehung im Jahre ... *(Jahreszahl, wann die Rede gehalten wird)*, wenn es nicht immer wieder Menschen gegeben hätte, die es gewagt haben, gegen eine starre Tradition anzukämpfen, die oftmals nichts anderes war als Bequemlichkeit und Angst vor dem Neuen.

Gewiß, Erziehung ist kein Gebiet für Experimente. Aber sie ist ein Gebiet, das wie kaum ein zweites der Einsicht und Aufgeschlossenheit bedarf, wenn sie erfolgreich sein soll. Erfolgreich heißt in diesem Zusammenhang nicht persönlicher Erfolg des Erziehers. Erfolgreich heißt hier, daß es ihr gelingt, junge Menschen heranzuziehen, die den Forderungen ihrer Zeit gewachsen sind. Diesen Erfolg, verehrte Frau Kollegin, dürfen wir Ihrer Arbeit zusprechen. Und deshalb darf ich Ihnen heute, am Ende Ihrer offiziellen Laufbahn, sagen: Es war eine gute Arbeit. Ich wünsche Ihnen im Namen des Kollegiums und der Schülerschaft für die Zukunft alles Gute. Ich wünsche Ihnen Gesundheit und Kraft, daß Sie Ihren Lebensabend in dem Geiste beschließen können, der Sie bis hierher geleitet hat.

Erfolge würdigen, Dank sagen und gute Wünsche aussprechen

Volkshochschule

Eröffnung einer Volkshochschule

Ein Beauftragter des Kultusministeriums spricht

Sehr geehrter Herr Bürgermeister, verehrte Ehrengäste,
meine sehr geehrten Damen und Herren!

Negative Beispiele mangelnder Bildungsarbeit aufzeigen ...

Auch im ausgehenden 20. Jahrhundert gibt es noch Länder, deren Regierungen sehr daran interessiert sind, den Bildungsgrad der Bevölkerung so niedrig wie möglich zu halten. Die Gründe hierfür lassen sich auf einen Nenner bringen: Ein Volk, das nicht lesen und schreiben kann, ist entschieden leichter zu regieren als ein gebildetes Volk. Es hat keine Möglichkeit zu echter Kritik, weil es nur schwer imstande ist, sich ein eigenes Urteil zu bilden. Es ist in den Händen geschickter Führer ein mehr oder weniger willenloses Werkzeug, dessen man sich zur Erreichung etwaiger persönlicher Ziele bedienen kann. Sie kennen sicherlich alle Beispiele für diese Behauptung, denn sie finden sich noch weitaus häufiger, als man vielleicht glauben möchte.

... und den vielfältigen Bildungsmöglichkeiten im eigenen Land gegenüberstellen

In den modernen Industriestaaten liegen die Dinge anders. Die Probleme dieser Nationen sind ohnehin nur durch ein entwickeltes Bildungssystem zu lösen. Dies geschieht in mehreren Stufen. Die Schulpflicht für alle Kinder, unabhängig von den besuchten Schulformen, soll ein auf den erstrebten Beruf ausgerichtetes Grundwissen sicherstellen. Weiterführende Schulen ergänzen diese Grundausbildung. Darüber hinaus ist den Bürgern unserer Gesellschaft die Möglichkeit gegeben, sich jederzeit durch die Organe der öffentlichen Meinung, also Presse, Funk und Fernsehen weiter zu informieren und zu bilden. Dennoch hat sich immer wieder gezeigt, daß diese Einrichtugen für das Wissensbedürfnis eines großen Kreises unserer Bevölkerung nicht ausreichend sind. Aus diesem Grunde sind in unserem Lande schon sehr früh die Volkshochschulen ins Leben gerufen worden. Volkshochschulen betreuen als wesentlicher Teil des öffentlichen Bildungswesens die Erwachsenenbildung.

Die Palette der Angebote umreißen ...

Dabei steht nicht nur die gesellschaftliche oder politische Bildung im Vordergrund der Arbeit. Mehr als bisher wird dem Ausbau der berufsbegleitenden und berufsfördernden Weiterbildung Platz eingeräumt. Veranstaltungsformen sind entwickelt worden, durch die auf den verschiedensten Gebieten Abschlußzeugnisse beziehungsweise Qualifikationsnachweise

... und auf neue Tätigkeitsfelder eingehen

für die persönliche Entfaltung im Beruf erlangt werden können. Der Zusammenarbeit mit Rundfunk und Fernsehen, aber auch mit den Veranstaltungsformen im Medienverbund wird ständig mehr Aufmerksamkeit gewidmet. Die Volkshochschulen füllen so eine wichtige Funktion in unserem Bildungssystem aus. Sie geben allen Bürgern die Chance, latentes Wissen aufzufrischen, vorhandene Wissenslücken zu schließen, in neue Wissensgebiete einzudringen und sich jeweils über den neuesten Stand von Wissenschaft und Praxis zu informieren.

Erwachsenenbildung als gesellschaftspolitische Aufgabe der Länder und Kommunen

Daß diese Arbeit von den Bürgern angenommen wird, zeigt sich darin, daß viele Kurse und Veranstaltungsreihen bereits zum Zeitpunkt ihrer Ankündigung voll ausgebucht sind. Auch die ständig steigenden Landeszuschüsse beweisen, wie hoch die Landesregierung diese Einrichtung der Erwachsenenbildung in ihrem gesellschaftspolitischen Zielkatalog eingestuft hat, weil sie das Recht ihrer Bürger auf Bildung als vorrangige Aufgabe ansieht. Wir versprechen uns durch die Förderung dieses Angebotes an Erwachsenenbildung, daß die Bürger informierter und damit mündiger werden. Sie sollen durch mehr Information und einen höheren Wissensstand in die Lage versetzt werden, für sich selbst das alles kritisch aufzuarbeiten, was ihnen täglich an Informationen vorgesetzt wird – nicht nur von der Regierung, die Pläne erläutert, Beschlüsse verkündet und Gesetze erläßt. Nein, sie sollen auch aufgrund ihres Wissensstandes in die Lage versetzt werden, jene Informationen kritisch zu durchleuchten, die ihnen von der veröffentlichten Meinung, also von Presse, Funk und Fernsehen, täglich in geradezu erschlagender Fülle vorgesetzt werden.

Ungehinderter Zugang zur Information als Grundlage einer freiheitlichen Gesellschaft

Es sind bereits warnende Stimmen laut geworden, die von einer Überinformation unserer Bürger sprechen. Diese Warnungen halte ich für nicht gerechtfertigt. Meines Erachtens ist es besser, den Bürgern nach Möglichkeit eine unbegrenzte Menge an Informationen zukommen zu lassen, sie aber gleichzeitig aufgrund ihres Wissensstandes in die Lage zu versetzen, aus diesem Angebot an Informationen das für sie Wesentliche herauszulesen und umzusetzen. Dies setzt zweierlei voraus: einmal die Freiheit einer Gesellschaft, nach Möglichkeit jede Information zu geben oder zu erhalten und zum anderen, die geistige Freiheit des Bürgers – die aus einer möglichst umfassenden Bildung herrührt -, die erhaltenen Informationen auch richtig zu nutzen.

Fazit: Volkshochschulen sind unersetzlich!

Wenn Sie sich das nun vorgelegte Programm der neuen Volkshochschule ansehen, werden Sie feststellen, daß hier bereits eine ganze Menge von Veranstaltungen angeboten werden, in denen man lernen kann, sich dieser beiden Freiheiten zu bedienen. Ich bleibe dabei: Aus unserem öffentlichen Bildungswesen ist die Arbeit der Volkshochschulen nicht mehr wegzudenken. Wer den mündigen Bürger an seine politische Verantwortung erinnert, seine Mitarbeit im demokratischen Entscheidungsprozeß fordert, muß sich auch um die politische Tragweite der Erwachsenenbildung an unseren Volkshochschulen bewußt sein. Wer das eine fordert, ohne das andere zu fördern, enthält vielen Bürgern unseres Landes das notwendige geistige Rüstzeug zur Durchsetzung ihrer politischen Mündigkeit vor. Wir stehen voll zur Arbeit unserer Volkshochschulen. Deshalb freuen wir uns auch, heute in … die … *(Zahl der Volkshochschulen)* ihrer Bestimmung zu übergeben. Sie wird, so hoffen wir alle, mit ihrer Arbeit zu einer weiteren Demokratisierung unserer Gesellschaft beitragen. Zu dieser wichtigen Arbeit wünschen wir Ihnen allen viel Erfolg.

Das »große« Ziel: die politische Mündigkeit der Bürger

Eröffnung einer Volkshochschule

Rede des Leiters

Sehr geehrter Herr … (Name des Regierungsvertreters),
Herr Bürgermeister, meine sehr geehrten Damen und Herren!

Wir leben in einer Zeit, die wie kaum eine zuvor durch eine geradezu beängstigend schnell voranschreitende Ausweitung der einzelnen Lebensbereiche gekennzeichnet ist. Was gestern noch Gültigkeit besaß, ist heute schon überholt und morgen bereits vergessen! Denken Sie bitte einmal an die Entwicklung der Naturwissenschaft. Denken Sie an die moderne Ernährungswissenschaft, die Medizin. Denken Sie an die Psychologie, an die Weltraumforschung und an die Politik. Überall die gleiche Erscheinung: Die Entwicklung schreitet schneller voran, als die meisten Menschen zu begreifen vermögen. Wenn sie es dennoch versuchen, geschieht es in den meisten Fällen auf Kosten eines wirklich fundierten Wissens. Die großen Zusammenhänge gehen verloren, der Mensch verliert den Überblick über die treibenden Kräfte und deren Stellung und Bedeutung innerhalb der Gesamtentwicklung. Er klammert sich an augenblickliche Erscheinungen, ohne deren Ursachen zu kennen und ohne ermessen zu können, wohin sie einmal führen werden und gemäß ihrer Gesetzmäßigkeit auch führen müssen.

Redebeginn mit dem Hinweis auf den Wechsel von Zeiten und Entwicklungen

Die Folgen: fehlender Überblick, Orientierungslosigkeit und Desinteresse

Die Folge davon ist, daß er seine Bemühungen um Wissen und Bildung aufgibt oder aber der Halbbildung verfällt. Beides aber ist gleich gefährlich. Während es zur Zeit Goethes dem Gebildeten noch möglich war, die wissenschaftlichen und kulturellen Erscheinungen in ihrer Gesamtheit zu überblicken, ist es heute kaum noch denkbar, daß jemand auch nur ein einziges Teilgebiet völlig beherrscht. Wenn dies aber schon für diejenigen gilt, die aufgrund ihrer Ausbildung, ihres Wissens und ihres überragenden Verstandes dazu berufen wären, wie sollte es dann dem einfachen Menschen möglich sein? Es bleibt ihm nichts anderes übrig, als den Versuch einer Orientierung aufzugeben.

Zusammenfassung der vorgenannten Fakten als Auftrag an die Bildungseinrichtung

Hier, meine sehr verehrten Damen und Herren, liegt unsere große Aufgabe. Es geht darum, die Urteilsfähigkeit und damit die Kritikfähigkeit jedes einzelnen zu heben. Dies ist jedoch nur dann möglich, wenn man ihm hilft, sein Wissen auf allen Gebieten zu erweitern und zu vervollständigen. Nur der kann an einer Sache Kritik üben, der sie kennt.

Früher waren die Volkshochschulen oft belächelt worden wegen ihrer Programme. Da gab es Nähkurse, Kochkurse, schöngeistige Vorträge aus dem alten Griechenland und vielleicht noch einige Sprachkurse. Was früher oft hämisch als Beschäftigungstherapie für gelangweilte Mütter oder interessierte Pensionäre abgetan worden ist, hat heute völlig seinen Charakter verändert. Sicher, die alten Kurse werden auch heute noch angeboten.

Die Schwerpunkte der Arbeit herausstellen: berufliche Weiterbildung und gesellschaftspolitische Aufklärung

Sie stellen aber, im Gegensatz zu früher, einen wichtigen Beitrag zur beruflichen Weiterbildung dar oder aber erleichtern durch die Ausbildungsinhalte andere berufliche Qualifikationen. Ein weiteres Hauptgewicht der Arbeit liegt in der gesellschaftspolitischen Aufklärung. Alles in allem liest sich das Semesterprogramm einer Volkshochschule nicht viel anders als ein Vorlesungsverzeichnis einer Universität. Wie dort versuchen wir, den aktuellen Stand auf allen Wissensgebieten unseren Hörern zu vermitteln. Wie dort gibt es nicht nur Vorlesungen, sondern auch Arbeitsgruppen, die sich gemeinsam oft über mehrere Semester hinweg ein gemeinsam gestecktes Ziel erarbeiten. Wie dort steht uns für unsere Arbeit ein erfahrenes Lehrerkollegium aus Theorie und Praxis zur Verfügung.

Beschreibung der Zielgruppe und ihrer Merkmale

Nur einen wesentlichen Unterschied gibt es. Wir wenden uns als Volkshochschule vor allem an den erwachsenen Menschen, also an denjenigen, der einen Beruf hat, dem er die meiste Kraft und Zeit widmen muß. Dies bestimmt nicht nur die Zeit, sondern auch die Art des Unterrichts. Durch intensiven Erfahrungsaustausch mit allen an dieser Erwachsenenbildung Beteiligten versuchen wir, ständig Lerninhalte und Lehrmethoden auf den neuesten Stand zu bringen und zu verbessern. Sicher wird die neue Volkshochschule, die für unsere Arbeit ab dem heutigen Tage zur Verfügung steht, unsere Aufgabe wesentlich erleichtern. Die räumliche Konzentration, die bessere Ausstattung mit Geräten wird es uns erlauben, unser Angebot an Veranstaltungen noch zu erhöhen.

Neue Programme und Kooperationen erwähnen

Hier wird vor allen Dingen der Einrichtung von Begleitkursen zu Funkkollegien des Rundfunks und entsprechenden Veranstaltungen des Fernsehens in nächster Zukunft der

Vorrang eingeräumt werden. Die bis heute bereits vorliegenden Anmeldungen und Anfragen zu unseren Veranstaltungen beweisen uns, daß wir offenbar auf eine große Nachfragelücke gestoßen sind. Alle Mitarbeiter dieser neuen Volkshochschule werden sich bemühen, den Bürgern unserer Stadt und ihrer Umgebung auf geistigem, wirtschaftlichem und politischem Gebiet alle die Informationen anzubieten und zu vermitteln, die sie benötigen.

Qualifizierte Mitarbeiter und Kursleiter sichern eine fundierte Wissensvermittlung

Für diese ebenso lohnende wie reizvolle Aufgabe wünsche ich Ihnen gutes Gelingen, für die zukünftigen Kurse und Programme eine rege Teilnahme.

Trauerfälle im Schulalltag

Begräbnis eines verunglückten Schülers

Es spricht der Vertreter des Elternbeirats

Verehrte Trauergemeinde!

Sie alle fühlen, wie schwer es mir fällt, hier zu stehen und für ein so tragisches Geschehen Worte zu finden. Trost können sie nicht bedeuten. Hoffnung auch nicht.

Persönliche Gefühle und Anteilnahme ausdrücken

Unser aller Anteilnahme gilt den Eltern, die ihr (einziges) Kind hergeben mußten. Es ist müßig, darüber zu grübeln, worin der Sinn eines solchen frühen Todes liegt, wie man es verstehen soll, daß ein Kind, das sich aus innerer Begeisterung vielleicht unbewußt um Gesundheit und Stärkung des Körpers bemüht, dabei den Tod findet.

Gemeinsamkeit in der Trauer: Die Schulgemeinde hat ein junges Mitglied verloren

Wir nehmen heute Abschied: Ihr, die Schulkameraden, die mit ihm jahrelang gemeinsam auf der Schulbank gesessen habt, die Eltern und wir anderen Eltern, deren Kinder mit uns um dies offene Grab stehen. Wir können diesen Tod nicht begreifen, wir können nur ahnen, daß in all dem, was im menschlichen Leben geschieht, ein höherer Sinn waltet, der uns nicht zugänglich ist. Herrn Pfarrer … möchte ich danken, daß er so spontan unmittelbar nach dem schrecklichen Unglück den Eltern zur Seite stand.

Der Tod als Mahnung und Verpflichtung

Auch danke ich Herrn Rektor … für die bewegenden Worte, die er gefunden hat. Uns allen, die wir hier versammelt sind, möge der Tod dieses jungen Menschen Mahnung und Verpflichtung sein, alles zu tun, um künftige Unfälle nach Möglichkeit vermeiden zu helfen.

Beerdigung eines Schulleiters

Traueransprache des Bürgermeisters

Hochverehrte Hinterbliebene, liebe Trauergemeinde!

Der Tod hat einen Mann aus unserer Mitte gerissen, dessen Tatkraft, Können und Wissen ihm überall zu Ansehen und Wertschätzung verholfen haben. Damit ist unsere Gemeinde (Stadt) um eine bedeutende Persönlichkeit ärmer geworden. … *(Titel und Name des Verstorbenen)* war … Jahre Leiter des hiesigen Gymnasiums (der Mittelschule, der Grund- und

Hauptschule) und verstand es, der ihm übertragenen Aufgabe während dieser Zeit in anerkennenswerter Weise gerecht zu werden. Es war gewiß nicht immer leicht, einer großen Gemeinschaft vorzustehen und ihre Geschicke zu lenken und mitzubestimmen. Es war vor allem deshalb nicht einfach, weil sich diese Gemeinschaft aus zwei grundverschiedenen Menschengruppen zusammensetzte: aus Lernenden und aus Lehrenden, aus Kindern und aus Erwachsenen. Für einen Schulleiter gibt es manche Schwierigkeiten zu meistern, von denen man sich normalerweise gar keine rechten Vorstellungen machen kann.

Hinweis auf die Schwierigkeiten des Amtes

Dieser Mann hat es, trotz all der tausend großen und kleinen Schwierigkeiten, verstanden, seinen Weg zu gehen, und der Erfolg und das Ansehen, das die Schule in ... genießt, haben ihm recht gegeben. Er konnte die ihm auferlegte Verantwortung jedoch nur tragen, weil ihn mit seinem Beruf als Pädagoge eine tiefe Liebe verband. Diese Liebe übertrug sich ganz selbstverständlich auf die, deren Erziehung und Bildung er übernommen hatte. Er ließ es sich nicht nehmen, nach wie vor selbst zu unterrichten und seine erzieherischen Fähigkeiten immer wieder zu beweisen.

Würdigung von Person und Leistung

Bildung war sein Ziel, nicht Wissen. Für ihn bedeutete Wissen lediglich eine notwendige Voraussetzung für Bildung, keineswegs aber einen Selbstzweck, wie das auch heute noch die Auffassung vieler Leute, nicht zuletzt auch mancher Pädagogen, zu sein scheint. Die hohen Anforderungen, die er an sich, sein Kollegium und seine Schülerschaft stellte, brachten ihm den Ruf ein, ein strenger Pädagoge zu sein. Seine herzliche und warme Menschlichkeit jedoch festigten in all denjenigen, die ihn kannten, die Überzeugung, daß sie einem außerordentlich klugen und reifen Menschen gegenüberstanden, dessen Verantwortungsbewußtsein es ihm nicht gestattete, seine persönlichen Empfindungen über die Sache zu stellen, der er diente.

Grundsätze und Ziele der Arbeit darlegen

Dieser Mann hat nun für immer von seiner Schule und von uns Abschied genommen. Er hat es so unauffällig getan, wie er zu seinen Lebzeiten gewirkt hat. Auffällig aber ist die Lücke, die er hinterlassen hat. Sie zu füllen, wird die Aufgabe seines Nachfolgers sein. Darüber zu wachen, daß dies im Sinne seiner Arbeit geschieht, wird uns eine ernste Verpflichtung sein.

Die Ideale des Verstorbenen als Verpflichtung für die Schule

Tod eines Lehrers

Der Schulleiter spricht vor Kollegium und Schülerschaft

Verehrte Trauergemeinde, liebe Frau …!

Wir haben uns heute hier zusammengefunden, um eines Mannes zu gedenken, der … Jahre Lehrer an unserer Schule war. Wir haben in ihm einen Erzieher und Kollegen verloren, der durch einen unerwarteten und viel zu frühen Tod aus seiner Arbeit und unserer Gemeinschaft gerissen wurde. Dieser Mann hing mit einer Liebe an seinem verantwortungsvollen Beruf, die für viele schwer zu verstehen und noch viel schwerer nachzuvollziehen war. Beruf bedeutete ihm Berufung, und dieser seiner Berufung folgte er bis zum Schluß. Sie bestand darin, junge Menschen geduldig und voller Nachsicht, aber mit der ganzen Autorität seines Wissens und seiner Persönlichkeit das zu lehren, was er in ihrem eigenen Interesse für wichtig hielt. Er wußte, wie gering der Wert manch eines materiellen und wie bedeutungsvoll der Wert des geistigen Besitzes war.

Das Kollegium trauert um einen engagierten Pädagogen

Er erkannte es als eine unumgängliche Notwendigkeit, den jungen Menschen zu selbständigem Denken und Handeln zu erziehen. Dieses Ziel erreichte er, indem er ihm den Zugang zum Wissen unserer Zeit ebnete und Türen aufstieß, die den Weg zu Gebieten unserer menschlichen Bildung freigaben, die er als unerläßlich ansah. Es liegt in der Natur der schulischen Ausbildung, daß viele wichtige Wissensgebiete nur gestreift werden können, ohne daß sie eine genauere oder ganz und gar erschöpfende Behandlung erfahren. Aber gerade hier verwies er immer und immer wieder auf die Notwendigkeit, in eigener Arbeit tiefer hinter die Dinge zu kommen und das Wissen zu vervollständigen.

Wesentliche Ziele und Vorsätze ansprechen

Freiheit im Denken und Handeln, soweit es möglich ist, Selbstbindung dort, wo es erforderlich ist, das war sein Grundsatz. Dieser Grundsatz verrät ein tiefes Wissen um die Erfordernisse des jungen Menschen. Damit hat er sich sowohl bei seinen Schülern als auch bei seinen Kollegen allgemeine Anerkennung und Hochachtung erworben. Seine Bereitschaft, überall dort einzuspringen, wo es erforderlich war, und überall dort zu helfen, wo es die Umstände verlangten, tat das ihrige, um diese Anerkennung noch zu steigern. Es war daher für uns alle, Lehrer wie Schüler, eine unfaßbare Nachricht, als wir erfahren mußten, daß er dieses Gebäude niemals mehr betreten wird. Es schien, als wäre es undenkbar, von nun an ohne ihn auskommen zu müssen. Dennoch aber ist es eine Wahrheit, eine Wahrheit, die zu begreifen für uns alle nicht leicht ist. Aber gerade weil das so ist, wird es uns eine selbstverständliche, wenn auch nicht ohne weiteres zu erfüllende Verpflichtung sein, in seinem Sinne weiterzuarbeiten.

Berufliche Prinzipien und herausragende Eigenschaften erwähnen

Ehrendes Gedenken und bleibende Erinnerung

Tod eines Lehrers

Verehrte Hinterbliebene, liebe Trauergemeinde!

Ansprache eines Schülers

Als Vertreter der Schülerschaft habe ich heute die traurige Aufgabe, eines Mannes zu gedenken, der sich insbesondere bei uns Schülern großer Achtung und Beliebtheit erfreute. Herr ... *(Titel und Name des Verstorbenen)* gehörte zu den Lehrern, zu denen wir Jüngeren vom ersten Augenblick an ein uneingeschränktes Vertrauen haben konnten und bei denen es uns nicht schwerfällt, nicht nur mit fachlichen, sondern auch mit unseren privaten Sorgen und Nöten zu ihnen zu gehen, um sie um Rat zu fragen. Ich kann nicht beurteilen, ob es den pädagogischen Forderungen entspricht, daß ein Lehrer zwischen den rein erzieherischen und den rein menschlichen Problemen mitunter einen scharfen Trennungsstrich zieht. Wie dem auch sei, für uns Schüler war es immer wieder eine beruhigende und schöne Sache, daß dieser Mann von den Dingen, die wir ihm irgendwann einmal anvertrauten, im Unterricht niemals auf irgendeine Weise Gebrauch machte. Er war so etwas wie ein heimlicher Mitverschworener seiner Schüler, und damit festigte er das Vertrauen, das wir ihm entgegenbrachten.

Sehr persönliche Würdigung der Arbeit des Lehrers aus Schülersicht

Herr ... *(Titel und Name des Verstorbenen)* wird unsere Schule nicht mehr betreten. Er wird zu uns Schülern nicht mehr sprechen, keinen Wandertag mehr mit uns unternehmen und während keiner Klassenarbeit mehr vor uns sitzen. Er hat den Auftrag, den ihm die Gesellschaft erteilt hat, erfüllt. Als Schüler möchte ich noch sagen, daß er ihn in unseren Augen auf eine vorbildliche Weise erfüllt hat. Seine große Liebe galt der ... *(Lieblingsfach des Verstorbenen)*. Hier hat er uns Dinge beigebracht, die man normalerweise nur am Rande mitbekommt. Mit seiner Begeisterung, seinem Wissen und seiner Fähigkeit, dieses Wissen weiterzugeben, hat er es jedoch fertiggebracht, uns in Geheimnisse einzuweihen und uns ihr Verständnis nahezubringen, von denen man sonst auf der Schule nur hört, ohne sie jedoch richtig kennenzulernen. Dafür sind wir ihm aus vollem Herzen dankbar. Wir sind froh, in ihm einen Lehrer gehabt zu haben, der uns gemeinsam mit seinen Kolleginnen und Kollegen selbständiges Denken und Handeln beigebracht hat. Ich glaube, es ist ihm gelungen, uns den Wert der Wissenschaft und darüber hinaus den Wert einer umfassenden Bildung nahezubringen. Wir sind betroffen und erschüttert, daß wir diesen Lehrer verloren haben. Er hat sich in unserer Erinnerung einen festen Platz erworben, den er auch dann noch innehaben wird, wenn wir diese Schule schon längst verlassen haben und selbst mitten im Leben stehen werden.

Die besonderen Interessen und Fähigkeiten hervorheben

Lob und Dank für die Leistungen des Pädagogen

Wirtschaft, Handel, Handwerk

Eine Messe oder Ausstellung ohne feierlich-würdevolle Eröffnungsworte – ganz undenkbar!
Die Einweihung eines Industriekomplexes ohne wirtschaftspolitische Grundsatzrede – ein Fauxpas.
Das Jubiläum einer Berufsorganisation ohne Festansprache – eine Bankrotterklärung!
Nein – auch in Wirtschaft, Handel, Handwerk, Gewerbe, Industrie und Landwirtschaft darf eine treffende Rede, eine zündende Ansprache nicht fehlen.
»Tue Gutes und rede darüber« – dieser Grundsatz gilt heute mehr denn je in den Bereichen der Wirtschaft und Wirtschaftspolitik. Leider ist das, was gesagt wird und gehört werden muß, nicht immer den durchaus guten Leistungen angemessen. Und längst nicht jeder erfolgreiche Handwerker, Industrielle oder Unternehmer ist auch ein begnadeter Redner.
Warum alles selbst machen? Warum nicht ein »Zulieferteil« nutzen, um daraus ein eigenes »Qualitätsprodukt« zu erstellen? Nachfolgende Beispiele können dazu dienen, erfolgreiche, gute Reden zu halten.

Bau und Erweiterung von Betrieben

Baubeginn für ein Gewerbe- und Industriegebiet mit einer Betriebseröffnung

Es spricht der Erste Kreisbeigeordnete (Ost)

Sehr geehrter Herr Staatssekretär, sehr geehrter Herr Bürgermeister, verehrter Herr Geschäftsführer, meine Damen und Herren!

Retrospektive in drei Sätzen: von der deutschen Einheit zur Schaffung neuer Arbeitsplätze

Schritt für Schritt geht es voran! ... Jahre nach der deutschen Einheit ist dies das fünfte (sechste etc.) Gewerbe- und Industriegebiet im Landkreis ..., bei dessen Baubeginn ich zugegen sein darf. Es ist ermutigend, miterleben zu können, wie all diejenigen Voraussetzungen geschaffen werden, die erforderlich sind, um bestehende Arbeitsplätze zu sichern und neue zu schaffen.

Als ich im Juni 1990 zum Ersten Kreisbeigeordneten gewählt wurde und erklärte, daß wir im Landkreis ... für den Ersatz oder die Neuschaffung von insgesamt rund ... Arbeitsplätzen würden Sorge tragen müssen, hat diese Aussage bei einigen Unglauben hervorgerufen. Heute wissen wir, daß diese Prognose zutreffend war und weiter ist.

Wirtschaftspolitisches Credo auf kommunaler Ebene: der Kreis als Partner

Das Hauptaugenmerk der Politik des Landkreises richtet sich auf die Förderung der heimischen Wirtschaft, auf die Ansiedlung neuer Betriebe und auf die Stärkung der Leistungskraft der Region. Industrie, Handel, Handwerk und Gewerbe haben im Landkreis einen starken und verläßlichen Partner, weil wir wissen, daß wir nur gemeinsam vorankommen können. Und vorankommen wollen.

Das mäßige Tempo der wirtschaftlichen Umgestaltung begründen

Eingangs habe ich gesagt, daß es Schritt für Schritt vorangeht. Ich bin mir sehr wohl bewußt, daß ich mit dieser Feststellung im Spannungsbogen der Erwartungen stehe. Es wäre falsch, die Dynamik der Entwicklung mit dem Begriff vom »Schneckentempo« zu belegen. Falsch wäre es aber auch, von »Siebenmeilenschritten« zu sprechen. Die Wahrheit liegt – wie so oft – in der Mitte: Wir stehen im Landkreis ... inmitten eines Prozesses der grundsätzlichen Umstrukturierung von Wirtschaft und Gesellschaft. Wir stehen vor der Aufgabe, eine monostrukturierte Region zu überführen in eine prosperierende Region mit einer breitgefächerten und damit krisenfesten Wirtschaft.

Niemand konnte und kann erwarten, daß ein solch grundlegender Wandel ohne Schwierigkeiten, ohne Schmerzen vonstatten gehen würde. Daher war und bleibt es Aufgabe der Politik, diese Umgestaltung sozial abzufedern und alles zu unternehmen, damit die Menschen der Region die Übergangsschwierigkeiten bewältigen und nachfolgend befähigt sind, in dem neuen Wirtschaftsgefüge einen modernen, sicheren und angemessen bezahlten Arbeitsplatz zu finden.

Der Stand der Dinge: die Betriebseröffnung als Beispiel für eine anhaltende Entwicklung

Genau an dieser Stelle befinden wir uns. Wir erstellen die Grundlagen für die neue Wirtschaft im Landkreis ... Wir begründen Gewerbe- und Industriegebiete wie heute in ... *(Ortsname)*, auf denen sich neue Unternehmen ansiedeln und Arbeitsplätze entstehen.

Die Firma ... *(Name)* ist ein Beispiel für exakt die von mir beschriebene Entwicklung, die ich mit allen mir zur Verfügung stehenden Kräfte unterstützen möchte. Wir benötigen noch einige hundert Unternehmen wie dasjenige, das heute seine Pforten öffnet und in eine hoffentlich gute Zukunft geht.

Optimismus verbreiten: das globale Ziel vor Augen führen

Ich bleibe optimistisch, daß unser ehrgeiziges Ziel der Schaffung einer leistungsstarken, umweltgerechten und arbeitsintensiven Wirtschaft erreichbar ist und erreicht werden wird. Ich wünsche der Firma ... volle Auftragsbücher und »schwarze Zahlen«. Und ich hoffe, daß das Gewerbe- und Industriegebiet ... *(Ortsname)* in wenigen Monaten ausgebucht sein möge und wir uns hier wiedertreffen, um den Spatenstich für die erste Erweiterung vornehmen zu können.

Richtfest eines Fabrikgebäudes

Rede des Bauherrn

Meine sehr verehrten Damen und Herren,
liebe Arbeiter und Handwerker!

Einstieg mit der betriebswirtschaftlichen Bedeutung des neuen Gebäudes

Der heutige Tag ist für die Geschichte dieses Unternehmens von ganz besonderer Bedeutung. Wir feiern heute das Richtfest für ein Gebäude, das für die weitere Entwicklung des Betriebes von größter Wichtigkeit sein wird. Es wird uns nach seiner Fertigstellung in die Lage versetzen, unsere Produktion wesentlich zu steigern und damit unsere Konkurrenzfähigkeit auf dem deutschen (internationalen) Markt erheblich zu stärken. Es hat mancher Anstrengungen und einer wohlüberlegten Planung bedurft, bis wir so weit waren. Es ist ein Unterschied, ob man nach eigenem Geschmack ein Wohnhaus baut oder aber ein Fabrikgebäude, das ein reiner Zweckbau ist und bei dem fast ausschließlich nur diejenigen Dinge Beachtung finden dürfen, die zur Erfüllung dieses Zweckes Bedeutung haben.

Gleichwohl wird versucht, ganz im Gegensatz zu früher, ein solches Bauwerk so zu gestalten, daß es auch dem Auge etwas bietet und daß sich die Menschen, die in ihm arbeiten, wohlfühlen können. Dies bedeutet jedoch in vielen Fällen eine zusätzliche Schwierigkeit, die zu überwinden nicht immer leicht ist. Auch wir hatten dabei mit Problemen zu kämpfen, die uns manches Kopfzerbrechen bereitet haben. Es ist uns jedoch in Zusammenarbeit mit dem (den) Architekten gelungen, sie zu lösen und einen Mittelweg zu gehen, der sowohl der Tatsache, daß es sich um ein Fabrikgebäude handelt, als auch der Notwendigkeit, ein der Umwelt angepaßtes, das Gesamtbild nicht störendes Gebäude zu errichten, in genügender Weise Rechnung trägt.

Bei aller Euphorie die Probleme nicht vergessen, die zu lösen waren

Dank an alle Mitwirkenden für die gute Arbeit

Dafür spreche ich Ihnen, sehr verehrter Herr Architekt …, und gleichfalls Ihnen, meine lieben Arbeiter, für Ihre bisherige Tätigkeit meinen herzlichsten Dank aus. Ihren Bemühungen ist es zu verdanken, daß wir heute – nach vergleichsweise kurzer Zeit – das Richtfest feiern können. Ich weiß aufgrund eigener Beobachtung, wie schnell und wie gut Sie alle gearbeitet haben, und ich erlaube mir daher, Sie anschließend zu dem mit Recht so beliebten Richtschmaus einzuladen. Wer arbeitet, soll auch feiern und fröhlich sein. Ich hoffe, daß Sie auch in den kommenden Wochen alles in Ihrer Kraft Stehende tun werden, damit wir auch weiterhin schnell vorankommen.

Geschäftserweiterung

Der Inhaber spricht

Meine sehr geehrten Damen und Herren,
liebe Mitarbeiterinnen und Mitarbeiter!

Als hier Anfang der 50er Jahre unser neu erstandenes Geschäftshaus auf den Trümmern des alten, dem Kriege zum Opfer gefallenen Gebäudes errichtet wurde, dachte niemand von uns bei der Einweihung daran, daß im Laufe der nächsten Jahre die Verkaufsräume unserer Firma nicht mehr den Ansprüchen genügen würden. Über Erwarten schnell hat sich unsere Firma zu einem Großunternehmen entwickelt und sich am Markt einen guten Namen erworben. Deshalb war es eigentlich nur eine Frage der Zeit, wann die Pläne für eine Vergrößerung unserer Geschäftsräume in Angriff genommen werden mußten. Von den Sorgen und Mühen um den Bau des alten Hauptgebäudes wissen heute nur noch wenige aus unserer Firma etwas: wie schwer es war, Baumaterial und

Kurzer Gang durch die bewegte Firmengeschichte bis hin zur Gegenwart

Einrichtungen zu beschaffen, wie mühsam es war, die Finanzierung sicherzustellen und wie groß die Zweifel waren, ob wir überhaupt am Markt bestehen könnten. Unsere kühnsten Hoffnungen von damals haben sich erfüllt. Voller Stolz können wir nun die Erweiterung unserer Geschäfts- und Arbeitsräume in froher Runde begehen. Ich möchte hier mit Dankbarkeit noch einmal der vorbildlichen Zusammenarbeit aller Beteiligten gedenken. Nicht nur dem Architekten, der Bauleitung und den Bauarbeitern, sondern auch Ihnen, die Sie in den zurückliegenden Zeiten der räumlichen Enge am Arbeitsplatz, aber auch in den Zeiten des Um- und Ausbaus viele sicherlich nicht leichte, nervenbelastende Situationen mit Humor oder Fassung ertragen haben.

Zweifel erwähnen – aber Erfolge geben dem Mut zum Risiko recht

Dank an die Baubeteiligten und an die Belegschaft

Herr ..., der für die Hausverwaltung verantwortlich war, muß hier besonders lobend erwähnt werden. Er hat für eine reibungslose Zusammenarbeit gesorgt; ihm dafür zu danken, ist mir ein Bedürfnis.

Lassen Sie mich heute bei dieser Gelegenheit noch kurz auf die Aufgaben eingehen, die in den nächsten Monaten auf uns zukommen. Unsere Stellung am Markt, unsere Kontakte zu Lieferanten und Kunden müssen täglich neu bestätigt und verteidigt werden. Die Konkurrenz schläft nicht, der Absatz ist wegen der konjunkturellen Lage nicht mit den von uns in den Vorjahren gewohnten Zuwachsraten auszudehnen. Deshalb möchte ich Sie alle heute bitten, sich auch in Zukunft aktiv für die Ziele unserer Firma einzusetzen. Die hohen Investitionskosten für diesen Erweiterungsbau sind ein Wechsel auf die Zukunft, den wir einlösen müssen.

Die Nahziele des Unternehmens formulieren

Heute aber soll der Frohsinn zu seinem Recht kommen. Ich wünsche allen schöne Stunden und fordere die Jungen und die sich jung fühlen auf, eifrig das Tanzbein zu schwingen. Ich erhebe mein Glas und trinke auf den Erfolg und auf das weitere Wachsen unseres Unternehmens. Zum Wohl!

Einladung zum Feiern und Toast auf weiteren Erfolg

Grundsteinlegung des Zweigbetriebes einer Firma

Ein Regierungsvertreter spricht

Sehr geehrter Herr ... (Name des Betriebsinhabers),
meine sehr geehrten Damen und Herren!

Es ist ein außerordentlich erfreuliches Ereignis für mich, heute hier in ... den Grundstein legen zu können für ein neues Zweigwerk der ... Werke AG. Wie so viele andere Vorhaben der gewerblichen Wirtschaft hat die Landesregierung, deren herzliche Grüße und Glückwünsche ich überbringe, auch dieses Projekt gern gefördert, da es der Verbesserung der

Finanzielle Starthilfe der Landesregierung

regionalen Wirtschaftsstruktur dieses Raumes dient. Zwar hat ein von uns beauftragtes Forschungsinstitut die wirtschaftliche Entwicklung dieses Landes, dieser Region positiv eingeschätzt. Mit diesen rosigen Zukunftsaussichten wollen wir uns indessen nicht zufriedengeben. Wir sehen nach wie vor die Hauptaufgabe unserer Wirtschaftspolitik in der Ansiedlung neuer umweltfreundlicher Industrien, der Umstellung und Rationalisierung vorhandener Unternehmen sowie ihrer Anpassung an den wirtschaftlich technischen Fortschritt, an größere Märkte, insbesondere in jenen Gebieten, die abseits von industriellen Ballungszentren liegen.

Die Eckpfeiler der Landes-Wirtschaftspolitik darlegen:...

Hauptaugenmerk legen wir dabei darauf, daß die staatliche Wirtschaftspolitik die Entscheidungen privater Investoren positiv beeinflußt. Es geht uns nicht nur darum, das soziale und wirtschaftliche Gefälle zwischen den verschiedenen Teilen unseres Landes auszugleichen. Ebenso schwergewichtig sind die Bemühungen, die Industriestruktur zu verbessern mit der Maßgabe, daß vorrangig solche Branchen angesiedelt und gefördert werden, die umweltverträglich produzieren und die zugleich für die Zukunft einen Produktionszuwachs erwarten lassen, der über dem erwartbaren Durchschnitt der Gesamtindustrie liegt.

...die wesentlichen Ziele,...

...die bevorzugten Branchen,...

Hierzu haben wir ein umfassendes Regierungsprogramm vorgestellt. Danach sollen für die Verbesserung der regionalen Wirtschaftsstruktur, für die Finanzierung des Fremdenverkehrs, für die Verbesserung der land- und forstwirtschaftlichen Betriebsstruktur, für die Verbesserung der landwirtschaftlichen Marktstruktur und die ökologische Sicherung insgesamt rund ... Millionen DM aufgewendet werden, wovon rund ... Millionen DM aus Landesmitteln, ... Millionen DM von Gemeinden und ... Millionen DM von Dritten finanziert werden sollen. Ein Viertel des gesamten Investitionsvolumens wird direkt durch Beihilfen und Darlehen des Landes gefördert. Weitere ... % sind Kapitalmarktmittel, die durch Staatsbürgschaften garantiert oder durch Zins- und Tilgungsbeihilfen des Landes verbilligt werden. Insgesamt will die Landesregierung zur Verbesserung der regionalen Wirtschaftsstruktur vom Jahre ... bis zum Jahre ... rund ... gewerbliche Arbeitsplätze, vorwiegend in den wirtschaftsschwachen Landkreisen, fördern.

...die Fördermittel, die bereitgestellt werden

Um die Investitionswünsche und -beschlüsse der Unternehmen mit den wirtschaftspolitischen Zielvorstellungen der Landesregierung zu koordinieren, hat das Land im Frühjahr dieses Jahres einen Industrieansiedlungsatlas herausgegeben, der kurz und anschaulich das Angebot an neuen Standorten darstellt. In ... Teilräumen sind dabei ... Gemeinden ausgesucht worden, die erfolgversprechend für die Entwicklung zu gewerblichen Schwerpunkten und Entlastungsorten sind. Dies ist, wie ich glaube,

Hinweis auf laufende Aktivitäten und Schwerpunkte

eine im Vergleich zu anderen Ländern neuartige regionalpolitische Konzeption und war als eine Entscheidungshilfe für Unternehmens- und Standortplanung gedacht.

Heute dürfen wir mit Zufriedenheit feststellen, daß dieser Versuch positiv angelaufen ist. Wie viele andere haben sich auch die ... Werke AG nach Standortvergleichen in anderen Bundesländern für eine Niederlassung in unserem Lande entschlossen. Ich bin sicher, daß für diesen Entschluß nicht allein der vom Land gewährte Förderungsbetrag entscheidend war. Vielmehr waren es auch der gute verkehrsmäßige Anschluß an benachbarte Wirtschaftsräume, die Arbeitsmarktlage, die Möglichkeiten der Grundstücksbeschaffung, die vollständige Energiepalette sowie der Freizeitwert für die Belegschaft. Kurzum alles, was man unter dem Begriff einer gesunden Infrastruktur zusammenfaßt, die, wie wir meinen, unser Land in besonderem Maße ansiedlungswilligen Unternehmern bieten kann.

Die hiesigen Standortvorteile an einem Beispiel erläutern

Für unser Land und insbesondere für die Umgebung von ... ist die Industrieneuansiedlung von besonderem Interesse. In diesem Gebiet hier kommen auf 1000 Einwohner ... Industriebeschäftigte. Die strukturbestimmende Gruppe ist die ... Industrie, in der fast drei Viertel der Industriebeschäftigten tätig sind. So ist die geplante Inbetriebnahme eines Werkes zur ... Erzeugung und die Möglichkeit, 250 neue Arbeitsplätze zu schaffen, nicht nur für diesen Raum von großer Bedeutung, sondern auch gleichzeitig für den gesamten Landkreis, in dem bekanntlich die ... Industrie und die ... Verarbeitung ein gewisses Übergewicht in der gesamten Industriestruktur darstellen.

Prägnante Zahlen aus der Wirtschaftsstatistik unterstreichen das Gesagte

Wie ich bereits eingangs erwähnte, legt die Landesregierung besonderen Wert darauf, daß bei der Industrieneuansiedlung nicht nur besonders wachstumsgünstige Branchen bevorzugt werden, sondern, daß gleichzeitig in sogenannten monostrukturierten Gebieten solche Maßnahmen vorrangig durchgeführt werden, die das ermöglichen, was man mit dem schönen deutschen Wort »Diversifikation« umschreibt. Risikostreuung in Branchen bietet unseres Erachtens die beste Gewähr für steigenden Wohlstand einer Volkswirtschaft und für sichere Arbeitsplätze. In diesem Sinne freue ich mich, heute bei der Grundsteinlegung dieses Zweigbetriebes die Grüße der Landesregierung überbringen zu dürfen.

Zusammenfassende Würdigung der Wirtschaftspolitik und Rückführung zum Anlaß

Eröffnung eines »Hauses der Geschenke«

Es spricht eine Kommunalpolitikerin

Liebes Ehepaar... (Name der Geschäftsinhaber), verehrte Ehrengäste, meine sehr geehrten Damen und Herren!

Ich beglückwünsche Sie, liebe Familie ..., ganz herzlich zu diesem gelungenen Haus der Geschenke. Sie selbst haben in Ihrer Einladung formuliert, daß »alles größer, schöner und auswahlreicher geworden ist«. Ich kann dies bestätigen. Ihr Geschäft ist ein Schmuckstück im Ensemble um einen wunderschönen Markt in einer aufstrebenden Kreisstadt des zukunftsorientierten Landkreises ... Kein Wunder also, daß sich heute zahlreiche Vertreter der Wirtschaft, des Bankgewerbes, des Handels und der Kommunalpolitik hier eingefunden haben. Eine solch hochkarätige Begegnung in diesem Geschäft hat durchaus Symbolkraft; wenn wir uns gemeinsam umschauen, so sehen wir reichlich Glas, feines Porzellan und eine große Auswahl an Präsentartikeln.

Bezugnahme auf das Einladungsschreiben

Der Anlaß und die Gäste: humorvolle Anmerkungen mit durchaus koketter Anspielung auf die Funktion der Rednerin

Glas und Porzellan sind außerordentlich zerbrechlich. Nicht erst seit heute heißt es: »Glück und Glas – wie leicht bricht das.« Ich hoffe es nicht. Im Gegenteil. Dies setzt natürlich voraus, daß diejenigen, die in diesem Glashaus sitzen, große Vorsicht walten lassen. Eine Tugend, die auch Politiker beherrschen müssen. Denken wir nur an Michail Gorbatschow und sein »Glas-nost«, das einer sehr behutsamen Behandlung bedurfte.

Oder nehmen wir das Porzellan: Wie schnell ist es zerschlagen und kann nicht mehr gekittet werden, nur weil irgendein dickhäutiges Rüsseltier rücksichtslos dahergestapft ist. Wo Glas und Porzellan sind, muß mit Vorsicht und Mut zu Werke gegangen werden. Beides haben Sie bewiesen, verehrtes Ehepaar ..., und ich spreche Ihnen zu dem Ergebnis meine Bewunderung aus. Ich bin sicher, Sie werden wirtschaftlich erfolgreich bleiben.

Ein Zitat als Aufhänger für originelle Erfolgswünsche

Wilhelm Busch, ein Meister der spitzen Zunge und der scharfen Feder, hat einmal formuliert: »Ein Onkel, der Gutes bringt, ist besser als eine Tante, die bloß Klavier spielt.« Wo sonst als bei Ihnen im Haus der Geschenke sollte dieser freundliche Onkel das, was er mitbringt, erwerben?

Ich wünsche Ihnen in Zukunft viele »nette Onkel«, und ich bin sicher, daß sich fast ebensoviele »freundliche Tanten« finden werden, die auf das Klavierspiel verzichten. Für die Zukunft wünsche ich Ihnen reichlich Glück, das auch ohne die sprichwörtlichen Scherben bei Ihnen Einzug halten möge.

Einweihung eines neuerrichteten Gebäudes eines größeren Unternehmens

Meine sehr geehrten Damen und Herren!

Der Unternehmer spricht

Dank allen, die an der Errichtung des vor uns stehenden Gebäudes beteiligt waren! Es ist für mich ein eigentümliches Gefühl, hier von dieser Stelle aus den Blick auf eine Fabrikationsabteilung zu lenken, die vor gut einem Jahr noch nicht vorhanden gewesen ist, die auf einem Boden steht, der vor so kurzer Zeit noch grüner Rasen war.

Persönliche Empfindungen schildern

Daß heute hier ein voll ausgebauter Zweig unseres Unternehmens geschaffen wurde, ist unser aller Verdienst. Durch Ihre verantwortungsvolle Arbeit entstand hier ein zeitgemäßes Werk. Pflichtbewußtsein, Freude und fachmännisches Können haben es bewerkstelligt, daß nicht nur der Bautermin eingehalten, sondern auch sämtliche Maschinen wie geplant aufgestellt werden konnten.

Reibungsloser Produktionsstart durch optimale Planung

Durch die Planung unserer Betriebsdirektion, die jeden einzelnen, der eine Maschine bedienen wird, in den vergangenen Monaten zur Ausbildung in befreundete Betriebe geschickt hat, ist es gewährleistet, daß am Montag die Produktion anlaufen kann.

Lohn für besondere Leistungen

Dies ist ein Erfolg, auf den wir alle stolz sind. Die Betriebsleitung hat sich entschlossen, für die Übergangszeit von drei Monaten, in der vielleicht noch nicht das wünschenswerte Resultat erzielt wird, eine Lohnerhöhung von … zu bewilligen. Möge dieser Entschluß, der, wie Sie verstehen werden, nur schwer »verkraftet« werden kann, die Freude an der Arbeit noch mehr erhöhen.

Die neuen Gemeinschaftseinrichtungen anpreisen

Die Anlagen im Erdgeschoß, die zahlreiche Duschen und Einzelbäder enthalten, sowie eine großräumige – ich möchte sagen, restaurantähnliche – Kantine stehen allen Betriebsangehörigen zur Verfügung. Sie sind so schön geworden, daß menschliche Kontakte der Mitarbeiter ideal gefördert werden. Ich bitte Sie nun alle, mit mir auf das Wohl unserer künftigen, gemeinsamen Arbeit anzustoßen.

Rede zum ersten Spatenstich für ein Industrie- und Gewerbegebiet

Es spricht der Landrat (Ost)

Sehr geehrter Herr Bürgermeister, verehrte Ehrengäste, meine sehr geehrten Damen und Herren!

Der wirtschaftspolitische Hintergrund des Anlasses

Die Ortschaft (Stadt) ... *(Name)* erlebt heute ein Ereignis, das Hoffnung macht und Mut vermittelt. Es wird der Startschuß gegeben für ein großes Gewerbe- und Industriegebiet. Es wird Raum geschaffen für Unternehmen, die sich hier ansiedeln wollen. Es wird die Grundlage geschaffen, daß der wirtschaftliche Aufschwung stattfinden kann, daß bestehende Arbeitsplätze gesichert und neue geschaffen werden.
Wir brauchen viele Neugründungen und Neuansiedlungen von Industrie, Handel, Handwerk und Gewerbe sowie von Dienstleistungsbetrieben. Wir benötigen Tausende von neuen Arbeitsplätzen. ... % Arbeitslosigkeit zum gegenwärtigen Zeitpunkt im Landkreis ... sind bedrückend. Noch bedrückender ist, daß ein Ende des Anstiegs nicht in Sicht ist. Unsere Hauptsorgen liegen im ... (z. B. Bergbau und im Metallbereich) – jenen Industriezweigen also, die früher quasi Monopolstellung besaßen in der Infrastruktur der Region um ... *(Name der Kreisstadt)*.

Die großen Sorgen ...

... und ihre Hauptursachen

Die Folgen von 40 Jahren Sozialismus sind nicht über Nacht zu beseitigen. Es geht nur Schritt für Schritt. Heute wird ein solcher Schritt unternommen. Mit dem geplanten und zu erschließen begonnenen Industrie- und Gewerbegebiet kann ... die Herausforderung der freien Marktwirtschaft annehmen und bestehen. Ich bin sicher, daß sich die Kommune zu einer leistungsstarken Gemeinde entwickeln wird, wirtschaftlich abgesichert durch die Arbeitsplätze auf diesem neuen Gelände und durch die späteren Einnahmen aus den Gewerbesteuern. Daher wünsche ich für ..., daß die Erschließungsarbeiten rasch und ohne Komplikationen vorangehen, damit das Industrie- und Gewerbegebiet bald »ausgebucht« sein kann.

Optimistischer Blick in die Zukunft

Und da gibt es ermutigende Zahlen: Schon heute zeichnet sich ab, daß hier demnächst mehr als 500 Menschen arbeiten werden. Damit wird ... einer der ökonomischen Grundpfeiler im Landkreis werden, ein Verdienst von Bürgermeister ... und der Gemeindevertretung. Doch auch an anderer Stelle gibt es ermutigende Signale; insgesamt rechnen wir gegenwärtig mit knapp 2000 Arbeitsplätzen, die in den Gewerbe- und Industriegebieten der umliegenden Gemeinden und eben in ... in der nächsten Zukunft entstehen.

Erfolge nennen als Beispiele für vorbildliches Engagement

Ich freue mich, daß in ... heute der Startschuß fällt und wünsche den Bürgern dieser Gemeinde alles Gute für die Zukunft.

Rede zur Eröffnung einer Recycling und Maschinenbau GmbH

Meine Herren Geschäftsführer, Herr Wirtschaftsminister, Herr Bürgermeister, meine sehr geehrten Damen und Herren!

Es spricht der Erste Kreisbeigeordnete (Ost)

Namens der Gremien des Landkreises ... spreche ich Ihnen zur Eröffnung Ihrer Gesellschaft meine herzlichsten Glückwünsche aus. Ich meine dies wörtlich: Ich wünsche Ihnen Glück für das Unternehmen, die Unternehmungen und für die Zukunft der Firma und aller Mitarbeiter. Doch Glück allein wird nicht ausreichen! Risikobereitschaft, Mut, Zähigkeit, Entscheidungsfreude und motivierte Mitarbeiter sind ebenso wichtig. Einen Teil dieser unternehmerischen Tugenden haben Sie, verehrte Herren Geschäftsführer ... und ... bereits an dem Tage bewiesen, an dem Sie sich entschlossen haben, aus der ehemaligen Hauptwerkstatt des früheren VEB ... Ihre heutige Gesellschaft zu machen.

Von den Glückwünschen zu den unerläßlichen unternehmerischen Tugenden

Die ehemals volkseigenen Bergwerksbetriebe hatten zu DDR-Zeiten rund 8000 Mitarbeiter, die in weit mehr Sparten tätig waren, als es für ein derartiges Unternehmen erforderlich gewesen wäre. 1800 Arbeitnehmer werden unter den Bedingungen der Marktwirtschaft als Beschäftigungsstamm des Bergbaus im Landkreis ... übriggeblieben sein, wenn dieser Konzern auf jenen Bereich komprimiert sein wird, der sich auf die Gewinnung, Verarbeitung und den Vertrieb des Naturproduktes beschränkt.

Ein Blick zurück: die Situation zu DDR-Zeiten ...

Rund um den Kernbereich Bergbau gruppieren sich heute einige andere Unternehmen, die aus ehemaligen Betriebsteilen erfolgversprechende Projekte entwickeln wollen. Die Recycling und Maschinenbau GmbH gehört dazu. Wir brauchen viele solcher Unternehmen, um unseren Landkreis dahin zu bringen, wo wir hin wollen: zu einer wirtschaftlich gesunden Region mit weitgehender Vollbeschäftigung und hoher Lebensqualität.

... und heute unter den Bedingungen der Marktwirtschaft

Schritt um Schritt verändert sich auch unser Landkreis. Zahllose Gewerbegebiete mit neuen Firmen und Unternehmungen beweisen, daß es vorangeht. Und es muß vorangehen, denn es bedrückt uns eine Arbeitslosigkeit von rund ... %, die alle nur denkbaren Anstrengungen erfordert.

Die wirtschaftliche Umgestaltung ansprechen

Ich bin optimistisch, meine sehr geehrten Damen und Herren, daß dies zu schaffen ist. Auch und gerade mit Hilfe des Landes ..., dessen Wirtschaftsminister aus unserer Heimat kommt und den ich in ... herzlich willkommen heiße. Gemeinsam und mit Hilfe vieler mutiger Unternehmer werden wir aus dem Landkreis ... eine prosperierende Region machen. Ihnen, verehrte Herren Geschäftsführer, und Ihren Mitarbeiterinnen und Mitarbeitern wünsche ich viel Erfolg.

Durch die Zusammenarbeit von Politik und Wirtschaft Erfolg erzielen

Übergabe eines Erholungsheims für Angestellte

Der Firmenchef als Bauherr spricht zu Angehörigen des Betriebes

Meine sehr geehrten Damen und Herren!

Der heutige Tag ist für unsere Firma und ihre Mitarbeiter besonders denkwürdig, bietet er uns doch den Anlaß, unser neues (vielleicht auch: erstes) Erholungsheim für die Angehörigen unseres Betriebes seiner Bestimmung zu übergeben. Es ist damit ein Ziel erreicht worden, das wir uns zum Wohle derer gesteckt hatten, die dem Betrieb in Treue verbunden sind und es deshalb auch voll und ganz verdienen, daß sie in der Zeit ihres Urlaubs Entspannung und Erholung finden!

Das Ziel beschreiben

Als Leiter unseres Werkes (unserer Firma) danke ich zunächst allen denjenigen, die beim Bau des Heimes tatkräftig mitgewirkt haben, sei es als Planer und Gestalter, sei es als Bauarbeiter mit Kelle und Wasserwaage. Sie haben uns ein Heim gestaltet, das für viele Jahre zahlreichen Mitarbeitern unserer Firma ein Ort der Ruhe und Behaglichkeit sein wird, ein Ort, an den sie gern zurückdenken und zurückkehren werden.

Dank an Bauplaner und -gestalter

»Die Ruh' ist wohl das Beste von allem Glück in der Welt!« – war das Motto, unter das wir die Planung für dieses Erholungsheim gestellt hatten. Wir gingen dabei von der Erkenntnis aus, daß der Lärm und die Belastungen des Alltags viel Kraft verbrauchen. Wir können den Lärm einer Großstadt, das Heulen eines Dampfers zwar eben nach Phoneinheiten genau messen – nicht messen aber können wir die Folgen dieser Geräusche, die für jeden von uns eine dauernde Nervenbelastung bilden. Unsere Ärzte sind durchaus imstande, uns gegen Seuchen und Infektionskrankheiten zu impfen und uns folglich vor ihnen zu schützen – gegen den Lärm des Alltags aber können sie uns keinen Schutz bieten ... es sei denn, sie verschreiben uns ein paar Wochen Entspannung abseits des Großstadtlärms in der Stille der Natur.

Ein Zitat als Überleitung zum Nutzen der neuen Anlage

Dieses wichtige Rezept für den Menschen unserer Tage haben wir befolgt, indem wir dieses Heim bauen ließen. Seine Gäste sollen wenigstens für ein paar Wochen im Jahr die Ruhe finden, die sie so dringend bedürfen. Sie sollen sich für eine Zeitlang nicht mit Liste und Akten, Maschinen und Apparaten und überhaupt nicht mit den Problemen ihrer Arbeit befassen – sie sollen die Stille genießen und den Lärm der Wochentage vergessen.

Individuelle Erholung und Stärkung des Gemeinschaftsgefühls

Und noch einen zweiten, wichtigen Sinn hat dieses Heim zum Nutzen derer, die in unserer Firma beschäftigt sind: Es wird die Verbundenheit unserer Mitarbeiter untereinander weiter festigen. Durch das Zusammenleben und in mancher schönen Stunde der Fröhlichkeit wird der eine für den anderen mehr Verständnis aufbringen, als er es vielleicht in der nüchternen

Atmosphäre des Büros und der Werkstatt konnte. In der Zeit, die die Angehörigen des Betriebes hier verbringen, sollen sie sich einander näherkommen. Hier, in diesem freundlichen Heim, sollen sie sich als Menschen näher kennenlernen, um nach ihrem Urlaub nicht einfach vor dem Abteilungsleiter X oder der Sekretärin Y, sondern vor dem Menschen X und dem Menschen Y Achtung zu empfinden und ihm durch die Gemeinsamkeit froher Stunden verbunden zu sein. Der Atmosphäre in unserem Betrieb wird das nur guttun – und dem einzelnen kann es neue Kräfte geben, die er zum Nutzen unserer Betriebsgemeinschaft dann immer auch gern und mit Freude einsetzen wird.

Resümee: Ein gutes Betriebsklima steigert die Einsatzfreude

Ausstellungen und Messen

Herbstausstellung

Ein Vertreter der Landesregierung spricht

Meine sehr verehrten Damen, meine Herren!

Messen sind bekanntlich Stimmungsbarometer für die gegenwärtige und zukünftige Wirtschaftsentwicklung. Deshalb gewinnen sie in Zeiten eines verlangsamten Wirtschaftswachstums, wie wir es heute vorfinden, besonders an Bedeutung. Vieles im Wirtschaftsprozeß ist psychologischer Natur. So sind Messeergebnisse nicht ausschließlich an der Höhe der Auftragseingänge abzulesen; ebenso aufschlußreich sind die Erwartung und die Grundstimmung von Ausstellern und Käufern einerseits und Besuchern andererseits. Deshalb freut es mich ganz besonders, daß an der diesjährigen Herbstausstellung rund ein Viertel mehr Aussteller als im Vorjahr teilnehmen. Allein schon diese Meldeziffer zeigt doch, daß die Grundeinstellung hinsichtlich des Wirtschaftsgeschehens der nächsten Zeit viel optimistischer geworden ist. Die Wandlung des konjunkturellen Klimas vollzieht sich allerdings langsam. Der Einbruch in die jahrelange Hochkonjunktur war zu stark, die Erscheinung stagnierender Wirtschaftskennzahlen offensichtlich so einprägsam, daß Wirtschaft und Verbraucher sich nur zögernd bereitfinden, die durch die öffentliche Hand eingeleiteten Programme zur Konjunkturstützung mit Komplementärmaßnahmen in ihren Bereichen zu unterstützen und zu verstärken.

Darstellung der Wechselbeziehung zwischen Wirtschaft und Messegeschehen

Anmerkungen zur Konjunkturlage im allgemeinen…

Das Konjunkturtief ist überwunden!

War schon die Ausgangslage der Wirtschaft in unserem Lande infolge ihrer Struktur und ihrer Standortbedingungen in Zeiten der Hochkonjunktur relativ günstiger als der Bundesdurchschnitt, so hat uns auch hier in unserem Bundesland… die Konjunkturflaute nicht ganz so stark getroffen wie andere, von der Wirtschaftsstruktur her dafür besonders anfällige Gebiete der Bundesrepublik. Ich denke hier insbesondere an die neuen Bundesländer.

…und zu den Entwicklungen in der Region im besonderen

Optimistische Interpretation statistischer Unterlagen

Im August sind Arbeitslosigkeit und Kurzarbeit auf unserem Arbeitsmarkt im Vergleich zum Vormonat erneut zurückgegangen. Dies ist nicht nur saisonal bedingt, denn in einigen Wirtschaftsbereichen haben sich die Anzeichen für eine weitere konjunkturelle Belebung spürbar verstärkt. Nach den Feststellungen des Landesarbeitsamtes suchen zahlreiche Unternehmen die erhöhten Auftragseingänge zunächst noch mit dem vorhandenen Personalbestand zu bewältigen. Aus diesem Grunde besteht die berechtigte Hoffnung, daß unsere Arbeitslosenquote von derzeit ... % Mitte August (gegenüber ... % im Bundesdurchschnitt) vor den Wintermonaten noch weiter gesenkt werden kann, zumal eine Arbeitslosenzahl von rund ... Arbeitskräften einer Zahl von rund ... offenen Arbeitsstellen gegenübersteht. Die jüngsten Veränderungen nicht nur im bundesdeutschen, sondern auch im Konjunkturbild unseres Landes sind – selbst bei aller Vorsicht – positiv zu beurteilen. Dennoch reichen die in einzelnen Bereichen vorhandenen Auftriebskräfte noch nicht aus, um einen kräftigen Aufschwung auf breiter Basis einzuleiten.

Vorsichtig formulierte, durch Trendanalysen gestützte Hoffnung auf bessere Zeiten

Wie Sie wissen, hat der Landtag auf einer Sondersitzung die Regierungsvorlage zur Konjunkturbelebung mit breiter parlamentarischer Mehrheit gebilligt, wodurch in den nächsten Wochen Aufträge in einem Gesamtvolumen von über ... Millionen DM zusätzlich in unsere Wirtschaft fließen können. Wir haben uns dazu entschlossen, weil wir der Ansicht sind, daß nur durch zusätzliche Maßnahmen der öffentlichen Hand der gewöhnliche saisonbedingte Einbruch in den Wintermonaten vermieden werden kann. So soll gewährleistet werden, daß uns der Anschluß an die Frühjahrskonjunktur des nächsten Jahres möglichst reibungslos und ohne Wachstumsverluste gelingt. Die Grundvoraussetzung dazu ist eine zügige Auftragsvergabe. Deshalb hat die Landesregierung Vorsorge getroffen, daß der größte Teil der Aufträge bis zum Oktober dieses Jahres vergeben ist. Darüber hinaus haben wir veranlaßt, daß die Zuweisungen des Landes für die Städte, Gemeinden und Landkreise frühzeitig errechnet und den einzelnen Gebietskörperschaften für das kommende Rechnungsjahr bereits jetzt zugestellt worden sind. Damit kann die Aufstellung der kommunalen Haushalte schon heute vorbereitet werden und die anderen Konjunkturstützungsmaßnahmen ergänzen.

Die Anstrengungen der Landesregierung zur Ankurbelung der Konjunktur und zur Förderung der kommunalen Ebenen

Das bedeutet, meine sehr verehrten Damen und Herren, daß die öffentliche Hand in ... *(Name des Bundeslandes)* alle Vorbereitungen getroffen hat, daß wir – lassen Sie es mich ruhig etwas lapidar ausdrücken – »gut über den Winter kommen«! Ich bin davon überzeugt, daß Wirtschaft und Verbraucher diese Maßnahmen des Landes wirksam unterstützen werden. Denn nur wenn Investitionsbereitschaft der Unternehmen und private Kaufentscheidung als flankierende Unterstützung der Bemühungen von Bund, Ländern und Gemeinden hinzukommen, werden diese zusätzlichen öffentlichen Mittel nicht wirkungslos verpuffen. Eine weitere Vorleistung der öffentlichen Hand wird es in Anbetracht der angespannten Haushaltslage nicht mehr geben können.

Positive Perspektiven aufzeigen, aber auch die Voraussetzungen nennen

Aufruf an Unternehmer und Verbraucher, sich konjunkturförderlich zu verhalten

Deshalb rufe ich heute den ausstellenden Unternehmen zu: Schieben Sie geplante und fällige Investitionen nicht hinaus, nutzen Sie die angebotenen staatlichen Investitionshilfen jetzt aus. Den Besuchern und interessierten Verbrauchern möchte ich sagen: Nutzen Sie die günstigen Angebote schnell aus.
Die nun eröffnete Herbstausstellung wird ein Gradmesser sein für die wirtschaftliche Entwicklung in den kommenden Monaten. Die große Beteiligung der Aussteller stimmt mich optimistisch. Ich wünsche daher der … Herbstausstellung einen regen Besuch und den Ausstellern einen vollen Erfolg.

Eröffnungsrede bei einer Ausstellung

Ein Vertreter der Ausstellungsleitung spricht

Sehr geehrter Herr Bürgermeister, meine Damen und Herren!

Diese Ausstellung ist hier bei uns die erste in ihrer Art. Ihre Vorbereitung hat daher einige Mühe gekostet. Das Interesse, das unserem Plan allseits entgegengebracht worden ist, hat uns seine Durchführung erleichtert. Mit großer Freude können wir feststellen, daß durch die rege Beteiligung und die Zahl der Aussteller unsere Erwartungen weit übertroffen wurden. Die teilnehmenden Firmen haben es an nichts fehlen lassen, dieser Ausstellung zu einem großen Erfolg zu verhelfen. Diese Leistungsschau will und soll nicht den Vergleich mit großen Messen herausfordern. Sie soll lediglich einen Eindruck von dem Schaffen unserer heimischen Industrie vermitteln und zugleich Anregung sein für einen weiteren Leistungswettbewerb. Die Fachleute sind sich darüber einig, daß es gelungen ist, durch Zusammenfassung vieler Wirtschaftsgruppen ein einheitliches Bild von der Leistungsfähigkeit unserer Betriebe zu erhalten.

Gute Arbeit zeitigt große Erfolge

Die Messe repräsentiert die Leistungskraft der regionalen Wirtschaft

Der Kampf um den Absatz hat sich auf allen Gebieten verschärft. Das Angebot ist größer als die Nachfrage. Die qualitative Leistung hat daher den Vorrang vor der Quantität bekommen. Auch dies wird Ihnen diese Schau vermitteln. Obgleich es sich bei dieser Ausstellung um eine Fachveranstaltung handelt, in der die ausgestellten Artikel nur für einen bestimmten Konsumentenkreis gedacht sind, so dürften über diesen Rahmen hinaus doch größere Bevölkerungsschichten angesprochen werden. Unter Verzicht auf Messeschlager und Sensationen haben sich auch die Hersteller bemüht, sich ohne unnötigen Aufwand dennoch in repräsentativer Form an alle Verbrauchergruppen zu wenden.

Auf das Messeangebot und die Zielgruppe eingehen

In der Erwartung, daß unsere Ausstellung viele (ausländische) Besucher anziehen wird, spreche ich die Hoffnung aus, daß neben der rein fachlichen Beachtung der Absatz unserer heimischen Wirtschaft günstig beeinflußt wird. Nach Ansicht von Beobachtern wurde ein erhöhtes Interesse der Fachkreise (im Ausland) an unserer Ausstellung bereits ausgelöst. Der Verkauf unserer Erzeugnisse dürfte sich dann nicht nur für die Hersteller finanziell günstig auswirken; auch die Allgemeinheit wird dann davon in erheblichem Umfang profitieren. Mein Wunsch geht dahin, daß sowohl Aussteller als auch Besucher zufrieden sein mögen. In diesem Sinne wünsche ich den Beteiligten einen allen Erwartungen entsprechenden Erfolg.

Die Erwartungen: positive Resonanz in Fachkreisen und steigender Absatz

Lehre und Ausbildung

Einstellung von Auszubildenden

Rede des Betriebsrates

Liebe junge Kolleginnen und Kollegen!

Als Betriebsrat darf ich Sie im Namen aller Kolleginnen und Kollegen unseres Betriebes hier herzlich willkommen heißen. Sie haben sich aus einer großen Zahl von Bewerbungen durch einen harten Eignungstest für Ihre Ausbildungsstellen qualifiziert. Mit diesem Eignungstest haben Sie die erste Aufgabe Ihres beruflichen Lebens erfolgreich gelöst. Wir alle und besonders die für Ihre Ausbildung Verantwortlichen hoffen, daß es uns gelingt, Ihnen soviel Fertigkeiten und Wissen zu vermitteln, daß Sie auch die nächste Hürde erfolgreich überspringen können. Wenden Sie sich an uns, wenn Sie in den ersten Tagen Schwierigkeiten haben, auch dann, wenn Sie glauben, nicht am richtigen Ausbildungsplatz eingesetzt zu werden. In unserem großen Betrieb gibt es viele Möglichkeiten, hier rechtzeitig notwendige Änderungen herbeizuführen. In jedem Falle ist der Betriebsrat dazu da, Ihnen zu helfen, und wir sind sicher, daß wir es wohl auch in den meisten Fällen können. Auch für Verbesserungsvorschläge sind wir dankbar. Sagen Sie uns aber auch, wenn es Ihnen hier gefällt. In dieser Bestätigung könnten wir sehen, daß der Einsatz Ihrer Ausbilder und Ihrer Interessenvertreter richtig war. Ich wünsche Ihnen viel Erfolg und Freude bei Ihrem Eintritt in die Berufswelt.

Die erste Hürde des Berufslebens: der Eignungstest

Der Betriebsrat als Ansprechpartner auch und gerade der Auszubildenden

Freisprechung von Auszubildenden

Der Vorsitzende des Prüfungsausschusses spricht

Meine sehr geehrten Damen und Herren!

Mir ist in diesem Augenblick zumute, als hätte ich in jedem von Ihnen – wie bei allen Prüflingen – Menschen mit zwei Gesichtern gesehen. Das eine lernte ich vor der Prüfung kennen, das zweite, nachdem das Ergebnis »bestanden« bekannt wurde. Als Sie zur Prüfung kamen, waren Sie angespannt oder aufgeregt, konzentriert oder nervös. Und nun schauen Sie so froh und gelöst. Jetzt ist die schwere Last von Ihnen abgefallen, daß

Die zwei Gesichter der Prüflinge

man sich schon allein deshalb über Sie und mit Ihnen freuen muß. Aber es gibt ja einen viel gewichtigeren Grund zur Freude auch für uns. Der Kreis fachkundiger Werktätiger Ihres Berufes ist durch Sie um etliche Köpfe gewachsen. Was gute Wertarbeit ist, das hängt ja nicht etwa nur von Maschinen oder Handwerkzeug ab, nein, es hängt vor allem von der Eignung der Menschen ab, die damit umgehen. Und wenn Sie auch auf der Stufenleiter des Lernens noch nicht auf den oberen Sprossen angelangt sind, dann haben Sie doch schon eine wichtige Sprosse erklommen. Wer diese Kletterpartie bestanden hat, der wird beim weiteren Klettern nicht mehr vor so unüberwindlichen Schwierigkeiten stehen. Wir hoffen sogar, daß Ihnen allen die Prüfung den Mut und den Ansporn gibt, sich für weitere Prüfungen, für weiteres Lernen zu entscheiden. Denn der Grundstein zum späteren beruflichen Erfolg wird in diesen Jahren gelegt. Nutzen Sie ihn!

Eine solide Ausbildung ist die Grundlage jeglicher Wertarbeit

Die Möglichkeiten der Weiterbildung ans Herz legen

Sie haben in Ihrer Ausbildungszeit und in diesen Prüfungen erfahren, daß Ihnen Ihr Lehrbetrieb, Ihre Ausbilder, Ihre Prüfer helfen wollten, voranzukommen. Ich bin daher sicher, daß Sie in den Stolz über das bestandene Examen auch die Dankbarkeit einfügen gegenüber all den Menschen, denen Sie es zu verdanken haben, beruflich weitergekommen zu sein.

Im Namen des Prüfungsausschusses beglückwünsche ich Sie recht herzlich. Sie haben den Willen gezeigt, im Beruf etwas leisten zu wollen. Liefern Sie nun den Beweis an Ihrem Arbeitsplatz. Dazu wünsche ich Ihnen viel Erfolg, aber auch Freude, damit sich Zufriedenheit und Wohlbefinden einstellen.

Glück- und Erfolgswünsche

Rede des Firmenchefs

Liebe Mitarbeiterinnen und Mitarbeiter!

Unsere Firma freut sich mit Ihnen über Ihre bestandene Prüfung. Drei Jahre sind vergangen, seitdem Sie das erste Mal das Betriebsgebäude betraten, seit Sie mit Neugier und sicherlich auch Herzklopfen Ihre neue Arbeitsstätte betrachteten und von vielen neuen Eindrücken bestürmt wurden. Inzwischen sind Sie bei uns keine Fremden mehr. Sie sind wichtige Glieder in einem großen Ganzen geworden. Jetzt, da ein Stück Ihres beruflichen Weges zurückgelegt ist, werden Sie zu sich sagen: Die Mühe hat sich gelohnt! Sie haben gewiß in diesen Lehrjahren keine Spielerei getrieben. Arbeit kostet nun einmal Mühe, Einsatz, Eifer. Im Polstersessel ist noch nie jemand ein tüchtiger Fachmann geworden. Um etwas zu

Kurzer Rückblick auf den Beginn der Ausbildung

lernen, muß man schon seinen Grips anstrengen und an allen Orten, wo es nötig ist, kräftig Hand anlegen. Wer dabei nicht nachläßt, der kommt Stück um Stück weiter auf seinem Weg, dem öffnen sich immer mehr Türen zum beruflichen Erfolg. Eine solche wichtige Tür ist für Sie jetzt aufgegangen: Sie sind keine Auszubildende mehr. Unsere Firma baut darauf, daß Sie durch Ihre Arbeit mithelfen werden, den hohen Ruf unseres Unternehmens, die Güte seiner Erzeugnisse beizubehalten und weiterzuentwickeln. Mit Ihrem neuen Zeugnis in der Hand haben Sie auch eine große Verantwortung gegenüber sich selbst und gegenüber Ihrer Firma übernommen. Denn dort steht es schwarz auf weiß, daß Sie etwas gelernt haben. Was man aber schwarz auf weiß bestätigt bekommt, das verpflichtet, ihm in der täglichen Arbeit auch zu entsprechen. Es ist Ihnen somit eine besondere Verantwortung übertragen; man sieht Sie jetzt nicht mehr als unerfahrenen Lehrling an – bei dem ein Schnitzer Verständnis findet –, sondern als gelernten Mitarbeiter.

Das Gelernte in der Firma und für die Firma umsetzen

Einbindung in die Mitarbeiterstruktur des Betriebes

Ich schließe mit dem Wunsch, daß Sie Ihr berufliches Leben nun mit um so mehr Schwung und Eifer führen. In unserem Betrieb ist für jeden von Ihnen ein guter Platz vorhanden. Wir bauen auf Sie!

Freisprechung von Auszubildenden durch den Vorsitzenden einer Handwerkskammer

Meine sehr geehrten Damen und Herren!

Ein Blick zurück: Die Berufsausbildung in Theorie und Praxis

Als Sie vor wenigen Jahren die Schulbank verließen, um einen praktischen Beruf zu erlernen, begann für Sie ein neuer Lebensabschnitt. Was Sie bis dahin an theoretischem Wissen erlernt hatten, mußte sich während der dann kommenden Jahre bewähren, mußte im Rahmen des Berufsschulunterrichts erweitert und im Hinblick auf Ihren zukünftigen Beruf vervollkommnet werden. Es begann also damals für Sie ein Abschnitt der praktischen und theoretischen Vorbereitung nicht auf das Leben schlechthin, sondern auf die Erfordernisse eines ganz bestimmten Berufes, den Sie gewählt hatten. Ich bin sicher, daß diese Zeit für Sie nicht immer leicht war, aber Sie haben sie durchgestanden und, wie ich doch hoffe, wohl auch liebgewonnen.

Die neue Lebensphase

Heute nun beginnt für Ihr Leben wieder ein neues Stadium, das sich vom vorhergehenden in erster Linie dadurch unterscheidet, daß der äußere Zwang des Lernens wegfällt.

Sie haben Ihre Ausbildung abgeschlossen und haben die an Sie gestellten Aufgaben mit Erfolg gelöst. Der neue Lebensabschnitt zeichnet sich unter anderem durch etwas aus, das nun einmal im Leben von hoher Bedeutung ist: Sie verdienen mehr Geld! Ich kann mir gut vorstellen, wie sehr Sie das freut. Ich weiß auch, daß Sie Pläne schmieden, was Sie mit dem Geld alles anfangen wollen und können. Sie werden sicher unabhängiger sein als bisher und besser auf eigenen Füßen stehen können. Nutzen Sie die größere materielle Freiheit gut. Denken Sie aber daran, daß eine größere materielle Unabhängigkeit nur ein kleiner Teilaspekt der Freiheit ist, für deren Sicherung Sie wie bisher sich Tag für Tag mit allen Kräften werden einsetzen müssen, damit sie Ihnen und uns allen erhalten bleibt. Wenn Ihre Ausbildungsbetriebe und Ihre Lehrer an den Berufsschulen Ihnen in den vergangenen Jahren dies so vermitteln konnten, daß Sie es nun als eigene wichtigste Handlungsrichtung erkannt haben, dann war die Ausbildung erfolgreich.

Die materielle Absicherung und andere Aspekte des neuen Lebensabschnitts

Lassen Sie mich noch auf eines hinweisen. Wie ich bereits zu Anfang erwähnt habe, ist der heutige Tag das Ende der Lehrzeit. Ich sage »Lehrzeit«, nicht aber Lernzeit. Vielleicht werden Sie jetzt glauben, so ziemlich alles gelernt zu haben, was für die Ausübung Ihres Berufes von Wichtigkeit ist. Aber möglicherweise werden Sie schon bald zu spüren bekommen, daß dies keineswegs der Fall ist. Es ist aber kein Grund, an Ihrem Können zu zweifeln. Die Frauen und Männer, die ihren Beruf seit vielen, vielen Jahren kennen und ausüben, haben Ihnen Ihr Können und Ihr Wissen bestätigt. Also dürfen Sie davon überzeugt sein, daß Sie über dieses Wissen und Können auch tatsächlich verfügen. Dennoch vergessen Sie nicht, daß Sie im Grunde niemals auslernen werden, daß immer neue Dinge hinzukommen, die Sie nicht kennen, die Sie auch gar nicht kennen können. Erst die jahrelange Übung, das weitere Streben nach Vervollkommnung Ihres Wissens und Könnens wird aus Ihnen begehrte und damit erfolgreiche Fachleute machen. Glauben Sie in Ihrem eigenen Interesse darum nicht, jetzt ausschließlich von dem zehren zu können, was Sie wissen. Sie werden feststellen müssen, daß es noch lange nicht ausreicht. Wenn Sie aber diese Erkenntnis gewonnen haben, dann lernen Sie daraus. Lernen Sie, sich nach besten Kräften weiterzubilden. Dann wird der berufliche Erfolg nicht auf sich warten lassen. Ich wünsche Ihnen für Ihren zukünftigen Lebensweg alles Gute!

»Ein Mensch kann nicht alles wissen, aber etwas muß jeder haben, was er ordentlich versteht« (Matthias Claudius)

Vom Nutzen der Weiterbildung: aktueller Kenntnisstand und beruflicher Erfolg

Der Ausbildungsleiter (Meister, Abteilungsleiter) spricht

Liebe Mitarbeiterinnen und Mitarbeiter!

Persönliche Gefühle und gemeinsame Erlebnisse ansprechen

Ihr habt es geschafft. Nicht nur euch, auch mir ist ein Stein vom Herzen gefallen. Nun, kaum einer könnte sich mehr freuen als ich, daß ihr den Anschluß nicht verpaßt habt. Ich sage euch deshalb auch genauso herzlich meinen Glückwunsch, wie ich euch in den vergangenen Monaten bei der Arbeit etliche »Nüsse« zu knacken gab. Nun habt auch ihr die bisher härteste »Nuß« eures beruflichen Lebens geknackt: die Prüfung. Wäret ihr noch grüne Stifte, dann hättet ihr die Schale nicht durchbekommen – grüne Stifte nämlich, die ihr damals am ersten Tag wart, als ich euch zum ersten Mal zu Gesicht bekam. Übrigens kann ich es euch heute ja verraten: Ich war auch gespannt und ein wenig aufgeregt, als ihr in die Prüfung gingt, denn schließlich nahmt ihr dabei ja all das mit, was ich versucht habe, euch in den vergangenen Jahren nahezubringen. Hättet ihr versagt, dann wäre das für mich eine arge Enttäuschung geworden. Ich weiß, daß die Prüfung für einige von euch leichter, für andere dagegen um so schwerer war. Ich kenne ja meine Pappenheimer. Besonders gefreut habe ich mich deshalb über diejenigen unter euch, die es mit viel Fleiß geschafft haben und denen die Prüfung nicht in den Schoß gefallen ist. Denn sie haben neben unserer allgemeinen beruflichen Lehre noch eine besondere Lehre mitbekommen, die für uns alle die wichtigste Erfahrung im Leben überhaupt ist. Sie heißt: Wer fleißig ist und Ausdauer hat, der schafft das, was er sich als Ziel steckt. Ein fachkundiger Arbeiter, ein tüchtiger Angestellter, sie sind es, die ganz entscheidend die Güte unserer Arbeit mitbestimmen. In diesem Sinne beglückwünsche ich euch. Ihr, als die frischgebackenen Mitarbeiter, seid den künftigen Auszubildenden ein Vorbild!

Fleiß, Ausdauer und Beharrlichkeit zahlen sich aus

Der Betriebsleiter spricht

Meine sehr verehrten Damen und Herren,
liebe Auszubildende unseres Betriebes!

Der Freude über die erfolgreichen Mitarbeiter Ausdruck geben

In einem würdevollen und feierlichen Festakt sind heute … weibliche und … männliche Auszubildende unserer Firma nach …jähriger Ausbildung freigesprochen und damit in die nächste Phase ihrer beruflichen Entwicklung entlassen worden. Uns allen sollte diese Stunde Anlaß sein, uns mit den jungen Mitarbeiterinnen und Mitarbeitern zu freuen – sie sollte uns aber auch die Erinnerung an unsere eigenen Lehrjahre ins Gedächtnis zurückrufen und uns daran mahnen, daß wir alles Erreichte in erster Linie denen zu verdanken haben, die uns damals Vorbild waren.

Ein Sprichwort sagt, daß Lehrjahre keine Herrenjahre sind! Und wer unter uns hätte die Wahrheit dieses Wortes nicht schon am eigenen Leibe erfahren? Die Älteren von uns haben noch in einer Zeit gelebt, in der in düsteren Werkstätten und muffigen Kontors gestrenge Meister und Bürovorsteher mit Argusaugen darüber wachten, daß der »Stift« seine Arbeit richtig tat und seine Aufgaben so erfüllte, wie man es von ihm forderte. Damals setzte es auch noch Ohrfeigen, wenn einmal etwas nicht wie gewünscht klappte. Und so mancher von uns wird ein Lied davon zu singen wissen, wie viele Stunden man als Lehrling damals auch über die Arbeitszeit hinaus kräftig zupacken mußte und wie karg der Lohn war, den man dafür einstreichen durfte.

Eine bekannte Redensart als Aufhänger für einen Rückblick in die eigene Ausbildungszeit

Heute genießt der Auszubildende in Handwerk und Industrie größere Rechte. Mit modernsten Mitteln und an modernsten Maschinen wird er von fähigen und erfahrenen Meistern ihres Faches ausgebildet – unter dem Schutz der Gesetze, die Überstunden ebenso verbieten wie Ohrfeigen. In hellen und geräumigen Lehrwerkstätten und Büros werden ihm die Kenntnisse und Fertigkeiten vermittelt, die für seine weitere berufliche Laufbahn unentbehrliches Rüstzeug sind. Der Bund fördert dabei die Ausbildung des Nachwuchses genausostark, wie sie von den Bundesländern und den Lehrbetrieben selbst gefördert wird. Was früher nur Sache des einzelnen Lehrherrn war, ist längst zu einer Aufgabe der Allgemeinheit geworden, denn die Allgemeinheit ist es ja, der die Kenntnisse und das Können des Auszubildenden später zugute kommen sollen. Deshalb hat diese Allgemeinheit nicht nur das Recht, sondern sie hat die Pflicht, darauf zu achten, daß der spätere Facharbeiter eine sorgfältige und zweckmäßige Ausbildung erhält!

Vom Damals zum Heute: Darstellung der wichtigsten Änderungen und Verbesserungen

»Arbeit gibt uns mehr als den Lebensunterhalt, sie gibt uns das Leben!« – sagte Henry Ford einmal zu einem seiner Mitarbeiter. Man braucht sich nicht zu wundern, daß dieser Mann bei einer solchen Auffassung von der Arbeit einer der größten Industriellen des 20. Jahrhunderts wurde und sich auch um die Ausbildung junger Menschen bedeutende Verdienste erwarb. Was wäre unser Leben ohne Arbeit? Seien wir ehrlich: Es wäre zu nichts nütze – wie eine Nuß ohne Kern, ein Pokal ohne Inhalt und ein Gericht ohne Kraft und Würze! Mögen wir alle manchmal auch unter der Last des Alltags stöhnen und glauben, unter der täglichen Arbeit zusammenbrechen zu müssen. Benjamin Franklin drückte es einmal so aus: »Eine einzige

Treffliches Zitat, rhetorisch hinterfragt und durch anschauliche Beispiele untermauert

Ein zweites Zitat unterstreicht das Gesagte

Stunde konzentrierter Arbeit hilft mehr, deine Lebensfreude anzufachen, deine Schwermut zu überwinden und dein Schiff wieder flottzumachen, als ein ganzer Monat dumpfen Brütens«! Machen Sie, liebe, junge Freunde, sich auch dieses Wort zu eigen und leben Sie danach – denn erst dann wird Ihnen das Leben alles bieten, was Sie sich von ihm erhoffen!

Dank der Auszubildenden

Ein/e Auszubildende/r spricht

Sehr geehrte Damen und Herren,
liebe Kolleginnen und Kollegen!

Es ist ein besonderer Tag heute. Wir wollen nicht verhehlen, daß wir diesen Tag lange herbeigesehnt haben. Sie alle haben sich große Mühe mit uns gegeben und oft auch dann Geduld gezeigt, wenn wir eine Sache auch nach der dritten Erklärung noch immer nicht verstanden hatten. Nicht nur unser Ausbildungsleiter, sondern auch viele Kollegen hatten ein verständnisvolles oder trostreiches Wort für uns, wenn wir einmal beinahe verzweifeln wollten. Das war ganz besonders in den ersten Monaten unserer Lehrzeit nötig, als es einigen von uns doch recht schwer gefallen ist, sich von der Vormittagsschulzeit auf die Ganztags-Ausbildungszeit umzugewöhnen. Sie alle haben uns mit vielen Hinweisen und besonderen Tips geholfen. Am meisten geholfen hat uns, daß durch die gute und vertrauensvolle Zusammenarbeit zwischen unseren Ausbildern und unseren Lehrern in der Berufsschule Theorie und Praxis so nahtlos verknüpft worden sind. Wir sind alle sehr froh, daß wir die Prüfungsklippen heil überstanden haben. Ich danke Ihnen allen im Namen meiner Mitlehrlinge, daß Sie uns dabei geholfen haben. Die meisten von uns werden in ihrem Ausbildungsbetrieb weiterarbeiten. Wir hoffen, daß wir das Gelernte an unseren neuen Arbeitsplätzen gut umsetzen können und daß Sie uns auch in Zukunft dabei helfen, dazuzulernen.

Dank an Ausbilder und Kollegen …

… und die Hoffnung auf weitere Hilfe und gute Zusammenarbeit

Freisprechung von Jungmeistern

Sehr geehrter Herr Vorsitzender, meine Damen und Herren!

Ein Altmeister spricht

Es sind 42 Jungmeister, denen wir heute unsere herzliche Gratulation und unsere besten Wünsche für eine erfolgreiche Laufbahn aussprechen. Wer etwas gelernt hat und eine handwerkliche Kunst versteht, steht auf einem festen Platz in dieser Welt. Die Grundsätze des Handwerkslebens, die noch immer Gültigkeit haben und zum Gedeihen des gesamten handwerklichen Berufsstandes beitragen, sind auch heute noch: gute Arbeit, Anständigkeit im Wettbewerb, Gemeinsinn und Opfergeist in der handwerklichen Organistion und im politischen Gemeinwesen, sorgfältige Ausbildung des Nachwuchses sowie Selbständigkeit nur für den erfahrenen meisterlichen Könner.

Von den Prinzipien der handwerklichen Berufe …

Die Verpflichtung, die Ihnen zusammen mit dem Meistertitel auferlegt wird, ist im wahrsten Sinne des Wortes die Verpflichtung gegenüber sich selbst, der Gemeinschaft, in der Sie leben, und der Verantwortung Ihren Mitarbeitern gegenüber. Führen Sie die Betriebe in fortschrittlichem Geist! Arbeiten Sie mit an den Lebensfragen unseres Berufsstandes und verbinden Sie den Begriff des ehrbaren Handwerksmeisters mit dem des ehrbaren Kaufmanns. Der Handwerksmeister muß heute nicht allein Meister im guten, alten Sinne sein, er muß wendig und aufgeschlossen und gleichzeitig ein sich den modernen Gegebenheiten anpassender Unternehmer sein. Nur unter solchen Voraussetzungen wird er erfahren, daß das Handwerk zwar keinen goldenen Boden mehr, aber doch noch immer eine solide Grundlage hat.

… zur sozialen Verpflichtung des Meisters

Der »ehrbare« Handwerker als moderner Unternehmer

Das Rüstzeug, das Ihnen Ihre Lehrmeister in gründlicher Ausbildung mitgegeben haben, kann die Grundlage für eine günstige Weiterentwicklung sein, die mit der Beendigung der Ausbildung nicht abgeschlossen sein darf. Sie ist auch die Grundlage für sein Können, das die Verpflichtung auferlegt, die fachlichen Kenntnisse nun wiederum der nächsten Generation im Sinne der alten Meister zu vermitteln.

Die neuen Aufgaben: berufliche Fortbildung und Weitergabe der Kenntnisse

Das Handwerk ist (noch immer) ein wichtiger Faktor im Leben von Stadt und Land und zugleich Träger des Mittelstandes. Es ist aus dem Leben nicht fortzudenken und wird auch im Zeitalter der zunehmenden Automatisierung bestehen. Die Wertarbeit eines Handwerks gehört zu den notwendigen Grundlagen auch in unserer technisierten Zeit.

Die gegenwärtige Bedeutung des Handwerks

Einige von Ihnen sind bereits in den elterlichen Betrieb hineingewachsen und werden diesen später übernehmen. Andere haben es sich zur Aufgabe gemacht, ein selbständiges Handwerksunternehmen aufzubauen. Wieder andere haben die Absicht, auch als Meister in abhängiger Stellung eines größeren Betriebes ihr Können zu verwerten.

Hinweis auf Unterstützung durch berufsständische Organisationen

Mit der Überreichung der Urkunden sind Sie nunmehr freigesprochen und vom Lernenden zum Meister geworden. Seien Sie sich stets der Würde Ihres Berufes bewußt. Der Unterstützung unserer Handwerkskammer und der handwerklichen Organisationen im Berufsleben dürfen Sie sicher sein. Lassen Sie im Ringen um Anerkennung im beruflichen Wettbewerb den Berufskampf nicht zum Konkurrenzkampf werden.

Meisterfeier

Ein Vertreter der Industrie- und Handelskammer spricht

Meine sehr verehrten Damen und Herren,
liebe Jungmeisterinnen und Jungmeister!

Das Weiterkommen im Leben hängt sicherlich von manchen Faktoren ab, auch von solchen, die von außen einwirken. Aber es kommt doch letzten Endes entscheidend darauf an, daß der einzelne mit Interesse, Fleiß, Treue und Verantwortungsbewußtsein durch Leistung und Bewährung in steigende Aufgaben hineinwächst. Jeder sollte dazu seine eigenen Kräfte weiterentwickeln, und insoweit gilt immer noch der alte Satz: »Jeder ist seines Glückes Schmied.« Ich bin davon überzeugt, daß Ihre Ausbildungs- und Gesellenzeit, die Sie jetzt durch Ihre Meisterprüfung beendet haben, Ihnen das Gefühl dafür vermittelt hat, wie wichtig es ist, die Zusammenhänge im Betrieb und in der Wirtschaft zu erkennen.

Menschliche Fähigkeiten und Eigenschaften als Grundvoraussetzung

Sie werden eingesehen haben, daß es nicht genügt, erworbene Handfertigkeit oder anderes Wissen mechanisch anzuwenden, sondern daß es gilt, das eigene Können und die erlangten Fähigkeiten sinnvoll in das betriebliche und wirtschaftliche Geschehen einzuordnen. Daß es wichtiger ist, die Bereitschaft und Beweglichkeit aufzubringen, sich veränderten Situationen und neuen technischen und anderen Produktionsmethoden anzupassen, geistig beweglich zu bleiben und den Schritt zu neuen Zielen und Aufgaben zu wagen. Man kann also auch, ja man soll sich sogar ruhig etwas zutrauen. Auch wird nur der die Chance, die das Leben für ihn bereithält, wahrnehmen – und dies gilt insbesondere für Sie nach diesem bedeutungsvollen Abschluß Ihrer Ausbildung –, der die Zusammenhänge richtig begreift. Das heißt, daß Sie, liebe Jungmeisterinnen und Jungmeister, sich nicht beschränken dürfen auf das allerengste spezialisierte Fachwissen, sondern den Blick offen halten müssen für den größeren Rahmen, für alle

Zusätzliche Anforderungen: Offenheit für neue Entwicklungen und Flexibilität

Umstände, die für Beruf und Leben von Bedeutung sind. Das ist sicherlich keine leichte Aufgabe, denn die schnellen und immer schnelleren Fortschritte unseres wissenschaftlichen und technischen Zeitalters begünstigen die Spezialisierung. Natürlich muß demzufolge jeder zunächst in seinem ureigensten Fach auf der Höhe bleiben und sich dies durch laufende Weiterarbeit und Fortbildung erhalten.

Der »Zwang« zu Spezialisierung und Fortbildung

Ich bin davon überzeugt, daß Ihre Tüchtigkeit, Ihr Fleiß und auch Ihre Liebe zum angestrebten Beruf, zu dessen selbständiger Ausübung Sie nun die schwierige Prüfung erfolgreich abgeschlossen haben, Ihnen auch in Zukunft genügend Zeit bietet, um auch die anderen Seiten unserer modernen Gesellschaft zu beachten und daran aktiv teilzunehmen. Es sind nicht nur die Fragen der zukünftigen Weiterentwicklung unserer Volkswirtschaft, sondern ebenso sehr die Probleme der großen und kleinen Politik, in deren Rahmen Sie versuchen müssen, Ihren Beruf nicht nur im Interesse des steigenden eigenen Wohlstandes, sondern auch im Interesse der Gesamtheit auszuüben. Wie stellt sich nun heute das Berufsbild des Handwerks der hoch industrialisierten, technisierten und automatisierten Arbeitswelt dar? Es ist sicher richtig, daß die moderne Wirtschaft rationeller und automatisierter Großunternehmen zur Befriedigung der Nachfrage der Öffentlichkeit nach Massengütern bedarf. Das darf aber nicht zu dem Fehlschluß verleiten, daß das Handwerk in einer auf Massenverbrauch ausgerichteten Konsumgesellschaft nicht mehr seinen festen Platz behaupten würde.

Die Rolle des Handwerks im Zeitalter zunehmender Automatisierung

Das ist allein schon deshalb mit Sicherheit nicht richtig, da einerseits trotz hochentwickelter Maschinen nicht jede menschliche Tätigkeit durch maschinelle Fertigung ersetzt werden kann, und andererseits ein nicht zu unterschätzender individueller Geschmack sich nicht mit maschinell fertiggestellten Produkten begnügt. Die Arbeit des Handwerks – in welcher Branche auch immer – trägt trotz aller technischen Hilfsmittel immer noch ein Stück der Persönlichkeit dessen, der es gefertigt hat. Die Liebe zum Detail, die das handwerkliche Schaffen vor allem anderen besonders hervorhebt, hat auch heute noch ihren hohen Marktwert und wird ihn auch in Zukunft behalten.

Ohne den Menschen geht nichts!

Die besonderen Leistungen des Handwerks

Zwar hat in den letzten Jahren die Zahl der Betriebe und die Zahl der Beschäftigten etwas abgenommen, aber es hat sich gleichzeitig gezeigt, daß trotz rückläufiger Betriebszahlen und einer leicht rückläufigen Beschäftigungszahl der Umsatz im Handwerk sich in den vergangenen 15 Jahren überproportional erhöhen konnte. Ich bin davon überzeugt, daß sich dieser Trend fortsetzen wird. Deshalb vertraue ich darauf, daß auch in Zukunft das Handwerk als ein Garant für einen gesunden Mittelstand in unserer

Bemerkungen zur konjunkturellen Lage des Wirtschaftszweigs

Appell an Verantwortung und Einsatzbereitschaft

Gesellschaft erhalten bleibt. Ein gesunder Mittelstand ist aber nicht zuletzt Voraussetzung für eine gute gesamtvolkswirtschaftliche Entwicklung. Sie, verehrte Jungmeisterinnen und Jungmeister, die Sie heute mit der Überreichung des Meisterbriefes nicht nur formal mehr als bisher in die Verantwortung des Wirtschaftslebens eingetreten sind, werden – dessen bin ich sicher – mit allen Ihren Kräften auf die Erreichung dieses gemeinsamen Zieles hin mitarbeiten.

Übermittlung von Glückwünschen

Ich darf Ihnen hier, zugleich auch im Namen der… (Landesregierung/Kammer, Organisation) meine herzlichsten Glückwünsche zur Erreichung Ihrer Meisterwürde überbringen.

Kommen und Gehen von Mitarbeiterinnen und Mitarbeitern

Verabschiedung einer Mitarbeiterin bei Erreichen der Altersgrenze

Meine sehr verehrten Damen und Herren,
liebe Mitarbeiterinnen und Mitarbeiter!

Rede des Chefs

Der Anlaß, aus dem wir uns heute versammelt haben, ist für unseren Betrieb ein Ereignis etwas wehmütiger Natur, denn es verläßt uns mit dem heutigen Tage unsere verehrte Mitarbeiterin, Frau ..., um, wie es gewöhnlich heißt, in den wohlverdienten Ruhestand einzutreten. Schmerzlich trifft uns das Ausscheiden dieser bewährten und erfahrenen Frau. Weiß doch ein jeder von uns, der das Glück hatte, mit dieser treuen, zuverlässigen und allzeit tatkräftigen Kollegin zusammenzuarbeiten, welch eine Fülle von Erfahrung, Gewissenhaftigkeit und Einsatzbereitschaft für das Unternehmen sich im Laufe der Jahre hier segensreich ausgewirkt hat.

Großes Lob kann auch über einen kleinen »Umweg« ausgesprochen werden

Auch für unsere verehrte Frau ... selbst mag dieser Lebensabschnitt, der das Fehlen der liebgewordenen Tätigkeit mit sich bringt, nicht so ganz leicht zu bewältigen sein. Und trotz aller dieser – ich möchte sagen – traurigen Reminiszenzen hat dieses Abschiednehmen unserer Mitarbeiterin etwas Natürliches, Versöhnliches.

Jeder Lebensabschnitt hat einmal ein Ende – und ein neuer beginnt

Eines möchten wir noch sagen, verehrte Frau ...: daß Ihr Rat noch gebraucht wird, daß wir froh sein werden, Sie als guten Geist und Beraterin noch hinter uns zu haben, wenn die Stunde es verlangt. Sie bleiben uns ja nahe. Und wir hoffen, daß Sie uns nicht ganz vergessen werden über Ihrem neuen Feierabenddasein, das Ihnen nun endlich die Gelegenheit geben wird, all das zu tun und zu unternehmen, wozu der Beruf Ihnen bisher keine Zeit gelassen hat. »Nach getaner Arbeit ist gut ruh'n«, heißt ein Sprichwort. Aber ich möchte sagen: So rüstig, wie ich Sie heute in unserer Mitte sehe, wird noch kein Bedürfnis zum Rasten und Ruhen bei Ihnen vorhanden sein.

Die Hoffnung ausdrücken, daß die Verbindung erhalten bleibt

Und so möchten wir Ihnen wünschen, daß Ihnen noch viele frohe Tage im Kreise Ihrer Familie bei Gesundheit und Zufriedenheit vergönnt sein mögen. Ich will diese kleine Feierstunde nicht abschließen, ohne der Hoff-

Der »Blick zurück« soll voller Freude und guter Erinnerung sein

nung Ausdruck zu geben, daß Sie auch weiterhin innerlich mit dem Wohl und Wehe unseres Betriebes verbunden bleiben mögen, wie auch Ihr Vorbild unserer Jugend zum Ansporn im Gedächtnis bleiben soll. Treten Sie in Ihren neuen Lebensabschnitt ein in dem sicheren Bewußtsein, daß Sie sich bei uns für alle Zeiten Vertrauen und Sympathie geschaffen haben, was Ihnen eine Kraftreserve für kommende Zeiten sein möge. In diesem Sinne darf ich Ihnen, sehr verehrte Frau …, die Hand zum Abschied reichen, der ja kein Abschied fürs Leben ist, und Sie bitten, uns alle in guter Erinnerung zu behalten!

Verabschiedung langjähriger Mitarbeiter

Es spricht der Leiter der Firma

Meine sehr verehrten Damen und Herren!

Als Leiter der Firma … habe ich Sie heute hierhergebeten, weil es eine Stunde des Abschieds ist – des Abschieds von einigen Mitarbeitern, die sich um unsere Firma sehr verdient gemacht haben und uns nun verlassen, um nach einem arbeitsvollen Berufsleben den Lohn ihres Schaffens zu genießen: die Ruhe, die ihnen gebührt!

Kleiner Rückblick auf die vergangenen Jahre (per Zitat und mit eigenen Worten)

Ein guter Abend kommt heran, wenn ich den ganzen Tag getan! – heißt es bei Goethe. Unsere Kollegen …, … *(es folgen die Namen der ausscheidenden Mitarbeiter)* haben – um mit Goethe zu sprechen – den ganzen Tag getan. Ihr Tagewerk ist ihnen sicher nicht immer leichtgefallen, so manchen Tropfen Schweiß mögen sie in all den Jahren vergossen und so mancher Verdruß mag ihnen ihre Pflichten sauer gemacht haben. Aber sie haben treu und redlich durchgehalten, sie haben immer wieder von neuem angepackt und ihre Aufgaben so erfüllt, wie man es von ihnen erwartete. Mehr noch: Oft genug haben sie diese Aufgaben besser erfüllt, als es verlangt wurde.

Mit einem weiteren Zitat die Leistungen der ausscheidenden Mitarbeiter beschreiben

Courage ist gut, aber Ausdauer ist besser – Ausdauer, das ist überhaupt die Hauptsache! – sagt Theodor Fontane. Unsere hochgeschätzten Kollegen, für die der heutige Tag der letzte in unserer Gemeinschaft ist, haben Ausdauer bewiesen – und beweisen uns damit, daß es sich lohnt, ausdauernd und zäh zu arbeiten. Diese kleine Feier, aus der heraus sie nun in einen guten Lebensabend treten und ihre verdiente Ruhe genießen werden, ist der Beweis dafür. Sie haben ihr Ziel erreicht und können mit dem stolzen Bewußtsein von uns gehen, daß sie ihren Verpflichtungen gegenüber dem Berufsleben immer und gut nachgekommen sind. Es ist ihnen nichts geschenkt worden, an Mühsal und Arbeit ist ihr Leben jederzeit reich gewesen – aber ich bin überzeugt, daß sie sich auch gar nichts hätten schenken lassen! Es muß ein schönes Gefühl sein, wenn man sich am Ende eines langen Arbeitstages sagen kann: Freude fehlet nie, wo Arbeit, Ordnung und Treue ist!

Sie, die Sie uns heute verlassen, sollen wissen, daß Sie uns fehlen werden! Gewissenhaftigkeit und Treue, in unserer allzu nüchternen Zeit zwei rare Güter, sind nicht so leicht zu ersetzen. Darum werden wir uns Ihrer immer wieder gern erinnern, und wir werden uns freuen, wenn Sie uns Ihre Wertschätzung und unserer Firma Ihre Verbundenheit bewahren.

Lob und Anerkennung können in jeder Form ausgedrückt werden

Wir bitten Sie auch, sich nun nicht etwa für überflüssig zu halten, denn wir wissen ja am besten, daß Sie es nicht sind! Aber wir wissen auch, daß Sie Ihren Feierabend eben bitter nötig haben, als ein Mensch, der lange Jahre seine Pflicht getan hat. Von nun an brauchen Sie sich nicht mehr zu plagen, um hundert berufliche Probleme zu lösen, von nun an brauchen Sie nicht mehr von morgens bis abends an der Maschine zu stehen (im Büro zu sitzen), sondern können ihr Leben so einrichten, wie Sie es sich immer erträumten. Von morgen an können Sie sich noch mehr Ihren Lieben widmen, die Sie ebenso nötig brauchen, wie wir Sie immer gebraucht haben. Sie werden Ihren Angehörigen manche schöne Stunde bereiten können, Sie werden auch Ihre Hobbys pflegen und nach Herzenslust Rosen züchten, Reisen unternehmen oder Ihre Enkelkinder auf dem Schoß reiten lassen! Wir danken Ihnen für Ihre Treue und Kollegialität – wir alle! Und wir alle wünschen Ihnen von Herzen einen recht frohen und segensreichen Feierabend!

Neue Aufgaben stellen sich auch nach dem Ausscheiden aus dem Berufsleben

Rede bei Firmenwechsel

Chef verabschiedet seine Assistentin

Liebe Mitarbeiter, liebe Frau ...!

Als Sie mir vor wenigen Wochen eröffneten, daß Sie sich nach einer anderen Position umsehen wollten, war ich – ehrlich gesagt – zunächst einmal betroffen. Ich hatte wohl insgeheim gehofft, daß sich die nunmehr drei Jahre lange gute und vertrauensvolle Zusammenarbeit zwischen uns noch eine gute Weile fortsetzen ließe. Als Sie mir dann aber erklärten, daß Sie sich noch zu jung fühlten, um sich bereits jetzt für ein ganzes Berufsleben an eine Firma zu binden, habe ich Ihre Pläne besser verstanden. Es leuchtet mir ein, daß Sie noch andere Märkte, andere Branchen und andere Aufgabengebiete kennenlernen wollen, um sich für künf-

Betroffenheit und Verständnis – zwei persönliche Empfindungen zu Beginn der Rede

tige Führungsaufgaben besser zu qualifizieren. Wir alle verstehen nicht nur Ihren Wunsch, wir respektieren ihn voll und ganz. Denn wir wissen, daß Sie gerne hier gearbeitet haben und daß die Struktur unseres Betriebes Ihnen derzeit keine Alternative bietet.

Erfolgswünsche, Dank und Übergabe eines Präsents

Wir wünschen Ihnen daher heute für Ihren weiteren Berufsweg viel Erfolg. Sie sollen aber auch wissen, daß wir Sie jederzeit gerne wieder in unserem Betrieb willkommen heißen. Als Dank für die reibungslose Zusammenarbeit in den letzten drei Jahren und als kleine Erinnerung an Ihre alte Firma überreiche ich Ihnen ein von uns allen signiertes Exemplar unserer Firmenchronik, an deren positivem Verlauf Sie so erfolgreich mitgewirkt haben. Alles Gute für Sie im beruflichen Neuland.

Begrüßung von inländischen Praktikanten im Betrieb (Beispiel Metallindustrie)

Der Chef der Ausbildungsfirma redet

Verehrte Gäste!

Wenn man, wie Sie, das berufliche Leben und alle Chancen des Vorwärtskommens noch vor sich hat, neigt man allzu leicht dazu, im äußeren Erfolg das allein erstrebenswerte Ziel zu sehen und möchte so rasch wie möglich ganz nach oben kommen! Das ist nur natürlich. – Später erkennt man dann von selbst, daß eine Lohnerhöhung oder Höherstufung allein absolut noch nicht selig macht. Steht man am Anfang der beruflichen Karriere, neigt man aber leider auch oft dazu, gewisse Phasen und Stationen der Berufsausbildung für nebensächlich oder überflüssig zu halten. Als Leiter dieser Firma habe ich mehr als einen jungen Menschen kennengelernt, der bei seinem Eintritt in unseren Betrieb meinte, daß er sich doch nicht selbst die Finger schmutzig zu machen brauche, wenn er doch eines Tages nach Beendigung seines Studiums ohnehin eine höhere Stellung erhalten und also niemals wieder an einer Maschine stehen werde, um höchstpersönlich Zahnräder zu fräsen, Gewinde zu schneiden oder Bohrlöcher zu entgraten.

Einleitende Worte zu Karrierismus und Erfolg

Vom traditionellen Spannungsverhältnis zwischen Theorie und Praxis

Auch wenn es dem Neuling in einem Beruf oftmals an Einsicht und Erfahrung mangelt – eine solche Auffassung kann sich sehr verhängnisvoll auswirken. Es hat schon etwas zu bedeuten, wenn man dem Begriff »von der Pike auf« sowohl im Handwerk wie in der Industrie einen großen Wert beimißt! Und es hat ebensoviel zu bedeuten, wenn man oft und ziemlich geringschätzig von der Arbeit am grünen Tisch spricht! Schon Karl von

Holtei sagte: Die Theorie träumt, die Praxis aber belehrt! Obwohl es zu Holteis Zeiten noch keine modernen Revolverdrehbänke und keine komplizierten Fräsautomaten gab.

Es hat Zeiten gegeben, in denen junge Menschen von der Schulbank weg auf eine Hochschule übersiedelten, um dann schnurstracks und in leitenden Positionen ihre berufliche Laufbahn zu beginnen. Damals konnte es passieren, daß ein junger Ingenieur eine Hobelmaschine zwar vom Anschauungsunterricht, also vom grünen Tisch her, kannte, selbst aber nie eine solche Maschine bedient hatte. Damals konnte es auch passieren, daß dieser junge Ingenieur eben wegen seiner Unkenntnis im Praktischen bei den Arbeitern seines Betriebes keine Autorität gewann, weil sie ihn nicht für voll nahmen! Er war also gezwungen, seinen Titel geltend zu machen, wenn er seine Anordnungen durchsetzen wollte. Aber noch nie haben schroffe Befehle und Zwang in einem Betrieb eine gesunde und gedeihliche Atmosphäre erzeugen können. Druck erweckt nun einmal Gegendruck, das gute Beispiel des Vorgesetzten allein kann Achtung und Sympathien hervorrufen! Die Achtung und die Sympathien seiner Untergebenen aber braucht jeder Vorgesetzte, wenn die gemeinsame Arbeit vom Erfolg gekrönt werden soll – und jeder Vorgesetzte muß auch die Arbeit seiner Untergebenen kennen und zu schätzen wissen, um sie richtig beurteilen zu können!

Eine schlechte Methode aus der Vergangenheit: von der Hochschule direkt in eine leitende Position

Durch praktische Berufserfahrung die Sympathien der Mitarbeiter erwerben

Aus dieser Erkenntnis heraus haben namhafte Industrielle ihre Söhne nach Abschluß des Studiums nicht sofort als Juniorchef in ihre Werke genommen, sondern in den einzelnen Abteilungen von der Pike auf hart arbeiten lassen. Sie kannten die Wahrheit des Wortes: Wer befehlen will, muß erst einmal gehorchen lernen! Nicht von ungefähr muß der Arzt unserer Zeit nach seinem Hochschulstudium zunächst als Volontär in einem Krankenhaus tätig sein, und nicht von ungefähr müssen die angehenden Flugkapitäne der internationalen Luftverkehrsgesellschaften während ihrer Ausbildungszeit auch in den Reparaturwerkstätten praktisch arbeiten, um sowohl das Triebwerk und die Zellen eines Flugzeugs als auch die verantwortungsreiche Tätigkeit der Mechaniker und Flugwarte näher kennen- und achtenzulernen.

Einige Beispiele aus verschiedenen Bereichen

Die Zeit, die Sie hier bei uns verbringen werden, ist also keine verlorene Zeit. Sie werden lernen, mit dem Schweißapparat umzugehen, Sie werden am Schraubstock stehen und Schlosserarbeit leisten, Sie werden in der Formerei ebenso Eindrücke gewinnen wie in der Gießerei, in der Modelltischlerei und in der Werkstoffprüfung. Kurzum: Sie werden die Praxis kennenlernen, nachdem Sie sich nun schon mehr oder weniger lange mit der Theorie beschäftigt haben. Beides zu vereinen, wird dann später Ihre

Die Tätigkeiten der Praktikanten beschreiben

Aufgabe sein – eine Aufgabe, deren Lösung Ihnen die Anerkennung Ihrer Auftraggeber, nicht zuletzt aber auch die eigene Zufriedenheit über exakt und gut geleistete Arbeiten einträgt.
Für Ihre berufliche Wegstrecke in unserem Betrieb wünsche ich Ihnen alles Gute und viel Erfolg!

Begrüßung von Praktikanten aus dem Ausland (Beispiel Metallindustrie)

Der Chef der deutschen Ausbildungsfirma spricht

Verehrte Gäste!

Sie sind zu uns nach Deutschland gekommen, um hier einen gründlichen Einblick in die Methoden zu gewinnen, mit denen wir in Europa Werkzeugmaschinen herstellen und in den Werkstätten unserer Kunden montieren. Sie wollen diese Methoden studieren, um sie Ihrer Heimat nutzbar zu machen und eines Tages die Montage solcher Maschinen in den neu entstehenden Fabriken Ihres Landes überwachen zu können.

Den Zweck des Praktikums deutlich machen

Wir, die wir Ihnen gern und jederzeit behilflich sein möchten, freuen uns ehrlich, daß sie uns Ihr Vertrauen schenken, und heißen Sie herzlich willkommen! Wir hoffen zugleich, daß Sie sich bei uns wohlfühlen werden, und wir wollen von uns aus alles Erdenkliche tun, damit Ihre Eindrücke von unserem Betrieb, aber auch von unserer Heimat, nur gute sind. Sie dürfen sicher sein, daß Sie von unseren Ingenieuren, von unseren Angestellten und von unseren Arbeitern jede Unterstützung bekommen werden, die Sie wünschen, gleichviel, welche Fragen Sie auch stellen werden; Sie werden über alles, was Sie interessiert, ausreichend informiert werden. Erfahrene Fachkräfte werden Ihnen beratend zur Seite stehen, und Sie werden jederzeit auch die Möglichkeit bekommen, praktisch mitzuarbeiten und also nicht nur die Theorien, sondern auch die Praxis in der Produktion unserer Firma genau kennenzulernen.

Rat und Unterstützung von allen Mitarbeitern zusichern

Es liegt uns viel daran, Ihnen ein reichhaltiges Wissen zu vermitteln – verbinden doch Ihre Nation und unser Volk gemeinsame Interessen und eine Freundschaft, die, was die menschlichen Belange betrifft, nicht erst gestern begründet wurde, sondern schon länger (oder lange) besteht. Aus über 40 verschiedenen Staaten kommen Studierende und Praktikanten inzwischen in unser Land, um sich über unsere Industrie, über die Bewältigung unserer verkehrstechnischen Fragen und über unseren Handel zu

Hinweis auf die lange Tradition internationaler Verbindungen

informieren – sie alle kommen, um das, was sie bei uns erfahren und lernen konnten, an ihre Landsleute daheim weitergeben zu können.
Und das ist ja der Hauptgrund Ihres Aufenthaltes in Deutschland: zu lernen, um eines Tages zu lehren. Man hat Sie zu uns geschickt, weil Sie früher oder später diejenigen sein werden, die in Ihrem Land maßgebende Positionen bekleiden und Entscheidungen fällen müssen, von denen das Wohl und Wehe Ihres Staates abhängig sein wird. Man hat dabei berücksichtigt, daß selbstgewonnene Eindrücke und praktische Erfahrungen ungleich mehr wert sind als das Wissen, das man aus Büchern schöpft. Die Praxis muß dieses Wissen ergänzen!

Auslandserfahrungen sammeln und diese im Heimatland nutzbringend anwenden

Sie alle sind sich gewiß klar darüber, daß es sinnlos wäre, in einem industriell noch unerschlossenen Land Fabriken zu bauen, ohne gleichzeitig dafür zu sorgen, daß die Maschinen in diesen Fabriken auch bedient werden können. Was Ihr Staat also in erster Linie braucht, ist eine technisch gut ausgebildete Führungsschicht, sind Ingenieure und Techniker, die selbständig planen und organisieren können. Zu dieser Führungsschicht sollen Sie einmal gehören – scheuen Sie also nie davor zurück, Fragen zu stellen, die für Sie und Ihr Land später von Wichtigkeit sind.

Industrielle Entwicklung benötigt bestens ausgebildete Spezialisten

Aber Sie sollen bei uns nicht nur unsere Maschinen und Fabrikationsmethoden kennenlernen. Wir bieten Ihnen auch Informationen über unsere Gesellschaft und unser Leben, die für Sie ja noch neu und fremd sind. Denn wir möchten ja, daß Sie einerseits als gut instruierte Techniker, andererseits aber auch als Freunde unseres Landes in Ihre Heimat zurückkehren – als Botschafter des Gedankens der Völkerverständigung und des guten Willens, einander zu verstehen – und richtig zu verstehen!

Die völkerverbindende Komponente von Gastaufenthalten zum Abschluß unterstreichen

Rede des neuen Chefs vor den Mitarbeitern

Meine sehr geehrten Damen und Herren!

Erste« sind im Leben eines Menschen ganz besondere Ereignisse. Der erste Schultag, der erste Arbeitsplatz, das erste Zeugnis, das erste Geld, die erste Liebe, das erste Kind und viele andere Premieren mehr bleiben lange in Erinnerung. Es waren und sind Tage, an die man zurückdenkt und die häufig auch nach langer Zeit noch ein wenig das »Kribbeln« wachrufen, mit dem sie durchlebt wurden.

Hinweis auf die Besonderheit des Tages

Heute ist wieder solch ein »Erster«, für Sie ebenso wie für mich: Es ist der erste Tag für mich als neuen Abteilungsleiter, es ist der erste Tag für unser

Persönliche Empfindungen ...

neues Team, der erste Tag einer Zusammenarbeit, von der ich mir wünsche, daß sie erfolgreich und zufriedenstellend verlaufen wird.
Zahlreiche Fragen haben mich in den vergangenen Tagen (seit meiner Berufung) beschäftigt, so z. B.: Ist die Stimmung gut? Ist das Team homogen und schlagkräftig? Welche Erwartungen werden an mich gestellt? Und sicherlich wird auch bei Ihnen eine Reihe von Fragen aufgetaucht sein:

... und die (möglichen) Fragen der neuen Mitarbeiter

Was für ein Mensch ist das? Welchen Arbeitsstil pflegt er? Ist es leicht, mit ihm klarzukommen, oder ist er unnahbar?
Meine Damen und Herren, dieser »Erste« wird kaum eine, zumindest keine befriedigende Antwort bringen. Das schafft nur die Zeit, eine Zeit, die wir gemeinsam nutzen wollen, um Erfolge zu erzielen, Leistung zu

Die Notwendigkeit der Teamarbeit herausstellen

erbringen und gleichwohl so weit zusammenzuwachsen, daß freundliches Verständnis den Umgang miteinander prägt.
Dies ist notwendig! Auf uns alle sind große Hoffnungen von Seiten der Geschäftsleitung gesetzt. Lassen Sie uns daher den heutigen Tag als einen weiteren »Ersten« einordnen in unser aller Liste besonderer Tage. Und lassen Sie uns alle dazu beitragen, daß wir ihn in guter Erinnerung behalten als einen Moment, in dem Erfolg mit Zufriedenheit gekoppelt einen guten Anfang nahm. Darauf möchte ich mit Ihnen anstoßen.

Versammlungen und Feiern im Betrieb

Betriebsversammlung

Liebe Mitarbeiterinnen und Mitarbeiter!

Der Firmenchef spricht

Es ist in unserem Betrieb zu einem gerne gepflegten Brauch geworden, daß wir uns alle ... (zwei, drei, sechs usw.) Monate hier zusammenfinden, um den so wichtigen Kontakt zwischen Ihnen und uns (und mir) nicht abreißen zu lassen. Ich glaube, wir sind uns alle der Bedeutung dieser Betriebsversammlungen bewußt und verkennen in keinem Augenblick die große Rolle, die sie innerhalb unseres Unternehmens spielen. Wo so viele Menschen zusammen arbeiten, sammeln sich im Laufe der Zeit Fragen, Probleme oder Wünsche an, die es im Interesse aller zu besprechen und zu erörtern gilt. Seien es Vorschläge zu weiteren Verbesserungen der Arbeitsbedingungen, zur Vervollkommnung der Sicherheit am Arbeitsplatz oder im Betrieb überhaupt, sei es, daß wir Sie mit Neuerungen oder Fragen der Produktionserweiterung bekannt machen wollen. Immer wieder ergibt sich die Notwendigkeit, miteinander im Gespräch zu bleiben.

Die Betriebsversammlung als Forum der Information und Kommunikation

Es ist uns gelungen, in gemeinsamer Arbeit das zu schaffen, was man ein gutes Betriebsklima nennt. Wenn auch der eine oder andere von Ihnen vielleicht noch manches findet, das nach seiner Ansicht zu wünschen übrig läßt, so wird doch kaum jemand bestreiten können, daß wir während der letzten Jahre ein ganzes Stück weitergekommen sind. Damit meine ich nicht nur, daß es uns gelungen ist, die Produktion zu steigern. Das ist zwar sehr erfreulich und für uns alle von Bedeutung, betrifft aber nur die eine Seite unseres Betriebes, nämlich die offizielle. Ich meine aber, daß wir auch im inoffiziellen Bereich Erfolge verzeichnen dürfen, und zwar größere, als wir vielleicht vor noch nicht allzulanger Zeit geglaubt haben. Das, meine lieben Mitarbeiterinnen und Mitarbeiter, verdanken wir fast ausschließlich Ihrer Bereitschaft, gemeinsam daran mitzuwirken, daß die notwendige Arbeit mit der keineswegs weniger notwendigen Freude verrichtet werden kann. Was würden unsere gesamten Bitten und Appelle nützen, wenn Sie nicht von sich aus dabei helfen würden, sie zu verwirklichen? Wie könnte es uns als den Verantwortlichen gelingen, diese Verantwortlichkeit wirklich

Das Betriebsklima – die inoffizielle Seite einer Firma

Erfolge dank der Mitwirkung der gesamten Belegschaft

erfolgreich in die Tat umzusetzen, wenn Sie die Notwendigkeit nicht einsehen und unseren Bemühungen zuwiderhandeln würden? Gewiß, wir hätten die Möglichkeit, dieses und jenes dennoch durchzusetzen, aber der eigentliche Sinn dieser Aufgaben ginge damit verloren. Er besteht darin, daß Sie selbst von ihrem Wert überzeugt sind und damit von sich aus alles tun, damit sie zum Wohle aller befolgt werden.

Dank und Anerkennung

Im Zusammenhang damit danke ich Ihnen dafür, daß Sie Ihre Bereitwilligkeit und Einsatzfreude immer wieder beweisen. Ich bin erfreut, einer Gemeinschaft von Mitarbeiterinnen und Mitarbeitern vorzustehen, die sich ihrer Verantwortung sowohl für die Kollegen als auch für die Gesamtheit unseres Betriebes bewußt ist. Wenn es hin und wieder dennoch zu Meinungsverschiedenheiten kommt, so sehe ich darin eine selbstverständliche Folge jener Tatsache, daß bei so vielen Menschen niemals ausnahmslos alles einen reibungslosen Verlauf nehmen kann. Ich sehe darin jedoch keinen Widerspruch gegenüber meiner Behauptung, daß unser Betriebsklima einen erfreulichen Stand erreicht hat, von dem ich hoffe, daß er nicht nur beibehalten, sondern in Zukunft noch weiter verbessert werden kann. Diese Betriebsversammlung soll uns auf dem eingeschlagenen Weg ein kleines Stück weiterbringen. Ich wünsche ihr einen guten Verlauf.

Meinungsverschiedenheiten gehören zum »Tagesgeschäft«

Betriebsversammlung

Der Betriebsrat spricht

Liebe Kolleginnen und Kollegen!

Zu unserer Betriebsversammlung begrüße ich Sie alle sehr herzlich. Wir freuen uns darüber, daß auch die Geschäftsführung anwesend ist. Wir haben Ihnen den Entwurf einer Tagesordnung vorgelegt. Darf ich fragen, ob sich Änderungswünsche ergeben?

Die Regularien zu Beginn

Das ist nicht der Fall, dann gilt die vorgelegte Tagesordnung als genehmigt. Lassen Sie mich zu Beginn einige Ausführungen zur tarifvertraglichen Situation machen. Die Lohn- und Gehaltsabschlüsse des vergangenen Frühjahrs haben, wie nicht anders zu erwarten, im Kollegenkreis nicht überall Zustimmung gefunden. Deshalb hat der Betriebsrat versucht, in Gesprächen mit der Geschäftsführung betriebsinterne Zusatzvereinbarungen zu erreichen. Ich darf Ihnen heute mitteilen, daß die Geschäftsführung sich bereiterklärt hat, für alle Schichtarbeiter in diesem Jahr zusätzlich zum tariflichen Ecklohn eine – allerdings widerrufliche – Zulage von ... auf den tariflichen Ecklohn zu zahlen. Je nach Entwicklung des Umsatzes

Ergebnisse der Verhandlungen mit der Geschäftsleitung bekanntgeben

und des Gewinns in diesem Jahr soll im kommenden Jahr dieser Zuschlag noch einmal um ... aufgestockt werden.

Wir freuen uns darüber, Ihnen heute dieses positive Ergebnis mitteilen zu können, auch wenn ich nicht verschweigen will, daß die Verhandlungen sehr langwierig waren, aber auch sehr fair geführt worden sind. In der Frage eines Urlaubsgeldes sind wir ebenfalls ein erhebliches Stück weitergekommen. Wir haben vereinbart, daß in diesem und im kommenden Jahr das jährliche Urlaubsgeld für alle Mitarbeiter unserer Firma um jeweils ... DM aufgestockt wird. Abgesehen von diesem finanziellen Erfolg haben wir aber auch auf anderen Gebieten Fortschritte erreicht. Nachdem das Ergebnis einer in Auftrag gegebenen Untersuchung eines Beratungsbüros jetzt vorliegt, wird ein von uns lange gehegter Wunsch nun im kommenden Jahr auch in Erfüllung gehen. Wie im Dienstleistungsbereich unseres Unternehmens soll nun auch im Fertigungsbereich ab kommendem Jahr die Zeiterfassung mittels Stechuhren abgeschafft werden. An ihre Stelle tritt persönliche Pflicht zur schriftlichen Eintragung der eigenen Arbeitszeit. Diese Zeiterfassung soll in einem zweijährigen Modellversuch von Geschäftsleitung und Personalvertretung gemeinsam ausgewertet werden.

Finanzielle Besserstellung der Beschäftigten

Geplante Neuerungen vorstellen und deren Bedeutung aufzeigen

Liebe Kolleginnen und Kollegen, diese Vereinbarung scheint mir mit die wichtigste des abgelaufenen Jahres zu sein. Sie zeigt uns, daß die Geschäftsleitung bereit ist, uns ein größeres Recht auf Mitbestimmung einzuräumen. Uns ist bewußt, daß dieses Mehr an Mitbestimmung auch ein größeres Maß an Mitverantwortung bringt. Wir alle sollten uns bemühen, daß dieser Versuch gelingt. Er kann, was die Humanisierung unseres Arbeitsplatzes anlangt, von großer Bedeutung für andere Vereinbarungen in dieser Richtung sein. Ein Zweites darf ich noch erwähnen. Die Firmenleitung erwägt, im Schwarzwald einen alten Hotelkomplex zu erwerben und ihn unter der verantwortlichen Mitarbeit des Betriebsrates zu einem Schulungs- und Erholungszentrum für unsere Firmenangehörigen auszustatten. Auch wenn in dieser Angelegenheit noch einige organisatorische Schritte ausstehen, so können wir heute schon festhalten, daß uns hier ein langgehegter Wunsch erfüllt wird. Hierfür und für die vertrauensvolle Zusammenarbeit im abgelaufenen Jahr möchte ich der Geschäftsleitung im Namen des Betriebsrates und in Ihrer aller Namen sehr herzlich danken. Wir wollen uns auch weiterhin bemühen, alle noch ausstehenden Fragen partnerschaftlich so zu lösen, daß die Sicherheit unserer Arbeitsplätze gewährleistet ist und der wachsende Betriebserfolg uns allen durch zusätzliche innerbetriebliche Vereinbarungen letztlich wieder zuwächst.

Aufforderung an alle Mitarbeiter, gemeinsam die getroffenen Vereinbarungen umzusetzen

Dank an die Geschäftsleitung für faire Zusammenarbeit und partnerschaftliches Verhalten

Abschließend möchte ich noch einige Worte zur Personalentwicklung anfügen. Durch die Einrichtung einer Ausbildungswerkstatt haben wir

Anmerkungen zu personellen Veränderungen …

zehn Auszubildende zusätzlich einstellen können. Wir begrüßen diese jungen Kolleginnen und Kollegen sehr herzlich in unserer Mitte und hoffen, daß Sie nach Ihrer Ausbildung, wie viele andere auch, unserem Betrieb recht lange die Treue halten werden. Im Angestelltensektor hat sich die Zunahme der vergangenen Jahre nicht fortgesetzt. Durch die Umstellung der Buchhaltung und der Auftragsabwicklung auf das neue EDV-System sind einige Arbeitsplätze weggefallen. Wir waren aber froh darüber, daß es uns zusammen mit der Geschäftsleitung gelungen ist, die vorhandenen Arbeitsplätze durch Umschulung und Zusatzausbildung qualitativ zu verbessern und krisenfester zu machen. Wir hoffen heute, daß der unumgängliche Rationalisierungsprozeß nunmehr abgeschlossen ist und keiner unserer Kolleginnen und Kollegen mehr befürchten muß, seinen gewohnten Arbeitsplatz aufgeben zu müssen oder in ein anderes Zweigwerk versetzt zu werden.

… und zu Rationalisierungsmaßnahmen

Ihnen allen, Kolleginnen und Kollegen, möchte ich sehr herzlich für die vertrauensvolle Zusammenarbeit im abgelaufenen Jahr danken. Mein Dank gilt natürlich auch den Damen und Herren der Geschäftsleitung, bei denen wir immer ein offenes Ohr für unsere Probleme gefunden haben. Auch wenn wir die von uns angestrebten Ziele nicht immer durchsetzen konnten, so waren die Gespräche doch stets fair und von freundlicher Partnerschaft getragen.

Nochmalige Danksagung zum Abschluß

Betriebsfeier

Der Chef spricht

Liebe Mitarbeiterinnen und Mitarbeiter!

Herzlich willkommen zu unserer kleinen Betriebsfeier. Ich freue mich, daß Sie meiner Einladung gefolgt sind, die Ihnen ein paar Stunden Ferien vom Arbeitsalltag bringen soll. Es freut mich, daß Sie gute Laune mitgebracht haben. Damit sind wir alle bestens dafür gerüstet, diesen Tag so richtig zu genießen.

Eine gemeinsame Feier dient der innerbetrieblichen Gemeinschaft

Trotz steigender Arbeitsbelastung ist unsere Gemeinschaft in den letzten Jahren noch enger zusammengewachsen. Für Ihre Treue zu der Firma und für Ihren Einsatz im Berufsalltag möchte ich Ihnen heute sehr herzlich danken. Diese kleine Feier soll uns heute einmal unbeschwert und fröhlich ein paar Stunden auch außerhalb des Betriebes zusammenführen. Lassen Sie uns daher die Gläser erheben auf die gute und dauerhafte Gemeinschaft in unserem Betriebe, zu der auch der heutige Tag beitragen möge.

Betriebsfeier

Sehr geehrte Damen und Herren,
liebe Mitarbeiterinnen und Mitarbeiter!

Es spricht der Betriebsinhaber

Zum erstenmal treffen sich heute alle Mitarbeiterinnen und Mitarbeiter des Innen- und Außendienstes des gesamten Gebietes der »Verkaufsleitung Norddeutschland« zu einem gemeinsamen Fest. Ich darf daher heute die ganze »Familie Nord« begrüßen und freue mich sehr darüber, daß Sie unserer Einladung gefolgt sind. Unser Betrieb hat im letzten Jahre wiederum einen erfreulichen Aufschwung genommen, und ich hoffe – soviel kann ich heute schon andeuten –, daß sich das auch in der Gratifikation zum Weihnachtsfest widerspiegeln wird.

Mit dem Hinweis auf gute Arbeit die Verbindung zur gemeinsamen Feier herstellen

Der Sinn unseres heutigen Treffens ist es, ein paar fröhliche Stunden miteinander zu verbringen. Wir wollen neue Kontakte aufnehmen und bestehende vertiefen, und wir wollen uns vielleicht auch gegenseitig noch mehr Verständnis und Interesse entgegenbringen. Aus diesem Grunde haben wir alle Familienangehörigen mit eingeladen, damit die menschlichen Beziehungen auch über den Betriebsalltag hinaus geknüpft werden können.

Einige Worte zum Zweck der Veranstaltung

Selbstverständlich haben wir uns Gedanken darüber gemacht, wie wir diesen Tag gestalten werden. Zu jedem Fest gehören in erster Linie die lukullischen Genüsse. Ich hoffe, daß wir mit der Auswahl der Speisen und Getränke Ihren Geschmack getroffen haben. Für den vergnüglichen Teil zeichnen die Damen und Herren ... verantwortlich; auch ich weiß nicht genau, was sie heute alles mit uns vorhaben – lassen wir uns also überraschen. Ein kleines Quizspiel steht uns jedenfalls bevor. Strengen Sie sich an, meine Damen und Herren! Wertvolle Preise winken. Dafür, daß dieser Tag für immer in unserer Erinnerung bleiben möge, wird unsere Frau ... sorgen, indem sie uns »im Bilde« festhält. Darüber hinaus habe ich gehört, daß so manch schlummerndes Talent aus unserem Kreise anschließend auf der Bühne Kostproben seines Könnens vorstellen wird.

»Man muß oft etwas Tolles unternehmen, um nur wieder eine Zeitlang leben zu können« (Goethe)

Wer noch überschüssige Kräfte hat oder auch nur die Folgen des guten Essens wieder abtrainieren will, kann die Kegelbahn aufsuchen. Das gilt nicht nur für die Herren der Schöpfung. Auch die Damen sind aufgerufen, um den ausgesetzten Preis zu streiten. Zum Tanz spielt die Kapelle ..., und ich bin überzeugt, daß Sie, meine Herren, sich nicht lange bitten lassen.

Besonderheiten des Festes erwähnen

So wünsche ich Ihnen, liebe Mitarbeiterinnen und Mitarbeiter und liebe Familienangehörige, zunächst recht guten Appetit und dann einen frohen Verlauf dieses Tages. Schließen möchte ich mit der Bitte, Ihre Gläser zu erheben und sie zu leeren auf das Wohl unserer Firma!

Gute Wünsche für den Festverlauf

Weihnachtsansprache eines Aufsichtsratsmitglieds und Auszeichnung eines Vorstandsmitglieds

Sehr geehrter Herr … (Name des Geehrten),
meine sehr geehrten Damen und Herren!

Ein Bonmot als Redeeinstieg

Einer der führenden Wirtschaftsleute der Vereinigten Staaten hat einmal sinngemäß gesagt: Ich habe eine feste Regel für die Teilnahme an Weihnachtsfesten, ich vermeide sie, wo immer möglich. Wenn das nicht geht und wenn Reden zu erwarten sind, versuche ich, sie selbst zu halten. Ich finde, meinen Reden läßt sich viel besser zuhören als denen anderer Leute.

Dank an die Mitarbeiter

Diese sarkastische Randnotiz glossiert – wie ich meine, treffend – eine der unangenehmsten Randerscheinungen unserer Gesellschaft: Es wird nämlich überall von viel zu vielen viel zu viel geredet. Deshalb möchte ich es hier kurz machen. Zunächst einmal darf ich Ihnen im Namen unseres Aufsichtsrates sehr herzlich danken für die im Laufe dieses Jahres geleistete Arbeit und Ihnen für die bevorstehenden Festtage und zum Jahreswechsel die besten Wünsche übermitteln.

Würdigung des geehrten Vorstandsmitglieds: kurze Beschreibung der Verdienste um das Gemeinwohl

Zum zweiten darf ich diese vorweihnachtliche Betriebsfeier zum Anlaß nehmen, Ihnen, lieber Herr …, zu der vom Bundespräsidenten verliehenen hohen Auszeichnung sehr herzlich zu gratulieren. Sie haben es verstanden, durch Ihr Engagement die … Gesellschaft weiter auszubauen. Darüber hinaus haben Sie als kommunalpolitisch interessierter Bürger Ihre ganzen Kräfte im Stadtverordnetenparlament für die Lösung gesellschaftspolitischer Probleme zur Verfügung gestellt. Und daß Sie sich seit zehn Jahren als Vorsitzender des örtlichen Roten Kreuzes aktiv für die Belange dieser karitativen Organisation eingesetzt haben, sei nur am Rande erwähnt. Ich bin sicher, daß Sie die Ihnen vom Bundespräsidenten verliehene hohe Auszeichnung weniger als Anerkennung für bisher Geleistetes verstehen, sondern vielmehr als Ansporn für die noch vor Ihnen liegenden Aufgaben. Ich hoffe daher, daß wir noch viele Jahre wie bisher erfolgreich zusammenarbeiten können. Ihnen allen aber wünsche ich noch einige frohe und unterhaltsame Stunden auf dieser vorweihnachtlichen Betriebsfeier.

Neujahrsansprache des Chefs

Meine sehr geehrten Damen und Herren,
liebe Mitarbeiterinnen und Mitarbeiter!

Jahre lehren mehr als Bücher«, sagt der Volksmund. Er hat Recht! Wir können aus den Büchern unseres Betriebes eine Menge Zahlen herauslesen, die als Aktiva oder Passiva der vergangenen zwölf Monate schwarz auf weiß festgehalten wurden. Nur schwer herauslesen aber können wir aus diesen Büchern die Leistungen des einzelnen während dieses Jahres, das nun hinter uns liegt. Als Leiter der Firma kenne ich diese Leistungen jedoch – und danke Ihnen dafür! Wenn man sich in unserem Haus umschaut, wenn man die neu erworbenen Maschinen und Produktionsanlagen betrachtet und wenn man dann vor diesen Anlagen auch neue Gesichter bemerkt, dann sieht man mehr, als Bücher verraten können. Sie alle haben auch im verflossenen Jahr getan, was Sie konnten, um die Aufwärtsentwicklung des Betriebes weiter zu fördern.

Eine Redensart als Aufhänger für den Rückblick auf ein erfolgreiches Geschäftsjahr

Wenn es dabei mitunter zu kleinen Problemen oder Ärgernissen gekommen ist, die im Zuge der Weiterentwicklung oder Umorganisation nicht zu vermeiden waren – wir wollen sie vergessen und uns jetzt nur noch der recht beachtlichen Erfolge freuen!

Jeder von Ihnen weiß, wie schwierig es heutzutage ist, sich im Konkurrenzkampf am Markt zu behaupten. Wenn wir uns auch im letzten Jahr behauptet haben, dann war das keine Glückssache, sondern es lag einzig und allein an Ihnen! Jede Stunde fleißiger Arbeit an der Verladerampe, am Fließband, an der Schreibmaschine und nicht zuletzt im Außendienst hat ihren Lohn eingebracht und Früchte getragen. Sie hat uns aber gleichzeitig auch noch enger miteinander verbunden als eine große Gemeinschaft, in der jeder seine Pflichten erfüllt – zum Nutzen aller! »Das vorige Jahr war immer besser!« – heißt das zweite Sprichwort, über das es sich lohnt nachzudenken. Es ist ein Zitat, das einen gewissen Pessimismus ausdrückt. Lassen wir diesen Pessimismus bei uns aber gar nicht erst aufkommen! Sagen wir lieber optimistisch: Das vergangene Jahr war gut, aber die kommenden zwölf Monate sollen noch erfolgreicher werden! An jedem Schreibtisch, vor jeder Werkbank und überhaupt in jeder Abteilung der Firma wollen wir so denken und handeln, um auch in Zukunft Ergebnisse erzielen zu können, mit denen wir zufrieden sind – Erfolge, die uns und unseren Lieben dienen und unsere gemeinsame Existenz sichern!

Probleme andeuten und deren Bewältigung würdigen

Ein weiteres Sprichwort zitieren und in sein optimistisches Gegenteil verkehren

Und noch ein drittes Zitat gibt es, das ich hier anführen möchte! Es heißt: »Das Jahr hat ein weites Maul und einen großen Magen!« Es weist uns darauf hin, daß wir auf unseren Lorbeeren nicht ausruhen dürfen, daß uns neue Aufgaben erwarten und daß wir diese Aufgaben bewältigen müssen, wenn wir nicht wollen, daß die Zeit uns überrundet und schlägt. Nun gut, meine Damen und Herren, stopfen wir dem kommenden Jahr das Maul und füllen wir ihm den Magen. Wir wollen das ja nicht deshalb tun, weil wir der Zukunft trotzen müssen, sondern wir wollen es tun, weil wir alle den Wunsch haben, in Sicherheit und Wohlstand zu leben. Ich danke Ihnen noch einmal dafür, daß Sie auch in den vergangenen zwölf Monaten Ihre Pflicht und oft mehr als Ihre Pflicht getan haben – jeder einzelne im Dienst am Ganzen.

Mit der Interpretation einer dritten Redensart überleiten zum Dank an die Mitarbeiter

Geburtstag eines Firmenchefs

Gratulationsrede eines Sprechers der Mitarbeiter

Sehr geehrter Herr Direktor!

Jeder von uns, vom jüngsten Lehrling bis hinaus zum Abteilungsleiter, wird mir beipflichten müssen, wenn ich behaupte, daß wir uns hier in der Firma ... wie eine große Familie fühlen, deren immerhin recht kinderreicher Vater uns immer wieder ein wirklich gutes Beispiel ist! Wir alle sind herzlich froh darüber, daß wir nicht in einem Betrieb tätig sind, in dem man dem obersten Chef des Hauses nur mit Furcht begegnet und in dessen Räumen sich beklemmendes Schweigen breitmacht, sobald er durch die Tür tritt! Die Ungezwungenheit, mit der wir zu Ihnen kommen können und mit der auch Sie stets zu uns kommen, ist eben ein Zeichen des Vertrauens, das zwischen Ihnen und uns herrscht – und ich meine, daß dieses Vertrauen unendlich viel wert ist!

Ein bildhafter Vergleich ...

... und einige Bemerkungen über das Betriebsklima

Jeder von uns ist sich klar darüber, daß wir in Ihnen einen Chef haben, der unsere Sorgen und Nöte immer wieder zu seinen eigenen macht. Dafür könnte man sicher viele Beispiele anführen! Aber jeder von uns ist Ihnen auch dankbar für diese Haltung, die Sie uns entgegenbringen, obwohl Sie als verantwortlicher Leiter des Betriebes bestimmt genug andere Probleme zu lösen haben.

Die »soziale Ader« des Chefs hervorheben und durch ausgewählte Beispiele belegen

Wenn Sie sich trotz dieser Probleme, die das große Ganze betreffen, auch immer noch darum kümmern, daß der eine endlich eine Wohnung am Ort bekommt und daß des anderen Urlaubswunsch erfüllt wird, daß der dritte zur Geburt seines vierten Kindes eine kleine Beihilfe und der vierte die Gehaltserhöhung erhält, die er verdient –, wenn Sie sich persönlich um alle diese Dinge kümmern, so rechnen wir Ihnen das gerade deshalb so hoch

an, weil Sie der Mann an der Spitze sind und sich um solche Angelegenheiten ja eigentlich gar nicht zu kümmern brauchten.
Und noch etwas soll und muß heute ausgesprochen werden: der Dank unserer Betriebsgemeinschaft dafür, daß Sie uns mit Ihrem Optimismus immer wieder von neuem anstecken und uns auch mit Ihrer persönlichen Tatkraft Energien einflößen, obschon Sie in all den Jahren des Bestehens der Firma manches Hindernis im Alleingang nehmen mußten und häufig genug mehr an uns als an sich selbst gedacht haben! Wir wünschen Ihnen, verehrter Herr Direktor, für die Zukunft alles erdenklich Gute – und uns wünschen wir, daß uns Ihre Schaffenskraft und Ihr gutes Beispiel noch recht lange erhalten bleiben mögen! Denn ohne den richtigen Kapitän kann keine Schiffsbesatzung auskommen – und wir alle wissen: Sie sind für uns der richtige Kapitän!

Den Dank der Belegschaft zum Ausdruck bringen

Redeschluß mit einem passenden Vergleich

Rede zum 60. Geburtstag des Chefs der regionalen Gasversorgung

Verehrter Herr… (Name des Jubilars), verehrte Ehrengäste, meine sehr geehrten Damen und Herren!

Es spricht ein Wirtschaftsvertreter (Ost)

Sehr gerne und sehr herzlich möchte ich Ihnen, verehrter Herr…, zu Ihrem heutigen Ehrentag gratulieren. Ich tue dies im Namen der Gremien … *(benennen)* und selbstverständlich auch ganz persönlich. Sie stehen für ein Unternehmen, dessen Name im Landkreis … einen guten Klang hat. Sie liefern Energie – und eine saubere zumal. Energie benötigen die neuen Bundesländer in vielfacher Weise. Ohne Energie zu bezahlbaren Preisen bleibt der Aufschwung Ost stecken, geht in den neuen Ländern ebenso wie im Landkreis… nichts voran.
Sie, verehrter Herr…, liefern uns an der Spitze Ihrer Gasversorgung… *(Name des Unternehmens)* diese Energie. In atemberaubendem Tempo sind seit der deutschen Einheit die Gastrasse und die Verteilanschlüsse für die Versorgung der Endverbraucher gewachsen.
In dieser Energie steckt also viel Gutes – für die Menschen, die sie nutzen, und für Sie selber, verehrter Herr… Wer Sie kennt, muß vermuten, daß Sie eine ganz besondere Form der Energiegewinnung gefunden haben. Anders sind Ihr Schwung und Ihre mitreißende Vitalität kaum erklärbar. Unsere Wirtschaft braucht Menschen wie Sie! Der vielzitierte Aufschwung kann nur mit Unternehmermut und Einsatzbereitschaft greifen.

Die enge Verbindung von Energieversorgung und wirtschaftlichem Aufschwung betonen

Person und Produkt des Unternehmens zusammenführen und situationsbezogen abwandeln

Daher, verehrter Herr ..., wünsche ich Ihnen an erster Stelle Gesundheit und Wohlergehen – und ich räume ein, daß dies durchaus auch ein wenig eigennützig gedacht ist.

Gute Wünsche für die Zukunft

Ich wünsche Ihnen alles Gute, weiterhin viel Erfolg und stets das Quentchen Glück, ohne das so vieles schwerer wäre, als es ist.

Ansprache des Betriebsleiters anläßlich einer Werkserfindung vor der Belegschaft

Sehr geehrter Herr ..., liebe Mitarbeiterinnen und Mitarbeiter!

Die Besonderheit des Ereignisses durch die Darstellung der Normalität unterstreichen

Wollten wir jede Erfindung in unserem Hause durch einen Festakt wie den heutigen ehren, dann müßten wir uns alle paar Tage hier versammeln. Als chemisch-pharmazeutisches Werk sind wir auf ständige Verbesserungen und auch Neuerfindungen angewiesen. Hierzu unterhalten wir ein großes Forschungslabor mit ausgesuchten Fachkräften, die ausschließlich und in oft jahrelangen Versuchen an der Weiterentwicklung und Neuentdeckung von Stoffen und Medikamenten arbeiten, um sie dann eines Tages unserer Produktion und damit dem Wohle der Menschheit zur Verfügung zu stellen. Auch hier gibt es neben der folgerichtigen Alltagsarbeit gelegentlich einmal eine Sternstunde, in der eine bahnbrechende Entdeckung – wie etwa beim Penicillin – oder zumindest ein bedeutender Fortschritt, wie bei so vielen bekannten Medikamenten und Präparaten, gelingt.

Von der Idee zur Erfindung: Schilderung des Hergangs und Würdigung der außerordentlichen Leistung

Eine solche Sternstunde führt uns heute zusammen, aber sie ist ganz anderer Art. Herr ... gehört unserem Forschungslabor nicht an. Er hat seit nunmehr ... Jahren aktiv und pflichtbewußt als Werkmeister in unserer Maschinenabteilung gearbeitet. Daneben aber hat er in aller Stille, besessen von einer genialen Idee, in zahllosen freien Tages- und Nachstunden und über einen Zeitraum von fast zwei Jahren hinweg an dieser seiner Idee, seiner betriebsinternen Erfindung, gearbeitet. Er verband dabei die Eingebung einer Sternstunde mit ungewöhnlichem fachlichen Können, mit enormer Arbeitsenergie und, darauf möchte ich besonders hinweisen, mit einer beispielhaften Betriebstreue. Denn er wußte ja – und darauf war alles abgestellt –, daß seine Erfindung oder Entdeckung, falls sie praktisch zu verwirklichen war, nicht nur unserem, daß heißt seinem Betrieb zugute kommen würde, sondern auch für die Konkurrenz von größtem Interesse hätte sein können.

Und heute, da wir das in vollem Maße gelungene Ergebnis in Händen haben, darf ich sagen, daß seine Entdeckung nicht einfach nur dem Betrieb zugute kommen, sondern in Zukunft den technischen Ablauf unserer Produktion entscheidend verändern wird.

Daß wir diese große Leistung nicht nur mit der sonst üblichen Prämie belohnen, sondern Herrn ... zum technischen Betriebsleiter unserer Maschinenabteilung befördern, ist Ausdruck unserer großen Anerkennung. Zur Anerkennung gehört aber auch die Dankbarkeit von uns allen für dieses Beispiel von Betriebstreue und selbstlosem Einsatz, das er uns gegeben hat. Diese Dankbarkeit wollten wir durch den heutigen Festakt vor versammelter Belegschaft ausdrücken.

Die Beförderung als Gratifikation und Anerkennung...

Wir möchten diese Feierstunde aber auch als Ansporn und Versprechen für alle Mitarbeiter verstanden wissen, daß sich der Einsatz für unsere Firma über die tägliche Arbeit hinaus lohnt. Nicht nur für das Unternehmen selbst, sondern auch für Sie, mittelbar und unmittelbar. Unmittelbar durch Prämien und Aufstiegschancen, mittelbar dadurch, daß durch Ihren Beitrag zum technologischen Fortschritt die Wettbewerbssituation unseres Betriebes wesentlich verbessert wird und damit langfristig die Arbeitsplätze sicherer werden.

...sowie als Ansporn für alle Mitarbeiter, gleichfalls über die tägliche Arbeit hinaus für den Betrieb zu wirken

Das setzt voraus, daß wir uns durch den Alltagstrott nicht »einschläfern« lassen. Jeder unserer täglichen Schritte und Handhabungen im Betrieb ist vorgegeben, wird Routine. Das heißt aber nicht, daß vieles nicht verbesserungsfähig, nicht verbesserungsbedürftig wäre. Das Beispiel von Herrn ... sollte uns Mut geben und Ansporn sein. Es lohnt sich für uns alle!

Jubiläen

Firmenjubiläum (Beispiel Versandhaus)

Der Inhaber des Unternehmens spricht

Verehrte Gäste, liebe Betriebsangehörige!

Knappe Einleitung…

Zum … Male jährt sich heute der Tag, an dem unsere Firma gegründet wurde. Ich meine, daß dieses Jubiläum Grund genug ist, um einmal Rückschau zu halten auf das, was während dieser langen Zeit der Entwicklung des Betriebes geleistet wurde – und ich meine auch, daß der heutige Tag ein triftiger Grund ist, sich dieser Leistungen zu freuen und sie zu feiern.

… und eine Rückschau auf die Anfänge der Firma

Sie alle wissen, daß unser Haus nicht von Anfang an soviele Menschen beschäftigte, sondern recht klein und bescheiden anfing. In einem engen Büro und mit nur wenigen Artikeln begann es – was daraus geworden ist, sehen Sie, wenn Sie sich in unserer Verwaltung, in den Verpackungsräumen, der Werbeabteilung und den großen Lagern und Verladerampen umschauen. Natürlich kam das alles nicht von ungefähr, sondern es ist das Ergebnis vieler, mit harter Arbeit, unermüdlichem Fleiß und zäher Energie erfüllter Stunden. Leitidee unserer Firma war und ist ein vorbildlicher Kundendienst. Seine Verwirklichung – und damit die Zufriedenheit unserer Kunden – ist alleine die Garantie für eine weitere Aufwärtsentwicklung dieses Hauses.

Das Zitat eines bekannten Industriellen als Motto für das eigene Unternehmen

»Gewinn darf nie die Grundlage, er muß das Ergebnis eines Dienstes sein!«, sagte Henry Ford einmal, und diese Erkenntnis war auch unser Motto und soll es auch in Zukunft bleiben.

Dank an alle Mitarbeiter und Lob für die geleistete Arbeit

Es ist nicht immer Zeit und Gelegenheit, über die Verdienste des einzelnen zu sprechen! Ein guter Vorgesetzter wird es trotzdem so oft wie möglich tun, denn ein offen geäußertes Lob dient mehr der Arbeitsfreude als ein stillschweigendes Entgegennehmen der Leistung. Heute darf ich die Gelegenheit benutzen, einmal nicht dem einzelnen, sondern Ihnen allen, den Angehörigen der Firma …, für alles zu danken, was Sie, gleichviel in welcher Stellung und an welchem Arbeitsplatz, zum Nutzen des Unternehmens und seiner Kunden getan haben! Sie dürfen mir glauben, wenn ich sage, daß ich Ihre Mühen sehr wohl zu schätzen weiß und mir darüber klar bin, daß es ohne Sie alle nicht so rasch mit uns vorwärtsgegangen wäre. Wir wollen diesen Tag feiern und uns gemeinsam des Erreichten freuen. Wir wollen aber nun nicht die Hände in den Schoß legen, sondern weiter danach trachten, daß unser gemeinsames Werk wächst. Lassen Sie mich schließen mit einem Ausspruch des bekannten deutschen Humoristen Curt Goetz: »Man sollte die Dinge so nehmen, wie sie kommen! Aber man sollte auch dafür sorgen, daß sie so kommen, wie man sie nehmen möchte!« In diesem Sinne wünsche ich Ihnen weiterhin alles Gute und für den heutigen Tag besonders viel Freude!

Ein abschließendes Zitat zur Ermunterung

50. Betriebsjubiläum

Verehrte Gäste, meine sehr geehrten Damen und Herren!

Rede des Chefs

Am heutigen Tage sind genau 50 Jahre seit der Gründung vergangen, in denen sich unser Betrieb aus kleinsten Anfängen heraus zu einem ansehnlichen und anerkannten Unternehmen entwickelt hat. Mit Stolz darf ich heute darauf hinweisen, daß der Name unserer Firma sich in unserer Heimat eines guten Rufes erfreut. Im Rückblick läßt sich heute sagen, daß die vergangenen Jahre, trotz aller Rückschläge und Schwierigkeiten, eine schöne Zeit waren. Den Grundstock für unser Unternehmen in seiner heutigen Form legte mein Vater. Auch wenn es ihm nicht vergönnt war, den Aufstieg unseres Betriebes, so wie er ihn sich immer gewünscht hat, in der Nachkriegszeit mitzuerleben, hat er doch von Anfang an die Weichen für die künftige Entwicklung gestellt. Für ihn lag der wesentliche Faktor zum Gedeihen eines Unternehmens im guten Betriebsklima.

Erinnerung an den Firmengründer und seine Aufbauleistungen

Aber nicht nur dieses Rezept hat uns genützt. Auch seine Empfehlung, nach meiner Schulentlassung eine Lehrzeit in einem anderen Betrieb zu absolvieren, hat sich ausgezahlt. So darf ich heute, bei unserem 50. Betriebsjubiläum, nicht nur das Andenken meines Vaters in Erinnerung rufen, sondern auch in Dankbarkeit der Herren … und … gedenken, die nach seinem Tode mir durch wertvollen Rat und finanzielle Unterstützung in den schweren Jahren zur Seite standen.

Persönliche Lebensstationen erwähnen und Weggefährten würdigen

Ohne ihren Beistand und dem aus reicher Erfahrung gesammelten Wissen wäre die Entwicklung unseres Unternehmens sehr viel schwieriger und langwieriger verlaufen. So wuchs denn unser Betrieb heran, gewann an Substanz und konnte sich bei ständiger Vollbeschäftigung zu seiner jetzigen Größe entwickeln. Viele fleißige Hände waren nötig, dieses Ziel zu erreichen. Ich bin dankbar, diesen schönen Erfolg erleben zu dürfen.

Aufstieg und Erfolg des Betriebes sind das Werk vieler fleißiger Mitarbeiter

Mein Dank in diesem Augenblick gilt ganz besonders unserem bewährten und geschätzten Geschäftsführer, der mir seit vielen Jahren als rechte Hand

Individuellen und kollektiven Dank aussprechen

zur Seite steht. Auch meinen übrigen Mitarbeiterinnen und Mitarbeitern sage ich Dank für ihre Mithilfe; Sie haben in nicht zu unterschätzender Pflichterfüllung am Gedeihen unseres Unternehmens erheblichen Anteil. Danken möchte ich ebenfalls meinen Kunden, die uns viele Jahre hindurch die Treue gehalten haben und deren Vertrauen zu rechtfertigen weiterhin unser Bestreben sein wird.
Durch zuverlässige Arbeit und in fortschrittlichem Geist weiterzuwirken, sei unser aller Anliegen. Das anschließende gemütliche Beisammensein soll uns nach arbeitsreichen Tagen einige Stunden der Freude und der Erholung bieten.

Jubiläum eines Lagerleiters

Worte des Geschäftsführers

Lieber Herr ..., liebe Mitarbeiterinnen und Mitarbeiter!

Kleine Lebensphilosophie zu Beginn der Laudatio

Ein seltenes Fest hat uns heute alle hier zusammengeführt: Das 25. Firmenjubiläum unseres Herrn ... Was sind 25 Jahre?

Ein Nichts – im Meer der Zeit
Eine gute Spanne im menschlichen Leben
Gut die Hälfte im Berufsleben
Sehr, sehr viel aber im Dienste einer Firma.

Würdigung von Person und Leistung des Jubilars

Meine Gedanken, lieber Herr ..., gehen heute zurück auf den Tag, als Sie jung, voller Tatendrang direkt von der Schulbank in unsere Firma eintraten. Sehr schnell haben Sie sich hochgearbeitet und sind Stufe für Stufe aufgestiegen zu dem Posten des Lagerleiters, den Sie heute innehaben. Sie waren ein fleißiger, tüchtiger Mitarbeiter und in Ihrer Arbeitsfreude unseren jüngeren Kollegen ein gutes Vorbild. Ihr Eifer und Ihr Streben haben Ihnen auch den Erfolg gebracht. Das, was Sie für Ihre Familie und sich erarbeitet haben, ist nicht vom Himmel gefallen, sondern mit viel Mühe und großer Sparsamkeit von Ihnen erworben worden.
Dennoch: Sie haben trotz aller Arbeit, trotz allen Einsatzes für die Firma Ihre Familie und Ihre Hobbys nicht vernachlässigt. So, wie Sie in Ihrem Familienkreise der geschätzte Vater und Onkel sind, wie Sie ein Garten- und Blumenfreund sind, so haben auch wir Sie als einen fröhlichen, immer hilfsbereiten Mitarbeiter kennengelernt.
So möchten wir alle hoffen, daß wir noch recht lange zusammenarbeiten, daß Sie Ihren Frohsinn behalten und gesund bleiben.

Im Namen der Geschäftsleitung der Firma darf ich Ihnen als Anerkennung für Ihre 25jährige Einsatzfreude eine Erinnerungsgabe überreichen und darf Sie, liebe Mitarbeiterinnen und Mitarbeiter, bitten, sich zu erheben, die Gläser zu ergreifen und mit mir anzustoßen auf das Wohl von Herrn … Auf Ihre Zukunft in Gesundheit und Glück.

Geschenkübergabe mit einem Toast

Ehrung einer Jubilarin

Liebe Mitarbeiterinnen und Mitarbeiter!

Der Betriebsleiter spricht

Heute dreht sich alles um unsere liebe Frau …! Wir schätzen uns glücklich, daß wir Frau … seit 20 Jahren zu uns gehörig wissen. Sie war während all der Jahre ihres Wirkens bei uns der ruhende Pol. Immer gleich blieb sie in ihrer Treue, in ihrer Arbeitsleistung und in ihrer unerschütterlichen Ruhe und Zuversicht. Sie ist, ich gestehe es gerne, ein Vorbild für uns alle, nicht nur für mich!

Die besonderen Eigenschaften der Jubilarin hervorheben

Meine liebe Frau …, diese kleine Feier ist also ein Freudenfest, und ich will mich kurz fassen, um der Festfreude einen um so breiteren Platz einzuräumen. Seien Sie nicht zu bescheiden, sondern seien Sie sich dessen bewußt, daß wir heute einzig und allein um Ihretwillen zusammen sind!

Ehrung bei zehnjähriger Betriebszugehörigkeit

Lieber Herr …, liebe Kolleginnen und Kollegen!

Ein Arbeitskamerad spricht

Die Feste müssen gefeiert werden, wie sie fallen. Die herrliche und einmalige Gelegenheit zur Jubelfeier wollen wir uns also keinesfalls entgehen lassen. Unser Herr … blickt heute auf eine zehnjährige Tätigkeit bei der Firma zurück, mehr noch, er feiert mit der Firma gemeinsam das zehnjährige Bestehen. Er war der erste, der seine Kräfte in den Dienst des jungen Unternehmens stellte, und genau so, wie es bergauf ging mit der Firma, erkletterte er eine Sprosse der Erfolgsleiter nach der anderen, bis er das wurde, was er heute ist, die rechte Hand des Chefs. Das darf ich sagen, ohne die Verdienste unseres Chefs zu schmälern, denn wer könnte, wie unser verehrter Betriebsleiter, von sich sagen: »Ich habe zwei rechte Hände.«

Mit einer gängigen Redewendung Firmen- und Mitarbeiterjubiläum verknüpfen

Ein paar heitere Sätze und ein Trinkspruch runden die Rede ab

Die Festtafel ist reich bestellt; wir sehen es mit Wohlgefallen. Da ich ein Mensch der Feder bin, nicht aber ein Mensch der »Zunge«, so hat diese Rede meine Kehle ausgedörrt. Es bedarf der Feuchtigkeit, um mich wieder aufzumuntern. Ich danke Euch, liebe Kollegen, daß Ihr diesen freundlichen Wink verstanden und mein Glas gefüllt habt. Ich erhebe mein Glas auf den Geburtstag unserer Firma und auf das zehnjährige, segensreiche Wirken unseres Jubilars sowie auf eine glückliche Zukunft beider!

Der Jubilar dankt

Sehr geehrter Herr… (Name des Chefs), liebe Kolleginnen und Kollegen!

Kurzer, knapper, auf den Punkt gebrachter Dank

Ganz herzlich danke ich für die Ehre und Freude, die Sie mir heute zuteil werden lassen. Wir haben noch allerlei Fröhliches vor heute abend, darum fasse ich mich kurz. Ich kann meinen Dank am besten dadurch abtragen, daß ich verspreche, Ihnen allen und dem Geschäft die Treue zu halten! In diesem Sinne bitte ich Sie, mit mir anzustoßen auf das Beste, was wir haben: auf die Dankbarkeit und auf die Treue!

Produktjubiläum (Beispiel Fahrzeugbau)

Der Betriebsleiter spricht

Meine sehr verehrten Damen und Herren,
liebe Mitarbeiterinnen und Mitarbeiter!

Die besondere Leistung zu Beginn…

…und Überleitung mit einer treffenden Redensart

Kaum ein anderer Tag gewinnt in der Existenz eines Unternehmens eine so große Bedeutung wie der, an dem eine stattliche Ziffer verkündet, was in diesem Unternehmen in langen und schweren Jahren geleistet worden ist. Heute, am …, hat das … (z. B. 50 000.) Fahrzeug unser Werk verlassen. Ich meine, daß das ein Anlaß ist, den heutigen Tag zu feiern, ein Grund auch, stolz auf unsere Leistungen zu sein – und ein Grund, Rückschau zu halten auf die Entwicklung der vergangenen Jahre. Gute Haushaltung macht kleine Einkommen groß! – sagt ein Sprichwort, von dem man glauben könnte, daß es bei der Gründung unserer Firma zum Motto erwählt wurde. Damals gab es hier jedoch keine Fließbänder und keine Montagehallen, es gab kein werkseigenes Erprobungsgelände, und es bestanden in jenen Tagen viele Büros noch nicht, die wir jetzt für unentbehrlich erachten. Wenn der Name unseres Werkes inzwischen weithin bekannt geworden ist und einen guten Klang bekommen hat, so verdanken wir das in erster Linie den wenigen Männern und Frauen, die mit zähem Fleiß und eiserner Sparsamkeit den Anfang machten und den Betrieb zu dem wachsen ließen, der er heute ist!

Ein Blick zurück: Von den bescheidenen Anfängen …

Immer wieder werden Betriebe schnell gegründet und verschwinden ebenso schnell aus dem Wirtschaftsleben, nicht wenige deshalb, weil sie allzu rasch nach vorne dringen wollten und ihre Produktionskapazität überschätzt wurde. Bei uns dagegen stand die Arbeit zunächst unter der Devise: Wer langsam trinkt, begießt sich nicht! In mühseliger Einzelmontage wurden unsere ersten Fahrzeuge gebaut, wie sie auch in mühseligen Stunden und unter Opfern konstruiert und erprobt worden waren! Den Männern, die sie konstruierten und erprobten, ist wahrlich nichts in den Schoß gefallen, und jedes Fahrzeug hat viel Schweiß gekostet.

… über die beschwerliche Konsolidierungsphase …

Aber es hat sich gelohnt, zuversichtlich und hart zu arbeiten, nicht zuviel Erfolg gleich am Anfang zu verlangen, aber jeden noch so kleinen Erfolg als Ansporn zu nehmen und nicht doch zu guter Letzt dem Größenwahn zu verfallen, sondern im Rahmen einer Kapazität zu bleiben, wie er einem gesunden Mittelbetrieb in privater Hand gesteckt ist.

… bis zum gesunden mittelständischen Unternehmen

Viele von Ihnen, die Sie hier versammelt sind, haben den Start unseres ersten … *(Fahrzeugart)* nicht erlebt, manche von Ihnen waren damals noch nicht einmal geboren. Dafür sind Sie alle aber Zeugen einer Stunde, die für unser Unternehmen von hoher Bedeutung ist – einer Stunde, die wir nur deshalb erleben können, weil es einmal ein paar Männer und Frauen gegeben hat, die den Anfang machten, und weil ihnen inzwischen viele gefolgt sind, die unser Werk durch ihre persönliche Leistung weiter wachsen ließen und noch weiter werden wachsen lassen, auch in Zukunft!

Vieler Hände Arbeit haben den Erfolg bewirkt, den es zu festigen gilt

Jubiläum einer Handwerkskammer

Rede des Vorsitzenden

Sehr geehrter Herr Präsident, meine sehr verehrten Damen und Herren!

Heute sind es … Jahre her, daß unsere Kammer hier in … gegründet wurde. Damit steht sie ein halbes (viertel) Jahrhundert im Dienste des deutschen Handwerks. Sie alle kennen die Aufgaben und Probleme, denen wir uns täglich gegenübersehen, und Sie wissen um die Schwierigkeiten, mit denen wir zu kämpfen haben. Ich erinnere nur an … *(Aufzählung einiger besonders aktueller Probleme).*

Das globale Ziel vor Augen führen

Alle diese Dinge ließen sich in Anbetracht der ohnehin manchmal unüberbrückbar scheinenden Schwierigkeiten sicherlich noch viel schwerer lösen, wenn wir nicht alle ein gemeinsames Ziel hätten: die Stellung des deutschen Handwerks zu verbessern. Es war und es ist auch in Zukunft unsere Aufgabe, dem Handwerk dabei zu helfen, die durch die mächtige Konkurrenz der Industrie bedingten Schwierigkeiten abzubauen und ihm so einen bedeutenderen Platz innerhalb unserer Wirtschaft zurückzuerobern.

Die wichtigsten Aufgaben...

Eine unserer vordringlichsten Aufgaben bleibt die Ausbildung des handwerklichen Nachwuchses. Die Verlockungen der Industrie sind heute so groß, daß es einer besonderen Wachsamkeit und einer klugen Werbung bedarf, um junge Menschen dem Handwerk näherzubringen. Der berühmte alte Satz vom goldenen Boden des Handwerks hat zwar noch Zugkraft, doch es ist unsere besondere Aufgabe, ihn durch eine zeitgemäße Aufklärung über die Möglichkeiten und Vorteile des handwerklichen Berufes zu unterstreichen. Der junge Mensch von heute ist weniger traditionsgebunden als früher und ergreift folglich immer seltener den Beruf der Eltern. Wenn er es dennoch tut, dann wandert er in vielen Fällen später doch in die Industrie ab, von der er aufgrund seiner soliden Ausbildung nur allzu gerne genommen wird. Diese Entwicklung ist beunruhigend.

...und die Hemmnisse

Kaum anders steht es mit der Prüfung für den jungen Menschen. Auch was unsere diesbezügliche Ordnung betrifft, machen sich immer wieder Mängel bemerkbar. Wie oft stehen wir doch vor der Frage, ob die Prüfungsordnung den Gegebenheiten entspricht. Tatsache ist nun einmal, daß die Gesamtforderungen an die jungen Menschen heute gestiegen sind. Wie wir immer wieder feststellen müssen, hat die größer gewordene seelische Belastung der verschiedensten Art ein Abfallen der Leistungen zur Folge. Auf der einen Seite muß diesen Dingen Rechnung getragen werden, auf der anderen Seite geht es jedoch darum, das Gesamtniveau der Ausbildung nicht sinken zu lassen, sondern es zu heben. Das zunehmende Spezialistentum geht auch am Handwerk nicht spurlos vorüber.

Eine Detailfrage in einen größeren Zusammenhang einbinden

Es fordert junge Menschen, die auf einem fest umrissenen Gebiet genaue Kenntnisse besitzen. Die Zeiten sind vorbei, in denen beispielsweise ein Schlosser vom Zufeilen eines Schlüssels bis zur Anfertigung einer großartigen Eisenkonstruktion so ziemlich alles gemacht hat, was in dieses Gebiet fiel. Betrachten Sie nur einmal die verschiedenen Arten des Schlossers, die sich ja schon in der genauen Berufsbezeichnung ausdrücken: Bauschlosser, Maschinenschlosser, Autoschlosser, Werkzeugschlosser, um nur einige zu nennen. Nicht viel anders ist es in den meisten übrigen handwerklichen Berufen: überall zunehmendes Spezialistentum. Während man vor einigen Jahren von einem jungen Schlosserlehrling, der gerade seine Lehrzeit

Den aktuellen Trend aufzeigen und durch Beispiele veranschaulichen

beendet hatte, noch verlangen konnte, daß er das gesamte Rüstzeug des Schlossers beherrschte, müßte man ihn heute nach dem Rüstzeug des Bauschlossers, des Maschinenschlossers usw. fragen, um seiner Ausbildung und seinen Absichten voll gerecht zu werden.

Beispiele, die die Schwierigkeiten veranschaulichen

Sie sehen, meine Damen und Herren, der Aufgaben sind viele. Wenn auch in der Vergangenheit schon manches getan wurde, wird uns die Zukunft deshalb kaum etwas ersparen. Ich bin der Meinung, daß wir diesen Tag nicht begehen sollten, ohne uns der Aufgaben bewußt zu sein, die uns erwarten. Ich glaube, daß wir nur dann die gute Tradition dieser Kammer fortsetzen können, wenn wir vor keiner der Anforderungen die Augen schließen. Im Gegenteil: Es ist im Interesse des deutschen Handwerks erforderlich, daß wir alle Gefahren aufmerksam einkalkulieren. Möge uns dies in Zukunft ebenso gelingen, wie das in der Vergangenheit der Fall war.

Die Anforderungen bewältigen und eine gute Tradition fortführen

Ehrung eines verdienten Angehörigen einer Handwerkskammer

Es spricht der erste Vorsitzende

Sehr geehrter Herr… (Name des Geehrten), verehrte Anwesende!

Arbeit ist des Bürgers Zierde,
Segen ist der Mühe Preis:
Ehrt den König seine Würde,
Ehret uns der Hände Fleiß!

Eine Strophe aus einem Gedicht…

Das Lied von der Glocke! Wer von uns, meine Damen und Herren, hätte die Zeit vergessen, in der wir dieses Schiller-Gedicht lernen mußten. Und wer hätte nicht, so wie ich es eben tat, schon oft im Laufe seines Lebens auf die Vielzahl von Lebensweisheiten und Lebensregeln zurückgegriffen, die darin enthalten sind. Seit den Tagen unserer Schulzeit sind viele Jahre vergangen. Ich weiß nicht, wann der einzelne von Ihnen die Schulbank verlassen hat, ich weiß nur, daß einer unter uns ist, bei dem es nunmehr über 30 (25, 35 usw.) Jahre her sind: unser verehrter Kollege… 30 Jahre, das ist eine lange Zeit, und sie ist besonders lang, wenn man sie vom ersten Augenblick an unentwegt in den Dienst einer Sache gestellt hat. Für Sie, lieber Kollege, schien schon damals festzustehen, daß Ihre ganze Kraft dem Handwerk dienen sollte. Sofort nach Beendigung Ihrer Schulzeit haben Sie den Weg eingeschlagen, den Sie bis auf den heutigen Tag nicht wieder verlassen haben.

…und persönliche Erinnerungen führen zum Anlaß

Keine Aneinanderreihung von Einzelerfolgen, sondern Würdigung der Gesamtleistung

Es ist nicht Aufgabe dieser Stunde, Ihren Lebensweg in allen Einzelheiten nachzuzeichnen. Es wäre auch in Anbetracht solch einer Fülle von Erfolgen, wie Sie sie in Ihrem bisherigen Leben aufzuweisen haben, kaum möglich. Wohl aber ist es unsere Aufgabe, Ihnen für Ihre Arbeit Dank zu sagen. Das Handwerk braucht Frauen und Männer wie Sie. Es braucht Menschen, die gerade in unserer Zeit der ständig fortschreitenden Industrialisierung treu zu ihm stehen und ihm ihr Wissen und ihre Erfahrung zur Verfügung stellen. Wir alle lieben das Handwerk deshalb, weil in ihm noch etwas von dem unmittelbaren persönlichen Einsatz des Arbeitenden für das von Hand gefertigte Werkstück weiterlebt.

Zur »Philosophie« des Handwerks

Es ist ein wesentlicher Unterschied, ob das Rohmaterial von einer Maschine weiterverarbeitet wird oder ob man es mit den eigenen Händen formt und dabei zusehen kann, wie es langsam die gewünschte Gestalt erhält, um endlich als fertige, saubere Arbeit vor einem zu liegen. Derjenige, der eine Fertigungsmaschine bedient, wird zu dem Produkt niemals den engen Kontakt finden, den der Handwerker zu ihm besitzt. Er ist der wirkliche Erbe einer jahrhundertealten Tradition, die es auch in unserer Zeit zu erhalten gilt. Aber kann wirklich der einzelne Meister irgendwo auf dem Land oder in der Stadt von sich aus entscheidend dazu beitragen, daß dem Handwerk auch in unserer Zeit die Bedeutung erhalten wird, die ihm zukommt? Hat er wirklich den nötigen Überblick über die Erfordernisse nicht nur seines Betriebes, sondern des Handwerks schlechthin? Hat er die Zeit dazu, sich um tausend Schwierigkeiten zu kümmern, mit denen das Handwerk heutzutage zu kämpfen hat? Oder muß er das nicht zu einem großen Teil den Menschen überlassen, die es sich zur Aufgabe gemacht haben, aus einer übergeordneten Sicht heraus darüber zu wachen, daß den großen und kleinen Problemen des Handwerks wirklich Rechnung getragen wird?

In Frageform: die Aufgaben der Handwerkskammern

Sie, verehrter Herr Kollege …, gehören zu den Menschen, bei denen diese Dinge in guten Händen sind. Ihr reicher Schatz an Wissen und Erfahrung bietet die beste Gewähr dafür, daß die Sache des Handwerks keine verlorene Sache ist. Ich bin der festen Überzeugung, daß es uns mit Männern wie Ihnen auch in der Zukunft gelingen wird, alle Schwierigkeiten zu meistern und alle anfallenden Probleme zu lösen. Sie haben in den vergangenen 30 Jahren Ihres Wirkens immer wieder darauf hingewiesen, daß die Lebensfähigkeit des Handwerks mit denen steht und fällt, die es ausüben. Ich darf vielleicht noch hinzufügen: Die Zukunft des deutschen Handwerks steht und fällt aber auch mit den Frauen und Männern, die ständig über sein Schicksal wachen. Wir freuen uns, in Ihnen einen solchen Mann in unserer Mitte zu haben.

Zurück zur Person und deren erfolgreichem Wirken

Ehrung eines verdienten Angehörigen einer Industrie- und Handelskammer

Verehrter Herr ... (Name und ggf. Titel des Geehrten), verehrte Anwesende!

Es spricht der erste Vorsitzende

Man bezeichnet unsere Zeit als das Zeitalter der ständig fortschreitenden Industrialisierung. Und man stellt den Menschen in unzähligen Vorträgen, Untersuchungen und Veröffentlichungen immer wieder der Technik gegenüber, um festzustellen, inwiefern sie ihn beeinflußt, verändert, sein seelisches Gefüge umwandelt. Dabei kommt man keineswegs immer zu sehr schmeichelhaften Ergebnissen. Es ist nicht meine Aufgabe, im Rahmen dieser Feierstunde zu untersuchen, ob und wie weit die Ergebnisse jener Forschungen und Untersuchungen sinnvoll und berechtigt erscheinen. Es genügt mir, die Feststellung treffen zu können, daß wir in unserer Mitte einen Menschen haben, auf den zumindest die negativen Schlußfolgerungen der Psychologen nicht zutreffen: unseren verehrten Herrn ...

Von den Auswirkungen der Technik auf den Menschen ...

Er hat nicht nur im Laufe seiner ... jährigen Tätigkeit seine Pflicht als ... *(Stellung, Beruf)* getan, sondern darüber hinaus den gern zitierten Satz widerlegt, die Beschäftigung mit der Technik vermittle den Menschen etwas von deren Seelenlosigkeit. Ich glaube in Ihrer aller Namen zu sprechen, wenn ich gerade an dieser Stelle die über die eigentlichen Erfordernisse seines Berufes hinausgehende seelische Kraft dieses Mannes hervorhebe. Wer von uns hätte im Laufe seiner Zusammenarbeit mit ihm nicht irgendwann erfahren, daß seine Kraft gerade dann am stärksten ist, wenn man selbst nicht mehr oder kaum noch weiter weiß? Wie oft ging es mir selber so, daß mich ein Gespräch mit Ihnen, sehr verehrter Herr ..., innerlich gestärkt und mir jenes Vertrauen in unsere Aufgabe zurückgegeben hat, das man sicherlich manchmal verlieren kann, wenn ein Mißerfolg nach dem anderen eintritt. Ich habe mich oft gewundert, mit welcher inneren Überzeugung Sie das alte Sprichwort: »Bangemachen gilt nicht« in Ihrem eigenen Leben zu verwirklichen suchten. Aber ich habe in vielen Fällen erfahren, daß es ansteckend wirkt, zumal dann, wenn es von einem Menschen realisiert wird, der selbst sein ganzes Leben lang danach gelebt hat, und zwar mit Erfolg.

... überleiten zur Person des Geehrten und ihren Tugenden

Mit einem Sprichwort die Charakterisierung unterstreichen

Gewiß ist der Erfolg nicht immer ein Maßstab zur Beurteilung eines Menschen, allenfalls zur Beurteilung seiner Fähigkeiten. Ich weiß wohl, verehrter Herr ..., daß auch Ihnen nichts am Erfolg gelegen ist. Wenigstens nicht an Ihrem persönlichen Erfolg. Wohl aber lag Ihnen von jeher etwas an

Der Erfolg der Sache stand immer an erster Stelle

der erfolgreichen Verwirklichung unserer Aufgaben, es ging Ihnen also um den Erfolg der Sache. Ich darf Ihnen heute versichern, daß dieser Erfolg dank Ihres ununterbrochenen Einsatzes denn auch gewiß nicht ausgeblieben ist. Wenn wir rückblickend feststellen können, daß wir während der vergangenen Jahre manch schwierige Aufgabe gelöst haben, so ist dies nicht zuletzt Ihr Verdienst.

Zusammenfassende Würdigung der Leistung

Es kommt mir wirklich aus dem Herzen, wenn ich Ihnen heute Dank sage für die ...jährige Tätigkeit in unserer Kammer. So mache Nuß hätten wir weniger schnell knacken können, wenn Sie uns nicht dabei geholfen hätten. Und sicher wäre auch manch eine überhaupt nicht geknackt worden. Sie haben in unzähligen Fällen bewiesen, daß Sie ein höchst lebendiger Mensch sind, der seine Vitalität und Arbeitskraft in den Dienst der lebendigen Wirtschaft gestellt hat. Ich bin der festen Überzeugung, daß die deutsche Industrie Männer und Frauen Ihres Schlages dringend braucht. Und ich bitte Sie daher, uns Ihr Wissen und Ihre Kraft auch für die nächsten Jahre weiterhin zur Verfügung zu stellen.

Jubiläum einer Industrie- und Handelskammer

Rede des Präsidenten

Verehrte Ehrengäste, meine Damen und Herren!

Einleitung und Rückblick

Jubiläen werden gern dazu genutzt, um einen Überblick über die Arbeit der vergangenen Jahre zu geben. Man zieht Bilanz, legt Rechenschaft ab und versucht, einen Blick in die Zukunft zu tun. Erlauben Sie daher auch mir, daß ich mich aus Anlaß des ...jährigen Bestehens der Industrie- und Handelskammer ... *(Stadt, in der sie ihren Sitz hat)* ein klein wenig zurückwende, um die wichtigsten Punkte unserer Arbeit seit Bestehen der Kammer kurz zu umreißen. *(Überblick über die bedeutendsten Leistungen der Kammer und kurzer entwicklungsgeschichtlicher Überblick.)*

Stolz über das Erreichte, aber auch Bewußtsein für die aktuellen Aufgaben

In Anbetracht dieser Erfolge haben wir wohl das Recht, mit einigem Stolz auf die Leistungen der Kammer seit ihrem Bestehen zurückzublicken. Dennoch darf uns diese Entwicklung nicht einen Augenblick darüber hinwegtäuschen, daß die Zukunft nicht weniger schwierige Aufgaben für uns bereit hält, denen wir unsere ganze Aufmerksamkeit und Kraft widmen müssen. Unsere Grundaufgaben, Förderung der Wirtschaft, Wahrung der gemeinsamen Belange ihrer Mitglieder, Koordinierung der Interessen verschiedener Wirtschaftszweige, Information der Mitglieder und Schiedswesen, haben sich in der Vergangenheit nicht oder nur kaum gewandelt und werden auch in der Zukunft die vordringlichsten Arbeitsgebiete sein. Die Erfüllung der auf diesen Gebieten anfallenden Aufgaben erfordert weiterhin, daß wir am lebendigen Wirtschaftsleben nicht nur regen Anteil nehmen, sondern darüber hinaus ernsthaft an seiner Gestaltung mitarbeiten. Wir können und dürfen in unserer Tätigkeit nicht nur eine Folge der aktiven Bewegung innerhalb der Wirtschaft sehen, sondern haben sie gleichermaßen als etwas Selbständiges aufzufassen, das sehrwohl Eigeninitiative entwickeln kann und entwickeln muß. Erst dann können wir den berechtigten Forderungen unserer Mitglieder voll und ganz gerecht werden. Nichts ist überflüssiger als eine Einrichtung ohne selbstbewußten und selbstverantwortlichen Schwung. Sie zieht denen, die sich auf sie verlassen, lediglich das Geld aus der Tasche, ohne dafür eine wirkliche Leistung zu vollbringen. Wir sind wohl alle der Meinung, daß solch eine Handlungsweise nie unsere Sache war und es auch niemals sein darf. Aus diesem Grunde bin ich froh und dankbar, in meinem Mitarbeiterkreis Menschen zu haben, die gewohnt sind, gemäß ihrer eigenen Überzeugung zu planen und zu handeln. Gerade die Wirtschaft braucht aktive Menschen in allen Positionen.

Ziele, die das allgemeine Wirtschaftsleben betreffen

Das Selbstverständnis der Organisation deutlich machen

Ich danke allen Mitgliedern der Industrie- und Handelskammer ... für ihre bisherige Mitarbeit und danke Ihnen aus Anlaß dieses Jubiläums, daß Sie Ihr Bestes gegeben haben. Und ich bitte Sie gleichzeitig, auch in der Zukunft gemeinsam an der Bewältigung neuer Probleme mitzuwirken. Dann werden wir auch während der nächsten Jahre unsere Aufgaben zur Zufriedenheit aller erfüllen können.

Dank an alle Mitglieder und Aufruf zu weiterem gemeinsamem Handeln

Jubiläum einer Handwerkerinnung

Meine sehr geehrten Damen und Herren!

Ansprache des Kreishandwerksmeisters

Wenn wir heute das 20jährige Bestehen unserer Kreishandwerkerinnung begehen, so können wir mit Genugtuung auf eine Entwicklung blicken, die man trotz der im Handwerk allgemein auftretenden Schwierigkeiten befriedigend nennen kann. Wenn wir heute rückblickend fragen, ob sich die 20jährige Zusammenarbeit in unserer Handwerkerorganisation bewährt hat, so können wir feststellen, daß die uns gestellte Aufgabe, den berufsständigen Charakter zu bewahren, durchaus gelöst wurde. Es handelt sich insbesondere darum, Gemeingeist und Berufsehre zu pflegen und ein gutes Verhältnis zwischen Meistern, Gesellen und

Redebeginn mit einem Blick auf die vergangenen Jahre

Auszubildenden sicherzustellen. Zum anderen ist es unser Anliegen, sowohl bei den Innungen als auch bei den Handwerkskammern Einrichtungen zu schaffen, mit denen die Mitarbeit der Gesellen in unserer Organisation gefördert werden kann. Gerade dem Nachwuchs muß die Pflege des Gemeingeistes und der Berufsehre mehr denn je nahegebracht werden.

Bewertung der bisherigen Arbeit und Formulierung der vordringlichsten Aufgaben

Wenn die Frage aufgeworfen wird, ob sich die Mitarbeit der Gesellen in der Organisation bewährt hat, so darf ich das bejahen. Nicht nur im Bereich des handwerklichen Bildungswesens, sondern auch im Verhältnis zwischen Meistern und Gesellen sind Verbesserungen erreicht worden. Diese Zusammenarbeit noch lebendiger zu gestalten und das Interesse am Handwerk bei der jüngeren Generation zu fördern, ist unsere vornehmste Aufgabe. Mein Vorschlag geht deshalb dahin, die Öffentlichkeit zu unseren Fachvorträgen einzuladen. Unsere Bemühungen in dieser Richtung fanden allerdings bisher bei einem Teil unserer Kollegen wenig Gegenliebe. Das darf aber kein Grund dafür sein, Bemühungen zur Zusammenarbeit von vornherein als aussichtslos anzusehen. Es ist bekannt, daß Kammern anderer Bezirke mit Erfolg solche Veranstaltungen durchführen.

Vorschläge einbringen, auf Initiativen anderer Kammern verweisen…

Die zeitweilig schlechte Beteiligung an den Wahlen zu den Gesellenausschüssen hat mehr formale Gründe. Es ist bisher noch kein Weg gefunden worden, die zur Zeit der Wahlen in den Handwerksbetrieben stehenden Gesellen direkt zu erfassen und anzusprechen. Hier eine Lösung zu finden, ist Sache der Handwerksmeister.

…und die Hauptprobleme zur Sprache bringen

Die zunehmende Tendenz zur Industrialisierung und Mechanisierung, dazu die von der Industrie gezahlten Löhne stellen für das Handwerk eine nicht zu übersehende Gefahr dar. Darum sollten wir uns diese Probleme ins Gedächtnis rufen und nicht versuchen, die Augen vor Tatsachen zu verschließen. Die vergangenen 20 Jahre haben uns eindeutig gelehrt, wie wichtig es für uns Handwerker ist, sich den Gegebenheiten anzupassen und trotz hoher Lohnforderungen mit der Zeit Schritt zu halten, um dem immer stärker werdenden Existenzkampf und dem immer mehr zutage tretenden Konkurrenzkampf gewachsen zu sein.

Hoffnungsvoller Wunsch am Ende der Rede

Möge das Handwerk nicht nur seinen derzeitigen Stand behaupten, sondern weiterhin blühen und gedeihen! Dies ist mein Wunsch zum 20jährigen Bestehen unserer Innung. Mögen auch die zuständigen Stellen nicht vergessen, welchen Wert gerade in unserer Zeit das Handwerk noch besitzt, und nicht versäumen, das ihrige dazu beizutragen, den soliden Boden des Handwerks zu erhalten und zu stärken.

Tagungen und Kongresse

Eröffnung einer Gewerkschaftstagung

Liebe Kolleginnen und Kollegen!

Der Vorsitzende spricht

Zu unserer diesjährigen Gewerkschaftstagung heiße ich Sie alle recht herzlich willkommen. Als Gäste darf ich besonders begrüßen: … *(namentlich werden genannt: Minister der Regierung, andere Gewerkschaftsvorsitzende, hohe ausländische Gäste).* Herzlich begrüßen darf ich auch die Vertreter von Presse, Funk und Fernsehen. Unser aller Gruß geht hinaus ins Land, zu unseren Arbeitern und Angestellten, als deren Delegierte ihr euch zum … Ordentlichen Kongreß zusammengefunden habt. Der umfangreiche Geschäftsbericht und die vielen Anträge sind euch bereits zugegangen. Bevor nun im folgenden die Kolleginnen und Kollegen vom Vorstand Rechenschaft ablegen über ihr jeweiliges Aufgabengebiet, laßt mich ein paar Worte sagen zur aktuellen Lage.

Begrüßung der Gäste und Überleitung zu gewerkschaftlichen Fragen

Leichtfertige Kritiker, die meist von den gesellschafts- und wirtschaftspolitischen Zusammenhängen keine Ahnung haben oder selbst viel zu viel besitzen, um sie noch richtig beurteilen zu können, werfen den Gewerkschaften gelegentlich vor, ihre Arbeit ließe sich mit den Worten charakterisieren: Wir wollen mehr, mehr, mehr. Sie haben nur in einem recht. Wir hatten in den vergangenen Jahren sehr viel mehr Arbeit – ob als hauptamtlicher Funktionär oder als ehrenamtlicher Mitarbeiter –, um die gesteckten Ziele zu erreichen oder ihnen doch näherzukommen. Dieses Mehr an Arbeit war aber auch notwendig, um die Rechte unserer Kolleginnen und Kollegen draußen in Betrieb und Verwaltung gerade auch in den neuen Bundesländern durchzusetzen. Mehr denn je erhebt sich nämlich die Frage, ob von vielen in dieser Gesellschaft der Arbeitnehmer nicht als Milchkuh der Nation benutzt wird. Es geht ja schon lange nicht mehr darum, dieses Mehr, Mehr, Mehr durchzusetzen – nämlich mehr Geld, mehr Freizeit, mehr Mitbestimmung. Wenn wir das so rigoros durchfechten würden, wie jene Kritiker behaupten, dann wäre unsere Volkswirtschaft schon lange zusammengebrochen. Das wissen jene aber genausogut wie wir. Und gerade deshalb nimmt es ja nicht Wunder, daß jeweils zu Beginn von Verhandlungen über Löhne und Gehälter, über Arbeitszeit oder Arbeitsschutz gerade die, die uns in den Zwischenzeiten immer so heftig kritisieren oder

Kritik aufgreifen und in eine positive Aussage ummünzen

Rhetorische Frage und Beantwortung im Sinne gewerkschaftlicher Interessen

beschimpfen, an das Verantwortungsbewußtsein unserer Gewerkschaft appellieren. Als hätten wir dieses nicht schon immer unter Beweis gestellt. Gerade die Entwicklung unserer Volkswirtschaft in Deutschland im Vergleich zu anderen Industrienationen zeigt doch, daß die verantwortungsbewußte Arbeit von Gewerkschaften erst jenen beispiellosen Aufschwung nach dem Kriege und ein weitgehend krisenfreies Wachstum bis heute gesichert haben. Insofern hat man nie vergeblich an uns appelliert, wenn es galt, das Wohl des Gesamten im Auge zu behalten.

Einbindung der Gewerkschaftsarbeit in gesamtwirtschaftliche Zusammenhänge

Das heißt aber nicht, daß wir tatenlos zusehen sollten, wenn die Früchte dieser gemeinsamen Arbeit einseitig verteilt werden oder einseitig verteilt bleiben sollen. Nach wie vor ist nämlich der Arbeitnehmer in unserer Gesellschaft das schwächste Glied in der Kette. Alle Maßnahmen von Staat und Wirtschaft treffen in erster Linie und am schwersten die sozial schwächeren, die Arbeitnehmer. Es ist inzwischen ein fast ungeschriebenes Gesetz der Marktwirtschaft geworden, alle Maßnahmen der Konjunkturlenkung auf dem Rücken der Arbeitnehmer auszutragen. Kocht die Konjunktur über, dann muß er auf Lohn verzichten, damit die Inflation nicht weiter wächst. Gleichzeitig werden die Verbrauchssteuern angehoben, um – wie man so schön sagt – Massenkaufkraft abzuschöpfen. Schleppt sich die Konjunktur aber nur noch dahin, dann soll er ebenfalls auf Lohn verzichten, damit die betrieblichen Investitionen nicht gefährdet sind. Gleichzeitig werden staatliche Mittel, die zum größten Teil wir über die Steuern aufgebracht haben, an Betriebe gegeben, um die Investitionstätigkeit anzuheizen. Und schließlich geht das Risiko des technologischen Fortschritts voll auf die Kosten der Arbeitnehmer. Wenn nämlich, möglichst noch staatlich hoch subventioniert, neue Technologien in unseren Betrieben eingesetzt werden, werden in der Regel Arbeitsplätze wegrationalisiert. Wenn sie nicht mehr jung genug oder spezialisiert genug sind, wenn sie nicht Beruf oder Heimat wechseln wollen oder können, werden sie auf schmerzliche Weise daran erinnert, in wie unterschiedlichem Maße Kapital und Arbeit – theoretisch wenigstens gleichwertige Produktionsfaktoren – in unserer Wirtschaft behandelt werden.

Scharfe Kritik an konjunkturpolitischen Maßnahmen …

… und an der Einsparung von Arbeitsplätzen

Ich sage dies hier ohne Bitterkeit. Ich sage es aber mit jenem Nachdruck, der unsere Arbeit in den nächsten Tagen leiten soll. Wir müssen mit unseren Diskussionen und unseren Beschlüssen den Verantwortlichen in Wirtschaft und Politik klarmachen, daß Gleichberechtigung unter Sozialpartnern nicht heißen kann, daß einer ständig auf Kosten des anderen lebt. Wir müssen ihnen klarmachen, daß eine wirkliche soziale Gerechtigkeit nicht bereits dann erfüllt ist, wenn einer genug zu essen hat, ein Dach über dem Kopf und sich möglicherweise noch einen Urlaub leisten kann. Wir

Offensive Zielvorgaben …

müssen klarmachen, daß soziale Gerechtigkeit auch bedeutet, daß das Risiko der Wirtschaftsentwicklung nicht ständig nur den Arbeitnehmern aufgebürdet wird. Wir müssen auch klarmachen, daß mehr Mitbestimmung an den wirtschaftlichen Entscheidungsprozessen eine logische Konsequenz aus dieser vielbeschworenen Partnerschaft ist. Denn wer außer uns trägt eigentlich das existentielle Risiko bei betrieblichen und volkswirtschaftlichen Fehlentscheidungen?

... und unverblümte Stellungnahme mit kämpferischen Worten

Liebe Kolleginnen und Kollegen, dies sind nur einige wenige der Fragen, die uns hier beschäftigen. Neben Fragen der Tarifverhandlungen, der Arbeitszeitverkürzung, der Arbeitsplatzsicherung, der Weiterbildung oder des Arbeitsschutzes sind dieses aber die Kernfragen unserer Gewerkschaft, wie wir sie schon seit Bestehen diskutieren. Wir, die Gewerkschaften, sind nicht die Bittsteller einer reichen Industrienation. Wir vertreten offensiv – und, wenn es sein muß, aggressiv – die Belange unserer Arbeitnehmer. Sie haben, wie alle anderen in dieser Volkswirtschaft auch, das Recht, menschenwürdig zu leben, am wachsenden Erfolg teilzuhaben und an den Entscheidungen beteiligt zu werden. Wer Ihnen dauernd und lautstark dieses Recht bestreitet, zeigt in Wahrheit, daß er das Wort von der sozialen Partnerschaft noch immer nicht richtig verstanden hat. Deshalb müssen wir unsere Forderungen noch klarer formulieren und unsere Rechte noch stärker verteidigen. Unser Kongreß soll hierzu beitragen. Laßt uns mit unserer Arbeit beginnen.

Resümee: gewerkschaftliches »Credo« und Zweck der Tagung

Abschluß einer Gewerkschaftstagung

Schlußwort des Vorsitzenden

Liebe Kolleginnen und Kollegen!

Unser Gewerkschaftstag geht zu Ende. Das gibt mir Gelegenheit, Dank zu sagen, Dank zunächst einmal im Namen aller neu gewählten Mitglieder des Vorstandes, für das Vertrauen, das ihr durch eure Wahl zum Ausdruck gebracht habt. Ich darf euch versichern, daß wir alles tun werden, um euer Vertrauen zu rechtfertigen. Dank aber auch an alle Delegierten dieses Gewerkschaftstages. Ihr habt in den vergangenen ... Tagen sehr viel Material gesichtet und geprüft, Anträge beraten und beschlossen, in Arbeitskreisen und Kommissionen mitgearbeitet. Viele dieser beschlossenen Anträge und auch viele Anregungen auf dieser Tagung werden die Arbeit der nächsten Zeit entscheidend beeinflussen. Es kommt nun darauf an, sie nach außen zu tragen und die Position unserer Gewerkschaft offen-

Dank an die Tagungsteilnehmer und Verweis auf die Beschlüsse

siv zu vertreten. Die Kolleginnen und Kollegen draußen in den Betrieben haben ein Anrecht darauf, zu erfahren, was ihre Gewerkschaft von ihren Wünschen und Forderungen aufgegriffen hat, und sie so zur Richtschnur ihres Handelns machen wird. Euch alle darf ich dazu aufrufen, uns zu helfen, den Arbeitnehmern in den Betrieben klarzumachen, daß solidarisches Zusammenwirken in den Gewerkschaften die einzige Möglichkeit in unserer Gesellschaft ist, ihre Forderungen und Wünsche durchzusetzen. Gemeinsam sind wir stark. Die Beschlüsse dieser Tage beweisen es.

Aufruf zur Basisarbeit vor Ort

Wir werden nicht ruhen, bis die Verantwortlichen in Wirtschaft und Politik erkennen, daß die soziale Marktwirtschaft kein Selbstbedienungsladen nur für Unternehmer ist. Sie sollen aber nicht nur dies erkennen, sie sollen auch danach handeln. Die bevorstehenden Tarifverhandlungen werden zeigen, ob hieraus auch die notwendigen Schlußfolgerungen gezogen werden. Es geht nicht an, daß immer nur die Arbeitnehmer ihre berechtigten Ansprüche dem vielzitierten Allgemeinwohl opfern sollen. Das Allgemeinwohl dieser Gesellschaft besteht eben nicht nur aus ausgelasteten Kapazitäten und steigenden Dividenden. Das Allgemeinwohl dieser Gesellschaft besteht auch in der gesicherten und menschenwürdigen Existenz der Arbeitnehmer und ihrer Familien. Dies gilt nicht nur für Zeiten der Hochkonjunktur, sondern auch und gerade in diesen schwierigen Zeiten der Notwendigkeit einer Finanzierung des Aufbaus in den neuen Bundesländern bei einem insgesamt sich abschwächenden wirtschaftlichen Wachstum. Hier muß sich zeigen, ob das große Wort von der sozialen Partnerschaft auch ernst genommen wird oder ob weiterhin wirtschaftliche und konjunkturelle Risiken einfach den Arbeitnehmern und ihren Familien aufgebürdet werden.

Deutliche Worte an Politiker und Unternehmer …

… und ein Fingerzeig für künftige Lösungen

Kolleginnen und Kollegen, hinter uns liegt ein hartes Stück Arbeit auf dieser Tagung. Vor uns aber liegt eine schwierige Wegstrecke. Es gilt nicht nur das Erreichte zu sichern, sondern unser Recht auf Mitbestimmung bei allen wirtschaftlichen Entscheidungsprozessen stärker als bisher durchzusetzen. Dies werden wir nur erreichen, wenn alle Arbeitnehmerinnen und Arbeitnehmer solidarisch mit uns zusammenwirken. Wer glaubt, er könne zur Durchsetzung seiner betrieblichen oder politischen Interessen Arbeitnehmer auseinanderdividieren, wird sich täuschen. In diesem Sinne fordere ich euch alle auf, weiter mitzuarbeiten.

Blick nach vorn: Solidarität und Zusammenarbeit einfordern

Eine Hauptverbandstagung wird eröffnet

Meine sehr verehrten Damen, meine Herren!

Hiermit eröffne ich den Hauptverbandstag des Verbandes ... in ... Ich begrüße die Vertreter aus den Landesverbänden Nordrhein-Westfalen, Hessen, Bayern, Baden-Württemberg, Schleswig-Holstein; insbesondere aber begrüße ich sehr herzlich unsere Delegierten aus Berlin und Brandenburg. Die vorläufige Tagesordnung liegt Ihnen vor. Der Vorstand schlägt Ihnen vor, nach dem Rechenschaftsbericht die wirtschaftlichen Probleme unseres Verbandes und seiner Mitgliedsfirmen zu diskutieren. Erst danach sollen alle organisatorischen Fragen erörtert werden. Darf ich fragen, wer diesen Vorschlag des Vorstandes unterstützen will; ich bitte um das Handzeichen. *(Es folgt Abstimmung.)*

Dann ist es so beschlossen. Demnach wird der Ablauf unserer Tagesordnung wie folgt aussehen: Den jeweiligen Referaten folgt eine Aussprache in den Fachausschüssen und Kommissionen. Nach Abschluß dieser Beratungen werden die Ergebnisse von den einzelnen Berichterstattern der Ausschüsse vorgetragen und anschließend hier im Plenum diskutiert. Anträge, die aus der Arbeit der Fachausschüsse resultieren, werden ebenfalls im Plenum zur Abstimmung gestellt. Die Arbeitsergebnisse der einzelnen Ausschüsse wollen wir noch im Verlauf dieser Tagung schriftlich niederlegen und allen Delegierten vorlegen. Der Gesamtbericht über unsere Tagung, zusammen mit Wortprotokollen der Referate und der Beratungen in den Fachausschüssen und Unterkommissionen wird von der Pressestelle unseres Hauptverbandes zusammengestellt und Ihnen allen in den nächsten vier Wochen vervielfältigt zugehen. Wir wollen hierdurch sicherstellen, daß alle behandelten Probleme möglichst schnell allen interessierten Mitgliedern unseres Verbandes zur weiteren Auswertung zur Verfügung stehen. Soweit zum organisatorischen Ablauf.

Ich bitte nunmehr, als ersten Referenten unserer Tagesordnung, Herrn Hauptgeschäftsführer ... ans Rednerpult. *(Es folgt Referat.)*

Meine Damen und Herren, Sie haben den Rechenschaftsbericht unseres Hauptgeschäftsführers zur Kenntnis genommen. Auch dieser Bericht steht in den Fachausschüssen und Diskussionen zur Aussprache. Darf ich bei dieser Gelegenheit noch bitten, bei den Meldungen zu den Ausschüssen zu berücksichtigen, daß nach Möglichkeit aus jedem Landesverband ein Vertreter mitarbeitet. Dadurch würde nach unserer Auffassung die Meinungsbildung des Gesamtverbandes wesentlich erleichtert. Der Zeitplan für die Tagungen der einzelnen Ausschüsse liegt Ihnen ebenfalls vor.

Der Vorsitzende leitet die Tagung

Nüchterne Begrüßung und Abhandlung von Tagungsregularien

Den Ablauf skizzieren und organisatorische Fragen ansprechen

Knappe Moderation zwischen den Tagesordnungspunkten sorgt für reibungslosen Verlauf

Meine Damen und Herren, ich erteile nunmehr dem zweiten Redner, Herrn Dipl.-Ing. …, das Wort zu seinem Referat »Lohnkostensenkung durch Maschineninvestition«. *(Es folgt Referat.)*

Überleitende Worte nach dem Referat

Meine Damen und Herren, ich hoffe, daß Ihnen durch dieses Referat die aktuellen wirtschaftlichen Problemstellungen in besonderer Anschaulichkeit vorgestellt worden sind. Ich unterbreche nun die Sitzung des Plenums. Wir sehen uns nach der Beratung in den einzelnen Ausschüssen hier in diesem Raume wieder.

(Nach den Ausschußsitzungen:)

Ich rufe nunmehr auf die Damen und Herren Berichterstatter aus den einzelnen Ausschüssen. *(Es folgt die jeweilige Berichterstattung, die Diskussion und Beschlußfassung über die Anträge.)*

Zusammenfassende Bewertung und Gewichtung der Einzelbeiträge

Meine Damen und Herren, zunächst darf ich Ihnen allen sehr herzlich danken für Ihre Mitarbeit im Plenum und in den einzelnen Ausschüssen. Ich bin sicher, daß die hier angesprochenen Probleme von erheblichem Gewicht für die künftige Arbeit des Verbandes und seiner Mitgliedsfirmen sein werden. Als Kernpunkt unserer Beratungen hat sich herausgestellt, daß die Entwicklung der Lohnkosten in allen Betrieben inzwischen ein beängstigendes Ausmaß angenommen hat. Wie den einzelnen Beiträgen in den Ausschüssen entnommen werden kann, sehen viele Mitgliedsfirmen ihre mittelfristige Investitionsfähigkeit ernsthaft in Frage gestellt. Da diese Kostensteigerungen auf dem Lohnsektor wegen der angespannten Marktsituation kaum im Preise weitergegeben werden können, wird der Zwang zu weiteren Rationalisierungen immer deutlicher. Wir verkennen dabei nicht, was eine solche Entwicklung für den Arbeitsmarkt bedeutet.

Die Ergebnisse der Tagung darlegen: Aufgaben, Maßnahmen und Ziele

Deshalb will der Gesamtverband – und das nehmen wir als Vorstand aus dieser Tagung als vordringliches Ergebnis mit – in erneuten Gesprächen mit dem Wirtschaftsministerium und der zuständigen Gewerkschaft auf dem Ernst der Situation hinweisen. Wir dürfen nicht warten, bis weitere Betriebe schließen müssen. Als zweites wichtiges Ergebnis unserer Beratungen darf ich festhalten, daß nach Meinung aller Delegierten eine Verbesserung der Öffentlichkeitsarbeit unseres Verbandes als dringend notwendig erachtet worden ist. Offenbar besteht in weiten Teilen unserer Bevölkerung immer noch die Auffassung, daß die Steine- und Erdenindustrie sich am Straßenbau und vor allem an den nach der deutschen Vereinigung erforderlichen Baumaßnahmen eine goldene Nase verdient. Hier müssen wir durch weitere gezielte Aktionen deutlich machen, wie die tatsächliche Entwicklung insbesondere in den vergangenen Jahren abgelaufen ist. Wir müssen der Bevölkerung auch klarmachen, daß eine wei-

Gezielte Aktionen sind angesagt!

tere Zuspitzung der Lage unweigerlich Folgen auch für die Arbeitsplätze in unserem Bereich nach sich ziehen wird. Wir erhoffen uns von einer erfolgreichen PR-Aktion, daß unsere Vorstellungen beim zuständigen Wirtschaftsressort und bei den Gewerkschaften durch die öffentliche Meinung mitgetragen werden.

Zuversicht in die geplante PR-Aktion

Ihnen allen, meine sehr verehrten Damen und Herren, darf ich am Schluß dieser Tagung sehr herzlich für Ihre Mitarbeit danken. Lassen Sie uns dafür Sorge tragen, daß alle Arbeitsergebnisse schnell in die Tat umgesetzt werden. Ich darf am Schluß den Organisatoren dieser Tagung, den Damen und Herren der Presse- und Organisationsabteilung, sehr herzlich dafür danken, daß Sie durch den reibungslosen Ablauf dieser Tagung uns genügend Zeit für die doch umfangreichen Beratungen gelassen haben. Ihnen allen wünsche ich eine gute Heimreise.

Dank an die Teilnehmer und an die Organisatoren

Eröffnung eines Kongresses für steuerberatende Berufe

Meine sehr geehrten Damen und Herren!

Ein Regierungsvertreter spricht

Sie haben Ihre diesjährige Tagung unter das Motto gestellt: »Steuergerechtigkeit im heutigen Staat«. Lassen Sie mich hierzu aus meiner Sicht einige Gedanken beitragen. Vorab: Es gibt wohl keine Steuergerechtigkeit im absoluten Sinn. Die Voraussetzung hierfür wäre ein ideales Staatsgebilde mit einer perfektionistischen sozialen, wirtschaftlichen und gesellschaftlichen Ordnung, in der es keine Interessenkonflikte und daher auch keine Interessenverbände mit der ihnen in einer entwickelten Demokratie eigentümlichen Macht und Sonderstellung geben kann, weil alle Staatsbürger gleichermaßen Gerechtigkeit erfahren. Ein solcher Staat ist allerdings Utopie. Jede Steuergesetzgebung, jede Steuerverwaltung und -rechtsprechung kann nur ein Mittel zur Herbeiführung einer relativen Gerechtigkeit in der Meinung der betreffenden Gesellschaft sein. Denn jede Gesellschaft hat zu jeder Zeit ihre eigene Gerechtigkeitskonvention. Wir können also über den Begriff Gerechtigkeit des Steuersystems – relativ betrachtet – nur dann sprechen, wenn wir sie im Rahmen unserer wirtschaftlichen, sozialen und politischen Wirklichkeit verstehen. Das bedeutet, wir müssen sie einbauen in die Konzeption des sozialen Rechtsstaates, wie er nach den Artikeln 20 und 28 des Grundgesetzes festgeschrieben ist.

Redebeginn mit Tagungsmotto und klarer These

Festlegung des Diskussionsrahmens und Verweis auf entsprechende Rechtsgrundlagen

Steuergerechtigkeit im weitesten Sinne ist der Schlüssel zum Vertrauen des Steuerzahlers. Steuerliche Ungerechtigkeit fördert notwendigerweise den

Darlegung der inneren Einstellung des Bürgers zur Steuerschuld

Die Wechselbeziehung zwischen staatlichem Handeln und dem des Bürgers aufzeigen …

… und daraus die Notwendigkeit demokratischer Bewußtseinsbildung ableiten

Typische Argumentationsmuster für eine Steuerflucht ansprechen

Widerstand des Staatsbürgers. Je größer die Zweifel an der Gerechtigkeit der Besteuerung sind, desto stärker wird die Versuchung, die eigenen Gerechtigkeitsvorstellungen auf dem Umweg über eine eigenmächtige Korrektur der objektiven Steuerschuld – sei es durch Steuerverkürzung, Steuerhinterziehung oder Steuerflucht – nachträglich durchzusetzen. Nur gerechte Steuern können das demokratische Gewissen des Steuerbürgers verpflichten und seinen Gemeinsinn fördern. Je mehr Gerechtigkeit in der Steuergesetzgebung, in der Steuerverwaltung und in der Steuerrechtsprechung, desto höher ist die Steuermoral der Bürger. Erst wenn der Staat in der Besteuerung ein Ethos echter Verantwortlichkeit zeigt, darf er von seinen Bürgern eine lautere Steuermoral verlangen und sie notfalls auch zwangsweise durchzusetzen versuchen. Mit anderen Worten: Voraussetzung einer guten Steuermoral der Bürger ist eine entsprechende Besteuerungsmoral des Staates. Alle Gewalten des Staates und insbesondere die Einnahmeverwaltung des Fiskus müssen so handeln, daß sie sich überall und jederzeit vor dem »Gerichtshof« der öffentlichen Meinung verantworten können. Steuerzahler und Staat müssen in einem partnerschaftlichen Verhältnis zusammenwirken, denn der demokratische Staat ist nichts anderes als eine Zusammenfassung aller Einzelinteressen zur Bildung eines Gemeininteresses. Wer die Höhe der Steuerlast für ungerecht hält und dabei ständig neue Forderungen an den Staat stellt, übersieht, daß die öffentliche Hand nichts geben kann, was sie nicht zuvor von allen erhalten hat. Hier wird sichtbar, welches Maß an Öffentlichkeitsarbeit und demokratischer Bewußtseinbildung notwendig ist, bis alle die demokratische Ordnung und ihre Einrichtung sowie die hierfür erforderlichen persönlichen Opfer als ihre eigene Schöpfung ansehen.

Gewiß zahlt niemand gern Steuern, aber es ist nicht unbillig zu erwarten, daß in einer aufgeklärten Demokratie diese Zusammenhänge bekannt sind und auch akzeptiert werden. Neben einem subjektiven Gefühl einer vermeintlich allgemeinen Ungerechtigkeit, die sich in einer Flucht vor der Besteuerung auswirkt, gibt es noch eine sogenannte vorgeschobene Ungerechtigkeit. In ihrem Namen fordern unzählige Gruppen und Interessenverbände steuerliche Erleichterungen, die sich gegenseitig widersprechen. Manche von diesen Forderungen werden von dem allgemeinen Gerechtigkeitsempfinden bejaht und getragen, andere dagegen aber als gruppenegoistische Interessenwünsche erkannt. Hier wird versucht, Egoismus durch angebliche verletzte Gerechtigkeit zu begründen. Auf der gleichen Ebene liegt es, wenn Bürger versuchen, den Konflikt zwischen der abstrakten Bejahung des Staates und der Verneinung der individuellen Beitragspflicht durch Berufung auf Ungerechtigkeit in der Besteuerung zu überbrücken.

Ihre Kritik richtet sich in diesen Fällen keineswegs gegen die Nutznießer der Mängel des Steuersystems, also gegen unzureichende Besteuerungspraxis oder gegen die Steuerhinterziehung, sondern gegen den Fiskus. Das ist erklärlich, denn man kann nicht gut bei anderen verurteilen, was man selbst gern tun würde oder mangels Gelegenheit unterlassen muß. Die Vorteile, die man sich verschafft, oder die Nachteile, auf die man nicht verzichten kann, verstärken dann die Zweifel an der Steuergerechtigkeit. Auch hier ist es eine aktuelle Aufgabe der staatlichen Aufklärungsarbeit, klarzumachen, daß Steuerhinterziehung in einem freiheitlichen Rechtsstaat kein Kavaliersdelikt ist. Sie ist außer einem Verstoß gegen die demokratische Solidarität und Fairneß im Grunde genommen eine undemokratische Dummheit. Jeder gesunde Menschenverstand sollte nämlich erkennen können, daß durch Steuerhinterziehung nicht der Staat als Institution geschädigt wird, sondern die Allgemeinheit. Damit trifft sie aber wie ein Bumerang auch denjenigen, der besonders klug zu sein glaubt.

Zweifel an der Steuergerechtigkeit durch staatliche Aufklärungsarbeit ausräumen

Unsere Auffassung von der Gerechtigkeit des Steuersystems ist das Ergebnis zahlreicher Komponenten: Es sind dies unter anderem die Allgemeinheit der Besteuerung, die Gleichmäßigkeit der Besteuerung, eine möglichst große Identität von Steuerzahllast und Steuertraglast sowie eine größtmögliche Transparenz der Besteuerungsverfahren. Dies alles darf jedoch nicht bedeuten, daß es nur mit einem Gesetzesperfektionismus verwirklicht werden kann, dem wir Deutschen allzu gerne und allzu leicht erliegen. Gesetzesperfektionismus bedeutet nämlich in der Regel Unübersichtlichkeit des Steuerrechts. Von einem gewissen Grade ab – und ich bin der Meinung, daß wir von diesem Punkt nicht mehr sehr weit entfernt sind – wird die Unübersichtlichkeit zur Ungerechtigkeit. Wenn man bedenkt, daß heute kein Sachkenner mehr in der Lage ist, das gesamte Gebiet des Steuerrechts einschließlich aller Durchführungsverordnungen, Verwaltungsanordnungen, Richtlinien, Leitsätze der Rechtsprechung usw. voll zu überblicken, dann wird offenbar, wie schwer es erst für den Adressaten dieser Steuergesetzgebung – nämlich den Steuerpflichtigen – sein muß, sich in dem für ihn so entscheidenden Sachgebiet zurechtzufinden. Ein Steuerrecht aber, was nicht von den Steuerpflichtigen auf seinen persönlichen Fall ohne große Mühe angewendet werden kann, ist von dem Postulat der Gerechtigkeit sehr weit entfernt. Denn es ist offenbar, daß hier vor allem die sozial Schwächeren leicht ins Hintertreffen geraten. Der Hinweis auf die Möglichkeit der Steuerberatung hilft diesem Personenkreis auch wenig. Es ist eine nicht unberechtigte Frage nach der Steuergerechtigkeit, ob der vom Gesetzgeber in gewissem Sinn automatisch eingebaute Zwang zur Steuerberatung nicht an sich schon bedenklich ist.

Die Grundsätze des Steuersystems als Basis der Steuergerechtigkeit

These: Von einem unübersichtlichen Steuerrecht zur Ungerechtigkeit ist es nur ein kleiner Schritt

Fragen aufwerfen und berechtigte Zweifel äußern

Gewiß ist auch mir bekannt, daß man mit Steuern so ziemlich alles steuern kann: von der Wirtschafts- über die Verkehrspolitik, von der Unternehmenspolitik zur Sozialpolitik. Sicherlich lassen sich unter diesen Umständen in der politischen Wirklichkeit diese Komplikationen des Steuerrechts schwer vermeiden. Dennoch darf es aber einfach nicht zu der Verwirklichung jenes im Grunde makabren Scherzes kommen, wonach ein leitender Ministerialbeamter des Bundesministeriums allein schon deswegen in die Irrenanstalt eingeliefert wurde, weil er von sich behauptete, das Einkommensteuerrecht ganz zu beherrschen. Was ich hiermit andeuten möchte, ist, daß wir – und hier möchte ich meine eindringliche Bitte insbesondere an alle Teilnehmer dieses Kongresses richten – unermüdlich gegen den papierenen Perfektionismus von Steuergesetzen und deren Anwendung angehen. Wenn Sie bei Ihren heutigen Bemühungen um Auslegung und Ergänzung bestehender Vorschriften sowie um Anregungen neuer, klarer Vorschriften einen weiteren Schritt vorwärtskommen, hat sich dieser Kongreß und seine Vorarbeiten gelohnt. Ich darf Ihnen allen bei Ihrer Tagung vollen Erfolg wünschen.

Ein Scherz …

… und ein Appell an die Kongreßteilnehmer am Schluß der Rede

Frauentagung in der Handwerkskammer oder in einer anderen Organisation

Rede der Tagungsleiterin

Verehrte Gäste, liebe Teilnehmerinnen!

»Frau und Handwerk! Ihre Einflüsse als Erzieherin und Gestalterin«. Diese Themenstellung soll im Mittelpunkt unserer heutigen Tagung stehen, zu der ich Sie herzlich willkommen heiße.

Das Thema der Tagung vorstellen …

Immer wieder tritt zutage, welche entscheidende Bedeutung der Frau im Handwerk zukommt, sei es als Mitarbeiterin ihres Mannes oder als selbständige Handwerkerin. Welcher Betrieb wäre heute noch ohne die Frau als Meisterin denkbar? In den verschiedenen wirtschaftsgeschichtlichen Perioden – auch in der Gegenwart – kamen und kommen der Frau immer bedeutendere Aufgaben innerhalb des Handwerks zu.

… und den Diskussionsrahmen abstecken

Sowohl am Anfang der handwerklichen Entwicklung als auch heute ist die Frau als Mitarbeiterin dem Manne eine wertvolle Stütze und Helferin. Ein einheitliches Bild ist in diesem Zusammenhang allerdings nur schwer zu zeichnen. In den Spitzenorganisationen des Handwerks findet sich leider nur wenig aufschlußreiches Material über Stellung, Aufgaben und Betätigungsbereiche der Frau im Handwerk.

Es ist unsere Aufgabe, den Problemen der Frau im Handwerk mehr Beachtung zu schenken und im Laufe der nächsten Jahre die erforderlichen Unterlagen zu beschaffen, damit eine statistische Erfassung und Auswertung aller in handwerklichen Berufen beschäftigten Frauen möglich wird. Die Zahl der als Unternehmerinnen und in leitenden Positionen tätigen Frauen ist seit langem bekannt. Für das Handwerk fehlen jedoch die notwendigen Unterlagen. Dies läßt erkennen, daß den Problemen der Frau im Handwerk von jeher zu wenig Beachtung geschenkt worden ist.

Aufzeigen bestehender Defizite

So verwundert es auch kaum, daß in der Öffentlichkeit von der Frau im Handwerk, der Handwerksmeisterin, der Meistersfrau oder der Inhaberin eines handwerklichen Betriebes, ein völlig falsches Bild entstanden ist und entstehen mußte. Es setzt viele Männer und selbst auch Frauen in Erstaunen, wenn von einer Handwerksmeisterin die Rede ist. Dann sieht die Öffentlichkeit meistens nur die Vorteile, die eine selbständige Existenz mit sich bringt. Man ist zu leicht geneigt, nur der wirtschaftlichen Unabhängigkeit und den Möglichkeiten der Frau, schöpferisch und gestalterisch tätig zu sein, Beachtung zu schenken. Die sich aus der Betriebsführung, der dauernden Anpassung an die jeweiligen Verhältnisse und dem Konkurrenzkampf körperlich und geistig ergebenden Belastungen werden weitgehend unterschätzt. Diese Probleme, nämlich die der selbständigen Handwerkerin oder die der Meistersfrau zu erkennen und zu behandeln, ist Aufgabe unserer Zusammenkunft.

Das Bild der Handwerkerin in der Öffentlichkeit

Hier soll erörtert werden, wo diese Probleme liegen, welcher Art sie sind und wo die entscheidenden Unterschiede zwischen der im Handwerk berufstätigen Frau und Mutter und anderen berufstätigen Frauen zu suchen sind.

Von den Belastungen der berufstätigen Frau und Mutter im allgemeinen ...

Damit kein Mißverständnis auftritt: Wir alle wissen um den schweren und verantwortungsvollen Beruf einer Hausfrau und Mutter. Er reicht völlig aus, um die körperliche und seelische Kraft weit über einen Achtstundentag hinaus zu beanspruchen. Wir wissen auch, welche zusätzlichen Pflichten und Belastungen eine berufstätige Frau und Mutter darüber hinaus auf sich nimmt. Dabei ist es gleichgültig, ob die Beschäftigung aus finanziellen Gründen unabdingbar ist oder aber ob die berufstätige Hausfrau aus Liebe zum erlernten Beruf oder aber aus Gründen der persönlichen Selbstfindung diese zusätzliche Aufgabe übernommen hat.

... und der im Handwerksbetrieb mitarbeitenden Hausfrau im besonderen

Uns geht es heute aber darum, einmal jene Probleme zu besprechen, die der Hausfrau und Mutter im handwerklichen Betrieb erwachsen. Wie also sieht es mit den Frauen aus, die nicht nur eine Familie zu betreuen haben, sondern auch zusammen mit ihrem Ehemann oder auch Sohn einem Handwerksbetrieb vorstehen müssen. Sie haben hier nicht nur den Haus-

Beschreibung der vielfältigen Tätigkeiten und Aufgaben

halt zu führen und die Kinder zu erziehen, sie übernehmen nicht nur die Pflichten eines Arbeitnehmers in diesem Betrieb, sondern sind darüber hinaus noch als tätige Teilhaberinnen im Geschäft verpflichtet. Hierzu gehört nicht nur die Ausbildung und Betreuung der Lehrlinge und Gesellen, die Mitwirkung beim Ein- oder Verkauf, bei der Betriebsabrechnung usw., sondern auch an der Vorbereitung und Beschlußfassung jener betrieblichen Entscheidungen, die für die Existenz dieses Betriebes lebensnotwendig sind. Damit wird gerade der mitarbeitenden Hausfrau im Handwerksbetrieb ein hohes Maß an Arbeit und Verantwortung auferlegt.

Kleiner Exkurs in die Geschichte des Handwerks

Blicken wir zurück in die Geschichte. Früher wurde eine Vielzahl von handwerklichen Tätigkeiten zunächst nur von der Frau ausgeübt; sie gingen erst später auf den Mann über. Dazu gehörten insbesondere das Schlachten, Backen, Weben, Spinnen usw. Ein schönes Zeugnis über die Fähigkeit und Tüchtigkeit germanischer Frauen legte schon der römische Schriftsteller Tacitus ab. In späteren Jahrhunderten wuchs die Aufgabe, den Lebensunterhalt zu verdienen und zu sichern, immer mehr den Männern zu. Wenigstens in unserem Kulturkreis galt es schließlich als unschicklich, wenn die Frau für einen Beruf ausgebildet wurde und ihn später auch ausübte. Frauen, die dennoch auf diesem Recht bestanden, wurden schnell als Suffragetten, das heißt als emanzipationslüsterne Frauenrechtlerinnen, abqualifiziert.

Die gegenwärtige Situation

Diese Zeiten sind Gott sei Dank vorbei. Frauen füllen in Betrieben und Verwaltungen ihren Arbeitsplatz ebenso verantwortungsbewußt aus wie Männer. Dies ist ebenso selbstverständlich geworden wie die Beteiligung vieler Männer an den Pflichten der Haushaltsführung. Seltener hingegen jedoch ist es auch noch heute, daß die Frau unmittelbar in den Arbeitsprozeß ihres Mannes eingeschaltet ist. Das Hauptgewicht unserer heutigen Tagung soll sich daher der Frage widmen, wie sich heute die Einflüsse der mitarbeitenden Frau im handwerklichen Betrieb darstellen. Wir sind sicher, daß überall dort, wo die Frau unmittelbar oder mittelbar in den Arbeitsprozeß ihres Mannes eingeschaltet ist, sie durch ihr Einfühlungsvermögen und ihre gestalterischen Kräfte positiven Einfluß auf die Entwicklung dieses handwerklichen Betriebes nehmen kann. Ihre Hilfe erstreckt sich nicht nur darauf, die zwischenmenschlichen Beziehungen zu den Mitarbeitern zu erhalten und zu fördern, sie ist vielmehr auch in der Lage, an den betrieblichen Entscheidungsprozessen mitzuwirken. Die Zahl der in den handwerklichen Betrieben wie Dachdeckerei, Schreinerei, Metzgerei oder Schlosserei mitarbeitenden Frauen ist steigend. Auch die Zahl der Frauen, die selbständig diese Betriebe leiten, steigt ständig. Daß man die Sorgen und Nöte der Handwerksfrau, sowohl der Meisterin als auch der

Die Kernfrage der Tagung umreißen

Meistersfrau, nun endlich auch höheren Ortes mehr zu würdigen wissen sollte, sei ein Anliegen dieser Tagung.
Ich hoffe, daß die nun folgende Diskussion allen Beteiligten Gelegenheit geben wird, wertvolle Anregungen für ihre künftige Arbeit mit nach Hause zu nehmen. Ich eröffne die Aussprache und bitte um rege Beteiligung.

Gute Wünsche für den Tagungsverlauf

Ansprache des Vorsitzenden eines Berufsverbandes zur Begrüßung von Kongreßteilnehmern

Meine sehr geehrten Damen und Herren, liebe Kolleginnen und Kollegen!

Wie alljährlich haben wir uns heute zu unserem traditionellen Kongreß zusammengefunden, um auf der Basis des Erfahrungsaustausches Probleme unserer Berufsgruppe zu erörtern. Im Namen des Vorstandes möchte ich Sie auf das herzlichste begrüßen. Wenn wir in diesem Jahre diesen landschaftlich so reizvoll gelegenen Ort für unser Zusammentreffen gewählt haben, so entspricht das der Absicht der Veranstalter, das Praktische mit dem Angenehmen zu verbinden. Denn die Erfahrung hat gelehrt, daß die erholsamen Stunden, die die Teilnehmer außerhalb der Kongreßhalle in vertraulichem Gespräch zusammenführen, Entspannung und Nutzen zugleich bedeuten. Nutzen auch insofern, als auf der Grundlage privaten Erfahrungsaustausches die jüngeren unserer Kollegen dank der Erfahrungen älterer Kongreßteilnehmer wertvolle Anregungen mit nach Hause nehmen können.

Begrüßung der Teilnehmer und Zielvorgabe für den Kongreß als Stätte der Begegnung

Wie in jedem Jahr steht auch in diesem der Rechenschaftsbericht als erster Tagungsordnungspunkt zur Diskussion. Lassen Sie mich bei dieser Gelegenheit auch die Tagungsergebnisse aus der Vergangenheit wieder in Erinnerung rufen. Hauptgegenstand der damaligen Diskussion war die Frage der Neuorganisation unseres Verbandes. Dabei ging es insbesondere um eine bessere Regionalisierung der Verbandstätigkeit. Da der räumliche Bereich der Verbandstätigkeit sich inzwischen auf ganz Deutschland einschließlich der neuen Bundesländer erstreckt, sollte in Berlin eine Hauptgeschäftsstelle errichtet werden, Landesverbände gegründet und ihnen weitere Geschäftsstellen zugeordnet werden. Ferner ist im vergangenen Jahre beschlossen worden, dem Vorstand das Recht einzuräumen, einen Beirat zu benennen. Der Beirat sollte nach Auffassung unserer Versammlung den Vorstand in seiner Arbeit unterstützen und die Mitgliederversammlung im Interesse des Verbandszwecks beraten.

Rückblick auf vorangegangene Tagungen und Rekapitulation früherer Beschlüsse

Lassen Sie mich heute kurz darlegen, wie weit wir auf dem damals beschlossenen Wege vorwärtsgekommen sind. Die Hauptgeschäftsstelle ist eingerichtet. Da der Vorstand unseres Verbandes ehrenamtlich tätig ist,

Die Verwirklichung der Beschlüsse im Detail erläutern, ...

haben wir, um eine effektivere Arbeit sicherzustellen, einen hauptberuflichen Geschäftsführer eingestellt. Er soll die laufende Geschäftsführung wahrnehmen und die Beschlüsse der Mitgliederversammlung ausführen. Ihm zur Seite stehen zur Zeit drei Mitarbeiter: Einer beschäftigt sich mit Fragen der Organisation, der zweite mit Fragen der Aus- und Weiterbildung und schließlich der dritte, wie auf der letzten Versammlung beschlossen, mit Öffentlichkeitsarbeit. Damit haben wir den Debatten auf der Jahreshauptversammlung des Vorjahres voll Rechnung getragen. Wir waren uns damals einig, daß in verstärktem Maße die Öffentlichkeit mit den Problemen unseres Verbandes vertraut gemacht werden müsse, weil durch diese öffentliche Diskussion unsere Möglichkeiten, im vorparlamentarischen Raum aktiv zu werden, entscheidend verbessert werden. Dies

... Probleme ansprechen und Lösungsmöglichkeiten vorschlagen

setzt allerdings voraus, daß der Informationsfluß aus den einzelnen Landesverbänden besser als bisher sichergestellt wird. Wir hoffen, daß die noch ausstehenden drei Landesverbände im Laufe dieses vor uns liegenden Jahres gegründet werden können. Wenn wir in den dann überall zur Verfügung stehenden Geschäftsstellen das gleiche Organisationsschema wie in der Hauptgeschäftsstelle einführen, dürfte einer besseren Kommunikation von unten nach oben, aber auch umgekehrt, nichts mehr im Wege stehen. Erste Erfolge dieser strafferen Verbandsorganisation sind schon deutlich spürbar. Wer aufmerksam in den vergangenen Wochen und Monaten die

Über Erfolge berichten und deren Fortsetzung einfordern

Berichterstattung in Presse, Funk und Fernsehen verfolgt hat, konnte feststellen, daß unser Verband im Gespräch ist, daß viele unserer Probleme, die wir bisher verbandsintern auf unseren Versammlungen diskutiert haben, nunmehr auch in der Öffentlichkeit pro und contra besprochen werden. Diesen Beitrag zur öffentlichen Meinungsbildung müssen wir noch verstärken. Nur so wird es uns gelingen, unsere Interessen besser als bisher durchzusetzen.

So erfreulich die Organisationsverbesserung für uns ist, so bitter schlägt sie sich in der Kassenlage nieder. Die Einrichtung der Geschäftsstellen und die Einstellung hauptberuflicher Mitarbeiter erfordert ständig steigende

Anmerkungen zur finanziellen Lage

Mittel. Aus diesem Grunde hat Ihnen auch der Vorstand einen Antrag mit der Bitte um Zustimmung vorgelegt, nach dem die Beiträge im laufenden Jahr auf... DM angehoben werden. Aber über diese Konsequenzen waren wir uns ja bereits im Vorjahr einig. Um die Gesamtfinanzierung unseres Verbandes jedoch auf eine bessere Ausgangsbasis zu bringen, hat der Vorstand die Bildung einer Stiftung geprüft. Sie hätte den Vorteil, daß auch

Beiträge und Spenden von außerhalb für die Förderung der Verbandszwecke eingesetzt werden könnten. Wir haben deshalb beim zuständigen Finanzamt einen Antrag auf Prüfung der Gemeinnützigkeit eingereicht. Wird dieser Antrag befürwortet, woran wir nicht zweifeln, so sind Spenden und Beiträge an diese Stiftung auch steuerlich abzugsfähig. Wir hoffen auf diese Weise, interessierte Firmen an der Förderung unseres Verbandes zu beteiligen bzw. von Fall zu Fall auch öffentliche Mittel für von uns in Aussicht genommene Forschungsvorhaben zu bekommen.

Neue Finanzierungswege und deren Vorteile darlegen

Lassen Sie mich auch noch ein Wort sagen zur Ausführung des Beschlusses, der die Bildung eines Beirates betraf. Damals wurde dem Vorstand das Recht eingeräumt, Mitglieder des Beirates zu berufen. Nach diesem Beschluß sollte der Beirat mindestens sieben, höchstens aber 15 Mitglieder haben. Die jeweilige Berufung sollte auf die Dauer von zwei Jahren erfolgen. Wir haben uns unmittelbar nach der letzten Verbandsversammlung mit den Herren Professoren ..., den Herren Dr. ..., und den Abgeordneten ... in Verbindung gesetzt. Nach umfangreichen Vorgesprächen hat der Vorstand in seiner Sitzung vom ... folgende sieben Damen und Herren in den Beirat berufen *(es folgt Aufzählung)*. Weitere Berufungen sollen noch im Laufe des nächsten halben Jahres erfolgen. In einem ersten umfassenden Informationsgespräch mit den neuen Mitgliedern des Beirates haben wir in einer Klausurtagung am ... Möglichkeiten und Ziele einer Zusammenarbeit in den nächsten beiden Jahren besprochen. Als erstes Ergebnis der wissenschaftlichen Beratung und Betreuung durch dieses Gremium können Sie die Unterschriftenaktion ... ansehen, die wir in den Städten ... durchgeführt haben. Es ist uns dabei gelungen, viele Bürger zu einer Unterstützung unseres Modellversuchs im Bereich der ... *(Problem von großem Verbandsinteresse)* zu gewinnen.

Die personelle Entwicklung aufzeigen (neue Mitarbeiter namentlich nennen)

Sie mögen an dieser kurzen Aufzählung bereits erkennen, daß der Vorstand im vergangenen Jahr zusammen mit den neuen Mitarbeitern hart gearbeitet hat. Auch wenn aus verschiedenen Gründen, über die wir sicher noch anschließend diskutieren werden, noch nicht alles erreicht worden ist, sind wir doch auf dem angestrebten Wege ein gutes Stück vorwärts gekommen. Dies gibt mir heute Gelegenheit, all denen zu danken, die dabei mitgeholfen haben. Sie alle aber darf ich auffordern, durch rege Teilnahme in den Arbeitsgruppen und im Plenum zur Lösung jener Probleme beizutragen, die noch vor uns liegen.

Zusammenfassung, Dank und Appell

Jahreshauptversammlung eines Einzelhandelsverbandes

Begrüßungsansprache des Vorsitzenden

Meine sehr geehrten Verbandskolleginnen und -kollegen!

Zu unserer ... Jahreshauptversammlung heiße ich Sie auf das herzlichste willkommen. Wir haben in diesem Jahr ... als Tagungsort gewählt, weil uns seine zentrale Lage besonders günstig schien und weil wir Ihnen gleichzeitig die Möglichkeit bieten wollten, diese Tagung mit einem kleinen Ausflug zu verbinden. Sicherlich sind Sie alle froh, bei dieser Gelegenheit einmal aus der gewohnten Umgebung herauszukommen. Unser Beruf erfordert es, daß wir die ganze Woche über mehr oder weniger in die vier Wände unseres Ladens oder unseres Büros eingeschlossen sind, so daß eine kleine Fahrt an die Ufer des ... (in die Berge des ...) ganz gewiß nichts schaden kann. Ich wünsche Ihnen von Herzen, daß dieses herrliche Wetter weiterhin anhält (das augenblickliche schlechte Wetter nicht weiter anhält), damit Sie die gebotene Gelegenheit auch wirklich voll ausnutzen können. Wenngleich wir unser Brot damit verdienen, die Dinge einzeln zu verkaufen, mit Sonnenschein handeln wir lieber im großen.

Teilnehmerbegrüßung mit Hinweis auf die beabsichtigte Verbindung von Tagung und geselligem Miteinander

Wie alljährlich um diese Zeit haben wir uns zusammengefunden, um über die zahlreichen Probleme zu sprechen, die während der letzten Monate an uns herangetreten sind. Es geht darum, Gedanken und Erfahrungen auszutauschen, Berichte einzelner Mitglieder anzuhören und zu diskutieren. Kurzum, unser Stundenplan ist wieder einmal bis zur letzten Sekunde ausgefüllt. Allerdings, das darf ich Ihnen jetzt schon verraten, nicht ausschließlich mit Arbeit. Heute abend ist im Hotel (Gasthof) ... ein geselliges Beisammensein vorgesehen, zu dem ich Sie herzlich einlade.

Ziel und Zweck der Veranstaltung

Wie Sie dem Tagungsprogramm sicher schon entnommen haben, haben wir folgenden Ablauf vorgesehen *(Bekanntgabe des Tagungsprogrammes)*. Gleichzeitig haben wir unserem Programm schon eine kleine Stoffsammlung zu den einzelnen Themen beigefügt, um Ihnen Gelegenheit zu geben, sich vorab zu informieren. Die Fülle des zu behandelnden Stoffes ist erfahrungsgemäß so groß, daß es im Interesse eines reibungslosen Ablaufs der Tagung wünschenswert erscheint, wenn die einzelnen Mitglieder zumindest über den Inhalt des jeweiligen Punktes informiert sind.

Hinweise auf Organisation und Ablauf ...

Wir freuen uns, am morgigen Vormittag Herrn Staatssekretär ... vom Wirtschaftsministerium ... *(Bundesland)* in unserer Mitte begrüßen zu dürfen. Er referiert zum Thema »Die Mittelstandspolitik des Landes – Möglichkeiten und Grenzen«. Im Anschluß an dieses Referat ist die Möglichkeit zur Diskussion gegeben. Bitte nutzen Sie diese Gelegenheit zur politischen Information aus erster Hand.

... sowie auf Besonderheiten (Höhepunkte)

Am Nachmittag stehen uns Abgeordnete der im Landtag vertretenen Parteien zu einer Podiumsdiskussion zur Verfügung, an der sich auch Vertreter der kommunalen Spitzenverbände beteiligen wollen. Auch dieses Gesprächsangebot sollten Sie nutzen. Machen Sie Ihren Abgeordneten in Land, Kreis und Gemeinden klar, welche Forderungen aus der Sicht des Einzelhandels politisch durchgesetzt werden sollten und müssen.

Appell an die Teilnehmer, die Interessenvertretung auf politischer Ebene zu verstärken

Ich danke Ihnen noch einmal für Ihr Kommen und wünsche Ihnen, daß Sie von dieser Tagung einiges an Anregungen mit nach Hause nehmen können. Ich eröffne hiermit die ... Jahreshauptversammlung unseres Verbandes und wünsche ihr einen guten Verlauf.

Produktpräsentation eines Unternehmens

Meine sehr geehrten Damen und Herren!

Es spricht der Leiter der Werbeabteilung

Man könnte unsere Epoche als das Zeitalter der Werbung bezeichnen. Wohin Sie auch immer schauen, überall begegnet sie Ihnen in ganz offensichtlicher oder aber auch vollkommen versteckter Form: in jeder Zeitung, in jedem Kino, in Geschäften und an Kiosken, in der Bahn und auf dem Flughafen, kurzum überall, wo sich nur eine Möglichkeit findet. Werbung ist heutzutage eine Wissenschaft für sich, in der Männer und Frauen der verschiedensten Berufsgruppen tätig sind. Es ist für einen Außenstehenden nahezu unvorstellbar, mit welchen Mitteln beispielsweise die Werbepsychologie arbeitet, um den Kunden auf dem Umweg über seine Psyche geradezu zu zwingen, dieses und jenes zu kaufen, ja selbst dann noch zu kaufen, wenn er es im Grunde gar nicht einmal will. Es sage niemand, er sei gegen jede Art der Werbung gefeit. Es sage auch niemand, Werbung sei nur für die sogenannten einfachen Leute unserer Gesellschaft von Bedeutung. Sie erfaßt alles von der Stecknadel bis zu riesigen Brückenkonstruktionen und Kraftwerken, sie bietet ihren Dienst sowohl einem einzigen Dauerlutscher als auch der gesamten landwirtschaftlichen Produktion eines großen Landes an. Sie ist innerhalb unserer heutigen Wirtschaft zu einem entscheidenden Faktor geworden.

Knappe Einführung zum Thema »Werbung«: Allgegenwart ...

... und universelle Einsetzbarkeit

Dennoch bin ich der persönlichen Überzeugung, daß es immer auf das »Wie« ankommt, gerade bei der Werbung. Sie werden mir darin Recht geben, daß es eine Vielzahl von Unternehmen gibt, deren Werbung im Grunde nicht mehr ist als ein marktschreierisches Anpreisen der eigenen Produktion. Diese Art des Werbens um unsere Kunden hat unser Unter-

Persönliche Wertung einer bestimmten Werbemethode

nehmen von jeher abgelehnt. Wenn man mit solchen Objekten handelt wie unser Unternehmen, dann wäre es nicht nur unangebracht, sondern mit Sicherheit auch zwecklos. Niemand von Ihnen würde sich ein/ eine ... *(Produkt, auf das sich der Werbevortrag bezieht)* kaufen, wenn es Ihnen an irgendeiner Ecke von einem Marktschreier mit hochgekrempelten Hemdsärmeln unter einem großen Sonnenschirm angeboten werden würde. Ihr Gegenargument wäre sofort mit vollem Recht: Das kann kaum etwas taugen.

Ein Negativbeispiel unterstreicht das Gesagte

Wirkliches Werben um den Kunden ist ganz etwas anderes. Wir begeben uns selbst an die Front im Kampf um den Kunden, weil wir der Überzeugung sind, daß wir dann sein Vertrauen wirklich verdienen. Wir stehen ihm Rede und Antwort und verstecken uns nicht hinter der Anonymität einer Werbeagentur oder der eigenen Werbezentrale. Wir zeigen Ihnen, was wir zu bieten haben, und stellen uns Ihrer Kritik. Und noch etwas! Wir haben den Wunsch, unseren Kunden persönlich kennenzulernen. Wir wollen uns nicht auf die Ergebnisse der Meinungsforscher verlassen, sondern selbst hören und sehen, was uns der Käufer zu sagen und zu zeigen hat. Denn hierdurch können wir lernen. Wenn unsere Konstruktionen (Produkte) auch nach bestem Willen und Können angefertigt (erzeugt) werden, so besteht dennoch die Möglichkeit, daß wir dieses oder jenes übersehen, was dann aber gerade eine große Rolle spielt, wenn sich unser Fabrikat im täglichen Gebrauch bewähren soll. Darum bitte ich Sie herzlich, in der nun anschließenden Diskussion mit Ihrer Meinung nicht hinter dem Berge zu halten, sondern uns alles zu sagen, was es zu unserem Erzeugnis (Erzeugnissen) zu sagen gibt: sowohl das, was Ihnen daran nicht gefällt, als auch das, was Ihnen zusagt.

Gegenüberstellung der eigenen Werbeanstrengungen

Aufforderung zur freimütigen Meinungsäußerung

Rede vor Aktionären einer kleinen Aktiengesellschaft

Ein Mitglied des Vorstands spricht

Meine sehr geehrten Damen und Herren!

Ein Jahr lang haben Sie nun wieder auf die Jahreshauptversammlung Ihrer Gesellschaft, unserer AG, gewartet. Es war ein Jahr, in dem unsere Betriebe viel leisteten, ein Jahr, in dem Sie Ihrer AG die Treue gehalten haben. Ich sehe auch viele neue Gesichter unter Ihnen, meine Damen und Herren; das beweist, daß unsere Gesellschaft attraktiv geworden ist für den privaten Anleger. Ich heiße Sie herzlich willkommen in unserem Kreise und hoffe, daß Ihr Entschluß, Anteile an unserer AG zu erwerben,

Begrüßung der Anwesenden (direkte Ansprache der Neuaktionäre)

sich als gute Investition in der Zukunft erweisen möge. Ihnen allen liegt unser Geschäftsbericht vor. Ergänzend zu dem dort zusammengestellten Zahlenmaterial darf ich hier noch kurz folgendes berichten:

Auch im Geschäftsjahr ... haben unsere Mitarbeiterinnen und Mitarbeiter zu der weiteren Aufwärtsentwicklung unserer Gesellschaft entscheidend beigetragen. Für ihren Einsatz und für ihre Leistung spricht der Vorstand allen Dank und Anerkennung aus. Die Anzahl der Beschäftigten erhöhte sich im Berichtsjahr gegenüber dem Vorjahr um ... auf ... Neu eingestellt werden konnten ... Auszubildende, deren Gesamtzahl damit auf ... zunahm. Die Entwicklung in den ersten Monaten dieses Jahres deutet an, daß es uns aller Voraussicht nach gelingen wird, diesen jungen Mitarbeitern nach Beendigung der Ausbildungszeit einen festen Arbeitsplatz in unseren Betrieben anbieten zu können.

Überblick über den Mitarbeiterstand

Produktion und Absatz unserer Erzeugnisse haben sich im Berichtsjahr erfreulich gesteigert. Diese Entwicklung ist um so positiver, als der Konkurrenzdruck wesentlich härter geworden ist. Insbesondere auf unserem Markt versuchen viele kleine Auslandsfirmen Fuß zu fassen. Diese Firmen üben einen erheblichen Druck auf den Markt aus. Die Qualität ihrer Produkte weicht nicht mehr so sehr von unseren Normen ab, sie streben aggressiv vorwärts und sind rührig im Verkauf. Es genügt nicht mehr, daß wir uns nur auf die Güte unserer Erzeugnisse berufen. Unsere Kunden fragen mehr denn je nach dem Preis, so daß wir oft größere Abschläge vornehmen mußten, um im Geschäft zu bleiben. Obwohl der Umsatzerlös noch einmal gesteigert werden konnte, hat sich das Jahresergebnis nicht wesentlich gebessert. Das hängt damit zusammen, daß die Aufwendungen erheblich stärker gestiegen sind als die Nettoerlöse und zwar um ... Millionen DM. Maßgebliche Faktoren dieser Steigerung sind die Materialaufwendungen mit einer Zunahme von ... Millionen DM, der Personalkostenaufwand mit einer Zunahme von ... DM und alle übrigen Aufwendungen – in erster Linie Abschreibungen und Zinsen – mit einer Zunahme von ... DM. Innerhalb des Materialaufwandes schlägt allein die Verteuerung der Brennstoffkosten bei etwa unveränderter Verbrauchsmenge mit rund ... DM zu Buche, eine Folge der gestiegenen Energiekosten.

Erfolgsbilanz trotz steigenden Drucks der Konkurrenz

Den »Wermutstropfen« wohlverpackt und begründet einfließen lassen

Lassen Sie mich noch ein paar Worte sagen zum Bereich Forschung und Entwicklung in unseren Betrieben. Auch wenn in unserem Geschäftsbericht, meine Damen und Herren, dieser Bereich nicht ausdrücklich erwähnt wird, so wurden die Vorhaben auf diesem Gebiet dennoch zielstrebig vorangetrieben. Die Schwerpunkte unserer Bemühungen lagen naturgemäß bei der Verbesserung der Gebrauchs- und Verarbeitungseigenschaften unserer Produkte und bei betrieblichen Verbesserungen der Verfahrens-

Auf andere betriebliche Aspekte und Neuerungen eingehen

technik, um Kosteneinsparungen zu erreichen. Auf diesem Wege sind wir im vergangenen Jahr ein gutes Stück vorangekommen. Dies führt dazu, daß wir nach einer angemessenen Aufstockung der Rücklagen Ihnen für dieses Jahr eine, wie wir meinen, erfreuliche Dividende in Höhe von ... DM vorschlagen können.

Aktuelle Produktionsziele nennen ...

Die hauptsächlichen Aufgaben des laufenden Jahres sehen wir in weiteren Produktverbesserungen sowie der endgültigen Entwicklung unseres ... Aggregats bis zur Betriebsreife, für das aus mehreren Ländern bereits Lizenzanfragen vorliegen. Unser Ziel, unsere Kunden und die Öffentlichkeit in verstärktem Maße über unsere Arbeit zu informieren, haben wir im abgelaufenen Jahr konsequent weiterverfolgt. Wir haben dabei Wert darauf gelegt, daß über den rein absatzpolitischen Bereich hinaus unsere Firma durch gezielte Aktionen in der Öffentlichkeit bekannter wird.

... und besondere Aktionen hervorheben

Hierzu dient vor allen Dingen eine Vortragsreihe, die wir zusammen mit unserer Hausbank zu aktuellen gesellschaftspolitischen Fragen in halbjährlichem Turnus durchführen wollen.

Zusammenfassung und Hinweis auf notwendigen Beschluß

Meine sehr verehrten Damen und Herren, diese kurzen Anmerkungen sollen den Ihnen vorliegenden Geschäftsbericht ergänzen. Selbstverständlich steht Ihnen der Vorstand unserer Gesellschaft für alle weiteren Fragen gerne zur Verfügung. Das vorgelegte positive Geschäftsergebnis wird, wie wir hoffen, Ihnen die Zustimmung für unseren Antrag auf Entlastung erleichtern.

Trauerfälle

Der Chef spricht anläßlich des Todes eines Mitarbeiters

Liebe Trauerversammlung!

Wir nehmen Abschied von ... *(Name des Verstorbenen).* Der hier zur letzten Ruhe bestattet werden soll, war einer von uns, ein guter Kamerad und ein hilfreicher Kollege und Mitarbeiter.

Sein Denken und Wirken galt nie nur sich selbst, sondern uns allen. Oft ordnete er dabei sein persönliches Interesse der gemeinsamen Sache unter. Stets war er zu jeder Arbeit und zu jeder Hilfe bereit.

Würdigung von Person und Leistung

Wenn wir auf sein (kurzes) Leben zurückblicken, so müssen wir bekennen, daß es voller Arbeit gewesen ist. Ja, er hat viel gearbeitet und auch viel erreicht. Schon als ganz junger Mann ist er mit Aufgaben und Verantwortungen betraut worden, die sonst Älteren vorbehalten blieben. Er hat aber immer mehr getan als seine Pflicht und ist dadurch zum Vorbild für alle und zum unersetzlichen Mitarbeiter geworden.

Was vergangen, kehrt nicht wieder,
aber – ging es leuchtend nieder,
leuchtet's lange noch zurück.

Ein passendes Zitat mit dem Wirken des Verstorbenen verbinden

So wird das Leben und Wirken unseres Arbeitskameraden ... noch lange als leuchtendes Vorbild in uns lebendig bleiben. Ruhe in Frieden!

Trauerrede nach einem größeren Unglück

Verehrte Trauergemeinde!

Fassungslos stehen wir der Katastrophe gegenüber, die über uns hereingebrochen ist. Unsere Herzen sind aufs tiefste erschüttert durch dieses furchtbare Ereignis, dessen beklagenswerte Opfer wir heute zur letzten Ruhe begleiten wollen.

Persönliche Empfindungen ausdrücken

Wir beklagen den tragischen Verlust so vieler Menschen, die wir noch vor kurzem gesund und voller Tatendrang unter uns sahen und die nun (als Opfer der Pflichterfüllung – auf dem Wege zur Arbeit/in den Urlaub) den Tod fanden.

Anteilnahme …

Von ganzem Herzen nehmen wir Anteil an dem tiefen Schmerz der Hinterbliebenen, denen das Liebste genommen wurde. Wir stehen erschüttert am Grabe so vieler Hoffnungen, die sich an diese teuren Toten knüpften. Wieviel menschliches Glück, wieviele Pläne und Erwartungen sind wieder einmal unerwartet zerstört worden. In das Dunkel unserer Trauer fällt aber auch ein freundlicher Lichtstrahl. Wir bewundern dankbar die Hilfsbereitschaft der Kameraden *(ggf. Nennung weiterer Hilfstruppen)*, die alle bereit waren, um das Leben ihrer Nächsten zu kämpfen und ihr eigenes Leben dafür einzusetzen. Viele Menschenleben haben Sie auch retten können. Wenn es nicht gelang, allen Hilfe zu bringen, so lag es wahrhaftig nicht an ihnen – es war höhere Gewalt.

… und tröstende Worte an die Hinterbliebenen

Vor diesen Särgen wollen wir geloben: das Andenken dieser Toten stets in Ehren zu halten und es ihnen gleichzutun an treuer Pflichterfüllung.

Angebot der Hilfe und Unterstützung

Wir geben das Versprechen ab, daß wir den Hinterbliebenen nach besten Kräften helfen wollen, wenigstens die materiellen Sorgen, in die das Unglück sie gebracht hat, zu lindern.

Unsere Liebe, unsere Dankbarkeit und unsere Hochachtung währen über die Zeit der Trauer hinaus.

Tödlicher Betriebsunfall

Der Chef spricht am Grabe

Hochverehrte Frau … (Name der Witwe),
verehrte Trauergemeinde!

Wir sind immer noch bestürzt und fassungslos, daß Ihr Mann, hochverehrte Frau …, daß euch Kindern der Vater und uns einer der treuesten und besten Mitarbeiter mitten aus der vollen Schaffenskraft eines noch so jungen Lebens gerissen wurde.

Schilderung des Werdegangs und der Verdienste

Trotz seiner Jugend war der Verunglückte, Herr …, schon seit Jahren in unserem Betrieb. 19.. kam er als Lehrling zu uns. *(Es folgt kurzer Überblick über seine Tätigkeiten.)* Eine solche ungewöhnliche Karriere war der gerechte Lohn für eine ebenso ungewöhnliche Leistung, für eine seltene Betriebstreue, gepaart mit einer nie erlahmenden Einsatzfreude an jeder Stelle, an der er stand. Und er nahm oft genug eine Stelle ein, die ihn gefährdete, die gar nicht zu seinen Berufsaufgaben zählte, an die er sich aber von seinem Pflichtgefühl gerufen fühlte. Das ist ja die Tragik jener Tatsache, daß es immer die Besten trifft. Weil sie sich stets bis zum Letzten einsetzen, weil sie immer eigenhändig zupacken müssen, auch oder gerade wenn Gefahr droht, eine Gefahr, die auch angesichts eines fast bis zur Vollkommenheit entwickelten Unfallschutzes nicht völlig auszuschließen ist.

Ich weiß nicht, was ich Ihnen, hochverehrte Frau ..., Ihren Kindern und den übrigen Angehörigen als Wort des Trostes sagen soll. Ich sehe mit Ihnen nur die furchtbare Tragik und den unersetzlichen Verlust. Wenn ich noch etwas sagen darf, so ist es nur das: Für mich und den Betrieb ist es eine selbstverständliche Dankespflicht, daß wir alles tun werden, um den Angehörigen wenigstens in äußerer, materieller Hinsicht den schweren Verlust zu erleichtern. Und eine Ehrenpflicht wird es für uns alle sein, das Andenken dieses Toten dadurch zu ehren, daß wir ihm nachzueifern suchen. Nachzueifern in jener Pflichterfüllung, Einsatzbereitschaft und Treue, die er uns vorgelebt hat.

Verbundenheit mit der Familie in Trauer und Leid

Zusicherung von finanzieller Hilfe

Vereine, Gemeinschaften, Verbände

»Es ist nicht gut, daß der Mensch alleine sei«, schrieb einst Johann Wolfgang von Goethe in einem Brief an seinen Freund Johann Peter Eckermann. Recht hatte der Geheime Rat.

Wie anders wäre auch erklärlich, daß sich Menschen schon immer zusammenschlossen, um zu reden, zu feiern oder einfach Gemeinschaft zu erleben.

Im Verein ist es am schönsten, lautet eine alte Volksweisheit. Kein Wunder also, daß es hierzulande ein breitgefächertes Spektrum von Vereinen, Verbänden, gemeinnützigen Vereinigungen und Organisationen gibt. Gemeinsame Interessen führen zusammen, gleiche Ziele einen die unterschiedlichsten Menschen, Spaß und Freude laden Gleichgesinnte ein.

Bei vielen Gelegenheiten müssen auch Reden gehalten werden: beim Richtfest des Vereinsheimes, beim Jubiläum der Organisation, bei der Wahl des neuen Vorstandes, bei Ehrungen und Erfolgen, bei Niederlagen oder Trauerfeiern. Reden, die wohlbedachte Worte ebenso benötigen wie heitere Einlagen oder einfühlsame Anmerkungen.

Vereins- und Verbandsgründung

Gründung eines Turn- und Sportvereins

Der Initiator spricht

Liebe Turn- und Sportfreunde!

Eine bekannte Redewendung als Einstieg und positiver Ausblick

Was lange währt, wird endlich gut! Es scheint, als ob dieser Satz trotz der vielen vergeblichen Versuche nun doch auch für unser Vorhaben Gültigkeit bekommt. Die Gründung eines Turn- und Sportvereins hier in ... ist nunmehr nach langer Zeit endlich in greifbare Nähe gerückt, sehr zur Freude all derjenigen, die ihn sich schon längst gewünscht haben. Gewiß sind noch keineswegs alle Schwierigkeiten aus dem Wege geräumt. Aber immerhin konnten wir sie soweit abbauen, daß wir berechtigten Grund zu der Annahme haben, auch die verbleibenden Probleme noch lösen zu können, wenn wir uns erst einmal zu einem Verein zusammengeschlossen haben.

Optimistische Darstellung des Vorhabens und Einbindung der Interessierten

Dieser Zusammenschluß, meine Damen und Herren, ist die Aufgabe unseres heutigen Treffens. Es freut mich ganz außerordentlich, daß alle (fast alle) sportlich interessierten Einwohner unseres Städtchens (unseres Dorfes, unserer Stadt) sich hier eingefunden haben. Ich darf Ihnen herzlich dafür danken und der festen Überzeugung Ausdruck geben, daß unser Plan gelingen wird, wenn dieses Interesse auch in der Zukunft anhält. Es wird jedoch gewiß nicht ohne finanzielle Opfer abgehen, an denen sich jeder von uns in gewissem Umfange beteiligen muß. Sportgeräte sind anzuschaffen, der Fußballplatz muß erneuert werden, Beitragskarten werden benötigt und dergleichen Dinge mehr. Sicherlich wird sich niemand der Hoffnung hingeben, mit der Gründung unseres neuen Vereins sei das Problem für alle Zukunft gelöst und niemand brauche noch mehr dazu zu tun, als möglichst regelmäßig den Veranstaltungen beizuwohnen. Auf dieser Grundlage konnte noch niemals ein Verein bestehen, und auch unserer würde bei solcher Einstellung seiner Mitglieder nicht lange überleben. Außerdem erlaube ich mir die Frage an Sie, was denn ein Außenstehender davon halten sollte, wenn wir eine Vielzahl an Schwierigkeiten aus dem Wege geräumt haben und es dann lediglich unserem mangelnden Interesse zuzuschreiben wäre, wenn sich all unsere Pläne eines Tages wieder in Wohlgefallen auflösen würden. Müßte man ihm nicht Recht geben, wenn er über unsere Bemühungen mitleidig lächeln würde?

Passive Mitgliedschaft allein genügt nicht!

Ich glaube, daß wir einen Punkt erreicht haben, bei dem ein Zurück eine große Blamage bedeuten würde. Die Schwierigkeiten für einen erneuten Anlauf wären dann bedeutend größer, da uns mit Recht kaum jemand mehr Vertrauen entgegenbringen könnte. Andererseits wird dieses Vertrauen um so größer sein, je geschlossener wir hinter den Absichten und Zielen des zukünftigen Vereinsvorstandes stehen und je überzeugter wir an der Verwirklichung unserer Pläne mitarbeiten. Und dieses Vertrauen, meine Damen und Herren, ist weitaus wichtiger, als es vielleicht auf den ersten Blick aussehen mag. Dann erst werden wir in der übrigen Gemeinde Verständnis und Unterstützung für unsere Absichten finden. Also muß es unsere Aufgabe sein, vom ersten Tag des Bestehens unseres Turn- und Sportvereins an auf solide Arbeit zu achten. Damit meine ich nicht, daß wir eine Begeisterung vortäuschen sollen, die in Wirklichkeit gar nicht vorhanden ist.

Begründen, weshalb es keinen »Weg zurück« gibt

Aufruf zu gemeinschaftlichem Handeln

Ich glaube, das könnte nicht lange verborgen bleiben. Wir wollen aber mit unserer tatsächlichen Begeisterung allerdings auch niemals hinter dem Berge halten, denn das würde uns ebenfalls keine neuen Freunde schaffen. Und auf diese neuen Freunde ist ein Verein immer angewiesen, vor allem dann, wenn sie aus den Reihen der Jugend kommen. Die Jugend und ihre Freude an der sportlichen Betätigung ist der Grundstein eines jeden Sportvereins. Keiner kann auf sie verzichten. Sie stellt einmal die Männer und Frauen, die die begonnene Sache fortführen. Darum wird es immer eine unserer vordringlichsten Aufgaben sein müssen, die jungen Menschen in unserer Gemeinde für die Idee des Sports zu gewinnen. Glücklicherweise leben wir in einer Zeit, in der dies bei einiger Geschicklichkeit nicht allzu schwer sein dürfte. Wenn uns das gelingt, mache ich mir um die Zukunft unseres Turn- und Sportlebens keine großen Sorgen.

Unverzichtbare Tugenden in Erinnerung rufen und aktive Vereinsarbeit einfordern

Ich darf Ihnen noch einmal dafür danken, daß Sie sich durch Ihr Erscheinen heute abend bereit erklärt haben, an unseren Aufgaben mitzuarbeiten. Und ich gebe der Hoffnung Ausdruck, daß wir mit der Gründung unseres Turn- und Sportvereins einen wichtigen Beitrag zum Gemeinschaftsleben unseres Städtchens (Dorfes, Stadt) leisten werden.

Dank und Zuversicht äußern

Gründung eines Schützenvereins

Der Initiator spricht

Liebe Freundinnen und Freunde des Schießsports!

Es scheint, daß wir es geschafft haben! Wenn sich nicht im letzten Augenblick noch irgendwelche unvorhergesehenen Schwierigkeiten auftun, steht der Gründung eines Schützenvereins am heutigen Abend nichts mehr im Wege. In zahlreichen, oftmals recht lange dauernden Vorbesprechungen konnten wir viele Fragen klären und uns über die wichtigsten Dinge einigen. Dabei ging es keineswegs immer lautlos zu, und es waren auch nicht alle einer Meinung. Aber im vernünftigen Gespräch läßt sich vieles beheben, was zunächst unüberwindbar erscheint.

Optimismus und Zuversicht am Redebeginn

Ich erinnere mich noch deutlich der zahllosen Probleme, denen wir uns am Anfang gegenübersahen. Manchmal war die Versuchung groß, unser Vorhaben aufzugeben. Aber gerade dann stellte sich so etwas wie ein gewisser Trotz ein, der es uns verbot, die Gründungsvorbereitungen für unseren geplanten Schützenverein abzubrechen. Also ging es weiter, so lange, bis wir feststellen konnten, daß die größten Schwierigkeiten aus dem Wege geräumt waren. Sie dürfen mir glauben, daß ich mich selten in meinem Leben so gefreut habe, wie an diesem Tage. Schließlich möchte jeder, der sich um irgendeine Sache bemüht, eines Tages auch einen gewissen Erfolg sehen, wenn er nicht den Mut verlieren soll. Diesen Erfolg sehe ich in dem heutigen Abend. Ich sehe ihn aber auch in der Tatsache, daß Sie der Einladung so zahlreich gefolgt sind, wie ich es kaum zu hoffen gewagt habe. Also besteht in unserer Gemeinde doch ein größeres Interesse am Schießsport, als mich einige Kritiker glauben machen wollten.

Rückblick auf die zahlreichen Schwierigkeiten und deren erfolgreiche Bewältigung

Der Schießsport, meine Damen und Herren, gehört zu den ältesten Sportarten, die es gibt. Allerdings setzt bereits hier der Protest einiger Gegner des Schießens ein. Sie behaupten nämlich, es sei überhaupt kein Sport, weil so gut wie keine körperliche Betätigung vorliege. Nun, ich halte diese Angelegenheit für eine Frage der Definition. In meinem Lexikon steht unter dem Stichwort »Sport« jedenfalls folgendes: »Die Pflege der körperlichen Fähigkeiten, ihre Erprobung und Steigerung im Wettkampf.« Daß durch das Schießen körperliche Fähigkeiten gepflegt, erprobt und im Wettkampf gesteigert werden, weiß eigentlich jeder. Es ist ein harter Sport, die körperlichen Fähigkeiten eines scharfen Auges, einer ruhigen Hand, der Atem- und Körperbeherrschung in absoluter Ruhestellung zu trainieren, um ein guter Schütze zu werden. Vergleiche unter einzelnen Sportarten hinken fast immer; aber daß das Schießen, und zwar eben das Sportschießen, wie wir es betreiben wollen, zum echten Sport gehört, steht völlig außer Frage.

Kritik durch ein griffiges Zitat mit vereinsbezogener Auslegung entkräften

Die große und in ihrer Art einmalige Tradition der deutschen Schützenvereine darf auch uns mit Stolz erfüllen, daß wir heute nun endlich so weit sind, bei uns einen Schützenverein zu gründen. Im Laufe der Jahre wird er, dessen bin ich gewiß, ebenso wie in anderen Städten und Gemeinden zu den angesehensten Vereinigungen zählen und aus dem Gefüge unserer Stadt (Dorf, Gemeinde) nicht mehr wegzudenken sein.
Gehen wir also sofort mitten hinein in die Arbeit!

Freude und Stolz über das »vollbrachte Werk«

Gründungsversammlung eines Karnevalvereins

Liebe Karnevalsfreunde!

Rede des Initiators

Jedes Jahr am Rosenmontag schlagen die Wellen in den Hochburgen des Karnevals so hoch, daß man glauben möchte, sie würden alles hinwegschwemmen. Die Züge wälzen sich durch die Straßen, die Menschen stehen und jubeln, schunkeln, lachen und feiern. Sie besitzen Humor. Sie haben die Fähigkeit, sich für das närrische Treiben zu begeistern und ihm damit immer neuen Antrieb zu geben.

Rosenmontag und rheinischer Karneval: gelungener Einstieg mit den Höhepunkten der närrischen Saison

Viele von uns kennen den rheinischen Karneval sicherlich aus eigenem Erleben. Andere wieder kennen ihn vom Fernsehen her und aufgrund von Berichten derer, die ihn miterlebt haben. Aber alle haben wir zumindest schon mitgesungen, wenn irgendwo die berühmten Karnevalslieder gespielt wurden.
Warum, so haben wir uns gefragt, sollte es nicht möglich sein, auch hier bei uns einen Verein zu gründen, der sich mit der Vorbereitung und der Durchführung der karnevalistischen Ereignisse befaßt. Gewiß haben wir innerhalb unserer verhältnismäßig kleinen Gemeinde kein Geld, um einen MCV aufzuziehen. Aber auch wir haben Humor. Wir haben Menschen in unserer Mitte, die schon bei anderen Anlässen gezeigt haben, was sie alles zu einer fröhlichen Unterhaltung beizutragen vermögen. Wir haben einen Gesangverein, eine Kapelle und einen Saal, in dem wir eine Kappensitzung abhalten können. Was stand also der Gründung eines Karnevalvereins noch im Wege, außer ein paar Männer und Frauen zu finden, die sich wirklich für diese Idee begeistern konnten und bereit waren, dem neuen Verein vorzustehen? Nach einigen Mühen ist uns dies auch gelungen, so daß wir wohlvorbereitet in die heutige Gründungsversammlung gehen konnten. Es freut mich aufrichtig, daß unser Appell an die Karnevalsfreunde in unserer Gemeinde so erfolgreich war. Ihre Anwesenheit bei dieser Versamm-

Rhetorische Frage mit Beantwortung und Verweis auf das große Potential zur Sicherung des närrischen Treibens

Erfolge geben recht!

Erwartung einer positiven Resonanz ausdrücken

lung beweist, daß wir mit unserem Vorhaben auf dem richtigen Wege sind. Viele von Ihnen haben sich schon in unsere Liste eingetragen. Andere werden sicherlich noch folgen, wenn sich herumgesprochen hat, daß unsere Vereinsgründung kein falscher Alarm war, und daß unsere Absicht, das Karnevalsleben anzukurbeln und abwechslungsreicher zu gestalten, dem Interesse unserer ganzen Gemeinde dient. Ich bin fest davon überzeugt, daß insbesondere jüngere Leute während der nächsten Zeit weitaus stärker bei uns verteten sein werden, als dies im Augenblick noch der Fall ist. Die Jugend ist die große Hoffnung jedes Vereins, aber gerade ein Karnevalsverein kann unmöglich auf sie verzichten. Deshalb wird es eine unserer vordringlichsten Aufgaben sein müssen, während der nächsten Zeit in verstärktem Maße unter den jungen Menschen unserer Gemeinde für unsere Sache zu werben. Von einem bin ich jedoch überzeugt: Wenn wir unsere Kappensitzung (Fremdensitzung) so durchgeführt haben, wie wir es uns vorstellen, brauchen wir uns um Mitgliederzuwachs keine großen Gedanken mehr zu machen.

Mitgliederwerbung als wichtige Aufgabe

Um dieses Nahziel aber überhaupt erreichen zu können, ist es erforderlich, uns eine Satzung und einen klaren Aufbau zu geben, mit anderen Worten also, einen Verein ins Leben zu rufen. Aus diesem Grunde haben wir uns heute hier zusammengefunden, und ich schlage vor, daß wir nunmehr zu Punkt zwei der Tagesordnung, der Vereinsgründung, übergehen.

Überleitung zum zweiten Tagesordnungspunkt

Gründung eines Heimatvereins

Rede eines Wahlleiters vor der Wahl des Vorsitzenden

Liebe Heimatfreunde, meine sehr geehrten Damen und Herren!

Der Zweck unserer Zusammenkunft ist die Gründung eines Vereins mit dem Ziel der Pflege und Förderung alten Kulturgutes und der Liebe zu unserer schönen Heimat. Die Damen und Herren, die sich dieser Aufgabe seit längerer Zeit gewidmet haben und mit großem Idealismus daran gingen, im alten Rathaus ein kleines heimatkundliches Museum und lokales Archiv einzurichten, verdienen unsere besonder Anerkennung für die vorbildlich geleistete Arbeit. Ihnen verdanken wir auch den Plan zur Gründung dieses Vereins. Insbesondere ist die Tätigkeit von Herrn Studienrat…, der seit Jahren mit der Sammlung alten Volksgutes und heimatkundlicher Schriften hervorgetreten ist, lobend zu erwähnen. Seine weit über unsere engere Heimat hinaus bekanntgewordenen heimatkundlichen Schriftenreihen haben einen solchen Anklang gefunden, daß sie zur Zeit

Das Vereinsziel kurz umreißen

Lob und Anerkennung für bereits geleistete Vorarbeiten

vergriffen sind. Darüber hinaus haben wir auch dem Herrn Landeskonservator ..., dem Landschaftsverband und unserer Stadtverwaltung für die bisherige großzügige Unterstützung unserer Vorarbeit zu danken.
Die Mitarbeitergruppe setzt sich aus den Damen ..., und den Herren ... *(Aufzählung der beteiligten Personen)* zusammen, von denen sich alle bereitfanden, leitende Funktionen im Vorstand zu übernehmen. Ich hoffe, daß sich noch weitere Damen und Herren bereitfinden werden, den Kreis unserer Mitarbeiter zu vergrößern. Ich appelliere besonders an die jüngeren Jahrgänge, ihr Interesse an dieser wertvollen Arbeit zu bekunden. Ich weise auch darauf hin, daß beabsichtigt ist, eine Jugendgruppe zu gründen.

Namentliche Nennung der Vorstandsmitglieder

Für die zweckgebundene, überaus großzügige Stiftung der Firma ... wollen wir unseren Dank in der Form zum Ausdruck bringen, daß wir dem Leiter dieses Unternehmens, Herrn ..., die Ehrenmitgliedschaft in unserem Verein antragen. Die Stiftung soll für die Renovierung unseres alten Wehrturms, die Restaurierung alter Heimatbilder und für die Öffentlichkeitsarbeit verwendet werden. Wir sind dankbar für jede finanzielle Unterstützung nicht nur aus dem Kreise der Mitglieder, und wir bitten deshalb in diesem Zusammenhang über die als Beitrag festgesetzte Summe von DM ... hinaus um großzügige Spenden.

Dank an Förderer und Stifter für die gewährte Unterstützung

Auch bei der geplanten Sammlung alten Kultur- und Volksgutes appellieren wir an die Großzügigkeit unserer Mitglieder und der Bürger unserer Stadt. So manches alte, für den Besitzer wertlose Stück, das bislang auf Dachböden oder in Abstellkammern verstaubt, kann für unsere Zwecke von großem Wert sein. Ich denke hier besonders an alte Truhen, Vasen und andere Kunstgegenstände, Spinnräder und handwerkliche Arbeiten aller Art aus unserer Heimat. Auch Trachten unserer Heimat, altes bäuerliches Haushaltsgerät und vieles andere kann für unsere Zwecke dienstbar gemacht werden.

Aufruf an die gesamte Bürgerschaft, die geplante Sammlung durch eigene Stücke zu erweitern

In diesem Zusammenhang sei erwähnt, daß das Landesdenkmalamt bereits unseren Anregungen nachgekommen ist, Pläne zur Wiederherstellung unserer zum Teil noch erhaltenen Stadtmauer zu entwickeln. Unsere weiteren Ziele bestehen darin, durch Vortragsreihen über Heimatkunde das Interesse der gesamten Bevölkerung zu wecken und zu fördern. Das Museum soll an allen Nachmittagen geöffnet sein und ebenfalls dazu beitragen, Einblicke in die jahrhundertealte Tradition unseres Heimatgebietes zu gewähren. Darüber hinaus sind sonntägliche Wanderungen in die Umgebung geplant, die, unter der Führung von Herrn Studienrat ... als bestem Kenner unserer Heimatgeschichte, allen zu schönen Erlebnissen werden dürften. Ferner sollen Ausstellungen moderner und alter handwerklicher Kunst sowie Kunstausstellungen alter und moderner Heimat-

Darstellung der weiteren Ziele sowie der Aktivitäten und Angebote

bilder allen Bürgerinnen und Bürgern das Wesentliche unserer Arbeit näherbringen. Hier seien insbesondere unsere jungen Talente aufgerufen, durch Bilder mit landschaftlich reizvollen Motiven eine Gegenüberstellung zu alten Landschaftsbildern unserer Heimat zu versuchen.

Überleitung zur Wahl des Vorstandes

Nachdem ich Sie, meine Damen und Herren, mit den Plänen und Zielen unseres Vereins bekanntgemacht habe, bitte ich Sie, unsere Bestrebungen tatkräftig zu unterstützen und nunmehr die Wahl unseres Vorstandes vorzunehmen. Als ersten Vorsitzenden haben wir den alten Heimatfreund, Herrn ..., vorgeschlagen, als seine Stellvertreterin Frau ...

Gründungsrede für eine Bürgerinitiative gegen eine Ortsdurchfahrt

Eine Initiatorin spricht

Meine sehr geehrten Damen und Herren, liebe Mitbürger!

Presseberichte als Aufhänger

Wer in den vergangenen Tagen aufmerksam die Presseberichterstattung verfolgt hat, wird festgestellt haben, daß offenbar die Gemeindeverwaltung den Ausbau der Ortsdurchfahrt vorantreiben will. Ohne daß die vielen, oft geäußerten Bedenken der Anlieger entsprechend gewürdigt worden sind, soll nunmehr im Hauruck-Verfahren die Planung durchgezogen und mit dem Bau der Straße möglichst noch in diesem Jahr begonnen werden. Es kommt nun darauf an, vor dem endgültigen Planfeststellungsverfahren noch einmal die Auffassung aller betroffenen Anlieger zu verdeutlichen. Deshalb freue ich mich ganz besonders, daß Sie heute hier erschienen sind, um zusammen in einer Bürgerinitiative der Gemeindeverwaltung den Willen ihrer Bürgerschaft darzulegen.

Den Zweck der Zusammenkunft erwähnen

Zusammenfassung der Argumente gegen das Bauvorhaben der Gemeinde

Lassen Sie mich aber zu Beginn noch einmal kurz all die Punkte zusammenfassen, die wir gegen den geplanten Ausbau der Ortsdurchfahrt bereits in der Vergangenheit angeführt haben. Unser Dorf ist eine der wenigen ursprünglich gebliebenen Gemeinden im südlichen Landesteil. Nunmehr läuft es Gefahr, wie an vielen anderen schlechten Beispielen in unserem Lande bereits vorexerziert, einer planerisch möglicherweise perfekten Reißbrettaktion geopfert zu werden. Der Hinweis der Planer, es erfolge keine Beeinträchtigung des Landschaftsbildes, ist allenfalls vom grünen Tisch her verständlich. Wer die örtlichen Verhältnisse aber kennt, wird ihn – bei vielem guten Willen – noch als Zweckoptimismus durchgehen lassen. Wenn eine Reihe von Vorgärten ganz oder teilweise verschwindet, ein dem Denkmalschutz unterliegender Seitentrakt eines jahrhundertealten Hofes abgerissen werden muß, neue hohe Stützmauern gebaut werden müssen und statt einer dem alten Dorfbild angepaßten, schmalen Straße sich ein neun Meter breiter Asphaltlindwurm breit macht, dann ist dies ein schwerwiegender, nicht mehr gutzumachender Eingriff in eine historisch gewachsene Gemeinschaftsstruktur.

Wir müssen uns fragen, warum eigentlich keine neue Verkehrszählung und keine Lärmmessungen der Planung zugrunde gelegt werden? Die vorliegenden Werte von vor fünf Jahren sind völlig überholt und unrealistisch. Wären aktuelle Zahlen vorhanden, wäre die Rechnung einfacher, weil es nur noch zwei Möglichkeiten gibt: Entweder ist der Verkehr zu groß und die Lärmbelästigung zu stark für einen Kurort, dann braucht man eine Ortsumgehung, oder sie sind es nicht, dann reicht eine Reparatur der alten Ortsdurchfahrt ohne tiefgreifende Einschnitte. Warum aber dann auf jeden Fall beides gebaut werden soll, bleibt ein mit jeweils ... DM doch zu teuer bezahltes Geheimnis einer Gemeinde, der finanziell ohnehin das Wasser bis zum Halse steht. Fast alle Bewohner des Unterdorfes haben mit erheblichen eigenen Mitteln ihre Anwesen dem Fremdenverkehr erschlossen. Ihre Bemühungen werden unterlaufen durch die örtliche Verkehrssituation. Vor allem aber durch den Kiestransport, der nicht selten nach wenigen Tagen die erholungssuchenden Kurgäste wieder vertreibt. Ein Ausbau der Ortsdurchfahrt bringt hier keine Abhilfe, im Gegenteil. Kiestransporter, die im Akkord fahren, werden die bessere Verbindung noch häufiger und noch schneller nutzen. Außerdem wirkt eine gut ausgebaute Straße wie ein Magnet auf andere Fahrzeuge. Und wer will eigentlich verhindern, daß bei Erschließung eines neuen Kiesvorkommens der Verkehr dann ebenfalls über die neu ausgebaute Straße führt? Den Optimismus des Ortsvorstehers in Ehren, aber da es sich hier um eine Landesstraße handelt, schafft es ja bereits heute die Ortsverwaltung nicht, den Kiesverkehr zumindest zeitlich so einzuschränken, daß die Kurgäste nicht »aus den Betten fallen«. Lärm von morgens sechs bis abends sechs, über die Mittagszeit und nicht selten auch noch am Samstagvormittag.

Eine neue Ortsdurchfahrt beseitigt das Problem nicht, sondern verstärkt es zusätzlich. Manchmal drängt sich einem der Verdacht auf, daß die schlechteste Lösung vor allem deshalb gesucht wird, weil im Vergleich zu anderen Lösungen mit weniger lautstarken Einsprüchen gerechnet wird. Bezeichnend und beschämend ist, daß die betroffenen Bürger erst jetzt gehört werden sollen, nachdem die Verwaltung bereits zugestimmt hat und der Baubeginn praktisch schon festliegt. Ein Beispiel dafür, wie man in einer Demokratie mit Bürgern nicht umspringen sollte, wenn man nicht von Amts wegen Resignation und Staatsverdrossenheit weiterzüchten will.

Kritische Fragen formulieren, aber auch mögliche Antworten und Konsequenzen aufzeigen

Die negativen Auswirkungen der Baumaßnahme vor Augen führen ...

... und dem Optimismus der Ortsverwaltung gegenüberstellen

Kritik an der Vorgehensweise der Verwaltung

Aufruf zur Unterstützung der Initiative

Meine sehr geehrten Damen und Herren, ich darf Sie namens der Gründerinnen und Gründer unserer Initiative bitten, die Ihnen vorliegende Resolution zu unterzeichnen. Wir werden Sie dann der Presse zugänglich machen und dem Gemeinderat übermitteln.

Gründung eines Verbraucherschutzvereins

Der Initiator spricht

Sehr geehrte Damen und Herren!

Bewußte Überzeichnung, um die Zuhörer zu emotionalisieren

Betrachtet man die Stellung des Verbrauchers am Markt und seine Rechtsstellung im Vergleich zum Anbieter und Produzenten, so kann man sie nur als katastrophal bezeichnen. Alle, die dies leugnen, verweisen zur Stützung ihrer Behauptungen darauf, daß nicht nur in der Theorie, sondern auch in der Praxis immer noch Angebot und Nachfrage den Preis bestimmen. Wer dies behauptet und ohne Einschränkung der Bevölkerung einzureden versucht, ist entweder einfältig oder bösartig. Selbst die Verfechter einer reinen Wirtschaftstheorie haben nie behauptet, daß die These des sogenannten vollkommenen Marktes in die Wirklichkeit umgesetzt werden könne. Nur in diesem theoretischen Denkmodell und nur da sind Verbraucher gleichberechtigte Marktpartner und Arbeitnehmer gleichgewichtig an den Ergebnissen des Produktionsprozesses beteiligt.

Gedankliche Fortführung des eingangs gewählten »verzerrten« Denkmodells

Dieses theoretische Denkmodell der Wirtschaftswissenschaft kann allerdings nicht in die Praxis umgesetzt werden. Infolgedessen gibt es faktisch auch keine Partnerschaft zwischen Verbrauchern und Anbietern auf dem Markt. Es gibt vielmehr mächtige Wirtschaftsunternehmen, die ihre ökonomische, gesellschaftliche oder auch politische Macht rücksichtslos zur Gewinnmaximierung ausnutzen. Das heißt, die Preisgestaltung in unserem Wirtschaftssystem unterliegt in den meisten Bereichen nicht, wie so oft behauptet wird, dem freien Spiel von Angebot und Nachfrage. Der Unternehmer nimmt in den Bereichen, in denen unzureichender Wettbewerb besteht – und das ist nicht nur auf dem Öl- oder Stahlmarkt so, sondern auch bei den meisten Gütern des täglichen Bedarfs –, vielmehr den Preis, den er aufgrund seiner Markt- und Machtposition durchsetzen kann. Er muß dabei nicht fragen, ob der Verbraucher überhaupt bereit ist, diese Summe zu zahlen, oder ob er diese Summe überhaupt zahlen kann. Dies fällt den organisierten Unternehmen umso leichter, als sie einer Vielzahl von individuellen Verbrauchern gegenüberstehen, die nicht

Stufenweise Rücknahme der Übertreibung …

organisiert sind. Dem Einzelunternehmen, dem verflochtenen Großkonzern oder aber auch dem weltumspannenden multinationalen Unternehmen steht somit der Marktpartner Verbraucher oft uninformiert, meist unkritisch und in der Regel durch eine intensive Werbung irregeführt gegenüber. Wer dann noch von einem Marktgleichgewicht oder von Partnerschaft spricht, verschließt einfach die Augen vor der wirtschaftlichen Wirklichkeit.

... hin zum eigentlichen Ziel der Gründung einer Interessenvereinigung

Deshalb wollen wir mit der Gründung eines Verbraucherschutzvereines dafür sorgen, daß dem organisationswilligen Verbraucher eine Institution angeboten wird, die Verbraucherschutz betreibt und nicht – entsprechend der bisherigen Praxis – noch vom Staat öffentlich suventioniert und als Alibi für ein nicht bestehendes Partnerschaftsverhältnis benutzt wird. Wir wollen mit unserem Verein sinnvollen Verbraucherschutz betreiben und gehen daher von folgenden Grundsätzen aus:

Die notwendigen Gesetze müssen erstens nicht nur geschaffen und in die Tat umgesetzt werden, ihre Einhaltung muß auch überwacht werden.

Die Grundsätze des neuen Vereins darlegen ...

Zweitens müssen die Rechte des Verbrauchers gegenüber allen Anbietern von Waren und Dienstleistungen sowohl auf dem privaten als auch auf dem öffentlichen Sektor durch einen aktiven und wirksamen Rechtsschutz gewahrt werden.

... und Wege der Verwirklichung skizzieren

Drittens ist eine Intensivierung der Aufklärung des weithin uninformierten Verbrauchers nötig. Im schulischen und außerschulischen Bereich sowie durch Rundfunk, Fernsehen und Zeitung muß die Stellung des Verbrauchers am Markt gestärkt werden.

Viertens dürfen öffentliche Mittel zur Subventionierung privater Initiativen im Bereich der Verbraucherberatung, -information und des Verbraucherschutzes nur noch dann gewährt werden, wenn ihre Arbeit auf vorstehend genannten Grundsätzen beruht, wenn sie sich ausschließlich mit Verbraucherschutzfragen beschäftigen.

Ermunterung zur Mitarbeit

Lassen Sie uns auf dem hier skizzierten Wege den Versuch einer Zusammenarbeit wagen. Grundidee unserer Arbeit soll das ehrenamtliche Prinzip sein und bleiben. Wenn jeder aus unserem Kreis seine erworbene Fachkenntnis und Erfahrung einsetzt, werden wir ohne größeren bürokratischen Aufwand die berechtigten Belange der Verbraucher formulieren, Aktionen vorbereiten und so die politisch Verantwortlichen auf Fehlentwicklungen rechtzeitig hinzuweisen versuchen. Nur so können wir die Rechte der Verbraucher wahren und schützen.

Gründung eines regionalen Fremdenverkehrsverbandes

Der Vorsitzende des Gründungsausschusses spricht

Meine sehr geehrten Damen und Herren!

Der Fremdenverkehr in … *(Name der umliegenden Dörfer bzw. der Region)* ist einer unserer bedeutendsten Wirtschaftszweige und zu einer unentbehrlichen Einkommensquelle geworden. Die Entwicklung in den letzten Jahren beweist, daß im Rahmen der regionalen Strukturpolitik dem Ausbau des Fremdenverkehrs weiterhin wachsende Bedeutung zukommt. Er ist nämlich nicht nur eine der bedeutendsten Einkommensquellen für die Betriebe des Übernachtungsgewerbes, sondern auch unsere Landwirtschaft, unser Baugewerbe, die Betriebe des Handels und der übrigen Dienstleistungsbereiche profitieren mittelbar immer mehr vom Fremdenverkehr. Der so durch unseren Fremdenverkehr erzielte Umsatz beläuft sich pro Jahr zur Zeit auf … Millionen DM, die Zuwachsrate in den vergangenen drei Jahren auf durchschnittlich … %.

Hinweis auf die große wirtschaftliche Bedeutung des Fremdenverkehrs

Um nun den Fremdenverkehr weiter zu entwickeln und zu fördern, haben wir beschlossen, einen auf regionaler Ebene arbeitenden Fremdenverkehrsverband ins Leben zu rufen. Wir wollen damit die Folgerung ziehen aus der nach unserer Auffassung bisher nicht erfolgreich genug arbeitenden Fremdenverkehrswerbung in unserem Lande. Bisher nämlich hat der Landesfremdenverkehrsverband, der vom zuständigen Ministerium bezuschußt wird und dem auch entsprechende Zielvorgaben gestellt werden, unseres Erachtens viel zu wenig für die regionale Touristenwerbung getan. Die vom Landesfremdenverkehrsverband eingesetzten regionalen Ausschüsse (z. B. Gebietsausschüsse) waren mittellose Körperschaften, die nur die Weisungen des Landesverbandes ausführen konnten. Das hat dann in der Regel dazu geführt, daß neben der Werbung für das ganze Land nur punktuell größere Gebiete in die Werbung einbezogen worden sind. Dies reicht nach unserer Erfahrung aber nicht aus.

Defizite und Versäummisse übergeordneter Institutionen aufzeigen …

Während wir bisher sozusagen als Bittgänger beim Land auftreten mußten, wollen wir nunmehr unter eigener Verantwortung, aber dann auch mit entsprechend stärkerem Engagement unsere Fremdenverkehrswerbung betreiben. Wir wissen aber, daß diese Selbständigkeit und die künftige verstärkte Arbeit mehr Geld erfordern wird als bisher. Wir sind der Auffassung, daß dies eine gut plazierte Investition für die Zukunft ist. Wir wollen daher mit unserem neuen Verband die gemeinnützigen Aufgaben der örtlichen Fremdenverkehrsstellen zusammenfassen und durch geeignete Maßnahmen auf Gebietsebene vertiefen. Aufgrund des vorgelegten Satzungsentwurfs wird deutlich, daß der Hauptzweck des Verbandes

… und daraus die Begründung für den Regionalverband ableiten

die Förderung aller dem Fremdenverkehr dienenden Belange und Einrichtungen ist. Hierzu gehören die Werbung für das Verbandsgebiet, die Vertretung gemeinsamer Interessen, Beratung und Erfahrungsaustausch, Mitarbeit bei der Errichtung und Verbesserung von Betrieben des Tourismus, Zusammenarbeit mit Planungsträgern, z.B. zur Berücksichtigung der Erholungsbedürfnisse unserer Bevölkerung, Einwirken auf die Verkehrsträger zur Verbesserung der Fahrpläne und schließlich die Zusammenarbeit mit den dem Fremdenverkehr dienenden Gewerbezweigen.

Den Zweck des Verbandes und die wichtigsten Maßnahmen erläutern

Die Initiatoren dieses Verbandes haben sich darauf geeinigt, daß nicht nur die Gemeinden und Städte in unserer Region diesem Verband angehören sollen. Auch Kur- und Fremdenverkehrsbetriebe, Kur- und Verkehrsvereine, Sport-, Heimat-, Gebirgs- und Wandervereine sowie jede andere private und öffentliche Organisation, die für Tourismus und Reiseverkehr in unserem Verbandsgebiet bedeutungsvoll ist, sind herzlich und dringend zur Mitarbeit eingeladen. Das Interesse an einer Mitgliedschaft in unserem neu zu gründenden Verband läßt uns hoffen, daß wir auf dem richtigen Wege sind. Nach unseren derzeitigen Planungen werden im ersten Jahr der Verbandsarbeit jährlich rund ... DM an Grundbeiträgen zur Verfügung stehen. Hinzu kommt aber auch die Unterstützung des Landes für den Ausbau von Fremdenverkehrs-Infrastruktur.

Der Kreis der Verbandsangehörigen ...

... und die voraussichtliche Finanzlage

Durch den Zusammenschluß auf Verbandsebene in unserer Region erreichen wir zweierlei: Erstens konkurrieren wir nicht mehr einzeln um die Zuschüsse des Landes an Kreise, Gemeinden und Verbände für den Bau von Freizeit- und Erholungsanlagen, Grünanlagen, Wanderwegen, Campingplätzen, Kureinrichtungen usw. Durch die gezielte und konzentrierte Antragstellung für die gesamte Region erhoffen wir uns eine verbesserte Bezuschussung. Hinzu kommt zweitens, daß das Land im Rahmen seines ... Programms (z.B. familienfreundlicher Ferienort) besondere Richtlinien erlassen hat, die auch unserem Verband zugute kommen können. Die Richtlinien sehen nämlich vor, daß die Gemeinden und Verbände, die besondere Leistungen zur Förderung der Familienerholung erbringen, bei der Vergabe von Fremdenverkehrsfördermitteln bevorzugt berücksichtigt werden. Rechnen wir dies alles zusammen, so werden wir von dem neu gegründeten Fremdenverkehrsverband nur Vorteile erwarten können. Das setzt allerdings voraus, daß örtliche und private Initiativen in ein Gesamtkonzept eingebracht und dann gemeinsam nach außen vertreten werden. Die bisherigen Vorgespräche und Vorplanungen lassen uns optimistisch für die Zukunft hoffen. Helfen Sie alle auf der heutigen Gründungsversammlung mit, daß unser Verband bald erfolgreich mit seiner Arbeit zugunsten unserer Region beginnen kann.

Die Vorteile der Verbandsgründung anhand von Beispielen herausstellen

Ein gemeinsames Konzept als Voraussetzung für eine erfolgreiche Zukunft

Gründung eines Landesverbandes der Selbständigen und freien Berufe e.V.

Es spricht ein Wirtschaftspolitiker (Ost)

Verehrte Ehrengäste, meine sehr geehrten Damen und Herren!

Begrüßung und Dank für die Einladung

Herzlich willkommen im Landkreis …, dem Kreis zwischen … und … *(Namen der benachbarten Regionen)*. Ich freue mich, daß ich zu Ihnen anläßlich Ihrer Gründungsversammlung sprechen darf, und ich bedanke mich zugleich für Ihre freundliche Einladung.

Ich bin sicher, daß viele von Ihnen bei ihrer Anreise hierher nach … mit offenen Augen durch unser Land gefahren sind. Sicherlich werden Sie bemerkt haben, daß sich an vielen Stellen … (Thüringens, Sachsen-Anhalts etc.) und natürlich auch hier bei uns, im Landkreis …, etwas bewegt.

Die baulichen Aktivitäten als äußere Zeichen für den Aufschwung Ost …

Baukräne und Gerüste zeugen von richtungsweisenden Aktivitäten. Neue Gebäude geben Raum für Handel, Handwerk, Gewerbe, Industrie und Dienstleistungen. »Es tut sich etwas«, ist ein Standardsatz, der nun des öfteren zu hören ist.

… mit all seinen Erfolgen, Rückschlägen und Problemen

In der Tat: Der großen Ernüchterung nach der Vereinigung der beiden deutschen Staaten folgt seit geraumer Zeit eine Welle von Unternehmungen und Initiativen, die an vielen Stellen schon deutlich sichtbar Spuren hinterläßt. Noch boomt es nicht voll, aber es beginnt. Gleichwohl gibt es noch einige Hemmschuhe, die den Aufschwung und den Aufbau Ost bremsen. Ich möchte es einmal so ausdrücken: Wir brauchen für den Aufschwung Ost noch Tausende von Unternehmern, von Handwerkern und Meistern, vor allem aber brauchen wir Selbständige, also Anwälte, Steuerberater, Ärzte, Kaufleute, Architekten, Statiker und viele andere mehr. Doch wem sage ich das? Wenn nicht Sie, die Mitglieder des heute zu gründenden Landesverbandes … *(Name Land)* der selbständigen und freien Berufe, wer dann soll verstehen, was wir benötigen, um den Osten Deutschlands, unsere Heimat, voranzubringen! Sie alle, meine sehr geehrten Damen und Herren, Sie alle hatten und haben den Mut, den Schritt in die Selbständigkeit zu wagen. Ich sage bewußt wagen, weil es ein Wagnis ist.

Die Zuhörer in den Aufbauprozeß einbeziehen

Verständnis äußern für Zweifel und Unsicherheiten

Sie alle hatten doch auch Ihre Zweifel und Ängste. Besitze ich das Know-how? Kann ich genügend Kunden bekommen? Auf welchem Wege mache ich meine Dienste in der Öffentlichkeit bekannt? Woher nehme ich Räume? Wie sind Eigentumsfragen zu klären, wer finanziert mein Unternehmen? Diese und manch andere Frage hat sich Ihnen gestellt, als Sie den Schritt in die Selbständigkeit unternahmen. Ich habe größte Hochachtung vor Ihnen allen, die Sie dieses Wagnis eingegangen sind.

Heute nun finden Sie sich zusammen, um einen Verband, Ihren Verband der Selbständigen und freien Berufe, zu gründen. Einigkeit macht stark – dieses geflügelte Wort ist uns hinreichend bekannt. Doch es trifft zu. Gemeinsam können Probleme besser bewältigt werden. Im Verband fließen Informationen schneller – ein Vorteil, den Sie alsbald sehr schätzen werden. Sie schaffen sich darüber hinaus auch eine starke Interessenvertretung – sozusagen eine Lobby –, die die Anliegen ihrer Mitglieder transportiert, sei es in die Öffentlichkeit oder in die Politik. Auf diese Weise kommt es zu Rückkopplungen von Informationen, die wir, also vor allem diejenigen, die heute Verantwortung tragen, dringend benötigen, um richtige, zukunftsweisende Entscheidungen treffen zu können.

Zuversicht verbreiten und die Vorteile eines Verbandes verdeutlichen

Der Aufschwung Ost, der Aufschwung in ... *(Name des Bundeslandes)*, braucht jede einzelne Frau und jeden einzelnen Mann. Er braucht Sie und vor allem noch viel mehr Frauen und Männer mit Ihrem Mut und Ihrer Zuversicht. Sie alle geben Beispiel, dafür sage ich Ihnen Dank. Zugleich möchte ich Sie ermutigen, andere mit Ihrem Optimismus anzustecken und sie zu ermuntern, gleichfalls den Schritt in die Selbständigkeit zu unternehmen.

Dank für das beispielhafte Verhalten

Ich wünsche Ihnen für die Arbeit Ihres Landesverbandes breite Mehrheiten und weitgehenden Konsens. Vor allem aber wünsche ich Ihnen einen Mitglieder-Boom.

Gute Wünsche für die Verbandsarbeit

Einweihung von Vereinsheimen

Rede des Stifters anläßlich der Einweihung eines Vereinsheimes

Sehr geehrter Herr Vereinsvorsitzender, meine Damen und Herren!

Mann mit zugeknöpften Taschen,
Dir tut keine was zulieb,
Hand wird nur von Hand gewaschen,
wenn Du nehmen willst, so gib!

Poetischer Einstieg in das Thema …

Erlauben Sie mir bitte, daß ich dieses Goethewort einigen Überlegungen voranstelle, über die ich hier zu Ihnen sprechen möchte. »Wenn du nehmen willst, so gib!« Als ich diesen Satz zum ersten Male las, wurde mir klar, daß er einer der Kernsätze unseres menschlichen Zusammenlebens ist. Auf alle nur denkbaren menschlichen Beziehungen übertragen, regelt er gleichsam von selbst das Problem einer sittlichen Handlungsweise. Er entspricht jener berühmten Forderung des Philosophen Immanuel Kant, der von uns verlangt, immer so zu handeln, daß unser Handeln zur Richtschnur für ein allgemeingültiges Handeln werden kann.

… und Interpretation der Verse

Wer in seinem Nächsten ein Mittel sieht, um ein Ziel in seinem Leben zu erreichen, der würdigt ihn im Grunde zu einem Gegenstand herab, dessen er sich in einem Augenblick ganz nach Belieben bedient, um ihn schon im nächsten wegzuwerfen. Um bei dem Goethewort zu bleiben: Er nimmt lediglich, aber er gibt nicht. Sehen wir in unserem Mitmenschen jedoch einen Zweck, so bedeutet dies, daß wir nicht seine Kraft für unsere Absichten einsetzen, sondern umgekehrt ihm unsere Kraft zur Verfügung stellen und ihm helfen, sein Ziel zu erreichen und seine Aufgaben zu lösen.

Überleitung zum Anlaß: Würdigung der Ziele des Vereins …

Solch eine Aufgabe, meine sehr geehrten Damen und Herren, hat sich der …er *(Name des Ortes)*…verein *(Name des Vereins)* gestellt. Es geht ihm darum, den … (Gesang, Schießsport etc.) zu pflegen und damit an der Gestaltung des kulturellen Lebens unserer Heimatstadt (Dorf, Gemeinde) mitzuwirken. Ich glaube, in Ihrer aller Namen zu sprechen, wenn ich dafür danke und unserer Freude darüber Ausdruck verleihe, daß sich Menschen hierzu bereitgefunden haben. Selbstverständlich entspricht ihr Vorhaben gleichzeitig ihren eigenen Neigungen und Interessen. Dies beeinträchtigt jedoch in keiner Weise die Tatsache, daß Sie damit einen Dienst an der Allgemeinheit tun. Denn diese Allgemeinheit hat ihrerseits wiederum ein Interesse daran, daß jeder einzelne Bürger in freier Entscheidung den Dingen nachgehen kann, die ihm zur Gestaltung seiner Freizeit geeignet erscheinen. Hierzu müssen jedoch gewisse Voraussetzungen erfüllt sein. Eine von ihnen besteht darin, daß überhaupt die Möglichkeit gegeben ist, einer Beschäftigung nachzugehen. Solche Möglichkeiten bieten die Vereine, und insofern sind sie ein wichtiger Bestandteil des kulturellen Lebens.

... und der Personen, die sich engagieren

Der Verein selbst ist jedoch ebenfalls von einigen Voraussetzungen abhängig, um sinnvoll arbeiten zu können. Eine solche Voraussetzung ist etwa das Vorhandensein eines geeigneten Platzes für Zusammenkünfte und Freizeitgestaltung. Leider haben viele Vereine kein Geld, um sich ein eigenes Heim zu bauen. Folglich sind sie darauf angewiesen, in öffentlichen Lokalen zu singen, Theater zu spielen oder zu kegeln. Diese Notwendigkeit wirkt sich nicht immer günstig auf das Leben des jeweiligen Vereins aus. Im Gegenteil, sie stellt sogar häufig eine erhebliche Belastung dar.

Auf die Voraussetzungen einer sinnvollen Vereinsarbeit eingehen

Solch eine Belastung bestand auch im Falle unseres ...vereins. Eine fruchtbare Vereinstätigkeit wäre unter den gegebenen Umständen in Zukunft nur noch sehr schwer möglich gewesen. Diese Überlegungen, meine Damen und Herren, waren für die Stiftung ausschlaggebend. Wenn ich zurückdenke und einmal Zwischenbilanz ziehe, dann muß ich feststellen, daß ich viele Dinge nur mit Hilfe anderer erreichen konnte. Und, um es noch einmal mit den Worten Goethes zu sagen, ich habe vieles nur dadurch erreicht, daß ich genommen habe, ohne vielleicht immer entsprechend auch zu geben. Daher bin ich davon überzeugt, daß es an der Zeit ist, hier nun Versäumtes nachzuholen und etwas von dem weiterzureichen, was ich in meinem bisherigen Leben erreicht habe. Ich hoffe, daß das neue Heim den Mitgliedern unseres ...vereins recht viel Freude bereiten wird.

Objektive und subjektive Gründe für die Stiftung darlegen

Stiftung eines Vereinsheimes

Die Bürgermeisterin spricht

Sehr geehrter Herr ... (Name, ggf. Titel des Stifters), Herr Landrat, Herr Vereinsvorsitzender, meine sehr geehrten Damen und Herren!

Der Freude über die Stiftung Ausdruck verleihen

Als ich am ... von der Absicht unseres verehrten Herrn ... erfuhr, dem hiesigen ...verein ein Heim zu stiften, erfüllte mich diese Nachricht mit Freude. Leider ist es unserer Gemeinde derzeit nicht möglich, für einen solchen Zweck größere Geldbeträge aufzubringen, denn wir haben so viele Aufgaben zu erfüllen, daß wir jeden Pfennig dringend benötigen.

Niemand darf aber glauben, daß die Gemeindevertretung kein Interesse und kein Verständnis für die Belange unserer Vereine aufbrächte. Im Gegenteil. Viele von uns gehören selbst einem Verein an, so daß schon deshalb eine rege Anteilnahme besteht. Dennoch müssen wir zuerst die Interessen der ganzen Gemeinde wahrnehmen, und erst dann können wir uns mit den Problemen einzelner Gruppen befassen. Aber gerade hier bestehen eben jene Schwierigkeiten, von denen ich sprach. Um so mehr bin ich darüber erfreut, daß ein Mitglied unserer Gemeinde diese Situation zum Anlaß genommen hat, um von sich aus einen großen Beitrag zur Entwicklung des Vereinslebens in unserer Stadt zu leisten.

Um Verständnis für die begrenzten Fördermöglichkeiten der Gemeinde werben

Das Heim, das Sie, verehrter Herr …, dem …verein gestiftet haben, bedeutet, wenn ich das so ausdrücken darf, in gewisser Weise ein Geschenk an uns alle. Denn dieser Verein setzt sich zusammen aus Männern und Frauen aus unserer Mitte, die im … (Singen, Schießen, Kegeln, Turnen etc.) mit Recht eine willkommene Möglichkeit sehen, den Belastungen des täglichen Lebens für einige Zeit zu entfliehen. Der Beitritt steht jedem offen, und wir dürfen wohl mit einiger Sicherheit annehmen, daß sich von jetzt an noch mehr Gemeindemitglieder finden werden, die dem …verein beitreten. Denn dank Ihrer Stiftung, verehrter Herr …, ist eine Vielzahl von Problemen gelöst worden, die noch vor wenigen Wochen das Vereinsleben erheblich belastet haben. Es ist ein schönes Gefühl zu wissen, daß es in unserer Gemeinde Menschen gibt, die nicht den persönlichen Vorteil über alles stellen, sondern uneigennützig dort helfen, wo es gerade nötig ist. Solch eine Handlungsweise wird immer als vorbildlich angesehen werden und sollte andere dazu bewegen, im Rahmen ihrer Möglichkeiten, ebenfalls im Interesse aller zu wirken.

Die Stiftung als Geschenk für die Gemeinde

Würdigung der uneigennützigen Hilfe

Ich spreche Ihnen, verehrter Herr …, daher als Vertreterin unserer Gemeinde meinen herzlichen Dank dafür aus, daß Sie solch ein schönes Beispiel für eine wirklich aktive Teilnahme am Leben unserer Gesellschaft gegeben haben. Gewiß kann nicht jeder ein Vereinsheim stiften. Aber jeder kann dazu beitragen, daß die Probleme, denen wir uns gegenübersehen, bewältigt werden.

Dank an den Stifter

Dank an den Stifter eines Vereinsheimes durch den Vereinsvorsitzenden

Verehrter Herr … (Name und ggf. Titel des Stifters),
meine sehr geehrten Damen und Herren!

Es gibt im Leben Augenblicke, in denen man um die richtigen Worte verlegen ist. Man weiß nicht, wo anfangen und wo aufhören, weil es im Grunde zuviel zu sagen gibt. Und dann wieder zweifelt man an der Kraft seiner Worte überhaupt, von denen man glaubt, daß sie völlig unzureichend seien, um das widerzuspiegeln, was einen bewegt.

Gefühlsbetonter Redeeinstieg

So ähnlich geht es mir heute. Ich habe mir lange überlegt, auf welche Weise unser Verein seinen Dank an Sie, verehrter Herr …, abstatten kann. Zunächst sicherlich einmal dadurch, daß wir ihn ganz einfach aussprechen. Als Sie uns von Ihrer Absicht wissen ließen, uns ein Vereinsheim zu schenken, wird Ihnen unsere Reaktion sicherlich deutlich gemacht haben, wie genau Sie das Richtige getroffen hatten. Zu diesem Zeitpunkt schien ein solcher Bau für uns in unerreichbarer Ferne zu liegen. Unsere Ausgaben waren so groß, daß an ein solches Unternehmen überhaupt nicht gedacht werden konnte. Auf der anderen Seite jedoch zeichnete sich immer deutlicher die Notwendigkeit ab, in dieser Hinsicht eine Lösung finden zu müssen.

Rückblick: die problematische Lage vor der Schenkung

An jenem Tage, als Sie uns ein Vereinsheim anboten, gab es nur eine Meinung. Und an ihr hat sich bis heute nichts geändert. Diese Meinung darf ich vielleicht so zusammenfassen: Unsere gesamte Situation mußte sich von diesem Augenblick an ändern. Sie waren wie ein Retter in der Not, den man sich sehnlichst wünschte, auf dessen Erscheinen man jedoch nicht hoffen konnte und auch gar nicht zu hoffen wagte. Und dennoch, er kam. Dafür darf ich Ihnen im Namen unseres Vereins unseren herzlichen Dank aussprechen. Vielleicht können Sie selbst noch nicht ganz ermessen, welchen Dienst Sie uns damit geleistet haben. Ich versichere Ihnen jedoch, daß er weitaus größer ist, als ich es im Rahmen dieser Ansprache ausdrücken kann.

Melodramatisch angehauchte Danksagung …

Wir erlauben uns, Ihnen als Ausdruck unseres Dankes die Ehrenmitgliedschaft in unserem Verein anzubieten und wären glücklich, wenn Sie sie annehmen würden.

… und ehrende Auszeichnung des Stifters

Einweihung eines Tierheimes

Der Vorsitzende des Tierschutzvereins spricht

Sehr geehrter Herr Bürgermeister, verehrte Gäste, liebe Tierfreunde!

Mit dem heutigen Tage sind wir bei unserem Bemühen, dem Tierschutz auch in unserer Stadt (Gemeinde) zum Durchbruch zu verhelfen, einen entscheidenden Schritt weitergekommen. Was bisher in privater Initiative an vielen getrennten Stellen unserer Stadt erfolgte, kann jetzt zentral erledigt werden. Das hat nicht nur Vorteile für unsere vielen ehrenamtlichen Helfer, die nun ihre Arbeit besser aufeinander abstimmen können. Das hat auch nicht zu unterschätzende Vorteile für alle Bürger, die unseren Rat oder unsere Hilfe benötigen. Sie wissen jetzt genau, wo sie uns schnell und jederzeit erreichen können.

Das Fazit der Bemühungen gleich zu Beginn der Rede

Dies alles wäre nicht möglich gewesen ohne die großzügige Unterstützung unserer Stadt. Daher darf ich Ihnen, sehr geehrter Herr Bürgermeister, sehr herzlich für die Unterstützung unseres langjährigen Anliegens danken. Sie haben durch eine wahrhaft unbürokratische Meisterleistung in kurzer Zeit die Entscheidungsgremien unserer Stadt zu ihrem positiven Entscheid über unser neues Tierheim veranlaßt.

Dank für die kommunale Unterstützung

Das neue Tierheim soll mehrere Funktionen erfüllen. Es soll nicht nur eine Zufluchtstätte für kranke, alte oder ausgestoßene Tiere sein. Es soll auch eine Begegnungsstätte für Menschen sein, die sich aus der Verantwortung für das Tier einen neuen Hausgenossen suchen wollen. Ob Hund oder Katze, ob Vogel oder Meerschweinchen, hier sind viele Tiere, die noch eine neue Heimstätte suchen. Deshalb soll dieses Heim auch ein Mahnzeichen für unsere Bürger sein. Es soll sie auffordern, die lebendige Kreatur nicht als Spielzeug oder kurzen Zeitvertreib anzusehen. Ein kleiner Hund unter dem Weihnachtsbaum ist eine schöne Sache, für den Beschenkten und das Tier aber nur dann, wenn es nicht ein paar Tage später hier bei uns eingeliefert oder einfach nur irgendwo ausgesetzt wird. Wer sein Tier lieber aussetzt, als auf den Urlaub zu verzichten, wer nicht bereit ist, ihm jene Bedingungen einzuräumen, die ein Tier zum Leben braucht, der soll sich keines anschaffen. Ein Rundgang in unserem Tierheim, zu dem ich Sie anschließend sehr herzlich einladen darf, zeigt Ihnen, daß diese Mahnung auch heute noch nicht in den Wind gesprochen ist. Wer die vielen Tiere bei uns hier sieht, muß sich betroffen fragen, welches Maß an Verantwortungslosigkeit, teilweise auch an Brutalität sich eigentlich Menschen unserer Zeit gegenüber wehrlosen Geschöpfen herausnehmen. Hier Hilfe zu leisten, aufklärend zu wirken, daß Tiere ein Teil unseres Lebens sind und auch ein Recht auf angemessenen Lebensraum besitzen, ist Aufgabe unserer Arbeit

Aufgaben und Ziele der neuen Einrichtung

Harsche Kritik an den Realitäten und Appell an das Verantwortungsgefühl für die Tiere

in diesem neuen Tierheim. Wir danken allen, die an seiner Errichtung tatkräftig mitgeholfen haben. Sie alle lade ich zu dem nun beginnenden Rundgang ein. Vielleicht gelingt es uns, auch Sie für die aktive Unterstützung des Tierschutzgedankens zu gewinnen. Seien Sie uns herzlich willkommen.

Einladung zum Rundgang

Einweihung eines Sportlerheimes

Rede des Vereinsvorsitzenden

Verehrte Gäste, liebe Mitglieder,
meine sehr geehrten Damen und Herren!

Begrüßung

Im Namen des Turn- und Sportvereins ... heiße ich Sie alle zur Einweihung unseres neuen Sportlerheimes sehr herzlich willkommen. Dies ist ein stolzer Tag in unserer langen Vereinsgeschichte. Und jeder, der diesen schmucken Neubau sieht, wird dies ganz sicher nachempfinden können. Sie werden beim anschließenden Rundgang Zeit und Gelegenheit haben, sich alles genau anzusehen. Ich bin sicher, daß Sie dann mit mir im Urteil übereinstimmen, daß unserem Architekten, Herrn ..., hier ein guter Wurf gelungen ist. Und daß die ausführenden Firmen diesen Plan vortrefflich in die Tat umgesetzt haben. Allen am Bau Beteiligten darf ich im Namen des TuS ... herzlichen Dank sagen.

Stolz und Freude über den gelungenen Bau

Lob der Leistungen von Architekt und Baufirmen

Unser Dank gilt aber auch ebenso herzlich den politisch Verantwortlichen in Gemeinde, Kreis und Stadt. Die Zeit von der Entgegennahme unseres Zuschußantrages bis zur Beschlußfassung war erfreulich kurz und der gewährte Zuschuß auch so bemessen, daß der TuS ... mit seinen Eigenleistungen an Geld und Arbeit die Finanzierungslücke des Projektes abdecken kann, ohne den künftigen Bewegungsspielraum völlig einzuschnüren.

Dank an die Kommunalpolitiker ..

Dank gebührt auch allen Mitgliedern und vielen Spendern aus der heimischen Wirtschaft, die alle mitgeholfen haben, den langgehegten Wunschtraum unseres Vereins endlich zu erfüllen.

... sowie an Spender und Helfer

Herr ... *(Name des Architekten)* hat uns vorhin mit launigen Worten symbolisch den Schlüssel für unser neues Vereinsheim überreicht. Ich möchte mich seinen guten Wünschen anschließen. Möge allezeit in diesem neuen Treffpunkt jener Geist der Zusammengehörigkeit herrschen, der unserem Verein seit altersher überliefert ist.

Gute Wünsche für die Zukunft

Versammlungen und Wahlen

Eröffnung der Jahreshauptversammlung

Rede des Vorsitzenden

Verehrte Gäste, liebe Vereinsmitglieder!

Jahreshauptversammlungen sind im allgemeinen keine sehr unterhaltsamen Ereignisse. Aber sie sind wichtig, denn ein Verein bedarf der Führung und Verwaltung. Beide müssen demokratisch sein. Ohne das Vertrauen der Mitglieder hätte unsere Arbeit im Vorstand keinen festen Boden. Wir sind davon überzeugt, daß die Demokratie nicht erst beim Staat beginnt, sondern daß wir uns auch in den Vereinen in der Demokratie üben. Deshalb auch der Dank für Ihr Kommen.

Vorspann mit Hinweis auf die Grundregeln des Miteinander

Es obliegt mir vor Eintritt in die Tagesordnung eine besonders traurige Pflicht. Im vergangenen Jahre gingen folgende Mitglieder für immer von uns … *(Namen)*. Ihr Verlust ist schmerzlich. Unsere Gemeinschaft muß mit ihnen hochgeachtete Menschen entbehren, die uns sehr nahestanden. Wir werden ihnen immer ein ehrendes Andenken bewahren. Ich bitte Sie, sich zu Ehren unserer verstorbenen Mitglieder von den Plätzen zu erheben … Ich danke Ihnen.

Ehrendes Gedenken der Verstorbenen …

Es ist festgestellt worden, daß die Versammlung beschlußfähig ist. Die Tagesordnung ist Ihnen durch die Vereinszeitung bekannt. Die Berichte der einzelnen Abteilungen sind ebenfalls dort veröffentlicht worden. Werden Ergänzungen zur Tagesordnung gewünscht? … Das ist (nicht) der Fall. Ich komme dann zum Geschäftsbericht über das vergangene Jahr.

… und Übergang zur Tagesordnung

Jahreshauptversammlung (Verabschiedung bisheriger Vorstandsmitglieder)

Es spricht die Vorsitzende

Liebe Frau …, lieber Herr … (bisherige Vorstandsmitglieder), liebe Mitglieder!

Eine Metapher für die Führungsriege

Wenn ein Wechsel eintritt, ist vielen Mitgliedern etwas unbehaglich. Wir sind im Vorstand eine Mannschaft gewesen, und nun verlassen einige Mitspieler das Feld. Aber wie Sie uns versichert haben, gehen wir Ihres erfahrenen Rates nicht verlustig. Wenn ich bei dem eben benutzten

Bilde bleiben darf: Sie verlassen zwar die Mannschaft, aber Sie bleiben ihre Ratgeber. Das hoffen wir – und das festigt auch den Mut der neuen Vorstandsmitglieder zur übernommenen Aufgabe.

Als wir Ihren Entschluß erfuhren, nicht mehr für die diesjährige Vorstandswahl zu kandidieren, haben Sie uns verschiedene Gründe genannt. So sehr wir Ihr Ausscheiden bedauern, so gut verstehen wir Ihre Beweggründe. Ob Sie sich nunmehr der bisher vernachlässigten Pflege persönlicher Interessen stärker widmen, ob Sie die Meinung vertreten, Jüngere sollten zur Mitarbeit herangezogen werden, ob Sie Gesundheitsrücksichten bewogen haben – all dies sind verständliche und wichtige Gründe. Wir erkennen Ihre Überlegungen ebenso an, wie wir Ihre Leistungen für den Verein würdigen. So lassen Sie diese Stunde eine Stunde des Dankes an Sie werden. Wir wollen uns die vielen Stunden vor Augen halten, die Sie dem gemeinsamen Besten geopfert haben. Wir wollen der Unzahl schwieriger Entscheidungen gedenken, die Sie mitgetroffen haben, um für den Verein so manchen gordischen Knoten zu lösen.

Die Gründe für das Ausscheiden beispielhaft nennen

»Dankbarkeit ist das Gedächtnis des Herzens« (J. P. Massieu)

Sie scheiden in einem Augenblick, da unser Schifflein ungefährdet die Wellen durchschneidet. Sie haben es so bestellt, daß wir uns heute in einem guten Fahrwasser befinden. Die neuen Steuerleute, Ihre Nachfolger, werden Ihnen das zu danken wissen. Allen denen, die manchmal meinen, bei einer Gemeinschaft wie der unsrigen ginge alles von selbst, soll einmal deutlich gesagt werden, wieviel Mühe nötig ist, damit alles gut geht. Ihre Arbeit, liebe Vereinskollegen, wird weiter Früchte tragen.

Würdigung der Arbeit der bisherigen Vorstandsmitglieder

Einführung neugewählter Vorstandsmitglieder

Liebe neugewählte Vorstandsmitglieder!

Rede des Vorsitzenden

Die Stimmen sind ausgezählt und Sie haben die Wahl angenommen. Ich begrüße Sie herzlich in Ihrem neuen Amt. Sie haben sich das Vertrauen der Versammlung erworben. Energie und Schwung bringen Sie mit. Und was ich nicht noch aufgezählt habe, ist auch reichlich vorhanden: Ich meine die Aufgaben. Ich stimme mit Ihnen darin überein, daß wir für unsere Tätigkeit keinen Ruhm erwarten können. Lassen Sie mich deshalb noch einmal sehr ernsthaft sagen, daß Sie keine kurzweilige Arbeit übernommen haben. Aber das wissen Sie ja auch selbst. Wenn ich den Stolz des Vereins darüber zum Ausdruck bringe, daß wir im Vorstand wieder eine vollständige Mannschaft geworden sind, dann will ich auch den herzlichen

Optimistischer Einstieg mit Gratulation und »Vorschußlorbeeren«

Einbindung der Familien in die Arbeit des Vereins

Dank an unsere Ehefrauen und Familien nicht vergessen. Denn ihr Verständnis ermöglicht es uns erst, Aufgaben zu übernehmen, die uns manche Stunde von der Familie trennen. Ich hoffe, daß unsere Familien mit uns auf den Verein stolz sind, und daß ihnen das weitere Wachstum unserer Gemeinschaft und ihre Erfolge eine kleine Entschädigung bedeuten. Im übrigen, liebe Freunde, bilden unsere Familien untereinander eine große Vereinsfamilie.

Einige Worte zur Bedeutung des Wechsels …

Mit Ihnen ist ein Wechsel im Vorstand erfolgt. Ich betone ausdrücklich: ein Wechsel. Wir gehen ja nicht – um bildlich zu sprechen – neu an den Start. Es ist eher ein Stabwechsel in der Staffel. Ich glaube, dieser Stabwechsel ist gut vonstatten gegangen, denn Sie hatten gute Vorläufer, auf deren Rat Sie weiter vertrauen können. Und wir alten Herren im Vorstand haben den besten Willen, in guter Kameradschaft zusammenzuarbeiten. Es stehen uns viele Aufgaben bevor: solche, die uns große Freude, und andere, die uns Kopfschmerzen bereiten werden. Dafür brauchen wir viel Schwung. Es ist eine Ehre, in einem Verein wie dem unseren führende Aufgaben zu übernehmen. Auf denn, zum guten, gemeinsamen Gelingen!

… und ein Hinweis auf die Vielzahl der Aufgaben

Dankrede des gewählten Vorsitzenden

Liebe Vereinsmitglieder!

Sie können mir sicherlich nachfühlen, daß ich über die Gründung unseres …vereins am heutigen Abend froh und glücklich bin. Es ist ein angenehmes Gefühl, wenn man sich sagen darf, daß die geleistete Arbeit zum erhofften Erfolg geführt hat und nicht umsonst getan wurde. Besonders erfreulich ist es jedoch, wenn man ehrlichen Herzens der Überzeugung sein darf, daß man Menschen für eine Sache begeistern konnte, die auch in Zukunft mit aller Kraft an der Weiterführung des einmal Begonnenen mitarbeiten werden. Ich bin sicher, daß Sie sich alle an der Erfüllung der von uns selbst gestellten Aufgaben so beteiligen werden, wie es in Ihren Kräften steht. Diese Gewißheit wird mir die Ausübung des mir übertragenen Amtes bedeutend erleichtern.

Persönliche Gefühle und Überzeugungen darlegen

Vertrauen in die Vereinsgemeinschaft bekunden

Nachdem Sie mir durch meine Wahl zum ersten Vorsitzenden unseres neugegründeten Vereins Ihr Vertrauen ausgesprochen und gleichzeitig das von mir vorgetragene Arbeitsprogramm des neuen Vorstandes gebilligt haben, erlauben Sie mir noch einige Bemerkungen. Zunächst einmal möchte ich jedoch nicht versäumen, Ihnen für bewiesenes Vertrauen meinen Dank auszusprechen und zu versichern, daß ich bemüht sein werde, ihm jederzeit gerecht zu werden.

Niemand von uns weiß, in welchen Bahnen unser Vereinsleben während der nächsten Jahre laufen wird. Es ist unmöglich, eine genaue Entwicklung vorauszusagen. Wir können es ganz einfach deshalb nicht, weil auch für einen Verein das Gesetz der Unberechenbarkeit gilt, das unser ganzes Leben beherrscht. Eines aber können und wollen wir: die Versicherung abgeben, daß wir von uns aus alles tun werden, um das gesteckte Ziel zu erreichen. Erwarten Sie bitte nicht, daß dies immer reibungslos vonstatten gehen wird. Es gibt im Leben jedes einzelnen von uns Situationen, in denen er kaum noch weiter weiß. Wieviel schwerer sind solche Dinge zu umgehen, wenn sie eine ganze Gruppe von Menschen betreffen. Es ist erfahrungsgemäß nicht immer eine leichte Aufgabe, alle Leute unter einen Hut zu bringen. Allerdings darf man nicht der irrigen Ansicht sein, eine völlige Übereinstimmung in allen Angelegenheiten sei der einzige Weg zu einem erfolgreichen Schaffen. Im Gegenteil: Ich bin der Ansicht, daß gerade dort, wo alle immer einer Meinung sind, irgend etwas nicht ganz stimmt. Entweder hat jemand keine eigene Überzeugung und sagt zu allem ja, was vorgeschlagen wird, oder aber es wird Druck ausgeübt, der keine andere Entscheidung möglich macht. Im ersten Falle ist ein fruchtbares Schaffen deshalb nicht möglich, weil die Vereinsmitglieder etwaige falsche Entscheidungen oder Vorschläge genauso gutheißen würden wie die richtigen, im zweiten, weil es keine freiwillige Gemeinschaft mehr wäre, sondern eine kleine Diktatur. Also ist Widerspruch nicht nur möglich, sondern geradezu erwünscht. So wie das Zusammenspiel von Regierung und Opposition erst eine demokratische Staatsform ermöglicht, so wird uns die Kritik unserer Mitglieder erst in die Lage versetzen, jene Entscheidung zu fällen, die, im Interesse aller, die beste ist.

Unwägbarkeiten, Hindernisse und Reibereien erwähnen

Meinungsvielfalt und Diskussion als positive Elemente hervorheben

Ich bin aber davon überzeugt, daß ich mein Amt als Vorsitzender unseres Vereins nur dann im Interesse aller wahrnehmen kann, wenn mir jeder von Ihnen mit Rat und Tat zur Seite steht. Wir haben eine gemeinsame Aufgabe, und wir müssen sie gemeinsam durchführen. Daß ich mein Bestes tun werde, dessen dürfen Sie gewiß sein.

Unterstützung als Voraussetzung für erfolgreiche Arbeit

Gastrede zur Hauptversammlung eines Wander- und Heimatvereins

Es spricht ein Neumitglied (Ost)

Frau Präsidentin, verehrte Ehrengäste,
meine sehr geehrten Damen und Herren!

Danksagung und Übergang zum Thema der Rede

Lassen Sie mich zunächst herzlich Dank sagen: für die freundliche Einladung, für die herzliche Aufnahme, für die Gemeinschaft und Verbundenheit, die ich hier spüren darf im Kreise der Mitglieder und Freunde des ... *(Name des Vereins)* am heutigen Heimatabend.
Dieses Zusammenkommen ist – wie es der Name sagt – der Heimat gewidmet – unser aller Heimat, hier in (der) ... *(Name der Region).*

Eigene Deutungsversuche...

Was ist Heimat? Gibt es nur eine Heimat, oder welche ist gemeint? Kirche bietet Heimat. Ein Verein kann Heimat bieten. In der Gemeinschaft Gleichgesinnter stellt sich ein Glücksgefühl ein. Auch der Arbeitsplatz kann Heimat vermitteln, wenn die Zusammenarbeit funktioniert.

...und eine Dichterweisheit, die persönliche Motive erhellt

Heimat ist kein homogener Begriff. Es gibt viele Interpretationen, und schon zahlreiche Dichter und Denker haben sich daran versucht zu beschreiben, was Heimat sein könnte. Mir persönlich gefällt der Gedanke von Christian Morgenstern sehr gut, der sagte: »Nicht da ist man daheim, wo man seinen Wohnsitz hat, sondern wo man verstanden wird.« In diesem Satz ist auch mein persönlicher Beweggrund enthalten, der mich veranlaßte, vor beinahe einem Jahr dem ...verein beizutreten. Ich stehe mit diesem Schritt in einer Tradition: Schon mein Vater war ...-Mitglied und wanderte durch den (die) ... *(Name der Region).*

Vergleich der beiden Regionen und Aufruf zur Unterstützung

Mein Heimat-Landkreis ... ist in der glücklichen geographischen Lage, von zwei bedeutenden Naturreservaten umfaßt zu sein: im Osten der ... und im Westen ... Für beide Gebiete wird vom Landkreis mit dem Slogan ... *(einfügen)* geworben. Doch was in ... *(Name der westlichen Region)* schon vorhanden ist, eine Infrastruktur für Naturliebhaber, das müssen wir in ... *(Name der östlichen Region)* erst noch schaffen. Dafür brauchen wir Freunde, die uns helfen. Ich sage es ganz deutlich: Wir brauchen in erster Linie den ... *(Name des Vereins)* bei dem Vorhaben, die ... *(Name der östlichen Region)* für sanften Tourismus zu erschließen. Wir gemeinsam wollen die ... *(Gesamtregion)* als Wander- und Naturparadies erhalten.

Das gemeinsame Interesse aller Mitglieder herausstellen

Über die Landesgrenzen hinweg ist der ... *(Name des Vereins)* die einigende Klammer der Interessen. Ich sitze heute abend so gern in dieser Runde, weil ich weiß, daß wir alle zusammen unser Herz an diese Landschaft und ihre Menschen verloren haben. Und weil wir alle gemeinsam die ... *(Gesamtregion)* als Heimat für Mensch und Natur erhalten wollen.

Gemeinsame Tagung zweier parteinaher Verbände aus einem alten und einem neuen Bundesland

Sehr geehrte Frau ... (Name der Vorsitzenden, West), verehrte Ehrengäste, meine sehr geehrten Damen und Herren!

Es spricht der Vorsitzende (Ost)

Es ist in den vergangenen ... Jahren, seit Beginn der friedlichen Revolution in der DDR, so häufig der Begriff »historisch« verwendet worden, daß ich ihn bei unserem heutigen Zusammentreffen in jedem Fall vermeiden möchte. Obwohl er dem Ereignis angemessen wäre. Auch das von Willy Brandt zitierte Wort, wonach »zusammenwächst, was zusammengehört«, ist zwischenzeitlich so verschlissen, daß es kaum noch verwendet werden kann, ohne Gähnen zu erzeugen. Gleichwohl stimmt es vom Inhalt her.

Gekonnter Einstieg durch beiläufige Verwendung zweier »abgenutzter« Zitate

Ich möchte das, was ich Ihnen heute als Vorsitzender des Verbandes ... *(Name und Ort)* zu sagen habe, dort beginnen lassen, wo es letztmalig Gemeinsamkeiten gab, nämlich Mitte der 40er Jahre. Der Zusammenbruch Deutschlands am Ende des 2. Weltkrieges war allumfassend. Das deutsche Volk lag am Boden. Zunächst in Zonen geteilt und von den Alliierten verwaltet, schien es kaum noch Hoffnung zu geben für eine Zukunft Deutschlands. Und trotzdem: In diesen Trümmern keimten Hoffnung und Mut. Frauen und Männer, die während der Naziherrschaft zu politischer Abstinenz gezwungen oder in den Kerkern und Konzentrationslagern eingepfercht waren, fanden auch in dieser »Stunde Null« zusammen, um über die Zukunft ihres Landes nachzudenken und erste Schritte zu unternehmen. Es war dies die Geburtsstunde der Parteien. Und es war die Geburtsstunde der ... *(Name der politischen Vereinigung)*, die sich auch und gerade im Herzen der ... *(Name der Region)*, diesseits und jenseits der Zonengrenze, entwickelte.

Suche nach Gemeinsamkeiten in der Geschichte: Darstellung der Anfänge in der Nachkriegszeit

Den christlichen (sozialen, liberalen, demokratischen etc.) Grundwerten verpflichtet, wollte die ... einen dritten Weg beschreiben, jenseits von Kapitalismus und Kommunismus. Ich erspare es mir, im Detail auf die folgenden 40 Jahre einzugehen. Sie alle, wir alle, haben dies – die einen länger, die anderen kürzer – erlebt, erfahren, erduldet.

Die politischen Leitlinien der Vereinigung kurz erwähnen

Im Sommer und Herbst '89 sind wir alle Zeitzeugen einer Entwicklung geworden, in deren Etappe die Wirtschafts-, Währungs- und Sozialunion griff und an deren Ende die Einheit und Freiheit Deutschlands stand. Wir stehen nun am Vorabend des ...ten gemeinsamen »Tages der deutschen Einheit«. Ein solches Datum gibt Anlaß, Bilanz zu ziehen, Rückschau zu halten und eine Prognose für die Zukunft abzugeben.

Zeitsprung zur Wende von 1989

Aufzeigen der Stimmung am Tage X …

Ich möchte meine Bilanz auftun, indem ich Streiflichter wiedergebe. Ich erinnere mich noch der Euphorie, als sich am 10. November 1989 die Grenzen öffneten. Den offenen Grenzen folgten die offenen Herzen, und eine unglaublich große Welle von Hilfsbereitschaft schwappte durch das Land.

… und ihrer Veränderung in der Folgezeit bis zum Hier und Jetzt

Beides ist deutlich abgeklungen. Dem Enthusiasmus ist die Ernüchterung gefolgt, kein Katzenjammer, sondern nüchternes Miteinander; der Hilfsbereitschaft ist der geschäftliche Umgang miteinander gefolgt. Und ich verhehle nicht, daß es hier wie dort Ablehnung, Verneinung, Skepsis gibt. Und allzu rasch haben die Begriffe »Ossi und Wessi« neben einem faden Beigeschmack auch üble Anhängsel erhalten: Der »Besser-Wessi« oder »Jammer-Ossi« ist gewiß auch Ihnen bekannt. Ich möchte dies nicht überbetonen, weil ich weiß, daß die Mehrheit anderer Auffassung ist. Aber ich möchte auch nicht vergessen zu sagen, daß diese Begriffe, die ja auch für innere Einstellung stehen, weh tun und dort Mauern errichten, wo wir sie eigentlich abgebaut zu haben glauben.

Die Gemeinsamkeiten entdecken und für die Gestaltung der Zukunft nutzen

Und genau aus diesem Grund, meine sehr geehrten Damen und Herren, genau aus diesem Grunde ist unser heutiges Zusammentreffen so bedeutsam: Nur wer miteinander redet, wird bemerken, daß der jeweils andere auch ein netter Mensch ist, gute Ideen hat, ähnliche Wünsche formuliert und auch Antworten sucht, die eine friedliche und sichere Zukunft erhoffen lassen. Dieses Treffen von Mitgliedern der benachbarten …-Verbände … und … wird diesem Anliegen gerecht werden. Uns verbinden so viele Gemeinsamkeiten, daß wir auch gemeinsam daran arbeiten müssen, diese Region, die einst von der deutsch-deutschen Grenze zerteilt wurde, voranzubringen.

Die Hauptprobleme und Hemmnisse erwähnen …

Noch sind die Bedingungen, unter denen wir arbeiten, recht verschieden. In … *(Kreisstadt West)* gibt es gewachsene Strukturen, straffe Verwaltungen und eine Infrastruktur, die den Menschen ein angenehmes Leben ermöglicht. In … *(Kreisstadt Ost)* müssen wir noch einiges tun. Dabei sind wir nicht nur auf Hilfe angewiesen, sondern auch sehr dankbar, daß uns diese Unterstützung gewährt wird, denn wir haben mit den vielfältigsten Problemen zu kämpfen. Ich meine nicht in erster Linie die Suche nach ehemaligen Stasi-Mitarbeitern oder die Durchforstung von Verwaltung und Behörden nach solchen SED-Mitgliedern, denen die Bevölkerung Akzeptanz versagt. Ich meine vor allem kommunalpolitische Probleme, die sich als Hemmschuhe erweisen.

Lassen Sie mich Ihnen nur zwei kleine Beispiele nennen, die jedoch ungeahnt große Auswirkungen haben: Der Bauwirtschaft wird zugerechnet, Lokomotivfunktion für den Aufschwung zu haben, und trotzdem geht es in diesem Bereich nicht voran. Im Landkreis ... gibt es nur einen einzigen niedergelassenen Statiker. Gleichzeitig stapeln sich aber in der Bauaufsicht die Anträge, und die Laufzeiten verlängern sich ins Unzumutbare. Es fehlt für den Landkreis ... und seine Städte und Gemeinden die raumordnerische Planung. Und es fehlen Bebauungspläne, die mit den Trägern öffentlicher Belange abgestimmt sind. Daraus resultiert, daß jeder einzelne Bauantrag auch einzeln genehmigt werden muß, mit der Konsequenz, daß die Stellungnahmen der Träger öffentlicher Belange jeder Bauherr selber einholen muß.

... und anhand von Beispielen veranschaulichen

Mindestens ebenso hemmend ist das in vielen Teilen unvollständige Landesrecht, sei es im Bereich des Haushaltswesens (im Bereich von Sicherheit und Ordnung, im Umweltschutz usw.). Ich will Sie nicht mit weiteren Details strapazieren, die über kurz oder lang gewiß geregelt werden. Ich möchte aber die Gelegenheit nutzen, einmal all denjenigen Dank zu sagen, die uns Hilfestellung gegeben haben, geben und dies auch weiter tun wollen. Die Unterstützung trägt dazu bei, gemeinsame Probleme einvernehmlich zu lösen. Wir tun dies, und wir tun dies auch innerhalb der beiden ...-Verbände, weil in beiden Landkreisen die ... *(Name der Partei)* bestimmende politische Kraft ist.

Dank für die bisherige Unterstützung

Rede zur Eröffnung eines Pflegeelterntages

Es spricht ein Kommunalpolitiker

Liebe Pflegeeltern, liebe Kinder,
meine sehr geehrten Damen und Herren!

Was ist eine Familie? Diese recht einfach klingende Frage wird nach längerem Überdenken zu einem komplexen Thema. Ganz formal betrachtet bilden Mutter, Vater und Kinder die familiäre Gemeinschaft. Hinzu kommen Großeltern oder andere Anverwandte, was dann als Großfamilie definiert ist.

Konkrete Frage und formale Beantwortung als Redebeginn

Doch Familie ist weitaus mehr als die Sammlung der sie bildenden Mitglieder. Familie bedeutet Geborgenheit, Nestwärme, Miteinander, das Zusammenstehen und füreinander dasein. Die meisten von uns haben erfahren, was ich mit dieser unvollständigen Beschreibung von Familie meine, nämlich daß die Familie der Ort ist, der Heimat, Liebe und Nähe bedeutet. Nicht umsonst stehen »... Ehe und Familie unter dem besonderen Schutz der staatlichen Ordnung ...«, wie es in Artikel 6 des Grundgesetzes der Bundesrepublik Deutschland festgeschrieben ist. Der Staat weiß sehr wohl,

Ausweitung der Eingangsfrage unter Berücksichtigung verschiedener Aspekte

daß die Familie Leistungen erbringt, die mit Geld nicht aufzuwerten sind. Familie und Gemeinschaft, diese Erfahrungen haben die meisten von Ihnen ihr Leben lang machen können. Doch es gibt auch Menschen, denen das »Erlebnis Familie« nicht zuteil geworden ist, aus welchen Gründen auch immer. Vollwaisen, Halbwaisen, Scheidungswaisen, verstoßene Babys, geprügelte und gequälte Kinder, soziale Notfälle – die Liste der Gründe, weshalb Kinder keine Familie haben, ist lang und in den meisten Fällen traurig oder beschämend. Hinter nüchternen Zahlen verbergen sich häufig menschliche Tragödien. Mit brutaler Regelmäßigkeit können wir aus den Medien erfahren, zu welchen Grausamkeiten das Leben fähig ist.

Dem Idealfall die andere Seite der Realität gegenüberstellen

Gequälte Kinder brauchen die Hilfe der Gemeinschaft ebenso wie diejenigen, die – aus welchen Gründen auch immer – ohne Eltern sind. Nicht erst seit heute hat der Staat die Aufgabe, sich um diese Kinder zu kümmern. Mehrere Instrumentarien stehen zur Verfügung: Der Staat kann entweder selbst die Fürsorgepflege wahrnehmen, die Kinder in Heimen zusammenführen und ihnen Erziehung zuteil werden lassen, oder er kann neue Eltern für diese Kinder suchen und ihnen diese Fürsorge übertragen. Der Staat tut beides. Ich mache aus meiner Auffassung kein Hehl, meine sehr geehrten Damen und Herren, wenn ich Ihnen sage, daß mir als Kommunalpolitiker der Gedanke viel sympathischer ist, Kinder in andere Familien hineinzugeben, als sie in Heimen groß werden zu lassen.

Möglichkeiten der Hilfe und Fürsorge kurz beschreiben

Die persönliche Meinung einfließen lassen

Ich habe eingangs ganz bewußt versucht zu definieren, was Familie bedeutet. Und ich bin sicher, daß Familie eine ähnliche Bedeutung für alle Menschen hat. Und nun werden Sie verstehen, weshalb ich Kinder, die Waisen sind oder in äußerst problematischen sozialen Verhältnissen leben, lieber in der Obhut von Familien als in der von staatlichen Heimen sehe. Sie alle sind Eltern solcher Kinder. Sie haben 50 Jungen und Mädchen zur Pflege, sie kümmern sich um sie an Eltern statt. Ich danke Ihnen für dieses großartige Engagement.

Die anfänglichen Ausführungen als Begründung heranziehen

Wie in vielen anderen Bereichen auch, soll der Staat versuchen, sich selbst zurückzunehmen. Er kann nicht alles besser. Im Gegenteil: Die Familie ist es, die den Staat lehrt, wo er sich heraushalten soll.

50 Pflegeelternpaare kümmern sich im Landkreis ... um ebenso viele Kinder, zum Teil bereits seit mehreren Jahren. Es ist unendlich schwer, alle diese Einzelschicksale unter eine große Klammer zu bekommen. Trotzdem glaube ich, daß Sie alle, die Sie sich bereit gefunden haben, Verantwortung für ein »fremdes Kind« zu übernehmen, eine große Liebe zu Kindern empfinden, sie als Glück begreifen und ihnen Zuneigung und Wärme zuteil werden lassen möchten. Wir brauchen noch mehr Eltern von *Ihrem* Format.

Das Engagement der Pflegeeltern würdigen

Neben meinem herzlichen Dank an Sie, die Eltern der Pflegekinder im Landkreis …, möchte ich nicht vergessen, die Arbeit des Jugendamtes zu würdigen. Nicht nur die finanzielle Unterstützung, die Pflegeeltern erhalten, ist wichtig, vielmehr steht das Amt mit Rat und Tat zur Seite, wenn es Probleme gibt oder wenn Fragen auftauchen, wenn beispielsweise eine Lehrstelle gesucht wird oder eine ähnliche besondere Lebenslage eintritt.

Das Jugendamt in die Verantwortung mit einbinden

Dieser (erste) Pflegeelterntag des Landkreises … hat in erster Linie die Aufgabe, daß Sie miteinander sprechen können, Erfahrungen austauschen und Ratschläge weitergeben. Ich hoffe, daß das Treffen den Erwartungen von möglichst vielen gerecht wird, und es wäre schön, wenn sich im Nachgang zu diesem (erste) Pflegeelterntag einige Eltern bereit fänden, einem Kind eine neue Heimat zu geben.

Die wichtigsten Ziele der Tagung ansprechen

Ehrungen und Würdigungen

Ehrung einer Sportlerin

Ein Vertreter der Gemeinde spricht

Verehrte Gäste, liebe Frau ...!

Wir ehren in Ihnen einen jungen Menschen, der mit Begabung und viel Training eine überragende Leistung erzielte. Wir ehren in Ihnen einen Menschen, dessen Streben und dessen Leistung für die Jugend ein Vorbild ist. Wir ehren in Ihnen zugleich aber auch einen jungen Bürger unserer Stadt, der deren Namen in einem bedeutenden Wettkampf mit Erfolg vertreten hat. Neben dieser dreifachen Ehrung, die Sie sich schon als junger, eben erst erwachsener Mensch verdient haben, gilt Ihrer Leistung eine vierte Würdigung. Sie haben mit bescheidenem Auftreten und ausdauerndem Bemühen bewiesen, daß echter sportlicher Geist noch immer nicht ausgestorben ist, der nicht alles nach dem klingenden Lohn mißt, sondern sich um ein schönes, zweckfreies Spiel, um den Sieg müht. Ihr Erfolg ist gleichzeitig ein Erfolg Ihrer sportlichen Arbeit. Er ist ein Erfolg Ihres Vereins und der Menschen, die sich um die Betreuung unserer Jugend solche dankenswerte Mühe machen. Es gibt leider noch immer Menschen, die den Sport mit Vorurteilen betrachten. Dabei hätte in unserer Zeit jedermann Grund genug, seine eigene tägliche Bewegung nicht zu vernachlässigen. Denn die Nachteile, die durch Bewegungsarmut eintreten, sind ein großer Schaden für die Gesundheit. Selbstverständlich kann nicht jeder, so wie unsere junge Leistungssportlerin, zu Meisterehren gelangen. Aber jeder kann doch ein Meister seiner Gesundheit sein.

Würdigung der Leistung in verschiedenerlei Hinsicht

Gesundheitliche Aspekte der sportlichen Betätigung

Und so möchte ich mir von Ihrer Meisterschaft einen kleinen Abglanz für die Bevölkerung unserer Stadt wünschen. Der Jugend wünsche ich, daß sie sich an Ihnen ein Vorbild nimmt. Unseren Erwachsenen wünsche ich, daß wir uns an den gesundheitsfördernden Wert des Sports wieder erinnern. Ihnen aber, liebe junge Meisterin des, der... *(Sportart)*, wünsche ich, daß Sie auf dem Weg der sportlichen Leistung weiterhin erfolgreich sind. Ihre Vaterstadt wünscht Ihnen alles Gute dazu.

Sportliche Erfolge sollen Beispiel geben und Ansporn sein

Der Vereinsvorsitzende würdigt die Leistungen der Sportlerin

Meine sehr geehrten Damen und Herren, liebe ... (Name)!

Gefühlsbetonte Einleitung

Ihr Verein ist stolz auf Sie. Bei jenem Wettkampf, in dem Sie alles daran setzten zu siegen, haben wir alle – glauben Sie es uns – mit Ihnen geschwitzt, waren mit Ihnen angespannt und haben uns beim Daumenhalten fast die Finger zerdrückt. Als das Ergebnis feststand, haben unsere Herzen schneller geschlagen. Unsere guten Wünsche begleiten Sie. Hoffentlich haben Sie sich während des Wettkampfes nicht zu allein gefühlt, sondern gespürt, daß gute Freunde in Gedanken bei Ihnen waren.

Gratulation und anerkennende Worte für die bescheidene Haltung der Geehrten

Nun, das Ziel ist erreicht, der Sieg ist errungen und es ist Zeit, einmal zu sagen: Herzlichen Glückwunsch! Ehrlich gemeinte Anerkennung! Wir freuen uns dabei besonders, daß Sie ganz die alte geblieben sind. Zwar sollte man meinen, dies sei selbstverständlich, weil der Sport eine Sache frischer, idealistischer Menschen sei. Aber wir haben in unserer modernen, ruhmsüchtigen Gesellschaft leider oft genug erlebt, daß jemandem ein schneller Erfolg zu Kopf stieg oder – um es treffender zu sagen – er oder sie diesen Kopf zu hoch trägt. Sie tun das nicht. Und diese Ihre bescheidene Haltung gibt uns Hoffnung, daß Sie es auch weiterhin zu hohen sportlichen Leistungen bringen. Menschen, die keine Bescheidenheit kennen, verlieren nämlich leicht den Boden der Tatsachen unter den Füßen. Die wichtigste sportliche Tatsache aber heißt hartes, ausdauerndes Training. Sie haben es nicht aufgegeben und werden es nicht aufgeben. So wird Sie die Jugend unseres Vereins nicht nur auf dem Siegespodest sehen, sondern auch nach dem regelmäßigen, eifrigen Training beurteilen. Seien Sie darum mehr als eine Meisterin. Unsere Jugend braucht Vorbilder. Geben Sie ihr ein solches Vorbild.

Die Meisterin als Vorbild für den Nachwuchs

Verabschiedung einer Mannschaft zu einem Turnier

Rede des ersten Vorsitzenden eines Sportvereins

Liebe Vereinskameraden!

Wie der Mensch überhaupt, so muß auch der Sportler sein Können und seine Fähigkeiten sich und den anderen ständig beweisen. Er muß zeigen, daß er trainiert und gelernt hat, und daß er fähig ist, sich im Wettstreit mit anderen zu messen und zu behaupten.

Dabei darf er jedoch niemals die eigentliche Aufgabe des Sportes aus den Augen verlieren, die darin besteht, daß der Mensch dazu erzogen wird, in Harmonie mit Körper und Geist zu leben. Diese Harmonie erst vermag es, ihm jene Kraft und Sicherheit zu geben, die er für das tägliche Leben benötigt. Die aufeinander abgestimmte Übung des Körpers und des Geistes ist das sicherste Unterpfand für einen gesunden Menschen. Und dieses Unterpfand müssen wir haben, wenn wir nicht in dem bewußten oder unbewußten Gefühl leben wollen, vielleicht schon der nächsten Aufgabe nicht mehr gewachsen zu sein und zu versagen. Das Versagen, liebe Freunde, ist es, wovor der Sportler viel öfter Angst hat als er zugeben will. Die Furcht, plötzlich gerade dann nicht in guter Form zu sein, wenn es darauf ankommt, ist ein uns allen bekanntes Gefühl. Aber der Glaube an das eigene Leistungsvermögen ist ein gutes Mittel gegen solche Depressionen.

Einige Gedanken über Erfolg und Versagen, Zweifel und Zuversicht

Vielleicht werdet auch ihr während der letzten Tage oder Wochen des Trainings Zweifel daran gehabt haben, ob ihr das große Treffen erfolgreich durchsteht. Solch eines Zweifels braucht sich keiner von euch zu schämen. Im Gegenteil. Er ist ein Zeichen dafür, daß ihr nicht ohne Überlegung und mit jener oftmals anzutreffenden Geringschätzung des Gegners in den sportlichen Wettkampf geht, sondern in dem Bewußtsein, daß auch er nicht untätig war, und daß er euch sicherlich einen etwaigen Sieg nicht schenken wird. Aber was wäre denn auch ein geschenkter Sieg? Er wäre genauso wertlos, als wenn ihr ihn gar nicht errungen hättet. Wo wäre der Geist des Sports denn geblieben, wenn sich eine Mannschaft oder ein einzelner Mann seinen Sieg einfach nehmen könnte, ohne wirklich darum gekämpft zu haben? Erst der faire, sportliche Kampf und seine erfolgreiche Beendigung ist für uns alle Grund, uns als Sieger zu fühlen. Darum verschenkt nichts, aber laßt euch auch nichts nehmen.

»Je größer die Schwierigkeit, die man überwand, desto größer der Sieg« (Cicero)

Wenn die Leistungen des Gegners unter eurer Erwartung liegen, so laßt die euren dadurch nicht drücken. Wenn sie aber höher liegen, dann laßt euch nicht entmutigen, sondern nehmt alle eure Kräfte zusammen und versucht, euer Bestes herzugeben. Überhaupt, wenn ihr im Anschluß an das bevorstehende sportliche Treffen voller Überzeugung sagen könnt, daß ihr euer Bestes gegeben habt, dann war es auf keinen Fall umsonst, im Gegenteil, dann war es eine gute Schule für euch. Die eigene Leistung kann erst an der Leistung des Gegners gemessen werden, und erst durch sie erhält sie ihren sportlichen Wert.

An Leistungswille und -bereitschaft appellieren

Das soll aber nicht heißen, daß ich euch nicht den Sieg wünsche. Selbstverständlich drücke ich als der Vorsitzende unseres Vereins beide Daumen. Ich weiß, wie fleißig ihr geübt habt und daß ihr gut vorbereitet seid. Daher ist mir um den Erfolg nicht weiter bange, wenngleich ich noch einmal darauf

Optimismus verbreiten …

hinweisen möchte, daß nicht der leistungsmäßige Erfolg beim Sport die Hauptrolle spielen darf, sondern der körperliche und geistige Erfolg, den seine Ausübung für den mit sich bringt, der sich ihr widmet.
Ich wünsche euch eine gute Reise und gesunde Rückkehr. In Gedanken werden wir bestimmt bei euch sein.

... und an die Hauptsache sportlicher Wettkämpfe erinnern

Ehrung einer erfolgreichen Sportmannschaft durch den Bürgermeister ihres Heimatortes

Liebe Sportler (Fußballer, Handballer, Ruderer etc.)!

Ich begrüße euch im Namen unserer Stadt (Gemeinde) recht herzlich und gratuliere euch zu eurem Erfolg. Es schlug hier bei uns wie eine Bombe ein, als wir erfuhren, daß ihr bei den ...meisterschaften den Sieg davongetragen habt. Ihr alle kennt die Verbundenheit unserer Bevölkerung mit den Geschicken eures Vereins, und es war daher zu erwarten, daß beinahe jeder von uns den Gang der Ereignisse aufmerksam verfolgte. Es ist ein erfreuliches Zeichen für den Stand der sportlichen Ausbildung in unserer Stadt (Gemeinde), daß unsere ...mannschaft den Sieg in einem gewiß nicht leichten Wettkampf erringen konnte. Als der Vertreter dieser Stadt (Gemeinde) darf ich euch allen daher von ganzem Herzen dafür danken, daß ihr mit eurem Können einen nicht unerheblichen Beitrag zu ihrem Ansehen beigetragen habt.

Verbundenheit unterstreichen und den Stolz der Gemeinschaft zum Ausdruck bringen

Es wird wohl keineswegs immer zu Unrecht darauf hingewiesen, daß manche Sportarten in unserer Zeit den Charakter eines fairen und freundschaftlichen Wettkampfes verloren haben. Es ist eine gewiß nicht erfreuliche Erscheinung, daß der Sport neben anderen, eigentlich dem persönlichen Wohl des Menschen dienenden Beschäftigungen, heutzutage mehr und mehr zu einem Unterhaltungsmoment für die Massen wird. 22 Mann jagen hinter einem Ball her, und 22 000 sitzen oder stehen auf den Tribünen und schauen zu, ohne auch nur einen Finger zu rühren. Aber sie tun es auch zu Hause nicht. Sie sitzen am Radio oder an ihren Fernsehgeräten, rennen ins Kino oder an die Tennisplätze und schauen mit gewichtigen Mienen zu, wie andere ihr Können erproben und ihre sportlichen Fähigkeiten beweisen. Immer mehr droht der Sport zu einem Schaugeschäft zu werden, für das die wenigen Aktiven gewaltige Summen einstecken. Das ist niemals Sinn und Aufgabe des Sports gewesen. Es ist jedoch bezeichnend für unsere Zeit, in der man selbst diese Dinge in klingende Münze

Auf aktuelle Trends und Phänomene eingehen: Sport als Unterhaltung und Show für die Massen ...

... und als lukrative Einnahmequelle für einige wenige

Sport muß wieder zu seinen Ursprüngen zurückfinden

umsetzt und damit im Grunde vollkommen entwertet. Es ist zu wünschen, daß der Mensch eines Tages wieder den wirklichen Wert einer sportlichen Betätigung einzusehen vermag und sich von denen lossagt, die ihn als ein Geschäft betrachten. Solange dies jedoch nicht mehr der Fall ist, wird es die Aufgabe derer sein, die um den wahren Wert des Sportes wissen, darauf hinzuwirken und hinzuweisen, daß es trotz allem noch Menschen gibt, die in einer sportlichen Betätigung einen Selbstzweck sehen, der jenseits aller wirtschaftlichen Gesichtspunkte anerkannt und gepflegt wird.

Würdigung des Engagements um der Sache willen

Zu diesen Menschen, meine lieben Sportler, dürft ihr euch ruhigen Gewissens zählen. Wir alle wissen, wie sehr euch … *(Sportart)* am Herzen liegt. Wir alle wissen auch, wie viele freie Stunden ihr opfert, um eurer Lieblingsbeschäftigung nachzugehen. Daß ihr dabei ein Können erreicht habt, das über dem anderer Vereine liegt, ist euer persönliches Verdienst. Das hat nichts mit der Jagd nach dem Mammon zu tun. Das ist auch keine Sucht nach Anerkennung und Ehre, es ist der Erfolg eurer Arbeit, die ihr zu einem Teil in den Dienst des …sportes gestellt habt.

Glück- und Erfolgswünsche für die Zukunft

Ich spreche euch daher unser aller Anerkennung aus. Wir alle sind stolz darauf, daß ihr als die Besten aus dem Wettkampf hervorgegangen seid. Für eure weitere Arbeit am richtig verstandenen Sport wünschen wir euch Glück und weiterhin viel Erfolg.

Sportlerehrung

Es spricht der Landrat

Liebe Sportlerinnen und Sportler,
meine sehr geehrten Damen und Herren!

Einleitender Hinweis auf die Tradition der Veranstaltung

Es gehört zu einer langjährigen und guten Tradition, daß der Kreisausschuß des Landkreises … regelmäßig diejenigen Sportlerinnen und Sportler zu einer Ehrung einlädt, die in den vergangenen beiden Jahren große Erfolge auf überregionaler Ebene errungen und damit den guten sportlichen Ruf des Kreises weiter verbessert haben. Zur guten Tradition gehört es auch, daß bei dieser Gelegenheit diejenigen Bürger unseres Kreises eine Auszeichnung in Form der Kreisplakette erhalten, die sich um den Vereinssport herausragende Verdienste erworben haben.

Kurze Begrüßung

Wie schon vor zwei Jahren darf ich Sie alle hier im neugestalteten Bürgerhaus der Gemeinde … namens des Landrates und des Kreisausschusses auf das herzlichste begrüßen und willkommen heißen. Ich freue mich, daß Sie der Einladung des Landkreises … nachgekommen sind.

Für den Volksmund mag Sport die schönste Nebensache der Welt sein. Für die im Landkreis ... politisch Verantwortlichen ist Sport und dessen Förderung eine Hauptsache. Zweierlei Gründe sind ausschlaggebend: Zum einen braucht unsere Gesellschaft aktive Vereine. Sie bieten jedermann die Möglichkeit sinnvoller Betätigung, sie fördern den Gemeinsinn, sie vermitteln Kameradschaftsgeist und Solidaritätsdenken. Unsere Vereine sind die wirkungsvollste Medizin gegen Vereinsamung und Konsumdenken. Zum zweiten bieten unsere Sportvereine jedermann die Möglichkeit, sich fit zu halten oder auch Hochleistungen zu erbringen. Sportvereine sind somit ein unverzichtbarer Faktor zur Erhaltung und Verbesserung der Volksgesundheit. Tausende von Bürgern im Landkreis ... haben dies erkannt und betreiben Sport als Hobby, zur Körperertüchtigung oder als Herausforderung an ihre Leistungskraft.

Abwandlung einer bekannten Redensart und Überleitung zur Rolle und Bedeutung der Sportvereine

Aber, meine sehr geehrten Damen und Herren, ob Fußball oder Schwimmen, ob Schießen oder Reiter, Sprint, Fünfkampf oder Skilauf, jede einzelne Sportart braucht geeignete Anlagen. Wir im Landkreis ... haben in den vergangenen Jahren moderne Wettkampfstätten, Sporthallen und Einrichtungen geschaffen und unterhalten. Mehrere Millionen Mark wurden investiert, um herausragende sportliche Leistungen überhaupt erst zu ermöglichen. Damit, meine sehr geehrten Damen und Herren, bin ich beim eigentlichen Anlaß des heutigen Abends angelangt: Wir wollen diejenigen Mädchen und Jungen, Männer und Frauen ehren und auszeichnen, die durch herausragende Leistungen bewiesen haben, daß Stadt und Landkreis ... großes sportliches Ansehen genießen. Sie haben gezeigt, daß auch dünner besiedelte und vielfach benachteiligte Regionen Talente hervorbringen, die an nationalen Wettkämpfen teilnehmen und dabei gut oder sogar sehr gut bestehen.

Die Rahmenbedingungen umreißen und auf die finanziellen Investitionen verweisen

Das gute Abschneiden unserer Sportlerinnen und Sportler ist ein Beweis dafür, daß die Optimierung der Trainings- und Wettkampfbedingungen in den vergangenen Jahren enorme Fortschritte gemacht hat. Häufig genug hat der Bau einer neuen Turnhalle, die Anlage eines Leichtathletikplatzes oder anderer Wettkampfstätten dazu geführt, daß in dieser Region ein enormer Aufschwung zu verzeichnen war. Der Landkreis ... hat alle diese Einrichtungen gerne angelegt. Ich erinnere in diesem Zusammenhang an die in den vergangenen zwei Jahren neu erbauten Dreifelder-Großsporthallen. Mit ihren Standorten in ... *(Namen der Ortschaften)* haben wir erreicht, daß die »weißen Flecke« auf der Kreiskarte beinahe verschwunden sind. Beinahe deshalb, weil es noch etwa 1½ Jahre dauern wird, bis auch die vierte Großsporthalle in ... eingeweiht werden kann. Gemeinsam mit den Großsporthallen in ... *(Namen weiterer Ortschaften)* wird dann das flächen-

Die Fortschritte bei der Optimierung der sportlichen Infrastruktur herausstellen ...

... und dabei die Situation in ausgewählten Ortschaften des Landkreises beschreiben

deckende Netz von Sportstätten fertiggeknüpft sein. Darüber hinaus verfügen wir in beinahe jeder Gemeinde über eine kleinere Halle.

Ich habe Ihnen dies einmal aufgezählt, meine sehr geehrten Damen und Herren, um zu verdeutlichen, welche enormen Anstrengungen die im Landkreis ... politisch Verantwortlichen bislang unternommen haben, um die sportliche Infrastruktur zu optimieren. Wir wollen diesen als richtig und wertvoll erkannten Weg auch in den nächsten Jahren beschreiten. Der Kreis wird weiterhin an der Seite seiner Sportler stehen, wenn es gilt, neue Plätze anzulegen, erforderliche Trainingsstätten einzurichten, stehende Hallen zu renovieren oder auszubauen.

Die einvernehmliche Partnerschaft von Sport und Politik betonen

Über all diesen Vorsätzen darf jedoch eine Tatsache nicht vergessen werden: Der Kreis kann sich noch so sehr bemühen, optimale Wettkampfbedingungen zu schaffen, ohne die Vereine würden viele Hallen und Anlagen vereinsamt dastehen. Unsere sporttreibenden Vereine und Verbände sind es, die die Anlagen unserer Region mit Leben erfüllen. Ich möchte daher an dieser Stelle all denjenigen Vereinsmitgliedern Dank sagen, die »hinter den Kulissen« dafür sorgen, daß den Aktiven Trainingszeiten gesichert werden, daß Wettkämpfe reibungslos ablaufen, daß die Kasse stimmt, daß die Organisation klappt. Niemand sollte die Leistung der »stillen Helfer« in den Vereinen unterschätzen. Ohne »Management« und Koordination wären viele Veranstaltungen und Wettkämpfe überhaupt nicht denkbar. Der Landkreis ... hat sich daher entschlossen, gemeinsam mit den in den vergangenen zwei Jahren herausragend Aktiven diejenigen Vereinsmitglieder zu ehren, die sich besondere Verdienste auf diesem Gebiet erworben haben. Wenn ich nun an Sie, liebe Sportlerinnen und Sportler, und an Sie, meine Damen und Herren Vereinsmitglieder, Urkunden und Medaillen des Landkreises ... überreiche, dann verbinde ich dies mit der Bitte, auch in Zukunft Ihrer Sportart treu zu bleiben und so Beispiel zu geben für die Jungen und Mädchen, die nach Ihnen kommen.

Lob und Dank den »Funktionären und den Akteuren hinter den Kulissen«

Die Auszeichnung mit einer Bitte verbinden

Siegerehrung beim Sportfest

Es spricht der Wettkampfleiter

Liebe Teilnehmerinnen und Teilnehmer!

Würdigung der Leistungen aller Beteiligten

Der Wettstreit ist beendet. Ihr habt in fairer Weise die Kräfte gemessen. Der letzte wie der erste in jedem Wettkampf haben sich bis zum äußersten angestrengt. Es war eine schöne sportliche Begegnung. Es war ein großartiges Spiel aus Freude an der Leistung. Wir sind Euch dankbar dafür. Und wenn auch nicht der Sieg, sondern die Teilnahme entscheidet, dann wollen wir doch die Besten ehren. Wer gesiegt hat, ob um Brustbreite beim Lauf, um eine Fußlänge beim Sprung, der ist heute der Meister. Bewußt sage ich »heute«, denn sportliche Ehren müssen immer wieder neu erkämpft werden. Im Sport mag der, welcher heute geschlagen wurde, das nächste Mal schon der Sieger sein.

Siege sind Erfolge auf Zeit und müssen immer wieder neu errungen werden

Ich ehre die Besten dieses Tages und rufe allen zu: Wer heute erster war, der soll sich beim nächsten Kampf doppelt anstrengen. Wer heute aber nicht erster wurde, der kann es bei einem der nächsten Male werden.

Verleihung der Lebensrettungsmedaille durch den Bürgermeister

Meine sehr geehrten Damen und Herren,
lieber... (Vor- und Zuname des Geehrten)!

Du hast dich als ganzer Mann erwiesen, obwohl du erst 15 Jahre alt bist. Du hast einem jungen Menschen das Leben gerettet, unserer Simone, die auch hier im Saale sitzt und die ich, wie alle anderen Gäste, auf das herzlichste begrüße.

Den Anlaß der Ehrung kurz und bündig benennen

Wir wollen diese Feierstunde, in der ich die Ehre habe, einem jungen Bürger unserer Stadt eine der höchsten Auszeichnungen zu überreichen, bewußt einfach halten. Einfach deshalb, weil die Erinnerung an die schrecklichen Stunden die Gerettete, den Retter und beide Eltern noch immer gefangen hält.

Ich will nicht viele Worte machen, und es stünde mir auch nicht zu. Du bist der einzige hier in diesem Saal, der einem Menschen das Leben gerettet hat. Wir wollen uns wünschen, daß wir uns alle in einer ähnlichen Situation so verhalten, wie du es getan hast! Wir sind stolz auf dich, ich persönlich möchte diesen Tag als einen der glücklichsten meiner Amtszeit bezeichnen. Ich habe schon viele Orden verliehen – vom Karnevalsorden bis zur 50jährigen Vereinsmitgliedschaft –, aber so bewegt wie heute war ich noch nie. Dieses Ereignis duldet keinen Vergleich.

Stolz auf die Leistung und Hochachtung vor ihr ausdrücken

Die Besonderheit der Auszeichnung erwähnen

Bleibe, wie du bist, erhalte dir deine Bescheidenheit. Die stille, menschliche Sicherheit, mit der du im entscheidenden Moment eingegriffen hast, möge dir für dein weiteres Leben dienen.

Pokalüberreichung beim Volksmarsch

Meine sehr geehrten Damen und Herren, liebe Wanderfreunde!

Dank für Vorbereitung und Organisation

Unser diesjähriger Volksmarsch ist zu Ende. Wir danken dem veranstaltenden ... Verein, daß er nunmehr zum ...ten Male die Wanderstrecke ausgesucht und gut präpariert hat und in geradezu vorbildlicher Weise die Betreuung aller Wanderer am heutigen Tage übernommen hat. Die Urkunden und die Plaketten für die Teilnehmer unseres ... *(Name des Ortes)* Volksmarsches sind verteilt. Die Übergabe des Pokals, unseres diesjährigen Ehrenpreises für die größte Vereins- und Wandergruppe, steht aber noch aus.

Verleihung des Ehrenpreises

Ich habe die große Freude und Ehre, diesen schönen Pokal unseren Wanderfreunden aus ... zu überreichen. Obwohl Sie ja nun schon viele Jahre aus traditioneller Freundschaft an unserem Volksmarsch teilnehmen, ist es Ihnen diesmal auch noch geglückt, mit ... *(Zahl)* Wanderern die stärkste Gruppe zu stellen. Dafür gebührt Ihnen unser Ehrenpreis. Möge

Hinweis auf die nächstjährige Veranstaltung

er Sie bis zum nächsten Zusammentreffen ein wenig an uns erinnern. Wir bedanken uns für Ihre Teilnahme und freuen uns auf ein Wiedersehen beim ... *(Zahl)* ... *(Ort)* Volksmarsch.

Grußadresse zum 70. Geburtstag eines Sportfunktionärs

Es spricht ein Vertreter des Landkreises

Verehrte Ehrengäste, lieber ... (Name des Jubilars)!

Wer in ... *(Name des Ortes)* und ... *(Name der Region)* vom Turnsport redet, der spricht immer auch von (Ihnen lieber Herr) ... *(Name des Jubilars)*. In der Turnerschaft unserer Heimat sind Sie das, was gemeinhin anerkennend und ein wenig bewundernd als »Institution« bezeichnet wird. Und Sie sind dies zu Recht.

Der Jubilar als »Institution«

Seit Jahrzehnten engagieren Sie sich für alle Belange der Turnerinnen und Turner in ... und Umgebung. Es ist müßig, all die Funktionen, Posten, Verantwortungsbereiche auflisten zu wollen, in denen Sie in den vergangenen Jahrzehnten tätig waren und zu einem großen Teil noch tätig sind.

Das außergewöhnliche Engagement mit den Idealen der Turnerbewegung verbinden

Turnen war, ist und bleibt Ihr Leben, lieber (Herr) ... Sie haben Ihr Herz jener Bewegung verschrieben, die 1811 auf der Hasenheide in Berlin mit dem legendären Turnvater Friedrich Ludwig Jahn ihren Ursprung nahm und bis heute Millionen zu begeistern vermochte und vermag.

Der Erfolg der Turnbewegung hat viele Väter (und Mütter). Sie, lieber (Herr) ..., sind einer dieser Väter. Es ist mir daher heute eine besondere Ehre, Ihnen im Namen von ... (Landrat ..., erstem Kreisbeigeordneten ... etc.) herzlich zum Geburtstag zu gratulieren. Und seien Sie versichert: Ebenso herzlich füge ich meine persönliche Gratulation an. Bleiben Sie gesund; die Turnerinnen und Turner rechnen auch weiter mit Ihnen.

Gratulation (auch im Namen von Kommunalpolitikern)

Würdigung eines Jubilars bei Verleihung einer Ehrennadel

Verehrte Gäste, lieber ...!

Der Vorsitzende des Vereins spricht

Du darfst dich jetzt nicht bescheiden abwenden, wenn dir eine Anerkennung zuteil wird, die du im wahrsten Sinne des Wortes verdient hast. Denn freiwilliger Dienst an unserem Verein, im Sinne einer langjährigen, treuen und aktiven Mitgliedschaft, wird hier ausgezeichnet und gewürdigt.

Den Grund der Auszeichnung ausdrücklich nennen

Wie selten ist heute von Treue die Rede in unserer Zeit, in der alles im Fluß ist und dauernde Bindungen oft als lästig empfunden werden, weil keiner sich so recht mehr festlegen möchte. Kein Wunder, im Sturm der Ereignisse mag es schwer sein, liebgewonnene Gewohnheiten beizubehalten und seinen Lebenskreis unverändert zu erhalten. Auch im Verein folgt oft der anfänglich stürmischen Begeisterung eine gewisse Ernüchterung. Viele verlassen dann unseren Kreis, weil dieser eben auch Pflichten fordert, ja, vielleicht persönliches Zurückstehen zugunsten der Gemeinschaft. Ebenso durchlebt der Verein Zeiten der Krise, der Lustlosigkeit und mangelnder Aktivität. Man wird dann leicht mutlos und hält nach anderer Betätigung Ausschau. Was wäre der Verein in solchen Zeiten ohne Männer deiner Art, ohne Säulen, an denen andere Halt und Vorbild finden, von denen man weiß: Sie sind da, du kannst dich auf sie verlassen! Deine Treue erschöpfte sich nicht in bloßer Teilnahme, sondern fand im tätigen Mitwirken an den Geschicken des Vereins ihren Ausdruck. So bist du auch am meisten befugt, uns zu raten und uns auf etwaige Fehler aufmerksam zu machen.

Den Bogen schlagen vom Vereinsleben zu allgemeinen sozialen Erscheinungen

In schweren Tagen kann man sich auf Menschen wie den Jubilar verlassen

Heute gilt dir unser Dank und der Wunsch: Bleibe uns, bleibe dem Verein weiter treu!

Würdigung erfolgreicher Mitglieder eines Vereins durch den ersten Vorsitzenden

Meine lieben Vereinskameraden (Sanges-, Schützen-, Kegelbrüder etc.)!

Den besonderen Anlaß der Zusammenkunft herausstellen

Während wir uns an unseren sonstigen Vereinsabenden hier zusammenfinden, um zu ... (singen, schießen, kegeln etc.), geht es heute in erster Linie darum, einige unserer Vereinsmitglieder zu ehren. Wir tun dies um so lieber, weil es tatsächlich die Besten unter uns betrifft, also diejenigen, die während des vergangenen Jahres (halben Jahres) besonders erfolgreich waren.

Einige grundsätzliche Bemerkungen: vom sportlichen Wettstreit und Leistungsvergleich ...

Es liegt in der Natur unserer Beschäftigung, daß sie in Form eines ständigen Wettkampfes ausgetragen wird, weil sie nur hierdurch jene Steigerung und Verbesserung erfahren kann, die sie erfordert. Erst der Vergleich mit der Leistung anderer Mitglieder oder anderer Vereine versetzt uns in die Lage, unser eigenes Können richtig einzuschätzen und immer wieder zu verbessern. Gäbe es die Möglichkeit zu diesem Vergleich nicht oder würden wir sie nicht immer wieder wahrnehmen, so hätte dies sehr rasch ein Abfallen dieses Könnens und damit des Ansehens unseres Vereins zur Folge. Der Wettstreit ist von jeher die einzige Möglichkeit, den- oder diejenigen zu ermitteln, die innerhalb der Gemeinschaft aller sich in einem bestimmten Sport oder aber einer sonstigen Beschäftigung Übenden besondere Leistungen vollbringen. Dabei ist keineswegs immer möglich, die Einteilung in weniger gute, gute und beste Leistungen so ohne weiteres vorzunehmen. Jeder von uns weiß, wie hin und wieder lange geprüft und abgewogen werden muß, bis es gelingt, einem Verein oder einem Vereinsmitglied die Ehre zuzusprechen, von allen der (die) Beste zu sein. Aber dennoch, es gelingt.

... bis zur Schwierigkeit der »Bestenauslese«

Es ist auch in diesem Jahre wieder gelungen, und ich freue mich, daß sich dabei ganz nebenher ein erfreulich hoher Stand unseres Könnens ergeben hat. Es beweist wieder einmal, daß wir (Frauen und) Männer in unserem Verein haben, die sich ohne weiteres mit den Spitzenkräften anderer Vereine messen können, und das mit gutem Erfolg. Es wäre enttäuschend, immer und immer wieder zu üben und niemals einen wirklichen Erfolg zu sehen. Es ist umgekehrt aber ein Ansporn für alle, Mitglieder in ihrem Verein zu haben, die es mit Fleiß und durch ständiges Training dazu gebracht haben, im Kreise der Freunde des ... (Gesanges, Schieß- oder Kegelsportes etc.) besondere Anerkennung zu genießen. Diese Vereinsmitglieder verdienen nicht nur Anerkennung, sie verdienen gleichzeitig unseren Dank dafür, daß sie sowohl der Sache des ... (Gesanges, Schieß-

Erfolg ist der beste Lohn für Mühen und Anstrengungen

oder Kegelsportes etc.) als auch dem Ansehen unseres Vereins einen besonderen Dienst erwiesen haben.
Ich erlaube mir daher, unseren Vereinsmitgliedern ... *(Namen der erfolgreichen Mitglieder)* im Namen des ... *(Name des Vereins, des Verbandes etc., in dem die Ehrung ausgesprochen wird)* für ihre hervorragenden Leistungen auf dem Gebiete des ... (Gesanges, Schieß- oder Kegelsportes etc.) eine Ehrenurkunde (Ehrennadel, Ehrenabzeichen etc.) zu überreichen. Gleichzeitig verbinde ich hiermit meine persönlichen Glückwünsche für den großartigen Erfolg.

Verleihung der Ehrenzeichen und Gratulation

Ich gebe im Namen unseres Vereins der Hoffnung Ausdruck, daß Sie Ihr Können auch weiterhin in den Dienst unserer Sache stellen.

Ehrung von Mitgliedern (25 Jahre Mitglied des Vereins)

Verehrte Gäste, liebe Vereinsmitglieder!

Es spricht die/der Vereinsvorsitzende

Wir ehren in Ihnen eine der stärksten Tugenden: die Treue, die Beständigkeit. Sie blicken auf eine 25jährige Mitgliedschaft zurück, während der Sie mit den Geschicken des Vereins immer eng verbunden waren. Sie waren sich nicht zu schade, einen Teil Ihrer freien Zeit über 25 Jahre einer Gemeinschaft zu widmen. Was das bedeutet, begreift besonders die Jugend häufig nur schwer. Wenn wir unserer Jugend aber erzählen, was in diesem Vierteljahrhundert alles geschehen ist, wie unser persönliches Leben durcheinandergewürfelt wurde, wie wir politische Stürme, wirtschaftliches Auf und Ab, Verlust teurer Menschen ertragen mußten; wenn wir unserer Jugend klarmachen, welch eine wechselvolle Zeit diese 25 Jahre gewesen sind, dann wird ihr schließlich die Einsicht dämmern, was die Beständigkeit, die Treue der Mitgliedschaft während der Auflösung so vieler Bindungen bedeutet. Sie, liebe Jubilare, sind im Boot einer Gemeinschaft bis heute mitgefahren. Sie haben mit dafür gesorgt, daß das Vereinsleben keine Unterbrechung erfuhr. Gäbe es nur die Meisterschaft, das Training, das ... fest (z. B. Turnfest, Schützenfest usw.), gäbe es nur diese einzelnen Ereignisse, so würde das noch keinen Verein mit eigenem Gesicht ausmachen. Es ist erst die dauernde Mitwirkung, dieses unsichtbare Band der Beständigkeit, das einen Verein erhält.

Beständigkeit und Treue: die Tugenden der geehrten Mitglieder hervorheben ...

... und als Garantie für den Fortbestand des Vereins kennzeichnen

Mit ihrer langjährigen Mitgliedschaft ist ein bedeutendes Kapitel Vereinsgeschichte verbunden. Und so möchten wir hoffen, daß Sie durch Ihre weitere Treue am nächsten Kapitel, dem der Zukunft, mitwirken. Denn

Ermunterung zur weiteren Mitarbeit

Dank und Anerkennung – und ein Ausblick auf das nächste große Jubiläum

wenn wir Sie ehren, dann geschieht das nicht, um Sie aus der ersten Reihe des Vereinslebens zu verabschieden. Nein, wir ehren Sie nicht nur dankbar für die Treue in Vergangenheit und Gegenwart, sondern auch als Mitwirkende an der Zukunft unseres Vereins. Diese silberne Nadel verleihe ich Ihnen als Anerkennung, und wir hoffen, daß wir Ihnen auch die goldene Nadel für 50jährige Mitgliedschaft anstecken können.

Ehrung bei 50jähriger Mitgliedschaft

Verehrte Gäste, liebe(r) ...!

Redebeginn mit einem Hinweis auf den noch rüstigen Jubilar

Als Sie gerade hier die Treppe zum Podium heraufstiegen, hätte wohl keiner, der es nicht wußte, Ihnen 50 Jahre Vereinsmitgliedschaft angesehen. So elastisch und voller Spannkraft sind Sie heraufgekommen! Eigentlich müßten wir zu Ihnen gehen und nicht Sie zu uns. Denn der Verein ist es, der Ihnen zu danken hat, der Ihnen so vieles zu verdanken hat. Wenn wir dennoch die Ehrung hier oben vornehmen, dann deshalb, weil wir unseren Stolz über Ihre Treue auch allen Anwesenden offen zeigen wollen. Wir wollen zeigen, welche Art Menschen es sind, die unseren Verein stützen. Sie, liebe Anwesende, wissen ja, daß die Stützen eines Hauses meist nicht sichtbar sind; sie halten das Ganze zusammen, ohne sich zur Schau zu stellen. 50 Jahre Stütze des Vereins, wieviel liegt darin verborgen! Was haben Sie alles mitgetragen! Als Sie Mitglied wurden, war in Deutschland Krieg. Seit jener Zeit ist so vieles brüchig und deshalb hinweggefegt worden. Daß der Verein aber weiterbestanden hat, trotz aller schwieriger Zeiten, das verdankt er den Treuen, unter denen Sie einer der ersten sind.

Ein treffender Vergleich und ein kurzer Rückblick auf die Anfänge der Mitgliedschaft

Kein Vereinsmeier, sondern ein vielseitig interessierter Mensch, ...

Heute wird oft und hämisch von Vereinsmeierei gesprochen. Welch ein oberflächliches und dummes Wort ist das, wenn man Sie als Beispiel nimmt. Sie sind nie in Ihrem Leben einseitig gewesen. Neben Ihrer Arbeit im Verein haben Sie immer auch Zeit für Ihre anderen Neigungen gefunden, für Ihren Garten, für Ihre Bücher, für die Imkerei. Es gibt heute viele Menschen, die mit ihrer freien Zeit nichts anzufangen wissen und sie irgendwie totschlagen. An Ihnen sollten sie sich ein Beispiel nehmen.

... der manches für die Gemeinschaft erkämpfte

50 Jahre erfüllte Zeit allein für unseren Verein war nicht immer kurzweilig. Sie haben sich auch mit vielen Schwierigkeiten abmühen müssen, so wie damals, als Sie uns bei der Besatzungsmacht die Genehmigung für unseren Verein erkämpften. Womit sollen wir danken? Alles wäre zu gering, gemes-

sen an dem, was wir Ihnen schulden. Aber unser Dank soll den höchsten Ausdruck erhalten, der uns möglich ist. Neben dieser goldenen Ehrennadel, die ich Ihnen anhefte, ernenne ich Sie auf Beschluß des Vereins zum Ehrenmitglied auf Lebenszeit.

Die besondere Auszeichnung

Aufnahme neuer Vereinsmitglieder durch den Vereinsvorsitzenden

Sehr geehrte Gäste, liebe Vereinsmitglieder!

Ein Volk ohne Kinder wäre dem Untergang geweiht. Und ein Verein ohne Nachwuchs würde schon bald aufhören zu bestehen. Immer sind es die Jungen, die das Werk der Älteren und Alten fortsetzen, und immer ist es die Jugend, die der Arbeit der Erwachsenen einen über den Tag und das eigene augenblickliche Bedürfnis hinausgehenden Wert verleiht. Sie wird mit Umsicht und mit Liebe herangezogen, weil man weiß, daß die Gestaltung der Zukunft einmal von ihr abhängen wird. Es ist daher undenkbar, daß man ihre natürlichen Anlagen und ihre unverbrauchten Kräfte nicht fördert und pflegt, damit sie später zum Wohle aller eingesetzt werden können.

»Wer die Jugend hat, hat die Zukunft« (Napoleon I. bei der Geburt seines Sohnes, 1811)

Diesem Gesetz und diesem Erfordernis gehorcht auch das Leben in einem Verein. Auch hier geht es darum, einen Nachwuchs heranzuziehen, der das einmal Begonnene nach besten Kräften weiterführt. Kein Verein kann es sich leisten, auf diesen Nachwuchs zu verzichten. Es wird daher immer die Aufgabe derer sein, die für das Geschick eines Vereins gerade verantwortlich sind, nach besten Kräften dafür zu sorgen, daß die Jugend den Weg zu ihm finden kann.

Von der Wichtigkeit der Aufgabe, Nachwuchs heranzuziehen

Aus diesem Grunde darf ich meiner Freude darüber Ausdruck verleihen, daß wieder einige junge Menschen zu uns gefunden haben. Es ist jedesmal ein erfreulicher Augenblick, wenn wir erfahren dürfen, daß die Dinge, mit denen wir uns beschäftigen, immer wieder neue Freunde gewinnen. Wir haben uns nun einmal der Pflege des ... (Gesangs, Schießsports, Kegelsports etc.) verschworen und finden Freude an der damit verbundenen Geselligkeit im Kreise Gleichgesinnter.

Der Freude über die jungen Neumitglieder Ausdruck geben

Heute abend, meine sehr geehrten Damen und Herren, dürfen wir wieder einmal einige neue Vereinsmitglieder begrüßen. Ich freue mich aufrichtig, daß es junge Menschen sind, die um ihre Aufnahme gebeten haben. Die Geschicke unseres Vereins werden eines Tages in die Hände unserer jungen Mitglieder übergehen, und es ist gut, daß dieser Nachwuchs bei uns reichlich vorhanden ist.

»Offizielle« Begrüßung und gute Wünsche

Ich begrüße Sie im Namen des ... *(Name des Vereins)* und danke Ihnen dafür, daß Sie von jetzt an zu uns gehören wollen. Ich wünsche Ihnen einen guten Kontakt zu den übrigen Mitgliedern und hoffe, daß wir Ihnen das geben und bieten können, was Sie von uns erwarten. Daß dies natürlich nicht zuletzt von Ihnen selbst abhängt, ist eine Selbstverständlichkeit.
Erlauben Sie mir, daß ich Sie nun unseren Vereinsmitgliedern vorstelle. *(Es folgt die Vorstellung der neuen Vereinsmitglieder.)*

Würdigung verdienter Mitarbeiterinnen eines gemeinnützigen Verbandes

Es spricht der Sozialdezernent

Liebe Mitglieder, verdiente Mitarbeiterinnen!

Würdigung des sozialen Engagements

Ihr Schaffen, das wir heute würdigen, steht selten im Blickpunkt der Öffentlichkeit. Gerade deshalb müssen wir es um so höher einschätzen. Denn Sie helfen mit bei einer guten Sache, ohne klingenden Lohn oder lauten Ruhm zu erwarten. Sie lieben Ihre Tätigkeit um ihrer selbst willen, als freiwilligen Dienst für andere Menschen. Es scheint in unserer lauten, betriebsamen Zeit manchmal so, als könnte sie ohne die ehrenamtliche Arbeit auskommen. Es scheint manchmal so, als ob unser alltägliches Leben in einer seelenlosen Mühle stecke, die es automatisch bedient.

Die gesellschaftliche Bedeutung der ehrenamtlichen Hilfe

Aber das ist weit gefehlt. Wohin kämen wir, wenn es keine freiwillige Hilfe an dem Nachbarn mehr gäbe, wenn es keine Rotkreuzhelfer, Blutspender und wenn es keine Menschen mehr gäbe wie Sie, die einen großen Teil ihrer freien Zeit damit verbringen, für andere da zu sein. Gewiß wäre es Ihnen auch manchmal angenehm, zu Hause bei Ihrem privaten Hobby zu bleiben. Aber Sie haben stets das Gemeinwohl im Auge gehabt und danach gehandelt. Gäbe es Ihre Mitarbeit nicht und nicht eine ähnliche ehrenamtliche Tätigkeit, dann wäre unsere moderne Gesellschaft bald total bürokratisiert. Sie wäre nicht mehr im Gleichgewicht.

Dienst am Nächsten als Beweis für Gemeinschaftsgeist

Was Sie, liebe Freundinnen, tun, hat darum nicht nur für Ihren Verband Bedeutung, sondern es ist eine wichtige Kraft im heutigen Leben überhaupt. Ihre Uneigennützigkeit, Ihre Einsatzbereitschaft ehren wir ebenso, wie wir Ihre Leistung als Beweis für Gemeinschaftssinn ansehen. Ich weiß, daß sie manchmal von anderen Menschen angefochten werden mit den Worten: »Du bist aber dumm, opfere dich doch nicht für andere auf. In dieser Zeit könntest du viel besser einer Nebenerwerbstätigkeit nachgehen!« Aber wir sind stark in dem gemeinsamen Bewußtsein, daß es im Leben auch Werte gibt, die höher stehen als Geld. Diesen Werten leben Sie in Ihrer stillen allwöchentlichen Mitarbeit. Damit machen Sie vielen Menschen eine Freude. Und so gibt es denn doch einen Lohn, der mehr wiegt als Banknoten und der auch Ihnen mehr bedeuten wird und bedeuten soll als diese Worte der Anerkennung, nämlich die Freude und Dankbarkeit Ihrer Mitmenschen, für die Sie ehrenamtlich tätig sind.

Es gibt Wichtigeres als Geld: Freude, Dank und Anerkennung

Denjenigen, die nur an sich denken und für sich selbst rackern und schuften, mag das ein zu geringer Lohn sein. Kein Entgelt, für das sich anzustrengen lohne, meinen jene und vertrauen doch darauf, daß andere nicht so denken. Denn auch sie – oder gerade sie – nehmen oft ganz selbstverständlich die Hilfe anderer für sich in Anspruch. Lassen Sie sich von solchen Gedankenlosigkeiten, von solchem Egoismus Ihre Bereitschaft zur tätigen Hilfe nicht nehmen. Möge Ihr Beispiel anderen ein Ansporn sein. Dies kleine Buchgeschenk, das ich Ihnen im Namen des Vorstandes des Verbandes überreichen darf, ist Ihnen in Dankbarkeit für Ihre engagierte Tätigkeit und Hilfe zugeeignet.

Ein gutes Beispiel gegen den verbreiteten Egoismus

Feste und andere Veranstaltungen

Laubenfest in einer Gartenkolonie

Begrüßung durch den Vorsitzenden

Liebe Gartenfreunde!

Ringsum sehe ich nur zufriedene Mienen. Ja, wir können heute mit gutem Gewissen den Garten einmal sich selbst überlassen und uns der Geselligkeit widmen. Wir haben heute abend viele Gäste unter uns, die wir herzlich willkommen heißen. Sie haben sich auch schon die Gartenanlagen angesehen. Und ich glaube, daß alles, was wir uns hier aufgebaut haben und pflegen, vor ihren Augen gut bestanden hat. Wir sind stolz auf unsere Gärten. Sie sind unsere grünen Inseln der Erholung vom Alltag. Wer einmal ein rechter Schrebergärtner geworden ist, den läßt die Liebe zu seinem Stück Land nicht mehr los. Hier weiß er sich der Natur verbunden. Hier kann er Ausgleich finden zu seinem Leben in den Mauern der Stadt und sich in frischer Luft bei körperlicher Arbeit gesund erhalten.

Zufriedenheit und Stolz …

… und eine »Liebeserklärung« an das Hobby Garten

In unserer Gartengemeinschaft lebt auch eine andere schöne Sitte, nämlich daß alle einander helfen. Die Nachbarschaftshilfe wird großgeschrieben. Ja, gesund, naturverbunden, gemeinschaftsfreudig ist unsere Liebhaberei. Dabei schätzen wir nicht nur die freiwillige Arbeit, wir lieben auch die frohe Arbeit. Heute erlebt dieser Teil des Gartenjahres seinen Höhepunkt. Unter Lampions beim guten Tropfen, bei einer Tombola und lustigen Wettspielen wollen wir uns vergnügen. Wir tun es, wie immer, in frischer Luft und in einer schönen, klaren Sommernacht. Ich wünsche Ihnen für heute gute Unterhaltung und für dieses Jahr eine reiche Ernte.

In der Gemeinschaft Gleichgesinnter fröhlich feiern

Festbankett nach sportlichem Wettkampf

Der Vorsitzende des gastgebenden Vereins spricht

Verehrte Festgäste!

Wir haben den Ort gewechselt und sind vom Sportplatz an die festliche Tafel umgezogen. Damit haben wir zwei Seiten des Lebens miteinander verbunden. Dem harten, aber fairen sportlichen Wettkampf folgt die entspannte Geselligkeit. Damit wollen wir beweisen, daß wir auf der Laufbahn und zwischen den Toren ebenso Kameraden sind, wie beim geselligen Treffen. Wenn der sportliche Kampf beendet ist, laufen wir nicht davon, ohne miteinander ein Wort gewechselt zu haben, sondern setzen uns in guter Freundschaft zusammen. Der sportliche Gegner ist unser Freund. Der Sieger dankt dem Besiegten, und beide sind sich einig darin, daß die Kameradschaft und die Freude am Spiel höher stehen als Sieg und Niederlage.

Im sportlichen Wettkampf der Gegner – beim Feiern der Kamerad

In diesem Sinne danken wir auch den beiden Mannschaften für ihre faire Haltung und für die Leistung, die sie vollbracht haben. Wir hoffen, daß wir noch oft die Ehre haben, Sie bei uns als Gegner im sportlichen Kampf begrüßen zu können. Wenn Sie sich bei uns wohlfühlen, können Sie uns gar keine bessere Gegengabe bieten, als uns auch beim nächsten Mal wieder ein starker Gegner zu sein, damit beide Mannschaften ihre besten Kräfte einsetzen müssen. Das ist gerade das Fesselnde, die Spannung, die uns antreibt, im Sport unsere Kräfte zu messen. Als unser Gegner haben Sie uns einen schönen Wettkampf geboten. Wir haben einander nichts geschenkt und haben uns alles abverlangt. Wir schätzen Sie darum um so mehr als gute Kameraden. Damit dies immer so bleibe, bitte ich die Mitglieder unseres Vereins, zur Ehre der Gäste das Glas zu erheben. Wir trinken unseren Kameraden zu in der Vorfreude auf noch viele spannende und reizvolle Begegnungen.

Dank an die Mannschaften

Faszination und Reiz des Kräftemessens

Eröffnung eines Faschingsballs (Begrüßungsrede)

Liebe Narren, liebe Freunde des Faschings!

Es spricht einer der Initiatoren

Wollen wir einmal die Welt umdrehen? Wer Buchhalter ist, schwingt das Lasso des Cowboys. Wer sonst Brot verkauft, schleicht heute auf Indianerpfaden. Wer eine dünne Nase hat, legt sich eine dicke an. Unser Zahnarzt hat sich sogar mit einem Pferdegebiß versehen. Das hübsche Mädchen vermummt sich als häßliche Hexe und der schlanke Bursche hat sich ein Kissen untergeschoben als dicker Falstaff.

Launige Worte zum närrischen Fest

Den vielen Vampiren nach zu urteilen, findet unser Ball in Transsylvanien statt. Auch die Chinesen sind in unser Land eingefallen, und die Spanier haben an einem Tisch ihr Stammquartier aufgemacht. Dabei kann ich mich des Gefühls nicht erwehren, daß die Hawaiimädchen schon gut Deutsch sprechen können. Die Prinzessin von Lichtenfels aber sollte sich einmal rasieren; und ihre Kurven scheinen mir nicht echt. Aber das alles schert

Das lustige Treiben im Saal – ein humorvolles Stimmungsbild

uns heute abend nicht. Wir sind aus dem Fenster des alltäglichen Einerleis herausgesprungen und haben unsere Träume wahrgemacht, unserem Humor die Zügel freigegeben und uns vorgenommen, einmal im Jahr nichts ernst zu nehmen. Wir haben die ganze spaßige Welt in diesen Saal geholt und lassen sie bis morgen früh nicht aus den Fingern.

Spaßige Aufforderung an alle Ballbesucher

Chinesen, Vampire, Spanier, Cowboys, Nachtwächter und andere Mitspieler: Haltet euch wacker im Kampf gegen den grauen Alltag, nur einmal im Jahr ist Fasching. Offene Türen für den Spaß! Hinein ins Vergnügen!

Begrüßungsrede zum Frühlingsball

Verehrte Gäste!

Bildhafter Redeeinstieg

Wenn der letzte Schnee geschmolzen ist, die dicken Wintermäntel weggehängt werden, die Heizung in der Wohnung nicht mehr auf vollen Touren läuft und die Tage wieder länger werden, dann, liebe Freunde, ist es höchste Zeit für eine Frühlingskur. Wir wollen heute gemeinsam den Winter verjagen. Und wir wollen den Winterspeck abtrainieren. Eine flotte Kapelle sitzt bereit. Wer nur zuhören will, dem wird allein schon durch das ausgewählte Musikprogramm die Wintermüdigkeit vergehen. Wer aber tanzen möchte, hat gleich hierzu so viel Gelegenheit, daß es auch dem letzten Eisheiligen hier im Saale zu warm wird.

Natürlich haben wir die guten Geister reichlich bereitstehen, die uns den Kreislauf beleben. Im Wein ist nicht nur Wahrheit, sondern auch Fröhlichkeit. Wollen wir nicht gleich zwei Fliegen mit einer Klappe schlagen? Erstens schlagen wir den Winter in die Flucht, zweitens schlagen wir dem Alltag ein Schnippchen. Tut das nicht gut, einmal den Ernst des Berufs zu vergessen und den Spaß regieren zu lassen? Pause vom Alltag! Miesepeter

Beschwingter Aufruf zu Frohsinn und Ausgelassenheit

erhalten das Eintrittsgeld zurück. Fegen wir die Sorgen fort! Jeder ist so jung, wie er sich fühlt. Liebe Freunde! Morgen lassen wir erst einmal morgen sein. Der Abend ist noch jung. Starten Sie mit uns in den Frühling. Seien Sie uns alle herzlich willkommen. Die fröhliche Frühjahrskur beginnt. Auf den Notenpulten liegen zum Auftakt die Blätter für einen schnellen Walzer. Dabei holt uns kein Winter und kein Alltag mehr ein. Freie Bahn der guten Laune!

Sommernachtsball (Begrüßungsrede)

Sehr geehrte Gäste, liebe Mitglieder!

Ein Mitglied des Festkomitees spricht

Petrus hat es gut mit uns gemeint. Eine sternenklare, warme Sommernacht! Wir wollen dieses herrliche Wetter als ein gutes Omen für das Gelingen unseres Sommernachtsballes nehmen. Wie in den Vorjahren ist auch heute wieder jeder gekommen, der es irgendwie ermöglichen konnte. Wir begrüßen besonders unseren Bürgermeister, Herrn ..., und seine Gattin, die zusammen mit uns in die Sommernacht tanzen wollen. Wir begrüßen auch die Damen und Herren der Presse und wünschen, daß sie sich heute nicht nur der beruflichen Arbeit widmen, sondern auch Zeit finden, sich in froher Geselligkeit zu entspannen. Noch eine sehr angenehme Pflicht habe ich zu erfüllen. Wir begrüßen nämlich heute alte Freunde bei uns, die den weiten Weg aus der Ferne nicht gescheut haben. Es sind unsere ehemaligen Mitglieder ... *(Namen nennen)* aus ... *(Orte nennen)*. Seid herzlich in unserer Mitte willkommen!

Begrüßung der VIPs und der ehemaligen Vereinsmitglieder

Wir haben uns dieses Sommerfest redlich verdient. Alle unsere Aktiven und unsere Jugend stehen mitten im Sommerprogramm. Der heutige fröhliche Ausgleich soll sie zu neuen Taten und Leistungen ermuntern. Unsere Sommerfeste sind seit langer Zeit beliebt. Hoffen wir also, daß auch der heutige Abend diese schöne Tradition fortsetzt. Wir haben ein Programm für Sie vorbereitet, kurz und heiter soll es sein. In der Tombola stehen schöne Preise für Sie bereit. Nach dem Festprogramm ist die Tanzfläche hier unter den bunten Lampions frei für viele Stunden. Unsere Musiker sitzen bereit, für gute Speisen und Getränke ist gesorgt, und um die Stimmung brauchen wir nicht zu bangen. Machen wir gemeinsam Halbzeit in der Sommersaison. Viel Vergnügen auf unserem Sommernachtsball.

Kurzer Verweis auf die Tradition des Festes ...

... und einige Anmerkungen zum Programm

Eröffnung eines Königsschießens durch den Vorsitzenden des Schützenvereins

Liebe Schützenschwestern, liebe Schützenbrüder!

Dieser Tag bedeutet innerhalb unseres Vereinslebens immer wieder einen Höhepunkt. Das ganze Jahr über haben wir uns darauf vorbereitet, haben geübt, gelernt und uns angestrengt, damit wir in diesem sportlichen Wettkampf bestehen können. Jeder von uns möchte beweisen, was

Die heutige Veranstaltung als Höhepunkt im Vereinsjahr

»Hier gilt es, Schütze, deine Kunst zu zeigen: Das Ziel ist würdig, und der Preis ist groß« (Schiller)

er als Schütze zu leisten vermag, er möchte sein Können mit dem Können anderer vergleichen und, wenn es Diana (Hubertus etc.) so will, die Würde eines Schützenkönigs erlangen. Jeder von uns weiß, daß Schießen nicht nur eine Sache der ruhigen Hand und des sicheren Auges, sondern auch eine Sache des Glücks ist. Wie oft haben wir nicht schon am eigenen Leibe erfahren, daß trotz bester Vorbereitung nichts gelingen wollte? Wie oft haben wir schon erstaunt auf die Scheibe unseres Nebenmannes geblickt und uns darüber gewundert, daß ausgerechnet er, der doch sonst nie besser war, diesmal eine weitaus höhere Punktzahl erreicht hatte? Glück gehört dazu, wie immer im Leben, wenn man ein Ziel erreichen will. Darum laßt mich nicht versäumen, uns allen für dieses Königsschießen auch Glück zu wünschen.

Würdevoll angehauchte Worte zur besonderen Ehre des Schützenkönigs

Seit Bestehen unseres Vereins ist dies das ...te Königsschießen. Immer hat es einen Besten gegeben (und unsere Vereinschronik lehrt, daß es oftmals mehrere Jahre lang derselbe war). Das bedeutete selbstverständlich mit vollem Recht eine besondere Ehre, denn in diesem Falle mußte man wohl doch auch von einem besonderen Können sprechen. Alle haben das stets als eine ganz außerordentliche Leistung anerkannt. Ich halte es für richtig, euch, meine lieben Schützenschwestern und Schützenbrüder, nun endlich Gelegenheit zu geben, diese Spannung noch zu steigern oder aber loszuwerden, ganz nach Belieben.

Ich eröffne daher das diesjährige Königsschießen unseres Vereins und wünsche ihm einen erfolgreichen Verlauf.

Schützenfest

Verehrte Gäste, liebe Schützen!

Das Schützenfest ist da. Und wenn es jemand noch nicht wüßte, er würde es sofort sehen, wenn er unseren geschmückten Ort betritt: Fahnen, Wimpel, Bänder flattern. Alles hat Farbe bekommen und gibt mit dem Grün der Schützen den Straßen und Häusern ein buntes Kleid. So wird schon äußerlich sichtbar, daß wir unser Fest feiern, wie es unsere Väter und deren Väter taten. Schützen heraus! Eure Zeit ist angebrochen.

Hinweis auf die große Tradition: Das Schützenfest ist zugleich Stadtfest

Wir Schützen sind gastfreundliche Leute. Nicht für uns allein, nicht für einen engeren Kreis veranstalten wir diese Festtage. Nein, der ganze Ort soll mitfeiern. Alt und jung, Männer und Frauen, die Alteingesessenen und die Zugezogenen.

Der Festplatz ist für alle offen. Bei manchen kleineren Festlichkeiten ist der eine hier, der andere dort verstreut und für sich. Zum Schützenfest jedoch fühlt sich die ganz Bevölkerung eingeladen. Wir erinnern uns, wie wir schon als Kinder diese Tage herbeigewünscht haben, wie uns die bunten Buden und Karussells, die süßen Sachen genauso wie die Umzüge gefesselt haben. Diese Stimmung hat uns auch als Erwachsene nicht verlassen. Schützenfeste gehören für uns zur Heimat.

Eine Veranstaltung für die gesamte Bürgerschaft …

Sind die Schützen früher ausgezogen, um die Heimat zu verteidigen, so widmen sie sich heute einer friedlichen Beschäftigung. Sie pflegen den Heimatgedanken und das Brauchtum auch in unserer Zeit und schaffen damit einen Halt- und Ruhepunkt in dem lauten Getriebe. Unsere Waffen sind heute Sportgeräte. Wir benutzen sie eifrig, aber wir pflegen auch das gesellige, kameradschaftliche Leben. Die bunten Fahnen flattern wieder, das Schützenfest beginnt!

… und ein bewahrendes Element im Wandel der Zeiten

Erste Rede des Schützenkönigs

Liebe Schützen!

Der letzte Schuß ist gefallen, die Treffer auf der Scheibe haben entschieden. Ich kann es noch gar nicht glauben, daß ich es geschafft haben soll, der neue Schützenkönig zu sein. Es kommt tatsächlich an solchen Tagen auf das In-Form-Sein und das Glück neben der ruhigen Hand an. Mein erster »Staatsakt« als neuer König ist die Bitte um Mitarbeit. Helft mit, daß meine Regierungszeit eine würdige Fortsetzung der großen Tradition unseres Vereins wird. Mein zweiter Staatsakt ist die offizielle Einberufung zum nächsten Schützenball. Es soll unter meiner Regierung viel Fröhlichkeit und Geselligkeit herrschen. Als dritten Staatsakt verkünde ich ein weiteres Gesetz: Es ist das Gesetz der Kameradschaft. Es soll über all unserem Tun stehen. Ich verspreche euch, mein Amt so gut zu verwalten, wie es mir möglich ist. Ich werde die Tradition achten und die große Aufgabe schützenbrüderlicher Heimatpflege würdigen. Mit euch werde ich alle Kraft daran setzen, daß wir Schützen unseren Heimatort würdig vertreten, in ihm nach außen und innen als gute Bürger wirken. Ich übernehme die Königswürde von einem Vorgänger, dessen Beispiel das beste Vorbild ist. In seinem Sinne weiterzuarbeiten, mit euer aller Hilfe das Amt des Schützenkönigs zu erfüllen und unsere alte, immer junge Schützenbrüderschaft fortzuführen, das ist mein Regierungsprogramm.

Bitte um Unterstützung wärend der bevorstehenden »Regierungszeit«

Die Kernpunkte des Programms vorstellen

Fortführung der Amtsgeschäfte im Sinne des Vorgängers

Schützenfest (Rede auf den Schützenkönig)

Liebe Schützengemeinschaft!

Mit humorvollen Worten das Ergebnis des Schießwettkampfes kommentieren …

Gemäß guter alter Sitte haben wir heute unsere Kräfte miteinander gemessen, genauso wie das schon unsere Vorväter taten. König sein – das ist zwar eine Ehre, aber es ist auch eine Verpflichtung. Darum wäre es unbillig, wollten wir nicht alles tun, um unseren Schützenkönig nach einjähriger Regierungszeit von der drückenden Krone zu befreien. Diesmal allerdings ist uns das nicht gelungen, denn unsere neue Majestät verkörpert sich in der Person der alten! Unser Schützenkönig war wieder der Beste! Er ist offenbar nicht zu schlagen! War unsere ganze Schützengilde schon im Vorjahr stolz auf ihn, so ist sie es heute noch viel mehr. Wir werden das beweisen, indem wir dem Fäßlein braunen Labetrunkes, das die Güte seiner Majestät anrollen ließ, alle Ehre antun. Prosit, es lebe seine Majestät, der wiedergekrönte Schützenkönig, es lebe unsere Schützengilde mit ihren Damen!

… und auf das gemütliche Beisammensein überleiten

Eröffnung eines Sängerabends

Der Vorsitzende spricht

Verehrte Gäste, liebe Sänger!

Ein bekanntes Zitat als passender Redeauftakt

Wo man singt, da laß dich ruhig nieder, böse Menschen haben keine Lieder.« Diese Worte scheinen sich weit herumgesprochen zu haben, denn heute abend ist in diesem Saal auch der letzte Platz besetzt. Ja, wo man singt, da ist die Fröhlichkeit zu Hause. Griesgrame bringen keinen Ton aus der Kehle. Es sollte noch viel mehr gesungen werden. Musik stiftet Harmonie. Überlegen wir uns nur einmal, wieviel reibungsloser die Politik sein könnte, wenn dort die Töne besser abgestimmt würden. Doch Scherz beiseite. Heute abend sollen nicht allein die Töne stimmen – dafür garantieren wir –, heute abend wollen wir durch schöne Stimmen zu schöner Stimmung finden. Wir sind sicher, daß alle Anwesenden uns gern dabei helfen werden. Einen besonderen Beitrag zu unserer Unterhaltung werden unsere befreundeten Sänger aus … leisten, die neben unserem eigenen Männerchor und einem gemischten Quartett ein reichhaltiges Gesangsprogramm bestreiten werden. Unser schönes Volkslied wird dabei ebenso vertreten sein wie das Kunstlied. Wir Sänger wollen ja nicht die Welt bewegen, sondern wir wollen das Herz bewegen. Wir wollen die stillen, aber

Hinweise auf das Programm und auf Gastdarbietungen

mächtigen Kräfte des Gemüts in Bewegung bringen. Haben wir das nicht alle in unserer gehetzten, gemütsarmen Zeit nötig? Wir wollen die Harmonie lebendig halten bei denen, die singen und bei denen, die zuhören. Hören und Singen sind köstliche Gaben. Diese Gemütswerte werden auch künftig stark genug sein, sich gegen lärmende Musikboxen durchzusetzen. Habe ich Sie mit nüchternen Worten begrüßt, soll es jetzt ein Lied unseres Chores um so wohlklingender tun.

»Musik ist das beste Labsal einem betrübten Menschen« (Martin Luther)

Eröffnung eines Schwimmwettkampfes

Liebe Schwimmerinnen und Schwimmer,
sehr geehrte Ehrengäste, liebe Zuschauer!

Es ist wieder einmal soweit. Unser traditionsreicher Schwimmwettkampf steht kurz vor dem ersten Startschuß. Alles ist bestens vorbereitet. Die Aktiven haben seit langem trainiert und viele Bahnen zurückgelegt, um sich in bester körperlicher Verfassung dem Gegner zu stellen. Der ausrichtende Verein hat für eine reibungslose Organisation gesorgt. Schon liegen auf dem Tisch im Hintergrund wohl verpackt die Siegerurkunden bereit. Auf ihnen fehlen natürlich noch die Namen. Das konnten wir selbstverständlich nicht vorbereiten. Denn es weiß niemand, wie diese Wettkämpfe ausgehen werden. Aber das ist ja das schöne am Sport; das macht seine Spannung aus. Bis zum Anschlag des ersten Schwimmers in jedem Rennen ist alles offen. Viele könnten Sieger werden. Wer es aber wird, das hängt von vielen Faktoren ab. Das hängt ab von der guten Tagesform, von der guten Renneinteilung und von der Anspannung des Willens, der dem Körper die Anstrengung bis zum letzten abverlangt.

Der Wettkampf als Höhepunkt nach einer intensiven Trainingsperiode

Auf den besonderen Reiz sportlicher Turniere eingehen ...

Denkt aber immer daran, daß dieser Sport nur ein Spiel ist. Laßt den Kopf nicht hängen, wenn es diesmal nicht klappt. Beim nächsten Male habt ihr eine neue Chance. Wäre der Schwimmsport nur für die Sieger da, dann wäre er gar keine spannende Sache mehr. Nicht das Rennen gegen die Stoppuhr, sondern gegen den lebendigen Gegner ist ja das reizvolle an unserem Sport.

... und den spielerischen Charakter dieser Veranstaltungen betonen

Genug der Worte, jetzt wollen wir Taten sehen. Bietet uns einen guten, fairen Kampf, gebt euer Bestes. Wir, die Zuschauer und Kampfrichter, halten jedem einzelnen die Daumen. Ich eröffne unseren Schwimmwettkampf. Ich danke den Zuschauern für ihr Kommen und wünsche euch, den Aktiven, einen spannenden, sportgerechten Wettkampf. Bahn frei!

Appell an Fairneß und Leistungsbereitschaft

Eröffnung eines Reit- und Fahrturniers

Ansprache des Vorsitzenden

Meine sehr geehrten Damen und Herren!

Als Vorsitzender des hiesigen Reit- und Fahrvereins begrüße ich Sie aufs herzlichste. Alljährlich soll bei diesem Turnier unser aller Verbundenheit und Liebe zum Pferd bekundet werden. Überzeugen Sie alle sich von dem Fortschritt, den unsere Reiterinnen und Reiter im Laufe des Jahres gemacht haben. Wir glauben die Erwartung aussprechen zu dürfen, daß Sie auf diesem Turnier einen weiteren Aufschwung der sportlichen Leistungen feststellen können. Der Reitsport wird immer mehr zu einer Sportart, die, wie König Fußball, die Massen anzieht. Das gilt nicht nur für den Turf, wo die Möglichkeit, einer Wettleidenschaft zu frönen, seit eh und je eine starke Anziehungskraft auf die Menge ausgeübt hat, sondern seit einigen Jahren in immer stärkerem Maße auch für den Turniersport. Denn hier zeigt sich das ästhetische der Einheit von Pferd und Reiter. Die Höchstleistungen, die beiden abverlangt werden, und das festliche Bild einer gleichgestimmten Gemeinschaft von Zuschauern reizen zum Massenbesuch.

Von der Liebe zum Pferd …

… und der zunehmenden Attraktion der Reitturniere

Das Publikum ist weitgehend sachlich orientiert und hat sich längst seine Lieblinge, seine Stars unter den Reiterinnen und Reitern ausgewählt. Dieser Situation hat daher auch unser Reit- und Fahrverein Rechnung getragen und sich die Mitwirkung einiger international bekannter Reiterinnen und Reiter sichern können. Zum Gelingen dieses unseres …ten Turniers hat eine Reihe von Persönlichkeiten in dankenswerter Weise beigetragen. Ich möchte deshalb nicht versäumen, mich namens des Vereins bei ihnen für diese wertvolle Mithilfe zu bedanken. Als Vorsitzender unseres Reit- und Fahrvereins habe ich die ehrenvolle Aufgabe, den Herrn Landwirtschaftsminister aufs herzlichste zu begrüßen. Ebenfalls freuen wir uns besonders, Herrn Oberbürgermeister … sowie die Herren vom Sportdezernat bei uns zu sehen.

Die Mitwirkung prominenter Reiterinnen und Reiter hervorheben

Begrüßung der Ehrengäste

Und nun, meine Damen und Herren, wünsche ich Ihnen allen einen guten Verlauf unseres Turniers und damit »Bahn frei« für unser Eröffnungsjagdspringen.

Eröffnung des Weihnachtsbasars einer gemeinnützigen Organisation

Verehrte Gäste, liebe Freunde und Mitglieder!

Die Vorsitzende spricht

Es ist mir eine große Freude, unseren schon zur Tradition gewordenen Weihnachtsbasar (z.B. der Arbeiterwohlfahrt, des Roten Kreuzes, des Kindergartens usw.) zu eröffnen. Ich darf Sie alle sehr herzlich als unsere Gäste hier begrüßen. Wie in jedem Jahr zeugt auch diesmal unser Weihnachtsbasar vom eifrigen Wirken und stillen Engagement aller unserer Mitglieder und von ihrer Bereitschaft, sich für andere einzusetzen. Ein Rundgang durch unsere Säle wird Ihnen zeigen, wie sehr sich alle angestrengt haben, um Ihnen ein paar schöne und besinnliche Stunden in dieser Vorweihnachtszeit zu bieten. Unsere Jugendgruppen haben in vielen Stunden schöne Bastelarbeiten fertiggestellt, die Sie käuflich erwerben können. Es ist für jeden etwas dabei, Nützliches für den Haushalt, Praktisches fürs Büro oder einfach nur Lustiges zum Spielen. Machen sie alle rege von diesem Angebot Gebrauch, Sie unterstützen damit gleichzeitig einen guten Zweck. Die reichgedeckte Kaffee- und Kuchentafel steht bereit, gebacken und gespendet von unseren Frauen. Auch der Erlös hiervon wird einem guten Zweck zugeführt, über den ich gleich noch etwas sagen werde. In unserer großen Tombola können Sie schöne Preise gewinnen. Jedes Los kostet ... DM; ich verspreche Ihnen, daß es fast keine Nieten gibt. Danken darf ich allen Geschäften und Firmen unserer Stadt, die durch großzügige Sach- und Geldspenden die Durchführung dieser Tombola ermöglicht haben. Danken darf ich aber auch allen, die bei der Vorbereitung und Durchführung unseres diesjährigen Weihnachtsbasars so tatkräftig mitgearbeitet haben und heute mitwirken.

Nur das Engagement aller Mitglieder ermöglicht die Benefizveranstaltung

Die Vielfalt des Angebots kurz beschreiben

Dank an Spender, Organisatoren und andere Mitwirkende

Unser diesjähriger Weihnachtsbasar wird wie folgt ablaufen: Zunächst wird die Sozialdezernentin unserer Stadt, Frau ..., die ich in unserer Mitte sehr herzlich willkommen heiße, ein paar Worte an uns richten. Danach ist Gelegenheit zu gemütlicher Unterhaltung bei Kaffee und Kuchen. Dabei unterhält Sie unsere Musikgruppe mit vorweihnachtlichen Klängen. Ab 19 Uhr spielt die ... Kapelle zum Tanz auf. Sie tut es, wie sollte es anders sein, auch dieses Mal unentgeltlich zur Unterstützung unserer Arbeit.

Eine weitere Rede ankündigen und den Programmablauf darlegen

Lassen Sie mich zum Schluß noch anmerken, daß der Erlös unseres diesjährigen Weihnachtsbasars unserer Altenarbeit zugute kommen soll. Es ist geplant, im Frühjahr des kommenden Jahres alle über 70 Jahre alten Mitbürgerinnen und Mitbürger unserer Stadt zu einer schönen Tagesfahrt ins Grüne einzuladen. Denken Sie bitte daran, daß Sie mit Ihrem Einkauf

Die Verwendung des Erlöses bekanntgeben

hier, durch Loskauf für die Tombola sowie durch eifriges Essen und Trinken dieses Ziel fördern. Unterstützen auch Sie unseren guten Zweck. Ich wünsche Ihnen vergnügliche und erholsame Stunden. Der diesjährige Weihnachtsbasar ist eröffnet.

Aufforderung zur Unterstützung

Eröffnung eines Flohmarktes

Die Initiatorin spricht

Liebe Mitbürgerinnen und Mitbürger!

Mit der Sammeltätigkeit der eifrigen Helfer die Rede beginnen

Herzlich willkommen zu unserem Flohmarkt. Fleißige Helfer haben in den vergangenen Tagen und Wochen alles zusammengetragen, was großzügige Spender uns überlassen haben. So mancher Speicher wurde entrümpelt und so mancher Keller ausgeräumt. Kleiderschränke wurden durchforstet, Regale und Truhen überprüft. Auch manches Möbelstück wurde auf diesem Wege der Sperrmüllabfuhr entrissen. Was dabei herausgekommen ist, sehen Sie heute auf unserem Flohmarkt: ein reichhaltiges Angebot vom alten Buch über das Kofferradio zur Waschschüssel aus Großmutters Zeiten. Vom eleganten Abendkleid über die Stehlampe zum alten Schaukelpferd. Sie können sich in den nächsten Stunden dieses vielfältige Angebot an unseren Ständen ansehen, Sie können es prüfen, Sie sollen es aber auch kaufen. Möglichst alles, wenn es geht. Denn, wie Sie wissen, fließt der Erlös dieses Flohmarktes einem guten Zweck zu. Wir wollen dieses Geld – wie wir hoffen, durch die eine oder andere freundliche Spende noch erhöht – der ... (z. B. Altenarbeit, Jugendarbeit, behinderten Kindern usw.) zuwenden. Wir als veranstaltende Organisation verbürgen uns dafür, daß jede hier umgesetzte Mark und jeder Pfennig unmittelbar und ohne Abzug diesem Zwecke zufließt. Wir werden Sie morgen in der Presse über den Gesamterlös unterrichten. Allen, die durch Sach- und Geldspenden diesen Flohmarkt ermöglicht haben, darf ich schon jetzt sehr herzlich im Namen der ... Organisation danken. Unser Flohmarkt ist für Sie geöffnet, nutzen Sie die günstige Gelegenheit. Helfen Sie uns bei unserer Arbeit.

Das reichhaltige Angebot vor Augen führen

Den guten Zweck der Aktion besonders herausstellen

Straßenfest

Liebe Nachbarn!

Einer der Initiatoren spricht

Eigentlich fing alles im Supermarkt an. Wir unterhielten uns mit den neuen Nachbarn, der Familie ..., die mit der Errichtung ihres Hauses die letzte Baulücke in unserer Straße geschlossen hat. Plötzlich kam einer – ich weiß eigentlich nicht mehr, wer es war – auf die Idee, ob wir uns nicht einmal alle zusammen dort treffen sollten, wo wir wohnen, in unserer Straße. Ein richtiges Straßenfest mit Essen, Trinken und Tanzen, für Kind und Kegel, zum Kennenlernen, zum Unterhalten. Von der ersten Idee bis zum heutigen Fest sind noch keine zwei Wochen vergangen. Zwei Wochen, in denen alle mitgeholfen haben. Mancher Organisationschef in Betrieb und Verwaltung könnte vor Neid erblassen, so reibungslos hat alles geklappt. Auch viele ungeahnte Hobbys und Talente kamen zum Vorschein. Wußten Sie eigentlich, daß in dieser Straße sich seit nunmehr fünf Jahren die Schulzes und Müllers jede Woche mit ihren Kindern zur Folkloremusik treffen und daß sie schon auf mancher Veranstaltung außerhalb unserer Stadt tolle Erfolge erzielt haben? Oder wußten Sie, daß Herr ... Sandsteintröge sammelt und daß der jetzt – aber leider nur heute abend – gefüllte und als Brunnen genutzte Trog die alte Futterkrippe des im 18. Jahrhundert ausgebrannten ... Hofes ist? Oder daß Frau und Herr ... begeisterte Hobbyköche sind, wie sie uns gleich anschließend an unserer Grillstation beweisen wollen? Oder daß Frau ... als Hobbymalerin zusammen mit unseren Kindern in den vergangenen Tagen dieses wunderschöne Pflasterbild entworfen und heute morgen gemalt hat?

Ein Blick zurück – von der Idee zur Verwirklichung

Die Nebeneffekte der gemeinsamen Festvorbereitung: gegenseitiges Kennenlernen, ...

... Entdecken verborgener Talente ...

Diese Beispiele lassen sich beliebig fortsetzen. Wir haben festgestellt, wo es preiswerte Einkaufstips für uns alle gibt, weil jeder eine Quelle wußte, wo es besonders preiswert Bier, Wein, Wurst oder Brötchen gab, die wir heute abend hier servieren. Sie sehen, was wir in den vergangenen zwei Wochen Neues über uns und andere dazugelernt haben, obwohl wir immer meinten, den Nachbarn doch schon gut zu kennen. Wir haben uns in diesen wenigen Tagen des gemeinsamen Organisierens alle ein wenig besser kennengelernt. Dies soll auch in Zukunft so weitergehen. Ich kann Ihnen heute nämlich schon versprechen, daß es nicht bei diesem einen Fest in unserer Straße bleiben wird. Alle, die bei der Vorbereitung geholfen haben, haben die anderen so angesteckt, daß sie heute schon darauf brennen, beim nächsten Mal mitzuhelfen. Dies soll auch so sein. Nun bleibt mir eigentlich nur noch übrig, Ihnen allen ein paar nette Stunden mit den Nachbarn in Ihrer Straße zu wünschen. Viel Spaß und auf gute Nachbarschaft!

... und Austausch nützlicher Informationen

»Das Leben läßt sich ohne Heiterkeit nicht denken« (Goethe)

Kreisgesundheitstage

Es spricht ein Vertreter des Roten Kreuzes

Meine sehr geehrten Damen und Herren!

Es entspricht sowohl unserer ethischen Auffassung als auch den medizinischen Tatsachen, daß der kranke Mensch mehr Hilfe benötigt als der gesunde. Er, der entweder einer Krankheit, einem Unfall oder aber im Beruf einer Verwundung zum Opfer fällt, sieht sich plötzlich einer völlig neuen Situation gegenüber, die sich in erster Linie durch die Einschränkung oder völlige Aufhebung seiner Bewegungsfreiheit kennzeichnet. Unter Bewegungsfreiheit verstehe ich hier nicht nur die Fähigkeit des Laufens oder der Körperbewegung allgemein, sondern alle sich aus der Krankheit oder Verletzung ergebenden Folgen, die im Gegensatz zur Lebensführung des Gesunden ihre Berücksichtigung erforderlich machen oder ganz und gar erzwingen. In dieser Situation ist es Aufgabe und Verpflichtung des Gesunden, helfend einzuspringen und das Los des Erkrankten zu erleichtern, indem er versucht, die Folgeerscheinungen auf ein Mindestmaß einzuschränken. Mit anderen Worten, der Kranke ist auf unsere Hilfe angewiesen, weil er in vielen Fällen selbst nichts oder nur sehr wenig zu seiner Gesundung oder auch nur zur Verbesserung seiner augenblicklichen Lage tun kann.

Die besondere Lebenssituation kranker Menschen …

… und die Aufgabe der Gesunden

Der Gesunde, meine sehr geehrten Damen und Herren, das ist jeder von uns. Alle, die wir hier versammelt sind, können im entsprechenden Augenblick jenem beispringen, der unserer Hilfe bedarf. Und wir alle können zur Rechenschaft gezogen werden, wenn wir es unterlassen. Dennoch gibt es eine Vielzahl von Fällen, in denen mehr erforderlich ist, als die Frau oder der Mann auf der Straße aufgrund ihres mangelhaften Wissens um die Erfordernisse der fachgerechten Hilfeleistung tun können. Diese Aufgabe, meine Damen und Herren, haben in aller Welt Frauen und Männer übernommen, die sich freiwillig in den Dienst der Kranken und Verletzten gestellt haben. Seit der Gründung des Roten Kreuzes durch den Schweizer Henri Dunant, der im Jahre 1901 dafür den Friedensnobelpreis bekam, darf jeder in der erfreulichen Gewißheit leben, daß es eine Organisation gibt, die ohne Ansehen der Hautfarbe, der Religionszugehörigkeit oder der Rasse jedem hilft, der ihrer Hilfe bedarf. Diese Organisation ist international und genießt durch die Genfer Abkommen völkerrechtlichen Schutz. Es zählt zu ihren Aufgaben, im Kriege für die Pflege von Verwundeten und Kranken zu sorgen, die Kriegsgefangenen zu betreuen, bei öffentlichen Notständen und Unglücksfällen Hilfe zu leisten, Krankentransporte durchzuführen und Helfer auszubilden, die aufgrund ihrer umfassenden

Von der allgemeinen Pflicht, Hilfe zu leisten, …

… zur Organisation des Roten Kreuzes und seines Auftrags

Sachkenntnisse ihre Aufgaben fachgemäß durchführen können. Das alles geschieht aus dem Wissen um die Verpflichtung zur Hilfeleistung gegenüber dem Nächsten.
Vielleicht hatte manch einer von Ihnen schon selbst mit dem Roten Kreuz zu tun, vielleicht mußte er oder sie sogar schon seine Hilfe in Anspruch nehmen. Sicherlich aber hat jeder von Ihnen schon indirekt seine Arbeit verfolgen können – sei es, wenn sich ein Verkehrsunfall ereignet hat, sei es im Krankenhaus oder bei großen Veranstaltungen, überall finden Sie die Frauen und Männer des Roten Kreuzes. Wenn Ihnen die heulenden Sirenen eines Unfallwagens auch nicht angenehm sein mögen, so denken Sie bitte daran, daß es ein Zeichen ununterbrochener Bereitschaft im Dienste des Mitmenschen ist. Wenn Sie vielleicht auch über die stillen Männer und Frauen in der grauen Kleidung lächeln mögen, die so aufmerksam den Ablauf einer großen Kundgebung oder Versammlung verfolgen, vergessen Sie nicht, daß sie es nicht um ihrer selbst willen tun, sondern um da zu sein, wenn sie gebraucht werden. Denken Sie aber auch dann an die Aufgabe der Menschen, die vielleicht auch einmal in Ihr Leben entscheidend eingreifen müssen, wenn Sie um eine kleine Spende gebeten werden.

Das Tätigkeitsfeld des Roten Kreuzes durch Beispiele aus der Alltagsrealität veranschaulichen

Das Rote Kreuz bittet Sie um Vertrauen in seine Aufgaben und in sein Wirken. Es sichert jedem Menschen seine Hilfe zu, ganz gleich, wer es sein möge, was er sein möge und wo er sein möge. Für seine Arbeit gibt es keine Grenzen und keine unterschiedlichen sozialen oder staatlichen Ordnungen. Sein Dienst ist der Dienst am leidenden Menschen. So wie das Leid ohne Ansehen der Person jeden überfallen kann, so helfen wir jedem, der unserer Hilfe bedarf.

Bitte um Vertrauen in eine politisch und weltanschaulich neutrale Arbeit

Gesundheitstage des Kneipp-Bundes

Meine sehr geehrten Damen und Herren!

Es spricht ein Kommunalpolitiker

Lassen Sie mich meine Anmerkungen zu Ihren Gesundheitstagen mit einem Zitat beginnen:
»Ein gesunder Mensch besitzt die seinem Alter und Geschlecht angemessene regelmäßige Form, der Körper ist ohne auffallende Fehler gebaut, kein Teil desselben ist gegen das Gesetz der Organisation des Lebensalters überwiegend an Masse oder Kraft, so daß es die Verrichtung eines anderen störte, keinem aber fehlt es auch an der ihm normal zukommenden Masse und Kraftäußerung.

Ein ausführliches Zitat …

Der gesunde Mensch hat einen guten Appetit zum Essen und in der Regel nur mäßigen Durst, fühlt nach dem Essen kein Drücken in der Gegend des Magens, keine Verdrossenheit, keine Hitze, verdaut gut, hat eine leichte und in der Regel unmerkliche, nur bei hinlänglichen Veranlassungen als Schweiß bemerkbare Hautausdünstung, einen gleichmäßigen, nicht zu schnellen Pulsschlag, einen leichten, gehörig tiefen und ruhigen Atem, der bei körperlicher Bewegung etwas beschleunigter und häufiger ist, auch kann er die Brust hinlänglich ausdehnen und den Atem eine geraume Zeit anhalten, ohne Beschwerde.

... aus einer namhaften Enzyklopädie leitet die Rede ein

Er bewegt sich leicht und wird nicht zu schnell müde von körperlicher Anstrengung; er schläft ruhig und fühlt nach dem Erwachen sich erquickt und neu gestärkt. Er hat den völligen und ungestörten Gebrauch seiner Sinne, denkt leicht und richtig und besitzt ein heiteres und ruhiges Gemüt.«

Den zitierten Text erläutern ...

Diese Definition eines gesunden Menschen stammt aus der »Allgemeinen Deutschen Real-Enzyklopädie für die gebildeten Stände«, Auflage 1920. Es ist die Beschreibung eines Idealzustandes, entstanden in einer Zeit, die wir heutzutage als die »goldenen Zwanziger« kennzeichnen.

... und an der heutigen Situation messen

70 Jahre später sehe ich keineswegs, daß die Gesundheit der einzelnen und somit unsere Volksgesundheit dem hehren Anspruch wesentlich näher gekommen wäre. Im Gegenteil: Wer aufmerksam die Nachrichten über Krankheiten verfolgt, muß eigentlich zu dem Eindruck gelangen, wir seien ein Volk von Kranken.

Weithin bekannte Phänomene erhärten die aufgestellte These

Die Ruhe- und Rastlosigkeit unserer technisierten Umwelt hat sich nachhaltig auf den Grad der Volksgesundheit ausgewirkt. Das Zauberwort, weil Entschuldigung und Alibi zugleich, lautet »Streß«. Magengeschwüre, Bluthochdruck, Herzanfälle, Atemnot und vieles mehr, was zunächst als »Managerkrankheit« grassierte, hat auf weite Kreise der Bevölkerung übergegriffen. Eine moderne Seuche hat die meisten von uns erfaßt.

Warnende Stimmen wurden lange Zeit überhört

Viele Verantwortliche, allen voran Krankenkassen, ärztliche Vereinigungen und Gesundheitsorganisationen haben schon seit langem vor dem Ausbreiten dieser Krankheit gewarnt. Zunächst waren sie einsame Rufer in der Wüste. Die Deutschen waren mit der Aufbauzeit, der Freßwelle, der Kaufwelle und schließlich der Reisewelle vollauf beschäftigt.

Rückbesinnung auf den Wert der Gesundheit

Zwischenzeitlich hat eine Besinnung eingesetzt; die Forderung nach massiver Verbesserung der allgemeinen Gesundheit kam wieder zum Tragen. Und auch die letzten Verfechter einer ausschließlich an Höchstleistungen orientierten Arbeitswelt mußten zwischenzeitlich erkennen, daß Menschen, einmal dem Verschleiß ausgesetzt, nicht einfach wie Maschinen reparierbar sind.

Gesünder leben hieß nun die Parole. Sie wurde gefördert durch zwei Faktoren, die zeitlich zusammenfielen und sich gegenseitig förderten. Zum einen meine ich die enorm gewachsene Freizeit, die dem Bürger Gelegenheit gab, sich ausgiebig seinen Steckenpferden zu widmen. Zum zweiten schwappte aus den Vereinigten Staaten eine Welle neuer Sport- und Bewegungsarten nach Europa über, beispielsweise Jogging, Biking, Surfen, Aerobic und Stretching. Sport war plötzlich in aller Munde und manch einer erinnerte sich, daß es Trimm-Trab-Aktionen und vieles mehr auch schon früher gab.

Neue Entwicklungen aufzeigen und ihre Erfolge ansprechen

Mit dem neuen Etikett »Jogging« hat sich das Laufen wohl am besten in Mitteleuropa durchgesetzt. Zigtausende traben täglich durch Wälder und Flure. Andere besannen sich bewährter Gesundheitsrezepte aus »Großmutters Zeiten«. Was Wunder also, daß auch das Kneippen wieder in Mode kam. An zahlreichen Trimmpfaden kann man sie wieder durch die Wasserbecken schreiten sehen: Bürgerinnen und Bürger, die sich die gesundheitlichen Erkenntnisse von Sebastian Kneipp zunutze machen.

Altbewährtes und Neues wird häufig miteinander verknüpft

Diese Entwicklung profitiert zweifelsfrei von einer zweiten Einsicht. Über Jahrhunderte hinweg wußte der Mensch die heilenden Kräfte der Natur zu nutzen. Chemische Mittel standen kaum zur Verfügung oder waren im Zweifelsfalle unbrauchbar. In neueren Zeiten drohten Petro- und Pharmaindustrien der natürlichen Gesundheit den Garaus zu machen: morgens die Wachwerde-Pille, danach der Muntermacher für den Vormittag, nach der zu hastig eingenommenen Mahlzeit eine Verdauungspille, dann noch ein Durchhaltemittel oder Aufputschpräparat und abends die Schlaftablette. Viele Menschen sind diese Entwicklung leid. Die Skepsis gegenüber der Tablettensucht hat deutlich zugenommen. Zu Recht, wie ich meine, denn vieles, was bedenkenlos geschluckt wurde, muß den Nachweis der Notwendigkeit erst noch erbringen.

Zweifel am Nutzen der Pillen und pharmazeutischen Präparate

Ihre Vereinigung, meine sehr geehrten Damen und Herren, hat sich den rundherum gesunden Menschen zum Ziel gesetzt. Basierend auf den Kneippschen Erkenntnissen der heilenden Wasserkraft sammeln Sie Mitbürgerinnen und Mitbürger, die gesünder leben wollen. Ihre Chance dazu besteht heute besser denn je. Ich möchte Sie ermuntern, die Bemühungen um natürliche Gesundheitspflege fortzusetzen. Ziel dabei sollte der Zustand des Menschen sein, den ich eingangs schilderte: »Er hat den völligen und ungestörten Gebrauch seiner Sinne, denkt leicht und richtig und besitzt ein heiteres und ruhiges Gemüt«. Kurzum, er ist gesund.

Die Mitglieder ermuntern, den eingeschlagenen Weg beizubehalten

Das Ziel der Bemühungen per Zitat formulieren

Die Beauftragte einer karitativen Einrichtung spricht anläßlich der Kreisgesundheitstage

Meine sehr geehrten Damen und Herren!

Eine pointierte These an den Beginn der Rede stellen und auf ihre Gültigkeit hin überprüfen

Wir leben in einer Zeit, die nach Meinung vieler durch wachsende Gleichgültigkeit des Menschen gegenüber dem Mitmenschen gekennzeichnet ist. Ohne Zweifel hat diese These mancherlei für sich, wenngleich sie doch wohl nicht ganz so kraß zutrifft, wie diejenigen, die sie vertreten, uns glauben machen wollen. Häufig trifft aber zu, daß sich der Mensch unserer Tage mehr und mehr um nichts anderes als sein eigenes Schicksal kümmert und für das Leben seines Nachbarn kaum noch Interesse zeigt. Er fragt kaum mehr danach, wie er das Los seines Mitmenschen erleichtern kann, er interessiert sich fast nur noch für seinen eigenen Vorteil, ohne an seine Verantwortung für den Nächsten zu denken.

Anschauliche Beispiele belegen die These

Irgendwo hat sich ein furchtbares Erdbeben ereignet. In einem anderen Land unserer Erde ist ein Fluß über seine Ufer getreten und hat weite Landstriche verwüstet und die Bewohner obdachlos werden lassen. Woanders hat eine Sturmflut oder ein Wirbelsturm binnen weniger Stunden oder auch nur Minuten die Menschen vor ein Nichts gestellt. Wir lesen es in der Zeitung, sehen es im Fernsehen oder hören es im Radio. Man findet das Schicksal der Betroffenen hart und vielleicht auch ungerecht, aber man geht darüber wieder zur Tagesordnung über. Und diese Tagesordnung dreht sich um die eigene Person, allenfalls noch um die Familie und die nächsten Verwandten. Man vergißt, daß schon im nächsten Augenblick das harte und unverständliche Schicksal an die eigene Tür klopfen kann und man dann vielleicht selbst auf die Hilfe anderer angewiesen sein wird. Man wiegt sich in einer fragwürdigen und ungewissen Sicherheit und tut so, als ob einen das alles nur sehr wenig anginge und als ob es ein Ding der Unmöglichkeit sei, daß man selbst einmal froh und dankbar dafür sein müßte, daß andere am eigenen Schicksal Anteil nehmen. Dabei weiß niemand von uns, was ihn schon in der nächsten Minute erwartet. Keiner darf davon überzeugt sein, daß ausgerechnet er ein Kind des Glückes ist, denn das Unglück fragt nicht nach Stand und Vermögen. Wir alle sind dem Zufall und dem großen Unbekannten ausgeliefert, das in unser aller Leben eine wesentliche Rolle spielt. Der Mensch ist Glied einer großen Gemeinschaft, und diese Gemeinschaft trägt für ihn eine nicht zu leugnende Verantwortung.

Nachdenklichkeit bewirken durch den Hinweis, daß man selbst betroffen sein könnte

Überleitung zu den Aufgaben der Organisation

Unsere Organisation hat sich nicht nur zur Aufgabe gemacht, den Menschen an diese Verantwortung zu erinnern, sie hat gleichzeitig die

Verpflichtung übernommen, selbst tatkräftig an ihrer Verwirklichung mitzuarbeiten. Darum bitte ich Sie alle herzlich darum, uns und unserer Arbeit Verständnis entgegenzubringen und nach besten Kräften dabei zu helfen, daß wir helfen können. Helft helfen! – diese Aufforderung sollte niemand vergessen, denn wie schnell kann der Fall eintreten, daß er selbst der Hilfe bedarf.

Verständnis und Unterstützung für die Arbeit einfordern

Vereinsveranstaltung zur Mitgliederwerbung

Meine sehr geehrten Damen und Herren!

Rede des Vorsitzenden

Zunächst danke ich Ihnen dafür, daß Sie unserer Einladung gefolgt und hierher zu uns gekommen sind, um an dieser Veranstaltung teilzunehmen. Wir sehen darin ein begrüßenswertes Interesse an unserer Vereinsarbeit und freuen uns darüber, daß sich der … (das … Singen, Schießen, Reiten, Tennisspielen etc.) offensichtlich noch immer großer Beliebtheit erfreut. Als unser Verein vor … Jahren gegründet wurde, zählte er … *(Anzahl)* Mitglieder. Heute hat sich diese Zahl verdoppelt (-dreifacht, -vierfacht etc.). Heute zählen wir zu den stärksten Vereinen unserer Stadt (… sind wir der stärkste … unserer Gemeinde, unseres Städtchens etc.) und wir werden uns bemühen, es auch in Zukunft zu bleiben. Dieses Ziel verfolgen wir nicht aus irgendwelchen Prestigefragen, sondern einzig und allein deshalb, weil es uns ein ernsthaftes Anliegen ist, vor allem den jungen Menschen für den … (das … *Sport- oder Beschäftigungsart)* zu begeistern.

Die Attraktivität des Vereins anhand steigender Mitgliederzahlen belegen

Wir halten es für wichtig, daß gerade er etwas hat, für das er sich nicht nur interessiert, sondern dessen Verwirklichung er mit Freude und demzufolge mit Kraft und Eifer nachgeht. Wir sind der Überzeugung, daß die vielfach bei uns zu beobachtende Interesselosigkeit, Bindungslosigkeit, möglicherweise aber auch vorhandene Jugendkrimininalität ganz bedeutend verringert werden könnte, wenn sich die einzelnen Vereine mehr Mühe insbesondere mit den jungen Menschen geben und den Versuch unternehmen würden, sie für ihre Ziele zu erwärmen. Denn daß unsere Jugend tatsächlich dafür zu haben ist, beweisen die zahllosen jugendlichen Mitglieder in allen Vereinen unseres Landes. Es geht darum, die Freude der Jugend an der Vereinstätigkeit zu wecken und ihr klarzumachen, daß sie herzlich willkommen ist. Diese Aufgabe, meine Damen und Herren, ist mitunter nicht leicht. Dennoch werden Sie wohl darin

Engagement im Verein – gesellschaftspolitisch notwendig …

… und eine Alternative für junge Leute

mit mir übereinstimmen, daß sie auf jeden Fall lohnend ist. Keineswegs in erster Linie für uns, denn für den Verein bedeutet ein großer Mitgliederzuwachs nicht nur, wie manche glauben, erhöhte Beiträge, sondern ebenso eine größere Belastung. Je mehr Menschen zusammen sind, desto schwieriger ist es, sie unter einen Hut zu bringen. Unser Wunsch, daß insbesondere die Jugend sich noch mehr als bisher für unsere Vereinsarbeit interessieren möge, entspringt einmal der dargelegten Überzeugung, und zum anderen dem Wunsch, die Arbeit innerhalb unseres Vereins auch für die Zukunft sicherzustellen. Ein Verein ist nun einmal, wie jede Gemeinschaft, darauf angewiesen, daß junge Leute die Arbeit der älteren übernehmen und weiterführen.

Jugendliche Mitglieder sichern die Zukunft des Vereins

Das soll aber nun nicht etwa heißen, meine Damen und Herren, daß wir in Zukunft lediglich junge Mitglieder in die Reihen unseres Vereins aufnehmen würden. Wir freuen uns über jeden, der sich für unsere Arbeit nicht nur interessiert, sondern der sich dafür begeistern kann. Eine gewisse Begeisterung ist nun einmal erforderlich, wenn es um … *(Art der Tätigkeit oder des Sports)* geht. Sie ist aber auch an einem Abend wie diesem erforderlich, denn sie ist eine Folge wahrer Fröhlichkeit. Und diese Fröhlichkeit ist es, die ich Ihnen von Herzen wünsche.

Begeisterung als unabdingbare Voraussetzung für die Vereinsarbeit

Jubiläumsfeiern

Jubiläum eines Turn- und Sportvereins

Verehrte Ehrengäste, liebe Mitglieder und Freunde des TSV...!

Es spricht ein Festredner

Vance Packard, der große amerikanische Publizist und Journalist, hat sie einmal als »die geheimen Verführer« bezeichnet. Er beschrieb in seinem gleichnamigen Buch jene Menschen, die mit Hilfe von Suggestion und Demagogie, also »geheimer Verführung«, andere dazu bringen, das zu glauben, was sie den Menschen einreden wollen. Die geheimen Verführer leben mitten unter uns. Sie haben Zeitgeist geprägt. Sie hämmerten uns ein: »Sport ist Mord.« Anders ausgedrückt sagten sie: »Treib Sport – oder Du bleibst gesund.« Auf Neuhochdeutsch hieß das dann: »Vive la trance.« Diese geheimen Verführer, verehrte Damen und Herren, haben nicht nur unrecht, sie können auch keine tiefgreifenden Erfolge verbuchen: Die Fitneßwelle rollt ungebrochen. Sie ist der beste Beweis, daß Sport *kein* Mord ist; daß vielmehr der gesunde Geist eben den gesunden Körper benötigt, um sich frei entfalten zu können.

Mit einer griffigen Bezeichnung und einigen Slogans eine gängige Einstellung umreißen ...

... und diese dann widerlegen

Sie werden, sehr geehrte Festgäste, zu Recht fragen, was diese Situationsbeschreibung mit unserem Vereinsjubiläum zu tun haben könnte. Nun, ich möchte Ihnen – im Zeitraffer – einmal aufzeigen, daß der Zeitgeist eine Idee, eine revolutionäre Vision, wie die einer sporttreibenden, friedlichen Nation, nicht aufzuhalten vermag. Vollziehen Sie mit mir gemeinsam einen Zeitsprung: Wir schreiben das Jahr 1811. Napoleon hält Europa besetzt. In diesem Jahr eröffnet ein Mann namens Friedrich Ludwig Jahn, Ihnen allen dem Namen nach als Turnvater bekannt, auf der Hasenheide in Berlin den ersten deutschen Turnplatz. Turnen, vom althochdeutschen Wort turnen abgeleitet, das sich wiederum auf den lateinischen Ursprung tornare (= drehen, wenden) zurückführen läßt, turnen also soll die deutsche Jugend, statt satt und faul in Gastwirtschaften herumzuhängen. Sie schmunzeln, doch in der Tat unternahm die Jugend vor gut 180 Jahren, zu Beginn des 19. Jahrhunderts, kaum mehr, als pfeiferauchend in Gasthäusern alte Lieder zu singen. Einschlägige Überlieferungen geben entsprechende Einblicke.

Rhetorische Frage mit Antwort und Hinweis auf den nachfolgenden Blick in die Geschichte

Die Ursprünge der Turnbewegung in Deutschland

In diese satte, träge Gesellschaft platzte der Turnvater wie ein Ungewitter. Und mit Erfolg. Sein Turnplatz vor den Toren Berlins war voll. Turnen war »in« – nicht nur, weil der Körper ertüchtigt wurde, nein, vielmehr auch, weil es die Erziehung zum sittlichen und vaterlandsliebenden Menschen zum Ziele hatte. Turnen, so der Vater des Gedankens, war auch ein musisches, erzieherisches und gemeinschaftsbildendes Anliegen. Und trotz der wenig ruhmvollen Geschichte von Turnvater Jahn während der Zeit zwischen 1820 und seinem Tode im Jahre 1852 blieb das Turnen seinen Gründungsidealen treu bis zum heutigen Tage. Im Geiste Friedrich Ludwig Jahns trafen sich in den Jahren …, also fast … Jahre nach der Geburtsstunde des Turnens, hier in … aktive Männer, um in genau dem Sinne, den der Turnvater festgeschrieben hatte, aktiv zu werden: nämlich »Leibesübungen mit und ohne Gerät auszuführen, die eine harmonische Körperbildung zum Ziele haben«. Genau dies, meine sehr geehrten Damen und Herren, genau diese Gemeinsamkeit von …er Männern ist der Grund für unsere heutige Jubiläumsfeier.

Das »nationale« Ereignis mit dem lokalen verknüpfen

Doch, verehrte Gäste, der TSV … besteht und bestand nicht nur aus Turnen. Ganz im Gegenteil. Es war etwas anderes, das dem Turnen den Rang längst abgelaufen hat. Gemeint ist der Sport, jene englische, zu Beginn des 19. Jahrhunderts entstandene weltmännische Form der körperlichen Betätigung. Weit enfernt von preußischem Drill, von der Maxime der Körperertüchtigung durch Leibesübungen à la Jahn, schwappte die »Sports-Idee« recht bald über den Ärmelkanal. Sie konnte, ja sie mußte auf fruchtbaren Boden fallen, war doch das Turnen von Vater Jahn in den zwanziger Jahren des 19. Jahrhunderts glattweg verboten.

Sport – die englische Form der körperlichen Betätigung setzt sich durch …

Der Siegeszug begann mit der Verbreitung der Idee: Im Gegensatz zum Turnen sollte Sport nicht nur zur Gesunderhaltung des menschlichen Körpers beitragen – übrigens ein Motiv, das der Kapitalismus des 19. und frühen 20. Jahrhunderts gelegentlich aufgriff –, Sport sollte vielmehr »in allen Lebensbereichen zu fairem und ritterlichem Verhalten anspornen, die Menschen verschiedener Herkunft und Kulturbereiche zum gemeinsamen Wettkampf zusammenführen und das Verständnis füreinander wecken«. In … war es im Jahre 1919 soweit. Der 1. Weltkrieg war geschlagen und Deutschland besiegt. Die Zeit für Neugründungen war reif, und so entstand im Jahre eins der kaiserlosen deutschen Zeit der Sportverein »Helvetia« genau hier, wo wir heute leben.

… und faßt Fuß im Ort der heutigen Jubiläumsfeier

Können Sie sich vorstellen, verehrte Damen und Herren, was es für ein damals noch junges Gemeinschaftsleben bedeutet haben muß, zwei Vereine verschiedener Denkarten, unterschiedlicher Traditionen, konträrer Welten beheimatet zu haben? Turner als Vertreter der Traditionen Friedrich Ludwig Jahns, Sportler als Repräsentanten des neuen Geistes? In anderen Dörfern und Städten des Landkreises … hat dieser historische

Zwei konkurrierende Vereine …

Gegensatz zu getrennten Entwicklungen beider Denkarten geführt. Nicht so in ... Es ist ein historisches Verdienst der Männer um den damaligen ersten Vorsitzenden ... *(Name)*, daß aus dem Turnverein und dem Sportverein unser heutiger Turn- und Sportverein ... *(Name)* werden sollte.

... und ihre Vereinigung im TSV

Ich hatte, verehrte Festgäste, diese Rede mit dem Hinweis auf die »geheimen Verführer« begonnen. Es soll erst jetzt, im zweiten Teil, deutlicher werden, was ich meinte. »Sport ist Mord« und »Treib Sport – oder Du bleibst gesund«, sagen uns die einen. Es gibt eine Anzahl von Menschen, die hören diese Boschaften nicht nur, sie beherzigen sie sogar. Es ist dies eine Minderheit. Die anderen, diejenigen, die diese Botschaften ablehnen, sie sind hier. Inmitten der Mitglieder und Freunde des TSV... Und sie sind inmitten all der anderen Vereine in ... *(Namen einiger benachbarter Ortschaften)* und wo auch immer in unserem Landkreis. Fast ... *(Anzahl)* Sportvereine zählen wir im Kreis. Sie haben zusammen knapp ... Mitglieder – darunter ... junge Menschen bis zum 18. Lebensjahr.

Die große Zahl der Vereine und Mitglieder: ein deutliches Zeichen gegen »ketzerische« Botschaften

Es gibt, verehrte Festgäste, eine recht aktuelle Untersuchung über die Motivation, die junge Menschen zum Sport hinzieht – oder hintreibt, je nach Interpretation. Von mehr als 1000 befragten Spitzensportlerinnen und Spitzensportlern nannten rund 70% Selbstbestätigung (71%) und Lust an der Leistung (68%) als Hauptgründe ihrer leistungssportlichen Betätigung. Siegeswille (55%), (internationale) Begegnungen (55%), Reisen (52%) und Freundschaften (51%) wurden von mehr als jedem zweiten Sport-As angeführt. Immerhin noch 42 % gaben das Teamerlebnis als Begründung an. Die übrigen Motive folgten erst mit einigem Abstand. Sie werden verstehen warum, wenn ich die Stichworte nenne: Popularität und Ruhm 23%, sozialer Aufstieg, Start- und Preisgelder, Zuwendungen und Werbeeinnahmen jeweils rund 10%.

Aktuelle Umfrageergebnisse zur Motivation von Spitzensportlern und -sportlerinnen referieren ...

Ich glaube, dieses Umfrageergebnis läßt sich bedenkenlos auch auf diejenigen übertragen, die in unseren Vereinen, hier bei uns im TSV..., Sport treiben. Sie tun es ihrer selbst willen, der Leistung, der Freude, des Teamgeistes wegen – und nicht wegen in Aussicht gestellter Preisgelder oder aus Gründen der Popularität.

... und auf die Amateure des örtlichen Vereins übertragen

Es ist gut, daß es unseren Mitgliedern, besonders denen, die an Wettkämpfen teilnehmen und hervorragende Leistungen erbringen, nicht an erster Stelle um den Beifall geht, denn nichts ist kurzlebiger als eben dieser Beifall. Nein, verehrte Festgäste, es geht um den Willen junger Menschen, Leistung zu erbringen. Für sich selbst und im Team. Wie sonst wäre erklärlich, daß sich auf eine kleine Information hin eine Turnwelle in ... entwickelte, die dazu geführt hat, daß diese wiedergegründete Abteilung heute ... junge Mitglieder zählt.

Die ideellen Werte und Motive der Mitglieder herausstellen

Es ist beruhigend und schön zu wissen, daß der TSV ... im ... Jahr seines Bestehens wieder auf zwei Säulen steht – auf der Säule Sport in Form der

»fortschrittlichen« Abteilungen Fußball und neuerdings auch Handball (Volleyball, Tischtennis etc.) und auf der Säule Turnen mit ihrer »traditionellen« Ausrichtung, also der Erziehung junger Menschen zu musischen und gemeinschaftsbildenden Individuen. Wir alle, Mitglieder und Freunde im Turn- und Sportverein, wir bilden das Dach über diesen tragenden Stützen. Geeint in Idealen und Tugenden wie Solidarität, Miteinander, Fairplay und Kameradschaft bilden Frauen und Männer die große, lebendige und lebensfähige Gemeinschaft des Vereins in ... An dieser lebendigen Gemeinschaft wird in schönster Form deutlich, was der Aphoristiker Martin Kessel mit seiner Feststellung meinte: »Sport ist eine Tätigkeitsform des Glücks.« Ich wünsche Ihnen allen, uns allen, verehrte Festgäste, sportliche, schöne und glückliche Stunden beim Festjubiläum. Und möge dem Verein, unserem Turn- und Sportverein ..., auch in den kommenden Jahren Erfolg beschieden sein.

Eine »Hymne« auf die lebendige Vereinsgemeinschaft

Gute Wünsche für den Festverlauf und für die Zukunft des Vereins

Jubiläum eines Turnvereins

Es spricht der Kreistagspräsident

Herr Vorsitzender ... (Name), verehrte Ehrengäste,
meine sehr geehrten Damen und Herren!

Es ist ein erfreulicher Grund, der uns alle, Vereinsmitglieder, Aktive und Gäste, heute hier zusammengeführt hat: Der Turnverein ... feiert seinen ... Geburtstag. Ein Jubiläum, das Anlaß zu Freude, zum Feiern und zur Geselligkeit gibt. Ich überbringe Ihnen allen daher die herzlichsten Grüße des Landkreises ..., die Grüße des Landrats und selbstverständlich auch meine eigenen Glückwünsche und Grüße.

Mit Glückwünschen und Grüßen die Rede einleiten

Der Landkreis ... ist stolz und froh, daß er Vereine wie den Turnverein ... hat. Warum? Vereine wie der TV ... leisten einen unschätzbaren Beitrag zum Gemeinsinn der Bürger. Sie fördern Kameradschaft, Solidarität und Zusammengehörigkeitsgefühl. Sie geben der jungen Generation Ziele und tragen dazu bei, daß der Vereinsamung wirkungsvoll begegnet wird, daß Langeweile gar nicht erst aufkommen kann, daß an die Stelle von Passivität die aktive Betätigung im Kreise Gleichgesinnter tritt. Und selbstverständlich leisten Sportvereine einen wesentlichen Beitrag zur allgemeinen Gesundheit.

Ziele und Nutzen der Vereinsarbeit beschreiben und den Einsatz der Mitglieder würdigen

Die Frauen und Männer, die im Verein zusammengeschlossen sind, opfern ihre Freizeit, um für sich und andere aktiv sein zu können. Ja, sie bringen sich voll in »ihren Verein« ein, zu dem sie in guten wie in schlechten Zeiten stehen. Nicht umsonst lieben viele Mitbürgerinnen und Mitbürger das Vereinsleben, weil es ihnen eine familiäre Atmosphäre vermittelt. Wir im Landkreis ... haben demgegenüber die Aufgabe, unsere Vereine nach besten Kräften zu unterstützen. Wir tun dies. Viele von Ihnen wissen, daß der Kreis erst kürzlich ein Sonderprogramm »Jugendförderung« aufgelegt hatte. Es handelte sich um zusätzliche Mittel, die dem regulären Jahresbudget zugeschlagen wurden. Zahllose Vereine waren glücklich und froh, auf diese Weise an Gelder zu gelangen, die sie für die Jugendarbeit verwenden konnten.

Hinweis auf die Fördertätigkeit der Politik anhand eines konkreten Beispiels

Und weil wir wissen, was wir an Vereinen wie dem Turnverein ... haben, kann ich Ihnen an dieser Stelle folgendes versichern: Der Landkreis ... wird auch in Zukunft an der Seite der Vereine und der Vereinsmitglieder stehen. Das gilt für den Wunsch nach neuen Einrichtungen ebenso wie für den laufenden Bedarf. Wir wollen, daß die Vereine die Mittel, die sie für ihre Arbeit benötigen, auch erhalten.

Finanzielle und sonstige Unterstützung wird weiterhin gewährt

Gesundheit und Wohlergehen sind hohe Güter, die es zu pflegen gilt. Aber auch Kameradschaft und Solidarität gehören zu einem aktiven Vereinsleben. Wir im Landkreis ... wollen mit gesundem Geist für gesunde Körper und lebendige Vereine sorgen.

Abwandlung einer alten Weisheit und Scheckübergabe

Ich wünsche Ihnen allen frohe und gesellige Stunden bei der Feier Ihres Vereinsjubiläums. Der Scheck, den ich nun Ihrem Vorsitzenden überreiche, wird mit Sicherheit nicht die letzte Zuwendung sein, die der Landkreis ... für seine Vereine bereithält.

Jubiläum eines Turnvereins

Begrüßungsrede des Vorsitzenden

Verehrte Ehrengäste, liebe Turnschwestern und Turnbrüder, meine sehr geehrten Damen und Herren!

Ein herzliches Willkommen Ihnen allen! Es ehrt uns, daß Vertreter der Stadt, befreundeter Vereine und der Presse erschienen sind. Wenn jemand Geburtstag feiert, dann kann er feststellen, wie viele Freunde er hat. Da heute kaum ein Stuhl freigeblieben ist, können wir mit Recht von einem großen Freundeskreis sprechen. Wer Geburtstag hat, empfängt seine Gäste und Freunde nicht in der Werkstatt. Deshalb haben wir für heute unsere Werkstatt – die Turnhalle, den Sportplatz – verlassen, unser Werkkleid – wenn ich unsere Turnkleidung so nennen darf – abgelegt und einen festlichen Rahmen für die gesellige Veranstaltung gewählt.

Gelungene Begrüßung mit besonderer Erwähnung des festlichen Rahmens

Bilanz: die Leistungen des vergangenen Jahres

Das vergangene Jahr ist ein gutes Jahr gewesen. Wenn unser Verein nach der Zahl der Jahre auch ein beachtliches Alter erreicht hat, er hat den Schwung der Jugend behalten. Er hat sich im Wettkampf gut geschlagen und hat im stillen Höchstleistungen ganz besonderer Art erzielt, nämlich die Gesunderhaltung von mehreren hundert Kindern, Jugendlichen, Frauen und Männern. Wir haben uns bemüht, unser Bestes zu tun für die Gesundheit, für die Gemeinschaft und für eine gute turnerische Leistung. Unser Bestes wollen wir Ihnen auch heute geben. Ich meine, unser Jubiläumsfest soll ein Dank des Vereins an all diejenigen sein, die für ihn gewirkt und die ihm die Treue gehalten haben. Über die Anstrengungen des Übens und Kämpfens wollen wir heute die Entspannung setzen. Wir wollen die andere Seite unseres Gemeinschaftslebens, die ganz und gar gesellige, betonen, bei der es nicht um Punkte geht, sondern nur um die gute Laune. So schön der Wettstreit auf der Laufbahn und an den Turngeräten ist, es fehlte dem Vereinsleben etwas ganz Entscheidendes, wenn es nicht auch dies aufzuweisen hätte: den fröhlichen Tanz und das Gespräch bei einem guten Tropfen. Willkommen bei unserem Jubiläumsfest!

Das Fest als Ausdruck des Dankes für Treue und Einsatzbereitschaft der Mitglieder

Geselligkeit – ein wichtiger Teil des Vereinslebens

Jubiläum einer Sängervereinigung

Es spricht ein Festredner

Frau/Herr Vorsitzende/r, verehrte Ehrengäste,
meine sehr geehrten Damen und Herren!

Was sagt ein Festredner einem Gesangverein anläßlich eines großen Jubiläums? Soll er die Geschichte würdigen? – Das geschieht doch, für jedermann nachlesbar, in der informativen Festschrift!

Gekonnter Einstieg: rhetorische Fragen und verneinende Antworten zu möglichen Themen der Rede

Soll er sich auf die Verdienste der Sängervereine und -vereinigungen konzentrieren und ausführen, welche kulturellen Leistungen erbracht werden durch die Pflege und Bewahrung deutscher Volkslieder? – Es ist jedermann hinreichend bekannt, welch großartiges Engagement die Sängervereinigung hier in ... *(Name des Ortes)* auf diesem Gebiet erbringt! Oder soll er sich darin üben, Klage zu führen über das mangelhafte oder gar gänzlich fehlende Engagement junger Menschen in Gesangvereinen? – Wir alle wissen doch aus langer Beobachtung und Erfahrung, wie schwer es ist, junge Menschen für Traditionelles zu begeistern. Der Walkman ist leichter zu bedienen, die Popmusik ist fetziger, aber auch andere Gründe führen dazu, daß junge Menschen in den Reihen von Sängerinnen und Sängern seltener zu finden sind als anderenorts.

Nein – diese Themen sollen nicht Gegenstand meines Festvortrages sein; sie sind Ihnen ja alle bestens bekannt. Ich möchte heute einmal etwas anderes versuchen. Ich habe in den vergangenen Tagen, als ich mich auf die heutige Festrede vorbereitete, eine Vielzahl von Zitatensammlungen durchgearbeitet und dabei viele lustige und nachdenkliche Äußerungen zum Thema Musik und Gesang gelesen. Gelegentlich kann man beim Studium der gesammelten Spruchweisheiten eines Volkes viel über dessen Befindlichkeit erfahren. Mir jedenfalls ist es so ergangen.

Einführende Bemerkungen zum Hauptteil der Rede

Da gibt es die aus dem Mittelalter stammende Weisheit, daß »zwei wohl miteinander singen, aber nicht zugleich reden können«. Stimmt, und stimmt für ... *(Name des Ortes)* und das heutige Jubiläum in übertragener Weise besonders: Zwei Vereine können seit Ende des Sängerjahres 19.. ausgezeichnet miteinander singen. Die Sängervereinigung 19.. *(Jahreszahl und Ortsname)* beherbergt unter ihrem Dach die beiden früheren Vereine. Dabei steht die Jahreszahl 19.. für das Gründungsjahr der beiden ehemaligen Vereine – anderenfalls wir heute nicht zusammen das nun ...jährige Bestehen feiern könnten.

Eine Volksweisheit auf den Anlaß der heutigen Feier übertragen

Damit bin ich jetzt genau beim Thema: Was wäre eine Feier – ganz gleich welcher Art – ohne Musik, ohne Gesang, ohne Schunkeln? Ich sage es Ihnen: Diese Feier wäre ausgesprochen langweilig!

Martin Luther hat einmal in einem seiner weniger derben Zitate ausgeführt, daß »Musika einem betrübten Menschen die beste Labsal ist.« Das kennen wir alle selber: Mit einem heiteren Lied am Morgen beginnt der Tag gleich viel freundlicher. Um es mit den Worten eines der größten deutschen Komponisten, Ludwig van Beethoven, zu sagen: »Dem Manne muß die Musik Feuer aus dem Geist schlagen.« Da hat er recht, und das leistet Musik auch. Gehen wir freundlich darüber hinweg, daß es in der Zeit, in der Beethoven lebte, noch keine emanzipatorischen Bewegungen gab. Denn selbstverständlich muß Musik auch der Frau Feuer aus dem Geist schlagen. Der Frauenchor, der inzwischen unter dem Dach der hiesigen Sängervereinigung besteht, beweist dies immer wieder eindrucksvoll.

Streifzug durch Zitate aus mehreren Jahrhunderten: von Martin Luther ...

... über Ludwig van Beethoven und Heinrich Heine ...

Die besonders liebliche Verbindung von Gesang und Frau hat auch Heinrich Heine erkannt, als er formulierte: »Auf Flügeln des Gesangs, Herzliebchen, trag' ich dich fort.« Wer an dieser Stelle nicht den großen russischen Dichter Leo Tolstoi mit seiner Erkenntnis zitiert: »Musik ist die Kurzschrift des Gefühls«, der hat Hornhaut auf der Seele und sollte sich lieber weiterhin hinter seinem Wilhelm Busch verschanzen.

... bis zu Leo Tolstoi und Wilhelm Busch

Vermutlich ahnen Sie, was jetzt kommt. Das Zitat ist bekannt. Es stammt aus dem »Dideldum« von Busch und lautet: »Musik wird oft nicht schön gefunden, dieweil sie mit Geräusch verbunden.« Das klingt ketzerisch, entpuppt sich jedoch nach genauerem Überdenken als durchaus weise: Nicht jede Musik ist für jedermann schön; Musik in ihrer Gesamtheit für alle – das Ja, aber keineswegs jedes einzelne Stück. Sie merken, daß ich Musik als Oberbegriff für instrumentale und stimmliche, also vokale, Interpretation begreife. Insofern hatte Busch in gewisser Weise recht. Und er hatte Claqueure, etwa jenen heute weniger bekannten deutschen Schriftsteller Heinrich Seidel, der in seinem Glockenspiel »Die Mittelmäßigen« reimte: »Die Musik ist heutzutage/Wohl der Menschheit größte Plage.« Doch dies sollten wir nicht zu ernst nehmen, ist das Zitat doch gewiß aus einem größeren Zusammenhang gerissen.

Auch kritische Äußerungen sollten eingearbeitet werden

Ganz und gar in einem Zusammenhang steht hingegen Georg Neumarks Lied »Wer nur den lieben Gott läßt walten«, in dem es heißt:

»Sing, bet und geh auf Gottes Wegen,
Verricht das Deine nur getreu ...«

Ein übermütiger Vers von Studenten, ...

Diese Zeilen werden gerne in Verbindung gebracht mit Studenten, deren Sangeslust ebenso bekannt war wie ihr Übermut. Studenten nämlich waren es, die den Versen Neumanns anfügten:

»Kommt Dir ein schönes Kind entgegen,
Laß es nicht ungeküßt vorbei.«

... ein vielzitiertes Lutherwort ...

Und damit, verehrte Gäste, sind wir wieder bei Martin Luther. Einige werden schon ahnen, was jetzt kommt:

»Wer nicht liebt Wein, Weib und Gesang,
der bleibt ein Narr sein Leben lang.«

... und ein Ausspruch Shakespeares

Ich glaube nicht, daß dieses Lutherzitat ernsthafte Zweifler auf den Plan ruft. Im Gegenteil: Shakespeare kann als Kronzeuge herhalten mit seinem Ausspruch aus »Was Ihr wollt«:

»Wenn die Musik der Liebe Nahrung ist,
spielt weiter! Gebt mir volles Maß.«

Ganz so stelle ich mir etwa die Feierlichkeiten der Sängervereinigung 19.. *(Jahreszahl und Ortsname)* zum ... Jubiläum vor: freudig, beschwingt, heiter, gut besucht, munter befeuchtet und in allen Lagen ersungen.

Zum nachfolgenden Programm überleitende Worte ...

Ich hoffe, Ihnen allen hat mein kleiner Streifzug durch die Zitate der Jahrhunderte zum Thema Musik und Gesang ein wenig Freude bereitet. Es ist ein schier unerschöpfliches Thema, und es gäbe noch genug Aussprüche, Weisheiten und Gedankensplitter, um einen weiteren Abend lustig oder nachdenklich zu gestalten. Aber wir wollen heute abend nicht nur reden, sondern vielmehr die Sänger aktiv werden lassen. Bevor ich also abtrete und das Podium für den Vortrag freigebe, möchte ich herzlich gratulieren und als Schlußpunkt noch ein aktuelles Zitat anführen. Es stammt von dem weltbekannten spanischen Sänger Placido Domingo. Er sagte: »Was ein hohes C ist, bestimme ich.«

... und ein abschließendes Zitat, das in ein Kompliment an den Verein mündet

Damit mag er an vielen Orten recht haben. Hier in ... sicher nicht. Hier, in unserem Dorf, in unserer Kirche und bei unseren Festen sind Sie es, liebe Sängerinnen und Sänger, die bestimmen, was ein hohes C oder was ein doppelt gestrichenes b ist. Und dabei soll es auch bleiben.
Ich wünsche der Sängervereinigung für die Zukunft alles Gute!

Jubiläum einer DLRG-Ortsgruppe

Verehrte Ehrengäste, meine sehr geehrten Damen und Herren!

Es spricht ein Kommunalpolitiker

Die Auseinandersetzung des Menschen mit dem Element Wasser ist permanent und kompromißlos. Es ist ein Kampf, in dem die Rollen von Sieger und Besiegtem klar verteilt sind – im Zweifelsfalle unterliegt der Mensch. Der »nasse Tod«, ob als Flutwelle, reißender Strom oder unaufhaltsam steigender Pegel in einem Flußbett, ist gegenwärtig.

Effektvoller Einstieg mit einer Tatsache, ...

Ich stelle diese Tatsache an den Beginn meiner Ausführungen, um klar zu machen, daß alle menschlichen Bemühungen um einen Gleichklang der Kräfte nie werden verhindern können, daß die Natur mit der geballten Gewalt des Wassers letztlich stärker ist. An dieser Maxime ausgerichtet, muß das Wirken des Menschen unter Berücksichtigung aller Möglichkeiten Kompromisse suchen. Wir müssen *mit* dem Wasser leben, statt es beherrschen zu wollen.

... die als Ausgangspunkt für die weiteren Ausführungen dient

Solange es Menschen gibt, war das Element Wasser für sie immer von einer besonderen Anziehungskraft. Schon früh lernten die Nationen, Schiffe zu bauen und die Meere zu befahren. Schon lange nutzen sie die Kraft des Wassers. Und genausolange schon bringt Wasser den Tod.

Vom Reiz und den Gefahren des Elements Wasser ...

Diese Aussagen sind reichlich pessimistisch. Ein Kampf, der nicht gewonnen werden kann – sollte der nicht von vornherein aufgegeben werden? Ich sage nein. Es gilt, sich den Gefahren zu stellen und zu lernen. Der Mensch kann bestehen. Er kann lernen, mit dem Wasser umzugehen. Kraftwerke, Deiche, Siele, Kanäle sind Möglichkeiten des Umgangs mit dem nassen Element. Was Technik ermöglichte, wurde inzwischen angewandt, um Gefahren zu bannen und Kräfte nutzbar zu machen.

... und der Fähigkeit des Menschen, damit umzugehen

Etwas anderes ist die Frage der direkten Berührung des Menschen mit dem Wasser. Schwimmen und Tauchen zu erlernen, erfordert seit jeher die Überwindung der Furcht. Es bedarf des Lehrmeisters. Und damit bin ich bei der Deutschen-Lebens-Rettungs-Gesellschaft, Ihrer Vereinigung, deren ... Geburtstag wir heute begehen. Als zu Beginn dieses Jahrhunderts die DLRG aus der Taufe gehoben wurde, geschah dies zu einer Zeit, in der in Deutschland jährlich rund 5000 Bürger den »nassen Tod« erlitten. Sie ertranken jämmerlich, weil sie, des Schwimmens unkundig, die Gefahren des Wassers unterschätzten. Aus dieser Tatsache heraus ergab sich die Aufgabenstellung für die Lebens-Rettungs-Gesellschaft: Möglichst jeder Bürger sollte die Fähigkeit erlernen, sich sicher im Wasser zu bewegen. Darüber hinaus sollten möglichst viele Schwimmer in der Lage sein, anderen in Not zu helfen. Sie sollten Retter werden.

Überleitung zum Vereinsjubiläum – Tradition, Aufgaben und Ziele

Ich kann an dieser Stelle befriedigt feststellen, daß es der DLRG gelungen ist, beide Aufgaben hervorragend zu bewältigen. Nur selten noch hört man hierzulande von furchtbaren Wasserunglücken – um so häufiger von den Männern und Frauen der DLRG, die an erfolgreichen Rettungsaktionen beteiligt waren. Dank des mutigen Einsatzes dieser Bürgerinnen und Bürger konnten zahlreiche Menschenleben gerettet werden.

Anerkennung für die Leistungen der Organisation ...

Dies bringt mich zu einem Aspekt, der häufig übersehen wird. Die Mitglieder der DLRG, aber auch die Helfer vieler anderer Organisationen, wirken ehrenamtlich; Männer und Frauen, die ihre Freizeit opfern im Dienst für eine Sache, deren Notwendigkeit sie eingesehen und zu ihrem eigenen Anliegen gemacht haben. Sie leisten Dienst am Nächsten und Dienst an der Gemeinschaft. Sie tun dies in der Regel unentgeltlich, ja sie gefährden oft ihr Leben, um andere zu retten oder ihnen zu helfen. Mehr als ein Dankeschön ist ihnen in den seltensten Fällen sicher.

... und Würdigung des ehrenamtlichen Engagements der Mitglieder

Warum sage ich das in dieser deutlichen Form? Ich sage es aus dem Wissen heraus, daß ohne diesen Dienst für die Allgemeinheit der Staat viele Angebote der Kurzweil oder der sportlichen Betätigung dem Bürger entweder gar nicht oder nur zu unerschwinglich hohen Preisen machen könnte. Städte und Gemeinden haben in den vergangenen Jahrzehnten Frei- und Hallenbäder errichtet, um einer breiten Bevölkerungsschicht die Möglichkeit der sinnvollen Freizeitgestaltung oder körperlichen Ertüchtigung zu bieten. Die Bürger kamen und kommen in Scharen. Und damit tritt auch schon das Problem auf, das ich meine: Der Staat, der die Errichtung der neuen Anlagen veranlaßte, hat nun auch dafür Sorge zu tragen, daß bei Notfällen sofortige Hilfe gewährt werden kann.

Die Bedeutung der Arbeit für die Gemeinschaft der Bürger ...

Ich wage gar nicht zu ermessen, welche Unsummen allein der Landkreis ... auszugeben gezwungen wäre, um den Sicherheitsdienst in seinen öffentlichen Einrichtungen optimal gewährleisten zu können. Ich bezweifle, daß der Landkreis oder seine Kommunen über längere Zeit finanziell in der Lage wären, für die Sicherheit in diesen Einrichtungen Sorge zu tragen. Allein die Personalkosten, die entstünden, um an sieben Tagen der Woche in zwei Schichten Retter und Helfer in Bereitschaft zu halten, würden jeden Haushaltsrahmen sprengen.

... und für den Finanzhaushalt der Kommunen und Landkreise

Nicht nur aus diesem Grunde sind daher die freiwilligen Dienste aller Bürger, die sich einer Hilfsorganisation verbunden fühlen, von unschätzbarem Wert. Es ist heute keine Selbstverständlichkeit mehr, daß – ohne mit der Frage nach Bezahlung auf den Lippen – Leistungen für die Allgemeinheit erbracht werden.

Begriffe wie Nachbarschaftshilfe, Nächstenliebe, Uneigennützigkeit oder Sorge für das Allgemeinwohl haben heute leider nicht mehr den Stellenwert wie in früheren Jahrzehnten. Solange derartige Leistungen bezahlbar sind, keine akuten, den einzelnen betreffenden Notfälle eintreten, solange haben die Trägheit der Masse und der Ruf nach dem Staat Vorrang vor der Uneigennützigkeit. Erst der Zustand akuter Gefahr, der Notfall also, legt diese Werte wieder frei. Wir haben dies eindrucksvoll sehen können bei der Hochwasserkatastrophe, die unlängst (vor einigen Jahren etc.) weite Teile der Republik an Rhein, Mosel und Neckar betroffen hat. Beispielgebend haben die Hilfsorganisationen geholfen, und manch wackerer Bürger ist ihnen alsbald zur Hand gegangen.

Der Ruf nach dem Staat kann nicht die Bereitschaft der Bürger zur Hilfeleistung in der Not ersetzen

Aus solchen Bildern läßt sich auch Hoffnung schöpfen, das Vertrauen darauf, daß eine Rückbesinnung einsetzen kann, wenn auch – offenbar – nur angesichts der eingetretenen Katastrophe. Dennoch bin ich optimistisch: Durch breitgestreute Aufklärung, durch das Gespräch vor allem mit jüngeren Menschen kann gewiß erreicht werden, daß sich unsere Hilfsorganisationen um den Nachwuchs kaum zu sorgen brauchen.

Um Nachwuchs werben durch Gespräche und Informationskampagnen

Junge Menschen wollen gefordert werden – von wenigen Ausnahmen einmal abgesehen. Sie wollen Anforderungen bestehen. Sie lernen von Vorbildern. Es ist Aufgabe von uns Älteren, sie an Werte wie Gemeinschaft, Tatkraft, Allgemeinwohl, Nächstenliebe heranzuführen. Die DLRG leistet hierzu einen wertvollen Beitrag. In Ihrer Organisation wird vermittelt, was aktive Lebensrettung wirklich bedeutet.

Ich möchte meine Rede nicht beenden, ohne Ihnen, den freiwilligen Helferinnen und Helfern des DLRG, eine Bitte vorgetragen zu haben: Bewahren Sie sich Ihr Engagement. Wahren Sie Ihre Bereitschaft, sich ehrenamtlich in den Dienst einer guten Sache zu stellen. Vor allem aber seien Sie Vorbild. Praktizierte Beispiele sind Ansporn für Dritte, selbst aktiv zu werden, ihren Beitrag für die Allgemeinheit zu erbringen.

Bitte um Fortführung der Aktivitäten zum Wohl der Allgemeinheit

Trauerfälle

Totenehrung im Verein (am Grabe eines Altmitglieds)

Verehrte Trauergemeinde!

Einfühlsame Worte über den langjährigen Gefährten

Immer haben wir den Gedanken weit von uns gewiesen, daß er uns so plötzlich verlassen könnte. Seine Rüstigkeit war sprichwörtlich. Sein aufrechter Gang, seine Frische beschämten manchen Jungen, und sein Humor war so voller Treffer, daß sein eigentliches Alter fast vergessen wurde. Viele werden bei aller Trauer die Anzeige seines Todes mit Verwunderung gelesen haben, denn sie glaubten ihn erheblich jünger an Jahren. Der Tod hat ihn aus diesem Leben genommen. So plötzlich, so unerwartet ging er von uns, daß wir uns immer wieder sagen: Es kann nicht sein. Durch seinen Tod fehlt nun vielen Menschen der Freund, fehlt der Ratgeber, das Vorbild, fehlt auch ein lebendiges Glied in der Geschichte unseres Vereins. Lange, lange Jahre gehörte er ihm an. Er war einer der Treuesten, der Verläßlichsten, einer der Hilfsreichsten. Er hat dem Verein viel Zeit und manches andere noch geopfert. Deshalb wird er unvergessen bleiben. Er ging als Optimist durch das Leben. Er hat uns oft genug bewiesen, wie man trotz aller Härten des Lebens zuversichtlich und lebensfroh bleiben kann. So werden wir ihn immer im Gedächtnis behalten: als heiteren, hilfreichen, lebensklugen Menschen, der vielen ein Freund war.

Der Verstorbene gab (und gibt) Beispiel für Lebensmut und Zuversicht

Unfalltod eines jungen Mitglieds

Liebe Trauergemeinde!

Fragen, die alle bewegen und dennoch unbeantwortet bleiben müssen

Schreck, Bestürzung und tiefe Trauer haben uns ergriffen, als wir von dem tragischen Unfalltod unserer jungen Freundin erfuhren. Warum wird ein blühendes Leben zerstört? Warum konnten sich die Hoffnungen nicht erfüllen, die auf diesen jungen Menschen gesetzt wurden? Unerklärlich für uns hat das Schicksal zugschlagen. Es hat einen Menschen getroffen, dem unser aller Herz gehörte. Sie war eine von uns und wird es im Gedenken immer sein. Ihr Tod trifft eine Familie, die ihr das liebste war. Ihr Tod hinterläßt eine große Lücke auch am Arbeitsplatz, den sie mit Fleiß und Eifer ausfüllte. Ihr Tod trifft eine Vereinsgemeinschaft, die in ihr eine der Besten ihrer jungen Generation verlor. Sie hat das Leben so geliebt und hat es so früh hergeben müssen. Ihr Unfall ist eine Anklage zugleich gegen unsere Zeit, die den Menschen überfordert. Ihr Unfall soll aber auch eine Mahnung sein für alle, die in die gleiche Lage kommen können. Uns trägt der Tod unserer Freundin auf, die Erinnerung an ihr Leben in ehrendem Andenken zu bewahren. Sie hatte sich unser aller Achtung und Kameradschaft erworben. Sie soll ihr für immer zugeeignet sein. In tiefer Trauer sagen wir den Eltern und den Freunden: Ein guter, liebenswerter und tüchtiger Mensch ging von uns; ihr Leben ging zu Ende, bevor es sich erfüllen konnte. Möge ihr ewiger Friede beschieden sein.

Auch in Trauer und Verzweiflung des Menschen gedenken, wie er war: liebenswert und kameradschaftlich

Tod eines Ehrenvorsitzenden

Es spricht die Vereinsvorsitzende

Verehrte Trauergemeinde, liebe Hinterbliebene!

In tiefer Trauer sind wir heute zusammengekommen, um einem Menschen die letzte Ehre zu erweisen, der uns über lange Jahre Freund und Weggefährte war: … *(Name).*

Betroffenheit und Trauer bekunden

Wohl wissend, daß für uns alle der Tag kommt, an dem unsere irdische Wegstrecke zu Ende geht, trifft uns der Tod eines Menschen gleichwohl tief ins Herz. Dieses Menschen ganz besonders! … war ein Mann der Zuwendung, der Treue und des Miteinanders. 35 Jahre lang stand er an der Spitze des Vereins … *(Name).* In Anerkennung seiner Verdienste wurde er 19.. zum Ehrenvorsitzenden gewählt. Wir alle haben in dieser langen Zeit seine ruhige, freundliche Art geschätzt, sein abgewogenes Urteil gesucht und ebensooft wie gerne mit ihm gelacht und gefeiert.

Würdigung der Leistungen und der menschlichen Qualitäten

Wir müssen nun ohne ihn auskommen, eine Vorstellung die schwerfällt und uns allen klarmacht, wie vergänglich wir sind. … bleibt in unserer Erinnerung und in unseren Herzen. Es ist nur ein geringer Trost, und er kann den Schmerz nur wenig mildern. Aber es ist ein Trost! Derjenige Mensch hat gelebt, der in den Gedanken der Angehörigen und Freunde auch über den Tod hinaus weiterbesteht.

Tröstende Worte an alle Trauernden

Familie, Nachbarn, Freunde

Die Gelegenheiten, im Familien- oder Freundeskreis eine Rede zu halten – oder halten zu müssen –, sind so vielfältig wie das Leben schlechthin.
Das neue Haus oder die neue Wohnung soll mit Freunden und Verwandten feucht-fröhlich eingeweiht werden. Wer findet die treffenden Worte?
Die Tochter heiratet, oder der Sohn wird Vater. Wie geben die Eltern ihrer Freude Ausdruck?
Der Großvater feiert seinen 80. Geburtstag, und die gesamte Familie findet sich zusammen. Was sagt man bei einer solchen Gelegenheit?
Eine Freundin eröffnet ein Geschäft. Wie formuliere ich eine originelle Glückwunschrede?
Anlässe gibt es also genug. Was oft fehlt, sind die pointierten, humorvollen, einfühlsamen Ansprachen, die auch tatsächlich ansprechen. Mit den nachfolgenden Musterreden werden Sie im Familien- oder Freundeskreis bestehen können, wenn es wieder einmal gilt, ein paar passende Worte zu finden.

Taufe, Kommunion, Konfirmation

Eine Patin spricht bei der Tauffeier

Liebe Eltern, liebe Gäste!

Gemeinsame Freude über den Nachwuchs zum Ausdruck bringen

Wir sitzen in froher Runde und prosten uns an einer festlichen Tafel zu. Wir haben unsere Glückwünsche ausgesprochen und nehmen Anteil an diesem Glück, daß ein Mensch geboren, daß er getauft ist und zu unserer Gemeinschaft gehört. In diesen Stunden klingt eine Stimmung auf, wie sie uns selten zuteil wird, denn wir freuen uns mit euch, den glücklichen Eltern, über das schönste Geschenk, das Menschen gegeben werden kann: Mann und Frau sind Vater und Mutter geworden!

Persönliche Erfahrungen und Beobachtungen wiedergeben und auf die Eltern beziehen

Ich erinnere mich gut, als ihr, liebe Eltern, uns das erste Mal besuchtet und euch mit unseren Kindern beschäftigtet. Ihr habt mit ihnen wie mit kleinen Freunden gespielt, selbstvergessen und voller Ideen, auf die unsere beiden Kleinen voller Freude eingingen. Wir haben schon damals gewußt, daß eure Kinder eine glückliche Kindheit haben werden. Euer Wunsch ist in Erfüllung gegangen, ihr habt ein eigenes Kind. Vorläufig liegt es wohlbeschützt in der Wiege. Natürlich ist es das prächtigste Kind auf der Welt. Denn es ist euer Kind, und euer Kind ist die größte Kostbarkeit. Kostbarkeiten werden wohlbehütet und viel bewundert. Wir sind hier zum Bewundern und sind sicher, daß ihr euer Kind gut umsorgt. Ihr werdet es dabei nicht immer leicht haben. Unsichtbar lauern Gefahren. Gebe Gott, daß es vor Krankheit und Unfällen bewahrt bleibe.

Eigene Vorstellungen von der Patenschaft

Wir Paten sind stolz. Erstens, weil man uns gebeten hat, eine so schöne und so wichtige Aufgabe zu übernehmen. Zweitens, weil wir uns darauf freuen, als Paten zu handeln. Wir wollen ja nicht nur gelegentlich einmal nachfragen oder ein Geschenk mitbringen. Dem jungen Menschen wollen wir als Mitglieder der christlichen Gemeinschaft Betreuer sein, den Eltern zur Seite stehen und dem Kind als gute Freunde begegnen. Wir wollen moderne Paten sein. Nicht streng, ernst und zugeknöpft, nein, fröhlich und – wenn immer möglich – bereit, mitzuspielen.

Abschließende Wünsche für Eltern und Kind

Heute beginnt eine neue Zeitrechnung, ein neuer Weg führt in die Zukunft. Glück und Liebe sollen ihn ebnen. Ich bitte Sie alle, mit mir das Glas zu erheben und unser aller Wunsch auszusprechen, daß Kind und Eltern eine glückliche Zukunft beschert sein möge.

Beim Tauffest eines Jungen

Liebe Eltern, liebe Taufgesellschaft!

Rede eines Paten

Patrick schläft. Er liegt in seinem Wiegenbett eingekuschelt, gut zugedeckt, wohl behütet. Das Familienleben kreist um ihn. Sein erster kleiner Lebensraum ist die Wiege. Er wird die Decke betasten, er wird greifen lernen, seine Augen werden Farben unterscheiden. Und so wird der Raum seines Lebens allmählich größer. Seine Kräfte werden sich regen. Dann strampeln die Beine, dreht sich der Kopf, richtet sich auf. Sie kennen dies alles, Sie haben es oft beobachtet. Vielleicht hat unser glückliches Ehepaar schon ein Buch angelegt mit dem Titel »Unser Kind«, in dem es alle Einzelheiten seines Heranwachsens genau vermerken wird. Euer Kind, liebe Eltern, wird euch viele Erlebnisse bescheren. Kein Tag wird ohne Entdeckungen sein. Aber so, wie ihr auf Entdeckungen ins Kinderland zieht, so wird euer Patrick ebenfalls auf Entdeckungen ausgehen.

Das Kind als neuen Mittelpunkt der jungen Familie herausstellen

Unser Geschenk soll ihm entdecken helfen. Wir geben ihm einen Raum, in dem er rutschen, kriechen, sich hochziehen, wo er mit Rasseln spielen kann. Vieles gibt es dort zu entdecken. Unser Geschenk soll ihn aber auch vor Abenteuern bewahren, die ihm schlecht bekommen würden: vor der heißen Herdplatte, vor der scharfen Tischkante, vor der Schere. Eine kleine eigene Wohnung für sich – ein Laufställchen soll Patrick in der größeren Wohnung seiner Eltern haben. Er wird später aus ihr herauswachsen, wie seine heutige Wiege ihm bald zu klein sein wird. Aber bis dahin ist es noch viel Zeit. Es möge eine wohlbehütete Zeit sein. Schlaf wohl, Patrick, wir freuen uns auf jeden Tag, an dem wir dich wieder sehen werden. Deine Stimme verrät uns heute schon, daß du alles, was du beginnst, kraftvoll tun wirst. Werde ein großer, starker Junge und mache deiner Mutter und deinem Vater Freude!

Auf die Entwicklung des Täuflings eingehen (unter Bezug auf das Geschenk)

Beim Tauffest eines Mädchens

Liebe Eltern, liebe Taufgesellschaft!

Die Patin überreicht ein Geschenk

Mir ging eben, als ich mit dem Lampenfieber des ungeübten Redners unsere Reihe entlang blickte, ein merkwürdiger Gedanke durch den Kopf: Wie waren wir eigentlich als Taufkinder? Wir sind ja alle erwachsen, haben Jahrzehnte auf dem Buckel – wenn ich so sagen darf – und

Rückbesinnung als Einstieg

wissen Abendkleid oder Krawatte wohl zu tragen. Daran zu denken, daß wir alle einmal wie Julia im Strampelhöschen gelegen haben, jeder von uns – der eine in Blau, die andere in Rosa –, das kommt uns sonderbar vor. Und so haben wir uns an diesem Tag zwei Bilder vorzustellen. Das eine Bild zeigt uns die Vergangenheit; wir waren auch einmal so winzig. Das andere Bild stellt die Zukunft dar. Auch Julia wird einmal wie wir erwachsen sein und – ich hoffe, wir sind dann auch alle dabei – unter uns sitzen im festlichen Kleid.

Prägnante Gegenüberstellung zweier Lebensphasen: Kind und Erwachsener

Bis dahin ist es ein weiter Weg. Aber unsere Julia wird sicherlich ein hübsches und mutiges Mädchen werden. Das habe ich gemerkt, als in der Kirche das Taufwasser auf ihr Köpfchen tropfte. Sie hat nicht aufgemuckt, hat nicht gebrüllt, was auch vorkommt, sondern sie hat elegant das Köpfchen zur Seite gedreht, ganz Dame. Hier ist unser Geschenk für die kleine Dame. Sie wird es bei ihren Ausfahrten tragen können. Wenn sich dann Spaziergänger über den Wagen beugen und Julia bewundern, dann wird sie sich in dieser Ausfahrgarnitur als schickes Mädchen zeigen. Unser Geschenk gilt Julia, dem hübschen, kleinen Mädchen, das, schlägt es seiner Mutter nach, wohl geraten wird.

Eine bei der Taufe gemachte Beobachtung beschreiben und mit dem Präsent verbinden

Tauffeier im Familien- und Freundeskreis

Ein Verwandter spricht

Liebe Verwandte und Freunde!

Wir haben uns heute in frohem und glücklichem Kreise versammelt, um teilzunehmen an der Freude der lieben Eltern des Täuflings. Der junge Weltbürger, der heute durch die Taufe in den Schoß der Kirche aufgenommen wurde, hat ein Recht darauf, daß wir seiner ganz besonders gedenken. Wir wissen nicht, welche Gaben das Geschick dem Kinde in die Wiege gelegt hat. Wir wissen aber, daß der Segen der Eltern den Kindern Häuser baut. Wir kennen den guten Geist, der in diesem Hause herrscht und dürfen darum zuversichtlich hoffen, daß der Lebensweg dieses Kindes sonnig sein und über lichte Höhen führen wird.

»Ein Kind ist eine sichtbar gewordene Liebe« (Novalis)

Ein Gast spricht beim Tauffest

Liebe Freunde!

Zu Ehren des kleinen Stammhalters sind wir heute versammelt. Eine frohe Erwartung des lieben Elternpaares ist in Erfüllung gegangen. Der kleine Erdenbürger ahnt nichts von der Bedeutung seines Tauftages. Er schläft, geborgen in der Liebe und Fürsorge seiner Eltern, seiner Paten sowie aller Verwandten und Freunde. Ist er nicht unermeßlich reich durch so viel Liebe? Mit den Glückwünschen, die wir den Eltern darbringen, verbinden wir die innige Hoffnung, daß der Täufling stets in Gottes Hut stehen, daß er immer der Stolz und die Freude der Familie sein möge und daß dieser Tag, so oft er sich im Laufe der Jahre wiederholt, ein Tag des Glückes und der Freude sei. Darauf erhebe ich mein Glas und bitte die Gäste mit mir einzustimmen in den Wunsch: »Dem (der) kleinen ... und seinen (ihren) lieben Eltern und Paten möge Glück im Leben beschieden sein.«

Familie ist der Ort, der Kindern Geborgenheit und Liebe zuteil werden läßt

Toast auf Eltern, Paten und Kind

Zwillingstaufe

Liebe Freunde!

Es ist gewiß ein großer Feiertag, wenn Eltern ein Kind taufen dürfen. Unsere lieben ... aber sind von einem huldvollen Schicksal ganz besonders begünstigt. Ihnen hat der fleißige Storch gleich eine Doppelfreude bereitet. Welche Wonne muß es für Sie sein, wenn die beiden Kleinen ihr melodisches und kräftiges Duett anstimmen. Erinnern wir uns dessen, daß es in der Weltgeschichte viele berühmte Zwillinge gegeben hat: Romulus und Remus, Kastor und Pollux, die Kessler-Schwestern – um nur einige zu nennen. Wenn ich unseren lieben Zwillingen auch keinen großen Ruhm wünsche, der ja meist eine Bürde ist, so hoffe ich doch von Herzen, daß ihr ganzes Leben wie ein heller Sommertag sein möge. Mögen die beiden leuchten im Kreise der Familie und der Freunde wie das Sternbild der Zwillinge im Tierkreis. Unsere Zwillinge, ihre Eltern und die ganze Familie sollen leben: Hoch!

Auf die Besonderheit der Zwillingsgeburt anspielen ...

... und weltberühmte Zwillinge als Beispiele für eine sonnige Zukunft der Täuflinge nennen

Der Großvater hält eine Taufrede

Meine lieben Verwandten und Freunde!

Ein Herzenswunsch hat sich erfüllt

Die Gedanken, die dieses Fest in uns auslöst, sind Gedanken der Freude – der Freude darüber, daß der Wunsch unserer lieben Kinder nach einem Töchterchen in Erfüllung gegangen ist, und der Freude darüber, daß Mutter und Kind gesund sind. Bedeutet doch die Geburt des ersten Kindes eine noch festere Verkettung der Ehegatten, denn all ihr Sehnen und Hoffen vereinigt sich im Wohle des geliebten Kindes. Diese Vereinigung trägt unser kleiner Täufling sichtbar schon in seinem Namen: Von der mütterlichen Seite stammt die Eva, von der väterlichen die Maria. Daß sie auch alle guten Charaktereigenschaften beider Stammütter in sich vereinigen möge, ist unser großer Wunsch.

Ein passendes Zitat zur neuen Situation …

Schon Wilhelm Busch sagte: »Vater werden ist nicht schwer, Vater sein dagegen sehr.« Nun, das wirst du, mein lieber …, noch zu spüren bekommen. Doch über die Vater- oder Elternsorgen wollen wir heute nicht sprechen. Für uns Großeltern, die wir nur noch die Freuden an dem Kinde haben, ist sie schon heute der Sonnenschein in unserem Alltag. Ich bin ja nicht abergläubisch, aber mein Großvater sagte immer: Wenn es am Tage der Taufe recht lustig zugeht, so wird im ganzen Leben des Täuflings Freude, Herzlichkeit und Harmonie sein. Das wollen wir unserer Kleinen doch alle wünschen, und so darf ich euch bitten, liebe Gäste, diesen Tag recht fröhlich zu begehen, denn es kommt unserer Eva-Maria zugute.

… und eine volkstümliche Weisheit zum Tauffest

Dank für die Geschenke und Toast auf das Kind

Für die vielen schönen Geschenke kann sich unsere kleine Eva-Maria ja noch nicht persönlich bedanken, so möchte ich es tun.
Und nun bitte ich euch: Erhebt euch von euren Plätzen, ergreift die Gläser und stoßt an auf das Glück der kleinen Eva-Maria.

Dankesrede des Vaters an die Gäste anläßlich einer Taufe

Liebe Gäste!

Dank für das Kommen der Gäste

Befürchtet bitte nicht eine große Rede. Ich will lediglich Dank dafür sagen, daß ihr zur Taufe unseres Sohnes (unserer Tochter) … *(Name)* zu uns gekommen seid. Meine Frau und ich freuen uns aufrichtig, daß auch Sie, hochverehrter Herr Pfarrer … *(Pfarrer, der die Taufe vorgenommen hat)*, trotz Ihrer vielen Arbeit unsere Einladung nicht abgeschlagen haben. Wir wissen um die Vielzahl der Aufgaben, die Sie in unserer Gemeinde zu erfüllen haben, und glauben, daß Ihnen einige Zeit der Ruhe und des geselligen Beisammenseins bestimmt nicht schaden werden.

Als vorhin das Sakrament der heiligen Taufe an unserem Kinde vollzogen wurde, mußte ich für einen Augenblick an jene Menschen denken, die auch heute im Jahre 19.. noch ohne Hoffnung und ohne das Wissen darum sind, daß unsere menschliche Schuld von einem auf sich genommen wurde, der uns zugleich ihre Vergebung mitteilte.

Persönliche Gedanken, die über das Ereignis des Tages hinausweisen

Vielleicht werdet ihr, liebe Gäste, über solche Überlegungen eines frischgebackenen Vaters amüsiert lächeln. Ich nehme es nicht übel. Aber vielleicht habt ihr auch Verständnis dafür, daß man sich einmal darüber Gedanken macht, wie wunderbar doch alles in unserem Leben eingerichtet ist.

Es zählt zu den schönen Dingen unseres Lebens, daß sich Menschen aus einem bestimmten Anlaß zusammenfinden, um in gemeinsamer Runde fröhlich und vergnügt zu sein. Ganz besonders nett aber ist es, wenn man sich sagen darf, daß man selbst der Anlaß dazu ist. Genau genommen verdanken wir dieses Beisammensein zwar der Tatsache, daß ein kleiner Erdenbürger getauft wurde, was jedoch nichts daran ändert, daß ich als Vater dennoch einen gewissen Anteil daran habe.

Freude über das Beisammensein ebenso ausdrücken wie den Stolz über den eigenen Nachwuchs

Ich danke euch allen dafür, daß ihr unserer Einladung gefolgt seid und an der Taufe unseres Jüngsten (unserer Jüngsten) teilgenommen habt. Ich wünsche euch, auch im Namen meiner Frau, noch recht vergnügte Stunden in unserem Kreise.

Rede des Großvaters an die Paten

Liebe Paten!

Lassen Sie mich die Gelegenheit wahrnehmen, aus Anlaß dieses Beisammenseins im Anschluß an die Taufe unseres (unserer) ... *(Name des Täuflings)* das Wort einmal an Sie zu richten. Zunächst jedoch danke ich Ihnen dafür, daß Sie die Patenschaft für das Kind übernommen haben. In Anbetracht der damit verbundenen Verantwortung mag die Aufgabe, die Sie mit der Übernahme der Patenschaft auf sich genommen haben, nicht immer ganz leicht sein. Sie haben damit vor der Kirche das Versprechen abgelegt, an der christlichen Erziehung des Kindes mitzuarbeiten und gemeinsam mit den Eltern dafür Sorge zu tragen, daß es zu einem Menschen heranwächst, der sein Leben christlich zu leben verste-

Dank für die Übernahme der Patenschaft und Hinweis auf die Verantwortung, ...

hen lernt. Gewiß wird niemand von Ihnen erwarten, daß Sie später den sonntäglichen Kirchgang überwachen. Man wird auch nicht verlangen können, daß Sie allabendlich dabei sind, wenn das Nachtgebet gesprochen wird. Hierfür sind die Eltern verantwortlich, denen selbstverständlich die Hauptverantwortung für die Erziehung, auch die christliche Erziehung, übertragen ist.

... die damit verbunden ist

Der Sinn der Patenschaft liegt meines Erachtens darin, immer dann zu helfen und zu beraten, wenn es nötig sein sollte. Denn es wird auch im Leben dieses Kindes, wie in unser aller Leben, Augenblicke geben, in denen die Eltern nicht allein mit den Umständen fertig werden, in denen sie froh und dankbar sind, wenn sie andere Menschen zur Seite haben, die aufgrund der für das Kind übernommenen Mitverantwortung raten und helfen. Wir alle kennen Situationen, in denen wir vor Entscheidungen gestellt werden, die für unsere Kinder einmal von größter Bedeutung sein können. Sei es bei Fragen der Schulausbildung, sei es, wenn es um die Wahl des zukünftigen Berufes geht oder überhaupt immer dann, wenn es sich um Fragen handelt, die die Zukunft betreffen. Gerade dann zeigt es sich auch, wie ungeheuer wertvoll es ist, sich mit Menschen besprechen und beraten zu können, die an den Geschicken des Kindes regen Anteil nehmen und uneigennützig helfen, etwaige Schwierigkeiten zu meistern und Hindernisse aus dem Wege zu räumen.

Vom Sinn und Zweck der Patenschaft: Rat und Hilfe in besonderen Lebenslagen

In den eben geschilderten Lebenslagen ist es oftmals so, daß gerade die Eltern nicht den genügenden und unbedingt erforderlichen Abstand zu den Dingen haben, um objektiv entscheiden und handeln zu können. Solch eine Handlungsweise ist jedoch im Interesse des Kindes notwendig. Wir haben einen großen, manche den größten Teil unseres Lebens hinter uns gebracht. Das Kind aber hat das Leben mit all seinen Sonnen- und auch Schattenseiten noch vor sich, und wir Erwachsenen sind es ihm schuldig, es so zu lenken und zu leiten, daß es nicht unseren, sondern seinen eigenen Interessen entspricht. Diese Aufgabe ist, sofern sie von wirklicher Verantwortung getragen wird, betimmt nicht immer leicht. Sie allein zu lösen, ist jedoch in vielen Fällen geradezu unmöglich.

Die Paten als »objektive« Ansprechpartner – auch in Fragen der Erziehung

Darum möchte ich Sie, liebe Paten, heute herzlich darum bitten, den Eltern für die Zukunft Ihr Wissen und Ihre Erfahrung zur Verfügung zu stellen, wenn es darum geht, diesem Kinde dabei zu helfen, daß es zu einem wertvollen Mitglied unserer menschlichen Gemeinschaft wird.

Abschließende Bitte um aktive Unterstützung der Eltern

Ansprache des Vaters zur Konfirmation der Tochter

Liebe… (Name), liebe Verwandte und Freunde unseres Hauses!

Zunächst danke ich euch allen für euer Kommen. Es freut uns, daß ihr bei uns seid, um den Ehrentag unserer (ältesten) Tochter mit uns zu feiern. Du, liebe …, hast dich heute vor dem Altar zu deinem Glauben bekannt und stehst damit an einem bedeutungsvollen Wendepunkt in deinem Leben. Bis heute haben deine Eltern und Paten die Pflicht gehabt, für dich einzustehen. Nun sollst du selbst deinen Weg gehen. Das soll nicht heißen, daß du nicht auch nach wie vor bei uns jeden Rat holen darfst, aber entscheiden – in Glaubensdingen – mußt du nun selbst.

Die Besonderheit des Tages und seine Bedeutung für die Konfirmandin hervorheben

Rein äußerlich wird sich in deinem Leben nicht viel ändern, denn du bleibst nach wie vor in der Schule und auch im Kreise deiner Familie. Wenn wir alle auch noch nicht wissen, wohin dich dein beruflicher Weg einmal führen wird, so freuen wir uns doch, daß sich jetzt schon deine besonderen Interessen für Mathematik, Physik und Astronomie herausschälen, so daß man wohl sagen kann, es wird dich später zu den naturwissenschaftlichen Gebieten ziehen.

Erhalte dir dein fröhliches Gemüt, denn es hilft dir, mit den Schwierigkeiten des Lebens, die auch dir nicht erspart bleiben, besser fertig zu werden. Der heutige Tag ist dein Ehrentag, und wir wollen ihn – bei allem Ernst, den er erfordert – froh verbringen.

Den Anlaß zur Freude auch freudig begehen

Ich bitte euch, meine lieben Gäste, dazu beizutragen, daß der heutige Tag unserer lieben Konfirmandin noch lange als besonders schöner Tag in Erinnerung bleiben möge, und möchte euch bitten, das erste Glas zu leeren auf eine glückliche, erfolgreiche Zukunft unserer lieben …

Kurzer Toast auf die Konfirmandin

Rede des Vaters anläßlich der Konfirmation von Zwillingen

Liebe(r) … und liebe(r) … (Namen der Konfirmanden/Konfirmandinnen), liebe Gäste!

Ich erinnere mich noch sehr genau jenes Augenblicks, als uns der Frauenarzt mitteilte, daß wir Zwillinge zu erwarten hätten. Ich weiß zwar nicht, was wir in diesem Moment für ein Gesicht gemacht haben, aber es schien jedenfalls nicht sehr geistreich gewesen zu sein, was in Anbetracht der großen Überraschung wohl verständlich war.

Humorvoller Blick in die Zeit vor der Geburt der Zwillinge

Seit diesem Tag sind nunmehr ... Jahre vergangen. Es war gewiß nicht immer ganz leicht, alle die Kinder betreffenden Dinge mal zwei nehmen zu müssen, aber wie an so manches andere haben wir uns auch daran gewöhnt. Es erschien uns schon bald unvorstellbar, daß wir jemals nur »einfache« Eltern hätten werden können, und ich muß sagen, daß mir gerade heute wieder so recht zum Bewußtsein gekommen ist, welch ein schönes Geschenk Zwillinge eigentlich sind.

Die anfänglichen Schwierigkeiten der Eltern

Die Konfirmation ist ein Tag im Leben des jungen Menschen, an dem er nicht nur den Bund der heiligen Taufe bewußt und aus eigener Entscheidung wiederholt und bekräftigt, sondern der gleichzeitig die Kindheit abschließt und hinüberleitet in den Lebensabschnitt, den man Jugend nennt. Das bedeutet nicht nur einen anderen Namen für die im Grunde gleiche Sache, es bedeutet weitaus mehr.

Konfirmation – Beginn einer neuen Lebensphase ...

Aus euch beiden, ... und ..., werden im Laufe der nächsten Jahre Männer (Frauen), nicht nur äußerlich, sondern eurem ganzen Wesen nach. Während eurer Kindheit haben wir Eltern fast immer für euch entscheiden müssen. Ihr wart darauf angewiesen, daß euch Menschen mit Rat und Tat zur Seite standen. Wenn sich dies gewiß auch nicht von heute auf morgen ändern wird und kann, so bedeutet dieser Tag, an dem ihr das Versprechen abgegeben habt, unserem christlichen Glauben treu zu bleiben und euer Leben in seinem Sinne einzurichten, eure erste wirklich tiefgreifende, selbständige Entscheidung. Damit wird es von nun an nicht mehr aufhören. Was es auch immer sein mag, ob die Wahl des Berufes, die Wahl eures späteren Wohnortes, die Wahl eures Ehepartners, immer werdet ihr in eigener Verantwortung entscheiden müssen, und immer wird man euch zur Rechenschaft ziehen, wenn diese Entscheidung falsch war.

... und Tag der ersten selbständigen Entscheidung, der zunehmend mehr folgen werden

Gewiß, ihr seid mit dem heutigen Tag noch lange nicht volljährig, das heißt, ihr seid noch nicht im vollen Besitz eurer staatsbürgerlichen Rechte und Pflichten, aber ihr werdet von nun an darauf vorbereitet, vielleicht sogar, ohne daß ihr es eigentlich richtig spürt. Denn selbstverständlich werden wir, eure Eltern und Paten, noch immer für euch mitdenken, aber dennoch werden sich die Augenblicke häufen, in denen wir euch sagen, daß ihr dieses und jenes selbst zu wissen und zu entscheiden habt. Da ist nichts, wovor ihr euch zu fürchten braucht. Im Gegenteil, es wird euch freuen, wenn ihr eines Tages erlebt, wie ihr euer Leben selbst in die Hände bekommt. Dann wird jene Entwicklung abgeschlossen sein, die heute beginnt. Dann werdet ihr Männer (Frauen) geworden sein, denen man Achtung und Vertrauen entgegenbringt.

Ausblick auf das Ende des neuen Abschnitts – der mündige Bürger

Ihr habt euer Leben gemeinsam begonnen, so wie es Gott wollte, dem ihr heute die Treue versprochen habt. Ihr seid miteinander zu gesunden und kräftigen jungen Menschen herangewachsen, auf die wir, eure Eltern und Paten, stolz sind. Ich hoffe, daß ihr auch euren weiteren Lebensweg gemeinsam gehen werdet. Gewiß wird eines Tages der Augenblick kommen, an dem jeder von euch seinem Beruf nachgehen wird, an dem er sich den Menschen gewählt haben wird, mit dem er sein Leben von Stund an verbringen möchte, an dem eure Wege sich äußerlich also trennen werden. Aber gerade dann dürft ihr nicht vergessen, daß jeder von euch eine besondere Verantwortung für den anderen trägt, daß er ihm mit Rat und Tat zur Seite zu stehen hat, wenn es erforderlich sein sollte.

Erinnerung an die besondere, lebenslange Verbundenheit von Zwillingen

Wir hoffen, daß ihr euch während eures weiteren Lebens stets daran erinnert.

Ansprache des Vaters anläßlich der Kommunion seines Sohnes (seiner Tochter)

Mein lieber… (meine liebe…, Name des Kindes), meine lieben Gäste!

Die erste heilige Kommunion! Das ist ein ganz besonderer Tag im Leben eines gläubigen Katholiken. An ihm wird der junge Mensch zum Mitglied in der Kirche Christi. Die heilige Kommunion gibt jedem einzelnen Menschen die Gewißheit, daß er an dem in Christus erschienenen Leben und an der Gemeinschaft aller, die Christus angehören, vollen Anteil hat. Wer den Leib Christi empfangen hat, wird mit seinen Brüdern und Schwestern an diesem Leib zusammengeschlossen. Im 1. Korintherbrief, Kapitel 10, Vers 16 heißt es: »Wie es ein Brot ist, das gebrochen und ausgeteilt wird, so bilden auch wir trotz unserer Vielheit nur einen Leib, denn wir genießen alle ein und dasselbe Brot.« Wer zur Kommunion gegangen ist, gehört dem himmlischen Vater und seinen christlichen Brüdern, und zwar mit seinem ganzen Sein.

Die besondere Bedeutung des Tages erläutern …

… und mit einem Zitat aus der Heiligen Schrift belegen

In der Kommunion kommt das Opfer, das Christus in seiner Liebe der Menschheit dargebracht hat, auf geheimnisvolle Weise denen zugute, die bereit sind, das erlösende Wirken Jesu Christi aufzunehmen. Diese wunderbare Gnadenbezeugung unseres Herrn Jesus Christus bedeutet für dich, mein (meine) … *(Name)*, von heute an große Verpflichtung und Verantwortung. Nachdem du seinen Leib und sein Blut empfangen hast, bist du ein Teil von ihm. Ich wünsche dir, daß Gott, Jesus Christus, der Heilige Geist und die Heilige Jungfrau dir immer beistehen werden, damit du deiner großen Aufgabe jederzeit gerecht werden kannst.

Verpflichtung und Verantwortung für das neue Kirchenmitglied

Eine Patin spricht anläßlich der Kommunion des Kindes einer befreundeten Familie

Mein lieber … (meine liebe …, Name),
liebe … (Namen der Eltern), meine sehr verehrten Gäste!

Dieser Tag ist für dich, mein lieber … (meine liebe Kommunikantin), von außerordentlicher Bedeutung. Schon die Art, wie deine Eltern den Tisch gedeckt und geschmückt haben, schon die Kleidung und Geschenke der Gäste zeigen dir deutlich, daß es sich um einen ganz besonderen Tag handelt. Heute hat sich etwas ereignet, das im Leben jedes Katholiken nur einmal vorkommt. Du bist zum ersten Male zur Kommunion gegangen. Zusammen mit vielen anderen hast du etwas erlebt, worin sich die Güte und Barmherzigkeit Jesu Christi so deutlich zeigt, wie sonst kaum irgendwo. Du hast Leib und Blut des Herrn zu dir genommen, und er hat dich damit zu einem vollwertigen Mitglied der heiligen Kirche erhoben.

Die Kommunion als familiäres und kirchliches Ereignis herausstellen

Sicherlich kannst du die wahre und letzte Bedeutung diese Tages noch nicht begreifen. Erst später wird es dir klar werden, wie wichtig er in deinem Leben war und ist. Eines aber verstehst du schon heute: daß diese Gnade Gottes den Menschen ihm gegenüber verpflichtet. Du kannst nach diesem Tage deiner ersten heiligen Kommunion nicht so tun, als ob es ihn nie gegeben hätte. Im Gegenteil. Du wirst dich überall daran erinnern müssen, ganz gleich, ob es in der Schule, zu Hause, auf der Straße oder sonstwo ist. Als Mitglied unserer Kirche bist du an ihre Ordnung und an ihre Lehre gebunden. Sie verlangt von dir jenen Gehorsam, den sie als stellvertretende Instanz Jesu Christi von dir verlangen darf. Und du hast dich mit dem heutigen Tag, an dem du zu einem Mitglied in der Kirche Christi geworden bist, verpflichtet, ihr diesen Gehorsam entgegenzubringen. Denke auch immer daran, daß man die Menschen zwar belügen, betrügen und ihnen den Gehorsam verweigern kann, nicht aber Gott. Er kennt dich genau, er kennt deine Seele und weiß, was für ein Mensch du bist. Das Heil dieser Seele und das ewige Leben werden einmal davon abhängen, ob dieser Tag in deinem Leben wirklich die Bedeutung erhalten hat, die ihm zukommt. Deine Eltern und wir alle werden dir immer gerne helfen, wenn es nötig sein sollte. Aber auch wir sind nur Menschen, und letztlich hängt es von dir allein ab, ob du zu einem wirklichen Anhänger unseres Herrn Jesus Christus wirst.

In kindgerechten Worten die Bedeutung des »großen« Tages beschreiben …

… und die neue Rolle des Kommunikanten darlegen

Rat und Hilfe zusagen

Verlobung und Hochzeit

Rede eines Elternteils bei der Verlobung

Liebe Gäste!

Unser frohes Beisammensein hat einen ganz besonderen Grund. Wir freuen uns von Herzen mit unserem lieben Brautpaar, das heute so überaus glücklich ist.

Wir selbst brauchen dem Paar also kein Glück mehr zu wünschen, wir wollen jedoch der Hoffnung Ausdruck geben, daß es von unbegrenzter Dauer sein möge. Die freundlichen Liebesgötter, die heute ihre unsichtbaren Bande um unsere ... und unseren ... schlingen, werden, davon sind wir alle überzeugt, diese Bande unlösbar knüpfen und werden später, als ebenso freundliche Ehegötter, immer um die beiden sein.

Freude und Zuversicht äußern, daß das Paar glücklich ist und glücklich bleibt

Mir fällt ein Schillerwort ein, das für dieses Paar gesprochen scheint: »Nie hat zwei schön're Herzen die Natur gebildet füreinander – die Welt nie eine Wahl so glücklich noch gepriesen.«

Die eigenen Worte durch ein passendes Zitat unterstreichen

Reicht euch die Hände, liebe Verlobte, so wie ihr nun immer Hand in Hand gehen werdet! Und ihr, liebe Freunde, ruft mit mir ein dreifaches Lebehoch für unsere ... und unseren ...!

Ein Freund des Bräutigams oder eine Freundin der Braut spricht beim Verlobungsfest

Mein liebes Brautpaar, verehrte Gäste!

Ich betrachte es als meine Freundespflicht, dem lieben jungen Paar einige Worte zu sagen. Mich verbindet eine echte Freundschaft mit dem Bräutigam (mit der Braut). Wir haben viele gemeinsame Erinnerungen, wir hegten stets die gleichen Wünsche und Hoffnungen. Freundschaft ist aber wohl niemals ganz uneigennützig. Ich jedenfalls muß eingestehen, daß ich mich, als ich von der Verlobung erfuhr, des Gedankens nicht erwehren konnte: »Wird mich der Bräutigam (die Braut) nicht aus dem Herzen meiner Freundin (meines Freundes) verdrängen?« Ich schäme mich ein

Gemeinsame Erlebnisse und Erinnerungen ansprechen ...

… und die Freuden einer echten Zuneigung betonen

wenig dieses Gedankens, denn ich weiß jetzt, daß ich meinen lieben Freund (meine liebe Freundin) nicht verloren habe, sondern in der Person der Braut (des Bräutigams) eine Freundin (einen Freund) gewonnen habe! Es ist mein inniger Wunsch, daß die beiden glücklich werden mögen und daß ich als Freund Zeuge und Gefährte dieses Glückes sein darf. Ich leere mein Glas auf euer Wohl, liebe Freunde.

Vater (Mutter) der Braut (des Bräutigams) erwidert auf eine Ansprache

Liebes Brautpaar, liebe Gäste!

Dank – knapp und einfühlsam ausgedrückt

Ich glaube, für uns alle gemeinsam sprechen zu dürfen, wenn ich sage, wie tief die guten und lieben Worte unseres … (unserer …) uns zu Herzen gegangen sind, und wie sie genau das ausdrückten, was wir alle heute empfinden. Daher ist es mir ein Bedürfnis, herzlich und aufrichtig zu danken für die treffenden Worte, die mein Vorredner (meine Vorrednerin) an uns, die Eltern, sowie an unsere geliebten Kinder gerichtet hat.

Ein Toast auf die Verlobten

Das junge Paar und alle Gäste mögen mit mir ihre Gläser erheben, um sie auf eine glückliche Zukunft der Verlobten und unser aller Wohl zu leeren.

Rede des Brautvaters bei der Verlobungsfeier

Liebes Brautpaar, liebe Anwesende!

Begrüßung der Gäste

Ein recht herzliches Willkommen rufe ich allen zu, die heute gekommen sind, um mit uns die Verlobung unserer Tochter … festlich zu begehen. Dieses Fest ist gewiß für uns alle eine große Freude. Freude darüber, daß du, liebe …, einen Lebensgefährten gefunden hast, mit dem du Freud und Leid teilen willst.

Wehmut der Eltern – aber auch Verständnis

Und doch fällt ein Wermutstropfen in den Becher unserer Freude, müssen wir doch die Tochter hergeben, der bis heute all unsere Liebe und Sorge galt. Doch die Freude überwiegt, denn erstens bleibt uns noch eine Spanne Zeit, in der du bei uns bleibst, und zweitens sehen wir ein, daß du dir dein eigenes Leben aufbauen willst. Vor allem aber freuen wir uns, daß wir noch einen Sohn hinzubekommen. Wissen wir doch, wem wir unsere

Tochter anvertrauen, denn wir haben dich, lieber ..., in den ... Jahren eurer und damit unserer Bekanntschaft schätzen gelernt. Wir kennen deine guten Eigenschaften und auch deine Familie. Die neuen verwandtschaftlichen Beziehungen zu ihr geben uns Gewißheit und Zuversicht, daß unsere Tochter die rechte Wahl getroffen hat.

Auf den Bräutigam eingehen

Gerade auch für unsere Kinder, liebe ... *(Schwiegereltern)*, ist das von höchstem Wert. Was gibt es in dieser schweren Zeit Schöneres und Wertvolleres als das Bewußtsein der Zusammengehörigkeit einer Familie. Dieser Begriff bedeutet in der höchsten Vollkommenheit: Einer für alle und alle für einen. Wo diese Verbundenheit herrscht, da wird der einzelne leicht das Leben meistern. Wir wünschen unserem Brautpaar eine glückliche und frohe Zukunft, die Erfüllung ihres größten Wunsches, bald für immer vereinigt zu sein, ungetrübtes Glück und beste Gesundheit. Daß alle diese Wünsche in Erfüllung gehen, darauf bitte ich Sie, liebe Gäste, sich zu erheben, die Gläser zu ergreifen und einzustimmen in den Ruf: Unser liebes Brautpaar – es lebe hoch, hoch, hoch!

Den Wert der Familie aufzeigen

Gute Wünsche für die Zukunft

Verlobungsrede der Eltern der Braut an die Eltern des Bräutigams

Liebe ... (Mutter des Bräutigams), lieber ... (Vater des Bräutigams)!

Ihr werdet euch sicherlich noch daran erinnern, daß man uns an jenem Tage, als wir uns selbst verlobt haben, mit leicht erhobenem Zeigefinger darauf hinwies, daß die Verlobungszeit eine Zeit der Prüfung und des Prüfens sei. Jene Stelle aus Schillers »Lied von der Glocke«, an der es heißt:

Die Zeit der eigenen Verlobung ins Gedächtnis rufen ...

> »Drum prüfe, wer sich ewig bindet,
> ob sich das Herz zum Herzen findet!«

war ebenso in Mode wie die scherzhafte Abwandlung, »ob sich nicht doch noch Bess'res findet«. Zwischen damals und heute liegen viele Jahre, in denen wir häufig genug Gelegenheit hatten, unsere Entscheidung zu prüfen und, das darf ich wohl sagen, immer wieder gutzuheißen. In all diesen Jahren hat sich jedoch nicht nur unsere Auffassung von allen möglichen Dingen des Lebens gewandelt, sondern auch die Meinung, welche die Jugend von ihnen hat. Ohne darüber urteilen zu wollen, ob es eine gute und dauerhafte Erscheinung oder aber das Gegenteil ist, müssen wir feststellen, daß man die Zeit der Verlobung in der Regel nicht mehr ganz so

... und mit der heutigen Situation vergleichen

ernst nimmt, wie wir sie aufgrund unserer Erziehung nehmen mußten. Ob wir es wirklich getan haben, bleibe dahingestellt, denn ich halte es nicht für richtig, die eigene Jugend immer als ein Vorbild hinzustellen und so zu tun, als ob in ihr alles richtig und in Ordnung gewesen sei. Auch bei uns war die augenblickliche Verliebtheit letztlich das ausschlaggebende Moment, und ich finde, diese Verliebtheit sollte nicht so schlecht dabei wegkommen, wie das in den Reden vieler Leute der Fall ist. Wie könnte eine wirkliche Liebe ohne sie auskommen? Wie könnte sie überhaupt zustande kommen, wenn es keine Verliebtheit gäbe?

»Die Leidenschaft flieht, die Liebe muß bleiben« (Schiller, »Das Lied von der Glocke«)

Den künftigen gemeinsamen Lebensweg erwähnen

Jetzt, wo sich unsere eigenen Kinder das Versprechen gegeben haben, einen gemeinsamen Lebensweg einzuschlagen, dürfte es wohl an der Zeit sein, daß wir Eltern uns etwas aus ihrem Leben zurückziehen, um ihnen die Möglichkeit zu geben, allein die Dinge herauszufinden, die für solch ein Leben zu zweit wichtig und erforderlich sind. Wir haben während der Jahre ihrer Kindheit und Jugend versucht, ihnen dafür ein Gefühl zu vermitteln und können von nun an eigentlich nur noch hoffen, daß wir dieses Ziel erreicht haben. Das soll gewiß nicht heißen, daß wir es von jetzt an ablehnen, ihnen zu raten und zu helfen, wenn es erforderlich sein sollte.

Die »Probezeit« bis zur Eheschließung nutzen

Aber wir können eigentlich kaum noch mehr tun, als sie zu bitten, aufmerksam und mit offenen Augen einander zu betrachten, damit sie sich kennen- und verstehenlernen. Wenn sie das erreicht haben, werden sie eine Voraussetzung mit in die Ehe bringen, die nicht mehr ganz so häufig anzutreffen ist. Sie werden es damit vermeiden können, schon bald nach der Heirat vor jenem Trümmerhaufen zu stehen, der für viele junge Ehen ein Vorwärtskommen auf dem gemeinsamen Weg unmöglich macht oder zumindest sehr erschwert.

Lobende Worte über den Bräutigam

Wir kennen euren Sohn nun schon lange genug, um zu wissen, daß unsere Tochter bei ihm in guten Händen ist. Wir haben ihn als einen Menschen kennengelernt, der weiß, was er will und der das Ziel, das er vor Augen hat, mit Kraft und Energie verfolgt. Wir freuen uns aufrichtig, daß diese beiden jungen Menschen zueinander gefunden haben, und wir wünschen ihnen und uns, daß ihnen ihr Vorhaben, das Leben gemeinsam zu meistern, zu ihrer eigenen Zufriedenheit gelingt.

Ein Angehöriger spricht anläßlich der Verlobung

Liebes Brautpaar!

Es drängt mich, dem freudigen Anlaß, der uns hier zusammengeführt und an der gastlichen Tafel vereinigt hat, einige Worte zu widmen. Wir alle sind mit dem Herzen beteiligt. Wir freuen uns mit den jungen Leuten und ihren Eltern, daß diese Verlobung eine Liebe besiegelt und den Willen des jungen Paares zur Gründung eines künftigen gemeinsamen Hausstandes kundtut. Die Verlobungsringe, die beide heute zum ersten Male tragen, sind mehr als bloße Schmuckstücke. Sie sind Sinnbilder! So wie der Ring gleichsam in sich selbst mündet, also keinen Anfang und kein Ende hat, soll auch die Liebe, die beide miteinander verbindet, ein ganzes Leben hindurch währen. Und wie das edle Metall dieser Ringe nicht vom Rost angegriffen wird, so soll auch die innige Zuneigung des Brautpaares dauerhaft und unangreifbar sein.

Das Symbol der Ringe erläutern und auf die Beziehung der jungen Leute übertragen

Wir Älteren wissen, was die Jugend nicht glauben oder nicht wahrhaben will: Ein gemeinsamer Lebensweg ist nicht immer von strahlender Sonne beschienen. Es kommt der Alltag mit allen seinen Anfechtungen. Sorgen, Mißhelligkeiten und Krankheit bleiben keinem Menschen erspart. Aber das ist kein Grund zu Betrübnis. Im Gegenteil, alle diese Prüfungen des Schicksals sind wie ein Feuer, aus dem die Liebe erhärtet und geläutert noch edler hervorgeht, als sie es ohnedies schon war. Welch ein tiefes Glück liegt doch in dem Wort »Gemeinsamkeit«! Wir kennen alle den Spruch: Geteilter Schmerz ist halber Schmerz; geteilte Freude ist doppelte Freude. Darin liegt der Wert eines jeden menschlichen Bündnisses, daß nicht mehr einer allein die Freuden und Schmerzen bestehen muß, sondern daß zwei Menschen, die einander zugetan sind, sich darin teilen dürfen.

Die Sorgen und Nöte des Alltags: eine Bewährungsprobe für die Liebe

Den Wert der Lebensgemeinschaft mit einer Spruchweisheit verdeutlichen

Ich darf also sagen, daß unser Brautpaar unendlich reich ist, weil es sich ein Vermögen erworben hat, das nie verlorengehen kann – den unermeßlichen Schatz des Zueinandergehörens!

Reichtum nimmt man jedoch nicht einfach als etwas Selbstverständliches hin. Man ist dankbar für seinen Besitz und hütet ihn, um ihn immer noch zu vermehren und zu vergrößern. Und dankbar, aus tiefem Herzen zugetan ist man auch jenen, die den Grundstock zu diesem Vermögen legten. In diesem Falle also gebührt der Dank ebenso den Eltern des Brautpaares. Ich erhebe mein Glas, um auf das Wohl unseres lieben Brautpaares und auf das seiner Eltern zu trinken. Unser junges Paar – es lebe hoch!

Die Eltern der Verlobten in die Rede einbeziehen

Hochzeitsansprache des Vaters der Braut

Liebes Brautpaar, liebe Gäste!

Eigene Erfahrungen an den Beginn der Rede stellen und auf das Hochzeitspaar beziehen

Als meine Frau und ich uns vor ... Jahren das Jawort gaben, hatten wir wohl beide keine rechte Vorstellung davon, was das Leben alles an Überraschungen bieten kann, wie es Pläne über den Haufen zu werfen und den Menschen vor eine Situation zu stellen vermag, die er sich noch kurz zuvor nicht einmal auszumalen vermochte. Wir sind gewiß nicht weniger unwissend in die Ehe gegangen als ihr, mein liebes junges Paar, aber wir mußten schon bald die Erfahrung machen, daß unsere Ahnung vom Leben noch sehr gering war. Also ging es darum zu lernen und immer wieder zu lernen, und heute, viele Jahre später, hat sich noch immer nichts daran geändert. Der Vorgang der Lebenserfahrung und Lebenserfassung ist niemals abgeschlossen. Da er sich auf die sich ständig wandelnde Realität unseres Daseins bezieht, ist er ebenfalls ununterbrochen dieser Wandlung unterworfen. Kein Tag ist wie der vorhergegangene oder wie der nächstfolgende, jeder ist einmalig und jeder bietet einmalige Gelegenheiten, das Leben begreifen zu lernen. Wer mit offenen Augen durch diese Welt geht, der wird eine unüberschaubare Menge immer wieder neuer Dinge zu sehen bekommen, die er alle zu jenem geistigen Bauwerk zusammenfügen muß, das man Lebenserfahrung nennt. Und dann, wenn es am Ende seiner Tage fertig zu sein scheint, muß er zu guter Letzt feststellen, daß es niemals damit zu Ende kommen kann.

»Ein einziges Blättchen Erfahrung ist mehr wert als ein ganzer Baum voll guter Ratschläge« (Volksweisheit aus Litauen)

Ihr, mein liebes Brautpaar, könnt auch schon auf eine Reihe dieser Lebenserfahrungen zurückblicken, und dennoch müßt ihr auf einer anderen Ebene noch einmal von vorne anfangen. Ihr müßt umdenken und umlernen, denn ihr seid von nun an nicht mehr allein, sondern eine enge Gemeinschaft, in der jeder vom anderen abhängig ist. Während bislang eure Eltern die Verantwortung für euch häufig mitübernommen haben, müßt ihr sie von heute an selber tragen. Keiner wird sich jemals aus irgendeiner Situation damit herausreden können, daß er sagt, er habe sich von einer Ehe ganz andere Vorstellungen gemacht. Mit Recht wird ihm jeder antworten, über die Schwierigkeiten und Probleme hätte er sich vorher im klaren sein müssen. Die Ehe ist keineswegs ein Laboratorium für halbfertige Wissenshungrige, sie ist vielmehr ein ernstes und ernstzunehmendes Arbeitsfeld für denjenigen, der es versteht, Verantwortung zu tragen. Wer es nicht versteht, der sollte die Finger davon lassen und nicht sich und den anderen in eine unnötige Gefahr bringen. Von euch beiden, meine lieben Jungvermählten, erwartet man mit Recht, daß ihr euren Schritt wohl

Die Bedeutung der Eheschließung: ein Leben zu zweit in eigener Verantwortung, ...

... kein Feld für Beziehungsexperimente

überlegt habt. Eure Eltern haben euch immer wieder auf die tausendfältigen Schwierigkeiten des Lebens hinzuweisen versucht und keine Gelegenheit ausgelassen, euch auf ein Leben zu zweit vorzubereiten. Sie haben es getan, indem sie euch schon früh lehrten, was es heißt, Verantwortung zu tragen und für einen anderen Menschen sorgen zu müssen.

Vorbereitung durch die Eltern

Wir Älteren werden euch gerne dabei helfen, wenn es nötig werden sollte. Wenn dies jedoch nicht der Fall ist, dann habt Verständnis dafür, wenn wir uns nicht in euren Lebensbereich einschalten wollen. Wir wissen nämlich, daß man nur dann mit dem, was man geschaffen hat, wirklich zufrieden sein kann, wenn man es selbst erreicht hat. Diese Zufriedenheit, die mehr wert ist als aller falsch verstandener Elternstolz, wünschen wir euch von ganzem Herzen!

Rat und Hilfe anbieten

Ansprache des Vaters des Bräutigams

Liebes Brautpaar, liebe Hochzeitsgäste!

Wir kennen sicherlich alle jenen Vers Goethes, in dem es heißt:

Willst du immer weiter schweifen?
Sieh, das Gute liegt so nah.
Lerne nur das Glück ergreifen,
denn das Glück ist immer da.

Ein bekannter Vierzeiler Goethes …

Es mag auf den ersten Blick eine etwas kühne Behauptung sein, das Glück sei immer da. Haben wir nicht alle im Laufe unseres Lebens schon oft die Erfahrung machen müssen, daß das Unglück zumindest nicht weniger selten ist als das Glück? Haben wir nicht schon oftmals beinahe verzweifelt nach ihm gesucht, ohne es zu finden? Und hat es uns nicht häufig gerade dann verlassen, wenn wir glaubten, es fest in unseren Händen zu halten? Aber der Dichter wird sich doch bestimmt etwas dabei gedacht haben, wenn er vom Glück sagt, es sei jederzeit gegenwärtig und der Mensch brauche nur danach zu greifen. Wenn das tatsächlich so ist, dann muß unsere Einstellung zum Glück falsch sein. Dann kann die Tatsache, daß es uns so oft enttäuscht hat, nur darauf beruhen, daß wir nicht verstehen, es zu finden, daß wir an ihm vorübergehen, ohne es zu erkennen, und ihm vielleicht unmittelbar gegenüberstehen, ohne es zu wissen.

… dient als Aufhänger für eigene Gedanken über das Thema Glück

Vielleicht warten wir allzusehr darauf, daß das Glück ohne unser eigenes Zutun von sich aus an uns herantritt und sich uns anbietet. Aber dürfen wir das? Können wir wirklich erwarten, daß es uns in den Schoß fällt wie eine reife Frucht? Oder müssen wir uns nicht vielmehr darum bemühen, wie man sich im Leben normalerweise um alles bemühen muß, was es reicher und wertvoller machen kann?

Bildhafter Hinweis, daß das Glück erkannt (und erkämpft) sein will

Ich glaube, hier liegt gleichzeitig unser Fehler und das Geheimnis des Glükkes. Wir erkennen es in den meisten Fällen nicht. Wir lassen uns zu sehr von den Schattenseiten unseres Lebens beeinflussen, um noch einen Blick für das Lichte und Klare zu haben. Wir tragen eine Brille, deren Gläser im Laufe unseres Lebens immer dunkler werden und die uns dadurch immer mehr nur seine finsteren Seiten zeigt, während sie unseren Blick gegen das Licht abstumpft und unempfindlich macht. Dann können wir natürlich vergeblich nach dem Glück suchen. Dann kann es uns sogar die Hand entgegenstrecken, ohne daß wir es bemerken.

Das Goethe-Zitat erneut aufgreifen und mit Blick auf das Brautpaar interpretieren

Ihr aber, die ihr heute am Anfang eures gemeinsamen Lebens steht, die ihr noch einen klaren und ungetrübten Blick für Liebe und Glück besitzt, ihr müßtet wissen, wo ihr sie zu suchen habt. Für euch müßte es ein leichtes sein, das Glück ergreifen zu lernen, wie es Goethe sagt. Für euch darf es keinen Zweifel daran geben, daß das Glück immer da ist. Es liegt in einem einzigen Wort, in einer Geste, es findet sich in einer zärtlichen Bewegung und sogar im Schweigen. Wohin ihr auch schauen werdet, immer wird es euch in seinen unzähligen Verwandlungen erscheinen, und ihr braucht es nur zu nehmen. Aber gerade darin, daß es im Grunde so einfach ist, es zu finden, liegt die große Gefahr, daß man an ihm vorübergeht. Wenn die Rosen zu Tausenden auf dem Markt angeboten werden, übersieht man schnell ihren Reiz und die Mühe, die sie erfordern. Erst wenn sie selten geworden sind, sehnt man sie herbei. Nicht anders ist es mit dem Glück, und nicht anders ist es mit der Liebe.

Redeabschluß mit einem weiteren treffenden Zitat

Theodor Fontane hat es einmal so wunderbar und so einfach formuliert, daß ich euch seine Worte als letztes mit auf den Weg geben möchte: »Die Liebe lebt von liebenswürdigen Kleinigkeiten, und wer sich eines Frauenherzens dauernd versichern will, der muß immer neu darum werben, der muß die Reihe der Aufmerksamkeiten allstündlich wie einen Rosenkranz abbeten. Und ist er fertig damit, so muß er von neuem anfangen.«

Hochzeitsrede des Brautvaters

Liebes Brautpaar, liebe Gäste!

Ehe wir uns zu Tisch setzen, hörte ich einen unserer Gäste sagen: »Den armen Eltern wird der Abschied von ihrem Kinde schwer fallen.« Was da ausgesprochen wurde, hat wohl mancher gedacht und empfunden. Gewiß, in die Freude des heutigen Tages mischt sich ein Wermutstropfen. Wir haben unsere Tochter erzogen, wir haben sie geleitet durch die schönen Kinder- und Mädchenjahre. Der Herzensbund zwischen Vater und Tochter wurde immer inniger, und die Wünsche und Hoffnungen, die sich mit der Zukunft des Töchterchens verbanden, wurden immer anspruchsvoller. Manchmal kam uns, meiner lieben Frau und mir, freilich auch der Gedanke: »Wird nicht eines Tages ein junger Ritter kommen, und uns unser Fräulein entführen?« Aber – bis dahin schien es uns noch lange, lange hin. Mein lieber, junger Ehemann und Ritter, du kamst schneller als wir glaubten. Aber du weißt, daß du uns willkommen warst. Und wir wissen, daß du nun deine junge Frau in Liebe durch das Leben geleiten wirst. Wir sehen in die strahlenden Augen unseres Kindes und haben heute manchen Blick aus diesen Augen aufgefangen, der uns, den Eltern, zu sagen schien: »Liebe Eltern, ich bin glücklich und ich danke euch.« Könnte es eine schönere Botschaft für uns geben? Wir sind mit dem heutigen Tag reich geworden, denn wir haben unsere Tochter ja nicht verloren, sondern wir haben einen Sohn dazugewonnen. Es wird nicht einsam um uns werden, denn unsere Lebenskreise werden die Kreise des jungen Paares oft berühren. Euch, liebe Gäste, danke ich, daß ihr diesen Tag mit uns feiert. Erhebt mit mir eure Gläser und laßt sie zusammen klingen in dem herzlichen Wunsch für die Zukunft unseres jungen Paares!

Viel Freude und ein wenig Abschiedsschmerz

Das Verhältnis Vater – Tochter ansprechen …

… und auf den Bräutigam eingehen

Dank an die Gäste und Toast auf das junge Paar

Der Bruder zur Hochzeit der Schwester

Liebes Brautpaar, liebe Brauteltern, liebe Verwandte und Freunde!

Obwohl ich wohl einer der Jüngsten hier bin, möchte ich heute ein paar Worte an euch richten. Der heutige Tag ist ein Freudentag für uns alle, und entsprechend ist auch die Stimmung froh und heiter. Es ist aber auch ein Tag, der nicht nur dein zukünftiges Leben, liebe …, ändern wird, sondern auch unser Familienleben.

Das Glück des einen birgt für andere große Veränderungen

Bisher hatte ich immer jemanden, mit dem ich alle meine kleinen Sorgen besprechen konnte. Du hattest auch immer Zeit für mich, wenn es einmal mit der Mathematik oder den Sprachen nicht so ganz klappen wollte. Nun wohnst du nicht mehr hier. Du wohnst, Gott sei Dank, nicht allzu weit von uns entfernt, aber dennoch: Du hast jetzt deine eigene Welt, die dich sicher auch ganz ausfüllen wird.

Das Verhältnis zur Schwester schildern

Du hast aber dafür gesorgt, daß unsere Familie größer geworden ist, so daß ich ja ein bißchen den langersehnten Bruder doch noch bekommen habe. Ich möchte schließen mit einem kleinen Gedicht. Es gilt wohl für uns alle, besonders aber für unser junges Paar:

Gelungener Abschluß mit einem kurzen Gedicht

Ins neue Jahr mit frischem Mut,
als neuer Mensch zu neuen Dingen,
laßt alte Sorgen, sie tun nicht gut,
es gilt, die neuen zu bezwingen.
Und wenn einmal die Sorge drückt
und lustlos steht das Barometer,
so denkt daran: es gibt ein Glück
heut, morgen oder später.

In diesem Sinne wünsche ich euch, liebe …, lieber …, ein Leben voll Glück und Zufriedenheit!

Rede eines Familienfreundes anläßlich einer Hochzeit

Meine Lieben!

Die kirchliche Trauung als Aufhänger der Rede

Wir alle haben heute morgen in unserer schönen Kirche erleben dürfen, wie zwei junge Menschen sich die Hand für den Bund des Lebens gereicht haben. Wir haben mit bewegtem Herzen daran gedacht, daß nicht jeder Tag in diesem gemeinsamen Leben Glück und Sonnenschein sein wird. Wir alle haben aber auch die Gewißheit, daß diese beiden jungen Menschen alle Schwierigkeiten meistern werden.

Wünsche für ein harmonisches Zusammenleben

In diesem familiären Kreis möchte ich noch einmal meinen ganz persönlichen Wunsch und meine Hoffnung aussprechen, daß das junge Paar mit aller Kraft der Jugend in das persönliche, familiäre und berufliche Leben hineingeht. Sie sollen nicht zu Egoisten werden, aber sie sollen wissen und immer daran denken, daß das gemeinsame Ich der Grundstock des menschlichen Zusammenlebens ist.

Nun noch ein Wort an die Eltern. Sie haben Ihre Kinder großgezogen, Sie haben sich über deren Geburt gefreut, Sie haben so manches Mal um sie gebangt, wenn sie krank waren, Sie haben Freude an ihnen gehabt, wenn der Kindermund Ihnen nachgeplappert hat. Sie haben in den Jahren, in denen er nach den Mädchen schaute und sie nach den Männern, darum gebangt, ob sie den »Richtigen« und er die »Richtige« heimbringt. Heute können wir sehen: Hier haben sich zwei Menschen gefunden, die zueinander gehören. Ich wünsche diesen beiden Menschen alles Glück in ihrem gemeinsamen Leben.

Einige Worte an die Eltern: Erinnerungen wachrufen, die sich im »Happy-End« vereinigen

Ein Hochzeitsgast gratuliert

Liebes Paar, liebe Freunde!

Eine originelle Selbstvorstellung und ein prägnanter Übergang zum Anlaß der Feier

Eigentlich dürfte ich mir diese Anrede nicht erlauben, weil ich in diesem Kreise auch einige mir weniger vertraute Gesichter sehe, aber auch diese Gäste werden sicher wissen, daß ich nun seit über zwei Jahrzehnten in diesem gastlichen Hause als ältester Freund ein- und ausgehe, und daß ich deshalb nur so und nicht anders sprechen kann. Damit ist aber auch zugleich erklärt, warum es mich drängt, hier ein paar Worte zu sagen.
Nun hat es sich wieder einmal begeben, daß ein »Er« eine »Sie« fand, daß aus beiden eine Gemeinsamkeit werden will, aus der wiederum – wir wünschen es jedenfalls herzlich – manch zarter Sproß gedeihen möge.

Die Verbindung zur Braut erläutern …

Die Tochter des Hauses kenne ich von Kindesbeinen an, und sie ist mir so ans Herz gewachsen, als wenn es meine eigene wäre. Ich kann mit den Brauteltern empfinden, wie schwer es ihnen auf der einen Seite werden mag, ihr Kind nicht mehr im Hause zu haben, und wie glücklich sie auf der anderen Seite sind, nun auch ihre Tochter den Weg gehen zu sehen, den sie selbst gegangen sind. Der junge Ehemann ist uns auch seit längerer Zeit vertraut, und wir haben ihn als tüchtigen und aufrechten Menschen kennengelernt. Wir wissen, daß er ein froher und aufgeschlossener junger Mann ist, der seine Sache gut versteht, und wir wünschen ihm, daß auch weiter alles gelingt, was er anpackt, so daß er seine junge Ehefrau (und die künftigen Kinder) nicht nur durch seine liebenswerte Art, sondern auch durch seinen wirtschaftlichen Erfolg zu einem harmonischen Dasein führt.

… und auf Wesen und Art des Ehemanns eingehen

Geht euren Weg und seid glücklich, und alle eure Freunde werden freudig danebenstehen und daran teilhaben.
Nochmals: Ein herzliches »Glück auf« für euren Weg.

Gute Wünsche für den gemeinsamen Weg

Hochzeitsansprache eines Familienmitglieds

Liebes Brautpaar, liebe Hochzeitsgäste!

Humorvoll-beschwingter Einstieg: Verwandtschaftstreffen bei Festen und Feiern

Es liegt in der Natur der Sache, daß die sogenannte »liebe Verwandtschaft« bei solch einem Fest meist etwas zu kurz kommt. Das bezieht sich nicht auf Essen und Trinken, denn da nehmen wir uns schon, was uns aufgetischt wird. Es bezieht sich vielmehr darauf, daß wir von der Ehre, als Onkel, Tante, Cousin, Cousine oder sonst irgenwie mit dem Brautpaar verwandt zu sein, insofern recht wenig haben, als niemand das Wort an uns richtet. Es braucht niemand zu befürchten, daß wir deshalb mit beleidigten Mienen davonziehen, dazu gefällt es uns viel zu gut und dazu halten wir bei solcher Gelegenheit viel zu gern jenes berühmte Schwätzchen, das für uns Ältere meist die willkommene Gelegenheit bietet, Neuigkeiten auszutauschen, während es in den Augen der Jüngeren ein Zeichen für unsere Schwatzhaftigkeit ist. Also, wir bleiben. Aber gerade deshalb wollen wir es nicht versäumen, uns in das richtige Licht zu rücken und auf unser angestammtes Recht zu pochen, uns gerade dann auf irgendeine Weise in Erinnerung zu bringen, wenn man am allerwenigsten damit rechnet.

Überleitung zum »Auftrag«: eine Rede zum Thema Ehe

Der geheime Rat der vereinigten Verwandtschaft von Braut und Bräutigam hat mich als eines ihrer, wie man sagt, redegewandten Mitglieder damit beauftragt. Also an die Arbeit: Ehe, was ist das? Als ich vor wenigen Tagen mein Zitatenlexikon durchgeblättert habe, fand ich die verschiedensten, ja, sogar widersprüchlichsten Erklärungen dieses Begriffes, was mit einiger Sicherheit darauf schließen läßt, daß es im Grunde niemand so recht weiß. So schreibt Herr Goethe in seinen »Wahlverwandschaften« (schon wieder Verwandschaft!) beispielsweise: »Die Ehe ist der Anfang und der Gipfel aller Kultur. Sie macht den Rohen mild, und der Gebildetste hat keine bessere Gelegenheit, seine Milde zu beweisen.«

Zwei widersprüchliche Goethe-Zitate ...

Im selben Werk schreibt derselbe Dichter aber an einer anderen Stelle: »Im Ehestand muß man sich manchmal streiten, denn dadurch erfährt man was voneinander.« Trotz langer Überlegungen ist es mir bis zu diesem Augenblick nicht gelungen, diesen Widerspruch zu lösen. Ich habe in den vielen Jahren meiner eigenen Ehe immer nur erfahren müssen, daß man weder bei meiner lieben Frau noch bei mir von Milde sprechen konnte, wenn ein Streit ausgebrochen war. Im Gegenteil, es herrschte dann gewöhnlich eine Strenge, die mich jedesmal an ein anderes Wort unseres Dichterfürsten erinnerte, das er im Jahre 1819, also lange, bevor ich anfing, meine eigenen Erfahrungen zu sammeln, dem Kanzler von Müller sagte: »Die Liebe ist etwas Ideelles und die Ehe etwas Reelles. Und nie verwechselt man unge-

... und die persönlichen Erfahrungen

straft das Ideelle mit dem Reellen.« Hier konnte ich ihm wenigstens folgen und ich kann es noch heute. Ich bin sogar in der selten glücklichen Lage, diesem Manne recht geben zu können, denn Liebe und Ehe scheinen, wenn man sie richtig betrachtet, mitunter sogar Gegensätze zu sein. Glauben Sie bitte nicht, daß ich unserem jungen Paare einen Schrecken einjagen will. Liebe ist Liebe und bleibt Liebe, aber Ehe bleibt auch Ehe, und sie bleibt es auch dann noch, wenn man es gerne einmal vergessen möchte. Das sagte uns Michel de Montaigne in seinem Werk »Gedanken« sehr deutlich: »Mit den Ehen ist es wie mit den Vogelbauern, die Vögel, die nicht darin sind, wollen mit aller Gewalt hinein, und die, welche darin sind, wieder heraus.« Aber leider, oder sagen wir besser glücklicherweise, ist das gar nicht so einfach. Wenngleich gewisse Kreise auch heftig darum bemüht sind, nach dem Vogelbauer-Prinzip zu leben, sie können es niemals zur allgemeinen Regel erheben. Denn wir normalen Sterblichen wehren uns mit Recht dagegen, daß man die Ehe zu einem Rummelplatz der Launen macht. Wir wollen uns das Gefühl dafür erhalten, daß eine einmal eingegangene Verpflichtung eben eine Verpflichtung ist, auch dann, wenn sich Schwierigkeiten auftun, die man vorher nicht zu überblicken vermochte. Wir alle hoffen, daß auch ihr jenen Tag erleben werdet, an dem ihr aus dem Gefühl eines gemeinsam bewältigten Lebens mit jener Abgeklärtheit über die Fragen der Ehe sprechen könnt, wie ich es tue. Aber sammelt eure eigenen Erfahrungen! Glaubt mir bitte kein Wort! Ich kann irren. Und im übrigen gehöre ich jener Gruppe von Menschen an, die aus Prinzip zu den Dingen raten, von denen sie selbst nicht überzeugt sind.
Vergeßt nicht: ein würdiger Vertreter eurer lieben Verwandtschaft!
Nachwort! Ich hoffe, daß ihr am Ende eures gemeinsamen Lebens die Weltliteratur um ein Ehezitat bereichern könnt. Wenn es euch nicht gelingt, dann schreibt in euer Tagebuch: »Unser Wissen ist Stückwerk.« 1. Korintherbrief, Kapitel 13, Vers 9.

Eine dritte Weisheit des Dichterfürsten findet die Zustimmung des Redners

Vom »Vogelbauer-Prinzip« in der Ehe und der Verpflichtung der normalen Sterblichen

Abschließender Hinweis, daß das Gesagte nicht so ganz ernst gemeint war

Ansprache an das Brautpaar durch einen Gast

Liebes Brautpaar, liebe Hochzeitsgesellschaft!

Die Dichterin Marie von Ebner-Eschenbach schreibt in ihren Aphorismen: »Soweit die Erde Himmel sein kann, soweit ist sie es in einer glücklichen Ehe.« Dieser Satz benutzt das alte Bild vom »Himmel auf Erden«, mit dem nichts anderes ausgedrückt werden soll, als daß es sich um

Klassischer Redebeginn: ein Zitat und seine Interpretation

so etwas wie das heruntergeholte Paradies handele. Wenn wir der biblischen Überlieferung Glauben schenken dürfen, so war dieses Paradies ein Ort, an dem der Mensch ohne jede Sorge leben durfte, wo es keine Gefahr, keine Krankheit, keinen Hunger und keinen Durst gab, wo alles vorhanden war, was er für ein glückliches Leben benötigte. Er lebte mit der Natur in vollkommenem Einklang, es bestand nie die geringste Feindschaft zwischen ihm und seiner Umwelt. Dann aß er vom Baume der Erkenntnis, und von Stund' an verwandelte sich das Paradies in jene Welt, in der wir alle heute leben. Wir alle, das heißt auch Sie, mein liebes Brautpaar. Wenngleich diese Welt mit all ihren hunderttausend großen und kleinen Sorgen, mit ihren Gefahren und ihrer vielfältigen Not im Augenblick bestimmt nicht der Raum ist, in dem Sie sich zu Hause fühlen. Sie fühlen sich geborgen in Ihrer Liebe, die Sie zueinandergeführt hat und der Sie diese Führung auch weiterhin überlassen wollen. Dieses Vertrauen in die Macht der menschlichen Zuneigung ist nicht nur Ursache für Ihren Entschluß, Ihr Leben von nun an gemeinsam zu leben, es ist auch gleichzeitig die Voraussetzung dafür, daß Sie jene Erfahrung machen dürfen, die Ihnen die Dichterin prophezeit: die Erfahrung einer glücklichen, paradiesischen Ehe.

Vom biblischen Paradies in die Welt von heute

Basis der Ehe: das Vertrauen in die Macht der menschlichen Zuneigung

Wenn Sie zwei Menschen, von denen Sie wissen, daß sie solch eine glückliche Ehe führen, darüber befragen, wie sie es denn angefangen haben und immer wieder anfangen, in Harmonie miteinander zu leben, so werden Sie feststellen können, daß sie in den weitaus meisten Fällen um eine Antwort verlegen sind. Vielleicht werden sie Ihnen davon erzählen, daß sie an sich und ihrer Ehe gearbeitet und darum gerungen haben, den anderen verstehen zu lernen. Sie werden über gemeinsame Schicksalsschläge berichten, die sie enger zueinandergeführt haben, und sie werden Ihnen frohe und glückliche Stunden aufzählen, bei denen allein schon die Erinnerung an das gemeinsame Erleben das Gefühl für ihre Zusammengehörigkeit erneuerte. All diese Dinge sind nicht aus der Luft gegriffen, im Gegenteil, sie gehören tatsächlich zu den vielen Steinen, aus denen eine Ehe gebaut wird und die sie tragen. Aber es fehlt etwas. Um im Bild zu bleiben, es fehlt der Mörtel, der alles zusammenhält. Und darüber werden Sie nicht viel erfahren können. Nicht, weil man Ihnen nicht raten möchte oder es ablehnen würde, die eigene Erfahrung weiterzugeben, sondern einfach deshalb, weil es sich nicht aussprechen läßt. Die Liebe zwischen Mann und Frau gehört zu jenen Dingen, die sich unserer Logik entziehen, die wir mit unserem Verstande nicht zu durchdringen vermögen und die gerade dann zum vollkommenen Geheimnis wird, wenn wir versuchen, dahinterzukommen. Lassen Sie mich noch einmal ein Dichterwort zitieren, das ganz deutlich

Die erfahrbaren »Mosaiksteinchen«, aus denen sich eine harmonische Beziehung ergibt ...

... und das Unaussprechbare, das sich jeder Logik entzieht

macht, wie groß dieses Geheimnis wirklich ist. Friedrich Halm schreibt in seinem »Sohn der Wildnis«:

Das Geheimnis der Liebe aus der Sicht eines romantischen Dichters

Mein Herz, ich will dich fragen:
Was ist denn Liebe? Sag!
Zwei Seelen und ein Gedanke,
zwei Herzen und ein Schlag!

Er, der Dichter, sagt in einem Bild, worin sich die Liebe zeigt, aber erklären kann auch er sie nicht.
Mein liebes Brautpaar, für Sie beginnt mit dem heutigen Tag etwas völlig Neues, etwas, das Sie nicht kennen und dessen Ausgang niemand von Ihnen voraussagen kann. Vergessen Sie aber niemals, daß Ihnen »der Himmel auf Erden« nicht in den Schoß fallen wird, sondern daß Sie ihn sich in mühevoller Arbeit herunterholen müssen. Wenn es einmal so scheinen mag, als ob es Ihnen nicht gelingen würde, dann denken sie an jene Kraft, die Sie zusammengeführt hat. Vielleicht, daß sie Ihnen gerade dann, wenn Sie mit Ihrer Erkenntnis und Ihrem Wissen nicht mehr weiterkommen, helfend unter die Arme greift. Auch Liebe ist, wenn sie dauerhaft sein soll, nichts, was man vernachlässigen darf. Sie ist zähe Arbeit und große Aufgabe. Aber sie ist jener geheimnisvolle Schatz, der um so größer wird, je mehr man von ihm gibt.

Fazit: Dauerhafte Liebe ist mühevolle Arbeit und große Aufgabe

Ich wünsche Ihnen, daß Sie irgendwann in der Zukunft jenen Satz der Marie von Ebner-Eschenbach bestätigen können. Alles Gute!

Ansprache an die Großeltern des Brautpaares durch einen Gast

Liebe Großeltern unseres Brautpaares!

Ich weiß nicht, wie lange es her ist, daß Sie vor den Altar traten und auf die Frage des Pfarrers jenes Ja sprachen, das bis auf den heutigen Tag das entscheidendste Wort in Ihrem Leben geblieben ist. Ich weiß auch nicht, was Sie an dem Tage empfunden haben, als Ihre Kinder vor Sie hintraten und Sie baten, ihnen Ihren Segen für ihren gemeinsamen Lebensweg zu geben. Ebensowenig weiß ich, was heute in Ihren Herzen vorgeht, wo Sie erleben dürfen, daß schon Ihre Enkelkinder ihr Schicksal in die eigenen Hände nehmen, um es gemeinsam mit ihrem Partner zu bestehen. Sie, die Sie von uns allen die größte Lebenserfahrung besitzen und die Sie in Ihrem

Rückbesinnung auf die Eheschließung der Großeltern und die ihrer Kinder

langen Leben schon manche schöne und auch schwere Stunde erlebt haben, werden vielleicht alles mit etwas anderen Augen sehen. Sie haben Liebe und Glück in ihrer schönsten Form erlebt, uns Sie haben sicherlich auch mitunter spüren müssen, wie das Leben dennoch Augenblicke bereitet, in denen man an der tatsächlichen Kraft dieser Dinge zweifeln konnte. Sicherlich denken Sie gerade heute an vieles zurück, das sich in jener Zeit ereignete, als Sie ein jungvermähltes Paar waren. Und es wäre nur allzu natürlich, wenn Sie dann den Wunsch verspüren würden, Ihren Enkelkindern zu raten, sie vor diesem und jenem zu warnen und auf anderes hinzuweisen. Aber vielleicht darf ich Sie bitten, dabei nicht zu vergessen, daß im Leben letztlich nur das Gültigkeit besitzt, was man selber an Erfahrungen gesammelt hat, um was man gekämpft und was man sich an Erkenntnissen erarbeitet hat. Erfahrung kann nur bedingt weitergegeben werden. Sie muß im Grundsätzlichen immer wieder aufs neue gemacht werden. Gerade die jungen Menschen unserer Tage besitzen eine ausgeprägte Skepsis gegenüber all jenen Dingen, die wir Älteren im guten Glauben an die Richtigkeit und Allgemeingültigkeit unserer Lebenserfahrungen an sie weitergeben wollen. Sie stehen auf dem Standpunkt, daß vieles von dem, was wir glauben und von dessen Richtigkeit wir überzeugt sind, seine Gültigkeit in dieser veränderten Welt verloren hat. Und ich glaube, daß sie diese Auffassung keineswegs immer zu Unrecht vertreten. Während all der Jahre, die zwischen Ihrem Hochzeitstag, verehrte Großeltern, und dieser Stunde vergangen sind, hat sich sicherlich mehr geändert, als selbst wir Jüngeren mitunter glauben wollen.

Einerseits: der verständliche Wunsch, die frisch vermählten Enkel beraten zu wollen, …

… andererseits: die Skepsis der jungen Leute gegenüber der Allgemeingültigkeit von Lebenserfahrungen

Hinter Ihnen liegt ein erfülltes Leben, dessen Sie sich sicherlich mit Freude erinnern. Vor Ihnen liegen, das wünsche ich Ihnen von ganzem Herzen, noch viele Jahre des gesunden Beisammenseins, der gemeinsamen Freude und des gegenseitigen Verstehens und Vertrauens. In diesem Tag sehen Sie mit Recht einen besonderen Augenblick in Ihrem Leben, denn es wurde an ihm eine Tür aufgestoßen, die den Weg in die Zukunft Ihrer Familien freigibt. Daß diese Zukunft für Sie alle die Erfüllung Ihrer Wünsche bringen möge, ist mein aufrichtiger Wunsch.

Gute Wünsche für die gemeinsame Zukunft mit dem Brautpaar

Ich beglückwünsche Sie, liebe Großeltern unseres Brautpaares, zu diesem Tag sehr herzlich. Ich bin sicher, daß jener Augenblick, als Sie vor vielen Jahren den eigentlichen Grundstein auch für das Leben Ihrer Enkel gelegt haben, ein wahrhaft gesegneter Augenblick war.

Rede bei einer Hochzeitsfeier

Liebe Eltern des Brautpaares, liebes Brautpaar, liebe Gäste!

Gestatten Sie, daß ich den Ansprachen des heutigen Tages noch eine kleine Betrachtung hinzufüge. Wie die Anrede schon zeigte, wende ich mich dabei nicht ausschließlich an die Hauptpersonen dieser Feier, sondern in erster Linie an die Elternpaare. Sie stehen heute verständlicherweise etwas im Hintergrund, aber wir wissen aus der Politik, daß es nicht die Schlechtesten sind, die sozusagen hinter den Kulissen Regie führen. Und wenn wir zum Beispiel an die so reichlich gebotenen lukullischen Genüsse und an das unterhaltsame Festprogramm denken, dann wissen wir, wer hier in erfahrener Weise Regie führt!

Lob und Dank lassen sich auch über Umwege ausdrücken

Und damit komme ich zum Kern dieser Betrachtung: Beide Elternpaare haben heute eine größere Familie bekommen. Sie sind also nicht etwa überflüssig geworden, im Gegenteil! Der Vater heißt ab heute auch Schwiegervater, die liebe Mutter ist sozusagen nebenberuflich auch noch Schwiegermama geworden! Das ist eine unumstößliche Tatsache, selbst wenn man sich daran erst noch gewöhnen muß! Und nun frage ich Sie, meine Damen und Herren, können Frauen, die 20 und mehr Jahre liebe Mütter gewesen sind, über Nacht zu »bösen Schwiegermamas« werden? Wie ein Alptraum geistert das Wort von der »bösen Schwiegermutter« durch unsere Sprache, immer neu genährt durch Witzblätter und – Einzelfälle! Und so lassen Sie mich diese Betrachtung mit der Gewißheit schließen, daß man auch in unserem Lande das Wort »Schwiegermutter« durchaus ohne den Zusatz »böse« in den Mund nehmen darf! Deshalb wollen wir eine Lanze für die Schwiegermütter brechen. Sie sollen leben! Ein Prosit den Schwiegermüttern, besonders den beiden lieben Damen, die seit heute diesen Titel tragen.

Familienzuwachs durch die Heirat

Das Thema »Schwiegermutter« als Fundus für humorvolle, geistreiche Ausführungen

Ansprache an die Eltern des Brautpaares durch einen Gast

Liebe Eltern unserer Jungvermählten (unseres Brautpaares)!

Sicherlich geht in Ihnen an diesem Tage mehr vor, als wir Außenstehende uns vorstellen können. Auf der einen Seite sind Sie Zeugen davon, wie Ihre Kinder nun ihren eigenen Weg einschlagen und sich daher ganz natürlich aus Ihrem Leben etwas weiter entfernen werden. Auf der

Die zwiespältigen Gefühle der Eltern beschreiben

anderen Seite dürfen Sie erleben, daß sie diesen Weg glücklich und in der berechtigten Hoffnung einschlagen, daß es der richtige sein wird. Das bedeutet, an diesem Tag verbinden sich Freude und Zufriedenheit mit jenem seltsamen Schmerz, der immer dann eintritt, wenn man als Vater oder Mutter erfahren muß, wie die Kinder mehr und mehr ihre eigenen Wege gehen. Obwohl man über Jahre hinweg Zeuge ihrer zunehmenden Selbständigkeit ist, obwohl man vom ersten Tag ihres Lebens an weiß, daß der Augenblick der Trennung einmal kommen wird, ist es dennoch keine ganz leichte Stunde, wenn sie sich nun tatsächlich vollzieht. Gerade eine Mutter scheint in ihrem Herzen dem Gefühl keinen Raum geben zu wollen, daß ihr Kind eines Tages nicht mehr, wie früher, ihrer ständigen Hilfe und Pflege bedarf, sondern daß es sich damit an einen anderen Menschen wendet, den es sich selbst frei gewählt hat. Obwohl sie weiß, daß sie niemals etwas daran wird ändern können und obgleich sie sich dessen bewußt ist, daß es zu selbstverständlichen Erscheinungen im menschlichen Leben gehört, weist sie den Gedanken daran immer weit zurück. Niemand wird ihr deswegen einen Vorwurf machen, eher darf man darin ein Zeichen für das enge und herzliche Verhältnis sehen, das sie mit ihrem Kind verbindet.

Freude und Zufriedenheit, aber auch Trennungsschmerz

Die besonderen Empfindungen der Mütter …

Der Vater denkt in der Regel etwas anders. Bei ihm siegt schnell die Einsicht in den natürlichen Lauf unserer Welt, dem er sich nicht widersetzen kann. Das soll gewiß nicht heißen, daß bei ihm die Bindung an sein Kind weniger stark ist. Aber er ist auch hier derjenige, der eine Situation nüchterner sieht.

… und der Väter schildern

Dennoch ist der Augenblick, in dem der mittlerweile erwachsene Sohn oder die erwachsene Tochter mit einem anderen Menschen die Ehe eingeht, auch für ihn ein bedeutsameres Ereignis, als er allgemein gerne zugibt. Denn auch er hat vielleicht noch bis vor wenigen Wochen oder Monaten in erster Linie das Kind in ihnen gesehen, für das er arbeitete und sich abmühte, dem er mit Rat und Tat zur Seite stand. Auf einmal ist alles ganz anders. Es ändert sich mit dem Jawort vor dem Altar. Was gestern noch ein Kind war, ist heute ein erwachsener, selbständiger Mensch, der eine Entscheidung getroffen hat, die für das weitere Leben von allergrößter Bedeutung sein wird. Und diese Entscheidung zeigt den Eltern klar und unmißverständlich, daß ihr Kind von jetzt ab einem neuen Lebenskreis angehören wird, den es selbst bestimmt und der sich von dem der Eltern vielleicht sehr wesentlich unterscheidet. Aber dennoch wird normalerweise nicht der Schmerz der Trennung die Oberhand behalten, sondern die Freude darüber, das Kind glücklich und zufrieden zu sehen. Und deswegen ist dieser Tag auch für Euch, liebe Eltern unseres Brautpaares, ein

Die Freude über das Glück der Kinder behält die Oberhand

Tag wirklicher Freude. Eines wird und kann sich niemals ändern: Eure Kinder werden immer eure Kinder bleiben. Sie werden es auch dann bleiben, wenn sie in einer anderen Stadt, vielleicht sogar in einem anderen Land wohnen. Das Band zwischen ihnen und euch Eltern ist stark. Ihr habt es in vielen Jahren eng und haltbar geknüpft, und es wird sich nie mehr lösen lassen.

So betreten diese jungen Menschen ihren neuen Lebensweg unter einem doppelten Schutz: hier ihre Liebe und ihr Vertrauen zueinander, dort ihre Liebe und ihr Vertrauen zu ihren Eltern. Auf der einen Seite die Kraft, die ihnen ihre herzliche Zuneigung verleiht, auf der anderen Seite jene, die sie aus der Bindung zwischen ihnen und ihren Eltern schöpfen dürfen.

Brückenschlag zum Brautpaar und Gratulation (auch und gerade an die Eltern)

Lassen Sie mich Ihnen, liebe Eltern, zu diesem Tage recht herzlich gratulieren. Ich wünsche Ihnen jene Zufriedenheit, die der Überzeugung entspringt, daß die Liebe Ihrer Kinder ein sicheres Unterpfand dafür ist, daß ihr Leben glücklich und erfolgreich werden wird.

Ansprache des Bräutigams an die Gäste

Liebe Hochzeitsgäste!

Lassen Sie mich zunächst einmal dafür danken, daß Sie uns an diesem Tag auf unserem Weg zum Traualtar begleitet haben. Wenngleich wir viele von Ihnen durch die wohl verständliche Aufregung nicht gesehen haben, so hatten meine Frau und ich doch beide das Gefühl, in jenem Augenblick, als wir den Bund fürs Leben eingegangen sind, Ihrer aller guten Wünsche hinter uns zu wissen. Wir freuen uns aufrichtig, Ihnen dafür Dank sagen zu können, und wir glauben Ihnen gern, daß diese Ihre Wünsche uns lange begleiten werden.

Dank fürs Kommen und für die vielen guten Wünsche

Bei Ihnen allen wird dieser Tag wieder in Vergessenheit geraten oder zumindest etwas von seiner augenblicklichen Bedeutung einbüßen. Das ist wohl der Lauf der Welt und unseres Lebens, daß wir vergessen können und wohl oft genug auch vergessen müssen. Es wird für kaum einen von Ihnen die erste Hochzeitsfeier sein, die er erlebt, und sicherlich auch nicht die letzte. Aber für uns, für die dieser Tag der erste eines neuen Lebensabschnitts ist, wird er unvergeßlich sein. Und mit ihm werden uns alle diejenigen in Erinnerung bleiben, die ihn gemeinsam mit uns verbracht haben. Ein Fest, welches es auch immer sein mag, erhält sein besonderes Gepräge und den nur ihm eigenen Rahmen durch die Gäste, die an ihm teilnehmen.

Die Besonderheit des Tages unterstreichen und das Fest als unvergeßliches Erlebnis charakterisieren

Aus diesem Grunde freuen wir uns, daß Sie unserem Hochzeitstag durch Ihre Anwesenheit ein besonders festliches Gepräge geben und ihm damit jene Bedeutung verleihen, die ihm in unserem Leben wohl auch zukommt. Dieser Tatsache haben Sie, verehrte Gäste, nicht nur durch Ihre Anwesenheit, sondern auch durch die vielen guten Wünsche und durch die Art Ihrer uns überreichten Geschenke in liebevoller Weise Rechnung getragen.

Dank sagen für die gemeinsame Feier und die großzügigen Geschenke

Sowohl meine Frau als auch ich haben nicht erwartet, daß Sie uns dermaßen reich mit all den Dingen bedenken würden, die zur Gründung eines Hausstandes nötig und wichtig sind. Um so mehr freuen wir uns, daß Sie an viele Dinge gedacht haben, die uns aufgrund unserer mangelnden Erfahrung in dieser Hinsicht bislang nicht in den Sinn gekommen sind.
Lassen Sie uns diesen Dank an Sie dadurch abstatten, daß wir uns bemühen, Ihnen noch einen vergnügten und fröhlichen Abend zu bereiten, an den Sie gerne zurückdenken.

Der Bräutigam dankt

Liebe Eltern, liebe Gäste!

Wir danken euch, daß ihr gekommen seid, um diesen schönen Tag in unserem Leben mit uns festlich zu begehen. Ihr habt uns dadurch nicht nur eure Treue und Anhänglichkeit bewiesen, ihr habt auch nach

Gutgelaunte Gäste verdienen jedes Lob

besten Kräften dazu beigetragen, die festliche Stimmung zu erhöhen. Gedichte, Festreden, die Hochzeitszeitung … ja, sogar richtige Theaterstücke habt ihr für uns erdacht, um sie uns meisterhaft vorzuspielen.
Der Sinn dieser Feier liegt ja nicht nur darin, daß der heutige Tag festlich begangen wird. Nein, er soll lange als kostbare Erinnerung in unserem Gedächtnis lebendig bleiben! Ihr, liebe Gäste, habt Sorge getragen, daß diese Erinnerung bunt und fröhlich ist. Und dafür danken wir euch ganz herzlich. Ebenso aufrichtig und herzlich danken wir den Eltern, die uns dieses Fest so feierlich und schön gestaltet haben. Da ihr alle uns so viele Beweise eurer Liebe, Treue und Anhänglichkeit erbracht habt, frage ich

Dank in Form einer Einladung

mich: »Wie können wir euch das alles vergelten?« Nun, wir hoffen von Herzen, daß wir uns alle bald in unserem neuen Heim zusammenfinden werden, damit meine Frau und ich als Gastgeber einen ganz kleinen Teil jener Dankbarkeit abtragen können, die wir euch allen gegenüber empfinden.

Ehejubiläen

Tischrede zur silbernen Hochzeit

Liebes Jubelpaar, liebe Gäste!

Es spricht ein Freund

Wenn das Haus ... *(Name der Gastgeber)* Gäste einlädt, kommt jeder gern. Heute allemal! Denn es gibt einen Anlaß, der uns die angenehme Pflicht doppelt gerne erfüllen läßt. Liebe ..., lieber ..., es fällt uns recht schwer, daß wir in euch nach 25 Ehejahren ein Jubelpaar sehen sollen. Ihr macht es uns jedenfalls nicht leicht, das zu glauben. Das aber wiederum spricht dafür, daß ihr die Zeit, die ihr gemeinsam nun auf diesem Erdenstern wandelt, doch in recht vernünftiger Weise verbracht haben müßt. Wie könnte man sonst so zufriedene, fast strahlende Gesichter erblicken, wie könnte man sonst so wohlgeratene Kinder hier am Tische sehen? Es ist euch alles gut gelungen. Aber auch das muß gesagt werden: Es ist euch nicht in den Schoß gefallen, und ganz sicher ist auf jeden Fall, daß ihr heute nicht dort stehen würdet, wo ihr tatsächlich steht, wenn hier nicht ein gemeinsames Leben von vorbildlicher Zusammengehörigkeit vorgelebt worden wäre. In diesem Hause wurden und werden große Dinge geleistet, und sie gehen fast lautlos vor sich.

Ein Kompliment als besonders liebevoller Redeeinstieg

Einheit und Zusammengehörigkeit der Familie hervorheben

All eure Sorgen, all euren Kummer, alle Freuden haben viele aus unserer Runde miterlebt. Ihr aber seid immer die gleichen geblieben, unveränderlich in eurer Zuverlässigkeit, in der Fürsorge für eure Kinder und in der Hilfsbereitschaft für eure Freunde. Keiner hat dieses Haus verlassen ohne guten Rat, wenn er ihn suchte, und ohne Hilfe, wenn er sie brauchte. Was soll es da Wunder nehmen, daß ihr selbst zufrieden und in euch gefestigt dem Leben gegenübersteht? Fast ist es gar kein Wunsch, der euch gilt, sondern vielleicht eher ein egoistisches Verlangen: Lebt weiter so, beglückt eure Freunde, beglückt eure Kinder und laßt uns teilhaben an diesem harmonischen Zusammenleben, laßt uns unseren kleinen Beitrag leisten durch unsere Freundschaft, die wir euch auch weiter halten wollen.

Auf die menschlichen Qualitäten der Jubilare eingehen

Zur Silberhochzeit

Ein Kind spricht

Liebe Eltern, liebe Verwandte und liebe Gäste!

Wenn ich, als der älteste Sohn (die älteste Tochter) der Familie, hier einige Worte sage, so komme ich mir selbst etwas komisch vor, denn wir Kinder sind es nicht gewöhnt, unsere Eltern so feierlich anzusprechen.

Immerhin ist das aber ein Tag, der nur einmal im Leben vorkommt, und so muß ich es doch wagen, euch, liebe Eltern, vor allen Gästen und Freunden unseres Hauses zu sagen, welchen Dank wir euch gegenüber empfinden.

Dank für Fürsorge und Zuneigung

Wir glauben zwar, daß es richtiger ist, ihn durch unsere Haltung und unsere Taten zu beweisen, aber manchmal ist es gut, wenn man »danke schön« sagt für all die Fürsorge, all euer Mühen um uns und alle tätige Liebe und Hilfe, die wir nun schon seit vielen Jahren von euch empfangen.

Einige Worte über das traute Zusammenleben der Familie

Wie eng wir in diesem Hause im Kreise unserer Familie zusammenleben, weiß jeder, der uns kennt, und es wissen natürlich auch die heute versammelten Gäste. Was soll ich also darüber große Worte machen. Warum leben wir so eng zusammen? Es ist mit wenigen Worten gesagt: Weil unsere Eltern durch ihre Arbeit, durch ihr Leben dieses Haus so sehr zum Mittelpunkt machen, daß wir Kinder gar nicht anders können, als ihm und natürlich unseren Eltern treu zu bleiben. Wir wissen es genau, was wir euch verdanken, und ihr, so glaube ich, wißt genau, wie wir zu euch stehen, und deshalb ist es nicht nötig, viel über diese Dinge zu sprechen, die uns allen eine sehr ernste und sehr innere Angelegenheit sind, weil sie ein Stück unseres Lebens bedeuten.

Glückwünsche und ein Toast

In diesem Sinne, liebe Eltern, nochmals die herzlichsten Wünsche auch von uns Kindern. Und alle Freunde des Hauses bitte ich, mit mir anzustoßen auf das Wohl des Jubelpaares.

Der Silberbräutigam dankt

Liebe Freunde, liebe Kinder und Angehörigen!

Direkter Bezug auf zuvor Gesagtes …

Es ist so, wie unser lieber … (unsere liebe …) in seiner (ihrer) schönen Rede zum Ausdruck brachte. Meine Frau und ich haben heute ernste und dankbare Rückschau gehalten. Vieles haben wir erstrebt, manches erreicht, einiges nicht. Zu meiner Freude darf ich sagen, daß es uns gelungen ist, uns im Laufe der langen Jahre liebe Freunde zu erhalten und neue Freunde zu gewinnen. Ich komme mir sehr reich und beneidenswert vor in diesem trauten Kreise der treuen Freunde, die teilnehmen an unserem Ehrentag. Ich bitte euch, liebe Freunde, mir, meiner Frau und der ganzen Familie euer Wohlwollen, eure Treue und eure warme Teilnahme an allem, was uns angeht, zu bewahren. Ich erlaube mir, mit den Meinen auf das besondere Wohl der Freunde meines Hauses zu trinken. Unsere lieben Freunde und verehrten Gäste leben hoch!

... und Ausdruck persönlicher Gefühle und Wünsche

Goldene Hochzeit

Liebe Eltern, liebe Gäste!

Rede eines Sohnes

Eine goldene Hochzeit gibt Anlaß, einen Rückblick zu halten auf 50 gemeinsame, glückliche Jahre.
Was ihr uns Kindern gewesen und noch heute seid, wißt ihr. Wenngleich wir es auch nicht oft in Worten ausgedrückt haben, so spürt ihr doch, daß wir alle, Kinder und Enkelkinder, uns immer zu euch hingezogen fühlen – und das nicht nur bei Festlichkeiten. Wir beide, lieber Vater, sind ja auch schon lange Jahre im geschäftlichen Leben zusammen, und ich glaube, daß wir sehr gut zusammenarbeiten.
Sicher haben auch zwischen uns einmal – vor allem bei wichtigen Entscheidungen – Meinungsverschiedenheiten geherrscht, doch letzten Endes sind wir uns immer einig geworden und haben eine Lösung gefunden, die unserer Firma den Aufstieg brachte, auf den wir beide heute stolz sind. Die harmonische Verbindung deiner langen Erfahrung, der Weisheit und der Toleranz, die daraus erwächst, ist sicher ein gutes Gegengewicht zu dem Elan, mit dem ein junger Mensch zunächst die Welt verbessern möchte. Das ist es, was ich heute besser verstehe und wodurch unser gemeinsames Schaffen Freude und Erfolg bringt.

Persönliche Rückschau und liebevolle Würdigung des Schaffens und Wirkens der Eltern

Du, liebe Mutter, bist uns seit unserer Kindheit ein gutes Vorbild. Deine Aktivität ist bewunderungswürdig. Manche Dreißigjährige könnte sich daran ein Beispiel nehmen.
Unsere Wünsche für die Zukunft, liebe Eltern: Bewahrt euch eure körperliche und geistige Frische, bleibt gesund und behaltet euren Frohsinn, dann werdet ihr jung bleiben, wenn auch die Jahre dahingehen.
Wir hoffen und wünschen, daß unser liebes Paar auch die »Diamantene« gesund und fröhlich feiern wird.

Gute Wünsche für den weiteren Lebensweg

Geburtstage

Allgemeine Gratulation zum Geburtstag

Liebstes Geburtstagskind, liebe Gäste!

»Wie schön, daß du geboren bist, wir hätten dich sonst sehr vermißt« (Refrain aus einem Kinder-Geburtstagslied)

Heute vor ... Jahren bist du auf die Welt gekommen. Das war ein wahrer Glückstag für dich, wie sich im Laufe der Zeit mehr und mehr erwies. Wenn du nachdenklich zurückschaust auf deinen Lebensweg, wirst du mir beipflichten, denke ich. Gewiß, da war auch allerlei Hartes und Mißliches, aber das wurde hundertmal aufgewogen von allem Guten und Schönen. Wir alle sind in froher und gehobener Stimmung, weil wir uns über dein »Da-Sein« freuen und weil wir mit dir diesen Festtag feiern dürfen. Wir wollen hoffen, daß das neue Lebensjahr ebenso sonnig sein wird, wie alle verflossenen es waren.

Das Geburtstagskind dankt

Dank für die Geschenke und ein Vorsatz für das neue Lebensjahr

Ich bin sehr gerührt über eure lieben Geschenke und Aufmerksamkeiten, aber auch über die guten Wünsche, die ihr mir heute dargebracht habt. Soviel Liebe würde mich unbescheiden machen, wüßte ich nicht, daß ich all das Schöne gar nicht – zumindest nur zur Hälfte – verdient habe und alles nicht meiner Person, sondern eurer Hilfe verdanke. Ich will mein neues Lebensjahr mit dem guten Vorsatz beginnen, mich eurer Liebe wert zu erweisen. Bleibt meine treuen Freunde, steht mir zur Seite wie bisher, dann wird – mit eurem Beistand – gewiß etwas aus diesen guten Vorsätzen. Meinen lieben, guten Freunden sei gedankt; sie leben hoch!

Geburtstag der Ehefrau

Liebe … (Name)!

Der Ehemann spricht

Du wirst erstaunt sein, daß zu dieser betont familiär gehaltenen Feierstunde eine offizielle Rede vom Stapel laufen soll! Aber heute, an deinem Geburtstag, wollen wir – deine Kinder und ich – den Dank auch aussprechen, den wir täglich neu deinem Wirken schuldig werden!

Dank und Liebe stehen im Mittelpunkt der humorvollen Rede

Heute ist dein Ehrentag. Wir haben uns Mühe gegeben, die Geburtstagstafel einmal ohne deine ordnende Hand zu gestalten. An deiner Reaktion haben wir gespürt, daß uns zumindest die Überraschung gut gelungen ist. Daß wir nicht nur Nutznießer, sondern auch Bewunderer deiner Arbeit sein können, wollen wir dir heute beweisen! Wir, die Mitglieder der Familie, wählen dich hiermit einstimmig zur »Hausfrau des Jahres«! Und damit du siehst, daß es sich nicht um einen »Titel ohne Mittel« handelt, gestatten wir dir hiermit, endlich einen Blick auf den Geburtstagstisch zu werfen. *(Kleine Pause)*

Das originelle Geschenk wird überaus gelungen präsentiert

Nachdem du, liebe Hausfrau, Wirtschafts-, Erziehungs- und Finanzminister, Einkaufsleiter, Laufbursche und Chefkoch in einer Person bist, kann es uns passieren, daß ein weiterer Titel von dir lediglich als zusätzlicher Ballast betrachtet wird. Deine Kinder und ich wollen dir daher, neben unserer täglichen Mithilfe, zunächst einen absolut »haushaltsfreien« Tag schenken. Einmal im Monat sollst du aus dem täglichen Trott heraus!

Durch Erfahrungen ähnlicher Anlässe gewitzt, haben wir außerdem eine Prämie ausgesetzt. Diese Prämie ist fällig, sobald es dir gelingt, den von uns gestifteten freien Tag tatsächlich ohne eine einzige Verrichtung im Haushalt zu verbringen. Damit wird die Prämie nur schwer zu erreichen sein. Dennoch bleiben wir Optimisten. Nochmals: alles Liebe und Gute zum Geburtstag. Hoffentlich machen dir unsere Geschenke ein wenig Freude.

Der Sohn spricht zum 90. Geburtstag der Mutter

Liebe Mutter, liebe Gäste!

Der runde Geburtstag als Anlaß zu einem Treffen der Großfamilie

Im Namen unserer lieben Mutter danke ich euch für euer Erscheinen und heiße euch recht herzlich willkommen.

Es war der besondere Wunsch unseres Geburtstagskindes, an ihrem heutigen Ehrentage wieder einmal alle ihre Lieben um sich zu haben, und so freut es uns ganz besonders, daß auch unsere Berliner es möglich machen konnten, zu uns zu kommen.

Liebe Mutter! Der 90. Geburtstag ist ein so seltenes Ereignis im Menschenleben, daß er wirklich gebührend gefeiert werden muß.

Die Einzigartigkeit des Tages unterstreichen und die Vitalität der Jubilarin betonen

Daß du diesen Tag in einer solchen geistigen und körperlichen Frische erleben darfst, macht uns alle – und besonders deine Kinder – froh und glücklich.

Dabei warst du in diesen 90 Jahren keinesfalls auf Rosen gebettet. Die Härte, mit der dich das Leben anpackte, hat dich stark und widerstandsfähig gemacht, so daß du noch heute vieles selbst erledigen kannst. Deine geistige Regsamkeit und dein Humor lassen dich an allem Anteil nehmen. Das ist erstaunlich, denn uns selbst fällt es manchmal schwer, Verständnis zu finden für den rasanten Fortschritt in unserem Land.

Kurzer Rückblick auf ein arbeitsreiches Leben …

Schon mit neun Jahren mußtest du dir durch Gänse- und Kühehüten dein Brot beim Bauern selbst verdienen. Es war sicherlich ein hartes Brot, sonst wärst du nicht schon mit 14 Jahren nach Hamburg gekommen, um hier im Dienste verschiedener Häuser zu arbeiten, bis du dann unseren Vater kennenlerntest und nun nicht mehr für andere, sondern für ihn und später für vier Kinder schaffen konntest.

… und Dank für Liebe, Zuneigung und Hinwendung

Du warst uns immer eine zärtliche Mutter. Du wußtest uns die Augen zu öffnen für alles Schöne in der Natur und warst uns ein Vorbild an Fleiß, Sparsamkeit und Pflichterfüllung. Du hast viel entbehren müssen, um uns das Leben so schön wie möglich zu gestalten. Damals haben wir es kaum empfunden, aber schon lange sind wir dir dankbar dafür. Besonders weiß ich, daß ich es dir zu danken habe, wenn ich nach meiner Lehrzeit noch weiter zur Schule gehen durfte, was meinem Leben einen ganz anderen Verlauf gegeben hat. So wünschen wir, daß du uns noch recht lange erhalten bleibst, daß du gesund bleibst und dir deine Rüstigkeit und deinen Frohsinn bewahrst.

Zum 18. Geburtstag des Sohnes

Rede des Vaters

Lieber…!

Heiterer Einstieg über »liebe alte Gewohnheiten«

Daß dir dein Vater einen kleinen Vortrag hält, das bist du ja von früher her gewöhnt, wenn einmal ein ernstes Wort wegen zerbrochener Fensterscheiben oder mäßiger Zensuren in den Schularbeiten gesagt werden mußte. Da hast du dort auf dem Stuhl in der Ecke gesessen.

Inzwischen hast du schon lange keine Fensterscheiben mehr zerbrochen, und für deine Zeugnisse und Arbeiten konnte ich dir anerkennend auf die Schulter klopfen. Wir haben bei unseren kleinen, ersten Aussprachen früher kein Glas Wein vor uns stehen gehabt, und Mutter hat sich dafür nicht, wie heute, schick gemacht. Damals reichtest du mir etwa bis zur Hüfte, später bis zur Schulter, und heute bist du mir über den Kopf gewachsen. Von heute an kannst du nun dein Leben selbst bestimmen und könntest es in die eigenen Hände nehmen. Deine Mutter und ich sind davon überzeugt, daß du etwas daraus machen wirst. Wir sind sicher, daß du dir alle Entscheidungen wohl überlegst, daß du den Mut hast, dir eine Zukunft aufzubauen, und nicht vor Schwierigkeiten zurückschreckst. Du bist jetzt volljährig. Wir haben dir von früh auf viel Selbständigkeit gegeben. Du hast gelernt, auf eigenen Füßen zu stehen. Nun ist es auch offiziell soweit. So wollen wir denn, lieber ..., auf deine Zukunft anstoßen.

Episoden aus der Kindheit in Erinnerung rufen

Gute Wünsche für die eigenverantwortliche Zukunftsgestaltung

Die Mutter gratuliert der Tochter zum 18. Geburtstag

Liebe ...!

Heute ist in unserer »guten Stube« – wie an so vielen Tagen vorher auch – schon viel gescherzt und gekichert worden. Das muß so sein, wenn junge Mädchen – pardon: junge Damen – beisammen sind, und erst recht, wenn Geburtstag gefeiert wird.

Die heutige Feier gilt aber nicht irgendeinem Geburtstag, sondern sie gilt dem achtzehnten! Weil es so ist, habe ich überhaupt erst wagen dürfen, gewissermaßen als »alte Schachtel« in dieser Runde das Wort zu ergreifen. Damit soll nicht gesagt sein, daß ich mich schon zum alten Eisen zähle. Ich gehöre bereits einige Zeit – jedenfalls juristisch gesehen – zum Kreis der Volljährigen und darf dich daher heute in der Runde der Erwachsenen willkommen heißen.

Das eigene Alter selbstironisch in die Rede einbauen

Erwachsen sein – volljährig werden: Diese Begriffe haben schon immer einen großen Reiz auf Heranwachsende ausgeübt. Und wenn es nur darum ging, ohne Begleitung Erwachsener umstrittene Filme oder ähnliche Veranstaltungen zu besuchen. Ich will gar nicht davon sprechen, daß man sogar ein männliches Wesen – vielleicht sogar einen Prinzen oder Filmstar – heiraten darf, ohne von der Einwilligung der Eltern abhängig zu sein. Wir wollen uns nichts vormachen: Alle diese Dinge kommen in Mädchenträumen, heute wie früher, einmal vor!

Humorvolle Bemerkungen über den Reiz der Volljährigkeit

Die sehnsüchtigen Wünsche des Jugendlichen

Bis zu einem gewissen Alter wünscht sich der junge Mensch, möglichst rasch die Lebensleiter emporzuklettern und die angeblich so erstrebenswerten Privilegien Erwachsener zu besitzen. Später jedoch – und das ist das Paradoxe an der Geschichte – möchte man die Uhr der Zeit aufhalten, um das Älterwerden zu verzögern.
Mit dem heutigen Tage bist du nun volljährig geworden! Du hast die uneingeschränkte Geschäftsfähigkeit erlangt. Für alles, was du tust, mußt du voll und ganz einstehen! Vor dem Gesetz jedenfalls. Daß du dich deinem Gewissen und deinen Mitmenschen gegenüber nicht erst seit heute alleine verantwortlich fühlst, können wir dir getrost bescheinigen! Daher sehen wir, deine Eltern und Paten, den heutigen Sprung in das 19. Lebensjahr auch nicht mit Besorgnis, sondern mit Stolz und Freude!

Die Gemeinsamkeit und Gemeinschaft in der Familie erhalten

Und zum Schluß, liebe …, laß dir sagen: Wir wollen es weiterhin so halten wie bisher, Probleme und Problemchen gemeinsam zu erörtern, mit der volljährigen Tochter genauso wie vorher mit dem Teenager. Unter »uns Erwachsenen« gesagt: Auch wir haben Trost und Rat lieber Menschen ab und zu einmal nötig! Davon kann auch der Schritt in die Volljährigkeit nicht befreien! So wollen wir anstoßen auf unser Geburtstagskind.

Zum 18. Geburtstag der Tochter

Rede des Vaters

Meine liebe …!

Eine Begebenheit aus der Kindheit mit dem Ereignis des Tages verknüpfen

Als deine Mutter und ich dir als kleinem Mädchen eine Puppenstube zum Geburtstag schenkten, haben wir uns gefragt: Wie lange wird dieses Spielzeug wohl ordentlich beisammenbleiben? Nun, du hast von Anfang an diese Stube gepflegt und in Ordnung gehalten. So hast du uns schon von klein auf gezeigt, daß du Pflichten und Verantwortung übernehmen willst. Wir konnten uns auf dich verlassen. Heute bist du 18 geworden. Das ist ein wichtiger Tag in deinem Leben; das ist ein einschneidendes Datum. Rein juristisch betrachtet bist du ab heute für dich selbst verantwortlich. Unser Rat steht dir aber auch weiterhin zur Verfügung. Mutter und ich wollen dir heute auch sagen, daß wir stolz auf dich sind. Bei dem Stolz darüber, daß du nun endgültig in den Kreis der Erwachsenen eintrittst, beklemmt es uns ein wenig, daß du irgendwann einmal aus unserer Mitte scheidest und eine eigene Familie gründest. Feiern wir heute Abschied von deiner Kindheit und erheben wir das Glas auf die Zukunft von … Prosit!

Rat und Hilfe anbieten

Der Sohn zum 60. Geburtstag der Mutter

Ein Jungentraum – in Verse gefaßt

Der Jaguar

Das Bübchen, klein, sprach: »Wenn ich groß,
dann braus' ich mit dem Auto los;
ein Jaguar, der müßt' es sein,
knallrot, schön stark, das wäre fein.«
So sprach er's aus im Kinderwahn,
wollt' fahr'n er auf die Autobahn.
Mit über hundertsiebzig Sachen,
sollt' es ihm große Freude machen,
und neben ihm, beim Autoflitzen,
sollt' niemand sonst als Mama sitzen!

Heut ist das kleine Bübchen groß
und fährt mit einem »Panda« los.
Kein Jaguar, schön stark und rot,
nein, Fiat ist's, oh welche Not!

Der Traum – er ist bis heut noch da,
allein: er wurd' und wird nie wahr.
Das Bübchen klein, das Auto groß,
so träumt' er auf der Mutter Schoß.
Heut hat der Blick sich arg gedreht,
zu dem Realen er nun geht.
Ein Wunsch kann häufig Traum nur sein:
Der Bub wurd' groß – das Auto klein!

Geburtstag der Großmutter

Ansprache des Enkels

Liebe Oma (Großmutter, Omi etc.)!

Die Jubilarin als zentrale Person der Großfamilie

Innerhalb der … *(Zahl)* Geburtstage, die wir Jahr für Jahr in unserem Familienkreise feiern, nimmt der deine eine ganz besondere Stellung ein. An diesem Tage versammelt sich die ganze Familie, um dich, die Mutter, Großmutter und Tante, zu ehren, um gemeinsam mit dir ein paar schöne Stunden zu verbringen und um bei dieser Gelegenheit den Kontakt untereinander zu pflegen, weil sonst kaum Gelegenheit dazu vorhanden ist.

Aber es gibt noch einen weiteren Grund, warum gerade dein Geburtstag für uns alle eine besondere Bedeutung hat. Die jüngeren, also Vater und Mutter (Mami und Papi, Vati und Mutti), Onkel ... und Tante ..., und erst recht die noch jüngeren, also wir Enkel, spüren an diesem Tag ganz besonders deutlich, wie sehr deine ruhige, stille Art ein Zeichen für die große, erlebnisreiche Wegstrecke ist, die du in deinem Leben zurückgelegt hast. Wer über so viele Jahre hinaus, wie du es getan hast, Tag für Tag mitten im Kampf um das Glück seiner Familie gestanden hat, der wird sich eines Tages danach sehnen, sich zurückziehen und seinen eigenen Gedanken nachhängen zu können. Diese Gedanken, liebe Oma, diese beglückende Ruhe, die von ihnen ausgeht, können nur die Folge davon sein, daß du in deinem langen und reichen Leben einen Schatz an Erfahrungen gesammelt hast, der dir heute verbietet, das Treiben von uns jüngeren und weniger Erfahrenen so ernst und wichtig zu nehmen, wie wir es selbst tun. Wir alle kennen jenen Ausdruck in deinen Augen, wenn wir so tun, als ob wir die Welt erobern könnten. Dein Blick verrät dann immer Erstaunen, Zweifel und Verständnis gleichzeitig. Gerade das Verständnis für die Probleme von uns jüngeren aber ist es, das du dir erhalten hast.

»In der Ruhe liegt die Kraft« (deutsche Redensart)

Liebe und Zuneigung können auf vielfältige Weise zum Ausdruck kommen

Laß mich dir zum Abschluß ein Gedicht von Hugo von Hofmannsthal vorlesen, in dem er über diese Dinge spricht:

Ein einfühlsames Gedicht ...

Was ist die Welt? Ein ewiges Gedicht,
Daraus der Geist der Gottheit strahlt und glüht,
Daraus der Wein der Weisheit schäumt und sprüht,
Daraus der Laut der Liebe zu uns spricht.

Und jedes Menschen wechselndes Gemüt,
Ein Strahl ist's, der aus dieser Sonne bricht,
Ein Vers, der sich an tausend andre flicht,
Der unbemerkt verhallt, verlischt, verblüht.

Und doch auch eine Welt für sich allein,
Voll süß-geheimer, nie vernommener Töne,
Begabt mit eigner, unentweihter Schöne,
Und keines andern Nachhall, Widerschein,
Und wenn du gar zu lesen drin verstündest,
Ein Buch, das du im Leben nicht ergründest.

... und eine abschließende Interpretation

Du, liebe Oma, hast die Seiten dieses Buches umgeblättert und darin gelesen. Ergründet hast du es nicht, aber du kennst es besser als wir. Hilf uns deshalb, wenn du siehst, daß wir allein nicht weiterkommen.

Geburtstag des Schwiegervaters

Lieber Schwiegervater!

Rede des Schwiegersohnes

Wenngleich ich auch sozusagen nur ein »Anhängsel« deiner Familie bin, so möchte ich dennoch an diesem deinem Ehrentage nicht versäumen, dir ein paar herzliche Worte zu sagen. Zwar bin ich ohne mein wissentliches Zutun zu einem zweiten Vater gelangt, aber ich muß sagen, daß ich mit diesem Exemplar der berühmt-berüchtigten Schwiegergattung recht zufrieden bin. Sie sind ja sozusagen eine kostenlose Beigabe, wenn man sich entschließt, den Hafen der Ehe anzulaufen.

Scherzhafte Worte über die familiären Beziehungen

Wie schön aber ist es, wenn diese Beigabe obendrein noch ganz den eigenen Wünschen entspricht. Und diese Erfahrung habe ich nicht nur anläßlich manch einer gemeinsam verbrachten »stillen« Stunde machen dürfen, sondern ich kann sie Tag für Tag wiederholen und mich darüber freuen, daß es so und glücklicherweise nicht, wie in vielen anderen Fällen, ganz anders ist. Ich glaube, wir haben beide schon des öfteren die Feststellung treffen können, daß es nicht unbedingt einen Nachteil bedeutet, wenn man verschiedene Dinge zu zweit in Angriff nehmen kann. Viele Köche verderben zwar meistens den Brei, wie ein altes Sprichwort sagt, aber zwei Köche schmecken eben doch mehr als einer, und das kann mitunter sehr von Vorteil sein. Vor allem damals, als … *(Name der Frau des Schwiegersohnes)* und ich uns mit den ersten Schwierigkeiten unserer jungen Ehe auseinanderzusetzen hatten, empfanden wir deine Hilfe als ein Geschenk des Himmels. Heute hat sich, wie das der Lauf der Zeit so mit sich bringt, manches abgeschliffen, geklärt, gewandelt und verändert. Eines aber ist geblieben: unser gemeinsamer Wunsch, miteinander fröhlich zu sein, wann immer sich auch Gelegenheit dazu bietet. Solch eine Gelegenheit haben wir heute, und ich finde, wir sollten sie in gewohnter Weise wahrnehmen. Wir wollen es halten, wie wir es von jeher gehalten haben: in gemeinsamer Freude beisammen zu sein. Darauf, lieber Schwiegervater, laß uns anstoßen, wie wir es schon so oft in gemütlichen Stunden getan haben. Mögen diesem schönen Tag noch viele weitere folgen.

Gemeinsame Erfahrungen schildern und durch die Abwandlung einer Redensart betonen

Das Miteinander herausstellen und die zwischenmenschlichen Beziehungen unterstreichen

Geburtstag einer älteren Freundin

Liebe Freundin!

Dein heutiger Geburtstag führt einen großen Freundeskreis zusammen, und alle sind wir gerne gekommen.

»Freundschaft ist eine Seele in zwei Körpern« (Aristoteles)

Unsere Freundschaft, liebe ..., besteht nun schon seit vielen Jahren, und ich möchte dir heute einmal sagen, wie froh ich darüber bin. Du warst mir – und auch vielen deiner übrigen Freunde – immer ein Vorbild. Ich habe viel von dir gelernt. Über manche Schwierigkeiten hast du mir hinweggeholfen, und zwar weniger durch gute Ratschläge als vielmehr durch eine vorbildliche Haltung und das Herz, das bei dir am rechten Fleck sitzt. Deine Verwandten und Freunde werden mir bestätigen, daß du dieses Vorbild allen Menschen bietest, die mit dir zusammenkommen, und jeder bemüht sich, es dir gleichzutun, wenngleich es uns nicht immer gelingt. Ein Geburtstag bringt neben der Freude, ein weiteres Jahr gesund und erfolgreich vollbracht zu haben, meist auch den kleinen Wermutstropfen mit sich, ein Jahr älter geworden zu sein. Bei dir allerdings – und das möchte ich ganz aufrichtig sagen – hat man das Gefühl, du hättest nicht nur die Uhr angehalten, sondern sie zurückgedreht. Deine körperliche und geistige Aktivität ist bewundernswert, und manche 30jährige könnte sich ein Beispiel daran nehmen. Deine Vielseitigkeit auf allen Interessengebieten gewährleistet, daß du überall mitreden kannst.

Komplimente, zumal nett verpackt, sind Balsam für die Seele

Den vielen Glückwünschen, die dir heute schon dargebracht worden sind, füge ich den Wunsch hinzu: Mögest du dir deine jugendliche Frische noch lange bewahren und in bester Gesundheit unsere liebevolle Freundin und Beraterin bleiben.

60. Geburtstag

Es spricht ein Freund

Lieber ..., liebe Anwesende!

Auf die lebenslange Freundschaft abheben

Ich freue mich sehr, dir, lieber ..., an deinem 60. Geburtstag in unserer aller Namen sehr herzlich zu gratulieren. Wir beide kennen uns schon fast ein ganzes Menschenleben. Wir beide sind miteinander aufgewachsen, gingen in dieselbe Schule, waren dann in derselben Mannschaft beim Sport und wurden erst durch den Beruf räumlich voneinander getrennt. Doch haben wir immer Kontakt gehalten, die ganzen Jahre über. Das hat sich auch nicht geändert, als jeder von uns seine eigene Familie gründete. Inzwischen sind wir beide stolze Großväter geworden. So darf ich dem Jugendfreund und Großvater heute die herzlichsten Glückwünsche für Gesundheit und Wohlergehen aussprechen. Wir alle wissen ja, daß der 60. Geburtstag für unseren Freund nicht den Rückzug in die Stille bedeuten wird. Dazu ist er zu rüstig und aktiv. Wohl ist damit zu rechnen, daß er bald in den Ruhestand geht, aber seine Verbindungen zu gleichgesinnten Freunden und seine Neigung zu seinen Hobbys werden bleiben. Auch seine Bereitschaft, für die Allgemeinheit tätig zu sein, wie er es bisher war. So bleibt nur zu wünschen, daß ihm noch viele Jahre vergönnt sein mögen, damit er in Familie und Freundeskreis wirken kann. Lieber ..., wir gratulieren dir herzlich zu deinem 60. Geburtstag.

Der 60. als Wendemarke in Richtung eines Privatlebens, das das intensive Pflegen freundschaftlicher Kontakte und die verstärkte Beschäftigung mit Hobbys erlaubt

65. Geburtstag des Freundes und Geschäftspartners

Liebes Geburtstagskind! Liebe Verwandte und Freunde dieses Hauses!

Wie wunderschön ist Gottes Erde
und wert, darauf vergnügt zu sein.
Drum will ich, bis ich Asche werde,
mich dieser schönen Erde freun.

Ein Vierzeiler als klassischer Einstieg in eine Laudatio

65 Jahre auf dieser schönen Erde zu sein, das ist schon Grund genug, den heutigen Tag festlich zu begehen. Ich will auf einen langen Rückblick verzichten, denn ich bin der Meinung, wir sind alle mit der Gegenwart genug beschäftigt.

Trotzdem sind Marksteine wie ein 65. Geburtstag immer ein Anlaß, sich selbst Rechenschaft abzulegen, wie wir ja auch im Geschäft unsere Bilanzen nicht allein für das Finanzamt, sondern auch für unsere künftige Planung anfertigen. Und ich glaube, lieber ..., die Bilanz deines bisherigen Lebens zeigt ein durchaus erfreuliches Ergebnis.

Im Familienleben – Harmonie, die Kinder haben sich entwickelt, wie es nicht besser sein könnte, die vielen kleinen Sorgen, die sie uns immer machen, sind längst vergessen – (und schon die nächste Generation macht uns Freude).

Kurze Würdigung der Person und ihrer Leistungen in Familie und Beruf

Geschäftliche Erfolge sind uns infolge deiner Tüchtigkeit und Initiative immer treu geblieben und wurden zur Grundlage dafür, daß du dir ein Leben nach deinen Wünschen und Neigungen schaffen konntest.

Gemeinsam mit deiner Frau hast du dir einen Freundeskreis schaffen können, und jeder fühlt sich bei euch wohl, wie auch ihr überall gern gesehene Gäste seid.
Besonders dankbar mußt du wohl dem Schicksal dafür sein, daß es dir und … *(Name der Frau)* eine so gute Gesundheit beschieden hat. Wenn man dich so ansieht, möchte man kaum glauben, daß du schon die 65 erreicht hast. Du hast ja aber auch ein Steckenpferd, das dich jung erhält: die Jagd.

Das Hobby als Aufgabe und als Elixier für Vitalität

Das Herumstreifen in Wald und Feld, die Verbundenheit mit der Natur, die Bewegung in frischer Luft, das alles hält dich jung und füllt die Kräfte wieder auf, die der Alltag zwangsläufig fordert.
Wir alle wünschen dir weiterhin beste Gesundheit und frohe Stunden im Kreise von Familie und Freunden.

Besondere private Anlässe

Einweihung einer Eigentumswohnung

Liebe Freunde!

Der Gastgeber spricht

Als wir uns zum Kauf dieser Eigentumswohnung entschlossen haben, existierte sie erst auf dem Papier. Sie war ein Traum, den wir manche Nacht geträumt haben. Dann endlich wurde er Wirklichkeit, und wir konnten das Wachsen Stein um Stein beobachten, für uns ein liebes Feierabendvergnügen und ein sinnvolles Wochenendprogramm. Diese Art von Freizeitnutzung war übrigens auch in anderer Weise vorteilhaft. Sie hat uns nämlich geholfen, das Portemonnaie fester geschlossen zu halten und nicht der Versuchung zu unterliegen, häufig Kino, Theater und Kneipen zu besuchen. So brachten wir die beträchtliche Anzahlung schneller zusammen als zunächst vermutet. Wir kennen aufgrund unserer vielen Besuche hier fast jeden Stein, jede Leiste und jedes Rohr. Schließlich wurde der Bau vollendet. Könnt ihr uns nachfühlen, daß der Tag des Einzugs jedes Weihnachtsfest für uns in den Schatten stellte? Ich weiß, daß einige unter uns noch auf diesen Augenblick warten. Wir, die wir am Ziel sind, drücken für sie fest unsere Daumen. Man muß schon einen langen Atem haben, um eine eigene, den finanziellen Verhältnissen und persönlichen Wünschen entsprechende Wohnung zu bekommen.

Knapper Rückblick zu Beginn – von der Idee bis hin zur Realisierung

Der große Augenblick: der Tag des Einzugs

Wenn ihr mit den Nasen schnuppert, werdet ihr den Tapetenkleister noch riechen, die Lackfarbe, den Geruch neuer Dinge. In früherer Zeit hat man bekanntlich länger gewartet, bis man in einen Neubau einzog. Es wird uns wohl keiner verdenken, daß wir die eigenen vier Wände im Sturm genommen haben. Wie ihr seht, ist noch nicht alles an seinem Platz. Das soll kein Grund sein, unsere kleine Feier nicht schon jetzt abzuhalten. In diesen Räumen, in denen noch vor kurzem Sägen kreischten, Hämmer schlugen und Meißel klapperten, möchte ich nun mit einem anderen Geräusch die Einweihung vollziehen. Der Knall des Sektkorkens soll anzeigen, es ist soweit. Wir freuen uns, daß ihr gekommen seid. Kommt oft wieder!

Auf den improvisierten Rahmen der Feier eingehen

Einweihung einer Wohnung

Einer der Gäste spricht

Verehrte Gäste, liebe Freunde!

Heutzutage ist es sehr schwer, eine preiswerte Wohnung zu bekommen, in der man sich wohlfühlt. Eine angenehme Wohnung ist kostbarer als Gold, wertvoller als ein Straßenkreuzer und seltener als ein Deutscher, der noch nicht am Mittelmeer war. Man muß schon erhebliche Anstrengungen unternehmen, um schließlich die Schlüssel zu den eigenen vier Wänden in der Tasche zu haben. Man muß ein Detektiv sein, ein Marathonläufer und müßte außerdem noch eine Gelddruckerei haben, um findig und schnell die Wohnung auszumachen. Außerdem müßte man noch ein geschickter Redner sein, um den Vermieter von den eigenen Vorzügen so schlagfertig zu überzeugen, daß man anderen Mitbewerbern vorgezogen wird. Und dann darf man nicht den Glauben verlieren, daß man noch vor der goldenen Hochzeit zu einem eigenen Heim kommt.

Heiter überzeichnete Schilderung des Anforderungsprofils für die Wohnungssuche

Doch Scherz beiseite. Ihr wißt, liebe Freunde, daß ich übertreibe. Aber wir wissen alle, daß an diesen Übertreibungen nicht nur ein Korn, sondern gleich ein dicker Brocken Wahrheit ist. Gerade deshalb wünschen wir euch, den strahlenden Besitzern dieser neuen Wohnung, von Herzen Glück dazu. Ihr habt es erreicht, ihr habt ein Zuhause.

Glücklich hingegen, wer eine neue Wohnung beziehen und mit Freunden Einweihung feiern kann

Wir Gäste aber wollen uns nicht etwa nur genießerisch über Speise und Trank hermachen. Wir haben uns schon untereinander abgesprochen, euch in jeder Weise zu helfen. Wo noch der Malpinsel geschwungen, Tapete geklebt und gehämmert werden muß, nehmt unsere Dienste an. Herzlichen Dank für die Gastfreundschaft, Anerkennung für die Wohnung, der »Küchenfee« höchstes Lob, den Gastgebern und Ihnen allen einen guten Trunk zur Einweihung des neuen Heims.

Richtfest eines Hauses

Der Vertreter der Handwerker spricht

Lieber Bauherr!

Wir haben in den vergangenen Monaten hier so manchen Schweißtropfen gelassen. Stein auf Stein haben wir gelegt. Es geht nicht automatisch wie am Fließband in der Fabrik. Häuser wachsen langsamer. Und wenn uns die modernen Maschinen und Hilfsmittel auch die Arbeit erheblich vereinfachen, es ist doch im Grunde noch immer eine Arbeit, die

Handgriff um Handgriff vor sich geht. Wir haben keine leichte Arbeit. Aber wir hängen an unserem Beruf. Und wenn wir Häuser bauen, dann wissen wir, welche Verantwortung wir tragen. Denn Mauern, Boden und Dach müssen sicher sein. Wir haben heute den Richtkranz aufgezogen. Das ist ein schöner Tag für uns, nicht etwa nur, weil wir einmal Pause machen können. Es ist ein schöner Tag auch, weil unsere Arbeit so weit fortgeschritten ist, daß wir sie euch im Rohzustand zeigen können. Wir Bauleute sind eine uralte Zunft, und uralt sind unsere Bräuche. Wir halten an ihnen fest, weil sie unserer Arbeit den tieferen Sinn geben. Deshalb hängen wir auch den frischen grünen Richtkranz auf und schmücken ihn mit bunten Bändern.

Der Stolz der Handwerker auf das Erreichte artikuliert sich beim Richtfest

Dreimal schlag ich mit der Kelle an den Bau: »Bleibe bewahrt vor Bomben, vor Flut und Beben, sei aufgerichtet für eine lange Zeit.«

Richtspruch und Dank für die Einladung

Wir Handwerker aber danken für den Lohn, für die heutige Einladung und hoffen, daß unsere Arbeit dem Wunsche des Bauherrn entspricht.

Richtfest eines Eigenheims

Verehrter Bauherr, liebe Mitarbeiter!

Rede des Architekten

Das Entscheidende ist getan. Auf den Tag genau können wir unserem Bauherrn das Haus gerichtet übergeben. Der First des Hauses legt Zeugnis davon ab. Unser aller Wunsch: Möge Familie ... in diesem Hause viele glückliche Stunden erleben, möge dieses Haus sich stets als sichere Heimstatt erweisen. Familie ... wird es mir bestimmt in dieser Stunde erlauben, daß ich Ihnen allen, vom Polier bis zum Lehrling, vom Lastwagenfahrer, der uns Steine und Holz heranbrachte, bis zum Zimmermann, Anerkennung ausspreche.

In den guten Wünschen äußert sich auch die Erleichterung über die Termineinhaltung

Ein Haus zu bauen bedeutet nicht die Abwicklung eines erteilten Auftrags. Es ist immer wieder ein Erlebnis, dem Urbedürfnis des Menschen, das »eigene Dach über dem Kopf« zu haben, gerecht werden zu können. Wir wollen aber auch darüber hinaus für die Großzügigkeit unseres Bauherrn dankbar sein, der sich von unserer Arbeit befriedigt zeigt, nicht zuletzt dadurch, daß er heute allen Beteiligten – wie man so schön sagt – eine Lage gibt. Ich erlaube mir, auf das Wohl der Familie und des Bauherrn den ersten Schluck des nun beginnenden Richtfestes zu trinken.

»Man sieht am Haus doch gleich so deutlich, wes Sinnes der Herr sei« (Goethe)

Der Bauherr spricht beim Richtfest

Liebe Gäste, liebe Handwerker!

Erinnerung an die Probleme und Verzögerungen

Seit wir den ersten Spatenstich taten, ist einige Zeit vergangen. Was ist nicht alles seitdem geschehen! Wir haben über den Plänen gesessen, jeden Fortschritt verfolgt und gesehen, wie uns jeder aufgesetzte Stein dem Ziel näher brachte. Bis ein Haus steht, gibt es viele Sorgen. Materialien wurden teurer, Krankheit kostete uns wertvolle Arbeitskraft, Regentage oder Frostzeiten verursachten Verzögerungen. Zum Schluß aber hat alles dank Ihres Einsatzes doch noch pünktlich geklappt. Sie haben mich oft auf der Baustelle gesehen. Vielleicht haben Sie zuerst gedacht: »Was will der denn so oft hier? Uns kontrollieren?« Aber ich hoffe, Sie haben schließlich in meinen häufigen Besuchen das Interesse gesehen, das ich Ihrer Arbeit und unserem Bau entgegenbringe. Wissen Sie, oft genug hat es mich in den Fingern gejuckt, mir die Jacke auszuziehen, die Ärmel hochzukrempeln, um mit zugreifen zu können. Aber was sollte der Laie unter lauter Fachleuten? Erkennen Sie bitte in unserer Zusammenkunft und in der »Batterie« der Getränke und der Speisen ein Zeichen meiner Dankbarkeit für Ihre Arbeit.

Lob für gute Arbeit ist eine besonders freundliche und anerkennende Form des Dankes

Ein Haus ist fast vollendet. Das ist ein stolzer Anblick. Wir haben alles im Bilde festgehalten, damit wir uns später noch oft daran erinnern können, wenn dieses Haus schon lange seinen Zweck erfüllt, wenn es uns eine tägliche Heimstatt geworden ist. Sie werden bald an eine neue Baustelle ziehen und Ihr Werk von vorne beginnen. Das ist Ihr Beruf. Ich finde, es ist ein wunderbarer Beruf, und ich habe bei meinen Besuchen auf der Baustelle vieles von Ihnen gelernt.

Toast auf alle Beteiligten

Dem Architekten, der den Plan entwarf und bis ins kleinste durchdachte, den Handwerkern, die dem Ganzen mit viel Mühe Gestalt gaben, widme ich das erste Glas. Allen zum Wohl!

Richtfest-Sprüche

Dieses Haus sei gegen Not
immerdar gefeit.
Sei von keinem Sturm bedroht
jetzt und allezeit!

* * *

Gott schütz' dies Haus stets vor Gefahr
und schütze seinen Herrn.
Es stehe sicher Jahr um Jahr
und halt die Sorgen fern.
Der grüne Kranz sei ein Symbol
für uns'res Bauherrn Glück,
das in dem Hause wohnen soll
in jedem Augenblick!

* * *

Mit Kelle und Mörtel, mit Hammer und Kraft
haben wir unsere Arbeit geschafft.
Nun steht das Haus fertig und ist bald bereit.
Heut wird schon zum Richtfest das Dach geweiht.
Wir wünschen dem Hausherrn ein frohes Gedeihn,
die Hausfrau soll immer zufrieden hier sein.
Die Kinder sollen recht munter leben –
darauf wollen wir unsere Gläser heben!

Einweihung eines Privathauses

Liebe Bauleute, verehrte Gäste!

Es spricht der Poller

Mit Gottes Segen und durch unserer Hände harte Arbeit haben wir dieses wunderschöne Haus gebaut. Unfallfrei wurden alle Arbeiten verrichtet, Maurer, Zimmerleute, Dachdecker, Meister wie Gesellen haben ihr Bestes gegeben.

An die Tradition der Bauzünfte angelehnte Wortwahl beim Arbeitsrückblick …

Wir freuen uns mit den Bauleuten, daß dieses Haus nunmehr schlüsselfertig übergeben werden kann. Mögen die Bauleute und mit ihnen ihre Kinder und Verwandten, Freunde, Nachbarn und Bekannten stets glück-

... und bei den guten Wünschen

liche Tage darin verbringen. Gefeit gegen alle Unbill der Zeit, sturmgesichert und gegen Hagelschlag geschützt, von Blitz und Wassereinbruch verschont möge das Haus allen Bewohnern stets Zuflucht gewähren und Heimat sein.
Es ist guter Handwerkerbrauch, das Haus den Bauleuten mit einem zünftigen Spruch und den besten Wünschen zu übergeben. Daher höret zu:

Vollendet steht nun dieser Bau,
der Herrgott sei gepriesen
für seine Güte, die er uns
hat gnädiglich erwiesen.

Es mög' das Haus, das wir erbaut,
in seiner Obhut stehen!
Dem Bauherrn aber wohne drin,
viel Glück und Wohlergehen!

Und vor des Wassers Urgewalt,
vor Hagel, Sturm und Blitzen,
vor Not und Pein und vor Gefahr
mög' es der Herr beschützen.

Von glücklicher Bedeutung sei
der Tag der Weihe allen.
Zum Zeichen dessen lasse ich
drei kräftig Hoch erschallen:
Hoch, hoch, hoch!

Wir, die Handwerker – ob Meister oder Geselle – wünschen alles Gute. Möge allzeit Glück in diesem Hause wohnen.

Rede anläßlich der bestandenen Meisterprüfung eines Freundes

Lieber… (Vorname)!

Nachempfindende Zufriedenheit zum Ausdruck bringen …

Dies ist also der lang herbeigesehnte Tag, an dem du zum ersten Mal den Titel »Meister« führen darfst. Ich kann mir gut vorstellen, wie dir jetzt zumute ist, denn schließlich war es ja keine Kleinigkeit, bis du dieses Ziel erreicht hattest. Lehrlingszeit, Gesellenprüfung, drei Jahre

Arbeit, Meisterstück, schriftliche und mündliche Prüfung, das sind nur Namen und Bezeichnungen. Dahinter steckt weitaus mehr, als man als Außenstehender auch nur ahnen kann.
Es wird manche Anstrengung gekostet haben, bis es endlich soweit war und man dir heute den Meisterbrief überreicht hat. Ich sehe es deinen Augen an, daß du mächtig stolz darauf bist, und mir scheint, du hast das Recht dazu.

... und den berechtigten Stolz hervorheben

Jetzt beginnt also für dich, wie man so schön sagt, ein neuer Lebensabschnitt. Er unterscheidet sich von dem vorhergegangenen einmal dadurch, daß du wahrscheinlich schon in den nächsten Tagen an entsprechender Stelle jenes Gespräch führen wirst, das sich bald danach in klingende Münze verwandelt. Er unterscheidet sich aber auch darin von jenem Zeitraum, der nun hinter dir liegt, daß du von jetzt ab das Recht besitzt, deinerseits junge Menschen auf ihren Beruf vorzubereiten, so wie dies dein ehemaliger Meister während der vergangenen Jahre getan hat.

Mit dem erfolgreichen Abschluß eröffnen sich neue Chancen und Zukunftsperspektiven

Sicherlich erinnerst du dich noch dieser oder jener Begebenheit, bei der du das Gefühl hattest, daß man dich falsch oder zumindest nicht ganz gerecht behandelte. Und bestimmt hast du dir dann vorgenommen, es für den Fall, daß du einmal Verantwortung für jüngere Menschen tragen würdest, anders und besser zu machen. Es mag sein, daß man solche Dinge schnell wieder vergißt, zumal dann, wenn man noch mitten in der ersten Freude darüber steckt, daß das gesteckte Ziel erreicht ist. Aber ich glaube, gerade dann sollte man sich der Zeiten erinnern, in denen alles weniger rosig aussah, und gerade in diesem Augenblick sollte man jenen Vorsatz, manches anders und besser zu machen, nicht wie ein Hirngespinst abtun.

Die Erfahrungen während der Ausbildungszeit den Pflichten eines Meisters gegenüberstellen

Es wird deine Pflicht als Meister sein, jungen Menschen die Freude an ihrem Beruf nicht nur zu erhalten, sondern sie nach Möglichkeit noch zu steigern. Wenn dir das gelingt, wird deine eigene Freude am Beruf nie nachlassen, sie wird sich sogar an den jüngeren immer wieder neu entzünden. Davon werden aber nicht nur sie profitieren, sondern du ebenfalls. Du wirst deine neue Stellung als Meister liebgewinnen und deine Verantwortung schätzen lernen. Denn es ist in der Tat etwas Schönes, für das Vorwärtskommen anderer verantwortlich zu sein und erleben zu dürfen, wie sie mit deiner Hilfe ihr Ziel erreichen. Ich erhebe mein Glas und trinke auf dein Wohl (und das Wohl deiner Frau, deiner Familie). Wir freuen uns alle, daß du dein Ziel erreicht hast, und wünschen dir und uns, daß du auch als Meister der bleibst, der du als Geselle gewesen bist: ein lieber Freund!

Verantwortung heißt für andere da zu sein, sich um sie zu kümmern

Ansprache des Vaters anläßlich des bestandenen Abiturs seines Sohnes

Mein lieber…!

Ich möchte dir eine kleine Geschichte vorlesen, die ich dem Buch »Geschäftserfolg und Lebenserfolg« von Paul Lechler entnommen habe. »Zwei gleichaltrige junge Leute wurden gleichzeitig in einem Geschäftshause mit gleichem Gehalt angestellt. Es bestand also volle Gleichheit. Blieb diese? Nein, denn der eine der beiden, A., rückte rasch hinauf, der andere, B., bliebe in seiner bescheidenen Stellung. B. war deshalb unzufrieden, aber nicht mit sich selbst, sondern mit dem nach seiner Ansicht ungerechten Chef, bei dem er sich eines Tages beklagte. Dieser hörte ihn wohlwollend an und war sogar bereit, ihm den Unterschied klarzustellen. ›Herr B.‹, sagte er, ›gehen Sie mal auf den Markt hinüber und sehen Sie, was heute früh angeführt wurde.‹ B. kommt zurück mit der Meldung, es sei bis jetzt nur ein Fuhrmann da mit einem Wagen Roggen. ›Wieviel?‹, lautet die Frage. B. setzt den Hut wieder auf, geht fort und berichtet bald darauf, daß es vierzig Sack seien. ›Was kostet der Roggen?‹ B. geht zum drittenmal und bringt des Bauern Forderung. ›Nun‹, sagt der Geschäftsführer zu B., ›setzen Sie sich mal auf diesen Stuhl, sprechen Sie kein Wort und hören Sie um so mehr zu.‹ Es wird A. gerufen, der auch sehen soll, was auf dem Markt angeführt worden sei. Bald kommt er zurück und berichtet, der Bauer, der bis jetzt allein sei, habe vierzig Sack Roggen, er verlange zwar soundsoviel, doch sei anzunehmen, daß auch ein billigeres Gebot Annahme finden werde. Der Roggen sei einwandfrei, wie das mitgebrachte Muster erweise. Der Bauer habe aber auch einige Säcke schönsten Hafers, der sehr billig sei. Da der Hafer für die Pferde zur Neige gehe und man am Platze nicht so vorteilhaft kaufen könne, so rate er, rasch zuzugreifen, und habe deshalb nicht bloß ein Muster des Hafers, sondern auch gleich den Bauern mitgebracht, der draußen warte. – Der Geschäftsführer nahm B. zur Seite und fragte ihn, ob er nun wisse, warum A. ein höheres Gehalt bekomme.«

Eine lehrhafte Erzählung als Einstieg der Rede

Interpretation der Parabel mit Blick auf den Sohn

Diese Geschichte, lieber … *(Name des Sohnes),* soll dir zweierlei zeigen. Zunächst einmal folgendes: Du hast in den … Jahren deiner Schulzeit eine Menge gelernt. Immerhin so viel, daß man dir heute ein Wissen und eine geistige Reife zugesprochen hat, die dich berechtigt, eine Universität zu besuchen und einen akademischen Titel zu erwerben. Das bedeutet, du hast die gleichen geistigen Voraussetzungen wie viele tausend andere junge Menschen deines Alters. Das konnte man dir aufgrund deiner Leistungen schwarz auf weiß bestätigen. Was man dir jedoch damit nicht zusichern konnte, ist, daß du aus deinem Wissen und Können tatsächlich das machen wirst, was man berechtigterweise von dir erwarten darf. Aber gerade darum geht es.

Die Voraussetzung allein genügt nicht. Es gibt unzählige Menschen, die klug und intelligent genug sind, um es in ihrem Leben zu Ansehen und Besitz zu bringen, und dennoch bekleiden sie, wie Lechler in seinem Buch sagt, ihr ganzes Leben lang eine »bescheidene Stellung«. Warum wohl? Weil sie mit dem, was sie wissen und können, nichts anzufangen wissen. Denn erst die Fähigkeit, eine gegebene Voraussetzung voll und ganz auszuschöpfen, darf als eine hinreichende Sicherheit für den Erfolg gelten.

Von den (geistigen) Voraussetzungen …

Jener B., den man dreimal wegschicken mußte, um wenigstens die Hälfte von dem zu erfahren, was A. schon beim ersten Male wußte, war sicherlich nicht dümmer als der andere, aber es fehlte ihm das Gefühl für die sich aus dem Augenblick ergebende Notwendigkeit. Er mußte an der gestellten Aufgabe einfach scheitern, weil er sie gar nicht ermessen konnte. Es fehlte ihm der Überblick über das, worauf es ankam und worauf es immer im Leben ankommt: etwas nicht nur halb, sondern ganz zu tun. Jede Halbheit ist soviel wie gar nichts.

… und der Fähigkeit, diese auszuschöpfen

Darum möchte ich dir an dem heutigen Tag einen guten Rat mit auf den weiteren Lebensweg geben. Was du nun, da du gewisse Voraussetzungen erfüllt hast, auch immer anfangen wirst, tue es ganz. Denn nur dann wird es dir gelingen, den einmal eingeschlagenen Weg erfolgreich weiterzugehen. Es läßt sich jedoch noch eine zweite Lehre aus der vorgelesenen Geschichte ziehen, die nicht weniger wichtig ist: Rechtfertige das Vertrauen, das man in dich setzt. Als Herr A. zu seinem Chef gerufen wurde, wußte dieser, daß er den erteilten Auftrag genauestens ausführen würde. Hätte er es nicht getan, so wäre der Chef vor Herrn B. völlig blamiert gewesen. Er mußte darauf vertrauen, daß A. ihn nicht enttäuschen würde. Und sein Vertrauen hat sich bestätigt.

Resümee: zwei wesentliche Ratschläge für den weiteren Lebensweg

Wie leicht hätte A. doch in diesem Augenblick alles zunichte machen können, was er sich in Jahren aufgebaut hatte. Er hat es nicht getan, weil es für ihn eine Selbstverständlichkeit war, nicht nur hin und wieder, sondern immer so zu arbeiten, daß es nichts daran auszusetzen gab. Er hat bewiesen, daß man ihm mit vollem Recht Vertrauen entgegenbrachte. Diese beiden Dinge, lieber Junge, sind es, auf die es im Leben allgemein und im Beruf ganz besonders ankommt. Wer mit seinen Pfunden wuchert, wie es in der Bibel heißt, und das Vertrauen, das seine Mitmenschen in ihn setzen, nicht enttäuscht, der wird im Leben weiterkommen. Dieses Weiterkommen aber ist es, das ich dir an diesem Tage von ganzem Herzen wünsche.

»Das Geheimnis des Erfolges liegt in der Zielstrebigkeit« (Benjamin Disraeli)

Rede zur Abiturfeier

Es spricht ein Freund der Familie

Lieber… (liebe…, Name des Abiturienten oder der Abiturientin)!

Es hat uns alle mit aufrichtiger Freude erfüllt, als wir erfuhren, daß du deine Reifeprüfung mit Erfolg bestanden hast. Um ehrlich zu sein, niemand von uns hat etwas anderes von dir erwartet. Wir kennen dich nun schon lange genug, um zu wissen und beurteilen zu können, daß du das Zeug hast, etwas aus dir zu machen. Daher sehen wir in deinem Abitur nur den Anfang für das, was einmal dein zukünftiger Beruf sein wird. In dieser Hinsicht hast du ja, was zu diesem Zeitpunkt wohl selbstverständlich sein dürfte, fest umrissene Pläne. Gewiß werden sie sich, wie das meistens im Leben so ist, nicht ganz so leicht verwirklichen lassen, wie du es dir im Augenblick vielleicht vorstellst. Es gibt immer Hindernisse, mit denen man nicht gerechnet hat oder in vielen Fällen auch gar nicht rechnen konnte, die aber plötzlich da sind und die es im Interesse des zu erreichenden Zieles zu überwinden gilt.

Das Abitur als Ausgangspunkt für die beruflichen Pläne

Die Grundlagen erfolgreichen Handelns

Es ist eine Erfahrung der Erfolgreichen, daß sich der Weg zu einem bestimmten Ziel rationalisieren läßt. Das bedeutet, daß man bei einem Unternehmen nicht planlos darauf losgeht, sondern für das Ergebnis, das dabei herauskommen soll, den Weg vorausberechnet. Dazu gehört dreierlei – einmal, daß einem das Ziel klar bewußt ist: Was will ich erreichen? Zweitens, daß man sich der Hilfsmittel klar bewußt ist, über die man sofort oder in absehbarer Zeit verfügen kann; drittens, ein klarer Plan, wie man mit diesen verfügbaren Mitteln sein Ziel erreichen kann.

»Ein Mensch ohne Plan ist wie ein Schiff ohne Steuer« (Emil Oesch)

Man muß wissen, was man will. Man muß wissen, was man vermag. Und man muß wissen, wie man damit das Gewollte erreicht. Es ist immer von Vorteil, eine gewisse Rangeinteilung der Nahziele vorzunehmen und sie nur nach dieser Ordnung zu verfolgen. Denn leider kann man immer wieder die Erfahrung machen, daß man vielen Dingen auf einmal nachjagt und damit den genauen Weg aus den Augen verliert. Das wichtigste gerät dabei oft in Vergessenheit, während man das Unwichtige mit größtem Eifer und unnötiger Kraftverschwendung immer weiter verfolgt.

Ein treffendes Zitat mit einer passenden Redensart kombinieren

Dabei ist es wichtig, das besondere Augenmerk auf den Anfang zu richten und nicht schon dabei erste Fehler zu begehen. In Goethes Nachlaß findet sich eine Stelle, an der es heißt: »Wer das erste Knopfloch verfehlt, kommt mit dem Zuknöpfen nicht zu Rande.« Dieses Wort gibt genau das wieder, was ich meine. Wenn auch, wie ein Sprichwort sagt, aller Anfang schwer ist, so ist er deshalb nicht weniger wichtig. Den Anfang hast du, lieber …, (liebe …), mit deinem Abitur gemacht. Jetzt liegt es an dir, den einmal eingeschlagenen Weg weiterzugehen. Wenn es dir gelingt, auch in Zukunft die gleiche Kraft und Energie aufzubringen, wie vor deiner Reifeprüfung, so braucht sich wohl niemand um den Erfolg Sorgen zu machen. Wir gratulieren dir zu deinem bestandenen Abitur recht herzlich und wünschen dir für die Zukunft Glück und Zufriedenheit auf dem Weg, den du dir als deinen Lebensweg ausgesucht hast.

Erfolg ist der Endpunkt harter Arbeit, nicht der Beginn

Rede anläßlich der Referendarprüfung

(Mein) lieber…, liebe Freunde!

Der Vater spricht

Der heutige Tag deiner bestandenen Referendarprüfung ist für dich, lieber…, von entscheidender Bedeutung. Er zeigt, daß du in (überdurchschnittlich) kurzer Zeit das Studium absolviert und das Examen mit gutem Resultat bestanden hast. Nun warten die Referendarjahre auf dich, und du wirst dich dann, wenn du auch den Assessor hinter dir hast, entscheiden müssen, ob du in den Staatsdienst gehst oder den Weg der freien Juristerei wählen willst. Ich bin sehr glücklich darüber, daß du die Wahl noch nicht getroffen hast, denn die Referendarjahre, in denen du mit der juristischen Praxis vertraut wirst, werden dir neue Erkenntnisse vermitteln, die du mit deinen eigenen Anlagen in Einklang bringen mußt. Das scheint mir der rechte Weg, in diesem so verantwortungsvollen Beruf das Möglichste zu leisten. So wie wir dich kennen, begannst du das Jurastudium nicht mit dem Ziel, eines Tages ein pensionsgesicherter Beamter zu sein. Laßt mich deshalb heute sagen – ich spreche zugleich im Namen deiner Mutter, deiner Geschwister und wohl auch der Gäste: Bleibe so pflichtbewußt und so klar in deinen Anschauungen, dann kann nichts schiefgehen. Wir wünschen dir für die Zukunft alles Gute, und ich möchte die Anwesenden bitten, darauf mit mir die Gläser zu erheben und anzustoßen.

Knapper Rückblick auf Studium und Examen…

… und Ausblick auf die Möglichkeiten, die sich daraus ergeben

Rede anläßlich des bestandenen »Diplom-Ingenieurs«

Die Mutter spricht

(Mein) lieber…, liebe Gäste!

Ein ehrlicher Redebeginn mit den Sorgen und Befürchtungen von Eltern,…

So sonderlich glücklich waren weder dein Vater noch ich, als du dir plötzlich in den Kopf gesetzt hattest, Bergwerksingenieur zu werden. Wir dachten daran, daß du zunächst einmal eine harte Lehre unter Tage würdest durchstehen müssen, bevor dir der Weg zum Studium offenstand. Wir dachten daran, wie lange es dauern würde, bis du im Beruf tätig wirst und eventuell auch eine Familie ernähren kannst.

… den kleinen und größeren Nöten …

Du hast unsere anfänglichen Sorgen schnell zerstreut. Sorgen um deine Zukunft hatten wir schon nach kurzer Zeit nicht mehr. Was mich damals, wenn man so will, bedrückt hat, war die einfach nicht mehr sauber zu bekommende ruß- und kohlengeschwärzte Wäsche! Wie oft hast du wohl damals in der Woche deine Haare gewaschen, wie oft habe ich mißbilligend auf deine Hände mit »Trauerrändern« gesehen!

… und der Zufriedenheit über den erfolgreichen Abschluß

Nun hast du es geschafft. Du hast nicht nur deinen Hauerbrief in der Tasche, der dich in einem der schwersten Berufe, die es gibt, als hervorragende Kraft ausweist, sondern hast deine Prüfung als Diplom-Ingenieur bestanden.

Lieber …, ich bin stolz auf dich. Für die Zukunft wünschen wir, deine Eltern und Geschwister, dir von Herzen alles Gute!

Rede anläßlich des Doktor-Examens

Der Vater spricht

(Mein) lieber…, liebe Gäste!

Heute ist ein entscheidender Tag für dich, du hast dein großes Ziel erreicht, und so hoffe ich – vielleicht gesellschaftlich nicht ganz korrekt –, daß die Gäste Verständnis dafür haben, daß ich dich zunächst angesprochen habe. Vielleicht liegt darin auch etwas Vaterstolz und, wie ich zusichern darf, auch Mutterstolz.

Elternstolz ist die Synthese aus Liebe und Zufriedenheit

Als dein Telegramm kam mit dem lakonischen Text: »Es ist geschafft. Jürgen«, haben wir, deine Mutter und ich, lange nicht einschlafen können und immer wieder an die … Jahre denken müssen, die du studiert hast – und die nicht immer leicht waren.

Du hast durch gute Leistungen immer wieder Stipendien erhalten und hast die Semesterferien durch harte Arbeit genutzt, ein finanzielles Polster für die Studienmonate zu schaffen. Dafür möchten wir dir heute ganz besonders danken. Gerade das nicht leicht erkaufte Studium macht uns ebenso stolz wie der erfolgreiche Abschluß.

Du gehst nun in den Beruf. Es wird wiederum einiger Jahre bedürfen, bis du nach den theoretischen Fähigkeiten, die du erworben hast, das notwendige praktische Wissen besitzt, das dich befähigt, zu aller Nutzen tätig zu sein. Der Weg wird mindestens ebenso schwer sein wie das Studium selbst, du wirst mit vielen Problemen zu kämpfen haben, das menschlich-berufliche Zusammenleben will ebenso erkämpft sein wie das fachliche Wissen. Aber laß dich von dieser Zukunftsprognose, die ich gerade am heutigen Tage in deinem Interesse ausspreche, nicht abschrekken. Wir alle sind sicher, daß du auch diesen dritten Lebensabschnitt meisterst, und ich bitte euch alle, mit mir das Glas auf die Zukunft unseres Sohnes zu leeren.

Das erfolgreiche Studium liefert das Rüstzeug für den Eintritt ins Berufsleben

Feste im Laufe des Jahres

Weihnachtsfest in der Familie

Emotionen und Rührung haben zu Weihnachten ihren Platz

Meine Lieben!

Die Lichter am Tannenbaum sind angezündet. Damit sind jene Stunden angebrochen, die für uns alle zu den schönsten des Jahres zählen. Unsere große Familie, die sonst weit verstreut lebt, hat sich wieder einmal zusammengefunden. Besonders schön ist es, daß auch diejenigen gekommen sind, die einen beschwerlichen Weg zurücklegen mußten. So zeigt es sich, wie stark doch die Bande sind, die uns zusammenhalten. Wenn ich euch alle hier herzlich zu unserer festlichen Zusammenkunft begrüße, dann tue ich es mit einem stillen Schmerz, den ihr alle teilt. Denn in diesem Jahr fehlt unser lieber Onkel ... in unserer Runde. Er, der in seiner frohen, herzlichen Art uns so oft schöne Stunden beschert hat, ist für immer von uns gegangen. Wir werden ihn nicht vergessen.

Weihnachten als Fest der Familie, als traditionelle Gemeinschaftsfeier

Unsere Jüngsten, die Kinder, sollen diesmal miterleben, wie wunderbar es ist, in einer großen Familie Weihnachten zu feiern. Und die älteren von ihnen sollen erfahren, unter welch schweren Umständen sich der Zusammenhalt in der Familie bewährt hat. Denn nicht immer war der Gabentisch zum Weihnachtsfest so reich gedeckt wie in diesem Jahr. Es gab bei uns auch karge Weihnachten, die jedoch unseren Zusammenhalt nur gefestigt haben. Familie bleibt Familie, und darauf sind wir stolz.

Eine ernste Silvesterfeier

Rückbesinnung auf die vergangenen zwölf Monate

Liebe Freundinnen und Freunde!

Soeben hat die Uhr verkündet, daß das alte Jahr in einer Stunde abtreten wird. Und diese Stunde des letzten Jahres sei besinnlichen Gedanken gewidmet! Wie mannigfaltig und wie verschieden voneinander waren doch die Wünsche, die wir vor zwölf Monaten dem jungen Jahre, das da aus der Wiege stieg, mitgaben. Haben sie sich alle erfüllt? Gewiß nicht, aber das erwarten wir auch gar nicht. Wir dürfen schon herzlich froh und dankbar sein, wenn einige kleine Wünsche ihre Erfüllung fanden. Die größten Werte des Lebens, Gesundheit, Liebe, Friede und Freude, hat das vergangene Jahr uns erhalten. Darum sollten wir besinnlich zurückschauen auf dieses scheidende Jahr. Vor allen Dingen wollen wir nicht fragen: »Was ist uns das alte Jahr schuldig geblieben?« Wir wollen lieber die Frage stellen: »Was sind wir diesem Jahr schuldig geblieben? Welche unserer vielen guten Vorsätze, mit denen wir es begannen, haben wir auch wirklich durchgeführt?« Wir wissen ja, daß gute Vorsätze trügerisch genug sind. Darum wollen wir uns heute abend auch gar nicht allzu lange bei den guten Vorsätzen für das junge Jahr aufhalten, sondern wir wollen geloben, uns selber ebenso treu zu bleiben wie denen, die wir lieben und die uns lieben. Und vor allen Dingen wollen wir uns wappnen mit einem Stahlpanzer gegen alles Schlimme und Widerwärtige, das da kommen könnte!

Fragen an das alte und Vorsätze für das neue Jahr

Dank an die Frau des Gastgebers

Liebe ...!

Ein Freund des Hauses spricht

Eine Lebensweisheit sagt zwar, es sei die dankbarste Aufgabe, nicht im Rampenlicht des Geschehens zu stehen. Dennoch wird das Verdienst der Frauen oft ungenügend gewürdigt. Wir wollen diese Unterlassungssünde nicht begehen. Dürfen wir daher Ihnen, liebe Gastgeberin, unsere Reverenz erweisen? Es ist gewiß kein Routinespruch, wenn ich sage: Bei Ihnen, liebe ..., ist Gastfreundschaft einfach eine Selbstverständlichkeit. Ich möchte Ihnen im Namen aller Gäste ein herzliches Dankeschön zurufen. Liebe Anwesende, lassen Sie uns daher unsere Gläser erheben und auf das Wohl unserer charmanten Gastgeberin anstoßen!

»Die Frauen sind unserer Kindheit Stütze, unserer Jugend Freude, unseres Alters Trost« (Pietro Aretino)

Rede für einen toten Freund im engsten Kreise

Liebe ... (Name der Witwe), liebe Freunde!

Unser ... *(Name des Verstorbenen)* wußte, als er vor wenigen Tagen das Krankenhaus verließ, daß ihm nur noch wenig Zeit verblieb. Er hat diese Zeit bis zur letzten Stunde genutzt. Er wollte noch alles so regeln, wie er es vor seiner unheilbaren Krankheit bereits geplant hatte. Vor allem hat er uns, seine Freunde, gebeten, seinen Angehörigen eine große Trauerfeier zu ersparen: keine offiziellen Reden, keine Trauerkleidung, keine Kränze und Blumen. Er hat dabei an uns alle gedacht, wie immer, als er noch lebte, so auch, als er jetzt sterben mußte. Wir wollen daraus lernen.

Die Bitte des Verstorbenen ist Auftrag und Verpflichtung für die Hinterbliebenen

In Würde zu leben ist schwer, in Würde zu sterben beispielhaft. Er hat beides verstanden.

Gedenkrede auf eine Verstorbene

Liebe Trauergäste!

Dunkle Schatten liegen über unserem Beisammensein. Unsere Augen haben im Laufe des Abends immer wieder das Bild unserer ... gesucht, das zu uns zu sprechen scheint. Es heißt, daß die Zeit alle Wunden heile und den Schmerz vergessen mache. Die Zeit jedoch, die seit dem Heimgange unserer lieben ... vergangen ist, hat keine heilende Wirkung auf unsere Herzen auszuüben vermocht. Aber es gibt, gottlob, einen Trost für uns. Wir wissen, daß ... nun in Frieden ausruht von ihrem arbeitsreichen Leben und der Fürsorge für die Ihren, und diesen Frieden gönnen wir ihr von Herzen!

»Trauer ist nicht eine Folgeerscheinung unseres Schmerzes, sondern bereits ein Heilmittel gegen diesen« (Hans Lohberger)

Gedenkrede eines Gastes

Liebe, verehrte Anwesende!

Das Schicksal hat hineingegriffen in unsere Mitte. Der liebste und heiterste Mensch, der treueste Freund, den wir besaßen, wurde uns durch einen Unfall entrissen. Die Lücke, die er hinterlassen hat, wird sich niemals schließen. In dieser vertrauten Umgebung werden wir stets an ihn erinnert. Wir geben uns ganz dieser Erinnerung hin, denn wenn sie auch schmerzlich ist, so läßt sie doch unseren ... aufleben, als sei er niemals von uns gegangen. Wir wollen uns darum im gemeinsamen Gedenken an den Verstorbenen noch fester zusammenschließen, als dies bisher der Fall war. Wir wollen einander mit der Liebe begegnen, die wir unserem ... nicht mehr geben können!

Der Schmerz eint Hinterbliebene und Freunde, und die Erinnerung bleibt allen gemeinsam

Grabrede anläßlich des Todes eines Onkels

Verehrte Trauergemeinde, liebe ... (Name der Schwägerin)!

Es spricht der Bruder

Der Anlaß des heutigen Familientreffens ist schmerzlich und traurig. ... *(Vorname)* ist tot, und wir alle können es noch immer nicht fassen, daß er von nun an nicht mehr unter uns ist. Er war ein solches Energiebündel, ein Mensch, aus dessen Augen die Lebensfreude nur so sprühte. Um so schwerer fällt es uns nun, seinen Tod zu verkraften, zu begreifen, daß er von uns gegangen ist.

Fassungslosigkeit über den plötzlichen Tod des Angehörigen

... *(Vorname)* wurde mitten aus dem Leben gerissen. Der Infarkt traf ihn ebenso unvermittelt wie endgültig.

Uns allen bleibt jetzt nur noch diese letzte Pflicht. Uns bleibt aber auch die Erinnerung an ihn als fürsorglichen Ehemann (und Vater), als hilfreichen Bruder und als verständnisvollen Onkel. Wir sind dankbar, ihn gehabt zu haben. Sein Tod stürzt uns in tiefe Verzweiflung. Möge der Herrgott ihm ein gnädiger Richter sein!

Die Erinnerung als Trost

Bonmots, Zitate, Lebensweisheiten

Dem amerikanischen Geistlichen William Rounsville Alger verdanken wir die folgende treffende Aussage: »Aphorismen sind transportierfähige Weisheiten, ausgesuchtester Extrakt des Denkens und Fühlens.«
Beliebtheit und Wirksamkeit dieser scharfsinnigen Gedanken resultieren vor allem aus ihren typischen Merkmalen: Konzentration auf einen Aspekt unter bewußtem Verzicht auf Vollständigkeit, Überzeugungskraft und Logik verbunden mit sprachlicher Brillanz.
Daß viele berühmte Dichter und Denker Texte in aphoristischer Form geschrieben haben, ist allgemein bekannt. Sie gehören zu jenen besonderen Bemerkungen, die – wie der Journalist Wolfram Weidner einmal sagte – »man sich auf dem Trommelfell zergehen lassen muß«.
Kein Wunder, daß selbst routinierte Redner die geschliffenen oder auch beschwingten Worte aus berufener Feder zitieren – als thematischer Aufhänger, als effektvolle Pointe oder als humorvolle Randbemerkung. Zieren Sie sich also nicht, sich der nachfolgenden Zitatensammlung zu bedienen.

Politik

Der Weg, auf dem eine Regierung zugrunde geht, ist der, wenn sie bald dies, bald jenes tut, wenn sie heute etwas zusagt und dies morgen nicht mehr befolgt.

Otto von Bismarck, preußischer Staatsmann

Regieren ist keine Sache für Leute von Charakter und Erziehung.

Aristophanes, griechischer Komödiendichter

Quidquid agis, prudenter agas et respice finem – Was immer du tust, handle klug und bedenke das Ende.

Lateinische Weisheit aus »Gesta Romanorum«

Les extremes se touchent – Die äußersten Gegensätze berühren sich.

Jean de La Bruyère, französischer Moralist

Jedes Volk hat diejenige Regierung, die es verdient.

Graf Joseph de Maistre, französischer Philosoph und Diplomat

Ein Urteil läßt sich widerlegen, aber ein Vorurteil nie.

Marie von Ebner-Eschenbach, österreichische Schriftstellerin, »Aphorismen«

Russische Wirtschaftsentwicklung: Die Realisten glauben, es kommen Ufos mit grünen Männchen und Dollarbergen. Die Utopisten glauben, die Russen krempeln die Ärmel hoch und arbeiten.

Satire aus Moskau

Es ist dem Untertanen untersagt, den Maßstab seiner beschränkten Einsicht an die Handlungen der Obrigkeit anzulegen.

Friedrich Wilhelm, Kurfürst von Brandenburg

Die Gründe der Regierung kenne ich nicht, aber ich muß sie mißbilligen.

Julius Kell, sächsischer Abgeordneter (1849)

Politik verdirbt den Charakter.

Bernhard Brigl, 1881, in der »Täglichen Rundschau«

Semper aliquid haeret – Irgendwas bleibt immer hängen.

Motto von Verleumdungskampagnen (Plutarch?)

Die Politik ist keine exakte Wissenschaft.

Otto von Bismarck, preußischer Staatsmann

Minister fallen wie Butterbrote: gewöhnlich auf die gute Seite.

Ludwig Börne, deutscher Schriftsteller

Deutschland ist wie ein schöner, weidlicher Hengst, der Futter und alles genug hat; es fehlte ihm nur an einem guten Reiter.

Mittelhochdeutsche Volksweisheit

Je höher der Mensch steht, um so stärkere Schranken hat er nötig, welche die Willkür seines Wesens bändigen.

Gustav Freytag, deutscher Schriftsteller

Jeder Arzt und jeder Politiker hat seine Lieblingsdiagnose.

Benjamin Disraeli, britischer Staatsmann

Die Deutschen sind die Greise von Europa, die Engländer die Männer, die Franzosen die Kinder.

Voltaire (eigentl. François-Marie Arouet), französischer Philosoph und Dichter

Medio tutissimus ibis – In der Mitte wirst du am sichersten gehen.

Ovid, römischer Dichter

Der Minister des Äußern/Kann sich nicht äußern;
Der Minister des Innern/Kann sich nicht erinnern;
Der Minister des Krieges/Ist nicht der des Sieges;
Nach dem Minister der Finanzen/Muß alles tanzen.

Franz Grillparzer, österreichischer Dichter

Ich liebe eine gesinnungsvolle Opposition.

Friedrich Wilhelm IV., preußischer König

Der Mächtigste soll sich am wenigsten erlauben.

Johannes von Müller, deutscher Historiker und Politiker

Der größte Staatsmann ist derjenige, welcher der humanste ist.

Anselm Feuerbach, deutscher Maler

Politiker werden nach ihrer Standfestigkeit beurteilt; leider beharren sie deshalb auf ihren Irrtümern.

Oscar Wilde, englischer Schriftsteller irischer Herkunft

Behörden und Ämter

Der Bürokrat tut seine Pflicht
von neun bis eins. Mehr tut er nicht.

Karl Zeller, österreichischer Komponist, Operette »Der Obersteiger«

Pflicht: Wo man liebt, was man sich selbst befiehlt.

Johann Wolfgang von Goethe, deutscher Dichter, »Maximen und Reflexionen«

Die Bürokratie ist es, an der wir alle kranken.
Otto von Bismarck, preußischer Staatsmann

Ein jeder Wunsch, wenn er erfüllt, kriegt augenblicklich Junge.
Wilhelm Busch, deutscher Dichter, Zeichner und Maler, »Schein und Sein«

Wer Butter vom Amt will, muß Milch auf den Dienstweg schicken.
Moderne deutsche Volksweisheit

Je zahlreicher die Beamten sind, desto schwächer ist die Regierung.
Jean-Jacques Rousseau, französischer Moralphilosoph

Wer im Dienst des Staates reich wird, kann kein Mann von Charakter sein. Jeder Staat belohnt seine Diener so, daß sie anständig leben und höchstens einen Sicherheitspfennig sparen können, aber zu Reichtum kann es auf ehrenvolle Weise niemand bringen.
Johann Gottfried Seume, deutscher Schriftsteller

Eine kleine Stelle, die du ganz erfülllst, ist ein Ehrenplatz, die größte, der du nicht genügst, ein Pranger.
Otto von Leixner, deutscher Dichter

Das größte Bedürfnis eines Staates ist das einer mutigen Obrigkeit.
Johann Wolfgang von Goethe, deutscher Dichter, »Wilhelm Meister«

Wo die Regenten schlecht sind, kommt schwerlich eine Nation in die Höhe, es mag soviel Tugendprediger geben als möglich.
Karl Ludwig von Knebel, deutscher Dichter und Übersetzer

Erobern ist leichter als regieren.
Jean-Jacques Rousseau, französischer Moralphilosoph

Vernünftige Leute können viel tun.
Johann Wolfgang von Goethe, deutscher Dichter, »Egmont«

Er hatte gar keinen Charakter, sondern wenn er einen haben wollte, mußte er immer erst einen annehmen.
Georg Christoph Lichtenberg, deutscher Physiker und Schriftsteller

Schule, Bildung und Erziehung

Gescheite Leute sind immer das beste Konversationslexikon.
Johann Wolfgang von Goethe, deutscher Dichter

Also lautet der Beschluß: daß der Mensch was lernen muß.
Wilhelm Busch, deutscher Dichter, Zeichner und Maler, »Max und Moritz«

Denn was man schwarz auf weiß besitzt, kann man getrost nach Hause tragen.

Johann Wolfgang von Goethe, deutscher Dichter, »Faust I«

Für das Können gibt es nur einen Beweis: das Tun.

Marie von Ebner-Eschenbach, österreichische Schriftstellerin, »Aphorismen«

Aus nichts wird nichts, das merke wohl, wenn aus dir was werden soll.

Matthias Claudius, deutscher Dichter, »Ein silbern ABC«

Unter den drei Lastern: Faulheit, Feigheit und Falschheit scheint das erstere das verächtlichste zu sein.

Immanuel Kant, deutscher Philosoph

Es gibt keine andere vernünftige Erziehung, als Vorbild zu sein, wenn es nicht anders geht, ein abschreckendes.

Albert Einstein, deutsch-amerikanischer Physiker

Bester Beweis einer guten Erziehung ist die Pünktlichkeit.

Gotthold Ephraim Lessing, deutscher Dichter und Philosoph

Erziehen heißt natürliche Anlagen entwickeln.

Fernando Galiani, italienischer Schriftsteller

Tadeln ist leicht, deshalb tun es so viele. Mit Verstand loben ist schwer.

Anselm Feuerbach, deutscher Maler

Dem grauen Scheitel fällt das Lernen schwer.

Emanuel Geibel, deutscher Dichter

Lernst du wohl, wirst du gebratener Hühner voll,
lernst du übel, mußt du mit der Sau zum Kübel.

Martin Luther, deutscher Reformator, »Tischreden«

Älter werde ich stets, niemals doch lerne ich aus.

Solon, athenischer Dichter und Staatsmann

Kraft ist die Materie der Stoffe.

Novalis (eigentl. Georg Philipp Friedrich von Hardenberg), deutscher Dichter

Die Aufmerksamkeit ist der Meißel des Gedächtnisses.

Gaston Duc de Lévis, französischer Aphoristiker

Bildung ist das, was übrig bleibt, wenn wir vergessen, was wir gelernt haben.

George Savile Marquess of Halifax, englischer Staatsmann

Wer sich nicht selbst helfen will, dem kann niemand helfen.

Johann Heinrich Pestalozzi, Schweizer Pädagoge

Zu wissen, wie man anregt, ist die Kunst des Lehrens.
Henri-Frédéric Amiel, Schweizer Philosoph

Im Leben lernt der Mensch zuerst gehen und sprechen. Später lernt er dann, still zu sitzen und den Mund zu halten.
Marcel Pagnol, französischer Schriftsteller

Ein Hauptzug aller Pädagogen: unbemerkt führen.
Christian Morgenstern, deutscher Dichter

Lernen muß man mit dem ganzen Körper.
Johann Friedrich Oberlin, elsässischer Philanthrop

Des Schülers Kraft entzündet sich am Meister;
doch schürt sein jugendlicher Hauch zum Dank des Meisters Feuer auch.
Emanuel Geibel, deutscher Dichter, »Spätherbstblätter«

Wenige Dinge auf Erden sind lästiger als die stumme Mahnung, die von einem guten Beispiel ausgeht.
Mark Twain (eigentl. Samuel Langhorne Clemens), amerikanischer Schriftsteller

Ein Lehrer auf Schulen und Universitäten kann keine Individuen erziehen. Er erzieht bloß Gattungen.
Georg Christoph Lichtenberg, deutscher Physiker und Schriftsteller

Kunst und Kultur

Das Publikum beklatscht ein Feuerwerk, aber keinen Sonnenaufgang.
Friedrich Hebbel, deutscher Dichter

Staunen ist der erste Schritt zu einer Erkenntnis.
Louis Pasteur, französischer Chemiker und Biologe

Schön ist eigentlich alles, was man mit Liebe betrachtet.
Christian Morgenstern, deutscher Dichter

Wenn ein Buch und ein Kopf zusammenstoßen, und es klingt hohl, ist das allemal im Buch?
Georg Christoph Lichtenberg, deutscher Physiker und Schriftsteller

Zeichnung ist Sprache für die Augen, Sprache Malerei für das Ohr.
Joseph Joubert, französischer Moralist

Die Welt will betrogen sein.
Sebastian Brant, elsässischer Dichter, »Das Narrenschiff«

Es ist nicht Aufgabe der Kunst, die Natur zu kopieren, sondern sie auszudrücken.
Honoré de Balzac, französischer Dichter

Erlaubt ist, was gefällt.
Johann Wolfgang von Goethe, deutscher Dichter, »Torquato Tasso«

Es bildet ein Talent sich in der Stille, sich ein Charakter in dem Strom der Welt.
Johann Wolfgang von Goethe, deutscher Dichter

Der Mensch ist das Modell der Welt.
Leonardo da Vinci, italienisches Universalgenie

Alle Sprache ist Bezeichnung der Gedanken.
Immanuel Kant, deutscher Philosoph

Der Mensch muß das Gute und Große wollen.
Alexander von Humboldt, deutscher Naturforscher

Melancholie ist das Vergnügen, traurig zu sein.
Victor Hugo, französischer Dichter

Viele Spötter meinen, reich an Geist zu sein, und sind nur arm an Takt.
Georg Christoph Lichtenberg, deutscher Physiker und Schriftsteller

Der hat keinen Geist, welcher den Geist sucht.
Friedrich Nietzsche, deutscher Philosoph

Gedanken sind nicht stets parat,
man schreibt auch, wenn man keine hat.
Wilhelm Busch, deutscher Dichter, Zeichner und Maler

Es gibt Dinge, worin die Mittelmäßigkeit unerträglich ist: Dichtkunst, Tonkunst, Malerei und öffentliche Rede.
Jean de La Bruyère, französischer Schriftsteller

Die Musik drückt das aus, was nicht gesagt werden kann und worüber es unmöglich ist zu schweigen.
Victor Hugo, französischer Dichter

Die Zeit ist kurz, die Kunst ist lang.
Johann Wolfgang von Goethe, deutscher Dichter, »Faust I«

Mehr Inhalt, weniger Kunst!
William Shakespeare, englischer Dichter, »Hamlet«

Das Leben ist ein dorniger Rosenstock und die Kunst seine Blüte.

Georg Ebers, deutscher Ägyptologe und Schriftsteller

Auch ist ein Mann von Geschmack noch lange kein Kunstrichter.

Gotthold Ephraim Lessing, deutscher Dichter und Philosoph

Wirtschaft, Handel und Handwerk

Ein ehrlich Handwerk hat ein gewissen Zins und ist ein Quellbrunn, da alle Tage etwas herausquillet.

Mittelhochdeutsche Volksweisheit

Tätigkeit ist der wahre Genuß des Lebens, ja das Leben selbst.

August Wilhelm Schlegel, deutscher Dichter

Es ist etwas anderes um eine erfahrene und geübte als allein um eine gelesene Kunst.

Mittelhochdeutsche Volksweisheit

Sei deines Willens Herr und deines Gewissens Knecht.

Marie von Ebner-Eschenbach, österreichische Schriftstellerin, »Aphorismen«

Der Langsamste, der sein Ziel nur nicht aus den Augen verliert, geht immer noch geschwinder als der, der ohne Ziel herumirrt.

Gotthold Ephraim Lessing, deutscher Dichter und Philosoph

Zu weit ist ebenso falsch wie zu kurz.

Kung-(fu-)tzu (Konfuzius), chinesischer Philosoph

Nichts ist so elend wie ein Mann,
der alles will und nichts kann.

Matthias Claudius, deutscher Dichter

Ein Mensch kann nicht alles wissen, aber etwas muß jeder haben, was er ordentlich versteht.

Gustav Freytag, deutscher Schriftsteller

Ich wüßte nicht, wessen Geist ausgebreiteter wäre, ausgebreiteter sein müßte als der Geist eines echten Handelsmannes.

Johann Wolfgang von Goethe, deutscher Dichter, »Wilhelm Meisters Lehrjahre«

Jammern ist der Gruß der Kaufleute.

Aus dem Phönizischen

Wer sich auf die Fußspitzen stellt, steht nicht fest.

Lao-tse (Lao-tzu), chinesischer Philosoph

Kein Mensch ist unersetzbar in Geschäften.

Wilhelm von Humboldt, deutscher Politiker und Philosoph

Der Handel ist die Schule des Betrugs.

Luc de Clapiers, Marquis de Vauvenargues, französischer Schriftsteller, »Reflexionen«

Es ist kein Kaufmann, der nicht Mäusedreck für indischen Pfeffer verkaufen kann.

Mittelhochdeutsches Sprichwort

Was du ererbt von deinen Vätern hast,
Erwirb es, um es zu besitzen.

Johann Wolfgang von Goethe, deutscher Dichter, »Faust I«

Wer Urteilskraft in Geschäften zeigt, ist gescheit. Hat er dabei zugleich Witz, so heißt er klug.

Immanuel Kant, deutscher Philosoph

Tausend Dinge bewegen sich vorwärts, neunhundertneunundneunzig zurück; das ist der Fortschritt.

Henri-Frédéric Amiel, Schweizer Philosoph

Wer nicht Meister sein will, muß eben Gesell bleiben und Vorgesetzte haben sein Leben lang.

Gottfried Keller, Schweizer Dichter

Jemandem große Verbindlichkeiten schuldig sein, hat nichts Unangenehmes; denn die Dankbarkeit ist eine süße Pflicht. Nur kleine Verpflichtungen sind quälend.

Franz Grillparzer, österreichischer Dichter, »Aphorismen«

Leute, die sich die Finger verbrennen, verstehen nichts vom Spiel mit dem Feuer.

Oscar Wilde, englischer Schriftsteller irischer Herkunft

Kein Mensch darf sagen: Solches trifft mich nie.

Menander, griechischer Dichter

Wer einen ebenbürtigen Gegner überlebt, wird entdecken, daß ihm etwas fehlt.

Otto von Bismarck, preußischer Staatsmann

Ein guter Rat in spaßiger Form ist besser als ernste Belehrung.

Baltasar Gracián y Morales, spanischer Schriftsteller und Philosoph

Vereine und Verbände

Was nun andererseits die Menschen gesellig macht, ist ihre Unfähigkeit, die Einsamkeit, und in dieser sich selbst, zu ertragen. Innere Leere und Überdruß sind es, von denen sie sowohl in die Gesellschaft, wie in die Fremde und auf Reisen getrieben werden.

Arthur Schopenhauer, deutscher Philosoph, »Aphorismen zur Lebensweisheit«

Gott sei Dank, daß der Spaß nicht tot zu kriegen ist in dieser mürrischen Welt.

Wilhelm Raabe, deutscher Dichter

Auf den Bergen ist Freiheit.

Friedrich von Schiller, deutscher Dichter, »Die Braut von Messina«

Ein Maitag ist ein kategorischer Imperativ der Freude.

Friedrich Hebbel, deutscher Dichter

Die besten Ärzte der Welt sind: Dr. Diät, Dr. Ruhe und Dr. Fröhlich.

Jonathan Swift, englischer Schriftsteller

Ein einfacher Zweig ist dem Vogel lieber als ein goldener Käfig.

Chinesisches Sprichwort

Ein Ball ist eine Gesellschaft von Füßen, ein Gastmahl eine Gesellschaft von Mägen. Es gibt nicht viele Gesellschaften von Köpfen und noch weniger von Herzen.

Abraham Gotthelf Kästner, deutscher Mathematiker und Dichter, »Zweierlei Paroxysmen«

Es ist nicht gut, daß der Mensch alleine sei; und besonders nicht, daß er alleine arbeite; vielmehr bedarf er der Teilnahme und Anregung, wenn etwas gelingen soll.

Johann Wolfgang von Goethe, deutscher Dichter, Brief an Eckermann

Der Mensch ist die Medizin des Menschen.

Afrikanisches Sprichwort

Es gibt Menschen, die sich immer angegriffen fühlen, wenn jemand eine Meinung ausspricht.

Christian Morgenstern, deutscher Dichter

Was nicht zusammen kann bestehen, tut am besten, sich zu lösen.

Friedrich von Schiller, deutscher Dichter, »Die Jungfrau von Orléans«

Hast du nicht Pfeile im Köcher, so mische dich nicht unter die Schützen wie der Roßdreck unter die Äpfel.

Mittelhochdeutsches Sprichwort

Wie fruchtbar ist der kleinste Kreis,
wenn man ihn wohl zu pflegen weiß.
Johann Wolfgang von Goethe, deutscher Dichter, »Xenien«

Ich bin bereit, überallhin zu gehen, wenn es nur vorwärts ist.
David Livingstone, britischer Forschungsreisender

Was hilft mir die Weite des Weltalls, wenn meine Schuhe zu eng sind?
Armenisches Sprichwort

Mitwollende gibt's wenig, Mißwollende viel.
Johann Wolfgang von Goethe, deutscher Dichter

Es werden mehr Menschen durch Übung tüchtig als durch Naturanlage.
Demokrit, griechischer Philosoph

Feste und Feiern

Rotwein ist für alte Knaben
eine von den besten Gaben.
Wilhelm Busch, deutscher Dichter, Zeichner und Maler, »Abenteuer eines Junggesellen«

Man muß die Feste feiern, wie sie fallen.
Deutsches Sprichwort

Ein Leben ohne Feste ist wie ein langer Tag ohne Einkehr.
Demokrit, griechischer Philosoph, »Fragmente«

Saure Wochen, frohe Feste.
Johann Wolfgang von Goethe, deutscher Dichter, »Der Schatzgräber«

Kein tolleres Verseh'n kann sein,
gibst einem ein Fest und lädst ihn nicht ein.
Johann Wolfgang von Goethe, deutscher Dichter

Dem Glücklichen schlägt keine Stunde.
Friedrich von Schiller, deutscher Dichter, »Die Piccolomini«

Das Leben läßt sich ohne Heiterkeit nicht denken.
Johann Wolfgang von Goethe, deutscher Dichter, »Italienische Reise«

Nirgends strapaziert sich der Mensch mehr als bei der Jagd nach Erholung.
Laurence Sterne, englischer Schriftsteller

Das schönste an einem Feiertag ist die Aussicht auf einen zweiten. Daher ist der letzte stets ein Aschermittwoch.

Jean Paul (eigentl. Johann Paul Friedrich Richter), deutscher Dichter

Das Vergnügen ist so nötig als die Arbeit.

Gotthold Ephraim Lessing, deutscher Schriftsteller und Philosoph, »Der junge Gelehrte«

Hier wendet sich der Gast mit Grausen.

Friedrich von Schiller, deutscher Dichter, »Der Ring des Polykrates«

Der Wein erfindet nichts, er schwatzt's nur aus.

Friedrich von Schiller, deutscher Dichter, »Die Piccolomini«

Das größte Vergnügen im Leben besteht darin, das zu tun, von dem die Leute sagen, du könntest es nicht.

Walter Bagehot, englischer Jurist und Wirtschaftsfachmann

Die Natur des Geistes ist so geartet, daß uns der Wechsel meist mehr Erholung schafft als die Ruhe.

Ernst Freiherr von Feuchtersleben, österreichischer Schriftsteller

Alle Dinge werden zu einer Quelle der Lust, wenn man sie liebt.

Thomas von Aquin, italienischer Theologe und Philosoph

Man muß oft etwas Tolles unternehmen, um nur wieder eine Zeitlang leben zu können.

Johann Wolfgang von Goethe, deutscher Dichter

Wer darf sagen, daß er an der Freude verzweifele, solange noch Arbeiten lohnen und Hoffnungen einschlagen?

Friedrich von Schiller, deutscher Dichter

Es kommt für alle Menschen eine Zeit, wo sie sich vor nichts mehr fürchten, als vor dem, was man in der Welt Vergnügen zu nennen pflegt.

Wilhelm Raabe, deutscher Dichter, »Alte Nester«

Liebe, Ehe und Familie

Zwei können wohl miteinander singen, aber nicht zugleich reden.

Mittelhochdeutsche Volksweisheit

Liebe ist kein Solo. Liebe ist ein Duett. Schwindet sie bei einem, verstummt das Lied.

Adelbert von Chamisso, deutscher Schriftsteller

Ein Kind ist eine sichtbar gewordene Liebe.
Novalis (eigentl. Georg Philipp Friedrich von Hardenberg), deutscher Dichter

Gefühl ist alles.
Johann Wolfgang von Goethe, deutscher Dichter, »Faust I«

Ist Geld die Braut, wird die Ehe selten gut.
Mittelhochdeutsche Volksweisheit

Wo Kinder sind, da ist ein goldenes Zeitalter.
Novalis (eigentl. Georg Philipp Friedrich von Hardenberg), deutscher Dichter

Die gute Ehe ist ein ewiger Brautstand.
Theodor Körner, deutscher Dichter, »Die Sühne«

Die zweite Ehe ist der Triumph der Hoffnung über die Erfahrung.
Samuel Johnson, englischer Schriftsteller

Die Familie ist das Vaterland des Herzens.
Giuseppe Mazzini, italienischer Freiheitskämpfer

Was man ernst meint, sagt man am besten im Spaß.
Wilhelm Busch, deutscher Dichter, Zeichner und Maler

Tränen sind wie Perlen. Man weiß nie, ob sie echt sind.
Indonesische Volksweisheit

Allem kann ich widerstehen, nur der Versuchung nicht.
Oscar Wilde, englischer Schriftsteller irischer Herkunft

Die meisten Menschen benötigen mehr Liebe, als sie verdienen.
Marie von Ebner-Eschenbach, österreichische Schriftstellerin, »Aphorismen«

Die Liebe lebt von liebenswürdigen Kleinigkeiten, und wer sich eines Frauenherzens dauernd versichern will, der muß immer neu darum werben, der muß die Reihe der Aufmerksamkeiten allstündlich wie einen Rosenkranz abbeten. Und ist er fertig damit, so muß er von neuem anfangen.
Theodor Fontane, deutscher Dichter, »Cécile«

Einen Menschen lieben heißt, ihn so zu sehen, wie Gott ihn gemeint hat.
Fjodor Michailowitsch Dostojewski, russischer Dichter

Liebe ist ein Glas, das zerbricht, wenn man es zu unsicher oder zu fest anfaßt.
Russisches Sprichwort

Es ist mit der Liebe wie mit den Pflanzen: Wer Liebe ernten will, muß Liebe säen.
Jeremias Gotthelf (eigentl. Albert Bitzius), Schweizer Schriftsteller

Heirate oder heirate nicht, du wirst beides bereuen.

Sokrates, griechischer Philosoph

Der Mensch will brutto geliebt werden, nicht netto.

Friedrich Hebbel, deutscher Dichter

Der Arzt nennt die *Ehe* ein verkehrtes Fieber, das mit Hitze anfängt und mit Kälte endigt;
Der Chemiker: eine einfache Wahlverwandtschaft;
Der Apotheker: ein niederschlagendes Pulver;
Der Mathematiker: eine Gleichung, wo bei zwei gegebenen Gößen sich leicht eine dritte findet;
Der Jurist: einen Kontrakt;
Der Kaufmann: eine Spekulation, die ebenso oft falliert als glückt;
Der Dichter: einen Roman, der manchmal mehrere Auflagen erlebt;
Der Schauspieler: eine Tragikomödie, die stets vom Publikum beklatscht wird;
Der Theaterdirektor: ein Abonnement; (eheliche Untreue ist ein abonnément suspendu);
Der Musiker: ein Konzert, in welchem die Liebe die Flöte bläst, die Kinderchen die Querpfeife, die Nachbarn die Trompete und der Mann zuweilen ein Hornsolo;
Der Soldat: einen Feldzug, der sich bald zum Siebenjährigen, bald zum Dreißigjährigen Krieg ausdehnt.

Aus: »Fliegende Blätter«, München

Kindheit und Jugend

Wer die Jugend hat, hat die Zukunft.

Napoleon I. bei der Geburt seines Sohnes, 1811

Glück hat auf Dauer nur der Tüchtige.

Helmuth Graf von Moltke, preußischer Generalfeldmarschall

Kinder und Narren reden die Wahrheit.

Sprichwort

Das wird kein ganzer Kerl, der nie ein Rüpel war.

Otto Julius Bierbaum, deutscher Schriftsteller

Man bleibt jung, solange man noch lernen, neue Gewohnheiten annehmen und Widerspruch ertragen kann.

Marie von Ebner-Eschenbach, österreichische Schriftstellerin, »Aphorismen«

Niemand kann mit Schlägen die Erziehung eines Kindes erzwingen. Den man zum ehrenwerten Menschen bilden kann, für den hat ein Wort dieselbe Wirkung wie ein Schlag.

Walther von der Vogelweide, mittelhochdeutscher Lyriker

Vaters Selbstbeherrschung ist für die Kinder die wirksamste Ermahnung.

Demokrit, griechischer Philosoph

Wer in Gegenwart von Kindern spottet oder lügt, begeht ein Verbrechen.

Marie von Ebner-Eschenbach, österreichische Schriftstellerin, »Aphorismen«

Je mehr wir unsere Kinder lieben, desto weniger kann uns das genügen, daß sie nur in unsere Fußstapfen treten; sondern die Kinder sollten besser werden, als die Eltern waren, und so ein jedes heranwachsende Geschlecht sein erziehendes überragen zu seiner Zeit.

Friedrich Ernst Daniel Schleiermacher, deutscher Theologe und Philosoph

Wir können die Kinder nach unserem Sinn nicht formen. So wie Gott sie uns gab, so muß man sie haben und lieben; sie erziehen aufs beste und jeglichen lassen gewähren.

Johann Wolfgang von Goethe, deutscher Dichter, »Thalia«

Vom Standpunkt der Jugend aus gesehen, ist das Leben eine unendlich lange Zukunft.

Arthur Schopenhauer, deutscher Philosoph

Wer seiner eigenen Jugend nachläuft, wird sie nie einholen.

André Maureis, französischer Schriftsteller

Jugend ist eine wunderbare Sache. Wie schade, daß sie an die Kinder verschwendet wird.

George Bernard Shaw, englischer Schriftsteller

Jugend ist Trunkenheit ohne Wein.

Johann Wolfgang von Goethe, deutscher Dichter, »West-östlicher Divan«

Besser ist's, man hat in der Jugend zu kämpfen, als im Alter.

Gottfried Keller, Schweizer Dichter

Ein gutes Benehmen ist wie ein vollendeter Faltenwurf.

Japanisches Sprichwort

Klug fragen können ist die halbe Weisheit.

Francis Bacon, englischer Philosoph und Staatsmann

Menschliche Tugenden, Fehler und Schwächen

Wer alles offenbart, macht seinem Feind die Waffen scharf.
Mittelhochdeutsche Volksweisheit

Man hat immer Trieb und Lust, vor fremden Türen zu kehren.
Johann Wolfgang von Goethe, deutscher Dichter

Wie klein ist das, was einer ist, wenn man's mit seinem Dünkel mißt.
Wilhelm Busch, deutscher Dichter, Zeichner und Maler

Spott ist der Dunst kleiner Herzen.
Alfred Lord Tennyson, englischer Dichter

Die Menschen sind nicht immer, was sie scheinen.
Gotthold Ephraim Lessing, deutscher Schriftsteller und Philosoph, »Nathan der Weise«

Es gibt Menschen, die begreifen jeden Widerspruch als einen Angriff auf ihre intellektuellen Fähigkeiten.
Fritz Kramer, deutscher Politiker

Wer Menschen beurteilt, hüte sich vor billigem Tadel und vor billigem Lob.
Kung-(fu-)tzu (Konfuzius), chinesischer Philosoph

Das Gute – dieser Satz steht fest – ist stets das Böse, das man läßt.
Wilhelm Busch, deutscher Dichter, Zeichner und Maler, »Die fromme Helene«

Fremde Fehler beurteilen wir als Staatsanwälte, die eigenen als Verteidiger.
Sprichwort aus Brasilien

Pünktlichkeit ist die Kunst, richtig abzuschätzen, um wieviel sich der andere verspäten wird.
Moderne deutsche Erkenntnis

Schlauheit ist die Kunst, eigene Fehler zu verbergen und die Schwächen anderer bloßzulegen.
William Hazlitt, englischer Essayist

Die Zunge ist das beste undböseste Glied zugleich.
Mittelhochdeutsches Sprichwort

Dem Menschen fehlt es nicht an Stärke, sondern an Willensstärke.
Victor Hugo, französischer Dichter

Des Menschen Wille, das ist sein Glück.
Friedrich von Schiller, deutscher Dichter, »Wallensteins Lager«

Die Menschen glauben den Augen mehr als den Ohren. Lehren sind ein langweiliger Weg, Vorbilder ein kurzer, der schnell zum Ziel führt.

Lucius Annaeus Seneca, römischer Politiker und Dichter

So mancher meint, ein gutes Herz zu haben, und hat nur schwache Nerven.

Marie von Ebner-Eschenbach, österreichische Schriftstellerin, »Aphorismen«

Geizig in einem so zarten Alter! Andere Laster kann man verringern, dieses wächst.

Sophie Charlotte von Preußen über ihren 14jährigen Sohn Friedrich Wilhelm

Dankbarkeit ist das Gedächtnis des Herzens.

Jean Baptiste Massieu, französischer Geistlicher

Der Mensch ist auch ein Federvieh, denn gar mancher zeigt, sobald er eine Feder in die Hand nimmt, was für ein Viech er ist.

Johann Nepomuk Nestroy, österreichischer Dichter und Schauspieler

Der Hauptfehler eines Menschen bleibt, daß er so viele kleine hat.

Jean Paul (eigentl. Johann Paul Friedrich Richter), deutscher Dichter

Unsere Prinzipien dauern gerade so lange, bis sie mit unseren Leidenschaften oder Eitelkeiten in Konflikt kommen, und ziehen dann jedesmal den kürzeren.

Theodor Fontane, deutscher Dichter

Kein Geist ist in Ordnung, dem der Sinn für Humor fehlt.

Samuel Taylor Coleridge, englischer Dichter

Nie habe ich gefunden, daß der Mann, der das Spiel der Ebbe und Flut seiner Launen war, ein Mann von großem Geist gewesen wäre.

Karl Julius Weber, deutscher Jurist und Feuilletonist

Manchen Menschen fehlen nur einige Laster, um vollkommen zu sein.

Marie Marquise de Sévigné, französische Schriftstellerin

Besondere private Anlässe

Die Zahl ist das Wesen aller Dinge.

Pythagoras, griechischer Mathematiker und Philosoph

Liebe deinen Nachbarn, reiße aber den Zaun nicht ein.

Mittelhochdeutsche Volksweisheit

Die Eitelkeit ist die größte aller Schmeichlerinnen.

François VI, Duc de La Rochefoucauld, französischer Schriftsteller

Es kommt alles zutage, was man unter dem Schnee verbirgt.
Mittelhochdeutsche Volksweisheit

Der dich betrügt, ist nahe bei dir.
Sprichwort aus Zentralafrika

Ein Onkel, der Gutes mitbringt, ist besser als eine Tante, die bloß Klavier spielt.
Wilhelm Busch, deutscher Dichter, Zeichner und Maler

Die Wahrheit soll man sagen und dabei nicht viel Worte machen.
Demokrit, griechischer Philosoph

Nur die Wahrheit beleidigt.
Französisches Sprichwort

Drei halten gut Freundschaft, wenn zwei nicht daheim sind.
Mittelhochdeutsche Volksweisheit

Schmeichelei ist eine falsche Münze, die ihren Kurswert nur durch unsere Eitelkeit erhält.
François VI, Duc de La Rochefoucauld, französischer Schriftsteller

Nur die Sache ist verloren, die man selber aufgibt.
Gotthold Ephraim Lessing, deutscher Schriftsteller und Philosoph

Zufall ist ein Wort ohne Sinn; nichts kann ohne Ursachen existieren.
Voltaire (eigentl. François-Marie Arouet), französischer Philosoph und Dichter

Das Träumen ist der Sonntag des Denkens.
Henri-Frédéric Amiel, Schweizer Philosoph

Der bessere Teil der Tapferkeit ist Vorsicht.
William Shakespeare, englischer Dichter

Die Zensur ist die jüngere von zwei schändlichen Schwestern, die ältere heißt Inquisition.
Johann Nepomuk Nestroy, österreichischer Dichter und Schauspieler

Die Feder ist die Zunge des Geistes.
Miguel de Cervantes, spanischer Dichter

Fürchte den Bock von vorn, das Pferd von hinten und den Menschen von allen Seiten.
Russisches Sprichwort

Feiner Spott ist ein Dorn, der etwas von dem Duft der Blume konserviert hat.
Alfred d'Houdetot, französischer Schriftsteller

Egoist: ein unfeiner Mensch, der für sich mehr Interesse hat als für mich.
Ambrose Bierce, amerikanischer Satiriker und Erzähler

Beredsamkeit ist die Kunst, so von Dingen zu sprechen, daß jedermann gern zuhört.
Blaise Pascal, französischer Philosoph, Mathematiker und Schriftsteller

Die Sprache ist die Kleidung der Gedanken.
Samuel Johnson, englischer Schriftsteller

Blicke in dich. In deinem Innern ist eine Quelle, die nie versiegt, wenn du nur zu graben verstehst.
Marc Aurel, römischer Kaiser

Im neuen Jahre Glück und Heil,
Auf Weh und Wunden gute Salbe!
Auf groben Klotz ein grober Keil,
Auf einen Schelmen anderthalbe!
Johann Wolfgang von Goethe, deutscher Dichter, »Sprüche in Reimen«

Besonnenheit ist die seidene Schnur, die durch die Perlenkette aller Tugenden läuft.
Thomas Fuller, englischer Geistlicher

Lachen ist ein Ausdruck relativer Behaglichkeit.
Wilhelm Busch, deutscher Dichter, Zeichner und Maler

Zynismus: ein Ding zu betrachten, wie es wirklich ist, nicht wie es sein sollte.
Oscar Wilde, englischer Dichter irischer Herkunft

In dem Maße, wie der Wille und die Fähigkeit zur Selbstkritik steigen, hebt sich auch das Niveau der Kritik am anderen.
Christian Morgenstern, deutscher Dichter, »Stufen«

Ein ganz klein wenig Süßes kann viel Bitteres verschwinden machen.
Francesco Petrarca, italienischer Dichter und Humanist

Die Muttersprache zugleich reinigen und bereichern ist das Geschäft der besten Köpfe.
Johann Wolfgang von Goethe, deutscher Dichter

Ein Sprichwort ist ein kurzer Satz, der sich auf lange Erfahrung gründet.
Miguel de Cervantes, spanischer Dichter, »Don Quixote«

Tod und Trauer

Angenehm ist am Gegenwärtigen die Tätigkeit, am Künftigen die Hoffnung und am Vergangenen die Erinnerung.

Aristoteles, griechischer Philosoph

Alles wanket, wo der Glaube fehlt.

Friedrich von Schiller, deutscher Dichter, »Wallensteins Tod«

Je älter man wird, je hastiger tritt sie einem auf die Hacken, die Zeit, die sogenannte.

Wilhelm Busch, deutscher Dichter, Zeichner und Maler

Der Besitz macht uns nicht halb so glücklich, wie uns der Verlust unglücklich macht.

Jean Paul (eigentl. Johann Paul Friedrich Richter), deutscher Dichter

Nicht nur einen Tod gibt es. Der uns dahinrafft, ist nur der letzte.

Lucius Annaeus Seneca, römischer Politiker und Dichter, »Briefe III, 3«

Vom Leben muß man wie vom Mahle fortspazieren, dem Wirte danken und sein Bündel schnüren.

Voltaire (eigentl. François-Marie Arouet), französischer Philosoph und Dichter

Man lobt im Tode manchen Mann,
der Lob im Leben nie gewann.

Freidank (Fridancus, Vrîdanc), mittelhochdeutscher Dichter

Es heißt nicht sterben, lebt man in den Herzen der Menschen fort, die man verlassen muß.

Samuel Smiles, englischer Schriftsteller

Rasch tritt der Tod den Menschen an; es ist ihm keine Frist gegeben.

Friedrich von Schiller, deutscher Dichter, »Wilhelm Tell«

De mortuis nil nisi bene – Über die Toten rede man nur Gutes!

Lateinische Grabinschrift

Nur der ist wirklich tot, der keinen guten Namen hinterläßt.

Persisches Sprichwort

Der Tod ist der Beginn der Unsterblichkeit.

Maximilien des Robespierre, französischer Revolutionär

Diejenigen, die gehen, fühlen nicht den Schmerz des Abschieds. Der Zurückbleibende leidet.

Henry Wadsworth Longfellow, amerikanischer Schriftsteller

Register

A

B

C

D

E

F

G

H

I

J

K

L

M

N

O

P

R

S

T

U

V

W

Z